GORZE AU XIᵉ SIECLE

© Artem-Brepols, 1996
ISBN : 2-503-50507-4
Dépôt légal D/1996/0095/22

All rights reserved. No part of this publication
may be reproduced, stored in a retrieval
system or transmitted, in any form or by any means,
electronic, mechanical, photocopying, recording
or otherwise without the prior permission of the publisher.

ANNE WAGNER

GORZE AU XIe SIECLE

*Contribution à l'histoire
du monachisme bénédictin dans l'Empire*

*Préface
de Michel PARISSE*

OUVRAGE COURONNÉ
PAR LE PRIX PROST DE L'ACADÉMIE
DES INSCRIPTIONS
ET BELLES LETTRES
ET PAR LE PRIX DES CONSEILS GÉNÉRAUX
DE LORRAINE

1995

ARTEM-BREPOLS

GORZE AU XIe SIÈCLE

Il y eut Gorze après Gorze, comme on parle de Cluny après Cluny. La Gorze que les historiens citent volontiers est celle du XIe siècle, celle de Jean de Vandières, l'un des plus fervent animateurs de la réforme de 934, celui dont la Vie nous permet de toucher du doigt et de comprendre l'activité monastique de cette abbaye lorraine. Mais il y eut encore le siècle qui suit, mal connu et pourtant décisif lui aussi. C'est à celui-ci qu'Anne Wagner s'est attaquée, pour tenter d'analyser ce que fut l'impact de cette réforme lotharingienne dans l'Empire des Ottoniens et des Saliens.

La communauté religieuse de Gorze est née de la volonté d'un grand évêque réformateur carolingien, Chrodegang, qui a voulu, à peu de distance de sa cité, au fond d'un vallon, établir des hommes se vouant à Dieu sous la discipline de saint Benoît. Aux clercs de la cité et des alentours de Metz, le prélat voulut opposer, à Gorze, des hommes morts au monde, auxquels il apporta une riche donation. Convoitée, cette abbaye fut rarement laissée à elle même et il fallut en 863 relancer une première fois sa vie régulière. C'était insuffisant et une seconde relance eut lieu en 934. Cette seconde fois fut la bonne ; l'éclat fut considérable, le rayonnement inespéré. A l'ombre des évêques et des comtes lotharingiens il y eut un ralliement général au mouvement gorzien, à Metz d'abord, dans le diocèse, puis dans toute la province, sur les terres des évêques et sur d'autres plus lointaines. L'abbé Einold et Jean de Vandières, son second, dirigèrent cette maison et son action pendant plus de quarante ans. Déjà quelques liaisons s'esquissaient au delà du Rhin ; c'est au siècle suivant qu'elles concernèrent davantage l'Empire.

Un colloque tenu en 1988 à Gorze même, dans le village qui perpétue le nom de la grande abbaye, a déjà offert l'occasion de voir un peu plus clair dans son histoire pour la courte période évoquée plus haut. Les conclusions, qui ont été publiées, n'apportaient pas d'éclaicissement suffisant sur l'expansion ultérieure du mouvement. En effet, si le monastère semble connaître un certain essouflement pendant une ou deux décénnies après la mort de Jean (976), l'abbatiat d'Immo marque un nouveau départ. Cet abbé fut convié à prendre la direction de deux abbayes royales, Prum et Reichenau, au moment où certains de ces moines était mis à la tête d'abbayes messines voisines. L'évêque, qui était très attaché à Gorze, la confia vers 1015 au réformateur Guillaume de Volpiano, déjà présent à Saint-Arnoul. Cela signifiait-il que les moines de Gorze n'avaient plus en eux un dynamisme suffisant ? ou que l'on cherchait à introduire chez eux un souffle de type clunisien ? La réponse est difficile à trouver, car sous les deux abbés successifs, Sigefroy et Henri, d'origine noble, Gorze connût un nouvel essor en suivant sa ligne traditionnelle, avec la fondation de prieurés, avec l'essaimage de ses moines ou la visite de « stagiaires » venus de loin.

Pour approcher de plus près l'abbaye lorraine, trois domaines devaient être explorés : celui de ses chefs, de ses abbés et de leurs action, celui du patrimoine et de ses ressources, celui de la vie intellectuelle et de sa bibliothèque. Pour les abbés, les sources sont peu loquaces et on devine, plus qu'on ne prouve, les qualités de l'un ou de l'autre. Pour le temporel monastique, les renseignements font justement défaut à cette période là alors que le cartulaire était plus généreux jusqu'en l'an Mil ; la fondation de prieurés offrait au moins l'occasion de s'interroger sur la richesse des moines. Quant à la bibliothèque, elle est heureusement représentée par un catalogue, connu depuis un siècle, mais qu'il fallait interroger plus précisément. À partir de ces trois coups de projecteur, il convenait de confronter les données précises des textes avec les propos ambitieux que dom Kassius Hallinger avait tenus sur le rôle de Gorze face à Cluny. Un examen minutieux des sources, éclairé par une bibliographie renouvelée, a montré les limites de la démonstration du savant bénédictin. Gorze n'en sort pas appauvrie, mais elle trouve sa vraie place d'abbaye impériale, vivant modestement dans l'ombre de son évêque, avec un nombre de moines difficile à déterminer mais sûrement moyen, avec des livres nombreux, variés, mais usagés. Cela ne l'a pas empêchée de rayonner jusqu'en Bavière, jusqu'à Halberstadt, de former plusieurs futurs évêques et quelques dizaines d'abbés. Mais elle n'a sûrement pas donné naissance à un *ordo gorziensis* comme on parlait d'un *ordo cluniacensis*. Elle n'a sans doute pas eu de coutumes écrites ; celles qu'elle avait adoptées et qu'on vint apprendre chez elle, demeuraient marquées par l'influence de Fleury-sur-Loire. Attachée à l'esprit de Benoît d'Aniane, Gorze a développé une discipline régulière au service du pouvoir des évêques et des souverains, sans créer d'ordre ni d'empire, en laissant à chaque maison qu'elle réformait sa pleine indépendance. Son expérience et sa réputation lui valurent de passer sans dommage les années de la Querelle des Investitures ; après quoi elle rentra dans le rang.

Voilà, rapidement esquissé, le sens des recherches d'Anne Wagner, dont le grand mérite a été d'accepter d'étudier le Gorze discret du XIe siècle au lieu du brillant Xe, de lire entre les lignes du catalogue de la bibliothèque, de parcourir avec minutie les sources impériales qui peu ou prou parlaient de Gorze. Elle a fait oeuvre utile, car elle a établi sur des bases solides l'histoire d'une des plus belles abbayes de Lorraine et d'Empire, pour le plus grand profit de notre connaissance du monde bénédictin.

Michel PARISSE
Université Panthéon-Sorbonne

Avant-Propos

Sigebert de Gembloux, dans la *Vita Wicberti*, témoigne du renom de Gorze en s'exprimant ainsi : *Huius* (Adalberon) *bonae intentionis oculum intendens primum super monasticam disciplinam elaborabat eam ad apostolicae uitae redigere normam. Et incipiens a Gorzia quae caeteris monasteriis erat praestantior in sua parrochia... Quicunque ergo abrenuntiantes seculo suaue Christi iugum tollere uolebant, quam mites et humiles cordes exemplo Christi esse deberent, hic ediscebant. Quicumque ex militari habitu in timore fortitudinem suam mutabant, hic quasi in campo diuini tyrocinii experimentum sui capiebant. Quicumque ex clericali sorte ad altiorem humilitatis gradum optabant ascendere, hic cum iacob non in somnis sed reuera scalam coelos attingentem merebantur uidere, per quam angelos ascendentes et descendentes possent uidere. Cum ergo hic tantus sanctae religione feruor tam longe et tam late caloris suis diffunderet flammas, hic ad disciplinam Domini omnis confluebat nobilitas, omni dignitas, omnis sine personarum discretione professio concurrebat et aetas. Nec quisquam uel initium conuersionis se credebat arripuisse, cui non contigerat Gorziensis regula initiatum esse*[1].

Cet éloge se place après le rappel de la fondation par Chrodegang et de la restauration par Adalbéron et présente une situation antérieure au XIe siècle. Cependant l'image évoquée par Sigebert témoigne du prestige de l'abbaye auprès de l'écolâtre de Saint-Vincent. Ce texte est typique des problèmes que pose l'étude de Gorze : il met l'accent sur la réforme du Xe siècle dont l'impact bien connu restait très présent, et sur l'importance de la régularité de la vie monastique, mais bien qu'écrit au XIe siècle, il ne concerne pas directement cette période. Ce caractère allusif des sources concernant Gorze est général.

La question de la réforme monastique au Moyen-Age est l'objet de discussions constantes, mais alors que de grandes abbayes, comme Cluny, bénéficient d'une bibliographie sans cesse enrichie[2], celle de Gorze n'a plus fait l'objet d'études importantes depuis la thèse de Dom K. Hallinger, *Gorze-Kluny*[3], laquelle, comme l'indique son titre, s'intéressait essentiellement aux coutumes monastiques et à leurs divergences. La démonstration de dom Hallinger avait soulevé de nombreuses discussions sur l'extension et les modalités de la réforme de Gorze. On lui a reproché de prêter à Gorze trop de réformes d'abbayes et d'avoir systématisé son action mais, malgré ces critiques[4], elle avait permis une approche complète d'un mouvement différent de l'ensemble clunisien. Plusieurs articles ont apporté sur ces questions des ajouts, des corrections, des éclaircissements qui incitent à placer la question de la réforme issue de Gorze sous un jour nouveau : « l'histoire de Gorze pourrait aujourd'hui être entièrement réécrite »[5]. Un colloque, réuni à Gorze autour de la *Vita Iohannis*, a déjà permis de faire le point sur la situation de l'abbaye au Xe siècle[6] qui attire l'attention car il a vu la naissance de la réforme illustrée par la *Vita* de Jean. Il s'ensuit naturellement le désir d'éclairer le XIe siècle, second grand siècle, moins connu, de l'histoire de Gorze. Une mise en perspective systématique de chacune des abbayes dirigés par un moine venu de Gorze était nécessaire, en particulier en ce qui concerne l'action régionale de Gorze. La mainmise épiscopale sur les monastères du diocèse, Gorze comprise, incite à ne pas séparer l'abbaye de son contexte messin. La vie intérieure propre de l'abbaye et de ses abbés constitue une approche indispensable, et la richesse foncière d'une abbaye qui parvint à revenir à trois reprises au premier plan de la vie monastique devait être réévaluée, puisqu'elle est indispensable à l'apogée spirituel et au rayonnement de son influence. Enfin, un cas particulier de cette richesse et de ce rayonnement est la possession de livres. L'étude du catalogue du XIe siècle permet de cerner le rayonnement de l'abbaye. Le culte des saints est peu documenté pour le XIe siècle, il est intéressant de le compléter par l'édition de deux calendriers des XIIe et XIVe siècles.

Je remercie Monsieur Parisse de son aide et de sa disponibilité, Monsieur Dolbeau de ses conseils, Monsieur le Doyen Schneider, Monsieur Heber-Suffrin, et particulièrement Madame Paulmier-Foucart de sa patience dont elle a fait preuve envers moi, le personnel de l'ARTEM de Nancy, l'Institut historique de Göttingen et l'Institut de Recherche et d'Histoire des Textes de l'accueil que j'y ai trouvé.

Ce texte reprend l'intégralité de la thèse soutenue en juillet 1993 devant l'université de Nancy II ; je remercie les membres du jury – Madame Barone, Messieurs Dolbeau, Parisse Bur et Locatelli – de leurs remarques.

SOMMAIRE

Préface
Avant-propos
Sommaire

Introduction
Gorze, des origines à la fin du Xe siècle
1) Des origines à 934 18
   A. La fondation 18
   B. Le contexte religieux à l'époque franque 19
   C. Crises et essais de réforme 21
2) Gorze au Xe siècle 23
   A. Le contexte politique de la réforme 23
   B. Définition de la réforme de Gorze 25
3) Les réformes lotharingiennes 29
   A. Saint-Maximin de Trèves 30
   B. Saint-Evre de Toul 31
   C. Gorze 32
4) Les acteurs de la réforme 35
   A. Einold, abbé de Gorze de 934 à 967/8 35
   B. Jean, abbé de Gorze de 967/8 à 976 36
   C. Odolbert, abbé de Gorze de 976 à 982 37

Chapitre I
Les abbés d'Immo à Henri (982-1093)
1) Immo (982 - vers 1015) 40
   A. Pourquoi choisir Immo ? 40
   B. La politique monastique d'Henri II 42
   C. Immo, abbé de Prüm et de Reichenau 45
   D. La personnalité d'Immo 49

SOMMAIRE

2) Guillaume de Volpiano (vers 1015 - 1031) 53
   A. *Guillaume en Lorraine* 53
   B. *Guillaume à Gorze* 54
   C. *La réforme de Guillaume* 55
3) Sigefroy (1031 - 1055) 57
   A. *L'action de Sigefroy comme abbé de Gorze* 57
   B. *Les lettres de Sigefroy sur le mariage d'Henri III* 58
   C. *L'hérésie de Bérenger de Tours* 63
4) Henri (1055 - 1093) 66
   A. *L'origine familiale d'Henri* 66
   B. *La politique monastique d'Henri* 68
   C. *Gorze dans la Querelle des Investitures* 70
   Conclusion : *L'action des abbés de Gorze au XIe siècle* 72

Chapitre II
Le temporel
1) Présentation du temporel 76
   A. *Les sources* 76
   B. *Formation et évolution jusqu'en 1032* 77
   C. *Le patrimoine au XIe siècle* 79
2) Les prieurés en 1051 80
   A. *Varangéville* 80
   B. *Saint-Nicolas de Port* 81
   C. *Amel* 81
3) Les prieurés créés
   dans la deuxième moitié du XIe siècle 83
   A *Stenay* 83
   B. *Apremont* 86
4) Les possessions de Gorze 87
   A. *Les terres voisines de Gorze* 87
   B. *Autres territoires de Gorze* 89
5) Centres de gestion lointains 93
   A. *Le Wormsgau, Pfeddersheim* 93
   B. *La Champagne, Vanault* 94
   Conclusion 95

SOMMAIRE

Chapitre III
Le catalogue de la bibliothèque au XIe siècle
1) Présentation du catalogue 102
   A. Une copie dans un recueil composite 102
   B. Date et écriture du catalogue 104
2) La structure de la bibliothèque 105
   A. La bibliothèque d'Amel et le problème
   de la bibliothèque scolaire 106
   B. Le vocabulaire descriptif des livres 108
   C Livres vieux, livres nouvellement acquis 101
3) L'origine des livres 112
   A. La bibliothèque dans la première moitié du Xe siècle 112
   B. Créations et acquisitions, évolution de la bibliothèque
   jusqu'à la fin du XIe siècle 115
   C. Walon de Saint-Arnoul est-il
   le rédacteur du catalogue ? 118
4) La culture gorzienne 119
   A. L'influence irlandaise 120
   B. L'Apocalypse et l'Histoire 121
   C. L'enseignement 122
   D. L'image de l'Eglise 123
5) Les bibliothèques des abbayes voisines 126
   A. Saint-Maximin de Trèves 127
   B. Verdun 128
   C. Saint-Evre de Toul 129
   D. Saint-Arnoul de Metz 130
   E. Cluny 132
   Conclusion 134
6) Edition du catalogue 135
   A. Normes d'édition 135
   B. Edition du catalogue d'après Reims BM 427 137
   C. Index 181

RÉFORME ET ESPRIT DE RÉFORME
Introduction. Les réformes au XIe siècle dans l'Empire 193
   A. Les Irlandais 193
   B. Richard de Saint-Vanne 195

  C. *Poppon de Stavelot* 196
  D. *Saint-Airy* 198
  E. *Cluny* 198
  F. *Hirsau* 199
  G. *Gislebert d'Hasungen* 200

Chapitre IV
L'influence de Gorze en Lotharingie
1) Les abbayes « messines » 204
  A. *Saint-Arnoul* 205
  B. *Saint-Vincent de Metz et Saint-Trond* 209
  C. *Saint-Clément* 212
  D. *Saint-Symphorien* 214
  E. *Saint-Martin devant Metz* 215
  F. *Le diocèse de Metz* 216
  G. *Hors du diocèse de Metz* 217
2) Gorze et les monastères lotharingiens 218
  A. *Evêché de Toul* 218
  B. *Evêché de Verdun* 219
  C. *Archevêché de Trèves* 219
  D. *Evêché de Cambrai* 220
  E. *Evêché de Liège* 221

Chapitre V
La Réforme à l'Est du Rhin
1) Les abbayes d'Empire 223
  A. *Lorsch* 223
  B. *Les abbayes réformées par Lorsch* 225
2) Archevêché de Cologne 226
  A. *Les archevêques de Cologne* 226
  B. *Saint-Pantaléon* 227
  C. *Siegburg* 228
  D. *La réforme de Siegburg au XIe siècle* 229
3) Archevêché de Mayence 232
  A. *Saint-Pierre d'Erfurt* 232

SOMMAIRE

B. Saint-Alban de Mayence 233
C. Iburg 233
4) Wurzbourg 234
　A. Adalbéron de Wurzbourg 235
　B. Amorbach 235
　C. Ekkebert de Schwarzach 236
　D. L'influence d'Ekkebert et l'extension du mouvement 236
5) Bamberg 239
6) Evêché de Passau : Kremsmünster 240
7) Halberstadt-Ilsenburg 242
　A. Metz et Halberstadt 242
　B. Herrand d'Halberstadt 242
　C. L'influence d'Herrand 243
8) Les caractères du monachisme gorzien 245
　A. Les coutumes 245
　B. En quoi consiste la réforme ? 261
　C. Le rôle des évêques d'Empire 264
　D. Henri IV et la crise du système en Lorraine 271
Conclusion 276

Chapitre VII
Conclusion générale
1) Gorze au XIe siècle 279
2) Gorze au XIIe siècle 286

Annexe
Les saints vénérés à Gorze
1) Les sources 431
　A. Le calendrier du XIIe siècle 431
　B. Le calendrier du XIVe siècle 446
　C. Les consécrations d'autels 454
　D. Le catalogue de la bibliothèque 456
2) Les saints vénérés à Gorze 457
　A. Metz 457
　B. Les saints lotharingiens 468

SOMMAIRE

C. *Les provinces ecclésiastiques voisines* 273
D. *Les moines* 484
E. *Les saints patrons des prieurés et saint Gorgon* 488
3) Les églises de Gorze 495

Bibliographie 501
Index 529
Table des illustrations 541

INTRODUCTION

GORZE, DES ORIGINES À LA FIN DU Xe SIECLE.

Gorze est l'abbayes de la Lorraine médiévale sur laquelle, en raison de son ancienneté, de sa richesse, de son rayonnement, les historiens se sont le plus penchés dès les études de Dom Calmet sur la Lorraine, notamment à cause de l'intérêt de la *Vita* de l'abbé Jean de Gorze, un des principaux instigateurs de la réforme sur l'importance de laquelle ce texte apporte des renseignements inestimables[1]. A la fin du XIXe siècle, Lager[2] et Chaussier[3] ont étudié, à partir de la *Vita* et du cartulaire, l'histoire de Gorze : sa fondation, son apogée aux Xe-XIe siècles, son déclin à la fin du Moyen Age, sa sécularisation enfin. L'édition du cartulaire par d'Herbomez n'a pas entraîné d'étude du temporel[4]. Nous reviendrons sur la question de la réforme et sur les études que lui ont consacrées C.Wolff et K.Hallinger. Ce dernier a aussi repris la chronologie des abbés et le problème de l'exemption[5]. M.Parisse a découvert et édité un nécrologe, datant en partie du XIIe siècle[6], qui montre l'importance et les limites du rayonnement direct de l'abbaye. N.Reimann a précisé l'histoire de Gorze dans les derniers siècles de son existence comme abbaye[7]. Comme la plupart des abbayes bénédictines, elle connut à la fin du Moyen Age un déclin qui fut, dans son cas, sans retour, déclin aggravé par un fort endettement et par un état de guerre alors permanent en Lorraine. A l'époque moderne, Gorze resta pourtant une abbaye puissante, une terre

INTRODUCTION

autonome, dont le rattachement à la France se fit de façon plus ou moins indépendante par rapport au reste de la Lorraine[8]. Plus récemment, Gorze a fait l'objet de deux brèves notices : l'une, de J.Semmler[9], insiste essentiellement sur la réforme, l'autre, de J.Schneider[10], précise les grandes étapes de l'évolution de l'abbaye et la chronologie des abbés.

Il reste peu de traces matérielles pour témoigner de l'existence de Gorze, car les bâtiments furent détruits pendant les guerres de religion au cours desquelles Gorze devint l'enjeu de rivalités politiques et religieuses. Ayant été reconnue comme appartenant à Charles Quint en 1544, elle fut incendiée le 12 avril 1552 par Gaspard de Coligny, en conséquence de quoi l'abbaye bénédictine fut sécularisée par une bulle de Grégoire XIII le 5 décembre 1572. Les manuscrits et les œuvres d'art furent sans doute détruits en même temps.

1) DE LA FONDATION À 934.

A. La Fondation.

L'abbaye fut fondée, au VIIIe siècle, dans un fond de vallée, à la source d'une rivière, la Gorzia, qui donna son nom à l'établissement[11]. La présence de cette source explique sans doute l'ancienneté de l'occupation de ce lieu, dont il reste une trace manifeste remontant à l'époque romaine : l'aqueduc. Celui-ci, destiné à l'approvisionnement de Metz, distante d'une vingtaine de kilomètres, traversait la Moselle à la hauteur d'Ars-sur-Moselle et de Jouy-aux-Arches.

Selon des textes tardifs, il existait, avant la fondation de l'abbaye, une chapelle Saint-Pierre[12]. Il n'est pas rare que les fondations d'abbayes se fassent à partir d'une installation préexistante, il est donc très possible qu'un bâtiment religieux se soit déjà trouvé sur ce site favorable. Au Xe siècle, la *Vita Chrodegangi* se fait l'écho de cette situation et relate que le roi Pépin, étant à la chasse et ne pouvant poursuivre un cerf réfugié dans un édifice en ruine, en avait déduit la sainteté du lieu et que Chrodegang avait décidé d'y fonder une abbaye[13]. Mais ce texte ne relie en rien ces ruines à saint Clément. La légende, d'après laquelle le rôle religieux de Gorze remonterait aux origines du christianisme en Lorraine, n'est attestée qu'au début du XIIe siècle : saint Clément, envoyé par saint Pierre, arrivant en vue de Metz qu'il venait évangéliser, découvrit le site de la ville depuis le sommet de la colline de Gorze. Il tomba alors à genoux sur cette hauteur dominant la vallée[14]. Plus tard, une croix et un petit oratoire furent élevés au lieu supposé de cet épisode[15].

B. Le contexte religieux à l'époque franque.

Au début du VIIIe siècle, évêchés et abbayes connaissent une crise, liée d'une part aux confiscations de biens d'Eglise par Charles Martel[16], d'autre part à la désaffectation du clergé traditionnel, due en particulier à l'influence des Irlandais. En effet ceux-ci propagent, avec succès, sur le continent, l'ascèse de type colombanien, dont la rigueur et peut-être les excès mêmes, expliquent l'attraction qu'elle exerce[17].

Cette crise est cependant en voie de rémission, la vie religieuse a été réanimée par des personnalités d'obédience romaine[18] :

Pirmin, dont on ignore s'il était un Wisigoth ou un Irlandais, et qui fonde notamment Reichenau en 724 à la demande de Charles Martel, puis, après 727, dirige Murbach, fondation du duc Ebehard. Avec l'aide de Sigebaud de Metz, Pirmin fonde Marmoutier, *Hilariacum* (Saint-Avold) où cet évêque se fait enterrer, Neuwiller[19] et Hornbach[20] où ce réformateur mourut en 753.

Boniface surtout, qui jouit du soutien royal, ce qui permet la tenue de conciles, la restauration des provinces métropolitaines et des archevêchés et, dans les zones nouvellement évangélisées, la création d'évêchés. Boniface, dans une démarche propre aux Anglo-Saxons, défend un système romain, la revalorisation du rôle de l'évêque, et surtout le renouveau culturel, qu'appelait la formation souvent trop séculière ou spécialisée des évêques, renouveau orienté notamment vers une meilleure connaissance de la Bible.

INTRODUCTION

Chrodegang complète l'oeuvre de ses devanciers[21]. Descendant d'une grande famille de la Hesbaye, il commence une carrière politique et, avant d'être évêque de Metz en 742, il est chancelier, selon une méthode de recrutement épiscopal traditionnelle. Ami de Pépin le Bref, il collabore à son oeuvre de réorganisation et d'unification du royaume. Il part à Rome, en 753, comme ambassadeur auprès d'Etienne II, ce qui prouve son importance politique et explique l'origine de plusieurs de ses innovations religieuses. A son retour, il veut faire de Metz le modèle des cités et, à l'exemple de Rome[22], il développe en particulier une liturgie stationnale, propose une nouvelle organisation intérieure des églises en installant dans sa cathédrale un ambon, un ciborium et un chancel lié à l'importation de la liturgie romaine, dont le chant dit grégorien est un élément fondamental[23]. Chrodegang réorganise le clergé séculier de sa cathédrale en écrivant pour les chanoines une règle inspirée de saint Benoît[24] et le clergé régulier par la fondation de Gorze[25].

L'église de Gorze est dédiée aux saints Pierre, Paul, Etienne et à tous les saints[26], patronage à la fois romain et messin. Gorze est une réussite et Chrodegang la donne en modèle au concile de Compiègne de 757[27]. L'abbaye est la preuve de l'intérêt porté par l'évêque à la règle bénédictine[28], dans un milieu perméable au monachisme irlandais qui minimise l'importance de l'évêque. En effet, en Irlande, la frontière entre abbaye et évêché est mal définie, la notion de siège épiscopal n'est pas nette, et les fonctions d'évêque et d'abbé, que l'abbé cumule parfois, ne sont pas bien délimitées[29]. Gorze est fondée par et pour Chrodegang : s'il faut en croire les premiers actes, l'essentiel du temporel vient de lui, elle doit lui rester soumise, il en est sans doute le premier abbé et il y est enterré. Chrodegang cherche ainsi à assurer doublement son paradis, puisqu'il joint aux prières perpétuelles des moines reconnaissants la présence des reliques de saint Gorgon qu'il ramène de Rome en 765[30]. Parallèlement, Chrodegang donne à Lorsch le corps de saint Nazaire et à la *cella* d'Hilariacum (Saint-Avold) celui de saint Nabor[31]. Cette recherche de corps saints italiens – romains – montre l'attachement de Chrodegang à la papauté et l'importance de la région, cœur de l'Empire carolingien[32].

Après la mort de Boniface, Chrodegang reprend les assemblées synodales qui permettent de faire connaître ces nouveautés et dont l'audience s'étend, sous son impulsion, à des zones de plus en plus éloignées du centre lotharingien. La fondation de Gorze s'est faite entre 747, date la plus haute proposée par les actes[33], et 757, date du concile de Compiègne, mais Chrodegang parle alors de sa fondation au passé[34]. On ignore d'où venaient les premiers moines, peut-être d'un monastère voisin fondé par Pirmin[35]. Chrodegang confie la charge abbatiale à son frère Gundeland attesté en 759, auquel succèdent Theutmar, Optarius, Magulf, Haldin[36]. Des moines de Gorze essaiment vers d'autres monastères : en 761, à l'abbaye de Gengenbach[37] et, en 765, à l'abbaye de Lorsch fondée par un parent de Chrodegang et dirigée par Gundeland[38].

C. Crises et essais de réforme.

Gorze reste dans la dépendance de l'évêque de Metz[39] comme le plus beau joyau de son diocèse. L'archevêque Angelram (768-791), qui y a peut-être été moine, lui fait des donations[40]. L'évêque Gondoul (816-822) s'y fait enterrer[41]. Ses successeurs conservent parfois la mense abbatiale, c'est le cas au IXe et au début du Xe siècle pour Drogon, Advence, Robert et Wigéric[42].

Richement dotée, l'abbaye est convoitée. En 855, à la mort de Drogon, qui était à la fois archevêque et abbé[43], le comte Bivin, frère de Theutberge, épouse malheureuse de Lothaire II, en devient l'abbé laïc[44]. Bien que l'abbaye échappe à l'emprise laïque en 862-863, lors de la réforme d'Advence[45], les biens dont Bivin a eu la gestion continuent en partie à appartenir à des membres de sa famille, en particulier à sa fille Richilde, épouse de Charles le Chauve, et jusqu'au Xe siècle les possessions de son descendant Boson en Champagne ont cette même origine[46].

L'évêque Advence réalise une réforme de l'abbaye dont on a conservé la trace grâce à un acte très explicite. Cet évêque rétablit la régularité en nommant abbé, vers 863, le moine Betto[47], et en restaurant son temporel, même au détriment de l'évêché, afin de remédier à l'état déplorable où l'avait laissé tomber l'abbé laïc Bivin qui ne se souciait ni de nourrir les moines ni d'entretenir les bâtiments[48]. A la mort de Betto, vers 868, l'abbaye est dirigée par le *prepositus* Waltarius[49]. Il est possible qu'Advence ait tiré profit de la richesse du monastère, car les actions du *prepositus* sont faites avec son accord explicite. Ce n'est qu'après la mort d'Advence, vers 876, que le *prepositus* Bovon devient abbé[50].

La multiplication des abbés laïcs est un phénomène général et, pour se garantir un minimum de revenus, les monastères organisent la séparation des menses, les revenus de la mense conventuelle étant destinés à l'entretien des moines, et le reste est livré à l'abbé et à ses vassaux. A Gorze, où la plus ancienne mention de séparation de menses remonte à la réforme de 863, la mense abbatiale reste entre les mains de l'évêque. S'il y a un abbé régulier, sa part est prélevée sur la mense conventuelle[51]. Après la mort de l'évêque Advence, l'abbaye est en difficulté, les moines se plaignent de leur pauvreté à Louis le Germanique[52]. Faut-il comprendre que les moines déplorent la disparition d'un protecteur, ou penser qu'en dépit des affirmations contraires de l'acte cité plus haut, Advence a utilisé les revenus de Gorze, comme il l'a fait pour d'autres abbayes, notamment Saint-Trond[53] ?

Dans le cas de Gorze, il faut attribuer la décadence à la mainmise des laïcs et, même avec le retour d'abbé régulier[54], à la mauvaise administration qui ruine la vie régulière. En outre, le dernier quart du IXe siècle est une époque de troubles pour toute la Chrétienté en raison des incursions normandes et hongroises. L'évêque Wala est tué en repoussant les Normands à Remich en 882[55].

2) GORZE AU Xe SIECLE.
A. *Le contexte politique de la réforme.*

La Lotharingie se trouve au centre des conflits qui accompagnent la redistribution des pouvoirs à la fin du monde carolingien, au moment de la formation du nouvel Empire germanique[56]. En 900, la mort de Zwentibold marque la fin du royaume de Lothaire et la toute-puissance des grands qui, à la mort de Louis l'Enfant en 911, se rallient à Charles le Simple. Le roi de Francie occidentale, pour s'assurer des fidélités chancelantes, distribue les biens dont il peut disposer, en particulier ceux des abbayes. L'évêque de Metz, Robert (883-917), conserve un temps l'abbatiat de Gorze[57], puis le transmet au comte du palais Wigéric[58]. Ce dernier, devenu à son tour évêque de Metz, la donne à Adalbert, neveu des évêques de Verdun et de Liège et comte de Metz.

En 922, Henri Ier l'Oiseleur monte sur le trône et cherche à récupérer la Lotharingie. Le terrain lui est préparé par le duc Gislebert, mécontent de Charles le Simple, roi de Francie occidentale. Vers 923, Henri Ier fait un accord avec Robert, le frère du comte de Paris élu roi contre le souverain carolingien. En 936, il rencontre le successeur de Robert, Raoul, à Ivois et s'assure de la Lorraine, profitant de l'affaiblissement de ce souverain mal aimé de sa noblesse.

La situation de Gorze décrite par la *Vita* est catastrophique : les moines ne suivent plus la règle, des animaux se promènent en liberté dans l'abbaye et dans l'église[59]. Faut-il complètement accorder foi à ces lieux communs ? Il reste alors encore plus de vingt moines à Gorze[60] et ceux-ci ont conservé des biens et des documents, à partir desquels les réformateurs ont pu reconstruire la puissance de Gorze. La continuité paraît le trait dominant malgré les exagérations des textes. Ainsi les moines de Gorze ne demandent apparemment qu'à se réformer puisque, dans les premiers actes postérieurs à la réforme, on retrouve les noms de quatre moines de l'abbaye « décadente »[61]. Lorsqu'il se rend en pèlerinage à Gorze, Adalbéron[62], fils du comte Wigéric et chanoine à Metz, est consterné par l'état des lieux. Il promet

INTRODUCTION

de restaurer Gorze si saint Gorgon l'aide à obtenir l'épiscopat. Henri Ier, cherchant à mettre en place des prélats qui lui soient favorables, désigne comme évêque de Metz un ermite souabe, Bennon, que les Messins chassent en 929 après lui avoir crevé les yeux. Henri accepte alors Adalbéron, choisi comme évêque par les Messins.

Vers cette époque, Jean de Vandières et ses amis, soucieux de réforme monastique, veulent quitter la Lorraine où ils ne trouvent pas de monastère assez austère pour satisfaire leurs exigences. Cette formule est-elle purement rhétorique ? En dépit des problèmes liés notamment à la présence d'abbés laïcs, il subsiste une certaine vie monastique en Lorraine. Certes, elle est surtout notable dans le cas des monastères de femmes, et Jean a trouvé un foyer monastique vivace à Saint-Pierre-aux-Nonnains. Les abbayes d'hommes ne sont pas aussi brillantes. Dans le diocèse de Verdun, si l'abbaye Saint-Vanne n'abrite qu'une communauté de clercs, Saint-Mihiel accueille Jean qui y étudie, les moines sont dirigés par Uncrin, sous l'abbatiat d'Etienne qui devint évêque de Liège et la protection du comte de Verdun, Ricuin. Saint-Maurice de Beaulieu-en-Argonne, à l'ouest du diocèse, semble avoir conservé une communauté monastique. Mais ce sont probablement des clercs qui occupent Saint-Evre de Toul et dans le sud du diocèse, qui avait connu une activité monastique très importante, des chanoines se sont installés à Moyenmoutier et à Etival alors que Bonmoutier végète comme Senones et Saint-Dié. Dans le diocèse de Metz, Saint-Arnoul est peuplé de chanoines comme Saint-Martin et Salonnes, à l'est du diocèse, on ignore le sort de Saint-Avold et de Glandières Hornbach est lié à Spire[63]. La vie monastique est donc effectivement menacée en Lorraine et dans un tel contexte, Gorze, dont le déclin assez récent est relatif, fait encore bonne figure. Aussi Adalbéron, qui se souvient de sa promesse de restauration, confie-t-il cette abbaye à ce groupe de moines pleins de zèle[64].

Le désir de l'évêque ne suffit pas à rétablir immédiatement la puissance de Gorze : il faut compter avec les usurpations de biens – Adalbert ne veut pas renoncer à ses terres – et les problèmes de politique générale. Quand Henri Ier meurt en 936, l'abbaye est mal assurée et Adalbéron a d'autres sujets de préoccupation, en raison des perturbations qui précèdent la prise de pouvoir d'Otton Ier : la Lorraine se soulève en 938, le duc Gislebert trahit Otton au profit du roi de Francie occidentale Louis IV, qui peut alors avancer jusqu'en Alsace. Ce n'est qu'en 939, avec la mort de Gislebert à la bataille d'Andernach, que le calme revient et qu'Adalbéron se rallie à Otton. Adalbéron apparaît dans les actes comme un nouveau Chrodegang, fondateur de Gorze au même titre que ce dernier, et auquel l'abbaye doit rester soumise surtout en ce qui concerne le choix de l'abbé[65]. Comme Chrodegang, Adalbéron se fait enterrer à Gorze[66].

En 944, Otton Ier choisit Conrad, son gendre, comme duc de Lorraine. Mais, en 953, ce dernier se soulève et attaque Metz. En 954, il fait appel aux Hongrois qui assiègent Metz et Gorze[67], laquelle n'est, dit-on, sauvée du pillage que par l'intervention miraculeuse de saint Gorgon[68]. Conrad meurt en 955. Mais dès 953, le frère d'Otton, Bruno[69], est à la fois archevêque de Cologne et duc de Lotharingie. Il reste fidèle à Otton, et, outre ses fonctions dans l'Empire, assure également la tutelle de ses deux neveux : le fils de Louis IV après 954, celui d'Hugues le Grand après 956. Pour gérer son duché, il délègue une partie de ses pouvoirs : en Basse-Lorraine à Godefroid, mort sans descendance, et en Haute-Lorraine à Frédéric d'Ardenne[70], frère de l'évêque Adalbéron Ier. Frédéric, qui épouse en 951 Béatrice sœur d'Hugues Capet, est à l'origine de la première dynastie ducale[71]. Bruno se montre favorable à la réforme de Gorze[72]. Il meurt en 965.

B. Définition de la réforme de Gorze

Une des difficultés, rencontrée dans l'étude de la réforme de Gorze, est le manque de sources directes, malgré l'existence de textes hagiographiques contemporains. C'est pourquoi ce mouvement, jusqu'à l'étude de K. Hallinger, a été réduit à une simple phrase dans les histoires de l'Eglise. Mais, si le rayonnement de Gorze doit être retracé à partir de textes allusifs, les débuts de la réforme à Gorze sont connus grâce à un document exceptionnel,

INTRODUCTION

la *Vita Iohannis*. Quoiqu'incomplet, ce texte, écrit par Jean abbé de Saint-Arnoul, contemporain et ami de Jean de Gorze, donne des renseignements fondamentaux sur la formation du plus célèbre des abbés de Gorze et sur la vie quotidienne de l'abbaye au début de la réforme. La *Vita* est connue par un seul manuscrit[73], qui n'est probablement pas autographe et a la particularité d'avoir été copié par deux scribes se relayant de façon irrégulière. Elle est divisée en trois parties, différentes de celles annoncées dans le prologue où est décrite la mort de Jean. L'auteur relate d'abord la formation de Jean, puis la vie dans l'abbaye, qui donne lieu à une « galerie de portraits » monastiques souvent développés et vivants, et enfin l'ambassade de Jean à Cordoue. Ce dernier passage, d'un style différent, a peut-être été raconté par Jean lui-même. Le texte s'achève sur cet épisode et laisse donc dans l'ombre le retour de Jean en Lorraine ainsi que son abbatiat. Le texte est inachevé sans doute en raison de la mort de l'auteur, puisque le XIe siècle, déjà, l'a connu dans cet état incomplet.

Le thème de l'austérité de Jean est particulièrement souligné par Jean de Saint-Arnoul. Ce trait, important dans tout le groupe monastique réformé par Gorze, n'est pas le seul à être mis en valeur, et la *Vita* propose un modèle idéal de moine bénédictin en mettant l'accent sur l'humilité et la *discretio*, sans exclure la tentation de l'érémitisme[74].

Les *Miracula sancti Gorgoni*, sans doute écrits par l'abbé Immo, donnent des indications complémentaires sur la reconstitution du temporel lors de la réforme. Ils relatent surtout des faits presque contemporains, les miracles anciens sont rares et se situent pendant la translation de Rome à Gorze, nous les reverrons.

La réforme de Gorze fut étudiée par C. Wolff[75], qui prit particulièrement en considération les évêques, leur formation et leur influence. Afin de comprendre l'estime dans laquelle ils tiennent l'abbaye et d'expliquer les raisons de l'extension de la réforme de Gorze, il a établi les liens, réseaux et centres à partir desquels cette influence a rayonné. Cette méthode a été reprise, élargie et systématisée par K. Hallinger[76] dans *Gorze-Kluny*. Cet ouvrage fondamental veut montrer que le rayonnement de ce centre de réforme fut remarquable, mais que les sources littéraires qui en font état sont indigentes, allusives ou moralisatrices. Le schéma proposé par les chroniques monastiques est stéréotypé : le monastère, d'abord prospère, tombe en décadence, puis la réforme s'installe, l'ordre se rétablit. La difficulté de l'étude systématique d'un mouvement de réforme vient de ce que la masse des monastères est mal connue, et qu'on ne dispose de renseignements que pour ceux dont l'abbé est célèbre. Le problème se pose de savoir s'il n'y a qu'un effort global de réforme ou si des réformes rivalisent, la réponse se trouvant dans les recherches d'histoire locale ; l'envoi d'un moine suffit-il à imposer les coutumes d'un monastère dans un autre ?

K. Hallinger a rendu son autonomie aux mouvements de réforme monastique de l'Empire. Cluny a été longtemps considéré comme le modèle incontournable, le chef de file de toute réforme monastique[77]. Celle qui fut entreprise par Henri II n'aurait été différente qu'en apparence ; E. Tomek a également voulu montrer le caractère pré-clunisien de la réforme de Trèves, Einsiedeln et Saint-Emmeran[78]. De la sorte, les mouvements de Gorze ou de Poppon de Stavelot[79], même s'ils sont rappelés, ne sont pas individualisés. K. Hallinger a démontré que Gorze n'était pas une ramification de Cluny, plus encore, il conclut que l'influence de Gorze dans l'Empire, que Sackur, Tomek et Albers lui avait refusée, était équivalente à celle de Cluny pour le reste de la chrétienté. Il a relevé les traces les plus ténues de relations avec Gorze, de filiations de monastères, en s'appuyant surtout sur les mentions des nécrologes qui citent non seulement les décès intervenus à l'intérieur du monastère, mais aussi ceux de certains moines et abbés extérieurs. Or la filiation entre les monastères se fait par un échange d'abbés dont les nécrologes gardent le souvenir, ce qui permet de prouver des relations et de définir un groupe de réforme. K. Hallinger constitue ainsi un réseau, dont il regroupe les faisceaux en huit groupes, centrés autour de Gorze pour l'ensemble lotharingien, mais aussi autour de Saint-Maximin de Trèves, de Saint-Emmeran de Ratisbonne, de Niederaltaïch, de Lorsch, de Fulda, de Mayence, d'Einsiedeln, pour le Xe siècle, et, pour le XIe siècle, en deux groupes : l'observance mixte lotharingienne, et le mouvement « Jeune-Gorze » d'Ekkebert de Schwarzach et d'Herrand d'Halberstadt. Ces regroupements sont illustrés par des cartes qui matérialisent tout un ensemble de liens monastiques réunissant des abbayes dont les relations avec Gorze peuvent être très indirectes. K.Hallinger arrive à considérer que 169 monastères de l'Empire sont concernés par la réforme de Gorze.

Cette réforme est marquée par une adhésion constante aux valeurs du monachisme ancien, et insiste sur la stricte observance de la règle bénédictine. Elle ne repose pas sur une politique d'union des monastères, ce qui explique que les seules traces qui en subsistent soient les notices nécrologiques et les modifications des coutumes. La conception de la *libertas* des moines de Gorze n'est pas hostile à la juridiction épiscopale, ni à celle des grands laïcs, et s'intègre donc très bien dans l'Eglise germanique. Un trait propre au monachisme gorzien serait la place importante de la culture, que prouve l'existence d'une école florissante et d'un important catalogue de livres[80]. K.Hallinger définit donc le monachisme gorzien comme culturel, par opposition au monachisme cultuel de Cluny[81].

Pour caractériser la réforme sur le plan liturgique, K.Hallinger a supposé, nous le reverrons, que les *Consuetudines Sigiberti* émanaient de Sigefroy de Gorze, ce qui permettait de singulariser la réforme et de montrer sur quels points les réformes de Gorze et de Cluny s'opposaient. Les prescriptions liturgiques relatives à Pâques, aux leçons de nocturnes pour le Carême, aux dimanche des Rameaux, entre autres, manifestent l'indépendance de l'observance gorzienne par rapport à Cluny. Les oppositions entre Gorze et les autres mouvements de réforme sont marquées et entraînent parfois de vives polémiques, quand les partisans d'une nouvelle réforme cherchent à évincer les tenants des coutumes établies, que ce soient celles de Cluny, d'Hirsau, ou de Saint-Vanne de Verdun. L'esprit de Gorze, ainsi caractérisé, prouve l'absence d'organisation centralisée : la réforme se manifeste par la fondation de communautés de prières et par l'adoption d'un système de coutumes différentes, que K. Hallinger considère comme la pierre de touche de la réforme. Pour lui, le premier mouvement d'un abbé réformateur est d'imposer dans le monastère où il arrive les pratiques de son abbaye d'origine[82], ce qui explique que deux réformes différentes ne peuvent coexister à l'amiable.

Comme Cluny, Gorze se fit remarquer par l'allongement des offices liturgiques, mais Gorze fut marquée par un ton d'austérité étranger à Cluny, du moins dans sa dernière période. A la différence de Cluny, Gorze permit aux monastères qu'elle réformait de conserver leur propre direction, à condition de se soumettre à l'observance commune. Le mouvement gagna plus de 160 maisons d'Allemagne et de Lorraine. Pratiquement, le succès de Gorze, patronnée par Otton Ier et Otton II, limita celui de Cluny dans l'Empire. Les monastères touchés restèrent entièrement la propriété des laïcs qui les avaient fondés, n'entrèrent pas dans l'orbite romaine, mais restèrent sous la juridiction des évêques, et exercèrent ainsi sur le clergé séculier une influence plus grande que Cluny. Beaucoup de moines devinrent évêques et influencèrent le mouvement de réforme lorraine, qui anticipa la réforme romaine et donna à l'Eglise romaine Léon IX et Humbert de Moyenmoutier.

L'image de Gorze, qui en résulte dans les histoires de l'Eglise, a été trop souvent systématisée et réutilisée sans critique. Par ailleurs, les théories défendues dans la thèse de K. Hallinger ont été contestées, d'une part parce qu'elles exagéraient l'opposition entre monachisme « gorzien » et monachisme « clunisien », d'autre part parce qu'elles grossissaient l'influence de Gorze[83], en particulier en y rattachant abusivement la réforme de Saint-Maximin de Trèves, laquelle n'est pas un relais de la réforme mais un ensemble contemporain indépendant.

3) LES RÉFORMES LOTHARINGIENNES

La Lotharingie apparaît comme une terre de réforme.

Des moines irlandais continuent à intervenir sur le continent où ils entrent en contact avec d'autres réformateurs, nous verrons que leur action et celle de Gorze s'interpénètrent parfois[84].

La première réforme proprement lotharingienne est de peu antérieure à celle de Gorze. Gérard de Brogne[85] fonda, vers 919, l'abbaye de Brogne dont il devint abbé en 923. Il ramena d'un séjour à Saint-Denis des reliques, des livres, et incita peut-être quelques moines à partir avec lui. Gérard fut sollicité pour réformer plusieurs abbayes[86]. Sa réforme fut traditionaliste : il ne remit pas en cause l'église privée, l'idée d'exemption lui fut étrangère, il laissa une grande autonomie aux abbayes qu'il réforma et son action fut complètement liée à sa personne. Il fut peut-être gagné aux idées de Gorze après 953. Il mourut en 959.

A. Saint-Maximin de Trèves

La réforme de Saint-Maximin de Trèves[87], monastère dépendant du duc Gislebert, se fit grâce à ce dernier[88]. Ogo, prieur devenu abbé régulier, fut ensuite choisi par Otton Ier comme évêque de Liège (945-947). K. Hallinger considère cette réforme comme un sous-produit de celle de Gorze. Comme preuves de cette théorie, il note les relations amicales entre Ogo et Einold attestées dans la *Vita* – Ogo proposant, vers 935, à Einold et à ses amis de venir à Saint-Maximin si Adalbéron ne parvenait pas à leur assurer une indépendance économique acceptable[89]. Il remarque la présence parmi les moines de Saint-Maximin de Gundelach, moine de Gorze[90]. Il souligne que les principaux abbés issus de Gorze assistent à la consécration de la nouvelle abbatiale en 942[91]. Cependant, l'indice majeur repose sur l'antériorité supposée de la réforme de Gorze par rapport à celle de Saint-Maximin, et les autres arguments sont insuffisants pour déduire une réforme orchestrée par Gorze ; d'ailleurs il n'y a pas, par la suite, d'attestations indiscutables concernant les relations entre Gorze et les monastères réformés par Saint-Maximin.

L'extension de cette réforme est remarquable : en 937, elle atteint Bergen près de Magdebourg, fondation d'Otton Ier, en 955, Saint-Pantaléon de Cologne fondée par Bruno de Cologne, vers 957, Wissembourg, fondée par Dagobert au diocèse de Spire, vers 972, Gladbach, vers 973, Echternach, vers 978,

Tegernsee et enfin Saint-Emmeran de Ratisbonne. Saint-Maximin est un mouvement indépendant de Gorze et c'est à tort que les historiens ont fait de l'extension de la réforme de Saint-Maximin dans l'Empire au Xe siècle un mouvement gorzien. Amputée de la Germanie par la restitution de son autonomie à Saint-Maximin, l'action de Gorze est en fait limitée à la Lotharingie, le rôle de Gorze dans l'Empire au XIe siècle se fait dans des conditions différentes et sera étudié plus loin.

B. Saint-Evre de Toul

L'histoire de Saint-Evre de Toul, au IXe siècle, paraît confuse et mouvementée. Il semble qu'une communauté de clercs se soit établie autour de la tombe d'un évêque du VIe siècle, Aper (Evre). La présence de cette tombe fit de Saint-Evre un lieu de sépulture recherché par les évêques de Toul. Vers 836, un abbé est nommé par l'évêque Frothaire de Toul[92], qui se fait inhumer à Saint-Evre. La réforme de 934, voulue par l'évêque Gauzelin[93], est le fait d'un moine – de l'abbé ? – de Fleury, Archambaud, remplacé par Humbert (v.942-973), ancien reclus de Verdun devenu moine à Gorze[94].

Cette réforme connait une certaine diffusion, elle gagne en 935 Montier-en-Der où l'abbé de Saint-Evre met comme abbé le moine Albérich, qu'accompagne l'écolâtre Adson qui lui succède vers 968[95]. L'abbaye Saint-Mansuy de Toul[96], fondée sur la tombe du premier évêque de Toul, est confiée par l'évêque Gauzelin à l'abbé de Saint-Evre. Ce dernier, traitant cette abbaye comme une dépendance, met à sa tête un prieur. Par la suite, l'abbé Humbert de Saint-Evre dut accepter que l'évêque Gérard de Toul (963-994) rende son autonomie à Saint-Mansuy[97]. L'abbé Adam, choisi sur le conseil de Bruno de Cologne[98], est abbé de Saint-Mansuy à part entière. Après lui, Adson de Montier-en-Der dirige Saint-Mansuy[99]. Albert, ancien moine de Gorze, lui succède, cumulant, vers 965-984, la direction de Moyenmoutier et de Saint-Mansuy[100]. Vers 957, Gauzelin confie la fondation de Bainville à Saint-Evre[101].

En 952, la communauté de clercs qui s'était développée à

INTRODUCTION

Saint-Vanne de Verdun autour des sépultures des premiers évêques devient une abbaye, sous l'impulsion d'un abbé Humbert venu de Saint-Evre[102].

C. Gorze

En ce qui concerne la réforme de Gorze, il est nécessaire de préciser la situation de certaines abbayes, et de rétablir la suite chronologique de cette diffusion[103].

L'abbaye Saint-Martin devant Metz est réformée après 936 par Salecho qui y était clerc avant de devenir moine de Gorze.

L'abbaye Saint-Hubert[104] est réformée par Frédéric, oncle d'Adalbéron, qui y était moine avant de venir à Gorze[105]. La *Vita* présente le prieur Frédéric en opposition ouverte avec le prévôt Jean, puis vaincu par l'humilité de ce dernier et implorant son pardon[106]. Frédéric devient abbé de Saint-Hubert à la demande de l'évêque de Liège Richer (921-945). Il assiste à la consécration de Saint-Maximin quelques jours avant sa mort[107]. Des relations ultérieures de cette abbaye avec Gorze sont rarement attestées[108].

L'abbaye de Stavelot est réformée vers 938 par Odilon, un moine de Gorze venu de Verdun, sans doute à la demande de l'évêque de Liège et du duc Gislebert de Lorraine qui en est, jusqu'en 939, abbé laïc[109]. Odilon est abbé en 947 lors du synode de Verdun[110] et meurt en 954[111]. Il n'y a d'élection libre de l'abbé qu'en 966.

L'abbaye Saint-Arnoul devient un monastère vers 942 par la volonté de l'évêque de Metz, qui, comme nous le reverrons, lui donne pour premier abbé le moine de Gorze Heribert.

L'abbaye de Gembloux est fondée vers 945. Le premier abbé de Gembloux, Erluin, était moine de Gorze[112]. Il dirige aussi l'abbaye de Soignies où les moines remplacent les chanoines, et tente en vain de réformer celle de Lobbes[113]. Guibert, ami d'Erluin et fondateur de Gembloux, se fait moine à Gorze où il meurt en odeur de sainteté, si bien que les moines de Gorze tentent de conserver ce corps que les moines de Gembloux parviennent pourtant à récupérer[114].

Vers 960, la réforme atteint les Vosges: l'abbaye de Moyenmoutier est réformée à la demande de l'abbé laïc, Frédéric, duc de Haute-Lorraine à partir de 959[115]. Il choisit un abbé venu de Gorze, Albert[116]. Celui-ci est aidé par Blidulphe – archidiacre de Metz qui avait étudié à Reims et qui, malade, s'était fait admettre à Gorze[117] – et par Gundelach, ancien moine de Fulda et de Saint-Maximin[118]. Vers 959, ils fondent dans les Vosges un ermitage, Belmont[119]. Albert dirige aussi Saint-Mansuy et tente de réformer Saint-Dié à la demande de Frédéric, mais c'est un échec et Saint-Dié devient un chapitre de chanoines[120].

L'abbaye de Senones appartient au temporel de Metz depuis la fin du VIIIe siècle, Charlemagne l'ayant donnée à l'évêque Angelram[121]. Richer de Senones rapporte l'introduction de la réforme de Gorze vers 948, par Rambert, moine de Senones envoyé se former à Gorze par son abbé Ranger, afin de succéder à ce dernier[122]. D'après le nécrologe, Ranger et Rambert sont tous deux moines de Gorze[123], il est donc probable que la réforme a été implantée dès l'abbatiat de Ranger qui envoie un de ses moines, son futur successeur, se faire former à Gorze. Des liens avec Gorze sont attestés : Adalger, moine de Senones, apprend en songe la mort du moine Angelram de Gorze[124].

Vers 950, l'abbaye Saint-Paul de Rome faillit être réformée, à la demande du pape Agapet, par André. Ce moine, d'origine insulaire, est déjà âgé et meurt en route. André était accompagné du moine Albéric, qui l'enterre à Saint-Paul[125]. On ne peut donc pas parler d'une influence de Gorze sur cette abbaye, dans laquelle intervinrent les abbés de Cluny Odon (936-937) et Maïeul (967).

L'abbaye Saint-Vit d'Ellwangen[126] en Bavière a pour abbé Milo (963-973). La *Vita* lui promet un bel avenir et c'est sans doute de lui qu'il est question dans le nécrologe de Gorze[127]. Milo est mort à Rome.

L'abbaye Sainte-Marie aux Martyrs de Trèves est dirigée vers 975 par un moine de Gorze, Déodat, à la demande de l'archevêque Thierry[128].

Saint-Remi de Reims devient une abbaye bénédictine au IXe siècle. Vers 940, Gérard de Brogne en est abbé[129]. Vers 945, la

INTRODUCTION

réforme est continuée par l'archevêque qui nomme Hincmar abbé. Adalbéron de Reims (969-989) intervient dans la vie du monastère en s'inspirant sans doute du modèle messin et gorzien qu'il connait bien[130], du fait de ses origines familiales et de sa formation – neveu d'Adalbéron Ier de Metz, il fut élevé à Gorze. Adalbéron cherche à uniformiser les coutumes, sans qu'il y ait jamais de véritable unité ni de liens de sujétion entre les monastères ranimés par l'action épiscopale[131].

Nous verrons plus loin le cas d'autres abbayes touchées par Gorze au Xe siècle, en particulier au Nord-Est de Metz.

Le mouvement de Gorze attache une certaine importance aux femmes : Jean découvre sa vocation à Saint-Pierre-aux-Nonnains. Sainte-Glossinde[132] est réformée par Adalbéron qui choisit comme abbesse sa nièce Himiltrude. Le nécrologe de Gorze mentionne l'abbesse Voda[133] qui lui a succédé. Les miracles de sainte Glossinde ont certainement été écrits par un moine de Gorze, car cette abbaye est présentée comme un modèle[134].

La même année 934, la réforme part de Saint-Maximin, de Saint-Evre de Toul et de Gorze, qui ne jouit donc d'aucun privilège d'antériorité[135]. Gorze apparaît comme une des manifestations d'un courant général de réforme, dont les acteurs se connaissent et éventuellement s'entraident, car ils poursuivent un même objectif : restaurer la règle de saint Benoît. On ne peut parler de compétition, les réformes coexistent et s'interpénètrent, si bien qu'il est difficile et sans doute inutile de les distinguer d'une manière trop drastique. Dans ce courant lotharingien, le but est de restaurer la vie monastique au bénéfice des propriétaires des *Eigenkloster*, ces réformes sont de courte durée, les abbayes retournent à l'indépendance après le départ des abbés réformateurs : même si on garde les coutumes, le lien avec le monastère réformateur s'efface. Les réformes ont un succès rapide.

Gorze est dynamique au Xe siècle. Elle attire rapidement l'attention des évêques et des princes qui veulent rétablir la régularité dans les abbayes qui dépendent d'eux. Cependant il n'est pas possible de prêter à Gorze, en ce Xe siècle, plus de réformes que l'historiographie classique ne lui a donné sur la base de la *Vita*.

Les moines qui viennent de Gorze à l'époque de l'abbatiat d'Einold se montrent très entreprenants et diffusent l'esprit de réforme et d'austérité, ou simplement le rétablissement de la règle de saint Benoît, dans toute la Lotharingie. La Vie de Jean de Gorze fait allusion à plusieurs moines réformateurs : Salecho à Saint-Martin devant Metz, Frédéric à Saint-Hubert, Odilon à Stavelot, Heribert à Saint-Arnoul, Blidulphe et Gundelach dans les Vosges, André à Saint-Paul de Rome[136], sans qu'Einold ou Jean soit particulièrement mis en avant, ce qui tend à montrer que la réforme est celle d'un groupe plus que celle d'un homme.

4) LES ACTEURS DE LA RÉFORME.

A. Einold, abbé de Gorze de 934 à 967-8.

D'abord archidiacre de Toul, Einold, clerc aux penchants ascétiques, renonce à tout pour vivre dans la solitude et l'austérité, dans un premier temps à la cathédrale de Toul. Après avoir rencontré Jean, il tente une expérience érémitique[137].

Guibert de Gembloux lui accorde l'essentiel du mérite dans la réforme de Gorze[138], et la *Vita* le présente comme un homme de science et de vertu[139], mais l'image de cet abbé souffre un peu du voisinage de Jean. L'action propre d'Einold apparaît dans la gestion spirituelle de l'abbaye, il est élu abbé à l'unanimité[140], ce qui montre le prestige dont il jouit. Il a une action modératrice et s'interpose pour ramener la paix entre Jean et Adalbéron qui se disputent les terres de l'abbaye.

En 938, Einold reçoit une bulle du pape Léon VIII, qui confirme la réforme d'Adalbéron et autorise en théorie l'élection libre de l'abbé par le monastère, en reprenant les termes d'un acte antérieur[141]. En 964, il fait enterrer Adalbéron à Gorze. Einold est en relation avec d'autres réformes, comme celle d'Ogo de Saint-Maximin[142], et assiste à la dédicace de Saint-Maximin de Trèves en 942[143]. Il participe aux conciles de Verdun en 947[144] et d'Ingelheim en 948, il connaît la réforme de Gérard de Brogne, puisqu'il va à Saint-Pierre de Gand avec Humbert de Saint-Evre à la demande d'un disciple de

Gérard[145], sans que cela implique une réforme gorzienne à Gand. Gorze est aussi en contact avec le mouvement irlandais, Kaddroë est présent à la mort de Jean[146], et Maccalan est moine à Gorze[147] vers 945, avant de devenir abbé de Saint-Michel en Thiérache et de Saint-Vincent de Laon.

Il reste de nombreux actes datant de l'abbatiat d'Einold. Ils concernent surtout des restitutions de terres, mais aucun n'émane de lui. Deux actes concernent des ventes[148] faites par l'abbé et le prepositus de Gorze : *Magnifico in Christo fratri Aginaldo abbati et preposito eius Odolberto, Amabili in Christo Aginaldo et preposito ipsius Hamedeo.*

Il est difficile de connaître la date de sa mort. Einold est encore mentionné dans un acte de 967, il est mort un 18 août[149].

B. Jean, abbé de Gorze de 967-68 à 976.

La *Vita*[150] raconte que Jean, fils d'un propriétaire de Vendières, est tenté par la vie érémitique dont il fait l'expérience en Lorraine, avant de faire un pèlerinage dans le sud de l'Italie[151]. A son retour, il mène une existence proche du modèle monastique et, avec plusieurs amis, décide de repartir en Italie, ce dont Adalbéron les dissuade en leur donnant Gorze[152]. A partir de ce moment, l'activité de Jean est surtout celle d'un gestionnaire : il s'occupe des « choses de l'extérieur », comme le souligne la *Vita*[153].

De 953 à 956, Jean part en ambassade à Cordoue[154] auprès d'Abd-er-Rhaman III. Le fait que Gorze soit un *Eigenkloster* de l'évêque de Metz lui permet de jouir de l'influence de ce dernier à la cour et explique le choix de Jean comme ambassadeur d'Otton Ier. Jean est porteur d'une lettre injurieuse de l'empereur, qui répond à des insultes que le calife avait proférées envers la religion chrétienne. Le calife refuse d'en prendre connaissance. Jean s'informe de la situation religieuse en Espagne, comprend qu'elle est explosive et que sa mission pourrait déclencher des représailles contre les chrétiens. Il demande donc à Otton une nouvelle lettre, aux termes adoucis, que Jean présente au calife. Le texte de la *Vita* s'arrête alors que Jean fait l'éloge d'Otton Ier et du système politique de l'Empire.

Jean est cité comme abbé de Gorze en 973[155]. Un seul acte émane de lui[156] : *Ego Johannes, annuente superne dispositionis gratia Gorziensis cenobii abbas.* Sous son abbatiat, la réputation de l'abbaye comme centre réformateur persiste : vers 969, Jean reçoit à Gorze Forannan, évêque irlandais et abbé de Waulsort, qui vient s'imprégner de la façon de vivre des moines de Gorze[157].

Il est possible de reconstituer la date de la mort de Jean : il mourut au début du carême, le 7 mars 976. Il est cité au nécrologe : *Domnus Johannes pie memorie abbas sancti Gorgonii Gorziencis*[158].

C. Odolbert, abbé de 976 à 982.

Il est certainement moine à Gorze[159] dès 945, puis *prepositus* à Gorze sous l'abbatiat d'Einold[160]. Il disparaît des actes de Gorze après 960[161] et devient peut-être abbé de Saint-Vincent de Metz, dont il construit alors l'église à la demande de l'évêque Thierry de Metz[162]. Il participe certainement aux travaux de reconstruction de la cathédrale, commencés à cette époque, puisqu'il est l'ami de l'évêque et a des dons d'architecte.

Odolbert devient abbé de Gorze à la mort de Jean. Deux actes émanent de lui[163], il est dit dans le second *annuente superni moderatoris gratia cenobii pauperibus Christi delegatus abbas.* Odolbert est mort le 25 mars[164] de l'année 982[165].

Avec Odolbert s'achève la première partie de la réforme puisqu'il est le dernier abbé de Gorze à avoir fait partie du groupe originel des réformateurs[166]. Il semble que son abbatiat corresponde à un certain recul de l'influence de Gorze, car il n'y a plus, à la fin du Xe siècle, de mentions de moines de Gorze devenus abbés ailleurs.

Quelle est alors la situation de l'abbaye ? Sa richesse foncière est rétablie, constituant un ensemble relativement compact dont l'essentiel se trouve sur la rive droite de la Moselle autour de l'abbaye. Son rayonnement spirituel est surtout cantonné à la

INTRODUCTION

Lorraine en dépit de l'ambassade de Jean. Les coutumes qui transparaissent dans la *Vita* témoignent d'une réforme autonome sans être originale.

Au XIe siècle, commence la nouvelle phase de la vie de Gorze qui fait l'objet de ce livre. Après avoir étudié l'abbaye de Gorze à travers ses abbés, sa richesse temporelle et sa vie intellectuelle, nous reconsidérerons l'influence qu'elle a eue dans l'Empire.

CHAPITRE I

Les abbés de Gorze d'Immo à Henri (980-1093)

L'histoire religieuse de la Lorraine au XIe siècle, dans un temps de transformations et de réformes qui va de l'Eglise impériale à la Querelle des Investitures[1], est difficile à cerner. Pour les empereurs germaniques, la Lotharingie est une région sensible, qu'il s'agit de conserver à l'Empire auquel elle est intégrée depuis 925[2]. Les évêques lorrains sont choisis avec soin, à Metz ils sont pris dans la famille d'Ardenne qui a donné des preuves de sa fidélité à l'Empire. Leur place est fondamentale, d'autant que, depuis le Xe siècle, l'évêque est devenu pleinement le maître de sa ville et de son évêché[3].

L'évêque est le seigneur des moines, les abbayes lui sont soumises : ce sont des *Eigenklöster* dans lesquels il peut et doit intervenir au titre de la réforme. Ceci est vrai en premier lieu de Gorze, fondée, nous l'avons vu, par et pour l'évêque. Le droit à l'élection libre de l'abbé par les moines à l'intérieur du monastère de Gorze est affirmé par l'évêque Adalbéron, qui cependant se réserve un droit d'intervention[4], et confirmé par le pape Léon VII, qui précise que les moines peuvent choisir une personne extérieure au monastère[5]. Les premiers abbés de Gorze, Einold, Jean et Odolbert, élus par la communauté, sont choisis en son sein. L'évêque garde un droit de présentation de l'abbé, au moins le pouvoir d'orienter le choix de la communauté, et son intervention directe au profit de personnalités extérieures à

CHAPITRE I

l'abbaye se manifeste à plusieurs reprises au XIe siècle[6]. L'abbaye est donc entraînée dans les vicissitudes des interventions impériales et épiscopales : l'abbé Immo est chargé de réformes par Henri II, dans la tradition de l'Eglise d'Empire, Guillaume de Volpiano est appelé par l'évêque qui continue ses interventions, Sigefroy cherche à empêcher un mariage impérial, pendant la Querelle des Investitures, on suppose que l'abbé Henri a conservé une attitude irénique.

1) Immo (982 – vers 1015)

Immo est abbé de Gorze avant le 7 septembre 984, date de la mort de l'évêque de Metz, Thierry Ier[7], dont il reçoit la bénédiction abbatiale[8]. Immo succède immédiatement à Odolbert[9], et, comme il n'y a pas de raison de soupçonner une longue vacance du pouvoir, Immo devient abbé peu après la mort d'Odolbert, en 982.

A. Pourquoi choisir Immo ?

L'évêque de Metz, Thierry Ier (965-984), est le cousin germain d'Otton Ier, l'ami et le conseiller du souverain, successeur, dans ce rôle, de Bruno de Cologne, ce qui le place dans une situation exceptionnelle parmi les prélats messins, généralement choisis dans les grandes familles locales, en particulier la maison d'Ardenne. Thierry, éduqué à Halberstadt, devient chancelier à la demande de Bruno de Cologne. Otton le nomme évêque de Metz, après une vacance de trois ans du siège : Bruno a voulu attendre le retour de son frère, alors en Italie, pour nommer l'évêque d'un si important diocèse. Thierry est souvent à la cour, assiste aux diètes d'Empire et accompagne l'empereur en Italie. Ce prélat politique, préoccupé de sa gloire propre, continue cependant l'œuvre réformatrice de son prédécesseur et fonde l'abbaye Saint-Vincent. A la mort d'Otton II, son hostilité envers l'impératrice Théophanu le pousse à s'allier au duc de Bavière, Henri le Querelleur, qui achète à prix d'or de tels ralliements. L'échec de ce dernier le place dans une situation délicate, dont la mort le délivre[10].

Le premier acte mentionnant le nouvel abbé date de l'année 984, il confirme les privilèges des gens du domaine de Bruch, dans la région du Val de Vaxy[11]. Dans cet acte, l'abbé est cité sous le nom d'Ermenfroid, mais Immo est une autre forme de ce nom[12] et l'identification de cet abbé avec Immo n'est pas douteuse. En outre, la date, indiquée à la fin de l'acte, précise que les événements relatés ont eu lieu l'année de la mort de Thierry et de son remplacement par Adalbéron, quoique la forme particulière de l'indication de la date laisse supposer un ajout du copiste du cartulaire[13]. Puisque Immo a été choisi par Thierry, il s'agit bien de lui. Pourquoi l'apparition unique de cette forme du nom de l'abbé ? Comme cet acte est en réalité un extrait de censier, réorganisé ultérieurement, il est possible que la forme Ermenfroid soit celle, savante, d'un texte plus littéraire partiellement recopié. Le même phénomène se retrouve dans le cas de l'abbé Einold/Agenold attesté sous des formes différentes dans la *Vita* et dans les actes. Le premier acte où l'abbé est appelé Immo est celui par lequel le comte Maynard donne à Gorze une vigne située à Novéant, donation confirmée par Thierry Ier[14].

Le choix d'Immo en tant qu'abbé de Gorze, *Eigenkloster* de l'évêque et une des plus importantes abbayes du diocèse, ne peut être indifférent à Thierry. Immo n'est pas cité dans les actes de Gorze avant son abbatiat et il n'a donc apparemment pas rempli de charge importante à l'abbaye avant cette date, bien qu'il y ait sans doute été moine[15]. On peut supposer que l'évêque de Metz l'a choisi directement, peut-être dans une famille noble, comme c'était souvent le cas pour les abbés – ainsi, Benoît de Saint-Arnoul et Henri de Gorze sont fils de comtes palatins. L'intervention probable de l'évêque Thierry dans la nomination d'Immo a pu avoir des raisons politiques, l'évêque remerciant de son appui une famille puissante en nommant abbé de Gorze un de ses membres. Dans ces conditions, l'accession au pouvoir d'Immo marquerait une rupture dans la vie de Gorze : jusqu'alors les abbés étaient pris au sein de l'abbaye, plus particulièrement parmi les officiers, sans que leur noblesse soit prise en compte.

CHAPITRE I

Comment confirmer l'hypothèse de la noblesse d'Immo ? Suivant les usages de l'époque, les noms étaient transmis héréditairement. Or un certain Immo, comte palatin, est témoin, en 977, d'un acte en faveur de Gorze[16]. C'est certainement le même comte Immo qui est chargé par Thierry de ramener d'Italie les reliques de saint Vincent évêque[17]. Il s'agit peut-être du partisan de Gislebert qui se rallie à Otton après la mort du duc. Ce personnage, connu par Widukind de Corvey, possédait des terres importantes dans le Wormsgau, région concernée par l'acte. En 968, Immo intervient aussi en tant qu'avoué de Saint-Remi de Reims pour son domaine de Meersen, en 981-983, il mène les troupes de l'évêque de Liège[18]. A.Dierkens pense qu'il n'y a pas de raison de rapprocher ce comte Immo de l'abbé Immo. Sans doute ce nom est-il relativement répandu[19], et le nom attesté est-il toujours Immo, non Ermenfroid, sous lequel apparaît pour la première fois l'abbé. Pourtant, l'hypothèse d'une origine aristocratique n'est pas à rejeter : dans des chroniques tardives, Immo est tenu pour le fils d'un comte, même si l'identification de la famille concernée est sujette à caution[20].

Faut-il expliquer par les origines familiales d'Immo, ou par ses relations, la donation que fait le comte Conrad, en 982, de tous ses biens à Gorze ? En effet, Gorze a bénéficié de peu de donations et il s'agit ici de l'importante donation d'un laïc ; or Conrad était en particulier possessionné en Hesbaye, le comté d'Immo[21].

D'après le bénédictin Benoît Picard, l'évêque de Metz confie au nouvel abbé, dès sa nomination, la réforme de Senones. Cependant aucune autre source ne confirme cette affirmation[22], et l'on ne connaît pas d'autres monastères confiés à l'abbé de Gorze par Thierry. Vingt ans plus tard, ce n'est plus l'évêque de Metz, mais l'empereur Henri II, qui choisit Immo comme abbé de Prüm et de Reichenau.

B. La politique monastique d'Henri II.

Otton III meurt en 1002, sans descendance. Son cousin, le duc Henri de Bavière lui succède, après avoir évincé les autres prétendants. Henri II adopte une politique extérieure plus réaliste que celle d'Otton III. Sous son règne, les assises de l'Empire sont la Saxe, la Franconie et la Bavière. Il parvient à tenir son programme de *renouatio imperii Francorum*, il défend l'Empire contre les Slaves en Lusace, contre le comte de Flandre en Basse-Lorraine, et acquiert la Bourgogne. Il consolide l'État en s'appuyant sur une Église qu'il domine de façon encore plus nette qu'Otton. Religion, politique et économie sont inextricablement mêlées. Henri II exerce ses droits royaux sur l'Eglise, particulièrement en désignant les évêques, en distribuant les évêchés[23] ; en 1007 il fonde l'évêché de Bamberg.

Henri II, qui agit en vertu des droits du sacre, resserre les liens entre l'Eglise et l'État. A l'époque de la réforme grégorienne, ses interventions le font considérer comme simoniaque et voleur de biens d'Eglise par Humbert de Moyenmoutier[24]. Sa politique ecclésiastique, qui n'était plus comprise, rendit difficile sa canonisation.

Au Xe siècle, la situation des monastères de l'Empire s'est modifiée, ils sont plus proches du trône, qui accorde des diplômes pour les possessions et les droits des monastères dont les pouvoirs et les richesses augmentent considérablement. Inversement, ils doivent soutenir l'Empire militairement et financièrement. Les services dus à l'empereur augmentent dans les abbayes impériales, comme Stavelot, Prüm, Saint-Maximin, Echternach, Saint-Martin devant Metz.

Henri II voit dans les monastères un moyen de domination et de centralisation, il se considère comme la tête de tout l'Empire et pense qu'une hiérarchie interne doit être respectée, d'où, par exemple, la donation de Schwarzach à l'évêque de Wurzbourg, ce qui entraîne un phénomène de concentration. Henri intervient dans les abbayes d'Empire[25], à la fois pour les réformer et pour profiter de leur puissance. Son action à Prüm et Reichenau se répète dans plusieurs autres monastères comme Lorsch ou Saint-Maximin de Trèves.

Alors qu'il n'est encore que duc de Bavière, Henri soutient Godehard, ancien chanoine d'Altaich, qui l'incite à transformer, en 990, le chapitre d'Altaich en abbaye. Le premier abbé, Erkanbert, y applique les coutumes d'Einsielden et Saint-Emmeran[26]. En 995, Henri destitue Erkanbert et le remplace par Godehard. Celui-ci devient également, en 1001, abbé de Tegernsee mais, rencontrant une forte opposition de ses moines, il renonce quatorze mois plus tard. En 1005, Henri II lui confie l'abbaye de Hersfeld, une partie des moines prend alors la fuite, mais Godehard en réformant la vie religieuse rend à l'abbaye sa prospérité et à l'école son renom. Son influence s'étend indirectement vers d'autres abbayes et, en 1022, Henri le fait évêque d'Hildesheim[27]. Le parcours de Godehard ressemble donc en partie à celui d'Immo de Gorze.

Henri soutient d'autres réformateurs. Il nomme Ramwold[28], ancien moine de Saint-Maximin de Trèves abbé de Saint-Emmeran de Ratisbonne, abbaye dans laquelle le futur empereur, destiné à une carrière cléricale, a été élevé. Il nomme Poppon abbé de Stavelot en 1020 et abbé de Saint-Maximin de Trèves en 1022[29]. L'action d'Henri II montre l'impact d'un changement politique sur les monastères, ainsi les abbés bavarois remplacent les saxons et les rhénans[30]. La tentative d'Henri d'utiliser l'abbé Immo prouve que l'empereur soutient la réforme monastique, en particulier les mouvements lotharingiens, favorables, nous le verrons, à la régularité et au contrôle épiscopal. Ils apparaissent mieux adaptés au *Reichkirchensystem* que la réforme clunisienne, puisqu'Henri ne confie pas à Odilon de Cluny, qu'il connaît, ni à Guillaume de Volpiano, auquel il accorde des privilèges en Italie[31], de monastère à réformer dans l'Empire. Henri II craint l'autonomie des monastères entraînée par la réforme clunisienne, ce qui explique qu'il soutienne Gorze et des abbés soucieux de régularité mais qui acceptent son point de vue sur l'autorité de l'Empereur en ce domaine.

Outre la restauration de la discipline, sincèrement poursuivie, Henri intègre sa politique monastique dans la *Renovatio regni Francorum,* la main-mise impériale sur les principales églises du royaume, augmentant leur puissance et leur efficacité pour qu'elles servent en retour l'Empire. Une des conséquences en est peut-être la division des possessions monastiques qui découle des transformations consécutives au choix d'un nouvel abbé. Quand il dépose, en 1013, l'abbé Branto de Fulda et choisit Poppon de Lorsch pour diriger l'abbaye, Henri confisque une partie des biens de l'abbaye, probablement la mense abbatiale. En 1014, quand Henri dépose l'abbé Wahl de Corvey et le remplace par le moine Druthmar de Lorsch, il s'empare de certains biens. En 1020, Henri nomme Poppon abbé de Stavelot, une révolte éclate contre le nouvel abbé qui est attaqué par des hommes en armes ; à Saint-Maximin, où Henri le nomme en 1022, on cherche à l'empoisonner. Cela peut suggérer soit que Poppon a durement restauré la discipline, soit qu'il a favorisé des confiscations de biens — mais il a sans doute fait l'un et l'autre[32]. La situation rencontrée par Immo à Reichenau n'est donc pas exceptionnelle : imposé par l'empereur, Immo est mal accueilli, et les abbayes où il passe souffrent sans doute financièrement de son abbatiat. Nous verrons que c'est peut-être ce qui est arrivé à Werner de Lorsch.

Les interventions de l'empereur concernent surtout des abbayes riches et son action n'est pas désintéressée, mais l'appui financier soutiré aux églises de l'Empire devait lui paraître naturel[33].

C. Immo, abbé de Prüm et de Reichenau.

Au début du XIe siècle, Prüm est une abbaye prospère[34], comme l'indiquent l'inventaire du trésor et le fait qu'un chapitre de chanoines a été fondé sur les biens de l'abbaye au début du XIe siècle. Cette richesse remonte à sa fondation par Pépin le Bref et Bertrade en 765 et à la donation de Lothaire Ier, qui s'y retira pour mourir en 855[35]. Prüm était renommée pour son activité intellectuelle. L'abbaye a produit des ouvrages poétiques et historiques, comme la chronique de l'abbé Réginon[36]. Ce dernier a aussi repris en main l'organisation du temporel, en faisant rédiger un censier et un cartulaire au début du Xe siècle[37]. En 981, Prüm doit quarante chevaliers pour le service d'ost impérial[38]. Immo devient abbé d'un établissement puissant. Prüm étant une abbaye impériale, le choix de l'abbé revient à l'empereur Henri II.

CHAPITRE I

Il est difficile de savoir quelles sont les relations de Gorze avec les empereurs, avant le choix d'Immo comme abbé de Prüm. Après l'épisode de l'ambassade de Jean, ils semblèrent se désintéresser de Gorze, sauf pour accorder à l'abbaye un diplôme de confirmation des biens[39]. Les trois empereurs du XIe siècle sont cités dans le nécrologe[40]. Peut-être des relations plus étroites existent-elles, si l'on en juge par une lettre assez obscure de Gerbert de Reims à Otton III, dans laquelle il demande la libération d'un homme qui meurt de faim à Gorze[41]. Que fait cet homme à Gorze ? Est-il sous surveillance, prisonnier ? Est-il moine et ne supporte-t-il pas l'abbaye ?

Otton Ier a choisi Milon comme abbé d'Ellwangen, Otton III a peut-être nommé le moine Werner de Gorze abbé de Lorsch en 1001. Par qui Henri II a-t-il entendu parler de l'abbé Immo ? Si c'est par l'abbé Werner, les conditions ne sont pas flatteuses, car l'empereur a dû le déposer[42]. Heribert, chancelier d'Empire, qui a été moine à Gorze[43], est peut-être intervenu, quoique cette recommandation, venant d'un opposant politique – Heribert s'était rallié au duc Hermann après la mort d'Otton III – aurait sans doute été mal accueillie. Il faut plutôt imaginer que le nom d'Immo a été cité au cours du synode qui se tint à Thionville en 1003 et auquel participa l'évêque Adalbéron II de Metz (984-1005)[44]. Ce dernier est relativement bien connu grâce à la *Vita*[45] écrite peu après sa mort par Constantin de Saint-Symphorien, ancien moine de Gorze. Adalbéron, fils de la duchesse Béatrice, formé à Gorze, devient évêque de Verdun en 984[46] puis abandonne quelques mois plus tard son siège pour celui de Metz[47]. Adalbéron, doux, pieux et ami des moines, célèbre souvent les fêtes de l'année liturgique avec la communauté de Gorze[48]. Il rénove les établissements monastiques féminins de Saint-Pierre-aux-Nonnains, de Sainte-Marie-aux-Nonnains, d'Epinal et de Neumünster[49]. Il fonde pour des moines irlandais l'abbaye Saint-Symphorien de Metz, où il se fait inhumer[50] à l'instar de certains de ses prédécesseurs sur le siège épiscopal messin. Soucieux de réforme et de bonne observance monastique, il est très hostile aux pratiques simoniaques, dont son biographe précise qu'il a toujours su se garder[51]. Adalbéron parle certainement favorablement de Gorze et d'Immo qui y est abbé depuis vingt ans. Le choix d'Immo n'implique pas que Prüm ait besoin d'une réforme. Peut-être Henri II cherche-t-il un abbé sûr, et Immo, choisi autrefois par Thierry de Metz, présente les qualités requises.

La date exacte de la nomination d'Immo comme abbé de Prüm n'est pas connue. Le dernier acte de son prédécesseur, Udon, est l'établissement de la liste du trésor en 1003[52] : donc Immo devient abbé après cette date, il est certain qu'il l'est en 1006[53]. En 1016, Immo n'est plus abbé, et il est sans doute mort, et c'est son successeur, Urold, qui fonde un chapitre de chanoines[54]. L'abbaye de Prüm n'a conservé aucun acte de l'abbatiat d'Immo. Les relations entre Gorze et Prüm préexistent-elles ou remontent-elles à cette époque ? Quelques traces discrètes[55] tendent à montrer que l'abbatiat d'Immo à Prüm a été un succès. Il ne l'a certainement pas ruinée puisqu'elle est capable de fonder sur ses biens un chapitre.

Il n'en a pas été de même à Reichenau. Henri II, apparemment satisfait d'Immo, lui donne cette abbaye en 1006[56]. Reichenau, fondée par Pirmin en 724, est en relations avec Gorze depuis la fondation de cette dernière : le nécrologe de Reichenau contient une liste de moines de Gorze correspondant aux premières années de l'abbaye[57]. Plus encore que Prüm, Reichenau est réputée sur le plan intellectuel et artistique[58]. L'abbaye est riche[59] et ses abbés puissants. Elle a été réformée par l'abbé Roudmann (972-85)[60]. L'abbé Witigowo († 997) donne à Reichenau sa plus haute expansion artistique. Ami de l'empereur Otton II, il l'accompagne en Italie lors de son couronnement. A son retour, ses moines se révoltent contre lui, il se démet de sa charge et Alawich le remplace. Ce dernier reçoit un privilège de Grégoire V, stipulant que les abbés de Reichenau peuvent porter dalmatique et sandales, que chaque abbé doit recevoir la consécration papale et apporter des manuscrits en cadeau au pape. Cela est confirmé par Otton, qui ajoute l'interdiction de choisir un abbé qui n'ait pas été moine à Reichenau[61]. Dans le cas d'Immo, et de Bernon son successeur, cette règle n'est pas respectée, Henri II désigne un abbé étranger. En juillet 999,

Alawich devient évêque de Strasbourg et un moine nommé Werinher le remplace.

En 1006, les moines de Reichenau ont élu parmi eux un abbé, Henri, que l'empereur ne reconnait pas « bien qu'il en ait reçu de l'argent »[62]. Henri II impose Immo, qui est mal accueilli et ressenti comme un intrus[63]. Il se montre particulièrement sévère envers les moines qui lui résistent, faisant régner la discipline par les coups et les jeûnes[64]. Les moines s'enfuient en grand nombre et Immo gagne le surnom de « persécuteur des moines et destructeur des abbayes »[65]. Un moine de Reichenau écrivit une lamentation sur la ruine de son abbaye, dont le texte est perdu, mais à laquelle le chroniqueur Hermann de Reichenau fait allusion[66]. Ce dernier accuse Immo d'avoir jeté une ombre sur les richesses, les hommes et les livres de l'abbaye[67]. Cela signifie-t-il

– que les moines ont fui,

– qu'une partie du trésor a été confisquée au profit de l'empereur,

– qu'Immo a pillé la bibliothèque de Reichenau pour enrichir celle de Gorze ?

Quel crédit faut-il accorder à ce texte accusateur ?

Il est certain que la sévérité de l'abbé Immo a découragé les moines, il est probable que la ponction financière demandée aux abbayes par l'empereur était lourde, et à ce titre, il faut rappeler qu'Henri II a pris la précaution de faire un inventaire du trésor de l'abbaye de Prüm[68], ce qui laisse supposer qu'il convoitait les possessions des monastères qu'il confiait à Immo ; enfin, nous le reverrons, la bibliothèque de Reichenau a pu séduire Immo.

Henri II constate l'échec d'Immo à Reichenau et le remplace, en 1008, par Bernon, ancien moine de Fleury devenu moine à Prüm sous l'abbatiat d'Immo[69]. La façon de procéder de l'empereur ne varie pas, il cherche le nouvel abbé de Reichenau à Prüm. Peut-être l'échec d'Immo est-il dû à une question de personne. Bernon, considéré par Sigebert de Gembloux comme un des grands abbés lotharingiens du début du XIe siècle[70], renoue pleinement avec la tradition intellectuelle de Reichenau, écrivant des traités sur la musique et des lettres[71].

D. La personnalité d'Immo.

Le personnage d'Immo est difficile à cerner. Il devait avoir une forte personnalité pour se voir confier trois abbayes – quatre si l'on compte Senones. Se montre-t-il maladroit, trop sévère[72], ou trop manifestement l'agent de l'empereur – pour avoir échoué dans deux d'entre elles ? Il est impossible de le savoir et si les moines de Reichenau ne l'aimaient guère, Constantin, dans la *Vita Adalberonis*, fait au contraire l'éloge de Gorze et du saint et doux abbé qui en régit les destinées à son époque. Il manifeste d'ailleurs son regret de ne pouvoir être plus explicite et de devoir se contenter d'une allusion favorable à Immo, par peur d'être accusé de flatter l'abbé[73], mais cette réserve est malheureuse pour notre propos.

L'incompatibilité d'humeur avec les moines de Reichenau vient-elle de ce qu'il leur a été imposé, de son étroitesse de vue, ou encore d'un penchant trop vif pour l'ascèse dans un milieu habitué à faire la part belle aux travaux intellectuels ? L'exemple de Jean de Gorze montre que les deux aspects peuvent coexister. Immo est personnellement curieux de textes – plus particulièrement de vies de saints – puisqu'il est à l'origine de deux œuvres :
– La Vie de l'abbé Kaddroë[74], premier abbé de Saint-Clément de Metz et fondateur de Saint-Michel en Thiérache, de Waulsort que Thierry Ier reçut d'Otton en 969[75]. L'épître dédicatoire de la *Vita* mentionne un abbé Immo – qui ne peut être que l'abbé de Gorze – qui a demandé la rédaction du texte[76]. La *Vita* ayant été écrite au début de l'abbatiat d'Immo, entre 982 et 983[77], comment expliquer que le moine de Saint-Clément ait dédicacé ce texte au nouvel abbé de l'établissement voisin ? Immo n'est-il cité qu'en tant qu'abbé de Gorze et successeur de Jean ? Non, car l'auteur précise qu'Immo a insisté pour que cette *Vita* soit rédigée. Les liens entre Gorze et Kaddroë sont bien attestés, et ce texte ne cesse de les souligner. L'abbaye Saint-Clément, alors dirigée par un chanoine de la cathédrale, Vidric (974-984), est à cette époque, particulièrement proche de Gorze. La *Vita* du premier et saint abbé peut être, pour les

moines de Saint-Clément, une manière de s'affirmer. Cette *Vita* est placée, pour lui donner plus d'efficacité, sous les auspices du chef de la plus importante abbaye réformatrice du diocèse.

— La Passion de saint Gorgon débute par une lettre de l'évêque Milon de Minden[78], dans laquelle il rappelle que, lors d'un passage à Gorze, Immo et lui ont parlé de leur saint patron commun. L'abbé s'est plaint de ne pas posséder de Passion de saint Gorgon : *passionem et miracula sanctissimi ac beatissimi communis patroni nostri Gorgonii uos non habere corde tenus doleretis*, et Milon s'est empressé de lui en faire parvenir le texte « retrouvé » dans la bibliothèque de Minden[79], en fait écrit, pour l'occasion, par un évêque Adalbert entre 982 – début de l'abbatiat d'Immo – et 996 – mort de Milon[80].

Surtout, Immo est sans doute l'auteur du *Sermo* et des *Miracula sancti Gorgonii*, certainement écrits au début de son abbatiat[81].

Le *Sermo*[82] reprend le récit de la *Passio*, cependant l'auteur a cherché dans Eusèbe[83] le nom de Pierre, maître de Gorgon et Dorothée, que la *Passio* ne lui fournissait pas, et a changé la mort des deux martyrs, qui sont décapités au lieu d'être pendus et abandonnés aux chiens. Les *topoï* de l'humilité étant absents, il s'agit certainement d'un abbé s'adressant à ses moines. F. Dolbeau propose d'y reconnaître une œuvre de l'abbé Immo qui se poursuivrait par les *Miracula*[84]. En effet, la fin de ce texte promet de relater les miracles qui se sont produits en Gaule : *tanto martyre Gallia inlustrata et magnificata sit, in sequentibus curabimus declarare* (f.19). Or le sermon s'arrête avec l'arrivée des reliques à Rome et les *Miracula* commencent avec la translation effectuée par Chrodegang. Ils sont rédigés par un abbé de Gorze qui parle de ses prédécesseurs[85] et de son saint patron. L'abbé Immo ne possédait, au début de son abbatiat, ni les *Miracula* ni la *Passio*. Il serait étonnant que des *Miracula* aient été rédigés avant la *Passio*. Sans doute le sermon est-il toujours dissocié des miracles[86], mais peut-être la tradition ultérieure, l'ayant trouvé trop bavard, a-t-elle préféré le texte de Minden[87]. Le style de la *Passio* est différent de celui des *Miracula*, mais Gorgon, saint mal connu, est présenté comme exemplaire d'une façon stéréotypée, alors que les *Miracula* concernent la vie quotidienne, contemporaine[88].

Davantage qu'un recueil de miracles, les *Miracula sancti Gorgonii*[89] sont une petite chronique de l'abbaye depuis sa fondation, s'inscrivant dans un genre représenté en Lorraine au début du XIe siècle par les chroniques de Moyenmoutier et de Saint-Mihiel[90]. Les *Miracula* concernent la protection de l'abbaye[91] et la défense de ses biens. Ainsi, ils font remonter à la translation de 765 les donations des importants domaines de Varangéville, Moivrons et Novéant, qui se situent effectivement sur le chemin entre Rome et Gorze[92]. Ils traitent aussi de la récupération des terres au moment de la réforme par Adalbéron Ier, en s'inspirant abondamment de la *Vita Iohannis*.

Certains miracles pittoresques sont liés aux manifestations inconsidérées de convoitise à l'égard des reliques, aux *furta sacra*[93], comme la tentative de vol par les moines d'Agaune, lors de la translation du corps depuis Rome. Vers 953, les moines de Gorze ayant amené les reliques du saint à Metz, pour les mettre à l'abri en raison des invasions hongroises, un prêtre de Saint-Sauveur essaye d'en subtiliser une partie mais il est foudroyé à sa deuxième tentative, alors qu'il ne désire pourtant prélever qu'un morceau de la châsse d'un saint si puissant[94]. De même, une « terreur sacrée » s'empare des dignitaires désireux de vérifier la présence de la totalité des reliques – quoiqu'ils s'y soient préparés par des jeûnes et des prières – et les empêche d'oser ouvrir la châsse[95].

Le saint se préoccupe du respect de la règle monastique, particulièrement de la stabilité, bafouée par un moine que Gorgon tente d'amener au repentir par une vision dans laquelle il est assisté par saint Pierre, premier patron de Gorze. Enfin quelques malades sont guéris par Gorgon.

Il est difficile de savoir comment, en pratique, Immo parvient à gérer trois abbayes. Le cumul n'est pratiqué ni par ses prédécesseurs, ni par ses successeurs, à l'exception de Guillaume de Volpiano, qui sort du cadre lotharingien. D'autres abbés messins cumulent la direction de plusieurs établissements tels Fingen puis Constantin à Saint-Clément et Saint-Symphorien, mais ces monastères sont proches l'un de l'autre et d'une importance moindre. Il est probable qu'Immo dut s'appuyer sur le prieur et les officiers des monastères dont il a la charge, et d'ailleurs, dans son cas, l'entourage de l'abbé est exceptionnellement bien connu. Les dignitaires de Gorze sont en effet cités dans les actes, en particulier le doyen Rodaldus[96] et le prévôt Constantin[97] qui devient abbé de Saint-Symphorien en 1007. La plupart des actes concernant Immo remontent cependant à l'époque où il n'a encore la charge que de la seule abbaye de Gorze[98].

Le dernier acte où apparaît l'abbé Immo date de 1007. Alors que, dans les premiers actes, Immo se dit *gratia Dei humilis abbas Gorziensis monasterii*[99], dans l'acte de 995, la titulature de l'abbé change : *abbas humillimus, licet indignus*[100]. On ne possède plus d'acte d'Immo après 1007, mais Constantin de Saint-Symphorien remarque qu'il est encore vivant au moment où lui-même écrit la *Vita Adalberonis*[101], entre 1012 et 1017. D'autre part, nous avons vu qu'il n'est plus abbé de Prüm en 1016. Immo meurt un 21 août[102] et est enterré près de l'autel Sainte-Croix de Gorze[103].

Immo est abbé de Gorze à une période charnière de l'histoire de celle-ci, alors que la réforme de Gorze s'essouffle, que le rayonnement de l'abbaye paraît diminuer et que de nouveaux mouvements monastiques, comme celui de Richard de Saint-Vanne, se diffusent en Lorraine. La mainmise de l'empereur sur l'Eglise d'Empire aurait pu favoriser un nouvel élan au profit de Gorze, mais ceci n'est que très partiellement le cas. Immo n'est-il pas l'homme qu'espérait l'empereur ? Alors qu'Henri II propose à Godehard l'épiscopat, il contraint l'abbé de Gorze à effectuer un repli, à abandonner Reichenau et à partir de ce moment Immo disparaît du groupe d'abbés auxquels l'empereur est susceptible de s'adresser pour leur confier une réforme. Avec l'échec d'Immo, Gorze, abbaye épiscopale, a peut-être manqué l'occasion de devenir une grande abbaye d'Empire.

2) GUILLAUME DE VOLPIANO (VERS 1015 – 1031)

Guillaume est le plus célèbre des abbés de Gorze, mais cette fonction est très marginale dans la vie du grand réformateur. Guillaume naît en 962 d'une grande famille d'Italie du nord. A sept ans, il entre comme oblat au monastère de Lucedio. En 987, il rencontre Maïeul de Cluny et le suit. En 989, Maïeul lui confie la direction de Saint-Bénigne de Dijon, pour laquelle l'évêque de Langres a demandé un réformateur clunisien. C'est le début de l'activité de Guillaume comme réformateur, activité qui le mène jusqu'en Lotharingie et en Normandie et ne cesse qu'avec sa mort en 1031[104].

A. Guillaume en Lorraine.

L'évêque Adalbéron II appelle Guillaume de Volpiano à Saint-Arnoul avant 996. Guillaume réussit probablement selon les espérances de l'évêque et Adalbéron a peut-être pensé à lui proposer Gorze, mais l'évêque meurt avant Immo et c'est son successeur, Thierry II, qui vers 1012-1017 donne Gorze à Guillaume[105], qui cumule ainsi les deux principaux abbatiats du diocèse.

L'évêque Thierry II de Luxembourg (1006-1047) est le beau-frère d'Henri II[106], qui favorisa sans doute son accession à l'épiscopat. Dut-il son siège à l'élimination de son cousin Adalbéron, fils du duc de Lorraine ? D'après Sigebert de Gembloux[107], il a été chargé d'administrer le diocèse pendant la minorité du jeune homme, et l'a écarté du pouvoir. Mais ce témoignage est sujet à caution et Thierry n'apparait pas comme un usurpateur ; de toute façon, son alliance avec l'empereur et, au pire, la continuité de son rôle à Metz, expliquent qu'un acte de Gorze de la première année de son épiscopat[108] date *Metensis civitati illustrissimo presule Teoderico presidente*. Thierry a peut-être été poussé à confier à Guillaume les grandes abbayes de son diocèse par sa sœur, l'impératrice Cunégonde, très favorable à cet abbé[109].

CHAPITRE I

B. *Guillaume à Gorze.*

Il reste peu de traces de l'abbatiat de Guillaume à Gorze, encore s'agit-il d'indications indirectes, comme la correspondance entre Warin de Saint-Arnoul et Jean de Fécamp. Jean demande le retour d'un moine de Fécamp, un Juif converti du nom de Benoît, parti à Saint-Arnoul en emportant avec lui l'argent dont il avait fait don au monastère. Cette lettre spécifie que Guillaume a réformé Gorze et suggère qu'il utilise habituellement, pour gérer les abbayes dont il a la charge, des moines venus d'abbayes déjà réformées par lui[110]. Du temps de Guillaume, les moines pouvaient donc se déplacer entre les monastères qu'il avait réformés. Guillaume, abbé de Gorze, choisit comme prieur Sigefroy, un clerc messin qui lui succéda, et, comme prieur de Saint-Arnoul, Warin, moine de Gorze, qui devient abbé de Saint-Arnoul. Guillaume meurt le premier janvier 1031, il est mentionné au nécrologe de Gorze comme *abbas istius loci*[111].

Si l'évêque fait appel à Guillaume, il ne faut pas pour autant supposer que les monastères concernés étaient décadents, car Immo ne paraît pas avoir été un abbé laxiste, susceptible de laisser péricliter son monastère. Le terme de réforme est sans doute inadéquat, malgré la formule de Raoul Glaber[112], mais peut-être l'évêque juge-t-il que Gorze a besoin d'un sang neuf.

Quel a été le rôle de Guillaume à Gorze ?

Le titre de prieur, sous lequel Sigefroy apparaît pour la première fois dans la lettre de l'abbé Warin de Saint-Arnoul citée plus haut, est peut-être une manifestation de l'esprit clunisien qui marquerait Gorze à cette époque, puisque les supérieurs des monastères soumis à Cluny sont appelés ainsi. Pourtant, il faut noter que le terme de prieur est abandonné par la suite à Gorze, et qu'à la mort de Guillaume, Sigefroy devient pleinement abbé, c'est donc une mesure liée aux conditions de travail de l'abbé réformateur, qui ne peut être présent dans les nombreuses abbayes dont il cumule la direction. Guillaume délègue, par ce titre temporaire, une partie de ses pouvoirs. Devenu abbé, Sigefroy se dit *frater Sigifridus, Dei gratia*

Gorziensis cœnobii abbas[113], l'apparition dans la titulature des abbés de Gorze du mot *frater*, qui n'est pas utilisé par Guillaume de Volpiano[114], n'est pas à porter au crédit d'une influence de Cluny.

Dans le domaine de la gestion du temporel, l'organisation des prieurés, qui se propage à l'époque de Sigefroy, peut être une manifestation de l'esprit clunisien. Par manque de sources, il est pratiquement impossible de déceler des traces de l'influence des coutumes clunisiennes dans la vie quotidienne de Gorze[115].

La bibliothèque ne manifeste pas une grande perméabilité aux textes et aux idées venues de Cluny, quoique le calendrier cite saint Bénigne, et les saints abbés de Cluny, Odon et Maïeul[116]. Il faut cependant considérer comme une trace directe l'existence d'un prieuré Saint-Bénigne près de Gorze, mentionné dans le pouillé du XVIe siècle[117]. C'est l'unique mention de ce prieuré, dont on ignore la date de fondation. Il faut certainement le confondre avec Saint-Blin, comme le suggère la mention d'une ancienne collégiale Saint-Benin[118] sur la colline où se trouvait une chapelle Saint-Blin[119]. En effet, c'est aussi en l'honneur de saint Bénigne que l'évêque de Toul fonde, en 1005, le prieuré Saint-Blin[120].

C. *La réforme de Guillaume*

Il est malheureusement difficile de savoir jusqu'où a pu aller la transformation de Gorze par Guillaume, d'une part parce que Guillaume n'est pas le fourrier d'un esprit ultra clunisien, d'autre part parce qu'on ignore en grande partie ce qu'était Gorze avant et après le passage de Guillaume. Les relations entre Saint-Bénigne et Metz sont très restreintes dans le temps et ne dépassent guère la première moitié du XIe siècle. En outre, on ignore largement quelles coutumes suivit Gorze après la venue de l'abbé Guillaume. Dans les abbayes réformées par Gorze, on trouve des traces d'influence clunisienne, à Siegburg le culte de saint Benigne, à Lomboch des éléments de liturgie. Mais il n'y a pas à Gorze de trace du culte de saint Maïeul, ni d'apport spécifiquement clunisien dans la bibliothèque l'abbaye conserve le système des prévôts sans recourir aux prieurs et ne se construit pas d'empire structuré.

Alors que la plupart des abbés de Gorze viennent du Nord-Est, Guillaume vient d'Italie et de Bourgogne, ce qui s'explique par l'existence d'un axe Nord-Sud passant par la Lorraine[121]. La réforme de Guillaume atteint non seulement Saint-Arnoul, mais aussi, dans le diocèse de Toul, les abbayes de Saint-Evre, Saint-Mansuy, Moyenmoutier : cette extension s'explique par les relations entre les évêques de Metz et ceux de Toul[122]. La réforme de Guillaume de Volpiano est la première et discutable manifestation de la réforme clunisienne dans l'Empire. Cet abbé est appelé à Metz par les évêques Adalbéron II et Thierry II pour diriger les deux plus grandes abbayes épiscopales. Mais Guillaume n'intervient pas dans les abbayes impériales, pas même à Saint-Martin devant Metz, et pas du tout dans le reste de l'Empire. Guillaume est-il le propagateur de l'idée clunisienne d'ordre ? A la différence de Cluny, le seul lien entre les monastères est la personne de Guillaume, la *Vita* ne cite aucun terme, juridique ou institutionnel, de dépendance. Sa réforme a pour but de renforcer le pouvoir de l'évêque, patron de l'*Eigenkloster*, aussi respecte-t-il les liens traditionnels du propriétaire et de son abbaye, d'ailleurs ce sont les propriétaires qui l'appellent. Guillaume agit comme abbé du lieu, il est d'ailleurs cité comme tel dans les nécrologes, non comme abbé de Saint-Bénigne. Une abbaye réformée entraîne dans le même mouvement des abbayes voisines, mais on ne constate pas qu'un abbé ait été déposé pour que Guillaume le remplace – Adalbéron II attend la mort d'Immo. Parce qu'il n'est pas seulement clunisien, surtout dans le domaine juridique, il pénètre en Normandie et aux portes de l'Empire. L'abbatiat de Guillaume aurait pu être pour Gorze un facteur d'ouverture vers l'Ouest, car l'abbé a commencé à tisser des relations entre ses monastères[123] de Fruttuaria, Saint-Bénigne, de Lorraine et de Normandie. Mais Gorze n'a rien fait pour que ces relations, liées à sa personne, lui survivent.

Le rôle de Guillaume ne doit donc pas être considéré comme synonyme de clunisien, au sens qu'a ce mot à la fin du XIe siècle. En effet, Guillaume agit davantage dans l'esprit de Maïeul que dans celui d'Odilon[124] ou de ses successeurs et sa réforme est originale par rapport à Cluny. Son surnom d'« outre règle » ne doit pas se traduire par *ultra clunisien*, il s'agit plutôt de mettre l'accent sur l'austérité, la règle concernée étant toujours celle de saint Benoît. Guillaume n'est pas hostile à l'ingérence des évêques dans l'évolution des abbayes, et il n'y a pas de problème d'exemption[125], d'ailleurs l'intervention de Guillaume est voulue par des évêques qui n'avaient aucune intention de se voir contestés dans leurs *Eigenklöster*. Cette réforme prend en considération les particularismes : les prieurs des monastères lorrains mis en place par Guillaume sont tous lorrains, même s'ils sont passés par Saint-Bénigne, comme Benoît de Saint-Arnoul.

3) SIGEFROY (1031 – 1055)

A. L'action de Sigefroy comme abbé de Gorze.

Guillaume a choisi Sigefroy parmi les clercs de Metz, il semble donc que l'on revienne aux données originelles de la réforme de Gorze, inventée dans le milieu canonial. Sans doute Sigefroy a-t-il attiré l'attention de l'exigent Guillaume par sa piété et son énergie. Il est difficile de retracer les antécédents de Sigefroy à Gorze, en raison du manque d'actes datant de la période de Guillaume. Cependant une lettre postérieure[126] rappelle que, sous l'abbé Guillaume, Sigefroy était prieur de Gorze.

Les actes qui datent de l'abbatiat de Sigefroy[127] traitent, pour l'essentiel, de la constitution du prieuré d'Amel. La comtesse Hildegonde y a fondé en 959[128] une collégiale destinée à douze clercs, que son petit fils, Conrad, lègue à Gorze en 982. En 1032, l'abbé de Gorze y fonde un prieuré Saint-Pierre[129]. En 1051, la *cella* d'Amel a une existence parfaitement reconnue et Léon IX en confirme la possession à Gorze[130]. Le prieuré est étendu grâce à des donations de l'évêque Thierry de Verdun.

En dehors de son activité, mal documentée, de gestionnaire du temporel de Gorze, l'action de Sigefroy est liée aux grands personnages qu'il fréquente, évêques, pape, empereur. Il est en relation avec Léon IX, depuis l'époque où celui-ci était évêque de Toul. En 1049, Sigefroy participe au concile réformateur de Reims. Il est cité, alors que les querelles de préséance ont posé de graves problèmes, en troisième position parmi les abbés, après Hérimar de Saint-Rémi, qui est à l'honneur puisque le pape consacre son abbatiale à cette occasion, et Hugues de Cluny[131]. Léon IX, qui se trouve à Toul à la fin de l'année 1050, donne alors plusieurs bulles de confirmation aux abbayes lorraines, puis se dirige vers Trèves. Il s'arrête à Gorze et donne à Sigefroy, le 15 janvier 1051, une bulle de confirmation[132]. A la demande de l'abbé, Léon IX compose des hymnes, et sans doute un office complet, en l'honneur de saint Gorgon[133].

Les idées politiques et théologiques de Sigefroy peuvent être déduites de trois lettres le concernant, qui traitent du mariage d'Henri III et de l'hérésie de Bérenger.

B. *Les lettres de Sigefroy sur le mariage d'Henri III.*

En 1043, à l'occasion du projet de mariage entre Henri III et Agnès de Poitiers[134], Sigefroy écrit deux lettres afin de démontrer l'impossibilité canonique de cette union[135].

La première est adressée à Poppon de Stavelot, conseiller des empereurs depuis Henri II, qui, outre son rôle de réformateur religieux, joue aussi un rôle politique, en particulier après la mort d'Henri, en incitant la Lotharingie à reconnaître Conrad II comme empereur[136]. Quand Henri meurt sans enfants en 1024, les deux candidats à la succession ont des droits identiques à la couronne : le choix des grands se porte, mais sans unanimité, sur le plus âgé. Il s'ensuit une guerre qui oppose le futur Conrad II à son cousin, le beau-fils du duc de Lorraine. Conrad est couronné en 1024, mais l'hostilité des Lorrains — Gothelon duc de Basse-Lotharingie, Durand évêque de Liège, le comte de Hainaut — envers lui ne désarme pas avant 1025[137]. Conrad propose en vain à Poppon le siège épiscopal de Strasbourg. Sous

Henri III, le crédit du réformateur est considérable, il remplit des missions diplomatiques en France[138], dont l'une à l'occasion du projet de mariage d'Henri III, projet qu'il soutient, et à propos duquel la *Vita Popponis* souligne la part prise par l'abbé de Stavelot pour le présenter comme le vrai fils de la paix évangélique[139]. Sigefroy le connaît, Poppon est abbé de Saint-Vincent de Metz.

La seconde lettre est adressée à l'évêque Bruno de Toul, le futur Léon IX, que Sigefroy connaît aussi personnellement[140].

L'argument majeur que les deux destinataires des lettres de Sigefroy avancent en faveur de l'union, est politique : elle rapprocherait l'Aquitaine de l'Empire et assurerait la paix. L'opposition de Sigefroy repose sur le fait qu'un mariage en deçà du septième degré de parenté est interdit canoniquement et que les conséquences, pour qui braverait l'interdit, ne sauraient être que néfastes, et la paix assurée un leurre.

La conscience généalogique est très développée à Metz. En 1003, quand Henri II réunit le synode de Thionville dont nous avons parlé plus haut, il traite, entre autres, de l'interdiction des mariages consanguins[141] et un des seuls évêques à soutenir le point de vue d'Henri est Adalbéron II. Il fait scandale en condamnant devant l'assemblée le mariage du duc Conrad de Carinthie comme étant canoniquement illégal, preuves généalogiques à l'appui[142]. En outre, les connaissances en ce domaine sont favorisées par la prestigieuse descendance de saint Arnoul qui pousse à la reconstitution de généalogies princières[143].

Le mariage de Henri III et d'Agnès a été, par la suite, critiqué en France[144], mais, dans l'Empire, Sigefroy est le seul à s'y opposer, avec, comme l'a montré H. Thomas, Bernon de Reichenau[145], qui s'adresse directement à Henri III. Nous avons vu que Bernon est le successeur d'Immo à Reichenau, et qu'il est donc très lié à l'ensemble Prüm-Gorze-Reichenau. Bernon emploie le même type d'arguments que Sigefroy : il y a une impossibilité canonique à cette union, démontrée par une généalogie très précise, le roi qui n'agit pas avec rectitude n'est qu'un tyran, le même thème de la *laus maiorum* se retrouve.

Le plan de la lettre que Sigefroy a envoyée à Poppon indique une gradation dans les catastrophes qui s'ensuivraient nécessairement, si le projet d'union aboutissait.

— Un rappel traditionnel de l'état de dépravation de ce monde montre l'approche de la fin des temps[146]. Ce thème a été, comme le rappelle Sigefroy, un sujet de conversation entre Poppon et lui à Thionville[147].

— Sigefroy enchaîne sur le projet de mariage, liant ainsi tacitement les deux choses. Pour prouver la force de ses arguments, il établit une généalogie précise et un tableau[148] qu'il joint à la lettre et qui tend à prouver que par le passé, déjà, la famille impériale a connu des unions « incestueuses »[149]. Muni du tableau, l'empereur ne peut plus plaider l'ignorance des liens familiaux existant entre lui et Agnès[150]. Leur souche commune est Gerberge, qui épousa Gislebert duc de Lotharingie, puis le roi Louis IV. Elle eut deux filles, Albérade et Mathilde qui eurent elles-mêmes pour filles Ermentrude et Gerberge, qui forment la première génération. La troisième génération étant constituée par Agnès de Poitiers et Henri III, Sigefroy utilise un comput germanique, d'après lequel les liens de parenté sont comptabilisés de façon très stricte par rapport au système romain qui donnerait, entre Agnès et Henri, un huitième degré de parenté. Si Henri III renonce alors, et se repent[151], le problème disparaîtra, mais Sigefroy se doute que les choses ne seront pas si faciles et c'est pourquoi Poppon doit intervenir et détourner Henri de son projet. Sigefroy fait semblant de croire qu'après sa démonstration irréfutable, chacun est convaincu, mais en réalité les arguments que Sigefroy propose sont davantage destinés à Poppon qu'à Henri III.

— Dieu se vengera si les canons sont bafoués, Sigefroy ne cite aucun texte précis, mais constate que cette vengeance pourrait atteindre l'intégrité physique et mentale des enfants qui naîtraient maudits et difformes[152] Puisque le souverain doit assurer une descendance, il serait prudent que ses héritiers soient résistants, car sa parenté est déjà peu nombreuse – Dieu aurait-il déjà sanctionné des infidélités passées[153] ?

– Henri III doit, du fait de sa position, être un parangon de vertu[154], car l'homme copie plus vite le mal que le bien. L'empereur, qui est un modèle, se rend coupable des crimes de ses sujets auxquels il donne le mauvais exemple. Sigefroy cite le cas de Jeroboam[155] et assimile la désobéissance du roi à un schisme religieux, à une révolte envers Dieu, qui peut avoir des conséquences graves pour l'empereur qui ne mérite plus alors d'être roi. Ce raisonnement est utilisé par Isidore de Séville pour expliquer que les sujets n'obéissent plus à un roi qui s'entête dans l'erreur, et que s'il manque de piété et de justice, il n'est plus roi mais tyran. La même idée est développée par Grégoire le Grand, qui considère que le rôle du souverain est de conduire les âmes de ses sujets vers le salut. Il faut donc qu'Henri se repente comme Josias[156] afin que Dieu remette son péché à lui et aux siens.

– La paix espérée, fondée sur un crime, est fallacieuse. Il n'y a de paix véritable que dans l'Eglise, idée que développe Augustin dans la *Cité de Dieu*. Celle qu'Henri espère est celle des enfants du diable soumis à leurs passions[157], la vraie paix est dans l'obéissance à Dieu et à l'Eglise. La paix est un souci majeur de l'Empire, et les chroniqueurs qui parlent du mariage avec Agnès soulignent justement l'espoir de paix[158]. Les mesures prises dans ce sens par Henri III doivent être mises en relation avec les mouvements de paix à cette époque[159], auxquels les tenants de la tradition impériale sont hostiles. Pour eux, la paix est celle de l'empereur ou n'est pas, ce qui explique que Gérard de Cambrai considère la *Treuga Dei* comme une « fausse paix ».

– Sigefroy n'oublie pas de rappeler le rôle politique que Poppon se doit de jouer, et développe quelques généralités sur la responsabilité des conseillers, surtout quand il s'agit de clercs. Depuis Jonas d'Orléans, et dans toute la tradition carolingienne, l'évêque se doit de guider le roi. Il ne doit pas mentir pour plaire aux hommes, ni se tromper lui-même en s'imaginant que la fin justifie les moyens, car Dieu lui demandera des comptes[160].

– Sigefroy rappelle à Henri III que les prières qu'il a demandées humblement et à plusieurs reprises[161] aux moines de Gorze, ne sauraient avoir de valeur s'il s'entête dans l'erreur. Argument important en raison du prix qu'attachent les empereurs à être commémorés dans les communautés monastiques[162].

– La conclusion de la lettre paraît s'écarter du sujet central pour revenir à l'introduction sur la dégénérescence du monde. En fait, Sigefroy s'inquiète de constater que les bonnes coutumes des ancêtres ne sont plus respectées dans l'Empire, il remarque que l'origine des nouvelles modes est la France[163]. Certes, les clercs critiquent habituellement les laïcs – qui plagient les moines s'ils sont barbus et les prêtres s'ils sont glabres – ainsi que la tenue vestimentaire en général, dans laquelle ils voient une perturbation de l'ordre du monde et la preuve d'une pernicieuse confusion des différents états de la société. Il est probable que Sigefroy pense que ces abus vont se répandre sans frein si Agnès monte sur le trône avec une cour de « Français ». A cette décadence, Sigefroy prête des accents de fin du monde : l'Empire part en lambeaux et, au-delà d'une réaction purement conservatrice, il est permis de reconnaître chez Sigefroy le désir de préserver l'Empire pour retarder la fin du monde[164], ce qui fait écho à un thème abordé par Haymon d'Auxerre : le mal du siècle est le désir sexuel, l'ambition ruine la légitimité du pouvoir politique et disqualifie les évêques courtisans. Mais la position de Sigefroy rappelle malgré tout celle d'Adson de Montierender[165] : le roi est la plus sûre garantie de l'ordre du monde.

Quoique l'abbé se montre plus prudent quand il écrit à l'évêque Bruno de Toul, les idées principales sont identiques : l'épiscopat doit guider les rois[166] et il propose comme modèle l'intransigeant Ambroise. L'écho des craintes millénaristes de Sigefroy se retrouve dans l'allusion au danger que court l'Empire[167] et au retour des persécutions qui seraient fatales à la tiédeur des prélats conciliants[168].

En dépit des arguments de Sigefroy, ni Poppon, ni Bruno de Toul[169], ne se sont émus de la consanguinité des futurs époux. Le mariage eut lieu et Agnès est inscrite au nécrologe de Gorze[170].

C. L'hérésie de Bérenger de Tours.

En dépit de cette divergence de vues, les relations entre Sigefroy de Gorze et Léon IX ne semblent pas s'être détériorées. En 1049 Sigefroy participe au concile de Reims qui traite en particulier de la répression de la simonie, et au cours duquel des hérétiques sont condamnés[171], peut-être déjà dans le cadre de la querelle autour de Bérenger de Tours. Si la question de l'Eucharistie a bien été évoquée, Sigefroy a donc, même sans intervenir directement, déjà entendu parler de ce problème, sur lequel revient une lettre de Paulin, princier de la cathédrale de Metz, adressée à Bérenger vers 1050[172].

Bérenger conteste la doctrine de la transsubstantiation[173] en se fondant sur :
– l'autorité de la tradition : il attribue, faussement, à Jean Scot Erigène un traité de Ratramne de Corbie lequel a, au IXe siècle, nié la présence réelle[174]. Bérenger n'a pas pris connaissance de la totalité du traité dont il défend les thèses et qui est condamné à Verceil en 1050.
– le raisonnement : d'après Bérenger la dialectique est la clef qui permet de découvrir la vérité dans le domaine de la foi. Puisque la matière du pain et du vin subsiste, il n'y a pas transsubstantiation[175].

Adelman, écolâtre de Liège et ancien condisciple de Bérenger, demande au princier de Metz Paulin de se renseigner sur les idées défendues par Bérenger, son ami[176]. La lettre de Paulin à Bérenger est sans doute la seconde qu'il adresse à l'hérésiarque, car Paulin déclare qu'il ne trouve rien de répréhensible ni d'hétérodoxe aux idées que Bérenger lui a exposées[177] – alors qu'il a déjà été condamné aux conciles de Rome et de Verceil en 1050. Paulin lui reproche sa critique de la hiérarchie ecclésiastique[178], allusion aux accusations lancées par Bérenger contre l'Eglise en général et Léon IX en particulier, car il se croit diffamé. Paulin met son correspondant en garde : il ne faut pas trop se fier à la raison en ces domaines[179], mais s'en remettre à l'autorité. C'est pourquoi le traité attribué à Jean Scot l'intéresse surtout[180], mais il doute de son authenticité, d'autant plus que ni lui, ni Sigefroy, n'en ont entendu parler. Paulin fait allusion à l'intérêt que l'abbé Sigefroy de Gorze porte aux questions que pose Bérenger[181]. Ce dernier cherche aussi un traité de saint Augustin sur les hérésies[182] – pense-t-il que les bibliothèques auxquelles a accès le princier de Metz sont bien pourvues ? Les conseils de prudence de Paulin ne furent pas entendus, Bérenger défendit ses opinions avec vigueur[183].

Les textes qui parlent de Sigefroy, ou émanent de lui, sont succincts et il est difficile de se faire une idée précise de sa personnalité. Ses débuts sont d'un réformateur et le rayonnement que retrouve Gorze sous son abbatiat peut être un indice du renouveau de la ferveur monastique. Sigefroy connaît et fréquente de grands personnages, entretenant d'ailleurs peut-être ainsi dans l'Empire l'image de son abbaye[184]. Il a une action assez importante à l'extérieur de son monastère, que soutient peut-être la réputation de régularité de celui-ci. Il apparaît cultivé et curieux[185] et jouit d'une certaine notoriété, puisque Paulin lui demande son opinion, et d'une certaine autorité aussi puisqu'il semble s'attendre à ce que ses arguments soient pris en considération par Poppon et Bruno, sinon par Henri III. Il considère que les arrêts des papes, des conciles et des Pères sont inspirés par le Saint Esprit[186], ce qui le rapproche des écoles de droit, particulièrement développées en Lotharingie[187], peut-être même des réformateurs comme Pierre Damien, qui plaidait en faveur d'une entente étroite entre le pape et le roi, quoique le contexte de la réforme grégorienne soit fondamentalement différent[188]. Pour Sigefroy, l'empereur est le chef naturel de l'Eglise d'Empire. Il n'est pas certain qu'il aurait compris la position de Grégoire VII, car il paraît plus près de surestimer l'importance de l'empereur que l'inverse, et ses comparaisons bibliques rapprochent Henri III d'un roi prêtre responsable du fait religieux dans ses états, d'un roi modèle pour ses sujets comme dans les miroirs des princes carolingiens[189]. Ainsi, la référence à Ambroise est réemployée dans une lettre de Grégoire VII à Heriman de

Metz pour souligner la supériorité du sacerdoce sur l'Empire[190]. Cet exemple est important, car la position de Sigefroy n'est pas non plus conforme à la présentation de l'affaire telle qu'elle est réutilisée, vers 1084-85, dans un traité de Gui[191], écolâtre d'Osnabrück. Dans ce texte, qui s'appuie essentiellement sur le droit canon et des exemples historiques, Gui fait allusion à la lettre de Grégoire à Heriman[192], et considère l'exemple inadéquat, car Henri n'a pas commis un crime semblable à celui de Théodose et Ambroise ne s'était pas permis de libérer les sujets de l'empereur de l'obéissance qu'ils lui devaient. De même que dans le cas des allusions à la paix, Sigefroy se rattache à un groupe impérial, par opposition à un groupe franco-bourguignon ; il n'a eu ni succès ni postérité dans ce combat d'arrière-garde. Sa position est traditionaliste, carolingienne.

Sigefroy meurt en juin 1055, il est encore cité comme abbé cette année là[193] et mentionné dans le nécrologe de Gorze le 12 Juin : *Domnus Sigifridus, venerabilis vitae abbas et sacerdos*[194], cette même année, car son successeur, Henri, est attesté dans les actes dès 1055[195].

Premier successeur de Guillaume, Sigefroy apparaît traditionaliste, pro-impérial, méfiant envers les Français, persuadé du bien-fondé de la puissance des évêques, le représentant typique de l'Eglise d'Empire. Comment ne pas faire confiance à un tel abbé pour former ces moines, à la fois pieux et soumis à l'épiscopat, que les évêques d'Empire encouragent avec l'accord d'Henri III ? La première et la plus nette manifestation de la réforme de Gorze dans l'Empire correspond à son abbatiat, quand Ekkebert part de Gorze avec six moines à la demande de l'évêque Adalbéron de Wurzbourg. Ainsi, ce qu'Immo n'a pas réussi à faire avec l'appui de l'empereur, Sigefroy y parvient avec le soutien des évêques : à partir de son abbatiat on parle de Gorze dans l'Empire.

CHAPITRE I

4) HENRI (1055 – 1093)

A. L'origine familiale d'Henri.

Il est le fils du comte palatin Erenfried/Ezzo[196] qui a épousé Mathilde, fille d'Otton III, et a fondé Brauweiler en 1024, grâce à des moines de Stavelot[197].

Le cas d'Henri pose un problème chronologique et généalogique. Ezzo a eu, de sa femme Mathilde, trois fils : Hermann, Otto et Ludolphe et sept filles[198] – l'aînée, Richeza, a épousé le roi de Pologne Miesko II[199] et les six autres ont été abbesses[200]. Henri n'est pas cité parmi ces enfants légitimes, il est probablement illégitime, Mathilde étant morte en 1025, Ezzo en 1034 seulement[201]. Dans ces conditions, Henri serait né entre 1026 et 1033 et serait devenu abbé de Gorze entre vingt-deux et trente ans, ce qui est relativement, mais pas excessivement, jeune et qui peut par ailleurs s'expliquer par la puissance de sa famille et une possible intervention extérieure. Henri ne paraît pas avoir été moine à Gorze avant d'en devenir l'abbé, sa promotion a pu être aidée par le fait que l'archevêque de Cologne, Hermann II, était son demi-frère[202] et que ce lien de parenté ait pu influencer le choix d'un abbé étranger au monastère, choix qui suppose également l'intervention de l'évêque de Metz qui est alors Adalbéron III de Luxembourg (1047-1072). Ce dernier, neveu d'Adalbéron II, a été élevé à Toul avec Bruno de Dabo, son parent[203]. Les documents littéraires que l'on possède sur son épiscopat soulignent son intelligence et son zèle ascétique[204]. D'après l'éloge rétrospectif des moines de Saint-Trond, alors secoués par de graves querelles, l'épiscopat d'Adalbéron paraît avoir été un âge d'or : « nul ne l'aurait attaqué en raison de sa vie pieuse, la cour impériale repose sur lui, sa famille est répandue dans tout le royaume »[205]. Il participe à plusieurs conciles de Rome, de Mayence, de Reims, assistant donc à la canonisation de Gérard de Toul et à la condamnation de Bérenger de Tours. Après la mort de Léon IX, il semble s'être surtout occupé de son diocèse. Il a été enterré à Saint-Sauveur où il avait fondé un chapitre[206].

*Crosse de l'abbé Henri,
Metz, Trésors de la cathédrale.*

CHAPITRE I

Les actes conservés de l'abbatiat d'Henri[207] traitent surtout de la formation du prieuré de Stenay. Dans le seul acte conservé qui émane d'Henri[208], il se dit *frater Henricus, Gorziensis cœnobii abbas*, formule qui rappelle celle de Sigefroy par l'emploi de *frater*, quoique Henri ne se dise pas abbé par la grâce de Dieu – mais on ne dispose que de la copie, peut-être tronquée, de l'acte. Henri a une action administrative importante, son abbatiat reste une période de référence[209], il gagne le qualificatif de « bon abbé », accolé à son nom dans le nécrologe.

B. *La politique monastique d'Henri.*

Henri a une autorité et un poids certains à l'intérieur du monachisme bénédictin, puisqu'il préside, avec l'abbé de Saint-Euchaire-Saint-Matthias de Trèves[210], le chapitre de l'ordre pour la province de Trèves en 1062[211]. La lettre qui émane du chapitre prend plusieurs décisions d'ordre pratique à des fins réformatrices. Dans un premier temps, les abbés insistent sur les devoirs des moines : obéissance[212], chasteté, pauvreté, avec, pour les contrevenants, une gradation des peines allant jusqu'à l'expulsion. Ils rappellent le devoir de soigner les malades, les vieux et les infirmes, interdisent les jeux de hasard[213], la chasse[214], la consommation de viande pour les bien-portants. Réciproquement, il faut que l'abbé montre en toutes choses l'exemple, soit un gestionnaire capable, n'entraîne pas sa maison dans des dettes et donne à chaque moine suffisamment pour vivre. La lettre se termine par une exhortation à l'unité entre tous les moines de l'abbaye, unité qui devrait se manifester par l'identité de la tenue vestimentaire[215], par celle de la nourriture, des jeûnes et des veilles ainsi que par la pratique de la charité entre frères[216]. Le fond du document est donc un désir de revenir à la pureté de la règle bénédictine.

Gorze est connue pour la régularité de son observance, puisque c'est Henri qui promulgue les réformes et que l'austérité de l'abbaye lui attire les enthousiasmes d'un moine fraîchement converti[217]. Pourtant certains moines peuvent être des fauteurs de troubles, tel le comte palatin Henri[218]. Ce dernier a été excommunié par Anno de Cologne pour avoir attaqué l'archevêché, mais, pardonné, il donne le château de Siegberg à Anno. Henri devient moine à Gorze vers 1057-1058[219]. Ce choix s'explique parce que les relations entre Gorze et Cologne sont excellentes sous l'abbé Henri et aussi parce que le comte, neveu d'Ezzo, est son parent[220]. Le comte Henri, qui semble avoir été un fou dangereux, s'illustre cependant quelque temps par son ardeur religieuse, puis retourne dans le siècle pour retrouver sa femme. Il harcèle à nouveau l'archevêque Anno de Cologne dont il assiège le château de Cochem. Pendant le siège, il décapite sa femme dans un accès de folie[221]. Abandonné alors par son armée horrifiée, il est enfermé à l'abbaye d'Echternach[222], où il finit ses jours.

Sous l'abbatiat d'Henri, Gorze joue un rôle important dans la réforme monastique de l'Empire. L'abbé exerce-t-il une action directe dans ce domaine ? Le seul document qui puisse nous éclairer sur cette question est une lettre d'Henri à un moine W. qui est peut-être Walon, l'abbé de Saint-Arnoul dont nous reparlerons. Dans cette lettre, Henri appelle frère et fils ce moine, qui a fait profession à Gorze[223] mais en est parti, manquant au vœu de stabilité. Même s'il ne s'agit pas ici de Walon[224], on sait par une autre lettre de Walon à Henri que celui-ci lui a fortement conseillé de refuser l'abbatiat de Saint-Remi de Reims, conseil que Walon se reproche trop tard d'avoir négligé[225].

Malgré la réticence dont fait preuve Henri à voir partir ce moine et les reproches qu'il adresse à Walon parti à Reims, c'est pendant son abbatiat que des moines de Gorze fondent ou réforment plusieurs abbayes et que les relations avec l'Empire sont les plus actives. Il est très probable que les liens familiaux d'Henri ont joué un rôle dans ce rayonnement, car on connaît d'autres d'abbés qui ont mis leur parenté au service de l'extension de la réforme monastique[226].

Gorze a été très prospère sous l'abbatiat d'Henri[227], puisqu'il a pu utiliser les revenus du monastère à de grands travaux de construction. Le nécrologe rappelle qu'Henri a fait construire sept églises : l'église de l'hôpital[228], fondée en 1065, et consacrée par l'évêque de Metz Adalbéron III, l'église Saint-Pierre, restaurée par Henri et consacrée par l'archevêque Udo de Trèves en 1068[229], une chapelle dédiée aux saints Apôtres[230], consacrée par Heriman en 1077, l'église Saint-Etienne de Gorze[231], l'église de Saint-Nicolas de Port[232], et celle de Sainte-Marie d'Apremont, la septième pouvant être la chapelle Saint-Maurice[233], l'église de Varangéville[234] ou celle de Stenay[235].

En liaison avec cette politique de grandeur, Henri procéde, en 1088, à l'élévation des reliques de saint Gorgon, qu'il confie à une nouvelle châsse[236]. Il ramène de Cologne[237] les corps de trois des Onze Mille Vierges[238]. Henri assiste à la translation des reliques de saint Clément par Heriman en 1090[239].

C. Gorze dans la Querelle des Investitures.

A l'époque de l'abbatiat d'Henri, la Lorraine connaît les débuts de la Querelle des Investitures[240], dans laquelle les évêques lorrains sont impliqués.

En 1073, Hildebrand devient pape sous le nom de Grégoire VII. Acclamé le 22 avril au Latran où se déroulent les obsèques d'Alexandre II, il est intronisé de force par le peuple. Aussitôt confronté au problème milanais, Grégoire VII soutient la Pataria milanaise, hostile à l'archevêque Godefroy, fidèle d'Henri IV. La révolte des princes saxons contre les châteaux royaux en 1073, celle des paysans saxons en 1075, coïncident avec les revendications pontificales, les *dictatus papae* datant de 1075. L'ultimatum de décembre 1075 concernant Milan, correspond à la victoire sur la Saxe, et le roi y répond par le synode de Worms qui condamne l'ingérence pontificale dans les affaires d'Allemagne : le pape est considéré par les évêques de l'Empire comme un fauteur de schisme, au nom d'une théologie de l'épiscopat, considéré comme un collège, qui se voit attaqué dans ses droits par Grégoire VII. Le roi, excommunié, menacé dans ses droits, se soumet à Canossa en janvier 1077. Une assemblée tenue en mars 1077, à Forchheim, déclare le roi déchu et désigne à sa place Rodolphe de Souabe couronné par Siegfried de Mayence.

Mais, en 1081, Henri IV envahit l'Italie et entre à Rome en 1084, où il est couronné par l'antipape Guibert de Ravenne. Henri IV paraît avoir triomphé, le synode de Mayence en 1085 étant une consécration, la Paix de Dieu est proclamée et la liste des évêques grégoriens est fixée : la répression commence. Mais les luttes s'éternisent dans les évêchés et la polémique repart. En 1093, Urbain II rentre à Rome, en 1098 le fils aîné d'Henri IV, Conrad, qui a été couronné roi d'Italie, est déposé, son frère Henri est associé au trône. L'empereur entreprend une politique de réorganisation interne de la Saxe et de la Souabe.

Heriman[241], parent de Godefroy le Bossu et oncle de l'évêque Henri de Liège[242], est choisi comme évêque de Metz en 1073, grâce au soutien d'Anno de Cologne. Il participe au concile de Worms, réuni par iHenri IV pour condamner Grégoire VII, et signe la déposition du pape, mais, revenu à Metz, il demande l'absolution pontificale, qui lui est transmise par l'abbé Jarenton de Saint-Bénigne[243]. Heriman ne participe pas à l'assemblé de Forchheim, en mars 1077[244], qui se termine par l'élection de Rodolphe. En 1078, Henri IV attaque Metz et chasse Heriman, qui reste cependant évêque. Le pape lui écrit deux lettres destinées à défendre les positions grégoriennes, en particulier concernant l'excommunication d'Henri[245]. Pour se faire des alliés, Heriman distribue des biens de l'évêché à de grands personnages comme Hermann de Salm, vassal de l'Eglise de Metz qui, après une défaite des Saxons et la mort de Rodolphe, a été élu roi de Germanie, en août 1081[246]. Henri IV fait déposer Heriman à Mayence en 1085[247], le chasse de son siège et lui oppose d'abord Walon de Saint-Arnoul, qui abdique, puis Bruno de Calw, qui se rend odieux et est chassé par les Messins en 1088[248]. Heriman revient définitivement à Metz en 1089 au plus tard et meurt en mai 1090[249].

L'abbé Henri garde une certaine neutralité, il reste l'ami d'Heriman de Metz, pro-grégorien, qui vient consacrer des autels à Gorze après avoir été chassé de Metz par Henri IV, de Thierry de Verdun, pro-impérial, qui l'aide à constituer des prieurés dans son diocèse, et néanmoins accueille Heriman à Verdun. Si Gorze s'est ralliée à l'un des deux partis, c'est sans doute aux grégoriens, puisque le nécrologe de Gorze mentionne l'abbé Jarenton de Saint-Bénigne[250], qu'Henri fait consacrer sa nouvelle chapelle en l'honneur des saints Apôtres, que Walon[251] publie son abdication depuis Gorze et qu'il existe des indications ultérieures de l'histoire de Gorze d'un choix pro-grégorien[252], que la position de l'abbé gorzien est celle de son évêque et qu'Hériman est favorable à Grégoire. Pourtant l'abbé Henri n'est pas cité parmi les électeurs de Poppon, successeur d'Heriman, qu'Urbain II félicite de leur choix[253]. Alors que chacun prend agressivement parti, Gorze conserve une attitude irénique.

Henri meurt le 1er mai 1093, la date de sa mort est connue par la croix trouvée dans sa tombe[254], et par la mention du nécrologe[255] : *Domnus Henricus, venerabilis vitae abbas et sacerdos capella sancti stephani Gorziensis et sex aliarum basilicarum aedificator postea cognomentum boni abbatis adeptus, anno salutis 1093.*

L'abbé Henri apparaît comme un bon gestionnaire, il s'occupe du temporel : des terres, des livres, des bâtiments, et parvient à ne pas s'engager dramatiquement dans la Querelle des Investitures. Son long abbatiat paraît pacifique quand la guerre fait rage, modéré quand les passions s'enflamment. Peut-être Henri est-il naturellement ami de la paix, sans doute est-il plutôt l'abbé d'un autre temps, qui disparaît avec lui en même temps que l'aura sacrée du pouvoir impérial et que la puissance des évêques. Sous son abbatiat, Gorze atteint un apogée, d'autant plus marqué que le repli le suit de près. Cela justifie sans doute l'idée de l'âge d'or sous l'autorité du bon abbé.

Conclusion : l'action des abbés de Gorze au XIe siècle.

Leur activité propre se manifeste surtout dans le cadre messin, au mieux lotharingien, ils signent les actes de réforme d'autres abbayes, apparaissent dans leurs nécrologes, échangent avec elles des manuscrits. Par ailleurs, on apprend incidemment qu'ils se rendent à la cour, participent aux conciles – on le sait dans le cas de Sigefroy et on peut sans doute généraliser – et à des réunions réformatrices, dont le retentissement est supposé affecter toute la province. Ils sont recrutés dans des familles nobles, cela est certain pour Guillaume et Henri, probable pour Immo, moins sûr pour Sigefroy, qui a pourtant par ailleurs le profil le plus nettement affirmé de l'abbé de cour. Pourtant ce ne sont sans doute pas de très grandes familles, sinon nous en aurions gardé des traces plus précises.

Comment ces abbés cherchent-ils à promouvoir Gorze ? Ils se préoccupent d'un certain faste liturgique dont témoigne la politique de reconstruction de l'abbaye, et ils sont à l'origine de textes glorifiant les saints qu'abrite Gorze : la Passion de saint Gorgon réclamée par Immo, le sermon sur saint Gorgon et les Miracles dont il est l'auteur, la *Vita Chrodegangi*. Ils se préoccupent de la préservation matérielle de Gorze et de son extension par la création de prieurés, moins par une politique suivie d'exploitation méthodique et d'extension territoriale que par une gestion traditionnelle de biens hérités ou nouvellement acquis.

Sauf dans le cas d'Immo – et de Guillaume – les abbés de Gorze ne gouvernent pas plusieurs abbayes, ils ne partent pas réformer d'autres monastères, et leur influence ne semble pas immédiate ; ainsi Sigefroy n'écrit pas directement à Henri III, et il ne paraît pas avoir été chargé par ce dernier d'activités politique ou diplomatique. Sous l'abbatiat d'Henri, neuf moines de Gorze deviennent abbés ailleurs, notamment dans l'Empire, ce qu'il faut en partie attribuer aux prestigieuses relations de sa famille.

Ce système est efficace, la vitalité discrète de l'abbaye, sa richesse bien gérée, peut-être même son manque apparent d'ambition la servent auprès des évêques. Ceux-ci, en effet, veulent la réforme sans désirer pourtant se priver, par des mesures trop radicales, des ressources des abbayes de leur diocèse. La puissance des évêques d'Empire est grande, la réussite de l'abbaye de Gorze indéniable, mais ce ne sont pas ses abbés qui la poussent en avant, ce sont les grands prélats qui viennent lui

CHAPITRE I

demander des moines. Il reste que les réformateurs que nous allons étudier sont des moines de Gorze qui ont vécu un temps sous leur autorité. Si eux-mêmes accèdent à l'abbatiat, ils le doivent au rayonnement et aux relations de ces abbés.

CHAPITRE II

Le temporel

La puissance et le rayonnement de Gorze reposaient sur une base humaine et matérielle qu'il nous faut évoquer à défaut de l'étudier de façon exhaustive.

Combien de moines l'abbaye devait-elle nourrir ? Bien qu'il n'y ait pas de renseignements directs pour Gorze au XIe siècle, on peut proposer quelques chiffres. D'après la liste de Reichenau, il y a, peu après la fondation, cent cinq moines cités avec l'abbé Optarius. Les trente-cinq moines, cités avec Chrodegang sont sans doute décédés. Cette liste commémorative a été transmise à Reichenau lors de la rencontre d'Attigny[1]. D'après les témoins des actes, il reste une vingtaine de moines dans la période immédiatement antérieure à la réforme. En 1322, époque de décadence, il y a soixante-trois moines à Gorze[2]. A la grande époque des Xe-XIe siècles, il faut supposer un nombre au moins égal, peut-être même une centaine de moines.

La multiplication des prieurés au XIe siècle est caractéristique d'une transformation de la gestion. Faut-il y voir aussi la réponse à un afflux de moines ? La chose est possible pour l'important prieuré d'Amel, Vanault au contraire ne reçut des moines que tardivement. En outre, le nombre de moines dans un prieuré est très variable, Raoul de Saint-Trond fonde un prieuré pour deux moines[3], Antoine prieur de Lay-Saint-Christophe est un si bon gestionnaire que le prieuré qui comptait deux moines à son arrivée parvient à en nourrir douze[4].

Pour faire vivre ses moines, Gorze possédait une importante richesse foncière.

1) PRÉSENTATION DU TEMPOREL

A. Les sources

Pour estimer l'importance du temporel, nous disposons d'actes, de cartulaires, de censiers, et d'études modernes.

Les originaux[5] anciens sont rares, les actes recopiés dans le cartulaire conservés en original ne représentent que 11 % du total. Les plus nombreux concernent la fin du Moyen Age et surtout l'époque moderne.

Il existait à Gorze un censier du Xe siècle[6], contemporain de la réorganisation du temporel dont il est difficile d'évaluer les modalités et les conséquences. Le plus ancien acte original est de 1032, la rédaction d'un premier cartulaire au XIe siècle[7] a pu entraîner la destruction des actes antérieurs qui avaient été recopiés et éventuellement modifiés. Ce premier cartulaire – perdu – correspondrait à l'abbatiat de Guillaume de Volpiano ou de Sigefroy.

Le cartulaire[8] du XIIe siècle comprend à la fois les actes propres à l'abbaye et ceux concernant les prieurés. Il a été établi sous l'abbatiat de Pierre (1169-1203), vers 1173 – c'est la date des derniers actes copiés. L'acte 195 (entre 1161 et 1170) cite le rédacteur : *Godefridus cartularius*. Il organise l'ensemble des deux cent douze actes d'après la chronologie, à quelques exceptions près (certains actes anciens furent recopiés à la fin du cartulaire) et restitue, sur des bases que nous ignorons, la date de plusieurs actes, se trompe parfois et ne donne pour certains actes qu'une estimation chronologique *quo supra*. Jusqu'en 1007, le cartulaire comprend surtout des contrats de précaire. A partir du milieu du XIe siècle, l'activité des chancelleries épiscopales augmente, en raison de la réforme entreprise à partir de Léon IX et des interventions épiscopales concernant les avoués. Mais il n'y a pas de confirmation générale détaillée, pour le XIe siècle.

Le cartulaire du XVe siècle[9] recopie en partie le précédent. Les biens des prieurés n'y sont pas mentionnés, ni les propriétés éloignées. Les actes sont réunis par centres d'exploitation, en commençant par Gorze, Onville, etc. A la suite de chaque tête de chapitre (sauf pour Gorze, la première page ayant disparu) se trouve une liste des lieux concernés, les droits de Gorze sur la région et les plaids annuels. L'acte le plus récent est de 1437.

Il existe enfin des cartulaires modernes, censier et plan terrier[10]. Des cartulaires sont conservés pour les prieurés d'Apremont[11], de Pfeddersheim, de Varangéville et de Saint-Nicolas de Port[12].

Le temporel a été étudié de façon globale par Chaussier dans son ouvrage sur Gorze, d'une manière plus précise mais portant uniquement sur l'identification des lieux par D'Herbomez dans l'édition du cartulaire du XIIe siècle, complétée par Marichal. L'étude de J.Reisdorfer, très approfondie, est limitée au Rupt-de-Mad[13], celle de J.P.Einhorn porte sur les possessions des chanoines de Gorze au XVIIIe siècle[14].

B. *Formation et évolution du temporel jusqu'en 1032.*

La rupture de 1032, peut-être consécutive à la constitution d'un cartulaire et à la remise en forme des actes anciens, est aussi le point de repère de la formation des prieurés.

Les biens de Gorze forment un noyau important autour de l'abbaye, des biens dispersés dans le Saulnois ainsi qu'à Varangéville, en Champagne et près de Worms s'y ajoutent.

Différentes strates doivent être distinguées, le cartulaire du XIIe siècle permet de les reconstituer.

Les actes attribués à Chrodegang – des faux qui placent la puissance temporelle de l'abbaye sous une autorité prestigieuse[15] – témoignent de l'importance du patrimoine foncier de l'abbaye et légitiment les récupérations de terres et les prétentions de Gorze. Le rédacteur mentionne souvent des lieux difficiles à situer qui disparaissent ensuite du cartulaire, que Gorze ait perdu ces biens ou que le nom des territoires concernés ait évolué. À cet ensemble s'ajoutent des donations de particuliers, parfois de grands personnages : le roi Pépin[16], l'évêque de Metz Angelram[17].

Le IXe siècle voit le détournement des possessions de l'abbaye à des fins temporelles. L'archevêque Drogon (823-855) garde l'abbatiat[18] et en utilise les ressources. Après sa mort, le comte Bivin, abbé laïc, exploite l'abbaye[19].

Vers 863, l'évêque Advence (858-875) rétablit un abbé régulier et restaure le temporel en transférant les droits des détenteurs de bénéfices des terres de Gorze sur celles du diocèse afin de rétablir la puissance de l'abbaye[20], et déclare qu'à la mort de toute personne détenant des biens de Gorze en bénéfice, ceux-ci feraient retour à l'abbaye. Après la mort d'Advence, les moines se plaignent de leur pauvreté à Louis le Germanique[21]. On peut penser soit que les moines ont perdu un protecteur puissant, soit qu'en dépit des affirmations contraires de l'acte cité plus haut, Advence a utilisé les revenus de Gorze, comme il l'a fait pour d'autres abbayes[22]. Le fait que la plus ancienne mention de séparation de menses remonte à la réforme de 863, et qu'il renonce rapidement à garder un abbé régulier va dans le même sens.

L'évêque Wala (876-882) rétablit un abbé régulier et fait confirmer des biens[23] ; son successeur, Robert (883-917) conserve l'abbatiat de Gorze et concède plusieurs précaires[24].

En 934, l'abbaye a perdu énormément de terres[25], la réforme s'accompagne de restitutions garanties par une série d'actes. Gorze a conservé des documents d'archives qui constituent la base de ses revendications. Entre 934 et 936, l'évêque Adalbéron Ier confirme des biens, en reprenant les termes des actes de Chrodegang, Gorze, Novéant, La Bauville, Jonville, Pannes, *Domni Stephani*, Vic, Bioncourt, Cuvry, Malancourt, Clusserath, trois chapelles près de Worms, Montmay, Vanault, Auve et Aumetz. La restitution de Moivrons, s'ajoute plus tard, témoignant de la difficulté de certaines récupérations, comme celle de la Woëvre par le duc Frédéric de Lorraine[26].

Les donations liées à la réforme sont peu importantes[27], quoique l'évaluation soit rendue difficile du fait que les moines réclament des biens qu'ils désignent encore au moyen d'un vocabulaire partiellement périmé, peut-être utilisé dans les actes originaux, qui disparaît ensuite. Certaines terres qui apparaissent soudain dans le cartulaire recouvrent en partie des biens antérieurs[28]. Un acte d'Otton fait le bilan des possessions de Gorze[29]. Au Xe siècle, Gorze a retrouvé une grande partie des biens perdus, mais la valeur de l'ensemble reste difficile à évaluer.

C. Le patrimoine au XIe siècle.

Le XIe siècle est pauvre en documentation. Dans le cartulaire, si nous éliminons les prieurés et particulièrement celui d'Amel, le dossier de Gorze est presque inexistant. Il faut faire une incursion dans le XIIe siècle pour trouver davantage de renseignements. Les bulles du XIIe siècle, sans être aussi précises qu'on pourrait le souhaiter – il n'y a pas de confirmation générale qui détaille les biens possédés – donnent la liste des prieurés et églises qui dépendent de Gorze.

La seule donation importante au Xe siècle est celle de Conrad, fils du comte Rodolphe, tué lors de la défaite d'Otton II en Calabre en 982. L'empereur ratifie son testament et ordonne à l'évêque Thierry de veiller à son application[30]. En 1069, Godefroy le Barbu donne Stenay aux moines de Gorze qui remplacent les chanoines, mais la possession de ces terres entraine des contestations jusqu'à la fin du XIe siècle. Enfin le seigneur d'Apremont fonde un prieuré sur ses terres, vers 1090.

Le bilan foncier de Gorze n'est pas entièrement positif, plusieurs terres citées dans le testament de Conrad ne sont plus jamais mentionnées dans le cartulaire. Gorze semble avoir laissé échapper une partie de la donation, territoires trop lointains ou isolés qui, mal surveillées, tentent les seigneurs locaux. On a des exemples de cette situation avec le prieur d'Amel, le seigneur de Vanault, à Moivrons aussi, ou avec les chanoines de Worms, comme nous le verrons plus loin.

CHAPITRE II

2) Les prieurés en 1051.

A. Varangéville.

Prieuré Saint-Gorgon, fondé au IXe siècle au diocèse de Toul[31].

Varangéville (*Waringisi villa*) est un bien ancien de Gorze, théâtre d'un miracle de saint Gorgon. Les moines, qui ramènent de Rome le corps de Gorgon, font halte pour la nuit dans un champ, et repartent au matin en oubliant les reliques déposées dans un buisson. A leur retour, l'arbuste a tellement grandi qu'il faut des machines pour récupérer les reliques[32].

L'évêque Angelram (768-791), donne un ensemble de biens, provenant du temporel de l'évêché de Metz, autour de Varangéville[33], la *villa* et ses dépendances, et plusieurs terres des environs[34]. Le nécrologe cite plusieurs donateurs[35]. Le prieuré est attesté dès le IXe siècle[36]. En 849, un échange de terres fait allusion à la *cella sancti Gorgonii* de Varangéville[37]. Otton de Verdun, duc de Lorraine, a pu en être l'avoué au Xe siècle[38].

En 910, Varangéville, donnée en précaire à la reine Richilde[39], revient à Gozlin, frère d'Adalbéron de Metz. Lors des récupérations de terres consécutives à la réforme, saint Gorgon se manifeste à l'évêque pendant son sommeil[40] pour le forcer à restituer ces terres. Le lendemain les moines vont prendre possession de Varangéville. Ils apprennent que le collecteur n'a pas encore remis l'argent du cens au représentant de l'évêque, Albufus, qu'ils rencontrent à Lay-Saint-Christophe. A sa suggestion, ils décident d'y passer la nuit pendant qu'Albufus se rend à Varangéville. Jean, méfiant, préfère continuer pour apprendre la décision d'Adalbéron au collecteur. Ce dernier refuse de remettre l'argent à Albufus[41].

Les biens sont confirmés par Otton[42]. La charte de fondation de l'église de Port par Pibon de Toul rappelle succinctement les biens de Varangéville[43]. D'après les possessions du prieuré à l'époque moderne[44], il est possible de retrouver en partie la donation d'Angelram[45].

Le prieuré est confirmé en 1051 par Léon IX[46]. En 1057, l'évêque Udon de Toul se plaint de ce que les paroissiens de

Varangéville, se réclamant de Gorze, refusent son autorité. Après enquête, Udon consacre l'église de Varangéville[47].

B *Saint-Nicolas-de-Port.*
Prieuré Saint-Nicolas, attesté au XIIe siècle au diocèse de Toul[48].

Quoique l'apparition de ce prieuré soit tardive, sa formation à partir de Varangéville justifie son étude en relation avec ce dernier.

L'église Saint-Nicolas est consacrée en 1101 par Pibon de Toul, l'abbé Henri de Gorze, mort en 1093, ayant répondu favorablement à la demande des habitants qui ne veulent plus traverser la Meurthe pour aller à Varangéville[49]. Un chevalier lorrain aurait volé vers 1105, un doigt de Nicolas à Bari[50]. La dotation d'origine est modique et le prieur de Varangéville conserve des droits à Port. La première mention explicite d'un prieur à Saint-Nicolas[51] n'apparaît qu'en 1176, la bulle de Pascal II, contemporaine, mentionne l'église Saint-Nicolas dépendant de Varangéville[52]. Le succès du pèlerinage assure la richesse de Saint-Nicolas, qui bénéfice aussi de quelques donations[53]. D'après la situation géographique de ces deux prieurés il est certain que Gorze tira profit du trafic fluvial, mais on ne peut préciser dans quelle mesure.

A la sécularisation, les prieurés de Varangéville et Saint-Nicolas de Port sont réunis à la primatiale de Nancy.

C. *Amel.*
Prieuré Saint-Pierre, attesté en 1032 au diocèse de Verdun[54].

En 959, une comtesse Hildegonde fonde[55] un chapitre de douze clercs. Amel se trouve sur la route de Verdun à Longuyon, ce qui explique qu'Hildegonde cherche à manifester ses droits en fondant ce chapitre. En 982, le petit fils d'Hildegonde, Conrad, lègue à Gorze ses biens en Lorraine, dont la cour d'Amel[56].

Les moines de Gorze établissent un prieuré à Saint-Pierre d'Amel, l'église paroissiale Saint-Martin étant desservie par un séculier, vicaire des moines[57]. La dotation d'origine du prieuré vient probablement des donations d'Hildegonde et de Conrad. Les moines de Gorze ont des problèmes à Amel, leurs possessions sont contestées dès la fin du Xe siècle. En effet, ils remercient un comte Sendebald du succès de son intervention armée, qui a permis à Gorze de conserver Amel[58]. En 1032, l'évêque Rambert de Verdun ratifie la fondation de ce prieuré, qui se trouve dans son diocèse, et légitime le partage entre le prieuré et la paroisse[59]. En 1051, Léon IX confirme à Gorze la possession de la *cella* d'Amel[60]. Le prieuré se développe grâce à l'appui de l'évêque Thierry de Verdun. Vers 1053-1054, Thierry cède à Saint-Pierre d'Amel les droits de l'autel Saint-Martin[61]. En 1064, il lui reconnaît[62] la possession des autels de Jeandelize[63] et Domprix[64]. Plusieurs actes du XIe siècle concernent Amel et les donations de Thierry au prieuré ou à l'abbaye de Gorze, à laquelle il donne, en 1050, l'autel Saint-Florent de Maizerais[65] et en 1060, l'église de Brainville[66].

L'évêque Thierry de Verdun[67] a été nommé par Henri III en 1046. Le début de son épiscopat est marqué par la révolte de Godefroy le Barbu qui assiège Verdun, met la ville à sac en 1047 et brûle la cathédrale. Peu après, Godefroy fait amende honorable, restitue les biens usurpés, et fait des donations, dont Stenay et Mouzay. Thierry le reconnait comme comte de Verdun et l'enterre à la cathédrale en 1069. Thierry fait montre d'une grande énergie dans l'administration de l'église, et dans l'application d'une réforme religieuse dans la lignée de Léon IX. Dans les actes concernant Amel, il distingue, en ce qui concerne les autels, le rôle de l'archidiacre, et celui de l'abbaye propriétaire pour la collation de la cure, qui ne doit jamais être entachée de simonie[68]. Thierry donne à Saint-Arnoul le prieuré d'Olley, au sud d'Amel[69]. Ces deux prieurés d'abbayes messines étaient placés dans la partie la plus orientale de diocèse. Il a pu influencer Godefroy dans le choix de Gorze comme bénéficiaire de la transformation de Stenay en prieuré.

Le prieur d'Amel paraît bénéficier d'une certaine autonomie[70], mais reste sous l'autorité de l'abbé. Le prieur se repose sur lui pour défendre le temporel, quand l'avoué abuse de son autorité : en 1095, l'évêque Poppon de Metz est appelé à intervenir[71] pour définir les droits respectifs de l'abbé de Gorze et du prieur d'Amel d'une part, et de l'avoué d'autre part, nous y reviendrons.

Le prieuré d'Amel reçoit des terres de l'abbaye[72]. Gorze le développe assez systématiquement. A la fin du XIe siècle, il est le seul à être qualifié de *cenobium*[73] et suffisamment important pour recevoir une partie de la bibliothèque[74]. Amel est le prieuré de campagne de l'abbaye.

Les possessions et les droits de Gorze à Amel sont confirmés en 1126[75] par l'évêque Henri de Verdun. En 1127, il donne à Gorze l'autel de Senon où une église est nouvellement fondée[76]. En 1152, une chapelle dépendant de l'église d'Amel est fondée à Ornel, terre appartenant à Amel[77], avec le consentement de l'abbé de Gorze et donnée à Gorze par l'évêque de Verdun[78].

A la sécularisation, le prieuré est attribué au collège des Jésuites de Pont-à-Mousson, nouvellement fondé. Au XVIIIe siècle, l'essentiel de leurs revenus provient d'Amel et ils y font des travaux[79].

3) *LES PRIEURÉS CRÉÉS DANS LA DEUXIEME MOITIÉ DU XIe SIECLE.*

A. *Stenay.*
Prieuré Saint-Dagobert fondé en 1069 au diocèse de Trèves.

Stenay est située à un endroit où le lit de la Meuse s'élargit. On y trouve des traces d'occupation romaine. Au VIe siècle, c'est une importante *villa* et le roi Thierry d'Austrasie y réside. En 715, Charles Martel fait construire une première fortification, pour affirmer sa domination sur les rives de la Meuse. En 882, Régnier au Long Col sauve la ville des Vikings. Après avoir longtemps relevé des Carolingiens, Stenay appartient au Xe siècle à la famille des comtes d'Ardenne. La ville, proche d'Ivois, est un lieu de passage, dans une région « d'entre deux » où se rencontrent les rois de Francie orientale et occidentale[80]. En 987, Stenay fait partie du douaire de la reine de France, Béatrice[81], sœur d'Hugues Capet et

*Cartulaire de Gorze du XIIe siècle,
Metz, BM 826 bis (perdu, archive photo).*

épouse du duc de Lorraine Frédéric. Béatrice, pour affirmer sa domination sur ce territoire, y fonde en 1023, avec son fils Thierry, un chapitre de chanoines destinés à desservir l'église Saint-Dagobert. Stenay et Mouzay[82] font partie de la dot[83] de sa petite fille, Béatrice, épouse de Godefroy le Barbu, comte d'Ardenne. En 1069, sur le conseil de l'archevêque Evrard de Trèves (1047-1066), Godefroy et Béatrice remplacent à Saint-Dagobert les chanoines, déclarés indignes, par des moines de Gorze[84] auxquels ils donnent les cures de Stenay et Mouzay[85]. Godefroy construit un château à Stenay, que l'évêque de Verdun assiège lors de la révolte du duc. Godefroy, qui meurt en 1069, s'est réconcilié avec l'évêque en lui donnant Stenay et Mouzay. En 1076, Godefroy de Bouillon récupère ces terres, qui ont appartenu à son oncle, mais sont revenues à la comtesse Mathilde, dont il chasse les partisans en 1085. En 1086, il délivre Stenay assiégée par l'évêque de Verdun, relève les fortifications et oblige le comte Arnoul de Chiny à rendre les terres qu'il tient, dont Mouzay. Henri IV ayant condamné la comtesse Mathilde, ses biens sont confisqués. Thierry reconnait Godefroy comme comte de Verdun et reçoit en compensation des terres, dont Stenay et Mouzay[86]. En 1096, Godefroy les vend à l'évêque de Verdun avant de partir en croisade. Gorze installe un prieuré, l'acte de 1085 de l'archevêque de Trèves Egilbert[87] parle de la *cella* de Saint-Dagobert de Stenay à laquelle il confirme l'église de Mouzay. Les péripéties que la région a connues ont secoué les moines et, en 1093, l'acte de restitution[88] par Godefroy de Bouillon précise qu'ils ont été dépossédés des autels donnés en bénéfice. En 1108, Pascal II confirme à Gorze la possession de Stenay[89].

Diverses terres sont rattachées à Stenay, le domaine de Quincy[90] et des biens dans le Vongeois[91]. En 1157, l'archevêque Hillin de Trèves confirme à Gorze les biens de Stenay[92], et lui donne l'église de Baâlon[93].

Ce prieuré est placé dans un site favorable et un centre d'échanges s'y est certainement développé, peut-être favorisé par l'existence d'un pèlerinage. Les revenus que l'abbaye en retirait en numéraire pouvaient être importants mais nous échappent totalement.

En 1580, une partie des terres est attribuée à la collégiale de Nancy, mais le prieuré reste une dépendance de Gorze[94] qui conservait des droits et des terres dans la vallée de la Meuse[95].

B *Apremont*.
Prieuré Sainte-Marie, fondé vers 1090 au diocèse de Verdun[96].

Vers 1089-1090, Gobert d'Apremont donne à Gorze[97] l'église édifiée près de son château dans une vallée où son fils unique est mort[98]. Il fait une importante donation de terres[99] pour que des moines de Gorze s'y installent. Un acte du début du XIIe siècle récapitule les biens du prieuré[100].

Ceux ci sont éparpillés, ce qui est normal à cette époque relativement tardive. On donne un champ ou une vigne, parfois là où Gorze a déjà des biens. A la fin du XIe siècle, des églises sont données à Gorze par des laïcs, ce qui est lié au désir de restituer les églises au clergé. Gobert d'Apremont en possédait un certain nombre. Certains biens donnés à Gorze[101] sont redistribués entre l'abbaye et le prieuré[102]. D'autres terres complètent[103] l'ensemble, Montsec[104], Saint-Baussant[105].

L'église Sainte-Marie est consacrée vers 1106 par le cardinal Richard d'Albano[106], Apremont est alors qualifié de *cella*. Après la sécularisation, le prieuré est attribué aux Jésuites de Pont-à-Mousson[107].

Ces deux prieurés sont fondés sous l'abbatiat d'Henri, des familles nobles ont choisi Gorze en raison du renom de l'abbaye ainsi que de la personne même de l'abbé et de sa réputation comme administrateur.

4) LES POSSESSIONS DE GORZE

La puissance foncière de l'abbaye de Gorze s'est confirmée, l'abbatiat d'Henri témoigne de la richesse de Gorze à la fin du XIe siècle. Malheureusement, il est plus simple de repérer les traces de cette richesse que de la mesurer. Il faut donc se contenter de retracer cette évolution à grands traits, car de nombreux endroits, surtout s'ils sont mentionnés dans un acte unique, ne sont pas identifiables. En outre, les actes encadrent la période de formation des villages et des paroisses[108]. Le problème est donc de chercher à identifier les noms modifiés, mais surtout de prendre en considération le fait que des *villae* attestées à l'époque carolingienne ont très bien pu éclater entre divers villages nouveaux, c'est le cas pour Warbodo – Saint-Julien, un seul nom de lieu regroupant parfois, à haute époque, tout le ban de l'actuelle commune.

La « Terre de Gorze » a une réalité politique à la fin du Moyen Age, cette autonomie est un cas unique en Lorraine. Elle se constitue au XIe siècle selon des modalités impossibles à préciser. On peut distinguer deux ensembles, un premier groupe fermement tenu, resserré autour de l'abbaye, et des biens plus dispersés.

A. *Les terres voisines de Gorze.*

Au Xe siècle, Gorze possède un ensemble de domaines qu'il est possible de reconstituer grâce à l'acte de restitution d'Adalbéron Ier et à celui d' Otton Ier. Plus que de donations nouvelles, il s'agit de récupérations, dont la *Vita Iohannis* donne plusieurs exemples. Sous les noms difficilement identifiables de la dotation d'origine, se cachent des biens que nous retrouvons aux Xe-XIe siècles. Le XIe siècle est pauvre en documentation. Une fois écartés les prieurés, particulièrement celui d'Amel, et les donations de Thierry de Verdun, le dossier de Gorze est presque inexistant. Il faut donc faire une incursion dans le XIIe siècle, sinon à l'époque moderne[109], pour trouver des renseignements sur ces biens.

Les terres de l'abbaye sont réparties et organisées en ensembles territoriaux dont les actes, d'après le cartulaire du XIIe siècle, ne donnent qu'une idée imparfaite, puisqu'ils répartissent les possessions selon un ordre chronologique et non géographique. L'étendue réelle des donations, souvent un simple nom dans une charte, nous échappe. C'est pourquoi nous nous fondons sur l'organisation du cartulaire du XVe siècle pour la présentation des chapitres concernant les environs immédiats de Gorze.

CHAPITRE II

a) Gorze[110] est un centre de gestion pour les terres immédiatement voisines, le titre de ce centre d'exploitation a disparu avec le premier folio du cartulaire. La donation, telle qu'on peut la reconstituer à partir de l'acte de Chrodegang, suppose un ensemble compact et cohérent de biens[111], dont faisaient partie Labauville[112], Auconville[113], Taintelainville[114], Vionville[115], Xonville[116].

b) Le second groupe comprend Onville[117], village qui s'est constitué à partir de la réunion de plusieurs lieux[118], Waville[119] qui n'apparaît pas dans les donations falsifiées de Chrodegang, – ce bien n'était donc pas encore récupéré[120] –, *Geverardi Fossa*[121], *Bethenega villa*[122], Villecey[123], Burrey-lès-Villecey[124], Herbueville et Suiron[125]. Ces biens du Rupt-de-Mad étaient détenus par un grand laïc, le comte palatin Amédée, mort en 946. Ce n'est qu'après cette date qu'Einold demande la restitution à Adalbéron, qui rend la précaire, mais pas le bénéfice qui a « de tout temps » été donné à des fidèles de l'évêque. Mais saint Gorgon intervient et empêche l'évêque de dormir lors d'une nuit qu'Adalbéron passe à Gorze. Epuisé, celui-ci promet au saint de faire la restitution au matin. Jean arrête la suite de l'évêque jusqu'à ce que la restitution soit solennellement déclarée au chapitre[126].

c) Le troisième groupe se trouve dans la vallée de la Moselle, vaste dépression où l'agriculture est riche et variée : le lœss des terres basses est propice aux céréales, sur les revers calcaires des côtes de Moselle ensoleillées se trouve un important vignoble. La rivière elle-même détermine une importante zone de passage et de commerce. Ce groupe comprend Novéant[127], dont les *Miracula* font remonter la donation à la translation de saint Gorgon en 765 (un faux diplôme de Pépin fait remonter la donation à 762, elle se place plutôt en 858 sous l'épiscopat d'Advence[128]), Voisage[129], Dornot[130], Ancy[131], Arnaville[132], Preny-sous-Pagny[133], Sainte-Marie-aux-bois[134].

d) Le quatrième groupe comprend Saint-Julien-lès-Gorze[135], Bussières[136], Chambley[137], Tronville[138], Mars la Tour[139], Rezonville[140].

LE TEMPOREL

Les trois derniers groupes se situent à l'ouest de Gorze, dans la Woëvre, plateau argileux largement couvert de forêts et d'étangs où l'élevage alterne avec la céréaliculture.

e) Le cinquième groupe comprend Hageville[141], Champs[142], Dampvitoux[143], Jehanfontaine, Homont[144], La Chalcie[145] et Rouroy[146].

f) Le sixième groupe comprend Pannes[147], Euvesin[148], Bouillonville, Nonsart[149], Hes[150], Thiaucourt[151], Lironville[152]. Regnieville[153], Jaulny[154], Dommartin[155], Charey[156], Xammes[157], Rembercourt sur Mad[158]. Il s'agit de la haute vallée du Rupt de Mad, une zone de passage longée par une voie romaine qui rejoignait la Moselle plus au Nord.

g) Le septième groupe comprend les villages qui longent la route de Verdun, dans le couloir formé par les trois rivières de l'Orne du Longeau et de la Seigneulles : Jonville[159], Burtalcourt[160], Labeuville[161], Brainville[162], Friauville, Sponville[163], Dontaine[164], Hanoville[165], Ville-sur-Iron[166], Grenelz et Geralmont.

B. *Autres territoires de Gorze.*

a) Metz.

Gorze possède des biens en ville[167], des vignes[168], un manse à la cour d'or, la cour du palais des anciens rois d'Austrasie. L'hôtel des abbés de Gorze y est construit, à la fin du Moyen Age, les messins brûlent devant lui l'effigie de l'abbé. Le cardinal de Guise donne en 1561 l'hôtel de Gorze dit « la cour de l'Orme » aux Trinitaires, dans l'actuelle rue des Trinitaires[169].

Lessy[170], Lorry, Plappeville et Scy[171] sont le résultat du glissement de la population au pied du Mont-Saint-Quentin sur lequel se trouvait l'église primitive.

Dans les environs de Metz, Gorze a des biens à Moulins-lès-Metz[172], Longeville-lès-Metz[173], Chazelles[174], Jouy-aux-arches[175], Vittonville[176], Ars-sur-Moselle[177], Cuvry[178], Pournoy[179], Augny[180], Marly[181].

CHAPITRE II

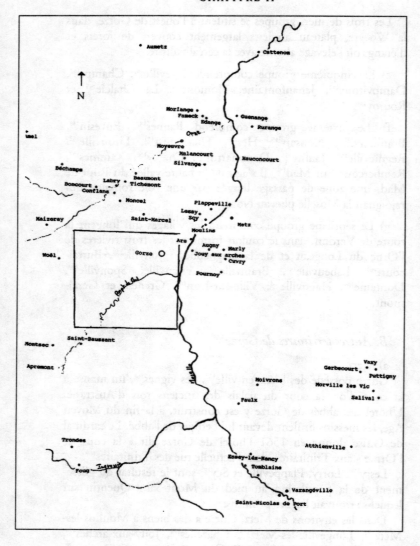

Les possessions de Gorze au XIe siècle.

LE TEMPOREL

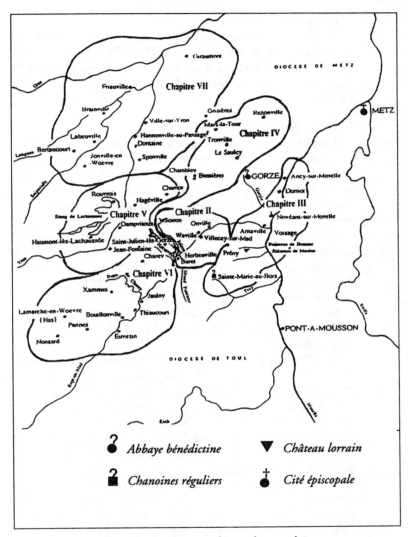

*Organisation topographique du cartulaire
in C. Corti, « Le deuxième cartulaire de Gorze »,
Gorze au fil des siècles, Metz, 1993.*

b) Dans le sud et l'ouest.

Woël[182] et sa région. L'église de Doncourt-aux-Templiers est une dépendance de Saint-Gorgon de Brauville[183], Gorze possède des terres à Doncourt-aux-Templiers[184], Thilloy-sous-les-Côtes[185], Bassancourt[186], Saint-Maurice, Avilliers, Mauvages[187], Foug[188], Landeville[189].

c) Vic-sur-Seille[190].

L'intérêt pour les salines est majeur[191]. Les évêques de Metz ont cherché à s'approprier le Saulnois, source de richesses, où la plupart des abbayes messines ont des biens[192]. La région des salines disparaît du cartulaire du XVe siècle, ces biens semblent avoir acquis une certaine autonomie de gestion, ils appartiennent encore à Gorze à l'époque moderne[193].

En 984, Immo confirme les privilèges des gens du domaine de Bruch[194], étape vers la formation d'un ensemble de territoires structurés, le Val de Vaxy[195], dont font aussi partie Vitrincourt[196], Puttigny, Vaxy et Gerbecourt[197]. A l'époque moderne Gorze possède des biens à Alaincourt[198], Obreck[199] et Athienville[200].

Saint Gorgon de Morville-les-Vic[201] est à la collation de l'abbé de Gorze à l'époque moderne. Au XIIe siècle, l'abbaye a des droits à Salival[202].

Les *Miracula* placent les biens de Moivrons[203] sous le patronage de Gorgon. Alors que le reliquaire traverse Moivrons, la châsse devient si lourde qu'il est impossible de la lever. La donation de la terre à Gorze et la construction d'une église Saint-Gorgon ont raison de cette résistance, après que le propriétaire, réticent, ait été attaqué par un démon. Il y a là l'indice de difficultés persistantes et de contestations. Le cartulaire suppose une donation par Chrodegang pour lui donner plus de poids, conserve l'attestation de la donation par Louis le Germanique, confirmée de Charles le Chauve. L'évêque Wigeric obtient en précaire l'église et des terres et les donne en bénéfice à un fidèle, Folmar, qu'Adalbéron indemnise pour les restituer à Gorze[204]. A l'époque moderne[205], Gorze possède des terres à Faulx[206], Bratte, Sivry-les-Moivrons, Jeandelaincourt, important ensemble récupéré avec Moivrons.

LE TEMPOREL

d) La vallée de l'Orne.

Gorze possède des biens dispersés; certains sont difficiles à conserver et disparaissent parfois définitivement[207] à Maizeray[208], Béchamps[209], Labry[210], Conflans[211], Jarny[212]?, Boncourt-en-Jarnisy[213], Tichemont[214], Beaumont[215], Moncel[216], Saint-Marcel[217], Malancourt[218], Moyeuvre[219], *Montem Jovis*[220], Silvange[221], Morlange[222], Escherange[223], Guénange[224], Cattenom[225], Aumetz[226].

e) Les possessions de Gorze dans le nord.

Les biens de Gorze dans le diocèse de Trèves[227] viennent des donations de Chrodegang. En 982, Conrad donne des biens à Clusserath[228] dont l'église desservait aussi Rivenich sur l'autre rive, Ernsweiler, Longlier[229], Velme.

Gorze a connu, dans ces régions assez lointaines, des pertes importantes[230], ce qui l'incite à organiser des centres de gestion indépendants, qui deviennent des prieurés au siècle suivant.

5) CENTRES DE GESTION LOINTAINS.

A. *Le Wormsgau, Pfeddersheim.*
Prieuré Saint-Georges, attesté en 1156 au diocèse de Worms.

L'origine de ces biens peut remonter aux possessions de saint Arnoul[231]. Chrodegang a des biens dans la région de Lorsch, à laquelle il donne, outre des terres, le corps de saint Nazaire. Les possessions de Gorze mentionnées dans la dotation de Chrodegang[232] appartenaient à l'évêché de Metz. L'acte faux attribué à Chrodegang[233] donne des précisions sur les possessions dans la région de Worms. Gorze a un domaine à Flammersheim et les terres voisines de celles données par le prêtre Siccon lui appartiennent[234].

Les confirmations d'Adalbéron[235] mentionnent trois chapelles et dix-huit manses, Otton cite deux églises à Pfeddersheim – l'église paroissiale Notre-Dame donnée par Chrodegang et l'église Saint-Georges – sans doute fondée par Adalbéron et qui est à l'origine du prieuré Saint-Georges de Gorze au XIIe siècle –

une à Flemmersheim et une à Eisemberg[236]. La dotation de ces églises comprend les dix-huit manses et les dîmes.

Le prieuré existe sans doute en 1154, quand s'élève une controverse entre les chanoines de Worms et l'abbaye de Gorze sur la dîme de Pfeddersheim ; ce différent est tranché en faveur de Gorze par le légat du pape Nicolas d'Albano, moyennant une compensation aux chanoines[237], mais le problème n'est pas résolu. En 1173, Gorze doit faire de nouvelles concessions[238]. En 1156, le pape Hadrien confirme à Gorze le prieuré de Pfeddersheim[239], l'église Sainte-Marie de Pfeddersheim, l'église Saint-Gorgon de Flammersheim et l'église d'Eisenberg. Au XIIe siècle, l'évêque Etienne de Metz confirme et augmente les donations de son prédécesseur au prieuré de Pfeddersheim[240]. En 1227 Honorius III confirme à Gorze le prieuré de Pfeddersheim[241].

Ce prieuré a suffisamment d'importance pour justifier la constitution d'un cartulaire particulier dont subsiste une copie moderne[242]. Ces possessions lointaines sont lentement perdues par Gorze[243], peut-être en raison d'un problème de langue et de recrutement autochtone des moines.

B. La Champagne, Vanault.

Les biens de Gorze dans le Perthois, donnés par Chrodegang[244], s'échelonnent le long de l'Ornel entre Sommelonne et Saint-Dizier.

Les récupérations de ces possessions éloignées sont difficiles. Les biens dans l'Astenois[245] donnés au comte Bivin continuent à appartenir à des membres de sa famille, comme sa fille Richilde, épouse de Charles le Chauve ; au Xe siècle les possessions de Boson en Champagne ont cette origine[246]. Quand Jean va demander la restitution de Vanault[247], Boson le reçoit avec mépris. Mais il tombe malade et accepte de restituer ces terres. Guéri, il devient l'avoué « fidèle » de l'abbaye dans cette région. Au XIe siècle, seul Vanault[248] apparaît dans les actes de Gorze. L'évêque Philippe de Châlons donne en 1096 à Gorze l'autel de Vanault[249], une seconde église, Saint-Loup, construite par la suite dans la ville neuve, est donnée à Gorze vers 1131-1142[250]. Hugues de Montfélix y fait construire un château et, bien que condamné à restituer à Gorze les terres usurpées, parvient à se faire reconnaître par l'abbaye[251].

L'ensemble des biens de Gorze en Champagne n'est pas encore rassemblé en prieuré au XIe siècle, un prévôt, chargé de la gestion, n'est à la tête d'aucune communauté monastique[252].

A sécularisation, ces biens sont donnés à l'hôpital Sainte-Croix de Joinville.

CONCLUSION

Y-a-t-il une gestion spécifique au XIe siècle ?

L'organisation du temporel de l'abbaye de Gorze est peut-être transformée par le passage de Guillaume de Volpiano, puisque aussitôt après son abbatiat des prieurés apparaissent. Mais la fondation de prieurés est partout le trait dominant de la gestion du temporel au XIe siècle. Les moines de Gorze agissent comme ceux des autres abbayes, récupérant des fondations modestes et organisant leurs possessions lointaines en prieurés. Aux XIe-XIIe siècles, Gorze se tourne vers la mise en place et la consolidation de ces ensembles structurés presque autonomes. L'abbé Sigefroy demande à Léon IX non une confirmation globale et exhaustive des possessions de l'abbaye, mais celle des deux *cellae* de Varangéville et d'Amel. Une bulle de Pascal II de 1105 qui confirme les biens de Gorze spécifie : Saint-Nicolas, Varangéville, Amel, Stenay, Sainte-Marie d'Apremont[253], l'acte d'Etienne au début de son épiscopat confirme à Gorze la possession de Pfeddersheim[254].

Dans le cas de Gorze, les prieurés les plus lointains sont Vanault et Pfeddersheim, dont la dotation, provenant du temporel de l'évêché de Metz, remonte à la fondation de l'abbaye. L'éloignement de ces possessions pose problème, l'abbé doit faire des concessions aux paysans de Pfeddersheim, tout comme il a des difficultés avec le seigneur de Vanault qui empiète sur ses terres. Le plus ancien prieuré, celui de Varangéville, remonte à un miracle de la translation du corps de saint Gorgon depuis

Rome. Le plus récent, celui de Saint-Nicolas de Port, au départ simple extension de Varangéville, devient le plus célèbre à cause de la relique de saint Nicolas. Le prieuré de Stenay est constitué comme chapitre de chanoines avant de revenir à Gorze. Celui d'Apremont est une importante donation faite par le seigneur d'Apremont pour l'âme de son fils. Le prieuré le mieux documenté, et pour lequel Gorze parait avoir eu une politique vraiment active, est celui d'Amel. L'organisation du temporel en prieurés, à partir du XIe siècle, est peut-être déterminée par la situation de soumission de l'abbaye à l'évêque du lieu, car les prieurés sont tous situés hors du diocèse de Metz. Les relations étaient probablement plus faciles entre les prieurs et les évêques voisins qu'entre ces derniers et l'abbé d'un monastère épiscopal messin. La multiplication des prieurés de toutes les abbayes à cette même période résulte du double besoin des moines de gérer les biens lointains et des seigneurs, dont les châteaux se multiplient alors, d'avoir à proximité un établissement religieux[255]. La volonté politique est manifeste dans le cas de Saint-Mihiel, utilisée par les comtes de Bar pour peupler les prieurés de Laître-sous-Amance (1076), de Notre-Dame de Bar (1088), de Saint-Evre, protégée par les ducs de Lorraine, ainsi qu'à Bainville (952), à Deuilly (1040), Chastenois (1060), Gondrecourt (1070).

Comme nous l'avons vu dans le cas d'Amel, Poppon de Metz intervient en 1095 pour définir les droits respectifs de l'abbé de Gorze et du prieur d'Amel d'une part, de l'avoué d'autre part. L'abbé Warnier et le prévôt d'Amel se plaignent de l'avoué, Wezelon, qui vend des biens d'Amel. Poppon se rend à Amel, oblige l'avoué à renoncer aux terres et aux droits qu'il a usurpés et garantit le règlement d'avouerie qui s'ensuit. Seuls l'abbé, son prévôt et la population réunie en plaid disposent du droit de ban. Les décisions et les investitures relèvent de l'abbé sans intervention de l'avoué, en particulier en ce qui concerne le choix de l'intendant dont relève, entre autres, la justice sur le domaine d'Amel. L'avoué reçoit dix manses en fief et une redevance de chacun des hommes dépendant d'Amel, afin de défendre l'abbaye[256]. Au Xe siècle, les avoués sont des personnages puissants qui cherchent, en s'emparant de l'avouerie des églises, à récupérer quelque chose des profits qu'ils tiraient auparavant des abbatiats laïcs dont les réformes les ont dépouillés. Gorze lutte contre des avoués qui l'exploitent, l'abus d'autorité de l'avoué est lié à la contre-offensive des laïcs qui cherchent à conserver des droits sur les biens des abbayes, alors que la réforme grégorienne cherche à les évincer[257]. A Gorze, la défense des possessions de l'abbaye et de ses droits est prise en charge par l'évêque, à la demande de l'abbé, comme on le voit en 1095 à Amel[258], réaction typique d'une abbaye épiscopale, que l'on retrouve dans d'autres abbayes réformées par Gorze[259].

A titre de comparaison, un survol rapide des possessions de Saint-Arnoul malgré l'abondance des faux du XIIe siècle, permet de dégager le schéma suivant : des donations importantes dues à sa fonction de nécropole carolingienne[260], des récupérations consécutives à la réforme[261], quelques donations et restitutions épiscopales au Xe siècle, la formation de prieurés – Lay au diocèse de Toul au milieu du Xe siècle[262], Olley au diocèse de Verdun contemporain d'Amel, Chiny à la fin du XIe siècle. La confirmation des biens par Léon IX[263] indique une richesse comparable à celle de Gorze renforcée par les foires à la fin du XIe siècle[264], liée à la situation urbaine. En dehors de cette implantation et de la moindre dispersion des biens, l'évolution du patrimoine de Saint-Arnoul est comparable à celle de Gorze.

Les biens de Gorze, donnés en précaire ou en bénéfice à de grands laïcs, furent difficilement récupérés malgré le soutien d'évêques réformateurs, comme Advence puis Adalbéron. Les papes confirment à Gorze les églises[265] mais les textes ne fournissent pas de données d'une précision suffisante pour établir une liste sure des biens fonciers de l'abbaye. Les églises dépendant de Gorze suivent un système voisin de celui des terres, en particulier à cause de la référence obligatoire à l'évêché dont la cure dépend, et au fait que Gorze possède des églises éloignées, généralement au centre d'un ensemble de biens[266]. Ces églises sont-elles comprises dans les donations initiales, ou proviennent-elles des dons et récupérations dont les moines furent, au XIe siècle, les principaux bénéficiaires[267] ?

Gorze, riche au départ, s'est peu enrichie. Il n'y a pas de donations de terres de la part de grands laïcs qui auraient cédé leurs fiefs à l'abbaye, en dehors du legs de Conrad, qui n'a peut-être pas été entièrement respecté, et des fondations de prieurés qui confient à l'abbaye la gestion spirituelle et temporelle d'ensembles préalablement constitués. La richesse foncière est assise dès l'origine par les évêques et quelques donations privées, l'histoire du temporel prouve l'effort constant, plus ou moins couronné de succès, pour conserver et mettre en valeur cet acquis. L'abbaye ne canalise pas la générosité des grands et ne paraît pas faire preuve d'un dynamisme extraordinaire ni d'un rayonnement hors de pair. La répartition géographique des biens de l'abbaye ne reflète pas l'extension de la réforme. Les évêques qui soutiennent le mouvement de Gorze et vont y chercher des moines pour en faire des abbés ne font pas leur donation à l'abbaye-mère mais à celle qu'ils créent ou réforment dans leur diocèse.

Les ressources que les moines retirent sont difficiles à estimer. Malgré la multiplication des actes au XIIe siècle, qui prouvent un regain d'activité dans la gestion du temporel[268] dont la constitution du cartulaire est le point culminant, il est difficile de savoir comment l'abbaye gère ses biens. Les bulles prennent globalement les biens de l'abbaye sous la protection de la papauté, et des interventions d'évêques concernent les prieurés. Les actes mentionnent des dons, des achats et des échanges, un seul acte concerne l'exploitation des terres par un contrat de complant destiné à la mise en valeur de vignes près de l'abbaye[269]. Le cartulaire parle rarement de la mise en valeur des biens, l'abbaye reste donc fidèle au faire-valoir indirect, une modification de la gestion aurait laissé davantage de traces.

En outre certains territoires lointains, mal défendus, sont facilement usurpés par des paysans, comme à Pfeddersheim, ou des seigneurs, comme à Vanault-le-Châtel. L'effilochement des droits explique également les rares témoignages conservés pour le prieuré de Stenay. On peut penser que l'efficacité des prieurés éloignés était faible, le coût des transports incitant à vendre sur place l'essentiel des productions, comme à Pfeddersheim. Certains prieurés peuvent s'enrichir par le commerce et envoyer directement du numéraire à Gorze, mais ce n'est qu'une hypothèse vraisemblable. Saint-Nicolas de Port est un cas particulier, l'essor, net à la fin du Moyen-Age, profite surtout au duc de Lorraine, et rejette dans l'ombre Varangéville. Seul le très important prieuré d'Amel est assez proche pour être rentable, il se révéla assez riche pour soutenir presque seul les Jésuites de Pont-à-Mousson. L'essentiel des ressources venait de la terre de Gorze, partagée après la sécularisation entre l'abbé et le chapitre.

CHAPITRE III

Le catalogue de la bibliotheque au XIe siecle

La place des livres dans les monastères.

Toutes les abbayes possèdent une bibliothèque[1], d'une part en raison des exigences liturgiques, d'autre part parce que la règle faisait de la lecture tant publique – au chapitre ou au réfectoire – que privée – en particulier au moment du Carême – une obligation pour les moines[2]. Cette tendance a été renforcée par la politique carolingienne qui fit des abbayes les principaux centres d'instruction, et par l'existence d'écoles monastiques. L'étude des catalogues, ou des fonds de manuscrits, permet ainsi d'approcher le degré d'intérêt que pouvaient manifester les moines pour les études.

La bibliothèque de Gorze doit nous intéresser en raison de la réputation de centre intellectuel que K. Hallinger lui a accordée, et parce que plusieurs grands abbés partirent du centre de réforme qu'était Gorze. La *Vita Iohannis* fait allusion à l'instruction des moines qui furent à l'origine de la réforme du Xe siècle et laisse supposer, par une certaine insistance sur ce thème, que la culture est, au même titre que l'ascèse, une composante importante du monachisme gorzien. Mais, au XIe siècle, qu'est devenue la culture de Gorze et quelle formation particulière pouvait-on venir y chercher ? Pour répondre à ces questions, à l'exception de quelques livres isolés[3], un catalogue dressé au XIe siècle est tout ce qui reste de la bibliothèque de Gorze.

CHAPITRE III

1) Présentation du catalogue.

La liste des livres est conservée dans un manuscrit ayant appartenu, depuis le XIIe siècle, à l'abbaye bénédictine Saint-Thierry de Reims, comme l'indique l'*ex libris* du manuscrit Reims BM 407 : *Liber Sancti Deoderici*.

Le catalogue a été recopié au XVIIe siècle (BN lat 11777 fol.251-258), il a alors été faussement attribué à Saint-Thierry. Cette copie est probablement l'œuvre de Dom Anselme Le Michel, qui pourrait être aussi l'auteur de la mention marginale attribuant la liste à l'abbaye champenoise. Cette attribution erronée est probablement contemporaine des signes (croix, titres soulignés) rajoutés à la liste et qui devaient permettre de comparer les manuscrits restant à Saint-Thierry avec les mentions du catalogue ; ces ajouts modernes ne peuvent donc pas être utiles à la connaissance de la bibliothèque médiévale de Gorze. Dom Morin a édité ce catalogue en 1905[4] et a montré que la bibliothèque, décrite du f. 12 au f. 14 du manuscrit de Reims, est celle de Gorze. En effet le titre de la liste cite saint Gorgon, le patron de l'abbaye de Gorze *Nomina sacrorum hic continet ordo librorum beati gorgonii martyris*. Une autre indication, plus loin dans le texte, rend l'identification absolument certaine : c'est la mention du prieuré d'Amel, dans le diocèse de Verdun, reçu par Gorze en 1032[5].

Les relations entre Metz et Reims sont suffisamment importantes pour qu'un échange de livres et d'informations sur le contenu de la bibliothèque ne soit pas surprenant. L'exemple le plus célèbre de ces relations remonte au Xe siècle quand Adalbéron de la maison d'Ardenne, ancien élève de Gorze, devient archevêque de Reims et réforme Saint-Thierry[6]. En 1049, Sigefroy de Gorze assiste au concile de Reims. En 1077, Walon, abbé de Saint-Arnoul de Metz, dont nous reparlerons, est abbé de Saint-Remi de Reims pendant quelques mois.

A. Une copie dans un recueil composite.

Le manuscrit est actuellement conservé à la bibliothèque municipale de Reims sous le numéro 407. C'est un manuscrit composite depuis au moins le XIIe siècle, date de la table.

Cette table, au folio 1v, porte :
Haec sunt quae in hoc uolumen continentur
Liber differentiarum sancti Isidori episcopi
Passio sancte Magre uirginis et martyris
Liber sancti Iohanni episcopi iherosolimitani super
IIIIor evangelista
Sermo in natale sancte Mathie apostoli
Sermo in natale sancte Theoderici abbatis
Omeliae in ebdomada pentecoste legende

Elle a été écrite au XIIe siècle, de même que la mention *Liber sancti Deoderici*. Elle ne signale ni le catalogue de la bibliothèque, ni le texte suivant, le sermon de Léon le Grand, peut-être parce qu'étant contemporains du texte d'Isidore et écrits sans solution de continuité, le rédacteur de la table les a confondus avec la fin du *Liber differentiarum*.

La première partie du volume, écrite au XIe siècle et qui comprend le catalogue, est composée de deux cahiers du f.1 au f.18v. dont les folios ont la même réglure sauf le premier, qui est un réemploi. Le catalogue commence au milieu du f.12 et s'achève au f.14. Au f.12, il suit directement le texte d'Isidore et respecte la même justification. Aux folios suivants, le copiste déborde la justification, non seulement pour le catalogue, mais aussi pour le sermon qui lui fait directement suite. La passion de sainte Macre est écrite au XIIe siècle et selon une autre justification.

Le catalogue conservé n'est pas la liste originale réalisée par *l'armarius* de Gorze. Le texte n'a pas été transcrit sur place, à Gorze[7]. Un certain nombre d'erreurs de graphie, qui ont entraîné des corrections, ajouts interlinéaires et grattages, indiquent sans ambiguïté qu'il s'agit d'une copie faite à l'extérieur de Gorze. La preuve la plus manifeste est l'état du titre de la liste qui se présente sans rappel à la ligne et sans que le nom de Gorgon, saint patron de l'abbaye, soit différencié par la graphie ; en outre ce nom a d'abord été écrit *ordo librorum beati gregorii*, puis a été corrigé en *ordo librorum beati gorgonii*. A l'intérieur du catalogue, à la ligne 150, sont mentionnés les *Libri qui admellae deportati sunt*, le titre est corrigé ensuite en *adamellae*, là où l'on attend, pour désigner le prieuré d'Amel, *ad amellam* ou *amellae*. Un moine de Gorze ne pouvait ainsi maltraiter ces deux noms, qui lui étaient obligatoirement familiers.

Le catalogue est recopié dans le manuscrit où il fait graphiquement bloc avec ce qui précède et ce qui suit, le *Liber differentiarum* d'Isidore de Seville et un sermon de Léon le Grand : *Laudem Domini*. Le *Liber differentiarum* ne fait pas partie des ouvrages recensés dans le catalogue, mais il n'est pas rare que le rédacteur d'un catalogue oublie de mentionner le volume même dans lequel il écrit et un moine a recopié en bloc, sans les différencier, les textes d'un manuscrit de Gorze qui contenait le *Liber differenciarum* et à la suite, pour compléter le volume, le catalogue et le sermon.

B. *Date et écriture du catalogue*

La date de la copie est uniquement donnée par celle de l'écriture. Celle-ci a les caractéristiques des écritures de la France de l'Est à la fin du XIe siècle, et des traits traditionalistes. Le texte a pu être copié à Metz, dans un des monastères de la ville[8], mais il est également possible que le texte ait été copié à Saint-Thierry[9].

La datation de l'original du catalogue peut être précisée à partir d'arguments internes, puisque la date de la copie, fin du XIe siècle, ne donne que le *terminus ante quem*. La mention d'Amel, bien reçu en 1032, indique sans équivoque que le catalogue original a été écrit après cette date. La mention de la vie de saint Airy <288>, évêque de Verdun, écrite par l'abbé Etienne de Saint-Airy en 1070 au plus tôt[10], permet une approximation plus précise qui amène à situer la confection du catalogue entre 1070 et la fin du siècle. Ce texte est une des « nouveautés » de la bibliothèque, ce qui explique qu'il soit encore non relié *in una quaternione*. La datation du catalogue à la fin du XIe siècle est confirmée par l'expression *libri de arte* qui n'apparaît, comme catégorie des catalogues de bibliothèque, que dans la deuxième moitié du XIe siècle, donc sous l'abbé Henri.

Le catalogue a été copié par au moins deux scribes, les mains se succèdent sans tenir compte de la cohérence du texte copié.

L'alternance des écritures, très visible jusqu'au milieu du texte, est beaucoup moins nette vers la fin du catalogue et il est pratiquement impossible de discerner un système cohérent de succession des écritures.

Sans tenir compte de ce phénomène de double écriture, peut-on, grâce à des éléments graphiques, déceler une organisation de la matière du catalogue ? Avec des hésitations et des exceptions, les lettres majuscules sont utilisées pour marquer le nouveau titre d'une œuvre, qu'elle porte sur le premier mot (*Liber*) ou sur le nom de l'auteur.

En ce qui concerne la ponctuation, le point à mi-hauteur est seul utilisé : il isole les œuvres ou les auteurs suivant les cas, sépare le titre de l'incipit, encadre les chiffres romains. On rencontre beaucoup de corrections en ce domaine, par exemple *Liber . Candidi . Arriani . Ad uictorinum . Rethorem* <290> pour lequel le copiste a séparé par des points et des majuscules les différents éléments d'un seul titre, avant de comprendre son erreur et de relier par un trait les mots à lire comme un tout.

L'abondance même des corrections, dans un texte sans doute particulièrement difficile à copier, indique qu'il a été relu ensuite avec beaucoup d'attention et, même si quelques points ont sans doute échappé au correcteur, ce catalogue doit être une copie fidèle. A titre d'exemple, le correcteur a pris soin d'exponctuer *questionum* et *Augustini* <24> afin de rétablir l'ordre correct du titre *Liber questionum Augustini*.

2) *La structure de la bibliothèque.*

Ce catalogue est partiel, en particulier les textes liturgiques, classés ailleurs, ne sont pas dénombrés.

Le plan suivi par l'auteur du catalogue est assez clair, on rencontre en premier lieu l'écriture sainte, puis les Pères de l'Église (Augustin/ Ambroise/ Jérôme/ Grégoire) dont les ouvrages sont regroupés pour chacun des Pères sous un titre global, tel que *Libri Ambrosii*, sauf pour Augustin qui vient en premier et pour lequel le système du copiste n'est sans doute pas encore mis au point. Viennent ensuite les livres de droit canon, annoncés par le titre *Libri canonum*, puis les auteurs auxerrois Haymon et Remi, les ouvrages de comput *Libri calculatorie artis*, les ouvrages suivants étant plus difficiles à classer ; le rédacteur, après avoir encore cherché à faire quelques regroupements : *Libri officium – Libri sermonum – Vita sanctorum*, a renoncé et commencé tacitement à copier les titres des *Variae*. Cette « catégorie » cesse avec l'apparition de *Libri qui ad Amellae deportati sunt*, puis de *Libri de Arte*.

A. La bibliothèque d'Amel et le problème de la bibliothèque scolaire.

Un des problèmes posés par le catalogue de Gorze est celui de l'existence d'une bibliothèque scolaire, dont l'existence elle-même est bien attestée, qui aurait été séparée de l'abbaye et transportée au prieuré d'Amel. Le fait que l'on ait affaire à une copie est ici particulièrement gênant, car il est impossible de savoir comment cette section se présentait à l'origine dans le catalogue. Le copiste a-t-il respecté la mise en page de l'original ? Celui-ci marquait-il mieux la fin du groupe des livres d'Amel, avant la mention d'un nouveau titre en grandes lettres : *Libri de Arte* ? Dans l'état actuel, il est impossible de savoir où la section des livres d'Amel se terminait. Pourtant il est possible d'émettre certaines hypothèses ; il est impensable que la catégorie des livres envoyés à Amel se réduise aux quelques lignes qui suivent le titre, et il faut croire qu'elle regroupe au moins les ouvrages cités entre ce titre et le suivant *Libri de Arte*, car l'on trouve, à la fin du groupement ainsi défini, la vie de saint Airy <288>, évêque de Verdun, dans le diocèse duquel se trouve Amel, et les miracles de saint Gorgon <282> dont une des rares copies existe à Verdun[11]. En supposant qu'elle englobe les *Libri de Arte*, on comprend comment Amel a pu être considéré comme l'école de Gorze[12]. Cependant il est probable que les livres destinés à Amel correspondent simplement à la section centrale du catalogue. Dans ces conditions les *Libri de Arte* sont restés à Gorze même.

Quelles preuves peut-on tirer du catalogue ? D'une part, le titre *Libri de Arte* est le seul écrit en grandes lettres et se détache nettement dans le texte, d'autre part la liste des livres d'Amel se termine – dans cette hypothèse – par un ensemble de *rotulae* et de *paginae* qui constituent un tout sur le plan formel et peuvent clore cet envoi, probablement de façon très matérielle d'ailleurs, par exemple en remplissant une caisse à part. Certains manuels que Gorze possède en double – les commentaires de Boèce sur la dialectique par exemple – sont à Amel <241-243> et dans les *Libri de arte* <410-415> : si le rédacteur du catalogue ne cherche pas ici à rassembler les œuvres d'un même auteur, comme il le fait en général, c'est que ces livres ne sont pas conservés dans le même lieu.

Peut-on déceler une unité dans l'ensemble des ouvrages expédiés à Amel, d'après le bloc défini plus haut ?

Leur liste commence, comme dans le catalogue principal, par des ouvrages de patristique – une dizaine d'ouvrages entrent dans cette catégorie – et il y a quelques doubles : par exemple *pars prima moralium* <223>, Gorze ayant l'intégralité des *Moralia in Iob* de Grégoire <85-7>, mais ce partage n'est pas systématique, ni même fréquent. La plus grande partie des textes envoyés à Amel rentre dans la catégorie des *Libri de arte*, sans que l'on retrouve pourtant les ouvrages de grammaire élémentaire comme Donat ou Priscien (il n'y a que deux manuels de Priscien <251-252>). Par contre, on trouve dans cette section le Timée <257>, l'Architecture de Vitruve <250>, Tite Live <249> et l'Histoire des Lombards de Paul Diacre <270>. Peu de grammaire donc, mais des ouvrages de philosophie et d'histoire, ce qui affaiblit l'hypothèse selon laquelle Amel est l'école de Gorze. Parmi les livres destinés à Amel sont cités des textes liturgiques, dont le catalogue général ne fait pas état : quatre passionnaires <292-5> et des *Libri communes* <283-4> qui sont peut-être destinés aux célébrations réduites d'une petite communauté. Il est assez curieux de constater que tous les livres de médecine sont apparemment partis pour ce prieuré. Peut-être la raison est-elle la même que pour les ouvrages liturgiques : la masse des textes est rangée ailleurs – à l'infirmerie ? – et un échantillon envoyé à Amel, mais cet « échantillon » est constitué par six livres, mentionnés dans des ajouts disposés dans les marges supérieures et inférieures. Si le copiste a mal lu le second renvoi, ceci expliquerait que l'on trouve un livre dans le corps du texte <265> et les cinq (!) autres rejetés à la fin après les *paginae*, juste avant les *libri de arte* <312-6>. Quoique l'on sache que certaines abbayes avaient une école indépendante, parfois installée dans un prieuré écarté afin de préserver la tranquillité des moines[13], et que, dans ces conditions, il était nécessaire qu'une bibliothèque particulière existât pour cette école, il faut plutôt croire qu'Amel était un prieuré de campagne, comme on en trouve dans les grandes abbayes et où il y avait des livres[14]. Amel est d'ailleurs le plus riche prieuré de l'abbaye, il est possible qu'un des motifs de la confection du catalogue ait été le désir de déterminer quels livres y seraient envoyés. Puisqu'il est évident qu'il y a une école dépendant de Gorze – les ouvrages conservés, la présence du *magister puerorum*, Walon, l'attestation de la formation dans l'abbaye de grands personnages le prouvent – il faut conclure que cette école se trouvait à Gorze même, et non dans l'annexe d'Amel.

B. *Le vocabulaire descriptif des livres*

La description des volumes, faite avec soin[15], paraît fiable, même si elle n'est pas organisée suivant des normes immédiatement perceptibles. L'attention apportée aux exemplaires mutilés, aux cahiers incomplets et non reliés, est exceptionnelle et permet de faire coïncider la rédaction de cet inventaire avec l'entrée en charge d'un nouveau bibliothécaire après une période de négligence. Le fait que le titre ait été établi avec soin, pour former un hexamètre léonin, est un indice de la valeur accordée au catalogue par son concepteur.

Les manuscrits médiévaux contiennent souvent plusieurs œuvres différentes et certains rédacteurs de catalogues, tenant compte de cette situation, la signalent explicitement : à Saint-Evre de Toul, par exemple, les mentions du catalogue sont ponctuées par des indications de composition des volumes : *in uno uolumine*. A Gorze, la situation est moins claire, quoique le rédacteur ait précisé parfois que plusieurs œuvres se trouvent dans un même volume par la conjonction *et* : *Sedulius et*

Iuuencus in unum <344- 345>, la préposition *cum* : *Item recencioris in altero uolumine cum uita beati Hylarii episcopi* <286-287>, l'adverbe *simul* : *Sicomachia Prudentii Centon Virgilii simul* <336-337>, ou d'autres notations plus précises telles que *in uno uolumine* : *Diadema monachorum Smaragdi et omeliae Cesarii in uno uolumine nouae manus* <151-152>, ou *in capite* : *Liber officiorum eius in capite habens epistolam Augustini ad Consentium* <116-117>. Dans quelques cas, le rédacteur du catalogue précise que l'œuvre est reliée : La Bible *In unum coartata* <01>. Plusieurs textes non reliés, restés sous forme de cahiers indépendants sont mentionnés comme tels *Omelia Maximi...in una quaternione* <156>, *Quaterniones de compoto* <187>, *Vita beati Agerici...in una quaternione* <288>, *Quaterniones in laude musicae* <419>, *Quaternio de ieiunio...* <445>, *Quaternio de alfabeto...* <454>, *Quaternio inuectiuae Gonzonis* <458>, *Qualiter episcopus...in quaterniunculis scriptum* <462>. Une grande partie des ouvrages de ce type est rassemblée vers la fin du catalogue, probablement du fait du rangement de ces cahiers indépendants. On peut en rapprocher les *libelli* qui contiennent en général des textes liturgiques ou des vies de saints et sont peut-être destinés à être reliés dans des ensembles plus vastes[16].

Codices, rotulae, paginae.

Les volumes rangés dans la bibliothèque sont, en grande majorité, des *codices*. Mais on trouve plusieurs mentions de *rotulae* et de *paginae*[17]. Cette forme du *rotulus* (ou *rotula*) est rarement attestée dans les catalogues anciens, mais elle est fréquente dans le monde gréco-romain. L'emploi du féminin *rotula* est rare[18]. Sous cette forme se rencontrent des listes de reliques, des rouleaux des morts, des rouleaux liturgiques, des généalogies, des tableaux historiques et des textes destinés à être utilisés comme appoint pédagogique, et dont la présence ici témoigne de l'existence de l'école de Gorze. Le catalogue de Gorze illustre largement ces différents caractères, il y a des textes en grec : *Rotula officii grece compositi* <303>, des compléments pédagogiques : *Rotula uetustissima ex arithmetica Bœcii* <305>, *Rotula grecorum nominum* <308>. La présence des *rotulae* et des *paginae* est un argument majeur en faveur du caractère scolaire élémentaire de l'ensemble des ouvrages destinés à Amel ; parmi eux se trouvent en effet des plans et des tableaux schématiques, voire mnémotechniques, des cartes et des schémas, sans doute destinés à être accrochés au mur : *Pagina terrae repromissionis* <302>, *Pagina de situ orbi mappa scilicet mundi* <306>, *Pagina quomodo ex philosophia diuersae diffinitiones quasi quidam fontes emanent* <307>. Mais il y a parmi ces rouleaux et planches des œuvres à caractère non scolaire, comme une lettre d'Hincmar <301>, un capitulaire de Louis le Pieux <304> et les *capitula* d'Angelram <298>. L'état vétuste de la *Rotula uetustissima ex arithmetica bœcii* <305> est signalé, cet état peut être le signe d'un usage constant, plutôt que la manifestation d'un fonds périmé, pourtant le caractère souvent ancien de ces textes fait apparaître leur envoi à Amel davantage comme un débarras que comme le transfert d'un outil pédagogique. Inversement, le fait qu'il n'y ait aucune mention de rouleaux et de *paginae* à Gorze même signifie peut-être qu'ils y forment un fonds spécialisé et non répertorié dans ce catalogue.

C. Livres vieux, livres nouvellement acquis.

La bibliothèque de Gorze, comme celle de toutes les anciennes abbayes bénédictines, s'est formée par strates successives, qu'il est difficile de distinguer. Plusieurs livres sont incontestablement anciens, un certain nombre de textes sont en mauvais état, le début ou la fin manque, quelques livres sont qualifiés d'*antiqui, uetusti*. Certains livres écrits longtemps auparavant, dans une écriture devenue sans doute difficile à déchiffrer, sont recopiés quand ils sont encore en usage ; c'est ainsi que se rencontrent des exemplaires de la même œuvre, qui se différencient parce que l'un est *antiquae manus* et l'autre *novae manus*. C'est le cas de la Bible <01-3>, mais aussi de Césaire, *Omeliae Cesarii episcopi ad monachos ueteris manus* <150> et *Homeliae Cesarii... nouae manus* <152>. L'ancienneté d'un livre ne lui est jamais comptée pour vertu.

Les mentions de livres usagés ou en mauvais état peuvent faire référence également à leur ancienneté ou à un usage intensif

– c'est peut-être le cas pour les manuels comme la *Rotula uetustissima* que nous avons citée plus haut –, et entraîner éventuellement une nouvelle copie, comme dans le cas de la lettre de Ferrand à Fulgence, *Liber conrosus continens infra medium sui epistolam Ferrandi diaconi ad Fulgentium episcopum de quinque questionibus sancta trinitatis* <184> et *epistola eius ad Fulgentium* <230>.

Il est possible que certains textes soient des copies en cours, comme peuvent l'indiquer les mentions : *inceptus, ceptus* ; ainsi *Liber Focas ceptus* <329>, *Commentum super ysagogas Porphirii ceptum* <413>, *Quaternio <Isidori> inceptus ex libris aethimologiae eius* <115>. Ailleurs *ceptus* est parfois pris comme opposé à *perfectus* : *Declinationes IIIes perfectae de nomine et uerbo unae ceptae* <317-20>.

A plusieurs reprises, des textes sont qualifiés de *perfectus* ou d'*imperfectus*, complet ou incomplet, *Libri pastorales duo unus perfectus alter imperfectus* <83-4>, *Pars Miconis imperfecta* <238>.

Par ailleurs, et de façon plus surprenante, des textes sont qualifiés à la fois de *perfectus et imperfectus*, et comme il est impossible qu'un même texte soit à la fois achevé et inachevé, il y a donc deux exemplaires du texte dans des états d'achèvement différents : *Liber Prudentii Clementis perfectus et inperfectus* <347-48>, *De consolatione philosophiae libri eius duo cum commento perfecto et imperfecto* <403-6>. *Ceptus* indiquerait un état d'inachèvement (provisoire) alors qu'*imperfectus* désignerait un ouvrage incomplet – que la fin manque dans l'original ou que la copie soit arrêtée. Avons-nous là une trace de l'activité du *scriptorium* au moment où le catalogue a été établi ? En faveur de cette hypothèse, on remarque que, parmi les livres envoyés à Amel, aucun n'est *inceptus*, alors que plusieurs sont *imperfecti*.

Les bibliothèques anciennes, qui disposent d'un fonds déjà constitué, sont sélectives dans le choix des textes à copier. Les bibliothécaires portent, en général, leur effort sur les ouvrages liturgiques – mais on ne peut en avoir de preuves dans le cas de Gorze – sur les Pères de l'Eglise, afin de compléter leurs collections, sur les vies de saints, ce qui paraît être le cas ici puisque le texte le plus récent est la *Vita* d'Airy. De façon générale, les ouvrages contemporains, sauf ceux qui sont éventuellement produits dans l'abbaye même, n'apparaissent que lentement, aussi la nette ancienneté des ouvrages conservés à Gorze n'est-elle pas extraordinaire[19].

3) L'ORIGINE DES LIVRES.
A. *La bibliothèque dans la première moitié du Xe siècle.*

Parmi les personnages intimement liés à Gorze, nous pouvons en partie discerner ceux qui ont pu avoir un rôle déterminant dans la constitution de la bibliothèque. Un texte précieux nous apporte beaucoup de renseignements sur cette période : il s'agit de la *Vita Iohannis* qui date de la fin du Xe siècle et nous propose le portrait moral et intellectuel de nombreux moines réformateurs.

Einold, le premier abbé de Gorze après la réforme de 934, nous est présenté dans la *Vita Iohannis* comme très savant[20], mais il s'est débarrassé de sa bibliothèque avant de se faire moine. Jean cherche des lectures, mais l'auteur de la *Vita* ne précise pas s'il fait copier ou achète des livres. Il y a pourtant des copistes à Gorze, on y écrit des actes et l'un des moines, Bernacer, possède une belle écriture[21]. La *Vita* s'arrête malheureusement avant le retour de Jean à Gorze, après son ambassade en Espagne ; peut-être a-t-il ramené des livres de mathématiques (quoique ce domaine ne l'intéresse pas spécialement et que la culture musulmane lui reste de toute évidence complètement étrangère), plus probablement la règle de Fructueux de Braga <186> dont le manuscrit est dit en mauvais état *cuius medietas deperiit*, mais ce ne sont que des possibilités. Restait-il, dans l'abbaye ruinée, des livres de la dotation de Gorze d'avant la réforme ? Si l'on s'en tient à la description de la *Vita*, cela semble douteux, car les bâtiments sont abandonnés, les animaux se promènent dans le chœur de l'église abbatiale. Cependant il s'agit là de lieux communs, destinés à démontrer que le monastère a besoin d'une réforme ; en effet il y a encore des moines à Gorze, qui restent après la reprise en main d'Einold et qui ont conservé leurs titres de propriété, puisque Jean les utilise pour réclamer les terres usurpées. Désigner, à l'intérieur des mentions succinctes du catalogue, des titres précis, susceptibles de refléter la bibliothèque d'origine, est plus que délicat. Il est sans doute tentant d'attribuer une date assez haute au fonds carolingien de la bibliothèque : les auteurs auxerrois, Jonas d'Orléans, des textes non attestés par ailleurs d'auteurs anciens rarement recopiés, comme Angelolme de Luxeuil ou Hildemar du Mont Cassin, des textes législatifs à l'usage des évêques sur lesquels nous reviendrons et

Catalogue des livres de la bibliothèque de Gorze, fol. 13 v° du ms Reims, 427. Ligne 3, mention de Amel; avant-dernière ligne, Libri de arte.

qu'il faut relier à la réforme de l'Eglise par les Carolingiens, à une époque donc où Metz est un centre très actif[22]. Cependant, la Renaissance ottonienne ayant pris appui sur ces mêmes ouvrages, il est prudent de ne pas conclure sur ce point.

La *Vita Iohannis*[23] propose une image de la culture et de la vie intellectuelle à Gorze qui est à l'origine de la situation du XIe siècle. Jean a commencé des études classiques, sans grand succès, auprès d'Hildebold à Saint-Mihiel[24], puis avec plus de fruit près de Bernier à Toul[25]. Il lit ensuite, à Saint-Pierre-aux-Nonnains, des textes qui constituent la formation d'un prêtre[26]. Le passage de la *Vita* qui nous intéresse, pour connaître les textes déjà présents dans la bibliothèque du XIe siècle, concerne les lectures de Jean alors qu'il est moine à Gorze[27]. Il s'imprègne tellement des *Moralia in Job* de Grégoire le Grand[28], qu'il cite ce texte sans cesse, comme s'il l'avait sous les yeux. Cet ouvrage existe en totalité à Gorze <85-7> et en partie (le début) à Amel <223>. Par la suite, Jean se tourne vers Augustin, Ambroise et Jérôme et lit tout ce qu'il peut trouver d'écrits de ces Pères. Le manque de précision de l'auteur de la *Vita* sur ce sujet fait qu'il est difficile de cerner la bibliothèque de cette époque, la suite du texte donne des titres d'ouvrages de saint Augustin : *In Iohannem* <39>, *In psalmos,* dont seule une partie est mentionnée dans le catalogue, qui correspond au dernier tiers des *Enarrationes* <38>, et un extrait <35> *antiquae manus*, le *De ciuitate Dei* n'apparaissant plus dans le catalogue. Certains des traités fondamentaux d'Augustin sont absents, ce qui ne donne pas l'impression d'une bibliothèque bien gérée, ni d'une continuité entre l'époque de la réforme et celle de la rédaction du catalogue. La *Vita* mentionne aussi un programme de lecture, que Jean se fait à partir du *De trinitate* d'Augustin <07>, car il peine à comprendre les catégories aristotéliciennes et particulièrement la relation[29]. Il décide donc de lire l'*Isagoge* de Porphyre <245><417>, ou du moins un texte d'introduction, peut-être celui de Boèce <234><410-413> ; l'abbé Einold le détourne de ces recherches sans profit spirituel et lui conseille Grégoire *In Iezechielem* <81>, que Jean apprend de nouveau par cœur, et des vies de saints, particulièrement les Pères du désert : Antoine <203>, Paul <202>, Hilarion

<204>, Machaire, Pachôme et les *Collationes* de Cassien <164><188> <201><206>), ainsi que les vies de Martin <162>, Germain et Jean l'Aumônier. Presque toutes ces lectures spirituelles sont encore possibles à Gorze à la fin du XIe siècle.

A côté de ce texte important, les renseignements que l'on possède sur la culture de Gorze sont moins faciles à exploiter.

B. *Création et acquisitions, évolution de la bibliothèque, jusqu'à la fin du XIe siècle.*

L'activité créatrice de Gorze n'est pas très développée et le succès de ses productions limité, encore que ce dernier trait soit général au Xe siècle.

Un auteur de la fin du Xe siècle, Albuin, a généralement été rattaché à Gorze. Albuin, qui se dit prêtre et ermite[30], est l'auteur d'un commentaire sur l'Apocalypse, dans lequel il recopie Adson de Montierender[31] et d'un florilège de spiritualité inspiré d'Isidore de Séville[32]. Il dédie ces ouvrages à un chanoine Arnold[33] et à l'archevêque de Cologne Héribert. Cette dernière dédicace a fait supposer qu'il était moine à Gorze. On rencontre son traité sur l'Antéchrist dans des manuscrits messins[34], et il était vraisemblablement lorrain, mais aucune de ses œuvres n'est citée à Gorze[35] et il faut l'écarter.

La *Vita Chrodegangi* a été écrite par un moine de Gorze avant 987, les carolingiens étant encore au pouvoir[36]. L'évêque est situé dans une double ascendance de sainteté fonctionnelle et familiale. Les évêques de Metz, surtout Clément le premier évêque et Sigebaud le prédécesseur de Chrodegang, sont présentés dans le long prologue de la *Vita*[37]. L'auteur s'inspire essentiellement de Paul Diacre, mais pas uniquement, notamment concernant leurs lieux de sépultures pour lesquels il donne de nouveaux détails. On peut rapprocher de cette catégorie les évêques martyrs Lambert et Boniface – qui avec Willibrord[38] a rendu possible la réorganisation de l'Eglise par Chrodegang. La deuxième source de sainteté est celle du lignage de saint Arnoul, pour lequel la *Vita* reprend la généalogie de Paul Diacre sur les origines troyennes des Arnulfiens et y ajoute une fausse généalogie, également attestée dans une charte, selon laquelle Chrodegang est le neveu de Pépin[39]. Sur ce point, l'auteur est influencé par le modèle contemporain de l'évêque Thierry Ier, cousin de l'empereur Otton. Chrodegang, venu de l'administration comme Ambroise, est l'évêque idéal. Il sert le roi Pépin, embellit sa cathédrale et fonde le monastère de Gorze, qu'il enrichit des reliques de Gorgon. Venu en ambassade à Rome, Chrodegang vole le corps de Gorgon, que le pape lui a refusé comme étant trop précieux. Ce vol met les Romains au désespoir, mais Chrodegang jouit de la protection divine[40]. La tentative de vol des reliques par les moines de Saint-Maurice d'Agaune lors de la traversée des Alpes pendant le transfert de Rome à Gorze, se règle d'une façon moins miraculeuse par l'intervention de Pépin[41]. La source principale est Paul Diacre, *Histoire des Lombards* <270> et *Histoire des évêques de Metz* <154>, qui exalte le siège épiscopal messin[42]. Pourtant, le catalogue trahit une certaine méconnaissance de cet historien dont l'œuvre est attribuée à Sedulius Scotus. L'auteur utilise la chronique de Réginon de Prüm – qui n'est pas directement attestée à Gorze, mais dont Saint-Arnoul possédait deux manuscrits[43]. La référence à la *Vita* de Boniface, écrite à Fulda, s'explique par les relations anciennes de cette abbaye avec Gorze. La *Vita Lamberti* se trouvait à Gorze <196>. L'éloge de saint Ambroise[44] trouve un écho dans le grand nombre des ouvrages de ce Père conservés à Gorze <42-57>. Enfin quelques éléments sont tirés des *Miracula sancti Gorgonii* <282>.

Nous avons vu que deux œuvres sont attribuables à Immo (982-1015). La *Passio* de saint Gorgon s'inspire d'Eusèbe[45]. Les *Miracula*[46] citent Paul Diacre, les *Homélies* de Grégoire <80>, l'*Histoire tripartite*[47], saint Ambroise et les *Bucoliques* de Virgile.

Sigefroy (1031-1055) écrit à Bruno de Toul et à Poppon de Stavelot, dans le but d'empêcher le mariage d'Henri III avec Agnès de Poitiers. Il est imprégné par la pensée de saint Augustin, mais c'est une lecture répandue qu'il a d'ailleurs pu faire avant sa venue à Gorze, quand il était clerc à Metz. Gorze possédait beaucoup d'œuvres d'Augustin, mais un texte fondamental manque : la *Cité de Dieu*. Sigefroy s'est intéressé au problème de la présence réelle à propos de la querelle de Bérenger de Tours, mais le catalogue n'en garde aucune trace.

Au cours du XIe siècle, la bibliothèque s'enrichit par des emprunts à d'autres fonds.

Une partie des livres de Gorze a pu être obtenue à la suite d'échanges avec d'autres monastères, par exemple avec Saint-Riquier, dont l'abbé Gervin a étudié à Reims, où il rencontre Richard de Saint-Vanne. En 1045, Gervin, qui s'est fait moine à Saint-Vanne, devient abbé de Saint-Riquier et, devant restaurer l'abbaye et sa bibliothèque, va dans ce but à Gorze chercher des manuscrits parmi lesquels l'histoire de son abbaye[48], mais on ignore depuis quand ces ouvrages s'y trouvent. Saint-Riquier a été certes réformée par Gérard de Brogne, mais les relations avec Gorze ne furent pas suivies. En 1071, Gervin, atteint de la lèpre, fait venir à Saint-Riquier son neveu Gervin, moine à Saint-Remi de Reims, pour lui succéder. Peut-être la présence dans la bibliothèque de Gorze d'œuvres peu répandues de Micon de Saint-Riquier<238><420> est-elle l'indice d'un échange de livres avec cette abbaye. Gervin a reconstitué une bibliothèque, dont on a conservé le catalogue, mais qui ne paraît rien devoir de particulier à Gorze[49].

Il est légitime de penser que l'abbé Immo a enrichi la bibliothèque de son abbaye. Abbé de Gorze, il devient abbé de Prüm, puis de Reichenau, deux abbayes particulièrement renommées pour leur richesse et leur prestige intellectuel. Immo a pu profiter de cette situation pour *emprunter* des livres, car un moine de Reichenau, mécontent, raconte que, pendant son court abbatiat – de 1004 à 1006 – une ombre est tombée sur le trésor et sur la bibliothèque : *nobile monasterium in magnis uiris, libris et aecclesiae thesauris graue, peccatis exigentibus, pertulit detrimentum*[50]. L'accusation porte-t-elle sur une négligence coupable vis-à-vis de l'entretien de la bibliothèque ? La tradition messine concernant Immo ne permet pas de trancher en faveur d'un amour excessif des livres, mais encore moins d'un mépris patent ; il s'intéresse aux Vies de saints et écrit celle de saint Gorgon. L'accusation n'est peut-être que basse calomnie, provenant d'un moine hostile, cependant Immo a pu être séduit et tenté par la bibliothèque de Reichenau, extrêmement riche à en juger d'après le catalogue du IXe siècle[51] et le grand nombre de manuscrits subsistants. Quoique aucun ouvrage, provenant manifestement de Reichenau, ne soit attesté dans la bibliothèque de Gorze, la présence de manuscrits de Reichenau dans la région lorraine par la suite résulte peut-être de l'action d'Immo[52].

L'abbatiat de Guillaume de Volpiano, successeur d'Immo, a laissé peu de traces dans la bibliothèque. Il est cependant possible qu'il y ait eu, à la suite de cet abbatiat, des relations intellectuelles entre Gorze et Saint-Bénigne : ainsi la renonciation de Walon à l'épiscopat est-elle conservée dans un manuscrit passé par Dijon[53].

L'activité de copie à Gorze, vers l'époque de rédaction du catalogue, est attestée par le commentaire d'Origène sur Jérémie et sur le Cantique des Cantiques – Londres, British Museum, Arundel 45 (XIe siècle) –, provenant de Gorze copié par un certain Warnerus[54]. On connaît deux moines de Gorze de ce nom, l'un copie un acte en 986[55], l'autre devient abbé en 1093 ; il s'agit peut-être de ce dernier.

C. Walon de Saint-Arnoul est-il le rédacteur du catalogue ?

Il est tentant d'attribuer la rédaction du catalogue de Gorze à Walon, auteur de plusieurs lettres[56] qui montrent des connaissances littéraires remarquables. Walon cite Juvénal, Perse, Horace, Cicéron et fait de nombreuses allusions à des personnages ou des proverbes antiques. Il a une nette prédilection pour Jérôme – auquel il emprunte des traits satiriques et une ironie mordante évidente dans les lettres à Manassès – et plus tard pour Augustin ; la lettre qu'il écrit à Gui est construite comme une sorte de longue métaphore sur le Christ médecin[57]. Manassès lui reproche d'ailleurs de n'aimer que les livres, et Grégoire VII le présente comme un homme sage et érudit[58]. Walon s'est intéressé à la bibliothèque de Saint-Arnoul, il fit copier par un moine de Saint-Arnoul, Ambroise, le commentaire de Jérôme sur les petits prophètes[59].

Ses lettres montrent qu'il a fait des études classiques, sa formation intellectuelle, qu'il doit sans doute à Gorze[60], est donc un bon témoin du résultat pratique de l'emploi de la bibliothèque et du niveau d'instruction auquel pouvait prétendre un moine. Walon n'aurait jamais écrit, s'il ne s'était trouvé dans des situations fausses dont il devait se justifier. Ceci donne une idée très haute du niveau intellectuel des abbés bénédictins du XIe siècle, qui ne laissent qu'exceptionnellement des témoignages écrits.

A Gorze, ses qualifications semblent avoir été utilisées pour l'enseignement des novices, car il est *custos puerorum*[61]. Il s'occupe peut-être de la bibliothèque, puisque le catalogue est contemporain de sa venue.

De nombreux textes sont communs à Gorze et Saint-Arnoul, mais il s'agit sans doute simplement d'une atmosphère intellectuelle comparable et il est difficile d'attribuer ce fait à Walon. Considérant les problèmes qu'il a eus comme évêque, on peut comprendre que Walon s'intéresse particulièrement à sa situation sur le plan canonique. Or le catalogue de Gorze est remarquable pour la précision avec laquelle les ouvrages de droit sont cités.

L'abbatiat d'Henri marque le zénith de l'influence de l'abbaye dans l'Empire, il est aussi caractérisé par une remise en ordre générale des biens de l'abbaye, par la création de prieurés et par la politique de construction de l'abbé. L'établissement de l'inventaire de la bibliothèque s'insère parfaitement dans cette réorganisation.

4) *La culture gorzienne.*

La grande majorité des livres de Gorze se retrouve dans les autres bibliothèques lotharingiennes du XIe siècle et ne présente guère d'originalité, cependant il est possible de mettre en valeur certains aspects particuliers. Le catalogue de Gorze est de dimensions moyennes par rapport à celui de Reichenau, bien antérieur, mais comparable à celui de Stavelot, de Saint-Maximin et de Saint-Evre pour le fond et pour la quantité de volumes répertoriés. Les ouvrages sont variés et utilisés ils ne reflètent pas une activité exceptionnelle, mais certainement une abbaye riche, puissante, influente. La rédaction du catalogue, mise en relation avec la réorganisation de l'abbaye par l'abbé Henri, se situe à un moment où les abbayes de toute la région se soucient de faire de semblables listes[62].

A. L'influence irlandaise

Elle est caractérisée dans le catalogue par un cas particulier d'écriture dont la forme est précisée, qui se rencontre lors de la mention d'un texte de saint Jérôme, dont l'identification est d'ailleurs difficile : il s'agit d'un *De uirginitate* écrit *tonsae litterae*. B.Bischoff a montré[63] que ces lettres « tondues » sont la semi onciale employée par les Irlandais ; cette mention est donc synonyme de *scotice litterae* que l'on rencontre à Saint-Gall[64] et – dans la région lotharingienne – à Saint-Maximin de Trèves[65], à Saint-Airy de Verdun[66] et à Saint-Evre de Toul[67]. On trouve aussi à Saint-Arnoul[68] des traces de l'influence irlandaise. La présence de livres d'origine irlandaise, ou en écriture irlandaise, s'explique par les contacts existant entre le monde insulaire et la Lorraine. Ces liens, anciens, remontent à saint Colomban et à la fondation de Luxeuil. Ils se développent sur le plan intellectuel quand le grammairien Muretach séjourne à Metz auprès de Drogon[69], avant d'aller à Auxerre. Au Xe siècle, deux moines irlandais, Kaddroë et Maccalan s'installent à Saint-Michel en Thiérache, puis à Waulsort, partent ensuite parfaire leur formation monastique, Kaddroë à Fleury-sur-Loire avant de devenir abbé de Saint-Clément, Maccalan à Gorze avant de devenir abbé de Saint-Vincent de Laon où se trouvait une importante colonie irlandaise[70]. Le moine André de Gorze, d'origine insulaire, a lui aussi pu apporter à Gorze la connaissance de certains de ces textes[71]. Peut-être le passage d'Immo à Reichenau, où se rencontrent de nombreux ouvrages irlandais, a-t-il renforcé à Gorze la connaissance de cette culture[72].

On note la présence, dans le catalogue de Gorze, de lexiques et glossaires[73] grecs et hébreux <450>, qui avaient la faveur des irlandais. La connaissance du grec à Gorze, dont nous avons parlé à propos des *rotulae* <303><308>, ne dépasse sans doute pas l'apprentissage de l'alphabet. Cependant, au moment de la réforme, au moins un moine de Gorze était d'origine grecque[74]. En outre, le goût pour le grec est encouragé par l'exemple de la cour impériale, influencée par l'impératrice Theophanu, sans doute aussi par le goût antiquisant que prouvent quelques manuscrits de Saint-Arnoul.

La place accordée aux auteurs auxerrois est à relier à l'influence irlandaise, car les voies de transmission des deux mouvements se mêlent, ainsi qu'aux orientations de la restauration ottonienne, qui recopie avec zèle les auteurs carolingiens. Les catalogues de Stavelot, Saint-Maximin et Saint-Evre leur sont ouverts. L'importance accordée à Haymon[75] et Remi d'Auxerre est remarquable, deux paragraphes leur sont consacrés. Ils ne sont pas situés sur le plan des Pères, comme c'est le cas à Saint-Evre, où Haymon est placé là où l'on attend Ambroise, mais dans la catégorie qui suit immédiatement, après les livres de droit canon, mais avant les auteurs non classés <130-138>. L'archidiacre de Metz, Blidulphe, qui devient moine à Gorze, a été élève de Remi d'Auxerre, comme Hildebold, dont Jean a vainement suivit les cours à Saint-Mihiel[76], et tout un courant de culture partit de Laon et passant par Auxerre est arrivé, avec Remi d'Auxerre, à Reims dont nous avons vu les liens avec Gorze[77].

B. L'Apocalypse et l'Histoire

Un certain nombre de textes manifestent le goût des moines de Gorze pour les commentaires d'inspiration apocalyptique. Il s'agit des commentaires sur l'Apocalypse par Primase <176>, Césaire d'Arles <26>, Bède <46> <227>, Haymon <66>, de la vision du pseudo-Esdras <190> et des révélations de la Sibylle <443>. Cet intérêt est à replacer dans le contexte de la Lorraine du Xe siècle, qui est un centre de diffusion de ces textes, comme en témoigne la lettre d'Adson de Montierender sur l'Antéchrist[78] ou l'allusion faite par Abbon de Fleury à des lettres venues de Lorraine[79] – et nous avons vu plus haut le cas d'Albuin. A Gorze les textes sont d'inspiration traditionnelle et cherchent, comme c'est le cas pour les abbayes, à calmer les inquiétudes millénaristes plutôt qu'à les attiser. Ils sont liés à des considérations politiques pro-impériales, que l'on trouve chez Adson et dans les prophéties de la Sibylle[80].

Les ouvrages historiques sont assez peu nombreux : Quinte Curce <256>, Tite Live <249>, la chronique d'Eusèbe-Jérôme <75>, des extraits d'Orose <456> ; l'histoire plus récente est limitée à Paul Diacre dont nous avons déjà parlé. Gorze apparaît moins bien partagée que Metz, d'après ce que l'on peut déduire des manuscrits conservés[81]. Pourtant cette dernière ne semble pas avoir tellement brillé dans le domaine historique, car Sigebert de Gembloux, longtemps écolâtre à Saint-Vincent (1048-1074), écrit ses principaux ouvrages historiques grâce aux fonds de manuscrits de la région liégeoise[82].

C. L'enseignement

Quelle image le catalogue donne-t-il de la culture dispensée à Gorze au XIe siècle ? La présence des *libri de arte*, ainsi que le nombre des auteurs classiques, sous-entend l'existence d'une école.

L'enseignement débute par l'étude du *trivium* : l'apprentissage du latin grâce aux très nombreux manuels de grammaire : Donat <321-28><381>, Phocas <268>, Eutyches <452-3>, Flavius Caper <446> et surtout Priscien <317-320><361-5><377-8>, auxquels on peut rattacher Symphosius <460> ainsi qu'Adhelm et les auteurs de l'antiquité, des distiques de Caton <426> aux poètes. La faible place de la rhétorique, représentée par le seul Cicéron <421><451>, se justifie par le but de l'instruction dispensée, qui ne cherchait pas à former des évêques mais des moines[83]. A titre de comparaison, Brunon, futur évêque de Toul, s'entraînait, à l'école cathédrale de cette ville, à prononcer des discours en public et à argumenter en compagnie du futur évêque de Metz Adalbéron III[84]. La dialectique est représentées par les manuels de la *logica uetus* – l'Isagoge <245><417>, les catégories d'Aristote <241> <415> et les commentaires de Boèce <234><242-3><409-414>, ceux du pseudo-

Augustin <246-247><415><416>. Mais cet ensemble de textes ne livre qu'une base de culture standardisée.

Il est plus révélateur de se pencher sur les études mathématiques du *quadrivium*[85]. La curiosité intellectuelle, notamment dans le domaine des mathématiques, est plutôt une caractéristique liégeoise[86], bien que les chiffres arabes soient connus très tôt à Saint-Evre[87]. A Gorze, on ne trouve apparemment que les manuels les plus courants de comput, d'arithmétique et de géométrie : Alcuin <199>, Raban Maur <139>, Helperic <141>, Boèce <305><402><409>, dont la connaissance et l'utilisation peuvent avoir eu des buts purement liturgiques.

Gorze s'intéresse certainement d'assez près à la musique, et cela, peut-être, dès l'origine de la fondation par Chrodegang, qui introduit le chant messin, lequel gagne tout l'Empire. Au XIe siècle, les ouvrages concernant la musique sont nombreux[88], variés et modernes, quoiqu'ils soient certainement surtout conservés dans le chœur et donc absents du catalogue. Outre Boèce <400-1>, on trouve la compilation faite au IXe siècle par Aurélien de Réaumé <419> et l'ouvrage de Guy d'Arezzo <258> plus récent et novateur[89].

Un certain nombre d'ouvrages d'utilité pratique sont cités, çà et là, dans le catalogue. On peut retenir la mention de Vitruve <250>, qui montre l'intérêt de Gorze pour l'architecture : Odolbert de Gorze construit Saint-Vincent de Metz, Jean entreprend la fortification de l'abbaye, Henri enfin a sept églises à son actif[90].

D. *L'image de l'Eglise*

– Le catalogue mentionne plusieurs textes qui sont à relier à la situation de Gorze, sinon comme chef d'ordre, du moins comme centre de réforme monastique. Dans toutes les grandes abbayes réformatrices se rencontrent des mentions de règles diverses et de commentaires sur la règle bénédictine.

A Gorze, outre la présence d'au moins cinq exemplaires de la règle de saint Benoît <179-83>, qui est naturellement la base, le rédacteur du catalogue mentionne des commentaires :

CHAPITRE III

La lettre de Theodemar du Mont-Cassin <289>, le *Diadema monachorum* de Smaragde de Saint-Mihiel <151>.

La règle des chanoines de Chrodegang <126>, très dépendante de celle de saint Benoît, peut être présente en tant qu'œuvre du fondateur de l'abbaye, mais a peut-être aussi été apportée par un des nombreux chanoines qui sont à l'origine de la réforme de Gorze au Xe siècle.

Des textes de Benoît d'Aniane : la *Concordia regularum* <127> et les capitulaires d'Aix qu'il a inspirés <304>. On constate un effort de retour aux sources de la concordance de Benoît, car à Gorze[91] se trouve la règle de Fructueux de Braga <186>, peut-être ramenée d'Espagne par Jean, mais que l'on trouvait aussi par exemple à Saint-Riquier[92]. Cette règle insiste en particulier sur l'ascèse, comme le font Cassien <200><164.186.201.206> et Effrem <273-74>.

– La dernière caractéristique importante du catalogue est la place accordée à la formation cléricale et épiscopale des évêques formés à l'abbaye de Gorze : Adalbéron de Reims, Rothard de Cambrai, Adalbéron II de Metz, Héribert de Cologne, Herrand d'Halberstadt[93], et certains textes leur semblent particulièrement destinés, comme les ouvrages de droit canon. Cependant Gorze ne s'est pas montrée, à proprement parler, une pépinière d'évêques. Sa politique, si elle en a suivi une de façon consciente, a été de servir l'épiscopat, plutôt que de l'influencer. Il est cependant intéressant de noter que l'on n'a pas de traces d'une école cathédrale à Metz au XIe siècle[94], contrairement à Toul par exemple, d'où l'hypothèse que Gorze ait rempli cette fonction, généralement dévolue dans l'Empire aux chapitres cathédraux.

Il est possible de faire un parallèle entre les ouvrages disponibles à Gorze et les conseils de lecture, destinés aux prêtres, de Notker de Saint-Gall[95]. Tout son texte a pour but de combler les lacunes les plus criantes d'un de ses anciens élèves, Salomon, devenu évêque de Constance et abbé de Saint-Gall (890-919). Comme l'a montré F.Dolbeau[96], il s'agit de parer au plus pressé, et c'est pourquoi Notker privilégie les résumés. Le but que se donne Notker permet de trouver un certain parallélisme entre l'organisation des études proposée et certaines notices du catalogue : Jérôme, les lettres et traités destinés aux femmes pieuses, Isidore, le *de officiis*, Grégoire, la *Regula pastoralis*, Eucher de Lyon, Alcuin, Augustin, le *de fide* et les traités contre les hérétiques, indispensables à l'action épiscopale, enfin les Vies de saints destinées à l'édification de tous. Cependant, Notker précise, au début de son ouvrage, que seul Augustin est vraiment nécessaire et qu'il est pratiquement suffisant.

– Les ouvrages de droit.

Un domaine particulier, dans lequel Gorze a pu se distinguer, est le droit. D'après les notices des catalogues anciens, il est difficile de savoir à quels textes renvoie la formule, trop souvent lapidaire, *Libri canonum*[97]. Mais ils sont relativement bien décrits à Gorze et permettent d'éclairer l'orientation et les choix d'une abbaye épiscopale dans l'Empire :

Le symbole de Nicée <123> qui ouvre une collection impossible à identifier[98].

Les canons du deuxième concile de Lyon en 567 <118>, traitant des procès d'évêques, car il avait été réuni par le roi Gontran de Bourgogne pour juger les évêques Salonius et Sagittaire[99].

Les capitulaires attribués à l'évêque de Metz Angelram (768-791), qui les aurait envoyés au pape Hadrien Ier[100], traitent des droits de l'évêque et plus généralement des procès contre les clercs <298>. Ils se veulent un résumé de la discipline romaine. Les soixante et onze chapitres de ce texte forment un petit code de procédure, écrit dans la lignée des textes pseudo-isidoriens au milieu du IXe siècle et destinés à défendre et renforcer l'épiscopat.

La *Dacheriana* <120>, une compilation de conciles et de décrétales, essentiellement fondée sur la collection *Dionyso-Hadriana*[101] et sur l'*Hispana*[102], réalisée par un membre de l'église franque, clerc ou évêque contemporain des conciles réformateurs de 813. Ce texte traite de la pénitence, de l'apostasie, des péchés charnels, du mariage, de la magie, du meurtre, des biens d'Église, des tribunaux ecclésiastiques, des ordinations. Il ne s'intéresse ni à la théologie, ni à la liturgie, ni aux moines, ni au droit public. Cette très importante collection a été une base du droit canon au IXe siècle et est restée influente jusqu'à la réforme grégorienne[103].

Le pénitenciel écrit par l'évêque Halitgaire de Cambrai (c.823) à la demande d'Ebbon de Reims (816-835) <171> <175>. Ce texte est largement fondé sur la *Dacheriana* (livres 3 et 4) et l'*Hispanica* (livre 5) le sixième et dernier livre est un tarif inspiré du système insulaire, qu'il cherche à remplacer et à uniformiser en conservant les traits en accord avec la pénitence romaine[104].

Les capitulaires de Charlemagne et de Louis le Pieux réunis par Ansegise <119>[105], et des extraits de ce même texte <124-5>.

Les statuts diocésains d'Isaac de Langres (859-880) <122>, sont inspirés des faux capitulaires, qui traitent de tous les problèmes religieux (évêques, moines, sacrements...) et dont le but est de transformer les vœux des réformateurs en législation officielle[106].

Le décret de Reginon de Prüm (†915), *Libellus de ecclesiasticis disciplinis* <121>, est un manuel destiné aux évêques pour la surveillance du clergé diocésain et pour faciliter les visites synodales. Il se présente comme un modèle de questionnaire accompagné des prescriptions canoniques, chaque interrogation visant une règle et sa transgression[107]. Le premier livre concerne les clercs, et d'abord les évêques, puis les églises, leur consécration et leur dotation, ainsi que les règles de vie des prêtres. Le second livre concerne les laïcs, les principaux péchés et la pénitence.

Outre les textes précédents, le catalogue mentionne à la fin des ouvrages de droit canon, les *eglogae de officio missae* d'Amalaire <128>.

A Gorze, ces ouvrages concernent essentiellement le droit des évêques, le fonds est ancien, essentiellement carolingien, les ouvrages de droit canon reflètent une mentalité conservatrice[108].

5) *Les bibliothèques des abbayes voisines.*

Les centres de réforme lotharingiens, contemporains de l'apogée de Gorze, ont parfois laissé un catalogue des livres qu'ils possédaient, une des première action des abbés étant la reconstitution du temporel et de la bibliothèque. C'est le cas pour Brogne, d'où est venue la plus ancienne, et la plus éphémère, réforme monastique lotharingienne. Après la mort de Gérard, Brogne n'apparaît plus comme un centre de « formation » destiné à des réformateurs. Le catalogue[109] qui date de la fin du XIe ou du XIIe siècle, ne concerne que la bibliothèque scolaire, il comprend en tout quarante-six titres, essentiellement des manuels de grammaire et des poètes.

A. Saint-Maximin de Trèves

Nous avons vu que la réforme de cette abbaye, contemporaine de celle de Gorze, rayonne avec succès dans tout l'Empire. Au début du XIe siècle, Saint-Maximin est dirigée par Poppon de Stavelot. Son catalogue[110], qui date des XI-XIIe siècle, ne contient pas d'ouvrages liturgiques, très peu de *libri de arte* et pas d'auteurs classiques[111]. L'ensemble – 151 manuscrits – est pourtant relativement important ; il comprend : La Bible <1-9>, les livres d'Augustin <10-47>, puis de Jérôme <50-66>, d'Ambroise <67-70> et de Grégoire <71-78>. La dernière catégorie s'intitule de façon trompeuse *Bedani libri*. Sans doute les premiers textes cités dans cette catégorie sont-ils de Bède <79-92>, mais la fin du catalogue comprend tous les inclassables de la bibliothèque plus ou moins pêle-mêle : on y note cinq ouvrages de droit canon cités sans précision <122-126>[112], l'*admonitio Caroli Magni* <132-133>, des règles : Cassien <135>, Benoît d'Aniane : *regule sanctorum patrum* <104>, la règle du solitaire <142>, le *Diadema monachorum* de Smaragde <110>[113], le pénitentiel d'Halitgaire <121>, de nombreux ouvrages historiques : la chronique d'Eusèbe-Jérôme <61>, Bède <92>, l'Histoire tripartite <102>, Orose <109>, les *Gesta pontificum romanorum* (*Liber pontificalis*) <113>, les *Gesta Francorum* <127>[114], les *Gesta Karoli et eius successorum*[115], les *Gesta Getarum* de Jordanès <129> et des *Cronica ex diversis collecta* <130>. Le rédacteur du catalogue a aussi noté des textes copiés ou écrits dans l'abbaye : *frater Fridericus beato Maximino psalterium glossatum* <48>.

B. Verdun

– Il ne reste pas de catalogue de la bibliothèque de Saint-Vanne, cependant plusieurs manuscrits remontant à la réforme de Richard ont été conservés jusqu'au XVIIe siècle[116].

– Poppon de Stavelot fut l'élève de Richard de Saint-Vanne et on a conservé un catalogue pour Stavelot[117]. L'organisation de ce catalogue de 1105 est nette : il commence par les Bibles <1-14>, les Pères : Grégoire <15-30>, Ambroise <31>, Augustin <32-47>, Jérôme <48-55>, Bède <56-68>, Cassiodore <69-70>, Haymon <77-80>, que suivent un ensemble de sermons <81-88>, de passions <85-92> et de Vies de saints <93-116>, des règles <120-129> (Benoît, Basile) et du droit canon <156-165> (cité de façon imprécise sauf en ce qui concerne le concile de Nicée <156> et les canons des apôtres <158>[118], des ouvrages historiques (Bède, Paul Diacre, Flavius Josèphe, Eusèbe...) et enfin les textes liturgiques <200-283>. Il compte 283 titres et aucun ouvrage scolaire, car il faut écarter le traité sur le comput d'Helpéric d'Auxerre et les ouvrages historiques, qui ne sont pas destinés à l'enseignement scolaire, mais à l'explicitation de l'action de Dieu en ce monde[119]. Faut-il en déduire une certaine méfiance de Stavelot pour les auteurs classiques ? Le rêve de Gozo, relaté dans la *Vita Popponis*, semble aller dans ce sens : ce jeune moine s'est vu attaquer par les personnages de l'Enéïde[120]. Pourtant Poppon montre par ailleurs de l'intérêt pour les études alors qu'il se trouve à Saint-Vanne, surtout pour les poètes justement, et il incite les moines à fournir un travail de copie. Mais, de même que pour Brogne, la réputation de Stavelot comme centre réformateur n'a guère survécu à Poppon.

– Le catalogue de Saint-Airy de Verdun[121], écrit en 1070, ne comprend que 30 livres, toutes catégories confondues : ouvrages liturgiques, patristiques et scolaires, ces derniers formant près de la moitié du fonds, parmi lesquels on remarque quelques ouvrages de grammaire, mais aussi un historien comme Salluste.

C. Saint-Evre de Toul

La comparaison entre le catalogue de la bibliothèque de Gorze et celui de Saint-Evre[122] s'impose du fait qu'ils sont contemporains, celui de Saint-Evre ayant été réalisé au temps de l'abbé Guy (1071-1083), qu'ils appartiennent au même espace lorrain, qu'ils sont de dimension à peu près comparable, bien que celui de Gorze soit plus important, et que leur contenu soit très voisin, comprenant à la fois les ouvrages purement ecclésiastiques et les livres scolaires. Les deux abbayes ont connu des réformes parallèles. Au Xe siècle, Humbert, le reclus de Verdun que connaissait Jean et qui a été moine à Gorze, devient abbé de Saint-Evre, puis au début du XIe siècle, Guillaume de Volpiano dirige les deux abbayes, et, à la fin du XIe siècle, Evrard, successeur de l'abbé Guy, vient de Gorze.

Le catalogue est conservé à Munich[123] à la fin de l'*Aduersus paganos* d'Orose. Le catalogue des livres et l'inventaire du trésor occupent les folios 143v à 146r. Il est d'une seule main, sauf les trois dernières lignes f.143v et la liste du trésor, f.146r, copiée à la suite du catalogue sur la première moitié d'un folio coupé au milieu. Le catalogue a pour titre *Hi sunt libri inuenti in armario sancti APRI temporibus abbatis Widonis*, les livres sont nettement séparés en volumes par des points et des majuscules, ainsi que par l'indication *uolumen I*. Le catalogue est organisé : il y a des alinéas pour les auteurs les plus importants, comme les Pères, rassemblés au début du catalogue. Des espaces blancs sont laissés pour les additions éventuelles : après les bibles deux lignes, après Jérôme quatre lignes, dont deux sont effectivement utilisées pour des ajouts, après Grégoire une ligne, après Bède une ligne. Le catalogue commence par les bibles <1-9> puis les Pères : Jérôme <10-24>, Augustin <25-48>, Haymon <49-51>, Grégoire <52-61> Bède <62-68>, Ambroise <69-72> et Isidore de Seville <73-77>, que suivent les auteurs plus récents comme Raban Maur <78-79> et Paschase Radbert <87>. Viennent ensuite les ouvrages monastiques, Cassien <24><83>, la règle de saint Colomban <99> et des commentaires sur celle de Benoît <93-94><106>, l'histoire : Eusèbe <23>, l'*Histoire Tripartite*

<82>, Orose <89>, Paul Diacre <101>, Jordanès <102>, les Vies de saints <110-118> (on note la présence des Vies d'abbés clunisiens : Odon et Odilon <111>, Maïeul <118>), des livres liturgiques <126-134> parmi lesquels des manuels de comput <132>, les livres de médecine <129>, le droit canon <130>, cité de façon trop imprécise pour qu'on puisse identifier d'autres textes que les canons du concile de Nicée <119>, et auquel on peut rattacher le code Théodosien <48> en raison de l'application dans l'Eglise de ces textes de droit civil[124]. A la fin du catalogue, deux sections ont un titre particulier : *Libri diuinarum pœtarum* et *Libri gentilium pœtarum*, cette dernière étant comparable aux *libri de arte* de Gorze, car elle comprend les ouvrages scolaires du trivium : grammaire – qui occupe la place principale : vingt huit volumes – rhétorique, dialectique, et du quadrivium, en particulier les traités de Gerbert sur l'astrolabe <167> et sur l'abaque <212>, ainsi que des glossaires. Le catalogue se termine par des ouvrages profanes difficiles à classer, comme Solin <219>, Palladius et Vitruve <220>, et surtout les historiens, bien que des ouvrages historiques aient été mentionnés plus tôt. Dans ce dernier groupe on trouve Salluste <216>, Darès et Homère <217>, César <218>. Saint-Evre de Toul possèdait une bibliothèque de dimension presque comparable à celle de Gorze (300 volumes), les livres y sont mieux classés et en meilleur état, sans doute plus complets mais moins variés. Ainsi, Saint-Evre possèdait la totalité des *Ennarationes* d'Augustin et cet auteur représente, avec une vingtaine de titres, le dixième de sa bibliothèque, alors qu'à Gorze la trentaine de titres augustiniens ne représente que le septième de la bibliothèque, la moitié des ouvrages environ est commune aux deux abbayes. Saint-Evre n'a eu qu'un rayonnement local. Elle jouissait cependant d'un certain renom intellectuel et comme centre de copie[125].

Quoique Saint-Evre soit proche de Gorze par bien des aspects, Saint-Arnoul lui est davantage liée.

D. *Saint-Arnoul de Metz*

La bibliothèque de Saint-Arnoul était riche, malheureusement de nombreux manuscrits, conservés à la bibliothèque municipale de Metz, ont été perdus en 1944. Il reste pour l'étudier, outre la liste de ses 121 manuscrits, établie avant la guerre, un catalogue de 1769 de Dom Maugerard, qui cite 152 manuscrits (Metz, BM 1460), et surtout deux catalogues du XVIIe siècle[126]. Au XIe siècle, peut-être sous l'abbatiat de Walon, le bibliothécaire de Saint-Arnoul a mené une enquête dans les autres bibliothèques monastiques de Metz, afin de savoir quels ouvrages pouvaient y être empruntés[127]. On a ainsi un aperçu de la bibliothèque de Saint-Symphorien et de celle de Saint-Vincent, mais ni Saint-Clément, ni Saint-Martin ne sont cités : peut-être possédaient-ils moins de manuscrits que Saint-Arnoul et des textes plus courants. L'absence de Gorze s'explique mal, l'abbaye n'étant pas éloignée de la ville. Soit les manuscrits qu'elle possédait (certains étaient peu répandus) avaient attiré antérieurement l'attention des bibliothécaires de Saint-Arnoul, si bien que les manuscrits de Gorze n'avaient plus de secrets pour eux. Soit la liste dont nous disposons dans le manuscrit de Reims est celle que les moines de Saint-Arnoul établirent pour avoir un point de comparaison : en faveur de cette hypothèse on peut noter le soin apporté aux corrections du texte.

– Les textes législatifs conservés dans les bibliothèques messines peuvent servir d'exemple et de point de comparaison avec Gorze[128] :

Le *Pittaciolus* d'Hincmar de Laon, composé par cet évêque essentiellement à partir des fausses décrétales, dans le cadre des conflits qui l'opposaient à son oncle l'archevêque Hincmar de Reims vers 869. Le manuscrit messin a été transcrit avant 882, il appartenait à Saint-Arnoul[129].

Saint-Symphorien possédait un ouvrage de droit romain, ou peut-être un capitulaire non identifié, cité dans Metz, BM 221, *liber de constitutionibus principum inc. « Utilitatem populi nostri »*, le *Libellus de ecclesiasticis disciplinis* de Réginon de Prüm[130] et d'autres textes de droit canon[131].

Saint-Arnoul possédait le décret pseudo-gélasien[132], un recueil de canons, débutant par ceux du concile de Nicée[133], des capitulaires[134], des extraits de capitulaires carolingiens suivis des fausses décrétales, ainsi que de la *Dacheriana* complétée par des extraits des faux capitulaires de Benoît Diacre. Cette dernière collection, qui se présente comme une annexe de la *Dacheriana*, a été constituée au Xe siècle, et traite surtout de la juridiction et des biens d'Eglise[135].

Saint-Vincent possédait plusieurs capitulaires carolingiens, et des textes de Lois barbares (Saliens, Ripuaires, Alamans, Bavarois[136]) ainsi qu'une collection destinée à faciliter le fonctionnement des assemblées synodales[137].

La collection *Anselmo dedicata*, constituée à partir des fausses décrétales, est imbue de l'esprit romain, Le manuscrit messin, transcrit à la fin du XIe ou au début du XIIe siècle, appartenait à la cathédrale[138]. Alors que le fonds des manuscrits provenant des abbayes lorraines apparaît traditionnel et conforme à ce que l'on trouve à Gorze, ce dernier texte est exceptionnel du fait de sa place dans la réforme grégorienne, aussi faut-il certainement le rattacher aux évêques pro-grégoriens de la fin du XIe et du début du XIIe siècle, soit à Heriman (1073-1090) qui alla plusieurs fois à Rome et entretint une correspondance avec Grégoire VII, soit à Etienne de Bar (1120-1163), neveu de Calixte II, qui rétablit une situation normale dans l'évêché de Metz après la crise.

E. Cluny

Gorze a été trop souvent comparée avec Cluny pour qu'il soit permis d'éviter la mise en parallèle des deux bibliothèques. Le catalogue de Cluny[139] est important, plus du double de celui de Gorze (570 volumes), et, comme ce dernier, très carolingien. L'abbé Odon († 942), qui donna à Cluny une centaine d'ouvrages, écrivit un abrégé des *Moralia in Job* de Grégoire le Grand, des *Collationes*, une histoire du salut : les *Occupatio* et la Vie de saint Géraud, modèle de chevalerie chrétienne. La plupart des textes cités dans le catalogue correspondent à ses intérêts, comme le montrent la place primordiale accordée à Grégoire le Grand, l'importance du culte de saint Martin, le goût pour l'histoire et la philosophie. L'essentiel du catalogue remonte au XIe siècle, les ajouts plus récents sont minimes.

Le catalogue de Cluny commence par les Bibles <1-16>, que suivent les ouvrages historiques <17-33> : le *Liber pontificalis*, Orose, l'Histoire tripartite, l'Histoire des Lombards de Paul Diacre, Flavius Josèphe, Suétone, Tite Live... preuve de l'intérêt que portait Odon aux ouvrages historiques. Vient ensuite la patristique : Grégoire le Grand <34-61>, Grégoire de Naziance, Cyprien, Hilaire, Ambroise <90-105>, Augustin <123-187>, Jérôme <188-219>, Odon et Odilon de Cluny, des Vies de saints, Raban Maur et d'autres auteurs carolingiens, Isidore, Haymon, des textes de droit <433-450>. La dernière partie du catalogue est consacrée aux arts libéraux et compte plus d'une centaine d'ouvrages <4451-570>, parmi lesquels on peut souligner un intérêt particulier pour la philosophie – Jean Scot Erigène et les Pères grecs dans le prolongement de l'école d'Auxerre – alors que Cluny semble moins ouverte que Gorze aux auteurs païens de l'Antiquité[140].

En ce qui concerne les ouvrages de droit, la situation paraît plus claire à Cluny qu'ailleurs. Les livres de droit sont regroupés pour l'essentiel aux numéros 433 à 462, avant les arts libéraux, au milieu desquels quelques-uns se sont encore glissés. On y trouve les conciles du IVe siècle, Nicée et Constantinople <433>, la *Dionysiana*[141], ensemble de textes conciliaires traduits par Denys le Petit <436>, les canons des apôtres <436>, les fausses décrétales du pseudo-Isidore <437>[142], le décret de Buchard de Worms <434>[143], le décret d'Yves de Chartres <245> n'étant pas classé avec les autres ouvrages de droit canon[144]. Cluny s'intéresse, comme Gorze, à la controverse de Bérenger de Tours et possède la réfutation de la position de l'hérésiarque par Lanfranc <433>. Les volumes suivants portent des titres assez vagues, et on ne peut en déduire que des directions générales, telles l'importance de la pénitence et sa réglementation[145], ainsi la lettre 108 de Léon le Grand (Ve siècle) sur le sacrement de pénitence accordé aux malades <442>. Le droit romain termine logiquement cet ensemble, car les deux sources du droit sont la Bible et Rome[146] : les codes de Justinien <449>, de Théodose <447>, auxquels on peut ajouter la loi salique <443> et des capitulaires de Charlemagne <448>. Des textes de droit se retrouvent aussi éparpillés dans le catalogue, mais reprennent globalement les textes précédents. Si les conciles, absents à Gorze, se taillent ici la part du lion, le droit civil est largement représenté, essentiellement par des ouvrages de droit romain. Peut-on en déduire que Cluny cherche à réfléchir sur les fondements du pouvoir, tandis que Gorze, émanation du système en place, les accepte ?

Le survol rapide de ces bibliothèques permet de tirer certaines conclusions. Une certaine homogénéité apparaît entre le catalogue de Gorze et ceux de Saint-Maximin et de Saint-Evre, ce qui souligne la ressemblance de Gorze avec les autres grandes abbayes de la région lotharingienne. La bibliothèque ne paraît pas très différente non plus de celle de Stavelot, qui par ailleurs, comme nous le verrons, se révèle très proche de Gorze dans son action de réforme monastique. Par contre, Gorze n'est pas un grand centre de réforme comme Cluny, qui se présente vraiment comme un autre monde par sa taille, son organisation, l'importance de sa bibliothèque et le choix de ses manuscrits.

Conclusion.

La bibliothèque de Gorze n'en fait pas une abbaye exceptionnelle, un grand centre intellectuel comme Lobbes par exemple : les textes ne sont ni très abondants, ni très originaux et les collections sont rarement complètes. Ce n'est donc pas en raison d'une primauté intellectuelle qu'elle peut attirer une foule de moines curieux d'apprendre, et l'on n'a d'ailleurs aucune preuve qu'elle ait jamais été considérée comme un centre culturel majeur.

La bibliothèque témoigne-t-elle de la réforme, Gorze offrait-elle une formation particulière que révèlerait sa bibliothèque par l'intermédiaire du catalogue ? Pas vraiment. Il n'y a pas de preuves que certains ouvrages soient venus de l'extérieur, du moins si l'on écarte l'osmose manifeste avec Metz, surtout Saint-Arnoul. En effet, les textes de droit et les règles sont présentes, mais pas beaucoup plus qu'ailleurs, et surtout les ouvrages sont très conservateurs. L'existence d'une école, et donc la présence de manuels, recoupent ce que l'on sait par ailleurs de l'activité de Gorze, mais la formation, assez conventionnelle, qu'il ne faut pas minimiser car les textes sont abondants variés et manifestement utilisés, n'a pas débouché sur de grandes productions littéraires. Le catalogue reflète une culture traditionnelle et impériale, que nous avons souvent rencontrée à propos de Gorze.

6) *Edition du catalogue*

A. *Normes d'édition*

La principale modification apportée à l'original est la numérotation en chiffres arabes. Les mentions de volumes sont trop peu systématiques pour permettre de fonder un système. L'unité de base retenue est toujours l'élément le plus petit possible : c'est-à-dire le titre d'une œuvre ou le volume lorsque l'œuvre est répartie en plusieurs volumes.

Les mentions *duo, bis, ter*, ou les précisions apportées en chiffres romains dans le texte sont considérées comme faisant référence à plusieurs copies d'une même œuvre et sont comptées autant de fois qu'il est indiqué dans le catalogue, sauf dans le cas où l'on sait que l'œuvre citée comprend le nombre de livres indiqué.

Les textes regroupés dans un même volume sont signalés par une étoile, qui précède les textes ajoutés à la première œuvre citée pour composer le volume. Les repères utilisés à cette fin sont les mentions *et, in uno uolumine, cum, simul, in capite*, ainsi qu'un argument logique, qui indique qu'un auteur n'est placé sous la rubrique d'un autre que lorsque son œuvre suit dans le volume. Le volume ainsi reconstitué pêche par défaut plutôt que par excès, car ne sont regroupés que les textes qui étaient selon toute vraisemblance ainsi réunis.

Ni les majuscules, ni la ponctuation, ne sont celles du manuscrit, car il a paru inutile de respecter le système de ponctuation d'une copie. Cependant, le manuscrit étant la base de départ, la ponctuation est conservée, quand elle ne gêne pas la lecture, sans ajout de signe moderne. Les majuscules sont restituées dans le cas des noms propres et au début du volume probable. Les abréviations sont résolues et les restitutions indiquées entre parenthèses. Les corrections de détail dans le texte ont été indiquées dans l'introduction et ne sont plus reprises ici.

La numérotation des notes et l'index final renvoient aux numéros d'ordre attribués au texte. L'index donne les renvois aux répertoires et mentionne la forme sous laquelle se présente le texte dans le manuscrit et la forme canonique : celle de la Clavis si possible. Dans le cas où il y a disparité, le titre ou le nom de l'auteur restitués sont indiqués entre crochets.

B. Edition du catalogue d'après le manuscrit Reims BM 427.

Nomina sacrorum hic continet ordo librorum beati Gorgonii martyris.

01-3 Historiae duae ueteris ac noui testamenti Vna earum in duobus uoluminibus diuisa et antiquae manus. Altera nouae et in unum coartata.
04-6 Liber Tobiae Hester et Iudith in uno uolumine.
07 Augustinus de sancta trinitate.
08 Augustinus de fide et operibus.
09 Augustinus de uera religione.
10 Augustinus de uidendo deo ad Paulinam clarissimam.
11 Libellus questionum eius.
12 Augustinus de karitate.

01-3. *antiqua* : il existe dans le catalogue plusieurs mentions de livres d'une écriture ancienne. La première Bible en un volume est celle de Cassiodore, cette forme a eu du succès après le VIIIe siècle. Par la suite, seuls le Nouveau Testament et les Psaumes furent régulièrement copiés de façon indépendante. P.M.BOGAERT, La bible latine des origines au Moyen Age, *Revue Theologique de Louvain*, 19 (1988), p. 276-314.
04-6. Ces livres forment un des sous-groupes des bibles antérieures au VIIIe siècle. Il s'agit probablement d'un exemplaire regroupant des traductions pré-hiéronymiennes (*Vetus latina*), car ces trois textes sont fréquemment donnés dans cette version, même dans des bibles plus tardives en un volume, comme la bible du XIIIe s. provenant de la cathédrale de Metz, Paris, BN lat.78. B.FISCHER, *Lateinische Bibelhandschriften im frühen Mittelalter*, Freiburg, 1985, p. 419. P.BOGAERT, La Bible, p.281 et id. A propos de deux bibles messines, *RB*, 79 (1969), p. 438-443.
07. Le *de sancta Trinitate* se trouvait à Saint-Arnoul (Metz, BM 13), et à Saint-Evre <38>.
08. Le *de fide et operibus* se trouvait à Saint-Arnoul (Metz, BM 229 perdu), et à Saint-Maximin <42>.
09. Le *de vera religione* se trouvait à Saint-Arnoul (Metz, BM 138), à Saint-Evre <32>, à Saint-Maximin <32>.
10. Le *de videndo deo* est la lettre 147, qui se trouvait à Saint-Arnoul, Metz, BM 228, perdu.
12. *Super epistola Iohannis*, commentaire sur l'épître de Jean qui traite de l'amour et de la charité, il est connu sous ce titre dans les catalogues médiévaux, à Stavelot <34> et Saint-Maximin <41>.

13 Augustinus contra Faustum manicheum.
14 Augustinus de magistro
15* et de sancta uirginitate in uno uolumine.
16 Augustinus de confessione.
17 Augustinus super Genesim ad litteram.
18 Augustinus contra V hereses.
19 Augustini Enchiridion.
20-1 Augustini sermones duo quomodo diffiniretur antiquitus disciplina et pecunia.
22 Augustini liber de sermone domini in monte habito.
23 Epistola Augustini ad Eutropium et Paulum de perfectione ius(ti)tiae in singulis codicibus

---

13. Le *contra Faustum* se trouvait à Saint-Arnoul (Metz, BM 227).
14. Le *de magistro* se trouvait à Saint-Arnoul (Metz, BM 347, perdu), et à Saint-Maximin <23>.
16. Il s'agit certainement des *Confessions*, quoique ce texte soit en général appelé *Liber confessionum* : à Stavelot *confessionum* <32>, plutôt que du sermon *de confessione peccatorum*, PL 5, 2212. On rencontre le même titre à Saint-Maximin *de confessione* <22> et à Saint-Evre *de confessione* <37>.
17. Il s'agit probablement du *De genesi ad litteram libri xii* CPL.266 (plutôt que du *de genesi ad litteram imperfectus liber* CPL.268 qui est moins répandu). On le trouvait à Saint-Arnoul (Lauer, *Manuscrits*, 95), Saint-Evre <34>, Stavelot <44>, Saint-Maximin <35>, Saint-Vincent de Metz, Berlin, Phill.1651 *Augustini Questiones in genesim* (Xe s.).
18. Ce texte n'est pas d'Augustin mais de Quoduultdeus *Sermo aduersus quinque haereses*, CPL.410. Il était également attribué à Augustin à Saint-Arnoul (Metz, BM 228 perdu), ces sermons pseudo augustiniens se trouvaient aussi à Saint-Remi de Reims, F.DOLBEAU, *Troisième centenaire de l'édition mauriste de Saint Augustin*, Paris, 1990.
19. L'*Enchiridion seu manuale de fide spe et caritate*, se trouvait à Saint-Evre <47>, Stavelot <39>, Saint-Maximin <18-19><44>.
20-1. Le premier texte est le *De disciplina christiana*, pecunia pourrait n'être qu'une précision, car la fin du sermon traite de l'avarice ; cependant, puisque deux sermons sont mentionnés, il est possible que le second soit le *de cupiditate* d'Ambroise Autpert qui suit parfois le sermon d'Augustin, comme dans le manuscrit provenant de Marchiennes, Douai 306, XIe siècle. On ignore le détail de composition de Metz, BM 347 *De disciplina*, prov. Saint-Arnoul, perdu.
22. Le *de sermone domini in monte* se trouvait à Saint-Arnoul (Metz, BM 228 perdu), à Saint-Maximin <30> et à Saint-Evre <18>.
23. Le *de perfectione iusticia hominis* se trouvait à Saint-Arnoul, Metz, BM 228, perdu.

24 Liber questionum Augustini LXXXtrium antiquae litterae.
25 Liber Augustini de magistro ad filium.
26 Liber Augustini super apo(ca)lipsin Iohannis apostoli.
27 Liber Augustini ad quendam comitem sibi karissimum. Cuius initium est. *O mi frater. si cupias scire*
28 Liber Augustini de beata uita ad Theodorum quendam.
29 Questiones Augustini super V libros Moysi.
30 Tractatus Augustini Vnde malum sub interrogatione et responsione.
31 Augustinus de V talentis.
32 Augustinus de quantitate animae.
33* et Sermo eius de reddendis decimis in uno uolumine.

---

24. *De diversis quaestionibus lxxxiii* se trouvait à Stavelot <47> et à Saint-Maximin <44>.
26. Ce texte n'est pas d'Augustin mais de Césaire d'Arles : *Expositio in Apocalipsin*, CPL.1016. Il se trouvait également sous le nom d'Augustin à Saint-Arnoul, Metz, BM 125, perdu.
27. Ce texte de Paulin d'Aquilée (750-802) est parfois attribué à Augustin. Paulin écrivit le *Liber exhortationis uulgo de salutaribus documentis ad quemdam comitem*, PL 99, 197-282 (= PL 40 1047-1078 : Ps Augustin) pour Eric de Frioul, comme initiation aux principes de la vie chrétienne. Il se trouvait à Saint-Arnoul Metz, BM 231, perdu. H.M.ROCHAIS, Contribution à l'histoire des florilèges ascétiques du Haut Moyen Age latin, *RB*, 63 (1953), p. 246-291.
28. Le *de beata vita* se trouvait à Saint-Arnoul (Metz, BM 138), à Saint-Evre <39> et à Saint-Maximin <23>.
29. Il pourrait s'agir des *Quaestiones in Heptateuchum libri VII*, Les cinq premiers livres correspondent au titre du catalogue et sont parfois rassemblés dans un manuscrit, tel celui décrit dans CSEL 28,2, p. XVI, codex Sessorianus 23, Xe s.
30. Incipit du premier livre du *De gratia et libero arbitrio*. Cette œuvre se trouvait à Saint-Arnoul (Metz, BM 139, perdu), même titre : *Vnde malum et de libero arbitrio* et Metz, BM 232), à Saint-Evre <33>, à Saint-Maximin <23>.
31. Il s'agit probablement du sermon 94, PL 38, 580-1, *De uerbis Euangelii Matthaei ubi seruus piger qui talentum acceptum noluit erogare, damnatur* (Mtt. 25. 24-28) incipit : *Domini, fratres et coepiscopi mei*.
32. Le *de quantitate animae* se trouvait à Saint-Arnoul (Metz, BM 347 perdu), à Saint-Evre <43>.
33. Ce sermon, souvent attribué à Augustin (PL 39, 2266, Sermon 277) est de Césaire d'Arles, *sermo de decimis reddendis ante natale sancti Iohannis baptistae* (Sermon 33, CC 103, ed.G.Morin, 1953, p. 143).

CHAPITRE III

34 Augustinus de moribus sanctae ecclesiae catholicae.
35 Augustinus de psalmo LXXXmo antiquae manus.
36 Augustinus de doctrina christiana.
37 Augustinus de uerbis domini secundum IIIIor euangelistas.
38 Expositio eius a *domine exaudi.* usque in finem psalterii.
39 Omeliae eius super /f°12v/ euangelium Iohannis apostoli CXII
40 Liber ammonitionum Augustini Gregorii et Ieronimi presbiteri.

---

34. Le *de moribus ecclesiae catholicae* se trouvait à Saint-Arnoul, à Saint-Evre <40>, à Saint-Maximin <42>.
35. D'après la formulation de la notice, il semblerait qu'il s'agisse du seul commentaire de ce psaume. Pourtant, comme il ne semble pas circuler de façon indépendante, il faut plutôt voir ici un extrait des *Enarrationes.*
36. Le *de doctrina christiana* se trouvait à Saint-Arnoul (Metz, BM 227) et dans d'autres monastères non identifiés : Paris, BN lat.9539 f.76v-77, prov. Metz, IXe s., et Metz, BM 140, perdu, Xe s. M.M.GORMAN, The diffusion of the manuscripts of saint Augustine's *De doctrina christiana* in the early Middle Ages, *RB*, 95 (1985), p. 11-24.
37. Le *de verbis Domini* se trouvait à Saint-Arnoul, Metz, BM 49, perdu.
38. Gorze ne possède pas l'intégralité des *Enarrationes*, ce volume pourrait être le troisième de l'ensemble traditionnel en trois parties d'une série du psaume CI au dernier, la même division se rencontrait à Saint-Arnoul, Metz, BM 78, perdu, *CI ad ultimum*, et à Stavelot <38>. On trouvait une partie des *Ennarationes* à Saint-Evre <30-31>. Le commentaire d'Augustin se trouvait à Saint Vincent (Berlin, Phill.1657 VIII-IXe s).
39. Ce texte est incomplet, car il y a CXXIV sermons dans le commentaire d'Augustin sur saint Jean CPL.278, cela explique peut-être pourquoi le nombre des homélies conservées à Gorze est précisé. Ce même commentaire se trouvait à Saint-Vincent de Metz : Berlin, ms theol.lat.675 prov.Saint-Vincent (VIIIe siècle), Berlin, Phill.1662 Fulda - Saint-Vincent (sermons 1-19 et 23) et Phill.1676 Vérone - Saint-Vincent (extraits) et Epinal, BM 13(95), prov. Moyenmoutier, Xe siècle (sermons 1-30). La division de l'ensemble des sermons en un groupe 1-112 ne semble pas attesté, il faut donc supposer que le texte est mutilé à la fin. D.F.WRIGHT, The manuscripts of st Augustine's *Tractatus in Evangelium Iohannis*. A preliminary Survey, dans *Recherches Augustiniennes*, 8 (1972), p. 55-143 et id., A supplementary list, *Recherches Augustiniennes*, 16 (1981), p. 59-100. Cet ouvrage se trouvait à Saint-Airy <8>, à Saint-Evre <25>, à Stavelot <33>, à Saint-Maximin <11>.
40. Ensemble de sermons, *ammonitio* est employé en ce sens par Augustin et Césaire d'Arles.

41 Augustinus de moribus monachorum
LIBRI Ambrosii episcopi.
42 Liber eius super psalmum. *beati immaculati.*
43 Expositio eius
44* et Ieronimi presbiteri super epistolas pauli.
45* Bedae quoque presbiteri super actus apostolorum.
46* et super apo(ca)lipsin Iohannis apostoli in uno uolumine.
47 Libellus eius de taciturnitate
48 Exameron eius.
49 Sermo eius in depositione beati Satyri Confessoris.

---

41. Aucune œuvre d'Augustin ne porte ce titre. S'agit-il du *De moribus manicheorum*, CPL.261 ? Dans ce cas c'est peut-être une erreur de lecture. Si au contraire le titre reflète le contenu du texte, il peut s'agir du *De operibus monachorum*, CPL.305 ; ce texte, très répandu, se trouvait à Saint-Arnoul, Metz, BM 138, ce manuscrit contenant à la suite le *de moribus sanctae ecclesiae et de opere monachorum.*

42. Le commentaire d'Ambroise sur le psaume 118 se trouvait à Saint-Arnoul (Metz, BM 37), à Saint-Maximin <149> (Gand Univ.bibl. fin Xe s.).

43. Il s'agit du commentaire de l'Ambrosiaster, auteur de la fin du IVe s., sur les épîtres de saint Paul, *CSEL* 81. Ce texte se trouvait à Saint-Maximin <70>, à Saint-Evre <69>.

44. Le commentaire de Jérôme *Super epistolas ad Galathos* existait à Saint-Arnoul (Metz, BM 79, XIe s. perdu), mais, au XIe siècle, l'intégrale du commentaire ne se trouvait qu'à Saint-Symphorien, d'après la liste du manuscrit Metz, BM 221 ; le commentaire sur les épîtres de Paul qui est attesté à Saint-Arnoul, Lauer, *manuscrits*, n°82, a pu être copié plus tard. Ce texte se trouvait à Stavelot <48>, à Saint-Maximin <56-58>.

45. *Super acta apostolorum* se trouvait à Stavelot <57>, Saint-Maximin <91> et Saint-Evre <62>.

46. L'*explanatio Apocalypsis* se trouvait à Saint-Maximin <88>, Saint-Evre <62>.

47. Le commentaire d'Ambroise sur le Psaume XXXVIII (CSEL 64 p. 183-214), traite de ce sujet dans le préambule : *incauti tamen sermonis fluctantis errore saepe ceciderunt, uidens igitur hujusmodi insidiis et uano concertantium strepitu se propheta tempari intra se ipse tacitus conferebat legem sibi taciturnitatis imponens.* Cependant il ne subsiste pas de manuscrit contenant ce seul commentaire.

48. L'*Exameron* d'Ambroise, ensemble de sermons sur la Genèse, est très répandu. Il se trouvait à Stavelot <31> et à Saint-Maximin <69>.

49-56. Deux manuscrits, décrits dans CSEL 32 2, p. XXI-XXII, ont une structure analogue à celle mentionnée ici. Il s'agit de ceux de Boulogne-sur-Mer, BM 32, VIIe s., qui contient : *De apologia Dauid, De Ioseph, De*

CHAPITRE III

50-2 Libri eius de patriarchis IIIes.
53* de penitentia duo.
54-5* de fratris sui excessu duo.
56* quatuor eius epistolae omnes hi in uno uolumine.
57 Expositio eius super epistolas ad corinthios.

LIBRI Ieronimi presbiteri.
58 Expositio eius super breui prouerbio Secundum anagogen
59 Liber Commentariorum in Hieremia propheta.
60 Expositus eius in Esaia propheta.
61 Explanatio eius in prima parte Iezechielis prophetae.
62 eiusdem in secunda.
63 eius liber de questionibus hebreorum uel hebraïcorum nominum.

---

patriarchis, De paenitentia, De excessu fratris, epistolae 74, 75, 78, 80 et 26 imperfecta, et d'Oxford, Bodl. 137, XIIe s. de contenu identique, mais la cinquième lettre est complète. Paris, BN lat.12137, IXe s. a la même série de textes ajoutés à partir du folio 61v., enfin le manuscrit Paris, Arsenal 840, XIe-XIIe s. contient : *Ioseph, de patriarchis, de paenitentia, epistolae 74, 75, 78, 80, 26* (décrits dans CSEL 73 7, p. 69*).

50-2. Le *de patriarchis*, CPL.132, n'est pas en trois parties, mais il est souvent réuni au *De Iacob et uita beata*, CPL.131 et au *De Ioseph patriarcha*, CPL.130, C'est le cas dans les manuscrits de : Reims, 352 prov.Saint-Thierry XIIe s. Reichenau, 213 Xe s. et 156 XIe s. Einsielden, 164 XIIe s. A Saint-Maximin on trouvait *de Ioseph et de benedictionibus patriarcharum* <149>.

58. Dom Morin a identifié ce texte comme un commentaire sur les quatre évangiles attribué à Saint Jérôme dans plusieurs manuscrits anciens, Migne 30, 351sq.

59. Le commentaire de Jérôme sur Jérémie se trouvait à Stavelot <50> et à Saint-Evre <11>.

60. Le commentaire sur Isaïe se trouvait à Stavelot <51>, à Saint-Maximin <50> et à Saint-Evre <10>.

61-2. Comme l'ensemble compte quatorze livres, les manuscrits ne contiennent que des parties de l'œuvre. En particulier, sont en deux tomes München, Bayerische Staatsblibl. Clm 14091 (1-6) et 14092 (7-11 et 14) IXe s. prov.Saint-Emmeran de Ratisbonne. Parfois seule une des sections est conservée : Bern, Burger Bibl. 301 XIe s. (1-9) Bruxelles, II 2543 (Phill.23032) XIIe s. prov.Saint-Martin de Tournai (9-14) Köln, Domsbibl.51 VIIIe-IXe s. (7-14). CC LXXV. Le commentaire se trouvait à Stavelot <49>, à Saint-Evre <11> *Ezechielem... non integrum.*

63. Ce texte traite des noms propres dans la Bible. Il se trouvait à Saint-

64 Explanatio eius in VIIIIem. minores prophetas.
65* et uita uel obitus Sanctorum ueterum ac nouorum patrum.
66* Heimonis expositio in apocalipsi Iohannis apostoli in uno uolumine.
67 Epistola eius de diuinis libris.
68* cum prologis historiarum.

Arnoul (Metz, BM 215, perdu), peut-être à Saint-Maximin <64> et Saint-Evre <22> *de hebraïcis questionibus*.
64. Le commentaire sur les petits prophètes se présente rarement en un ensemble de neuf commentaires. Le seul manuscrit de ce type est Namur, mus.archeol. Fonds de la ville 16, IXe s. prov. Saint-Hubert qui comprend : Osée, Amos, Jonas, Abdias, Michée, Sophonie, Agée, Zacharie, Malachie. Metz, BM 476, provenant de Saint-Arnoul, perdu, comprenait les douze petits prophètes, il est décrit au n°98 de la liste du XVIIe s., Lauer, *Manuscrits*. Y.M.DUVAL, *Jérôme, commentaire sur Jonas*, SC 323, Paris, 1985, et id, Un triple travail de copie effectué à Saint-Denis au XIe siècle et sa diffusion à travers l'Europe carolingienne et médiévale. A propos de quelques commentaires sur les petits prophètes de saint Jérôme, *Scriptorium*, 38 (1984), p. 3-49 et 181-210. On trouvait *super xii prophetas* à Saint-Maximin <55> et Saint-Evre <12>.
65. Isidore de Seville, *De ortu et obitu patrum*, se trouvait à Saint-Arnoul, Metz, BM 14, perdu.
66. Commentaire sur l'Apocalypse, PL 117, 937-1220. E.ORTIGUES, Haymon d'Auxerre théoricien des trois ordres, dans *L'école carolingienne d'Auxerre de Murethach à Remi*, Paris, 1991, p. 181-215. Haymon s'inspire de Primase, Bède le Vénérable et Ambroise Autpert. Il définit trois états dans l'Eglise céleste : sacerdotal, religieux, marital. Dans la société, l'Eglise terrestre qui l'entoure, il voit trois ordres de service : prêtres, combattants et agriculteurs, en prenant appui sur ce qu'il sait de la société de la Rome antique. Dans son système, « il n'existe aucune tension entre les évêques et les moines » (ORTIGUES, p. 196) contrairement à ce qui ce passe à Cluny où les prêtres deviennent les moines auxquels tout est subordonné, à partir de la relecture par Heiric d'Auxerre et dans le sermon *de beato Maiolo*, D.IOGNA-PRAT, Le baptême du schéma trifonctionnel, l'apport de l'école d'Auxerre dans la deuxième moitié du IXe siècle, *AESC* 1986, p. 101-126.
67. Lettre 53, *Ad Paulinum presbyterum de omnibus diuinae historiae libris*, que l'on rencontre parfois avec la lettre 58 *Ad Paulinum presbyterum de institutione clericorum et monachorum et de diuinae historiae expositionibus diuersis*.
68. F.STEGMÜLLER, *Repertorium Biblicum medii aevi*, n° 9781 : Metz, BM 325 XVe s. *Summarium Bibliae*, qui suit la lettre 53 *ad Paulinum*, collection de prologues bibliques.

CHAPITRE III

69-70 Libri epistolarum eius duo. unus quantum ad numerum perfectus et alter inperfectus in singulis codicibus
71 Explanatio eius in Matheo euangelista.
72 Libri eius de uirginitate. tonsae litterae.
73 Expositio eius super euangelistas IIIIor.
74 Epistola eius ad Sunniam et Frethelam.
75* et chronica eius.
76* et glossae super uetus ac nouum testamentum in uno uolumine.

LIBRI GREGORII PAPAE.
77-8 Vita eius maior integre in uno uolumine et partim in altero.
79 Expositio eius in quodam uolumine ita incipiens. *petite et dabitur uobis*

---

71. Le commentaire sur Matthieu se trouvait à Saint-Arnoul (Metz, BM 209, perdu), Saint-Maximin <52-53> et Saint-Evre <18>.

72. *Tonsae*, c'est-à-dire en écriture irlandaise, B.BISCHOFF, *Paléographie de l'antiquité romaine et du Moyen Age occidental*, Paris, 1985, p. 98). Les catalogues de Saint-Maximin et de Saint-Evre parlent de *scottice litterae*. Quand au texte, il peut s'agir du *De uirginitate aduersus Iouinianum*, qui se trouvait à Metz au XIe s. puisqu'il y fut copié sur l'ordre l'évêque Abraham de Freising (la copie se trouve à Münich, Clm 6376) J.VEZIN, Les *Scriptoria* messins autour de l'an mil, dans *Metz enluminée*, Metz, 1989, p. 45-49, D'ailleurs ce texte se trouvait dans notre région depuis le VIIIe s. (On le trouve à Epinal ms68). Le *Contra Iouinianum*, CPL.610, comprend deux livres, ce qui expliquerait le pluriel du titre. Il se trouvait à Saint-Maximin <65>. Il est pourtant possible qu'il s'agisse de quelques unes des nombreuses lettres de saint Jérôme sur ce sujet et qui sont parfois rassemblées.

73. B.GRIESSER, Die handschriftliche Überlieferung der expositio IV evangeliorum des Ps.Hieronymus, *RB*, 49 (1937), p. 279-321.

74. La lettre adressée à Sunnia et Frethela est l'*Epistola 106 : de psalterio*.

75. *Chronicon Eusebii*, traduit par Jérôme. Berlin, Staatsbibl. 136-137 (Phill.1885 1896) prov. Vérone-Metz, début IXe s. sans doute identique à celui de la liste de Metz, BM 221. La chronique se trouvait à Saint-Maximin <61> et à Saint-Evre <23>.

77-8. Il existe plusieurs *Vitae* de Grégoire le Grand, celle de Jean Diacre (BHL 3641) se trouvait à Saint-Arnoul (Metz BM 195, perdu) et Saint-Vincent (Berlin, Phill.1689, XIe).

79. L'*incipit* cité correspond aux versets Matthieu VII,7 et Luc XI,9, qui ne sont pas attestés chez Grégoire d'après le *Thesaurus sancti Gregorii Magni*

80 XL Omeliae eius
81* et expositio eius super Iezechielem.
82 Dialogus eius de uita et uirtutibus sanctorum patrum.
83-4 Libri pastorales duo. unus perfectus alter inperfectus.
85-7 Libri expositionum in Iob tribus corporibus distributi.

édité au CSEL. Il y a un commentaire anonyme et incomplet de ces versets, attesté dans Vat. Ottoboni lat.278, XIIe s., f 1-22 (Stegmüller 11544). Peut-être faut-il voir dans ce texte un recueil d'homélies dont la première était attribuée à Grégoire, car le terme d'homélie est employé dans le même sens que *expositio* (Barré, *Homéliaires*, p. 34 : *Tractatus* est pratiquement l'équivalent d'*expositio* et qualifie aussi bien l'*omelia* ou l'*omeliaticus*, le *sermo* que le traité didactique ou l'*explanatio* scripturaire). Le passage de Luc (XI 13-15) étant lu aux litanies majeures, des sermons correspondants sont mentionnés dans divers homéliaires carolingiens (Barré, *Homéliaires*, p. 172 : Héric et p. 153 : Haymon). Il correspond au début de la partie estivale, en admettant que le début du texte contenant Pâques soit mutilé. Ainsi, dans l'homéliaire adressé par Raban Maur à Haistulfe de Cologne, PL 110, homélie 20, col 33-42 : *Modo, fratres charissimi, cum evangelium legetur* (on retrouve des éléments épars de cet évangéliaire dans divers manuscrits, Barré, *Homéliaires*, p. 13-14). D'autre part des sermons sur Matthieu existent, dans certaines interpolations sur les homélies d'Haymon PL 118, homélie 93, col 534-536 : *In illo tempore dixit Iesus, Petite et dabitur vobis. Poterat aliquid ex auditoribus* (source anonyme), et dans les commentaires de Remi sur Matthieu, dont on a tiré des sermons (Barré, *Homéliaires*, p. 125 sq.) PL 131, 27 *Dominus ac salvator* (Barré, *Homéliaires*, p. 313).

80. Les *Homeliae in Evangelia* se trouvaient à Saint-Arnoul, à Saint-Vincent (Berlin, Phill.1687, XIe s.), à Stavelot <18-19>, à Saint-Airy <7>, à Saint-Evre <52>.

81. Le commentaire de Grégoire sur Ezechiel se trouvait à Saint-Arnoul (Metz, BM 52, perdu), à Saint-Vincent (Metz, BM 15), à Stavelot <27-28>, à Saint-Maximin <73>, à Saint-Airy <11>, à Saint-Evre <57>.

82. Les *Dialogues* de Grégoire le Grand se trouvaient à Saint-Arnoul (Metz, BM 143, perdu), à Stavelot <15>, à Saint-Maximin <74>, à Saint-Airy <10>, à Saint-Evre <58>.

83-4. La *Regula pastoralis* de Grégoire traite des vertus que doit avoir le bon évêque. Comme toutes les œuvres de Grégoire, elle est très répandue. Elle se trouvait à Saint-Arnoul (Metz, BM 233, perdu), à Saint-Vincent (Berlin, Phill.1689, XIe s.), à Stavelot <16-17>, à Saint-Maximin <71>, à Saint-Evre <60>.

85-7. Le commentaire de Grégoire sur Job est attesté à Saint-Vincent (Metz, BM 80, XIe s. perdu), Saint-Arnoul (Metz, BM 85 XIe s. perdu), Moyenmoutier (Epinal 65(122)), Stavelot <20-24>, Saint-Evre <54-56>, Saint-Maximin n'avait que le livre xxx, dans un *libellus* <78>.

CHAPITRE III

88-9 Libri Paterii de opusculis beati Gregorii excerpti duo distributi singulis corporibus
 LIBRI BEDAE presbiteri.
90 Expositio super Marcum euangelistam.
91 L omeliae eius
92 Expositio eius super parabolas Salomonis.
93* et Ieronimi presbiteri
94* et Gregorii papae in uno uolumine.
95 Liber eius de tabernaculo foederis

88-9. *Libri testimoniorum ueteris testamenti quos Paterius ex opusculis sancti Gregorii excerpti curauit*, Il y a sans doute la totalité des commentaires sur l'Ancien Testament que Sigebert de Gembloux *De uiris illustribus*, 43, compte comme deux livres. On trouvait *Paterius de moralibus* à Saint-Maximin <77>.

90. L'*Expositio in Marci euangelium* se trouvait à Saint-Maximin <87><90> (Trèves Staatsbibl. 2243/2034, f.1-106, fin Xe s.), à Saint-Evre <62><68>.

91. *Homeliarum euangelii*, ce texte se trouvait à Saint-Maximin <96>, à Saint-Evre <66-67>.

92. Il peut s'agir du commentaire original, CPL 1351, ou d'un pseudépigraphe CPL.1352 *In prouerbia Salomonis allegorice interpretatione fragmenta*, plus court. Le commentaire de Bède se trouvait à Saint-Maximin <89>.

93. Il peut s'agir de l'homélie de Jérôme sur Proverbes XXX,8 *Explanatio de Salomone* Stegmüller 3550 Miscellanea Casinense 1 (1897) II,1 doc 2-8 ou du *Commentarius in Ecclesiasten* CPL.583.

94. S'agit-il des extraits fait par Paterius CPL.1718 ou des homélies sur les Proverbes attestées par Grégoire (ep.12,6) ? Ce texte est perdu, mais il existe un Pseudo-Grégoire sur les Proverbes (Stegmüller 2638 renvoie à un manuscrit de Florence, Laurentienne 387). On peut aussi penser au commentaire de Grégoire sur le Cantique des Cantiques il faudrait alors rapprocher cette description du volume de Gorze de la *lettre à Salomon de Constance* de Notker de Saint-Gall, PL 131,995-996 : « Sur les proverbes de Salomon, Jérôme a laissé des notes brèves... que Bède a récoltées et engrangées. Jérôme a écrit sur l'Ecclésiaste... Si tu apprécies les festins... le pape Grégoire a laissé des développements sur le Cantique des Cantiques, Bède a composé un plat pour les gens pressés ». Il est donc possible que le manuscrit de Gorze ait renfermé un commentaire de chacun des livres attribué à Salomon, sans que le scribe ait jugé bon de préciser davantage.

95. Le titre attesté est *De tabernaculo et uasis eius*, c'est celui du manuscrit de Saint-Arnoul, Metz, BM 242, perdu. Ce texte se trouvait à Saint-Maximin <84-82>.

96-8 Libri compoti eius maiores integre consummati duo. tertius inconsummatus. in fine XII signa habens depicta.
99 Expositio eius super VII epistolas canonicas.

LIBRI ADAMANTII ORIGENIS.
100 Expositio in epistola Pauli ad Romanos
101* et in cantica canticorum.

Libri Alchuini.
102 Expositio super psalmos penitentiales.
103 Epistola ad Karolum imperatorem
104* et liber ad Vuidonem comitem.

Libri Eucherii.
105 Questiones de ueteri ac nouo testamento

96-8. Le *De Temporum ratione* comprend des tableaux : Dans le catalogue de la bibliothèque dite d'Anchin n°35, se trouve une formule similaire : *pictis etiam ipsis signis*. Ce texte faisait partie des ouvrages ramenés par Thierry Ier pour Saint-Vincent : Berlin, DDR 128 prov.Vérone-Metz v.800 DDR 130 Phill.1832 prov.Metz IXe s. DDR 132 Phill.1895 prov.Saint-Vincent de Metz Xe s. ; Bern, SB 110 prov.Celestins de Metz Xe s. ; Madrid, BN 3307 prov.Metz IXe s. A.CORDOLIANI, A propos du chapitre un du *De Temporum ratione* de Bède. Les figures du comput manuel du manuscrit BPL 191 BD de la bibliothèque universitaire de Leyde, *Le Moyen-Age*, 54 (1948), p. 217-223.

99. Le commentaire *Super epistulas canonicas* se trouvait à Stavelot <52>.

100. Sous ce nom d'*Adamantius* sont au départ mentionnés les textes d'Origène traduits par Rufin, Siegmund, *Die Überlieferung der Griechischen Christlichen Literatur*, München, 1949, p. 49 et 110 mais la diffusion de ce surnom d'Origène a été plus large par la suite.

101. Un manuscrit du XIe siècle, provenant de Gorze, Londres, British Museum, Arundel 45, contient la première des homélies d'Origène : *In Cantica Canticorum homeliae II*, CPG 1432, qui fait suite dans le manuscrit au commentaire d'Origène sur Jérémie. Mais d'une part ce manuscrit n'est pas répertorié dans ce catalogue, d'autre part le texte des homélies paraît trop court pour constituer un volume à lui seul, en outre il est traduit par Jérôme. Le texte mentionné ici est plutôt le grand commentaire d'Origène : *Libri X in Cantica Canticorum*, CPG 1433, qui a été traduit par Rufin, ce qui expliquerait la référence à Adamantius.

103. C'est peut-être le *De Trinitate*, qui se trouvait à Saint-Hubert, à Saint-Arnoul (Metz, BM 494), à Stavelot <181>, à Verdun, BM 67, XIe s.

104. Alcuin, *De uirtutibus et uitiis ad Vidonem*, Dümmler, MGH Epistolae IV, p. 464-465.

105. Eucher est un aristocrate qui abandonna vers 426 ses biens pour se

CHAPITRE III

106* et liber ad Veranum filium.

Libri Cassiodori.

107-8 partis primae et secundae expositio super psalterium C uidelicet psalmorum.

109 Liber eius qualiter libri diuini assumendi sunt in lectionibus

Libri Isidori.

110 De summo bono liber eius

111* et de sen(ten)tiis domini alius

112 Liber aethimologiarum eius.

113 Liber soliloquiorum eius.

114 Expositio eius super V libros Moysi.

115 Quaternio incepta ex libris aethimologiarum eius.

---

faire moine à Lérins. Il devint évêque de Lyon vers 432-441. Il mourut en 449. Ses deux fils devinrent également évêques. Les *Quaestiones* d'Eucher de Lyon sont dédiées à son fils Salonius.

106. Les *Formulae spiritalis intelligentiae* d'Eucher de Lyon sont dédiées à son second fils, Veranus. Ce texte se trouvait à Saint-Maximin <112>.

107-8. Dans l'*Expositio psalmorum*, Cassiodore suit les *Ennarationes* d'Augustin. Ed. M.Adriaen CC SL 97,98, 1968. Ce texte se trouvait à Stavelot <69-70>, à Saint-Evre <81>.

109. *Institutiones* livre 1 : *de institutione diuinarum litterarum*. Ed. R.A.B.Mynors, Oxford, 1937.

110. *Sentenciae* : L'incipit du livre 1 : *Summum bonum Deus est*, ce texte se trouvait à Stavelot <73>.

111. Isidore, *Sentenciae*. Il y a trois livres. Peut-être Gorze ne possédait-elle que les deux premiers ?

112. Les Etymologies d'Isidore servirent d'Encyclopédie pendant tout le haut Moyen-Age. J.FONTAINE, *Isidore de Seville et la culture classique dans l'Espagne Wisigothique*, Paris 1959. Ce texte se trouvait à Saint-Arnoul (Metz, BM 179 perdu), à Stavelot <74>, à Saint-Maximin <94> (Göttingen Univ.Bibl.Nachlass W.Müller III, 9 et 11 fragments Xe s.), à Saint-Evre.

114. Il est possible qu'il s'agisse des *Quaestiones in uetus testamentum*, en effet on trouvait à Saint-Arnoul, *expositio super Moyse Judices Leges*, Metz, BM 128, perdu ; en fait les commentaires bibliques sont souvent rassemblés : Stegmüller 5233 et 5262. Pourtant il semble plutôt qu'il s'agisse des *Prooemia* (CPL 1192) qui, d'après Trithème (PL 81,313), ont pour incipit : *Quinque libri Moysi* et qui se trouvaient à Saint-Arnoul (Metz, BM 145 perdu), un ouvrage portant le même titre se trouvait à Saint-Maximin <93>.

116 Liber officiorum eius
117* in capite habens epistolam Augustini ad Consentium.
LIBRI KANONVM.
118 Liber kanonum ex sinodo lugdunensis ecclesiae ita incipiens. *Si quis uoluerit tecum iudicio contendere.*
119 Kanones Karoli magni ita incipientes. *Dominante per secula infinita omnium dominatore.*
120 Item liber kanonum ita incipiens. *Excepto baptismatis munere*
121 Liber kanonum ita incipiens. *In primis querendum est*

---

116. *De ecclesiasticis officiis*, ed. C.M.Lawson, CC 113, 1989. Ce texte existait à Metz, BM 145, et BM 347 prov.Saint-Arnoul, perdus.
118. Canons du Deuxième concile de Lyon 567, traitant des procès d'évêques, ed. *Concilia Galliae*, CC 147 A, Brepols, 1963, p. 200-203. C.DECLERCQ, *La législation religieuse franque, de Clovis à Charlemagne. Etude sur les actes des conciles et les capitulaires, les statuts diocésains et les règles monastiques (507-814)*, Louvain, 1936, p. 46-47. Le texte commence par *Primo in loco unitatem*, mais les compilateurs prennent de grandes libertés avec les textes qu'ils utilisent. H.HOESCH, *Die kanonische Quellen im Werk Humberts von Moyenmoutier*, Böhlau Verlag, Köln-Wien, 1970, p. 190-191. Il est parfois cité dans les collections canoniques, les canons 1, 4 et 5 traitent des relations entre évêques, O.PONTAL, *Histoire des conciles mérovingiens*, Paris, 1989, p. 166-169. Ce texte existait à Saint-Hubert, manuscrit 271, MGH *legum III concilia,1*, p. 139. J.GAUDEMET et B.BASDEVANT, *Les canons des conciles mérovingiens (VIe-VIIe siecles)*, II, SC 354, 1989, p. 402-409.
119. Capitulaires de Charlemagne et Louis le Débonnaire réunis par Anségise, ed. Baluze, *Capitularia regum francorum* I, Paris, 1677, col 697 sq. ; MG Leges II, 1, p. 394-450.2. Les capitulaires carolingiens existaient, entre autres, à Saint-Remi de Reims et à Saint-Vincent de Metz (Baluze II, note c.1122 et ill. p. 1307) actuellement Paris, BN lat.9654, f.29v.
120. *Collectio canonum poenitentialium* : c'est la *Dacheriana*, qui se trouvait à Saint-Arnoul, Metz, BM 236, Xe s., perdu. Ed. L.D'Achery, *Spicilegium sive Collectio veterum aliquot Scriptorum qui in Gallicae Bibliothecis delituerant*, 2e ed. F. J. de la Barre, Paris, 1723, p. 510 sq. FOURNIER-LEBRAS, *Collections*, I, p. 104, G.LEBRAS, A propos de la Dacheriana, *RHD*, 1930, p. 515.
121. Reginon de Prüm (840-915), *Libellus de ecclesiasticis disciplinis* ; il s'agit d'un manuel destiné aux évêques, notamment pour la surveillance du clergé diocésain. FOURNIER-LEBRAS, *Collections*, I, p. 244-267 WAS-

CHAPITRE III

122 Liber kanonum de mallis et placitis quibus temporibus obseruari debet. Cuius initium est. *Cum oportunitas ecclesiastica exigit ut contra delinquentes.*
123 Liber kanonum cuius initium est. *Credimus in unum deum.*
124-5 Libri kanonum duo in singulis codicibus quorum initia sunt. *Omni uobis uisu aut auditu notum esse non dubitamus.*
126 Regula canonicorum.

SERSCHLEBEN, *Beiträge zur Kenntnis der vorgratianischen Kirchenquellen*, 1838, p. 1-33 Id. *Reginonis, libri duo de synodalibus causi et disciplinis ecclesiasticis*, Leipzig, 1940. Un manuscrit de cet ouvrage se trouvait à Trèves, patrie de Reginon, où il fut abbé de Saint-Martin, un autre à Saint-Symphorien de Metz (Gotha bibliothèque ducale II (131), IXe-Xe siècle).

122. Statuts diocésains d'Isaac de Langres, inspirés des faux capitulaires de Benoît, ed. Baluze, *Capitularia regum francorum* I, Paris, 1677, col 1233-1284, PL 124, c.1075 sq. FOURNIER-LEBRAS, *Collections*, I, p. 206.

123. Début du symbole de Nicée, qui ouvre par exemple les décrétales de Léon le Grand PL 56, 365-816. Les canons de ces conciles anciens, Nicée (325) et Sardique (342/343) ont une histoire complexe. FOURNIER-LEBRAS, *Collections*, I, p. 277 sq. ; H.LECLERCQ, Les diverses rédactions des canons de Nicée, HEFELE-LECLERCQ, *Histoire des conciles* I,2, Paris, 1907, app. VI, p. 1139 sq. ; GAUDEMET, *Les sources*, p. 29sq.

124-5. Cet incipit peut renvoyer à plusieurs textes, notamment deux capitulaires carolingiens : Le livre 2 des capitulaires de Charlemagne, ed. Baluze *Capitularia regum francorum*, Paris, 1677 I, col 735sq., il s'agirait donc soit de la suite de <119>, soit d'une copie de ce manuscrit dont manquerait la première partie. Par ailleurs on constate qu'un ensemble de textes, commençant par ces mots se trouvait à Saint-Arnoul, Metz, BM 236, Xe s., perdu : *Constitutio memorata de sacerdotum purgatione ex capitularibus domni Karoli, Omnibus uobis uisu aut auditu* : il s'agit d'extraits de capitulaires carolingiens, rangés sous 33 chapitres, traitant de la pénitence des clercs. L'édition de Baluze (Id. p. 375 et 383sq.) a été réalisée d'après un manuscrit de Saint-Vincent.

126. C'est certainement la règle de saint Chrodegang, fondateur de Gorze, qui est destinée aux chanoines, lesquels furent nombreux à se rallier à la réforme. ed. J.B.PELT, *Etudes sur la cathédrale de Metz, La liturgie*, p. 7-28. G.HOCQUARD, La règle de saint Chrodegang, dans *Saint-Chrodegang*, p. 55-89. Il subsiste deux manuscrits du texte d'origine, Bern, Burger Bibl. 289, fin VIIIe siècle, prov. cathédrale de Metz, écrit à Saint-Avold et Leyde, Voss 94 (IXe-Xe siècle) prov.inconnue. D'après la liste du manuscrit Metz, BM 221, il y avait à Saint-Vincent, comme à Stavelot <128>, une *regula canonicarum*.

LA BIBLIOTHÈQUE DE GORZE AU XIe SIÈCLE

127 Concordia Regularum.
128 Liber ecclesiasticus ita incipiens. *Capitula sequentis operis praenotamus.*
129 Liber de conflictu uitiorum atque uirtutum.

LIBRI Heimonis.

130-1 Pars prima expositionis eius super epistolas et Euangelia a natale domini usque pascha. Pars secunda eiusdem incipiens a pascha usque natale domini /f° 13/

---

127. Il ne s'agit pas du texte mis au point par les réformateurs anglais, mais de la concordance des règles établie par Benoît d'Aniane, qui propose un résumé des grandes règles antérieures. ed. PL 103,c.717-1380. Ce texte est la base de la réforme monastique carolingienne. Il en existe de nombreux témoins lorrains : Berlin, Phill. 108(1747), XIIe s. prov.Saint-Arnoul Berlin, Phill. 36(1723), Xe-XIe s. prov.Saint-Vincent de Metz Verdun BM 36, XIe s. prov.Saint-Vanne, H.PLENKERS, *Untersuchungen zur Überlieferunggeschichte der älteste lateinischen Mönchsregel* (Quellen und Untersuchungen zur lateinischen Philologie des Mittelalters I,3), München, 1907, p. 14-15. Cet ouvrage se trouvait à Saint-Maximin sous le titre *Regula sanctorum Patrum* <104>, comme le montre le commentaire de Martène et Durand en 1723, « le recueil des anciennes règles monastiques ramassées par Benoît d'Aniane... » cité par LAUFNER, Von Bereich, p. 14.
128. Amalaire de Metz, *Eclogae de officio missae.* J.M.HANSSENS, *Amalarii episcopi opera liturgica omnia*, t.III, Citta del Vaticano 1948-1950, (Studi e Testi 138-140), p. 225-265. Ce texte se trouvait à Saint-Arnoul (Metz, BM 351), à Trèves (Bibl592, IXe s. f.105sq.).
129. C'est un genre littéraire inspiré de Prudence. Un traité de ce type est attribuable à Ambroise Autpert († 784). En général on peut relier les combats des vices et des vertus à une nouvelle façon de concevoir le péché et donc la pénitence, ce qui explique que le début du pénitentiel d'Halitgaire de Cambrai traite des vices et des vertus. M.W.BROOMFIELD, *The seven deadly sins : an introduction to the history of the religious concept with special references to medieval english literature*, Michigan, 1952. Dans le catalogue voir aussi les n° 422 et 444.
130-1. *Homeliae de tempore* H.BARRE, *Les homéliaires carolingiens de l'école d'Auxerre*, Studi e Testi, Rome, 1962. R.ETAIX, Les homéliaires carolingiens de l'école d'Auxerre, dans *L'école carolingienne d'Auxerre*, p. 243sq. A.Härdelin, Forme littéraire et pensée théologique dans les homélies d'Haymon d'Auxerre, Id., p. 253 sq. Ces homélies se trouvaient à Stavelot <79-80>, à Saint-Maximin <101> (Trier Statbibl. manuscrit 262/1144), à Saint-Airy <6>, à Saint-Evre <49>.

132 Expositio eius super Isaiam prophetam imperfecta.
133 Item explanatio eius super consuetudinarias lectiones a sabbato sancto incipiens.
134 Liber eius in cantica canticorum.

LIBRI Remigii
135 Liber eius super genesim
136-8 Expositio eius super psalmos XXXIIII. Item expositio super psalmos LX. Item a psalmo Lmo usque centensimum IIIum
139 LIBER calculatoriae artis. Hrabbani Mauri.
140 Liber comentariorum eius in deuteronomio.

---

132. *imperfecta* : incomplet. Le commentaire sur Isaïe se trouvait à Stavelot <77>, à Saint-Maximin <101> (Berlin, Preussische Staatsb. lat.qu.679, début XIe s.).

134. Commentaire d'Haymon sur le Cantique des Cantiques, PL PL 117, c.295-358. Il en subsiste de nombreux manuscrits dont Metz, BM 449 XIIIe s. prov.cathédrale, ce texte se trouvait à Saint-Maximin <99>.

135. Le commentaire de Remi sur la Genèse (Stegmüller 7195) est encore inédit. C.JEUDY, L'œuvre de Remi d'Auxerre, dans *L'école carolingienne d'Auxerre*, p. 374-376 ; B.EDWARDS, In search of the authentic Commentary on Genesis by Remigius of Auxerre, Id. p. 399 sq. Ce texte se trouvait à Saint-Benigne de Dijon (Troyes, BM 387, début XIe s.). Cependant, un commentaire d'Haymon sur la Genèse circulait également sous le nom de Remi (Stegmüller 7194), de ce texte sont conservés en particulier deux manuscrits : Paris, BN nv.acq.lat.762, Xe s. prov. Saint-Maximin et Reims, BM 451, XIIe s. prov.Saint-Thierry. Il est impossible de savoir avec certitude auquel de ces deux textes se réfère la notice du catalogue, dans le doute nous conserverons l'attribution à Remi.

136-8. Le commentaire de Remi sur les Psaumes est inédit. C.JEUDY, L'œuvre de Remi d'Auxerre, dans *L'école carolingienne d'Auxerre*, p. 376-377 ; P.W.TAX, Remigius of Auxerre's Psalm commentary and the Matthew Commentary attributed to him, Id. p. 413sq. Ce texte se trouvait à Saint-Remi de Reims, Reims BM 132 copié vers 900-950, il s'arrête au psaume 114.

139. Raban Maur (784-856), né à Mayence, étudie à Fulda et à Tours. Revenu à Fulda il devient professeur (801) puis abbé (822), enfin archevêque de Mayence (847). Ce texte est le traité de comput Ed. W.M.Stevens CC CM XLIV, 1979, p. 165-323.

140. *Ennaratio super Deuteronomio*, PL 108, c.837-998, MANITIUS, *Geschichte der lateinischen Literatur* I, p. 288. Ce commentaire était aussi à Saint-Arnoul (Metz, BM 213, perdu) et Saint-Bénigne (Troyes, BM 63 Xe s.).

141 Libellus Elperici de compoto.
142 Excerptum de compoto. Ad feriam et lunam inueniendam.
143 Liber Hildemari. Cuius initium est. *Gratiae omnipotenti deo referendae sunt.*

LIBRI officiorum
144-5 Libri Amalarii duo in singulis uoluminibus Cuius initia sunt. *Septuagesima computatur secundum titulationem sacramentorii.*

---

141. Helperic d'Auxerre, *De compoto*. La variété des noms prêtés à cet auteurs dans les manuscrits est très grande, comme l'a montré L.TRAUBE, *Compotus Helperici*, *Neues Archiv*, XVIII (1893), p. 73-105. Cet ouvrage a été composé en 903 par Helperic, VAN DE VYVER, Les œuvres inédites d'Abbon de Fleury, *RB*, 47 (1935), p. 125-169. L'ouvrage fut utilisé, pour ses travaux de chronologie, par Sigebert de Gembloux et il le cite dans le *De viris illustribus* p. 93, 146 *Chilpericus scripsit probabili subtilitate librum de ratione compoti anno MV*. Sigebert avait pu le trouver à Saint-Vincent (Berlin, Phill.1711, début XIe s.). P.McGURK, *Compotus Helperici*, its tranmission in England in the eleventh and twelfth centuries, *Medium Aevum*, XLIII (1974), p. 1-5. Cet ouvrage de vulgarisation, écrit au IXe siècle, eut un grand succès. En trente-sept chapitres, il explique l'année, le jour, la position du soleil, le zodiaque (d'après le commentaire de Macrobe sur le Songe de Scipion qu'il suit de si près que le catalogue de Stavelot précise *Helpericus cun arithmetica et somnio scipionis et macrobio* <199>), le concurrent, les calendes, les jours fériés. Il suit de près l'ouvrage classique de Bède, dont Gorze possédait trois exemplaires, et explique d'ailleurs qu'il a voulu simplifier ce texte pour ces étudiants dans une lettre MGH Epist. 6, p. 119-120.

143. Il s'agit apparemment d'une œuvre perdue d'Hildemar, lequel fut d'abord moine à Corbie avant d'être appelé à Milan vers 833 ; il mourut vers 850. Il a en particulier laissé un commentaire sur la règle bénédictine, dont on a conservé différentes versions, et qui se trouvait à Cluny (Delisle, *Cabinet des manuscrits* 2,472, n°350) et à Saint-Bénigne de Dijon (Paris, BN lat.12635, XIe s.). MANITIUS, *Geschichte* II, p. 260 et 800 F.BRUNHÖLZL, *Histoire de la littérature latine du Moyen Age*, I,2 *L'époque carolingienne*, Brepols, 1991, p. 242. K.ZELZER, Überlegungen zu einer Gesamtedition des frühnachkarolingischen Kommentars zur Regula S.Benedicti aus der Tradition des Hildemar von Corbie, *RB*, 91 (1981), p. 373-382.

144-5. Amalaire, après des études à Tours, devient archevêque de Trèves vers 807-814. En 813, Charlemagne l'envoie en mission diplomatique à Constantinople. Il est ensuite maître à l'école palatine d'Aix. En 835, il devient chorévêque de Lyon, où il cherche à changer la liturgie et se heurte

146 Item liber alius ita incipiens. *Vbi sanctus augustinus exponit euangelium.*
147 LIBER Sermonum incipiens a secunda ebdomada aduentus domini usque pascha.
148* et inuentio capitis praecursoris domini.
149 Lectiones euangeliorum dominicorum dierum cum collectis incipientes a prima ebdomada aduentus domini usque palmis.
150 Omeliae Cesarii episcopi ad monachos ueteris manus.
151 Diadema monachorum Smaragdi.
152* et omeliae Cesarii in uno uolumine nouae manus.
153 Sedulius Scottus super Matheum.

à Agobard de Lyon. Amalaire considère qu'une meilleure connaissance de la messe et de l'office pourrait parfaire le service de Dieu. Il ne s'intéresse pas à l'histoire des sacrements et à leur évolution mais à l'aspect symbolique et mystique. Quoiqu'il s'appuie sur les Pères, son interprétation est jugée trop personnelle et imaginative par ses collègues, si bien qu'il est condamné au concile de Quierzy. L'ouvrage d'Amalaire cité ici est le *De ecclesiasticis officiis*, identifiable par cet incipit du livre I. J.M.HANSSENS, *Amalarii episcopi opera liturgica omnia*, 3t., Citta del Vaticano 1948-1950, (Studi e Testi 138-140), ed. du *de officiis* : t.II, 13-543. Ce commentaire se trouvait à Stavelot <188>, Saint-Maximin <141>, Saint-Evre <124>.

146. *De ecclesiasticis officiis*, incipit de l'introduction.

148. Il s'agit certainement de BHL 4290 qui se trouvait à Saint-Arnoul (Metz, BM 523, perdu) et Saint-Vincent (Berlin, Phill.1874, XIe-XIIe s. et Phill.1839 XIIIe s.).

150. Césaire d'Arles (†542), moine à Lérins puis évêque d'Arles, auteur d'ouvrages sur la pastorale et l'organisation monastique. Saint-Arnoul possédait ces *Homeliae ad monachos* sous les titres *Epistula ad monachos* (Metz, BM 134, VIIIe s. perdu) et *Homeliae ad monachos Lirisenses* (Metz, BM 349). ed. G. Morin C.C. 104, p. 233-238.

151. J.LECLERCQ, *Introduction à la voie royale. Le diadème des moines par Smaragde*, La Pierre qui Vire, 1949, F.Rädle, Studien zur Smaragde von Saint-Mihiel, *Medium Aevum*, 29, Münich, 1974. Ce florilège de l'abbé Smaragde de Saint-Mihiel (†825) devait être lu dans les monastères au même titre que les *Collations* de Cassien. Ce texte très répandu, se trouvait à Stavelot <191>, Saint-Maximin <110>, Saint-Evre <93>, probablement aussi à Saint-Symphorien *(liber Smaracdi* dans la liste du manuscrit 221).

153. Sedulius Scot, irlandais venu sur le continent au milieu du IXe siècle, séjourna à Liège, à Cologne à Metz et probablement en Italie. BRUNHÖLZL, *Histoire de la littérature*, I,2, p. 205-221 Le commentaire de Sedulius Scot sur Matthieu est attesté à Saint-Symphorien au XIe s. (liste du manuscrit Metz, BM 221) ; Berlin, Staatsbibl. Phill.1660 ; Wien, Nat.

154 Liber eius de gestis pontificum mettensium.
155 Liber diuersorum autorum. Cuius initium est. *Vetus testamentum ideo dicitur quia ueniente nouo cessauit.*
156 Omelia Maximi episcopi in dedicatione templi in una quaternione.

740 (XIe s.) ; Paris, collection dispersée du collège de Clermont (Stegmüller 7606). Ed. B. Löfstedt, *Sedulius Scottus. Kommentar zum Euangelium nach Matthäus,* Fribourg en Brisgau, 1989.
154. Ce n'est pas un ouvrage de Sedulius Scot, mais de Paul Diacre. Paul Diacre appartenait à une importante famille lombarde, il se trouvait à la cour du roi Didier et se fit moine au Mont-Cassin après 774. Vers 782, il se rendit dans le royaume de Charlemagne, pour demander le pardon de son frère impliqué dans le soulèvement de 776. Vers 783, il écrivit les *Gesta episcoporum Mettensium,* à la demande de l'évêque de Metz, Angelram, qui cherchait à promouvoir son siège en soulignant deux aspects : qu'il avait été fondé par un disciple des Apôtres, Clément, et qu'il avait été occupé par saint Arnoul, fondateur de la dynastie carolingienne, ce qui explique l'introduction d'une généalogie dans cet ouvrage. Paul Diacre regagna, vers 787, le Mont-Cassin où il écrivit l'*Histoire des Lombards* - que Gorze possédait également <270> - et où il mourut vers 797. Les *Gesta episcoporum Mettensium* servirent de modèle aux gestes des évêques. ed. G.H. Pertz, MGH SS II, p. 261-268 ; K.U. JÄSCHKE, Die Karolingergenealogien aus Metz und Paulus Diaconus, *Rheinische Vierteljahrsblätter,* 34 (1970), p. 190-218 ; E.SESTAN, La storiographia dell'Italia longobarda : Paolo Diacono, *Settimane di Spoleto* 17 (1970), p. 366-77 ; M.SOT, *Gesta episcoporum, gesta abbatum* (Typologie des sources du Moyen-Age Occidental 37), Brepols, 1981 ; W.GOFFART, Paul the Deacon's *Gesta episcoporum Mettensium* and the Early Design of Charlemagne's Succession, *Traditio* 42 (1986). Le texte de Paul Diacre a été copié, peut-être à Gorze, pour l'évêque de Strasbourg, S.HELLMANN, Die Bremenser Handschrift des Paulus Diaconus *Liber de episcopus Mettensis, Neues Archiv,* 30 (1905), p. 467-470. Sur cet évêque, W.BERSCHIN, Erkambald von Strassburg 966-991, *Zeitschrift für die Geschichte des Oberrhein,* 1986, p. 16. Ce texte se trouvait à Saint-Arnoul (Metz, BM 494 conservé) et à Saint-Symphorien de Metz (Paris, BN lat.5294, fin XIe s. suivi de plusieurs vies de saints et des *Gesta episcoporum Mettensium,* prolongation de Paul Diacre écrite vers 1130).
155. Cet incipit, assez courant, peut correspondre à divers textes : Isidore de Seville, *Aethimologiae* l.VI, Raban Maur, *De uniuerso* l.V, Théodulphe d'Orléans, Préface aux livres de la Bible. En fait, puisqu'il qu'il s'agit d'un florilège, il s'agit certainement d'un texte semblable à celui de Paris, BN lat.614A, *Quaestiones in Vetus et Nouus Testamentum,* IX-Xe s., Stegmüller 10301.
156. Ces deux homélies de Maxime de Turin (v.400) sont les sermons 18 et 20 de l'appendice, PL 57,879-886. Ce texte se trouvait à Saint-Arnoul au XVIIe s. Lauer, *Manuscrits,* n°99.

CHAPITRE III

157 Vita sanctorum Augustini.
158* Gregorii.
159* Ambrosii.
160* Ieronimi presbiteri. in uno codice pessimo.
161 Excerptum Angelolmi ad Bertaldum abbatem de sexta aetate millenarii numeri.
162 Vita sancti Martini Turonorum episcopi ueteris manus.
163 Sermo de passione beatorum martirum Dorothei et Gorgonii. cuius initium est. *Saluatoris omnipotentia fratres dilectissimi.*

157-60. Exemple de légendier organisé consacré aux grands docteurs d'Occident : la plus ancienne mention est du début du IXe siècle. Schloss Harburg I 223 prov. Freising. F.DOLBEAU, Notes sur l'organisation interne des légendiers latins, dans *Hagiographie, culture et société IV-XIIe s.*, Paris, 1981, p. 11-31.

161. Angelolme, moine à Luxeuil vers le milieu du IXe siècle, écrivit un commentaire sur les six premiers jours de la Création et étendit son étude à l'ensemble de la Genèse à la demande de ses frères. Les liens entre Angelolme et Metz datent de l'épiscopat de Drogon, qui reçut l'abbaye de Luxeuil et commanda des ouvrages à Angelolme. Il n'y a pas trace des extraits cités dans ce catalogue, très certainement tirés du commentaire d'Angelolme de Luxeuil sur la Genèse, puisque ce texte commence par une préface dans laquelle il compte six mille ans depuis la création du monde, mais cette préface est adressée à l'abbé de Luxeuil, Leotric. Le catalogue de la bibliothèque de Saint-Amand cite des extraits d'Angelolme sur le livre des Rois (n°151), Bibliotheca Belgica manuscripta, Bruxelles, 1972 (Réimp.). MANITIUS, *Geschichte* I, München, 1911, p. 418-421. L'identité du destinataire, Bertold, est mal établie. On connaît deux abbés Bertold en relation avec Gorze. L'abbé Berthold de Micy, contemporain d'Angelolme, écrit une vie de saint Maximin, le premier abbé de Micy originaire de Verdun, après la translation des reliques par Jonas d'Orléans (BHL 5817, AASSOSB I, 582. T.HEAD, *Hagiography and the cult of saints. The diocese of Orléans, 800-1200*, Cambrigde, 1990). Le moine Bertald de Gorze devient abbé de Saint-Vincent à la fin du Xe siècle, *Nécrologe*, 7.X.

162. La *Vita Iohannis*, MGH SS IV, p. 361, dit que Jean a lu la *Vita* de saint Martin, probablement par Sulpice Sévère (BHL 5610, ed. J.Fontaine, *Sources Chrétiennes* 133, 1967), modèle de littérature hagiographique, qui se trouvait à la cathédrale de Metz (Metz, BM 304, XIe s. perdu), et à Saint-Vincent (Berlin, Phill.1877, IXe s.).

163. Passio BHL 3620, probablement écrite par l'abbé Immo, Paris, BN lat.5594 et Metz, BM 523 prov. Saint-Arnoul, XIe s., perdu, avec la lettre de l'évêque de Minden et le texte envoyé par cet évêque à l'abbé Immo (inc. *Magnum sumopere* BHL. 3617).

164 Liber collationum patrum
165* habens in capite Sermonem beati Augustini *Legimus sanctum Moysen praecepta populo dantem.*
166 Liber prognosticorum de futuro saeculo Iuliani toletane ecclesiae episcopi ad Idalium barzilonensem episcopum.
167* in capite habens passionem Sanctorum martirum Crispini et Crispi(ni)ani.
168 Vita sancte Vualtburgis uirginis.
169 Liber de operibus sex dierum iuxta disputationem puerorum.
170 Liber Ionae episcopi contra perfidos ita incipiens. *Sancte dei ecclesiae strenuis doctoribus.*

---

164. Cassien (†435), originaire de la Dobroudja, moine à Bethléem, il partit à Marseille, où il fonda un couvent. Les *Collationes*, ed. E.Pichery *Sources Chrétiennes* 42 (1955), 54 (1958), 64 (1959), forment un texte très long, à Gorze il est mentionné à propos de trois volumes différents, dont rien ne précise s'ils se complétaient ni s'ils formaient, réunis, la totalité de l'œuvre. Cassien se trouvait à Stavelot <127>, à Saint-Evre <83>, à Saint-Vincent d'après la liste du manuscrit Metz 221 (Saint-Arnoul ne possédait pas ce texte).

165. Recueil d'Homélies pour le temps d'Hiver. H.BARRE, Le sermon *exhortatur* est-il de saint Ildefonse ?, *RB*, 67 (1957), p. 18-28, deux manuscrits en particulier pour notre région : Reims, 296 IXe s. prov.Saint-Thierry et Cheltenham, 2173-Cambridge U.Add. 3479 IXe s. prov.Saint-Mihiel.

166. Julien (†690), archevêque de Tolède à partir de 680. La lettre à Idalius est la préface du *Prognosticum futuri saeculi*, ed. J.L.Hillgarth, CC 115, 1976 p. 8-126. Ce texte, très répandu, donne un tableau de l'au-delà. Il était à Saint-Arnoul au XVIIe s. Lauer, *Manuscrits*, p. 502 n°6, et à Saint-Evre <98>.

167. Crépin et Crépinien, BHL 1990-1994 ; ces saints sont vénérés à Soissons où est attesté le culte de saint Gorgon.

168. Walburge, abbesse d'Heidenheim († 779), BHL 8765-74, reliques à Gorze, citée dans le calendrier. La première Vita fut écrite par Wolfhard d'Herrieden à la fin du IXe siècle. La *Vita* attribuée à Adelbold d'Utrecht (BHL 8766) se trouvait à Saint-Arnoul, Metz, BM 195, perdu.

169. Alcuin, *De operibus sex dierum cum puerorum interrogationibus et responsionibus.*

170. Jonas, évêque d'Orléans (818-843). On ne lui connaît pas d'œuvre correspondant à ce titre et à cet incipit. Il s'agit sans doute d'une œuvre perdue, qui pouvait traiter du problème de l'iconoclasme, puisque Jonas a écrit pour défendre le culte des images en réponse à Claude de Turin, et que les *perfidi* mentionnés dans l'*incipit* sont par définition des hérétiques. Jonas

CHAPITRE III

171 Epistolae Ebbonis et Alitgarii episcoporum.
172-3 Passio beati Dionisii maior duobus codicibus
174 et libellus excerptus ex passione eius.
175 Item epistolae Alitgarii ac Ebbonis.
176 Expositio Primasii super apocalipsin Iohannis apostoli.
177 Liber Albini magistri de libro Geneseos.
178 Expositio eius super ecclesiasten. cuius initium est. *Postquam de paternae pietatis nido.*
179-83 Regulae V beati Benedicti abbatis cum glossis.
184 Liber conrosus continens infra medium sui epistolam Ferrandi diaconi ad Fulgentium episcopum de quinque questionibus sancte trinitatis.
185 Liber Emmonis de qualitate coelestis patriae.

---

est surtout célèbre pour avoir écrit le *De institutione regia*, miroir du prince carolingien connu à Metz (Metz, BM 226, XIe s., perdu, et Berlin, Phill.1763, IX-Xe s.). J.REVINON, *Les idées politico-religieuses d'un évêque du IXe siècle : Jonas d'Orléans et son institutio regis*, Paris, 1930. MANITIUS, *Geschichte* I, p. 374-380.

171. Le pénitentiel d'Halitgaire commence par une correspondance entre Ebbon de Reims (816-835) et Halitgaire de Cambrai (†823). Il se trouvait à Stavelot *Ebo de octo principalibus vitiis* <167>, Saint-Maximin *liber Alitgarii de penitentia* <121>.

172-3. C'est sans doute la *passio* écrite par Hilduin (BHL.2174), qui se trouvait à Saint-Arnoul (Metz, BM 395, perdu) et à Saint-Vincent (Berlin, Phill.1839, XIIIe s.). Ce saint était vénéré à Reims, Prüm et Reichenau et Saint-Denis possédait des terres en Lorraine.

176. Le commentaire de Primase d'Hadrumète (v.550) est inspiré de saint Augustin (*De Civitate Dei* l.XX). Un manuscrit provenant de Reichenau a été partiellement copié par un moine Alboin. A.W.ADAMS, *Primasii Hadrumetini commentarius in Apocalypsin*, CC 92, 1985.

184. Ferrand, diacre de Carthage (†546), *Epistola* 13. Deux manuscrits, provenant de Saint-Arnoul (Metz, BM 232 et Metz, BM 142, perdu) contiennent la réponse de l'évêque Fulgence de Ruspe (près de Sfax 467-533). Ce dernier resta fidèle à la pensée de saint Augustin et lutta contre l'arianisme des Vandales.

185. G.MORIN, L'écrivain carolingien Hemmon et sa collection d'extraits des Pères à Saint-Guillaume de Gellone, *Revue Charlemagne*, 2 (1912), p. 116-126. Ce florilège est écrit vers 840 et dédié à un certain Guillaume, sans doute le comte de Blois qui chercha à restaurer Louis le Pieux et mourut au combat en 845. Manuscrits conservés : Maihingen, I2 lat.4°n14 ; Oxford, Bodl. Laud.Misc.350 ; Avranches, 87 ; Bruxelles, 9669-81 et

186 Liber principium cuius medietas deperiit continentis regulam spaniensis episcopi. ita incipit. *Post dilectionem dei et proximi.*
187 quaterniones de compoto. ita incipientes. *Februarius in kalendis.*
188 Liber collationum patrum antiquae manus
189* in capite sui habens partem actuum apostolorum.
190 Liber Esdrae prophetae uel reuelatio quando in infernum fuisse dicitur.
191 Epistolae beati Pauli apostoli.
192* in finem habentes sermonem beati Augustini de decimis reddendis.
193 Item Epistolae eius in altero codice.
194-7 Vita sanctorum confessorum Apri.

11446-11447 ; Berlin, Görres 61 ; Nîmes, 50 ; Avignon, 291 ; Paris, BN lat.2344.
186. Règle de Fructueux de Braga CPL.1869. Cet abbé espagnol fonda plusieurs monastères et mourut vers 670. Sa règle a été en vigueur en Galice jusqu'au XIe siècle. La présence de ce texte à Gorze montre l'intérêt porté aux diverses règles monastiques occidentales au delà des compilations et concordances proposées par Benoît d'Aniane. Il est possible que ce texte soit un témoignage de l'intérêt porté par Jean de Gorze aux textes religieux (et peut-être particulièrement à ce témoin d'un idéal ascétique) pendant son long séjour à Cordoue. M.DYAZ Y DIAZ, La circulation des manuscrits dans la péninsule ibérique du VIIIe au IXe siècle, *Cahiers de civilisation médiévale*, (1969), p. 221. Ce texte n'est pas inconnu hors d'Espagne, il est mentionné dans le catalogue de la bibliothèque de Saint-Riquier (PL 174 col.1269), et il est conservé dans deux manuscrits dans l'espace culturel proche de Gorze : Valenciennes 288(278), IXe siècle, et Munich Clm 28118, IXe siècle prov. Trèves (Codex regularum de Benoît d'Aniane). A.de VOGÜE, La *Regula Cassiani*, sa destination et ses rapports avec le monachisme fructuosien, *RB* 95 (1985), p. 185-231. et *DHGE* 19, col.221.
190. P.BOGAERT, Une version longue inédite de la *visio beati Esdrae*, *RB*, 94 (1984), p. 50sq. Ce texte était à Saint-Arnoul en 1673, Lauer, *Manuscrits*, p. 512, n°78.
194-7. Constitue un ensemble de Vies de saints liégeois (Lambert, Remacle) et toulois (Evre, Maurice). Verdun, manuscrit 1 (f.1-158) XIIe s., prov.Saint-Vanne de Verdun.
194. Vie de saint Evre, évêque de Toul, écrite par Adson de Montierender (BHL. 616, MGH SS IV, 515-520). Ce texte se trouvait à Saint-Arnoul (Metz, BM 653, perdu), Saint-Evre <110>, Saint Bénigne de Dijon (Montpellier, Ec. Méd. 30, XIIe s. f.92-93v.).

CHAPITRE III

195* Remacli
196* Lamberti.
197* et Mauricii ac sociorum eius martirum in uno uolumine.
198 Liber prognosticorum Iuliani toletani episcopi in altero codice.
199* et calculatio Albini magistri.
200 Prima pars Cassiani de cingulo monachi
201 Secunda pars eius X collationum patrum.
202* et uitae sanctorum Pauli.
203* Antonii.
204* Hilarionis.
205* Malchi in uno uolumine.
206 Item pars III in tertio uolumine.
207 Parabolarum Salomonis expositio in uno uolumine.
208 Excerptio psalmorum cuiusdam.

---

195. Vie de saint Remacle, abbé de Stavelot. Une vie de Remacle se trouvait à Saint-Arnoul (Lauer *Manuscrits* n°24), Saint-Vincent (Berlin, Phill.1839, XIIIe s.), Stavelot <93>, Saint-Maximin (Bruxelles bibl.roy. II,2611 *Vita et miraculi s. Remacli* Xe-XIe s.), extraits de la *Vita* et des *Miracula*, Metz, BM 1229 (f.150-175v.).

197. *Vita* écrite par Eucher de Lyon (428-450), *Passio Acaunensium martyrum ss. Mauricii ac sociorum eius*. MGH SS Rer. Merov.III, p. 32-39. Maurice était le patron primitif de Saint-Evre de Toul où se trouvait sa Passion <113>.

199. Traité sur le comput d'Alcuin, *De saltu lunae ac bissexto*, PL.101, c.979 sq.

200. Chapitre 1 du livre I du *De institutis coenobiorum* de Cassien, ed. J.-C. Guy, *Sources Chrétiennes* 109, 1965. Ce texte était à Saint-Arnoul (Metz, BM 243, perdu) et Saint-Evre <200>.

202-5. Un manuscrit de Namur, mus. archeol. 12, prov.Saint-Hubert XIIe s., contient ces quatre *vitae*. Deux manuscrits de Metz contiennent des Vies écrites par Jérôme : Metz, BM 1172, XIe s., Hilarion, Metz, BM 398, XIe s ; Malchus, prov.Saint-Arnoul, perdu. Le rassemblement de ces vies ascétiques avec les *Collationes* indique un ensemble prévu pour les lectures du soir par opposition aux lectures *ad mensam*, d'orientation plus générale. D.NEBBIAI DALLA GUARDA, Les listes médiévales de lecture monastique, *RB*, 96 (1986), p. 271-326. Le même ensemble se rencontre à Saint-Evre *Hieronymus de vita Malchi monachi Antonii Hilarionis cum Cassiano de institutis monachorum* <24>.

209 Liber Gregorii Turonorum episcopi de uirtutibus sanctorum.
210 Liber calculatorius
211* continens excerptum beati Gregorii
212* et omelias diuersas /f°13v/ ab epistola Theophili episcopi incipiens ita *Post resurrectionem domini saluatoris nostri.*
213 Parabolae Salomonis translatae a beato Ieronimo iuxta hebraïcam ueritatem
214* et Ihesu fi(l)i Sirac liber.
215-21 Libri Gregorii Nazanzeni VII in uno uolumine inicio perdito.

Libri qui ad amellae deportati sunt.
222 Augustinus contra V hereses manicheorum
223 Pars prima moralium.

---

209. Il s'agit des *Miracula* de Grégoire de Tours, MGH SS Rer. Merov. I,2 p. 1-370. Ce texte comprend plusieurs livres : *Liber in gloria martyrum - Liber de passione et uirtutibus s.Iuliani martyris - Libri I-IV de uirtutibus s. Martini episcopi - Liber Vitae patrum - Liber in gloria confessorum.* Ce texte se trouvait à Saint-Evre <86>.
212. Ces Homélies diverses commençaient par la lettre de l'évêque Théophile de Césarée de Palestine, PG 5, 1367-1370, dont la méthode de calcul a été suivie par Bède, auquel il faut peut-être restituer le *liber calculatorius* anonyme qui ouvrait le manuscrit.
213. Traduction de Jérôme BOGAERT, La bible latine, p. 296-297.
214. Ecclésiastique.
215-21. C'est la traduction par Rufin de Grégoire : Siegmund, *Die Überlieferung*, p. 82sq. Gorze possédait sans doute à l'origine l'ensemble des dix livres, puisque le début du codex est perdu. Saint-Vanne de Verdun possédait des sermons *Homeliae VIII* (Verdun, BM 47, XIe s.). D'après la liste du manuscrit Metz, BM 221, il y avait à Saint-Symphorien *Appollogeticus Gregorii Nazanzeni*, titre que l'on retrouve à Saint-Maximin <105>, le catalogue de Stavelot indique sans précision Grégoire de Naziance <30>.
222. Il ne s'agit pas de l'ouvrage de Quoduultdeus, car tous les hérétiques que mentionne cet auteur ne sont pas manichéens. Il paraît peu probable que l'on ait rassemblé les cinq traités d'Augustin contre des manichéens (CPL.318 CPL.319 CPL.321 CPL.322 CPL.325) car le *contra Faustum* est bien long. C'est donc probablement le livre I du *De moribus ecclesiae catholicae* (CPL.261) qui est attesté sous ce titre Troyes, 845 et Troyes, 1085.
223. Première partie des *Moralia in Iob* de Grégoire le Grand. Ce texte fort long était souvent réparti en plusieurs codices comme à Metz, BM 80 *Liber*

224 Commentarium Ieronimi in epistolis
225* et expositio Bedae in VII epistolis canonicis
226* et in actibus apostolorum
227* et in apocalipsi.
228 Epistolae Pauli.
229 Liber Ferrandi ad Reginum comitem
230* et epistola eius ad Fulgentium
231 Liber Ambrosii de bono mortis.
232 Libri Bedae de temporibus
233* et de metrica arte.
234 Commentum Boecii super isagogas Porphirii.
235 Expositio domni Remigii super psalmos C duos.
236 Dicta Sedulii Scoti de diuersis questionibus
237* cum glosis ueteris ac noui testamenti.
238 Pars Miconis imperfecta.

---

moralium pars secunda, XIe s., prov.Saint-Vincent, perdu, et BM 85, XIe s., prov.Saint-Arnoul, perdu, BM 126 *pars tercia* et BM 127 *pars quarta*, XIe s., prov.Saint-Arnoul, perdus.

227. L'*Explanatio Apocalypsis* se trouvait à Saint-Maximin <88>, Gand Univ. bibl. ms.20 Xe s.

229. Lettre de Ferrand de Carthage (†546) à Reginon, *epistola* 7, PL 67, 928.

230. Fulgence à Ferrand, *epistola* 11, PL 65, 578-592.

232. Comment comprendre *libri* ? Si ces « livres » sont à rapprocher du *De metrica arte*, le *De temporibus* est *De temporibus liber* CPL.2318. Il se trouvait à Saint-Airy de Verdun (Florence Plut. XXIX 24), à Saint-Vincent de Metz (Berlin, Phill.1831, VIII-IXe s. et Phill.1832, IX-Xe s.), à Stavelot <62-64>, à Saint-Maximin <79-81>. Mais il est souvent copié avec le *De temporum ratione* et a pu être pris sous le même titre.

233. Le *de arte metrica* se trouvait à Stavelot <67-68>, à Saint-Euchaire de Trèves (Trèves Priest Seminar, Xe s.), à Saint-Evre <180.181>.

236. Il peut s'agir du *Collectaneum Miscellaneum* de Sedulius Scot, ed. D.Simpson CC CM LXVII, 1988 ; F.DOLBEAU, Pour mieux lire le *Collectaneum Miscellaneum* de Sedulius Scottus, CC CM *supplementum* 1990. En effet l'ouvrage est ici cité parmi d'autres anthologies. Cependant ce texte est suivi d'un glossaire sur l'ancien et le nouveau testament, peut-être faut-il donc le relier à Stegmüller 7596 : *De actibus prophetarum et toto Saluatoris cursu* ou Stegmüller 7602 : *In prologus quatuor euangeliorum excerptio*.

238. Il est impossible de savoir à quel texte il est fait allusion ici, de même d'ailleurs qu'au numéro 420 *cartae Miconis*. Saint-Evre possédait le *De*

239-40 Libelli Anitii Boetii duo de sancta trini(ta)te in uno codiculo.
241 Cathegoriae Aristotelis
242* et commentum Boetii in uno codice.
243 Commentum eiusdem de topicis differentiis.
244 Libellus de arte geometrica
245 Ysagogae Porphirii.
246* et libellus Augustini ad filium super cathegorias Aristotelis in uno corpore.
247 Item libellus isdem ad filium in altero uolumine.
248 dialectica eiusdem Augustini.
249 Libri quatuor T(iti) Liuii et quintus imperfectus in uno codice.
250 Libri Vitruuii X in uno uolumine.
251 Priscianellus I

---

natura syllabarum. Micon est l'auteur de nombreux autres ouvrages qui sont mentionnés par Trithème : *Epigrammaton. Excerpta poetarum. Liber aenigmatum et alia*, mais dont on ne connaît plus qu'une faible part, L.Traube, *Carmina Centulensia* MGH Poeta III, p. 265. Micon est un auteur scolaire, ce qui explique sa présence ici. Par ailleurs, il y avait des relations entre Gorze et Saint-Riquier, des échanges de livres, connus par la chronique de Saint-Riquier PL 174, c.1329, voir plus haut la bibliothèque.
239-40. Puisque ces deux livres de Boèce traitant de la Trinité sont distincts, et qu'il n'en a écrit aucun sur ce sujet en deux volumes, il doit s'agir du *De unitate Trinitatis* CPL.890 et de *Vtrum Pater...* CPL.891, ces deux textes se suivent dans le manuscrit de Saint-Arnoul, Bern, Burger Bibl. 265, Xe-XIe s.
249. Les manuscrits de la première décade sont les plus fréquents : Paris, BN lat.5726, IXe s. livres VI à X ; Paris, BN lat.5725, Xe s. prov. est de la France ; Oxford, Bodl.Auct. TI 24, XIe s., prov. est de la France, probablement Metz, O.PÄCHT-J.ALEXANDER, *Illuminated manuscripts in the Bodleian Library*, t.I, Oxford, 1966, n° 435, proche du manuscrit 348 d'Einsiedeln, VÉZIN, Un manuscrit messin, p. 162 n.20.
250. Vitruve, architecte et ingénieur romain du Ier siècle. Ed. L.Calleban - J.Soubiran - P.Gros, Budé. Ce traité est assez peu répandu (Vat. Reg. Lat.1504, IX-Xe s., prov Saint-Thierry de Reims, Wien, Guelf 69 Gud.Lat., XIe s., Saint-Pantaléon de Cologne ? écrit à Mayence), on le trouvait aussi à Saint-Evre <220>. Faut-il lier sa présence ici à la réputation d'Odolbert comme architecte ?
251. Le petit Priscien, c'est à dire le plus élémentaire de ses manuels : *Institutiones de nomine pronomine et uerbo*. Un manuscrit de Priscien provenant de Saint-Arnoul est conservé à Paris, BN lat.4952.

CHAPITRE III

252 et alter super XII uersus Virgilii.
253 Libri Iunii Iuuenalis.
254 Liber Martiani Felicis Capellae.
255 Liber Flacci Persii.
256 Libri X Q(uinti) Curti Rufi gestorum Alexandri magni.
257 Timeus Platonis.
258 Musica noua.
259 Expositio Remigii super utrumque opus donati
260* et Catonem
261* et super duo opuscula Prisciani
262* et Euthicium

---

254. Le livre de Martianus Capella (Ve s.), *De nuptiis philologiae et Mercurii* est la présentation des sept arts libéraux. Cet ouvrage complexe et encyclopédique eut un grand succès dans les écoles, en particulier dans ses versions commentées. On le trouvait à Saint-Arnoul (Bern, Burger Bibl. 265, Xe-XIe s), Saint-Evre, Lobbes, Lorsch, Anchin, parmi les livres d'Adson de Montierender et à Saint-Mihiel (manuscrit conservé Saint-Mihiel, BM 30). Gorze a trois exemplaires et le commentaire. Ed. A.Dick-J.Préau, Stuttgart, 1969.

256. Seuls les huit derniers livres de l'ouvrage de Quinte-Curce sur Alexandre nous sont parvenus. Peut-être le bibliothécaire a-t-il simplement vérifié la fin du volume, qui portait l'indication des dix livres normalement prévus. Ed. H.Bardon, CUF, 1947.

257. Le Timée de Platon traduit par Chalcidius semble inconnu en France aux Xe-XIe siècles (Rose I,34), mais on le rencontre dans l'Empire, à Reichenau (perdu) puis dans plusieurs bibliothèques du XIIe siècle. *Timaeus a Calcidio translatus commentarioque instructus*, ed. J.H. Waszink (Plato latinus 4), Londres-Leyde 1962. D'après la liste de Maugérard il y avait à Metz un manuscrit du Xe siècle n° 416 : *Platonis pars operum*. M.HUGLO, La réception de Calcidius et du commentaire de Macrobe à l'époque carolingienne, *Scriptorium*, 44 (1990), p. 1-20.

258. Guy d'Arezzo (†1050) : *Micrologus de disciplina artis musicae*. Il est l'inventeur du système de notation musicale (UT RE ...) et de la portée permettant de lire la hauteur des sons. Ce système se diffuse lentement. L'ouvrage fait partie des textes récents de Gorze. Ed. J.Smits von Waesberghe, Rome, 1955 (*Corpus scriptorum de Musica*, American Institute of Musicology IV).

259. *Donatus maior et minor*.

262. C.JEUDY, Les manuscrits de l'*Ars de Verbo* d'Eutychès et le commentaire de Remi d'Auxerre, dans *Mélanges Labande, Etudes de civilisation médiévale IXe-XIIe siècles*, Poitiers, 1974, p. 421-436. Le commentaire de Remi est

263* et super Bedam de arte metrica.
264 Liber Virgilii.
265 Medicinale.(a)
266 Terenteus.
267 Glosarius quidam super Virgilium.
268 Liber Focae de nomine et uerbo
269 Libellus quomodo reconcilietur infirmus et penitentia ei si conualuerit pro unoquoque facinore iniungetur
270 Gesta langobardorum edita a Paulo historiographo.
271 Liber Iohannis Crisostomi de psalmo L.
272* et sermones eius in uno uolumine.

---

conservé sous forme de glose anonyme Rouen, 1470 f.81-97, ed. M.MANITIVS, Zur Karolingischen Literatur, *Neues Archiv*, XXVI (1911), p. 50-51. Le *Commentum Remigii super Euticium* se trouvait à Saint-Evre <191>.
265. Classique des bibliothèques monastiques. Le plus répandu est celui de Quintus Serenus (Fin IIIe-début IVe s.). Ed. R.Pépin, Paris, 1950.
267. Exemple de gloses sur Virgile dans *Seruui grammatici qui feruntur in Vergilii carmina commentarii*, ed G.THILO et H.HAYER, vol III, 1887, p. 450-540.
268. C.JEUDY, L'*ars de nomine et uerbo* de Phocas, manuscrits et commentaires mediévaux, *Viator*, 5 (1974), p. 61-156.
269. La transformation de la pénitence au IXe siècle est liée à l'intervention des moines irlandais mais aussi aux modification des rites de l'extrême-onction. Les rituels destinés aux malades se rattachent aux cérémonies prévues pour la réconciliation des pénitents et au viatique conféré aux mourants. Extrême-onction, *Dictionnaire de Spiritualité* t.IV2, col.2189 M.JUGIE, Pénitence, *Dictionnaire de Théologie catholique*, t.12, c.742 sq. Il faut aussi tenir compte de la transformation au XIe siècle des sacramentaires qui ne sont plus un groupe de *libelli*, mais un texte recomposé, qui rend caducs les textes antérieurs. Sans doute ce texte était-il comparable au manuscrit de Saint-Arnoul : *aliquot canones incipientes : Si quis ex egritudine*, Metz, BM 51, perdu.
270. Les *Gesta Longobardorum* de Paul Diacre étaient à Saint-Vincent de Metz (Berlin, Phill.1887, IXe-Xe s., et Paris, BN lat.683, XIe s.), à Stavelot <152>, à Saint-Arnoul (Metz, BM 17, perdu), à Saint-Evre <100-101>. Ed. L.Bethmann - G.Waitz, MG. scrip. Rer. Langobardicarum, 1878, p. 12-188 Paul the Deacon, *History of the Lombards*, Trans. D.Foulke, Philadelphie, 1974.
272. Il peut s'agir des 38 homélies qui circulaient dans une traduction latine ancienne attribuée à Annianus de Valence. A.WILMART, La collections des 38 homélies de s. Jean Chrysostome, *The Journal of Theological*

CHAPITRE III

273-4 Libri Effrem duo in singulis uoluminibus
275-6 Epistolae Clementis duae ad Iacobum fratrem domini
277-9* et reliquae tres de diuersis causis
280* et Excerptum de omeliis Augustini super Iohannem in uno uolumine.
281 Interpretacio nominum genealogiae domini nostri Ihesu.
282* et miracula beati Gorgonii martiris

Studies, 19 (1918), p. 325. Les œuvres de Jean Chrysostome étaient connues à Metz : Metz, BM 339, XIe s. prov.cathédrale de Metz Berlin, Phill.1673 prov. Saint-Vincent de Metz (IXe s.) (dans la liste du manuscrit 221 c'est sans doute l'ouvrage simplement indiqué : *Iohannes Chrisostomus*, Saint-Arnoul, qui ne le possédait donc pas alors, le copie plus tard et disposait au XIe siècle d'un ouvrage de cet auteur, Metz BM 49).

273-4. Les sermons connus d'Effrem le Syrien, auteur ascétique du IVe siècle, regroupent en général le même ensemble de textes : *De die iudici et de resurrectione. de beatudine animae. de patientia (siue de paenitentia). in luctaminibus. de die iudici. de compunctione cordis*, SIEGMUND, p.67sq. A Saint-Arnoul on trouvait *monita ad monachos* (Metz, BM 223) et *sermones* (Metz, BM 134, perdu), à Saint-Maximin *libri Effrem duo* <114-15>, à Saint-Evre *Effrem* sans précision <103-104>.

275-6. Décrétales apocryphes : Lettre 1 à Jacques sur la succession de Pierre, lettre 2 à Jacques *De sacratibus uestibus et uasis*, lettre 3 *De officio sacerdotii et clericorum*, lettre 4 *scripta suis discipuli qui malorum hominum persuasionibus*, lettre 5 *De communi uita*. A Saint-Arnoul on trouvait le *De sacramentis ecclesiasticis*, Metz, BM 226 perdu. L'archevêque Drogon avait poussé à la copie des lettres de Clément, cet intérêt est justifié par l'homonymie avec Clément, premier évêque de Metz et tenu pour un neveu du pape.

277-9. Faut-il compter, parmi les trois lettres mentionnées ici, la lettre aux Corinthiens, qui se trouvait à Lorsch et dont il reste un manuscrit au séminaire de Namur, du XIe siècle, prov. Florennes, édité par Dom MORIN, *Analecta Maredsolana* 2, 1894, qui suit une lettre à Jacques. Il s'agit plus probablement des lettres citées à la note précédente.

281. Il s'agit sans doute du texte d'Alcuin, *Interpretationes nominum Hebraïcorum Progenitorum Domini nostri Iesu Christi*, dont il existait un manuscrit à Saint-Emmeran (PL 100, 723), car Alcuin se fonde sur la généalogie donnée au début de l'évangile de saint Matthieu et explique les noms suivant le modèle de Jérôme concernant les noms hébreux.

282. Les *Miracula* (BHL 3621, ed. MGH SS IV, p. 239-247) sont attribuables à Immo de Gorze. Le manuscrit de Saint-Remi de Reims, utilisé dans l'édition des *Monumenta*, a disparu. Il reste deux manuscrits de ce texte : Verdun, BM 74, XIIe siècle, provenant de Saint-Vanne et dont le

283-4 Libri communes duo unus perfectus et alter imperfectus.
285 Inuencio corporis beati Stephani prothomartiris antiquioris edicionis cum responsoriis et antiphonis.
286 Item Recentioris in altero uolumine
287* cum Vita beati Hylarii episcopi.
288 Vita beati Agerici episcopi uirdunensis in una quaternione.

---

texte est incomplet, peut-être copié sur l'exemplaire du prieuré d'Amel, J.Van der Straeten, *Les manuscrits hagiographiques de Charleville, Verdun et Saint-Mihiel*, Subsidia Hagiographica 56, Bruxelles, 1974 et Wien Östroschiche National Bibliothek 563, copié au début du XIe siècle par Mainard de Neuwiller. L'abbé a supprimé la plupart des possessifs en ce qui concerne saint Gorgon, F.DOLBEAU, Un panégyrique, *AB*, 103 (1985), p. 44 n.39, G.PHILIPPART, *AB* 90 (1972), p. 409, F.UNTERKIRCHER, *Katalog der datierten Handschriften in Östroschiche Nationalbibliothek bis zum Jahre 1400*, 1, Wien, 1967, p. 27. Le texte des Miracles y est précédé par le récit de la Passion provenant de Minden, BHL 3617.
283-4. Ce sont sans doute des ouvrages liturgiques, car on rencontre le même terme à Stavelot parmi les textes de liturgie : *communis liber Hugonis. communis liber Benzonis. communis liber ad aduentus ausque in Pascam. communes libri duo per circulum anni de domo infirmorum* <265-267> et à Saint-Airy : *missale commune* <03>. Cela peut être lié au fait qu'Amel est un prieuré avec une célébration sans doute allégée et peu d'ouvrages pour le chœur. En effet, nous avons vu qu'à Stavelot deux de ces ouvrages se trouvaient à l'infirmerie. Le même titre se retrouve dans un bréviaire de Todi Bibl. comm. 170, XIe s., f.35 qui correspond au sanctoral et temporal mélangés, cité dans P.SALMON, *L'Office divin au Moyen Age*, Paris, 1967.
285. Le texte de l'*Inventio* est du Ve siècle (BHL. 7850-7856) manuscrit de la *translatio* (BHL. 7852) cat brux II 459,8° précédé d'un bref prologue. *Narratio de reliquiis sancti Stephani Mettensis absconditis*, VIe s. (BHL. 7850). *Antiquioris editionis* peut signifier la plus ancienne version. Sigebert de Gembloux, *De uiris illustribus*, 126, Etienne, clerc de Metz et évêque de Liège à la fin Xe s. – qui dédia à son maître l'évêque Robert de Metz un opuscule liturgique – composa un *canticum de inuentione Stephani prothomartyris autentica et dulci modulatione*. Metz connaît une production littéraire autour du patron de la cathédrale. Saint-Vincent possédait un petit dossier sur saint Étienne (Berlin, Phill.1839, XIIIe s., f.320v-327v)
287. La *Vita Iohannis*, MGH SS IV, p. 361, nous apprend que Jean a lu la vie de saint Hilaire de Poitiers († v. 367), sans doute par Venance Fortunat († v. 600) qui lui succéda sur le siège épiscopal de Poitiers, (BHL 3885-86, ed. Krusch, MG Auc. Antiq. IV, 2, p. 1-11), cette *Vita* se trouvait à Saint-Vincent (Berlin, Phill.1839, XIIIe s.).
288. La première *Vita* de l'évêque Airy de Verdun fut écrite par l'abbé Etienne de Saint-Airy (1070-1084), ce texte (BHL 143) se trouvait à

CHAPITRE III

289 Epistola Theodemari abbatis missa ad Karolum de tribus leccionibus ueteris testamenti priuatis diebus estatis legendis
290 Liber Candidi Arriani ad Victorinum Rethorem
291* et eiusdem ad ipsum.
292-5 Passionales IIIIor duo noui et duo ueteres.
296 Excerptum Bedae psalmi et orationes in uno codice.
297 Glosarius super historiam.
298 Rotula capitulorum sparsim collectorum ab Adri(a)no papa et Angelranno mediomatricae episcopo missorum.
299 Glosarius super nouum et uetus testamentum.

Verdun (BM 8, XIe s.), c'est l'ouvrage le plus récent de la bibliothèque. Il existait une autre *Vita* à Saint Arnoul accompagnée des vers de Venance Fortunat, BHL 144 ; Metz, BM 523 perdu. Le culte de saint Airy est attesté à Saint-Bénigne de Dijon BHL 143a ; Montpellier, Ec. Méd. 151, XIIIe s.
289. Cette lettre de Théodemar du Mont-Cassin (IXe s.) accompagnait l'envoi de la règle de saint Benoît, *Epistola ad Carolum regem*, Corpus Consuetudinum Monasticarum I, p. 157-175 ; et MGH epistolae aevi Karolini IV2, p. 509-514. La présence de ce texte dans la bibliothèque est peut-être à relier à Paul Diacre, dont Gorze possède aussi l'histoire des évêques de Metz. Paul Diacre vint à Metz et se retira au Mont-Cassin. Cet ouvrage, assez répandu, se trouvait à Saint-Maximin (Trèves 1202/501, Xe s.).
290-291. La réfutation de Marius Victor (CPL 95) est précédée du texte de Candidus (CPL 681). Marius Victor, professeur de rhétorique romain du milieu du IVe siècle, convertit au christianisme, combattit l'hérésie arienne en s'inventant peut-être un adversaire en la personne de Candidus. Ed. P.Henry - P.Hadot, *Sources Chrétiennes* 68, 1960.
296. Texte de Bède comprenant des hymnes et prières diverses. Ed. CC CXXII,407-470.
297. Glossaire sur la Bible, *historia* étant pris dans ce sens dans le catalogue (01-3 et 68).
298. Ce sont les *Capitula ab Adriano papa tradita, incipit : Quod qui episcopum accusat, Dei ordinationem accusat* ; PL 96, col 1055-1098 ; P.Cipprotti, *I Capitula Angelramni* (Univ. d. Studi di Camerino. Ist giudicio 7°sect. n°1), Milan, 1966. D'après le titre, ce texte, qui traite du droit des évêques, fait partie d'une famille de manuscrits anciens qui attribuèrent la compilation au pape Hadrien, pour lui donner plus d'autorité, ce qui corrobore ce que l'on peut déduire du fait qu'il se présente comme un *rotulus* et de son état de vétusté. FOURNIER-LEBRAS, *Collections*, I, p. 142-5. Ces textes font partie des « faux isidoriens » écrits au milieu du IXe siècle au Mans ou à Reims.
299 et 300. Ce type de glossaire est à rapprocher des ouvrages de Sedulius Scotus.

300 Item Glossae de ueteri ac nouo testamento usque Danielis prophetae librum.
301 Pagina Incmari metrice composita et Karolo regi missa.
302 Pagina terrae repromissionis.
303 Rotula officii sancti baptiste grece compositi.
304* et capitulare nouarum consuetudinarum monachorum ex consensu Hludouuici regis
305 Rotula uetustissima ex arithmetica boecii
306 Pagina de situ orbis. mappa scilicet mundi.

---

301. Il ne subsiste aucune lettre courante en vers. Une lettre en vers avait été éditée par Sirmond en 1645 d'après un manuscrit disparu (PL 125 817-834) ; il en existait deux exemplaires en Normandie au XIe siècle (Becker, *Catalogi*, 197). A.WILMART, Distiques d'Hincmar sur l'Eucharistie, *RB*, 40 (1928), p. 87-98. Il semble que ce soit des extraits d'un traité en vers disparu : *Ferculum Salomonis*. BRUNHÖLZL, *Histoire de la littérature*, I,2, p. 308.

302. Carte de la Judée, peut être une illustration détachée d'Adaman *de locis sanctis*, ouvrage souvent abondamment illustré (ex.Vienne, 458. Salzbourg, 174 ; CC CM 175 *Itineraria et alia geographica* p. 179-180) ou du *De locis sanctis* de Bède qui apporte les mêmes informations (id. p. 251-280). Voir aussi Paris, BN lat.11561 f.43v. *Figura terra repromissionis*.

303. Concernant la connaissance du grec à Metz, Louis III, fils de Louis le Germanique était commémoré en grec à Saint-Arnoul : on a conservé ces laudes, qu'un glossateur du Xe siècle a transcrites en latin, Metz, BM 351 f.103v. Ce manuscrit contient aussi à la fin une ligne en grec de même que Metz, BM 179 (Isidore). Metz, BM 245 comprend une prière dans laquelle plusieurs mots grecs sont transcrits en latin, prov.Saint-Arnoul (XIe s.). L'évêque Thierry de Metz avait été élève de Bruno de Cologne et sous son épiscopat a été copiée la messe en grec et un extrait de l'*Antapodosis* de Liutprand, Metz, BM 145 prov.Saint-Vincent, perdu. P.RICHE, Le grec dans les centres de culture d'Occident, dans *The sacred nectar of the greek in the West in the early middle ages*, ed. M.W.Herren, 1988, p. 157. La liturgie grecque a influencé le chant occidental, E.WELLESZ, *Eastern elements in the Western chant*, Oxford, 1947.

304. Les Capitulaires d'Aix diffusèrent, sous l'impulsion de Louis le Pieux et de Benoît d'Aniane, la règle de saint Benoît dans les monastères d'Occident. La *Regula sancti Benedicti abbatis siue collectio capitularis* en fait partie. Ed. J.Semmler, *Legislatio Aquisgranensis*, dans K.HALLINGER-M.WEGENER, *Corpus Consuetudinum monasticarum*, I, Siegburg, 1963, p. 425sq.

305. Schémas du *De institutione arithmetica*.

306. Dans le catalogue de Reichenau se trouve la mention : *mappa mundi in rot. I* (ou *II* suivant les éditions), P.LEHMANN, *Mittelalterliche*

CHAPITRE III

307 Pagina quomodo ex philosophia diuersae diffinitiones quasi quidam fontes emanent.
308 Rotula grecorum nominum.
309 Pagina scutil(ium) ludi.
310 Bede presbiteri Pagina figurarum de arte musica

Bibliothekskatalog Deutschlands und der Schweiz, t.II, Münich, 1918, p. 248. Dans les *Monumenta cartographia vetustioris aevis AD 1200-1500*, ed R.ALMAGIE M.DESTOMBES I Mappemondes, Amsterdam, 1964, se trouve une liste de manuscrits antérieurs à 1200 contenant des cartes. A.-D.VON DEN BRINCKEN, *Kartographische Quellen Welt-, See- und Regionalkarten* (Typologie des Sources 51), Brepols, 1988 ; id. *Mappa mundi*, dans *Monumenta Annonis*, Köln-Siegburg, 1975. C.NICOLET - P.GAUTIER-DALCHE, Les quatre sages de Jules César et la mesure du monde selon Julius Honorius : réalité antique et tradition médiévale, *Journal des Savants* 1986, p. 157-218. Un manuscrit de Macrobe sur le songe de Scipion du Xe siècle contenait une carte du monde (Metz BM 271, f.40v. perdu), Metz 351 f.118 contient une carte en T.

307. Puisqu'il s'agit d'un schéma, faut-il penser au tableau des divisions de la philosophie réalisé par Gerbert et que l'écolâtre Otric critiqua sur la foi de mauvais renseignements, RICHER, *Historia l.III*, 55-62 (ed R.Latouche, Belles Lettres, Paris, 1964, p. 64-75) ? Lauer, *Manuscrits*, n°70, montre que Saint-Arnoul possédait une *pagina de definitionibus philosophiae et ipsius partium ab Alcuino*, inspirée du *de dialectica* d'Alcuin (PL 101 col 931), l'intitulé du chapitre 1 de ce texte est *De dialectica et partibus eius* et a souvent donné lieu à un schéma, d'ailleurs Alcuin considère explicitement qu'il s'agit des échelons d'une montée vers la vraie sagesse. Le schéma PL 101, c.945-950 provient d'un manuscrit de Saint-Emmeran et doit ressembler à celui de Gorze.

309. On peut comprendre l'abréviation comme étant *scutilium*. Ce sont peut être des règles de jeu d'échecs, car ce mot suggère un damier. H.J.R.MURRAY, *A History of Chess*, Oxford, 1913. Les échecs étaient pratiqués dans les monastères, ce que justifie un traité du Xe siècle provenant d'Einsiedeln, déclarant que ce jeu est supérieur aux dés car il exclut toute tricherie, *MGH Poetae latini* V,3, p. 652-55. Au début du XIe siècle le couvent Saint-Gilles de Nimes reçut des pièces de jeu d'échec, données par Ermangaud d'Urgel et par sa belle-sœur Ermessinde, attestations contemporaine des premières pièces d'échec conservées en Occident. L'apparition de ce jeu dans les pays germaniques est à relier à l'influence byzantine importée par Theophanu. H.M.GAMER, The earliest evidence of Chess in Western Literature : The Einsiedeln Verses, *Speculum* 29 (1954), p. 735-50.

310. Bède n'a pas écrit d'œuvre portant ce titre, mais il s'agit probablement du pseudépigraphe PL 90, 909-938. Dans le cas de Boèce, les diagrammes du *de arte musica* sont souvent faits sur des pages à part, destinées à être

311 Pauca quedam de uita sancti Remigii secundae edicionis.
312-6 Medicinales IIIIor maiores unus excerptus modicus.

LIBRI DE ARTE. hi.

317-20 Declinaciones IIIes perfectae de nomine et uerbo unae ceptae.
321-8 Donati perfecti III. V imperfecti. Vnus cum interrogacionibus /f°14/ nominum pronominum uerborum et reliquarum partium.
329 Liber Focae ceptus.
330-1 Liber Aratoris bis.
332-3 Sedulii duo.

---

ajoutées par la suite au texte et confiées à des spécialistes ; il y a même parfois dans le textes les blancs correspondants. D.BOLTON, Illustration in manuscrits of Boethius' Works, dans *BOETHIUS*, Ed. de M.Gibson, Oxford, 1981, p. 431-432 ; et C.M.BOWER, Boethius *de Institutione musica*, a handlist of manuscrits, *Scriptorium*, 42 (1988). Cependant, comme le texte n'est pas très clair, on pourrait aussi supposer que *Bede presbiteri* se rapporte au texte mentionné précédemment, sans que cela nous fournisse d'ailleurs de réponse plus satisfaisante.

311. C'est peut-être la *Vita* écrite par Hincmar de Reims, puisqu'il prétendait avoir un modèle, ce qui justifierait la mention *secunda edicio*. Sigebert de Gembloux *De uiris illustribus*, 100, Hincmar, et J.M.WALLACE-HADRILL, History in the mind of Archbishop Hincmar, dans *The Writing of History in the Middle Ages*, Oxford, 1981, p. 62-69. C'est la version des manuscrits de la région messine : Saint-Symphorien de Metz (Bern, Burger Bibl. 168, XIe s.) ; Saint-Vincent (Berlin, Phill.1874, XIe-XIIe s.), Saint-Arnoul (Metz, BM 395, XIe s. perdu et Metz, BM 1229, Xe s. conservé).

hi. Le rédacteur a sans doute voulu souligner qu'il allait faire la liste des *libri de arte, sunt* est sous-entendu. On peut comprendre qu'il s'agit de livres conservés à Gorze même, par opposition aux précédents, cette nuance ayant été perdue par le copiste.

317-20. Il s'agit probablement de Priscien, *Institutio de nomine pronomine et uerbo.*

321. L.HOLTZ, *Donat et la tradition de l'enseignement grammatical. Etude et édition critique*, Paris, 1981.

330-1. Arator, auteur du VIe siècle, dédie au pape un poème épique inspiré des Actes de Apôtres. Ed. A.P.McKinlay, *CSEL* 72 (1951). Cet ouvrage était à Saint-Evre <142-143>.

332-3. Sedulius (v.425-450) a mis en vers, inspirés de Virgile, les miracles de l'Ancien Testament (l.1) et du Christ (l.2-5). Il a mis ce *Carmen Paschale* en prose sous le titre d'*Opus Paschale*. Cette œuvre, assez courante, se trouvait à Moyenmoutier (Epinal, BM 161, Xe s).

334 Item Sedulius.
335 Prosper.
336 Sicomachia Prudentii.
337* Centon Virg(il)ii simul.
338 Alchimus.
339 Arator.
340 Mithologiarum liber Fulgentii
341* Martianus simul.
342 Item Martianus.
343 Item mithologiarum liber Fu(l)gentii.
344 Sedulius.
345* et Iuuencus in unum.
346 Item Iuuencus.
347-8 Liber Prudentii Clementis perfectus et inperfectus.
349-52 Virgilii libri III quartus inperfectus
353 Seruii commentum super inperfectum.

---

335. On rencontre souvent Prosper d'Aquitaine (Ve s.) dans les catalogues, sans autres précisions. A Saint-Arnoul, on trouvait une lettre à Augustin (Metz BM 232), *de Laude sanctorum* et le *de Vita activa et contemplativa* (Metz BM 145, texte de Julien Pomère souvent attribué à Prosper).
337. Le centon le plus célèbre est celui de Proba, qui était par exemple à Brogne au XIIe siècle, et qui est mentionné par Sigebert de Gembloux, *De uiris illustribus* 53. L.HOLTZ, La redécouverte de Virgile aux VIIIe-IXe siècles, d'après les manuscrits conservés, dans *Virgile au Moyen-Age*, Paris, 1985, p. 10.
338. Alchimus, saint Avit évêque de Vienne (†518), est l'auteur de traités anti-ariens et de poèmes. Il disparaît des programmes scolaires au Xe siècle. À Saint-Evre se trouvait le *De creatione mundi* d'Alchimus, titre du premier ouvrage d'un ensemble de six que possédait par exemple Lorsch au IXe siècle : *De initio mundi - De originali peccato - De sententia Dei - De diluuio mundi - De transitu maris rubris - De decem plagis Aegypti - De uirginitate*.
340. Fulgence, auteur africain des V-VIe siècles. LAISTNER, *Fulgence in the carolingian Age in Intellectual heritage of the Early Middle Ages*, New-York, 1966, p. 205-215. Ed. R.Helm, Leipzig, 1898.
345. Juvencus (IVe s.), prêtre espagnol qui réécrivit les évangiles en vers. Ed. J.Huemer, CSEL 24, 1891. Ce texte se trouvait à Saint-Arnoul, Lauer, *Manuscrits*, n°16.
353. Du fait du grattage, il faut supposer ici un mot non retranscrit : *Virgile*. Mais on ignore de quel poème de Virgile ce texte était le commentaire, puisque Seruius a fait des commentaires abondants sur les

354-6 Auianus ter.
357 Item Enigmata Adelmi.
358* et isdem Auianus simul.
359 Item eiusdem Enigmata
360* et alius eius Liber de uir(gi)nitate sanctorum.
361-5 Priscianus maior perfectus unus inperfecti IIIIor.
366 Commentum Sedulii Scoti super Priscianum.
367 Glossae de Prisciano maiore
368* et Boetio
369* et Virgilio simul.
370-4 Prisciani de XII uersibus Virgilii IIIIor et unus inperfectus
375-6 Libelli herbarii Vualefridi Strabonis duo.

Géorgiques, les Bucoliques et l'Enéide. Metz, BM 500, Xe s. réemploi d'un commentaire de Servius comme feuille de garde ; Metz, BM 292 commentaire sur les Géorgiques et l'Enéide prov.Saint-Arnoul ; (perdu). B.MUNCK-OLSEN, *L'étude des auteurs classiques latins aux XIe-XIIe siècles*, 3 vol., Paris CNRS, 1982-. Un manuscrit partiel de l'Enéide (l.VI,77-XII) avec le commentaire de Servius, se trouvait à Metz au XIe siècle, Paris, BN nv.acq.lat.2059, VEZIN, Un manuscrit messin, p. 164.

354-6. *ter* indique, plutôt qu'un troisième exemplaire des *Fabulae* d'Avien, trois exemplaires d'Avien. D'ailleurs le catalogue n'a pas mentionné Avien plus haut.

357. *Aldhelmus Malmesburensis, De metris et aenigmatibus ac pedum regulis.* Aldhelm (†709), fondateur de l'abbaye de Malmesbury à la fin du VIIe siècle, dont il fut l'abbé avant de devenir évêque de Sherburn. Il fut le propagateur des études classiques dans sa patrie. *The riddles of Aldelm*. Text and translation by J.H.Pitman, New-Haven, 1925 (Yale Studies in English lxvii) ; R.EHWALD, MGH Auct. antiq. XV, 1913, p. 179-180 ; F.GLORIE, *Collectiones aenigmatum merovingicae aetatis*, CC 133, 1968, p. 360-364 ; W.A.PANTIN, *A medieval Collection of Latein and English Proverbs and Riddles*, Manchester, 1930. Ce texte se trouvait à Verdun (BM ms36) : H.SILVESTRE, Un petit extrait du De metris d'Aldelm dans le manuscrit Verdun 36 (XIe s.), *Bulletin du Cange, Archiv. lat. medii aevi*, xxxiv (1964), p. 95-97.

366. Il ne reste qu'un manuscrit du commentaire de Sedulius Scotus sur Priscien : Leyde, Voss.F.67 IXe s. Ed. B.Löfstedt, CC CM 40c, 1977.

375-6. *Liber de cultura hortorum*, court poème sur les vertus des plantes, écrit par l'abbé de Reichenau, Walafried Strabo (808-849), Ed. E.Dümmler, MGH Poetae II, 1884, p. 335-350. Cet ouvrage était peut-être à Saint-Symphorien d'après la liste du manuscrit Metz 221 : *De uiribus herbarum libri duo*.

CHAPITRE III

377-8 Priscianelli duo unus cum declinationibus
379 Expositio super ipsum
380* et Donatum.
381 Item Donatus maior
382* et expositio initio carentes.
383 Expositio Ieronimi presbiteri super Donatum
384 Salustius
385* cum epistolis Symmachi prefecti.
386 Item liber eius inperfectus.
387-8 Statius cum commento.
389 Oratius.
390-1 Persius cum commento
392 Lucanus.
393 Macrobius.

---

383. Le commentaire de Jérôme sur Donat ne se rencontre qu'à Gorze sous ce titre. A Saint-Emmeran on trouve *De schematibus et tropis* ; à Saint-Evre : *Hieronimus de grammatica*. Le manuscrit de Munich, Clm 6404 *De utilitate grammaticae artis* (Lambert 990).

384. On ignore de quel texte de Salluste il pouvait s'agir ; à Saint-Airy <33> et à Saint-Evre <216> cet auteur est également cité sans précision.

385. Symmaque (340-410) est connu pour être l'adversaire d'Ambroise dans l'affaire de l'autel de la Victoire. Le texte qu'il écrivit à ce propos se trouvait à Saint-Arnoul, Metz BM 500, fin Xe s., perdu. Les lettres de Symmaque lui sont rarement attribuées car elles circulent plutôt sous le nom d'Ausone ; il subsiste peu de manuscrits antérieurs au XIe siècle. Le rédacteur du catalogue précise qu'il s'agit bien du préfet Symmaque, ce qui lève l'ambiguïté d'une possible confusion avec le beau-père de Boèce et le pape du même nom. Ed. J.P.Callu, CUF, 1972.

386. *Item liber eius* renvoie à Salluste.

387-8. Stace (45-96) est l'auteur de deux épopées : l'Achilléide et la Thébaïde. Ed. H.J.Isaac, Budé, 1961. L'œuvre conservée n'est pas non plus précisée dans le catalogue de Saint-Evre <159>.

390-1. A Saint-Evre existait un commentaire d'Ainard sur les Satires de Perse, Paris, BN lat.15090, Xe s. MANITIUS, *Geschichte* II, p. 660 sq.

392. Ce texte était connu à Metz : un manuscrit de la Pharsale du Xe s. est réutilisé en feuille de garde (Metz, BM 135). Metz, BM 518, XIIe s. prov. cathédrale de Metz est d'origine italienne. MUNK-OLSEN, *L'étude des auteurs*.

393. Macrobe, *Commentaire sur le songe de Scipion*, ainsi que les *Saturnales* se trouvaient à Saint-Vincent, Oxford Bodl. Auct T 2 27, Xe s., don de frère Azekin, le commentaire sur le songe de Scipion se trouvait à Saint-Arnoul, Bern, Burger Bibl. 265, Xe-XIe s.

394 Iuuenalis
395* cum Persio
396-7* et commentum eius perfectum et inperfectum.
398-9 Terentii duo inperfecti.
400-1 Boetii duo de arte musica.
402 Idem de arithmetica.
403-6 De consolatione philosophiae libri eius duo. cum commento perfecto et imperfecto
407-8 Ipse de sancta trinitate bis.
409 Ipsius glossae de arithmetica excerptae.
410 Commentum eius super ysagogas.
411* Kategorias.
412* et Periermenias in uno uolumine.
413 Commentum ipsius super ysagogas porph(ir)ii ceptum.
414 Commentum ipsius in topica Cyceronis.
415 Kate(go)riae Aristotelis in uno uolumine.
416 Kategoriae Augustini
417* et ysagogae Porphirii.
418 Expositio beati Augustini in kategorias aristotelis.
419 Quaterniones in laude musicae disciplinae.

396-7. Il est possible, d'après la construction de cette notice, que le commentaire porte sur Juvenal plutôt que sur Perse. Cependant, comme deux commentaires sont mentionnés, il est également possible que Perse et Juvenal aient chacun un commentaire.

402. Il subsiste en particulier pour la région lotharingienne un manuscrit du *De arithmetica* de Boèce copié à Lobbes : Verdun, 24 prov.Saint-Vanne.

403-6. Le *De consolatione philosophiae* est très répandu. Metz, BM 377 XIe s. prov.cathédrale de Metz. E.T.SILK, The study of Boethius'*consolatio Philosophiae* in the Middle Ages, *Transactions and proceedings of the American Philological association, LXII* (1931), p. xxxvii sq. Ed. CSEL LXVII, I ; CC XCIV.

412. Le commentaire de Boèce sur le Periermenias (Ed. PL 64, c.294-392) se trouvait à Saint-Arnoul, Lauer, *Manuscrits*, n°70. D'après la liste du manuscrit 221, cette abbaye ne le possédait pas encore à la fin du XIe siècle, mais il se trouvait à Saint-Symphorien.

419. Aurélien de Réaumé, *De disciplina musicae artis*. Moine de Réaumé au diocèse de Langres au milieu du IXe siècle, il fait une compilation de Cassiodore, Boèce, Isidore et Alcuin, un commentaire des pièces de la messe et en dernière partie des conseils pratiques aux chantres.

CHAPITRE III

420 Vita Apollonii uel gesta eius.
421* et Liber officiorum Marci Tulli in uno uolumine.
422 Glossae diuersorum auctorum cuius inicium. *fundi id est praedia*
423 Epistolae quaedam uel cartae Miconis.
424* in cuius initio est. Prologus regulae beati Benedicti.
425 De pugna uirtutum contra uitia uel uitiorum liber metricae editus.
426* et liber Catonis.
427 Liber de philosophia et partibus eius.
428-9 Libri de natura bestiarum duo.
430 Liber Cassiodori senatoris excerptus de IIIIor artibus liberalibus

---

420. *Gesta Apollonii regis Tyrii*, Ed. Kortekaas. Cet ouvrage, écrit au Xe siècle dans le sud de l'Allemagne (Tegernsee ?) comprend 792 vers léonins rimés, farcis de mots grecs et de termes rares, et reproduit huit chapitres sur les cinquante du modèle l'*Historia Apollonii regis Tyrii*, texte du Ve siècle. MANITIUS, *Geschichte* I, p. 614sq. Ce texte se trouvait à Stavelot <118>, à Saint-Evre <101>.

425. La notice précise que ce sont des vers, il s'agit donc certainement de la *Psychomachie* de Prudence, Ed. M.Lavarenne, Paris, Belles Lettres, 1963.

426. *Disticha Catonis*. Extraits moralisateurs de pièces de théâtre du Ier s av. J.C. repris sous forme d'ouvrage de morale par Denis Caton à l'époque de Dioclétien. Ce texte, à destination essentiellement scolaire, a connu un grand succès. Ed. M.BOAS-A.BOTSCHUYVEN, Amsterdam, 1952 ; J. et A.DUFF, Loeb, 1934. Deux manuscrits de ce texte sont attestés dans la région lorraine : Epinal, 74 prov. Moyenmoutier (Xe s.), Trèves Stadtsbibl. 1093 (1694), prov. Echternach (XIe s.)

427. Il s'agit probablement du *De dialectica* d'Alcuin, dont nous avons vu la première partie au n°307.

428-29. Bestiaire. Il est impossible de décider s'il s'agit de la même œuvre en double où d'un livre consacré aux oiseaux qui a parfois été ajouté au bestiaire. Epinal 58 XIIe s. comprend un bestiaire attribué à Jean Chrysostome mais qui est en fait un texte du début XIe siècle également attesté à Saint-Evre. Un *libellus de naturis bestiarum* est attesté à Saint-Vincent d'après la liste du manuscrit Metz, BM 221. F. McCULLOCH, *Medieval Latin and French Bestiaries*, University of North Carolina Press, 1960.

430. Cassiodore, haut fonctionnaire sous Théodoric, fonda vers 550 le monastère de Vivarium où il se retira. Il voulut en faire un centre intellectuel chrétien. Le livre deux des *Institutiones* circule souvent de façon isolé. Il est complètement différent du livre un, cité dans la première partie du cata-

431 Liber Vigetii de usu uel arte militiae.
432 Liber puerorum Franconis et Saxonis de nomine et uerbo.
433 Martialis.
434 Ouidius Naso.
435* et Martialis epigrammaton.
436-7 Commentum super F(elicium) C(apellam) Martianum perfectum et inperfectum
438 Liber Eth(ic)ii cronographi translatus a Ieronimo presbitero.

---

logue, qui traite de la littérature chrétienne. C'est un manuel abrégé des arts libéraux, qui a servi de manuel de bibliothécaire. Ed. R.A.B.Mynors, Oxford, 1937.
431. Végèce (v.400). Ce traité de stratégie se trouvait à Saint-Vincent (liste du manuscrit Metz BM 221).
432. Alcuin, *de Grammatica*, se présente suivant la méthode d'Alcuin comme un dialogue. D'après le manuscrit Metz 221, l'*altercatio duorum puerorum de grammatica* se trouvait à Saint-Symphorien au XIe siècle.
436-7. Il peut s'agir du commentaire de Remi d'Auxerre, qui se trouvait à Saint-Arnoul (Bern, Burger Bibl. 265, Xe-XIe s), ou de celui de Jean Scot Erigène qui était à Saint-Vincent, Oxford Bodl.Auct. T2 19 (IXe s.).
438. Aethicus Ister, *Cosmographia*. MG SS Rer. Merov.VII, 521-27. H.LÖWE, Ein literarischer Widersachen des Bonifatius, dans *Abhandlungen der Akademie der Wissenschaften und der Literatur in Mainz, Geistes und Socialwissenchaftliche*, 11 (1951), p. 903-988, identifie l'auteur comme étant l'évêque Virgile de Salzbourg (VIIIe s.), d'après la thèse de K.HILLKOWITZ, *Zur Kosmographie des Aethicus*, Bonn, 1934, car le texte contient beaucoup d'éléments d'origine insulaire et de précisions sur ces régions – Virgile vient d'Iona – et la Bavière est le centre de diffusion de ces manuscrits. H.Löwe qualifie ce texte, dont l'auteur défend l'existence des antipodes, de fantaisie géographique. L'identification a été généralement acceptée, M.SMYTH, Das Universum in der Kosmographie des Aethicus Ister, dans *Virgil von Salzburg*, Salzburg, 1985, p. 170-182 ; et J.CAREY, Ireland and the Antipodes, the heterodoxy of Virgil of Salzburg, *Speculum*, 64 (1989), p. 1-10. A cette identification s'opposent BRUNHÖLZL, *Histoire*, I,1, p. 67-69 qui prend en compte les affirmations de l'auteur, lequel se présente comme originaire des Balkans et affirme avoir effectivement fait son voyage, et V.PERI, dont la théorie sur l'existence d'un Aethicus réel du IVe siècle a été réfutée par P.GAUTIER-DALCHE, Du nouveau sur Aethicus Ister ?, A propos d'une théorie récente, *Journal des savants*, 1984, p. 175-186, ce dernier concluant qu'Aethicus, qui s'intéresse aux Balkans, a la volonté de se faire passer pour saint Jérôme auprès d'un public sans doute monastique, et que le grand nombre de manuscrits sub-

CHAPITRE III

439 Synonima Cyceronis.
440 Pauca super Terentium in singulis uoluminibus
441 Liber de nominibus stellarum.
442* et glossis
443* et dicta Sibillae.
444 Liber Solini.
445 Quaternio de ieiunio quatuor temporum et ordinationibus quae fiunt in ipsis metrico opere

---

sistants s'explique par l'utilisation de ce texte comme manuel scolaire. Le texte, qui date du VIIIe siècle, s'inspire d'Isidore. Deux manuscrits d'Aethicus Ister sont d'origine messine, Paris, BN lat.4808 ; VEZIN, Un manuscrit messin, p. 163-164, et Paris, BN lat.850, XIIe s. provenant sans doute de Saint-Vincent.

441. Dans la lignée des réformes carolingiennes sur le comput, un atelier messin avait réalisé, au début du IXe siècle, la copie d'un manuel d'astronomie et de comput (Madrid, Bibl. nac. Cod.3307), conservé à Prüm au IXe siècle. D'après la liste du manuscrit Metz, BM 221, il y avait à Saint-Symphorien *De astronomia libri duo*, et à Saint-Vincent ; Hygin (64 av.-17ap. JC, ed. B.Bunte, 1875).

443. B.BISCHOFF, Die lateinische Übersetzung und Bearbeitung aus den Oracula Sibyllina, dans *Mittelalterliche Studien I*, Stuttgard, 1966, p. 150 sq., et B.McGINN, *Visions of the end. Apocalyptic Traditions in the Middle Ages*, New York, 1979, p. 43-50. La légende d'origine est celle des livres de Tarquin le Superbe, la collection des oracles de la Sibylle se forme au IIe siècle dans un contexte judéo-chrétien. Les textes de la Sibylle tiburtine remontent au Ve siècle, mais ils ont été modifiés et réadaptés aux circonstances pour, au Xe siècle, faire place à l'idéologie impériale. La version la plus répandue date de 1040. E.SACKUR, *Sibyllinische Texte und Forschungen*, Halle 1898, p. 177-187.

444. *Collectanea rerum mirabilium*, extraits de l'histoire naturelle de Pline faits par Solin au IIIe siècle. Ce texte, très répandu, se trouve à Stavelot sous le titre *Solinus de situ locorum* <178>, à Saint-Evre <219>, il subsiste deux manuscrits de régions proches, Trèves, Priestseminar, Hs 61, XIe s., prov. Saint-Euchaire de Trèves, Saint-Mihiel, ms42, (XIe s.).

445. MANITIUS, *Geschichte* II, p. 786 attribue ce texte à Francon de Liège (v.1060), par référence à une mention d'un catalogue de Liège du XVe siècle : *Liber Franconis amgistri scolarum secunddum modum tunc loquendi, hodie scolastici Leodiensis, de ieiunio quatuor temporum editus sub Theoduino episcopo Leodiensi*. Sigebert de Gembloux dans le *de uiris illustribus* ne donne, à propos de Francon, que des mentions de textes mathématiques. Par contre dans le 157 consacré à l'abbé Bernon de Reichenau, Sigebert dit *scripsit de quattuor temporum ieiuniis, de quibus celebrandis est inter multos*

446 Ortographia Capri.
447* et libellus de conflictu uirtutum et uitiorum.
448-9 Opuscula duo grecorum nominum latinis resolutorum.
450 Glosarius super alfabetum hebraicorum et grecorum. cuius initium est. *Ratio quedam quae apud grecos appellatur logos*
451 Liber Cyceronis.
452-3 Euth(ic)ii duo.
454 Quaternio de alfabeto Hebraico et greco.
455* et altera modica eidem inserta de finalibus syllabis partium orationis.

---

dissonantia, dum alii secundum consideratione temporum ad ieiunium quarte et sexte ferie accipiunt dies Februarii uel Maii uel Septembris et sabbato in Kalendis proueninte terminat ieiunium, alii uero sine consideratione temporum non ieiunant nisi quarta et sexta feria ieiunii, cum ipso sabbato in Martio uel Iunio uel Octobre proueniant. Et talem ieiuniandi ritum auctorizant multi et maxime Teutones his Bernonis scripsit. Considérant les liens qui unissent Gorze et Reichenau, et le fait que Sigebert parle de ce qu'il connaît, cette seconde identification semble préférable. D'autre part, il existe une lettre d'Amalaire à l'abbé Hilduin qui traite exactement de ce thème : *De diebus ordinationum et quattuor temporum,* ed. Hanssens, *Amalarii episcopi opera liturgica,* t.I, p. 339-351. Mais ces textes ne sont pas en vers, par contre un poème sur ce thème est attribué à Bède (PL 94,606). La question est d'ailleurs un sujet d'actualité, si l'on en juge par les décisions répétées d'évêques sur le respect des quatre temps.

446. Grammairien du VIe s. Ed. Keil, Grammatici latini VII, Leipzig, 1878, p. 85-112. A.HOELTERMANN, *De Flauio Capro grammatico,* Bonn, 1913.

448-9. Dans le manuscrit Metz, BM 500, fin Xe siècle, prov.Saint-Arnoul, perdu, se trouvait un glossaire latin-grec d'Aynard de Saint-Evre, commençant par : *Apofereta graece, latine scutella lata,* ed. Goetz, *Corpus glossariorum latini* 5, p. XXXIV et 615-625. Saint-Evre possédait un commentaire d'Aynard sur Arator <142>, un sur Perse <146> et un sur Virgile <155>.

450. Langues sacrées. La connaissance de l'hébreu à Metz est attestée dès l'époque mérovingienne ; au début du XIIe siècle Sigebert de Gembloux s'est intéressé aux travaux des rabbins, en particulier sur la chronologie. Mais il s'agit plutôt ici d'un lexique comme il en existe beaucoup du fait de la faveur des Irlandais qui recherchent des mots complexes (par exemple le *Liber de numeris* du Pseudo-Isidore). Ces glossaires reflètent un souci antiquisant. B.BISCHOFF, *Mittelalterliche Studien* I, p. 205 sq. et II, p. 246 sq. On retrouve le même type de texte au n° 454.

455. C'est le *de finalibus* de Seruius.

CHAPITRE III

456 Excerptum de libris Orosii presbiteri.
457 Glosarius multorum auctorum
458 Quaternio inuectiuae Gonzonis.
459 Expositio maioris Donati.
460 Enigmata Symphosii.
461 Martyrlogium metricum Bedae.
462 Qualiter episcopus uel presbiter se praeparet ad missam celebrandam in quaternionculis scriptum.
463 Pars Aesopi.

---

456. L'*Historia adversum paganos* d'Orose existait à la cathédrale de Metz (Metz, BM 185, 186, XIe s. et 187, IXe s. perdus), à Saint-Maximin <109> (Trèves Stadbibl. 1094/59, fin Xe s.), à Saint-Evre <89> (manuscrit qui contient le catalogue de cette bibliothèque), à Saint-Vincent (d'après une liste du XVIIe s. (Paris, BN lat.11902, f.158, sans doute Oxford Bibl. Bodl.Auct. T.I 23, XIe s., copié par Ulric et Rodolf sous l'abbatiat de Folcuin), Saint-Arnoul ne possédait que quatre des sept livres (Lauer, *Manuscrits*, n° 21).
458. *Epistola ad Augienses fratres*, ed. K.Manitius, MGH Quellen zur Geistesgeschichte des Mittelalters 2, Weimar 1958, p. 19-57. Gonzo, diacre de Novare (v.965), suivit Otton au Nord des Alpes. Il se disputa avec les moines de Saint-Gall, devant lesquels il avait laissé échapper un lapsus grammatical. Il écrivit aux moines de Reichenau pour se justifier et étaler sa science. Sa lettre, qui montre un vaste ensemble de connaissances, surtout en grammaire, est citée à Stavelot <196>, Saint-Evre <203>, Lobbes <331>.
460. *Aenigmata Symphosii*, ed. E. Baehrens, *Poeta latini minores* IV, p. 364, Leipzig, 1881. R.T.OHL, Symphosius and the latin riddle, *Classical Weekly*, XXV (1932), p. 209sq.
462. S'agit-il d'Amalaire, *Eclogae de officio missae* ? On le trouvait à Saint-Arnoul sous l'intitulé *Eglogae de ordine Romano et de iv orationibus episcoporum siue populi in missa* (Metz BM 351). Il peut aussi s'agir des prières dites en revêtant les vêtements liturgiques, *preparatio ad missam*, diffusées sous le nom d'Ambroise. L'abbé Guillaume de Saint-Arnoul est l'auteur d'une prière de ce type, ed. Mabillon, *Vetera Analecta*, p. 460 : *In commemoratione sancti Augustini ante consecrationem Missae dicenda.*

C. Index

AESOPVS
= <Fabulae> 463
= <AETHICVS ISTER>
<Cosmographia> (CPL.2348) 438
ALBVINVS = ALCVINVS
ALCHIMVS = <AVITUS> 338
ALCVINVS
Ad karolum imperatorem 103
Ad Vuidonem comitem 104
Calculatio = <de saltu luna ac bissexto> 199
= <De dialectica> 307.427
= <De grammatica> 432
De libro geneseos 177
De operibus sex dierum 169
Interpretatio nominum genealogiae domini nostri Ihesu 281
Liber puerorum = <De grammatica>
Liber de philosophia = <De dialectica>
Pagina quomodo ex philosophia = <De dialectica>
Super psalmos penitentiales 102
Super Ecclesiasten 178
ALDHELMVS MALMESBURIENSIS
<De metris et aenigmatibus ac pedum regulis> = Aenigmata 357 et 359
De uirginitate 360
AMALARIVS
= <Eclogae de officio missae> 128
Libri officiorum = <de ecclesiasticis officiis> 144-5.146
= ? <De diebus ordinationum> 445
AMBROSIASTER
Super epistolas Pauli (CPL.184) 43.57
Super epistolas ad Corinthos =
<Super epistolas Pauli> (CPL.184)
AMBROSIVS
De bono mortis (CPL.129) 231
De fratris sui excessu (CPL.157) 49.54-5
De paenitentia (CPL.156) 53
De patriarchis (CPL.132) 50-2
De taciturnitate = <in ps. 38> 47
Epistolae (CPL.160) 56
Exameron (CPL.123) 48
In depositione beati Satyri...= <De excessu fratris> (CPL.157)
Super psalmum Beati Immaculati = <in ps.118> (CPL.141) 42
ANGELOLMVS LVXOVIENSIS
Excerptum ad Bertaldum abbatem de sexta aetate millenarii numeri = ? <Super Genesim> 161
ANGELRAMNVS
Capitula 298
ARATOR
Liber = <De actibus apostolorum> 330-31.339
ARISTOTELES
Cathegoriae 241.415
AVGVSTINVS
Ad Eutropium et Paulum...= <De perfectione iustitiae hominis> (CPL.347) 23
A Domine exaudi...= <Enarrationes in psalmos> (CPL.283) 38
Contra Faustum manichaeum.(CPL.321) 13
Contra quinque hereses manicheorum = <De moribus sanctae ecclesiae>
De beata uita (CPL.254) 28
De confessione = ? <Confessiones> (CPL.251) 16

= \<De disciplina christiana\>
  (CPL.310) 20-1
= \<De diuersis quaestionibus
  LXXXtrium\> (CPL.289) 24
De doctrina christiana (CPL.263)
  36
De fide et operibus (CPL.294) 08
= \<De genesis ad litteram\> 17
De karitate = \<Super epistola
  Iohannis\> (CPL.279) 12
= \<De gratia et libero arbitrio\>
  (CPL.352) 30
De magistro (CPL.259) 14.25
De moribus monachorum = ? \<De
  opere monachorum\> (CPL.305)
  siue de \<moribus ecclesiae et de
  moribus manicheorum\>
  (CPL.261) 41
De moribus sancte ecclesiae catho-
  licae (CPL.261) 34.222
De perfectione iustitiae hominis
  (CPL.347) 23
De psalmo LXXXmo...=
  \<Enarrationes in psalmos\>
  (CPL.283) 35
De quantitate animae (CPL.257)
  32
De quinque talentis = \<sermo 94\>
  31
De sancta trinitate (CPL.329) 07
De sancta uirginitate (CPL.300)
  15
De sermone domini in monte
  (CPL.274) 22
De uera religione (CPL.264) 09
De uerbis domini (CPL.284) 37
De uidendo Deo.epist.147 10
Vnde malum = \<De gratia et libero
  arbitrio\> (CPL.352)
Enchiridion (CPL.295) 19
= \<Enarrationes in Psalmos\>
  (CPL.283) 35.38
Excerptum super Iohannem 280

Quaestiones super v libros Moysi.=
  \<Questionum in Heptateuchum\>
  (CPL.270) 29
Quaestionum lxxxtrium...= \<De
  diuersis quaestionibus\>
  (CPL.289)
Quomododo diffiniretur antiqui-
  tus disciplina...= \<De disciplina
  christiana\> (CPL.310)
Libellus questionum eius 11
= \<Super epistola Iohannis\>
  (CPL.279) 08
Super euangelium Iohannis
  (CPL.278) 39 (excerptum 239)
Super Genesim ad litteram = \<De
  genesi ad litteram\> (CPL.266)
  siue \<De genesi... imperfectum\>
  (CPL.268) 17
AVGVSTINVS (Ps)
Ad Consentium = \<ep. 120 siue
  205\> (CPL.262) 116
Cathegoriae (CPL.362)
  246.247.416.418
Contra quinque hereses =
  \<QVODVVLTDEVS\>
  (CPL.410) 18
De reddendis decimis = \<CAESA-
  RIUS ARELATENSIS\> 33.192
Dialectica (CPL.361) 248
Expositio in apocalipsim b.
  Iohannis = \<CAESARIVS ARE-
  LATENSIS\>
Legimus sanctum Moysen
  (CPL.1251) 156
Libellus ad filius = \<Cathegoriae\>
  (CPL.362)
= \<PAVLINVS AQVILIENSIS
  Liber exhortationis\>
O mi frater si cupias scire = \<Liber
  exhortationis\> 27
Super Apocalipsin Iohanni =
  \<CESARIVS ARELATENSIS\>
  26

Liber ammonitionum... 40
AVIANVS
Fabulae 354-356.358
= <AVRELIANVS>
De disciplina musicae artis 419
BEDA
De metrica arte (CPL.1565) 233
De temporibus (CPL.2318) 232
= <De temporum ratione>
(CPL.2320) 961-8
De tabernaculo (CPL.1345) 95
Homeliae (CPL.1367) 91
Excerptum psalmi et orationes =
<Liber hymnorum>
In actibus apostolorum = <Super
Acta Apostolorum>
In Apocalipsi = <Super
Apocalipsin...>
In septem epistolis canonicis =
<Super septem ...>
Liber hymnorum rythmi uariae
preces (CPL.1351-1373) 296
Libri compoti maiores...= <De
temporum ratione>
Pagina figurarum de arte musica =
<De musica>
Super Acta Apostolorum
(CPL.1357) 45.226
Super Apocalipsin Iohannis
(CPL.1363) 46.227
Super Marcum euangelistam
(CPL.1355) 90
Super septem epistolas canonicas
(CPL.1362) 99.225
BEDA (Ps)
= De musica 310
= Expositio super parabolas
Salomonis (CPL.1351-52) 92
= Martyrologium (CPL.2032) 461
BENEDICTVS ANIANENSIS
Concordia regularum 127
Capitulare nouarum <Legislatio
Aquigranensis> 304

BENEDICTVS CASINENSIS
Regula (CPL.1852) 179-83
Prologus Regulae 424
= BIBLIA
Actus apostolorum 189
Epistolae Pauli 191.193.228.
Excerptio psalmorum 208
Historia 01-3
Ihesu fili Sirac 214
Parabolae Salomonis 213 expositio
207
Tobie, Hester, Iudith 04-6
Epistola de diuinis libris = <HIE-
RONYMVS>
BOETIVS
De arithmetica (CPL.879)
402.409
De arte musica (CPL.880) 400-1
De consolatione philosophiae
(CPL.878) 403-6
De sancta Trinitate (CPL.891)
239-40.407-8
Glossa de arithmetica excerpta =
<De arithmetica> 409
In topica Cyceronis (CPL.888)
414
In topicis differentiis 243
Rotula ex arithmetica = <De arith-
metica> (CPL.879) 305
Super kategorias Aristotelis
(CPL.882) 242.411
Super Periermenias = <In librum
Aristotelis de interpretatione>
(CPL.883) 412
Super Ysagogas = <In Porphyrii
Isagogen commentum>
(CPL.881) 234.410.413
CAESARIVS ARELATENSIS
= <Expositio in Apocalypsim>
(CPL.1016) 26
Omeliae = <Sermones>
(CPL.1008) 150.152
= <De reddendis decimis> 33.192

CANDIDVS
Liber ad Victorinum = <Epistola ad Marium Victorinum> (CPL.681) 290
CANONES (Initia)
Credimus in unum Deum 123
Cum oportunitas ecclesiastica exigit ut contra deliquentes = <ISAAC LINGONIENSIS> 122
Dominante per secula infinita omnium dominatore = <Capitularia Karoli magni> 119
Excepto baptismatis munere = <Dacheriana> 120
In primis querendum est = <REGINO PRVMIENSIS> 121
Omni uobis uisu aut auditu notum esse non dubitamus <Capitularia Ludouivi> 124-5
Si quis uoluerit tecum iudicio contendere (ex synodo Lugdunensis) = <II° concilium Lugdunensis> 118
CAPER
Orthographia 446
CASSIANVS
De cingulo monachi = <De institutis coenobiorum> (CPL.513) 200
Collationes (CPL.512) 164.188.201.206
CAPITULARIA
Capitula sequentis...= <AMALARIVS>
Capitulare nouarum consuetudinum monachorum ex consensu Hludouici regis = <Regula sancti Benedicti abbatis siue collectio capitularis> 304
Capitularia Caroli Magni Ludouici et Lotharii imperatores ab Ansegiso abbate Fontanellensis collecta 118
CASSIODORVS
Excerptus IIIIor artibus = <Institutiones> (CPL.906) 430
Expositio super psalterium (CPL.900) 107-8
Qualiter libri diuini assumendi...= <Institutiones> (CPL.906) 109
CATO
Liber = <Disticha> 426
= <CHRODEGANGVS>
Regula canonicorum 125
CICERO
Liber 451
Liber officiorum = <De officiis> 421
CICERO (Ps)
Synonima 439
CLEMENTVS (Ps)
Epistolae ad Iacobum 275-6
Epistolae de diuersis causis 277-9
COMPUTUS
Excerptum de compoto ad feriam et lunam inueniendam 142
Liber calculatorius 210
Quaterniones incipientes : Februar in kalendae 187
De ieiunio quatuor temporum et ordinationibus quae fiunt in ipsis = ? <FRANCO LEODIENSIS> = ? <BERNO AVGIENSIS> = ? AMALARIVS 445
De mallis et placitis quibus temporibus obseruari debet cuius initium est : Cum oportunitas ecclesiastica exigit ut contra deliquentes = <ISAAC LINGONIENSIS> 121
Dicta sibyllae = <SIBYLLA>
DONATVS
Ars maior 381
Ars minor 321-7
Expositio super...380.382.459
EBO = <HALITGARIVS>
Epistolae Halitgarii = <Libri penitentiales> 171.175

EFFREM
Libri duo 273-4
ELPERICUS = <HELPERICVS>
EMMO
Liber de qualitate celestis patriae 185
ESDRAS
Liber Esdras prophetae ... = <apocalypsis Esdrae> 190
ETHIVS = <AETHICVS>
EVCHERIVS
Liber ad Veranum = <Formulae spiritalis intelligentiae> (CPL.488) 106
Quaestiones de ueteri ac nouo testamento = <Instructionum ad Salonium> (CPL.489) 105
EVTYCHES
= <Ars de uerbo> 452-3
FERRANDVS
Epistola ad Fulgentium De Trinitate = <epist. 13> (CPL.848) 184.230
Liber ad Reginum comitem = <epist. 7> (CPL.848) 229
FOCAS = <PHOCAS>
= <FRANCO LEODIENSIS>
De ieiunio quatuor temporum ?
= <FRVCTVOSVS BRACACENSIS>
Regula (CPL.1869) 186
FVLGENTIVS
Mithologiarum (CPL.848) 340.343
GLOSSARIA
Glosarius multorum auctorum 457
Glosarius quidam super Virgilius 267
Glosarius super alphabetum hebraicorum 450
Glosarius super historiam 297
Glosarius super nouum et uetus testamentum 299. 300

Glossa super uetus ac nouum testamentum 76
Glossae de arithmetica (Boetii) excerpta = <BOETHIVS>
Glossae de Prisciano maior et Boetio et Virgilio simul 367-9
Glossae de ueteris ac nouo testamento usque Danielis prophetae librum = <super nouum et uetus testamentum>
Glossae diuersorum auctorum... 422
Glossae ueteris ac noui testamenti 237
Opuscula duo grecorum nominum latinis resolutorum 448-9
GREGORIVS MAGNVS
Dialogus de uita et uirtutibus = <Dialogorum> (CPL.1713) 82
Excerptum 211
Expositio incipientes :Petite et dabitur uobis 79
Homeliae XL in euangelia (CPL.1711) 80
In Iob = <Moralia in Iob> 85-7.223
Libri pastorales = <Regula pastoralis> (CPL.1712)
= <Moralia in Iob> (CPL.1708) 85-7
Pars prima moralium = <Moralia in Iob> 223
= <Regula pastoralis> (CPL.1712) 83-4
Super Iezechielem (CPL.1710) 81
Super parabolas Salomonis = ? <PATERIVS> CPL.1718 siue <Ps-GREGORIVS> 94
GREGORIVS NAZIANZENVS 215-21
GREGORIVS TVRONENSIS
Liber de uirtutibus sanctorum = <Miraculorum> (CPL.1024) 209

CHAPITRE III

= <GVIDO ARETINVS>
Musica noua = <Micrologus de disciplina artis musica> 258
GVNZO NOVARENSIS
Inuectiuae = <Epistola ad Augiensis fratres> 458
HAIMO AVTOSSIDIORENSIS
Explanatio super consuetudinarias...= <Homeliae de tempore>
Expositio super epistola...= <Homeliae de tempore>
Expositio super Isaiam 132
= <Homeliae de tempore> 130-1.133
In Apocalypsi 66
In Cantica canticorum 134
= <HALITGARIVS>
Libri penitentiales 171.175
= <HELPERICVS>
De compoto 141
HIERONYMVS
Ad Sunniam et Frethelam = <ep. 106 de psalterio> 74
= <In iv epistolas b. Pauli> (CPL.591) 44.224
= <In prophetas minores> (CPL.589) 64
Chronica eius = <Chronicon Eusebii> 75
Epistolae (CPL.620) 69-70
Epistola de diuinis libris = <ep. ad Paulinum> 67
Expositio in iv euangeliorum (CPL.631) 73
Expositio super Parabolas Salomonis 93
De quaestionibus hebreorum nominum = <Liber interpretationis hebraïcorum nominum> (CPL.581) 63
De uirginitate = <Contra Iouinianum> (CPL.610) siue <epist. 72>

= <In Ecclesiasten> (CPL.583) 93
Cf. Ps Bede
In epistolis = <In quatuor epistolas b. Pauli> (CPL.591)
In Esaia propheta (CPL.584) 60
In Hieremia propheta (CPL.586) 59
In Iezechielis propheta (CPL.587) 61-2
In Matthaeo euangelistas (CPL.590) 71
In VIIII minores prophetas = <In prophetas minores> (CPL.589)
Prologus historiarum = <Summarium Bibliae> 68
Super epistolas Pauli = <In IV epistolas Pauli>
HIERONYMVS (Ps)
Super breui prouerbio secundum anagogem 58
Super Donatum 383
Super euangelistas quatuor = <expositio quatuor euangeliorum>
HILDEMARVS
Liber cuius initium est Gratia omnipotenti Dei referenda sunt 143
HINCMARVS
Pagina metrice = <Epistola ad Karolum : Ferculum Salomonis> 301
HORATIVS 389
HRABANVS MAVRVS
Ars calculatoriae = <De compoto> 139
In deuteronomio 140
INCMARVS = <HINCMARVS>
Interpretatio nominum genealogiae Domini nostri Ihesu 281
Inuentio capitis praecursoris Domini 148
Inuentio corporis beati Stephani prothomartyris 285.286

IOHANNES CHRISOSTOMVS
Liber de psalmo l = <Homeliae de l psalmos> 271
Sermones 272

IONAS AVRELATNIENSIS
Liber contra perfidos 170 = <ISAAC LINGONIENSIS>
Cum opportunitas ecclesiasticas...= <canones> 121

ISIDORVS HISPALENSIS
Aethimologiae (CPL.1186) 112
excerptum 115
De sententiis Domini = <Sententiarum> (CPL.1199) 111
De summo bono = <Sententiarum> (CPL.1199) 110
Expositio super v libros Moysi = <Questiones in uetus testamentum> siue <In libros ueteri ac noui testamenti Prooemia> (CPL.1192) 114
Liber officiorum = <De ecclesiasticis officiis> (CPL.1207) 115
Liber soliloquiorum = <Synonima uel soliloquia> (CPL.1203) 113 = <Prooemia> ? 114
Vita uel obitus sanctorum patrum = <De ortu et obitu patrum> (CPL.1191) 65

IVLIANVS TOLETANVS
Ad Idalium...= <Prognosticon>
Liber prognosticorum...= <Prognosticon futuri saeculi> 166.198

IVVENALIS
Liber = <Satyrae> 253.394

IVVENCVS
= <De quatuor euangeliis> 345.346

Lectiones euangeliorum dominicorum dierum cum collectis incipientes a prima hebdomada aduentus domini usque palmis 149

LIBELLI
Libellus de arte geometrica 244
Libellus de conflictu uirtutum et uitiorum 447
Libellus quomodo reconcilietur infirmus et penitentia et si conualuerit pro unoquoque facinore iniungetur 269
Liber ammonitionum 40
Liber calculatorius 210
Liber collationum patrum = <CASSIANVS>
Liber de conflictu uitiorum atque uirtutum 128
Liber de finalibus syllabis partium orationis = <SERVIVS> 455
Liber de natura bestiarum 428-9
Liber de nominibus stellarum 441
glossis 442
Liber de operibus sex dierum iuxta dispositionem puerorum = <ALCVINVS> 169
Liber de philosophia et partibus eius = <ALCVINVS> 427
Liber de pugna uirtutum contre uitia = <PRVDENTIVS> 425
Liber diuersorum autorum cuius initium est : Vetus testamentus ideo dicitur quia ueniente nouo cessauit 155
Liber ecclesiasticus ita incipiens Capitula sequentis operis praenotamus = <AMALARIVS>
Liber principium cuius medietas deperiit continentis regulam spaniensis episcopi = <FRVCTVOSVS BRACACENSIS>
Liber sermonum incipiens a secunda ebdomada aduentus domini usque pascha 147
Libri communes 283-4

LVCANVS
= <De bello ciuilis> 392

MACROBIVS 393
MARIVS VICTORINVS
= <Aduersus Arium> (CPL.95)
291
MARTIAL 433
Epigrammaton 435
MARTIANVS CAPELLA
Liber = <De nuptiis Philologiae et
Mercurii> 254.341.342
Commentum super <REMIGIUS
AVTISSIODIORENSIS ?>
<IOHANNES SCOTTUS ?>
436-7
MAXIMVS TAVRINENSIS
Omelia = <sermones 18-19>
(CPL.223) 156
Medicinale 265
Medicinales quatuor maiores unus
excerptus modicus 312-6
MICO CENTVLENSIS
Epistola uel carta 423
Pars inperfecta 238
= <IMMO GORZIENSIS>
Miracula beati Gorgonii martyris
(BHL.3621) 282
Passio beati Gorgonii martyris
(BHL.3620) 163
Opuscula duo grecorum nominum
latinis resolutorum 448-9
ORIGENES
In Cantica canticorum =
(CPG.1432) siue (CPG.1433)
101
In epistula Pauli ad Romanos
(v.Rufin) (CPG.1457) 100
OROSIVS
Excerptum <Historia aduersum
paganos> (CPL.571) 456
OVIDIVS 434
PAGINAE
Pagina de situ orbis... 306
Pagina de terra repromissionis 302
Pagina quomodo ex philosophia
diuersae diffinitiones quasi qui-
dam fontes emanent = ALCVI-
NUS <De dialectica> 307
Pagina scutilium ludi 309
Passio = Vita
Passionales IIIIor 292-5
= <PATERIVS>
Libri testimonium ueteris testa-
menti ...ex opusculi sancti
Gregorii excerpti.CPL.1718 88-9
PAVLINVS AQVILEIENSIS
= <Liber exhortationis> 27
PAVLVS DIACONVS
De gestis pontificum Mettensium
= <Gesta episcoporum
Mettensium> (CPL.1180) 154
Gesta Langobardorum (CPL.1179)
270
PERSIVS
Liber = <Satyrae> 255.390.395
Commentum 391.396-7 ?
= <PHOCAS>
Liber = <De nomine et uerbo>
268.328
PLATO
Timeus (v.Chalcidius) 257
PORPHYRIVS
Isagoge 245.417
PRIMASIVS HADRVMETINVS
Super Apocalipsin Iohannis apos-
toli (CPL.873) 176
PRISCIANELLVS = <PRIS-
CIANVS minor>
PRISCIANVS
Declinationes IIIes perfectae de
nomine et uerbo 317-20
Maior = <Institutiones grammati-
cae> (CPL.1546) 361-65
Minor = <Institutio de nomine
pronomine et uerbo>
(CPL.1550) 251.377-8
Super xii uersus Virgilii = <De xii
uersibus Aeneidos> (CPL.1551)
252.370-74
Expositio super...379

PROSPER AQVITANVS 335
PRVDENTIVS
Liber 347-8
Sicomachia (CPL.1441) 336.425
Qualiter episcopus uel presbiter se
  praeparet ad missa celebranda = ?
  <AMALARIVS> 462
Quaternio de alfabeto hebraïco et
  greco 454
Quaterniones in laude musicae...=
  <AVRELIANVS>
QVINTVS CVRTIVS
Gesta Alexandri magni 256
  = <QVODVVLTDEVS>
Sermo X aduersus quinque hae-
  reses (CPL.410) 18
  = <REGINO PRVMENSIS>
In primis querendus est = <Libellus
  de ecclesiasticis disciplinis> (de
  sinodalibus causis) 121
REMIGIVS AVTISSIODIOREN-
SIS
Super ...Bedam de arte metrica 263
Super ...Catonem = <Commentum
  in Catonis Disticha> 260
Super ...duo opuscula Prisciani 261
Super Euthicium 262
Super Genesim 135
<Super Martianum> 436-7
Super Psalmos 136-8. 235
Super ...opus Donati 259
Rotula capitulorum...= <ANGEL-
  RAMNVS>
Rotula grecorum nominum 308
Rotula officii sancti baptiste grece
  compositi 303
SALLVSTIVS 384.386
SEDVLIVS 332-3.334.344
SEDVLIVS SCOTTVS
Dicta de diuersis questionibus = ?
  <Collectaneum> 236
Super Mattheum 153
Super Priscianum 366

SEDVLIVS SCOTTVS (Ps)
De Gestis pontificum Mettensium
  = <PAVLVS DIACONVS>
SERVIVS
De finalibus partium orationis 455
Super (Virgili) 353
SIBILLA
Dicta 443
SMARAGDVS
Diadema monachorum 151
SOLINVS
Liber = <Collectanea rerum mira-
  bilium> 444
STATIVS
Statius cum commento 387-8
SYMMACHVS
Epistolae 385
SYMPHOSIVS
Aenigmata 460
TERENTIVS 266.398-9
Pauca super...440
THEODEMARVS CASINENSIS
Epistola ad Karolum 289
THEOPHILVS CAESARIENSIS
Epistola: Post resurrectionem
  Domini Saluatoris nostri 212
TITVS LIVIVS
Libri quatuor et quintus inperfec-
  tus 249
VEGETIVS
De usu uel arte militiae =
  <Epitoma rei militaris> 431
Vita Apollonii uel gesta eius 420
VITAE SANCTORUM
Agericus = <STEPHANVS
  SANCTI AGERICI> (BHL.143-
  144) 288
Ambrosius (BHL.377-381) 159
Antonius = <ATHANASIVS>
  (BHL.609-614) 203
Aper = <ADSO DERVENSIO>
  (BHL.616-618) 194
Augustinus (BHL.785-801) 157

CHAPITRE III

Crispinus et Crispinianus (BHL.1990-1994) 167
Dionysius <HILDVINVS ?> (BHL.2171-2203) 172-3 (excerptus 174)
Gorgonius = Passio (BHL.3620) 163, Miracula (BHL.3621) 282 <IMMO>
Gregorius (CPL.1722-1723) 77-8.158 (BHL.3636-3651)
Hieronymus (BHL.3866-3878) 160
Hilario eremitus (BHL.3879-3880) 204
Hylarius episcopus = <VENANTIVS FORTVNATVS> (BHL.3885-3909) 287
Lambertus = (BHL.4677-4694) 196
Malchus = <HIERONYMVS> (BHL.5190) 205
Martinus = <SVLPICIVS SEVERVS> ? (BHL.5616-5670) 162

Mauritius = <Passio Agaunensium martyrium ss Mauricii ac sociorum eius EVCHERIVS> (CPL.490) (BHL.5737-5764) 197
Paulus = <HIERONYMVS> (BHL.6596-6598) 202
Remaclus (BHL.7113-7141) 195
Remigius = <HINCMARVS ?> (BHL.7150-7173) 311
Stephanus (BHL.7848-7895) 285-286
Valtburgis (BHL.8765-8774) 168
VITRVVIVS
Libri = <De architectura> 250
VIRGILIVS
Centon 337
Liber 264
Libri tres quartus inperfectus 349-52
VVALAFRIDVS STRABO
Libellus herbarii = <Liber de cultura hortorum> 375-6

RÉFORME
ET ESPRIT DE RÉFORME

INTRODUCTION

LES RÉFORMES DU XIᵉ SIÈCLE DANS L'EMPIRE.

Au début du XIe siècle, période de bouillonnement religieux, les réformes se multiplient. Pour cerner le caractère propre de Gorze, il est nécessaire de la mettre en parallèle avec les mouvements contemporains afin de comparer leurs méthodes.

A. Les Irlandais.

L'influence des Irlandais est importante en Lotharingie depuis le milieu du Xe siècle. Des Irlandais[1] sont attestés dans les nécrologes de Saint-Maximin. En 975, l'archevêque Eberger fait de Saint-Martin, fondé par Bruno de Cologne, un monastère irlandais[2]. Eilbert, un aristocrate installé à Florennes, fonde, avec son épouse Hersende, Saint-Michel en Thiérache, Bucilly, Waulsort grâce à Maccalan et Kaddröe, et restaure Homblières[3]. A Toul, l'évêque Gérard les protège[4]. Dès ses origines, les relations entre les réformateurs de Gorze et les moines scots sont étroites. Forannan, Maccalan, Kaddröe, se lient d'amitié avec Einold et Jean. Metz s'ouvre à ce monachisme. L'abbaye Saint-Symphorien, fondée pour les moines irlandais au milieu du Xe siècle, est dirigée par Fingen, lequel succède aussi à Kaddröe comme abbé de Saint-Clément. Mais au début du XIe siècle, les abbés Siriaud puis Constantin, qui succèdent à Fingen à Saint-Symphorien, viennent de Gorze. L'origine des abbés de Saint-Clément est plus mal connue. Des relations d'amitié existent entre les moines irlandais qui essaiment à Metz et ceux de Gorze. Les deux mouvements cœxistent et les moines gorziens succèdent souvent aux Irlandais, ce qui montre que les deux mouvements ont beaucoup de points communs. L'idéal ascétique des moines irlandais s'accordait sans doute aisément avec celui des réformateurs lorrains. Le fait que Maccalan ait été moine à Gorze[5] et Kaddroë à Fleury indique que les coutumes de ces deux abbayes ne sont pas radicalement différentes. Les relations amicales entre Jean et Kaddroë, la confiance qu'accorde l'évêque de Metz à ce dernier, le choix de l'auteur de la *Vita* de Kaddroë de la dédier à l'abbé Immo, témoignent des liens étroits entre ces mouvements. Quand l'évêque de Laon demande à Maccalan, qui a été moine de Gorze et est abbé de Saint-Michel en Thiérache, de diriger Saint-Vincent de Laon, il y fait venir en même temps des moines de Fleury[6]. Un manuscrit des Annales de Laon est venu à Saint-Vincent de Metz lors de la fondation de cette dernière[7]. La place de l'érémitisme dans le monde irlandais comme à Gorze, depuis les conditions de sa réforme jusqu'à des manifestations plus tardives de la présence d'ermites près de l'abbaye[8], est un autre point commun. Les monastères réservés aux Irlandais sont souvent créés par des évêques, seul appui de ces moines venus de l'extérieur ; quand ce soutien manque, ou est contesté, le monachisme irlandais s'étiole. Ce caractère apparaît comme une inversion de la situation du Haut Moyen Age, quand les moines venus d'Irlande contestaient le pouvoir de l'évêque. Le monachisme irlandais n'est pas organisé en un ensemble strict, les monastères ne sont regroupés que de manière ponctuelle, par la présence à leur tête d'un même abbé. Enfin, et c'est peut-être ce qui cause leur perte et sauve inversement Gorze, leurs abbés semblent de piètres gestionnaires. Passé le début du XIe siècle, l'influence irlandaise est moribonde à Metz et se survit à Cologne.

Gorze est un élément majeur de la vie monastique lotharingienne, mais elle n'a jamais le monopole de la rigueur monastique en Lorraine, qui apparaît depuis le milieu du Xe siècle comme un foyer de réforme. On ne peut l'étudier indépendamment des mouvements de Richard de Saint-Vanne, de Poppon de Stavelot, ou d'Etienne de Saint-Airy, qui concernent surtout la Lotharingie, et que K.Hallinger a annexé à la « réforme » gorzienne sous le titre d'« observance mixte lotharingienne »[9].

B. *Richard de Saint-Vanne.*

Richard, chanoine à Reims où il étudie sans doute sous Gerbert, décide de se retirer dans un monastère avec un ami, Frédéric, comte de Verdun. Ils séjournent à Saint-Vanne, alors dirigée par Fingen, lequel, malgré sa sainteté, n'était pas fait pour l'administration et la gestion des biens, car il semble que dans ce domaine Saint-Vanne ait rencontré des difficultés. Peut-être l'abbaye est-elle trop pauvre pour connaître une vie régulière, peut-être l'austérité et le désir de dépouillement matériel des moines irlandais commencent-ils à déplaire[10]. Richard et Frédéric, déçus, vont à Cluny alors dirigée par Odilon. Ils y deviennent moines en 1004, l'année où meurt Fingen, que Richard remplace à Saint-Vanne par décision épiscopale. L'abbaye se développe, attire les moines Poppon et Gervin, procède parfois à un échange de moines avec Saint-Mihiel. Pour agrandir l'église, Richard demande de l'argent à Henri II. Frédéric se montre très actif dans ces travaux de construction, qui entraînent des translations de reliques. Un prieuré est fondé à Flavigny, dans le diocèse de Toul, grâce aux reliques de saint Firmin. Un diplôme d'Henri II récapitule les biens de l'abbaye, dont l'importante donation de la famille d'Ardenne[11]. Une vingtaine d'abbayes sont réformées par Saint-Vanne : Saint-Vaast d'Arras, dont l'abbé, Leduin, ancien moine de Saint-Vanne, réforme d'autres abbayes. L'évêque Gérard de Cambrai, compagnon d'études de Richard à Reims et qui part avec lui en ambassade près de Robert le Pieux à la demande d'Henri II[12], donne à cet abbé la fondation de son père à Florennes et l'abbaye d'Haumont. Le comte Baudoin IV de Flandres lui confie Saint-Amand et place un moine de Saint-Vaast, Roderic, à la tête de Saint-Bertin et Bergues-Saint-Winnoc

Richard réforme Saint-Pierre-au-Mont-Blandin de Gand. La réforme atteint le diocèse de Liège, Richard, appelé à Lobbes en 1020 par les évêques de Liège et Cambrai, nomme abbé son prieur Hugues. Richard envoie à Saint-Laurent de Liège des moines de Verdun dont l'abbé Etienne. En 1055, l'évêque Théoduin de Liège choisit son disciple, Thierry, écolâtre à Stavelot, Saint-Vanne de Verdun et Mouzon, comme abbé de Saint-Hubert[13]. En France, Richard réforme Saint-Pierre de Châlons-sur-Marne et Saint-Urbain en Perthois, dans le diocèse de Noyon. Homblières et Saint-Quentin ont le même abbé, son prieur Waleran. Gervin, chanoine et *custos puerorum* à Reims avant de venir à Saint-Vanne, devient abbé de Saint-Riquier. Richard meurt en 1046 à Saint-Vanne.

Richard prend souvent lui-même la direction des monastères et cumule les abbatiats mais laisse une grande autonomie aux monastères réformés entre lesquels il est le seul lien[14]. Son mouvement connaît des limites : il ne s'impose ni à Saint-Airy ni à Saint-Paul de Verdun, le nécrologe de Gorze mentionne rarement Saint-Vanne et sa réforme[15], celui de Saint-Vanne ne cite pas Gorze[16]. Richard répond à l'appel du patron de l'abbaye, désireux d'une restauration de la discipline, mais ne le suscite pas. Les évêques le soutiennent peu, il a des difficultés avec Réginard de Liège et l'appui de Gérard de Cambrai est dû à des relations d'amitié. Après sa mort Saint-Vanne fut en conflit violent avec Thierry de Verdun.

C. *Poppon de Stavelot.*

Poppon fait profession à Saint-Thierry de Reims. Richard de Saint-Vanne le remarque, l'emmène avec lui et le nomme prieur de Saint-Vaast puis de Beaulieu en Argonne[17].

Son action ne peut être confondue avec celle de Richard. Il ne remet pas en cause l'autorité épiscopale et est mieux accueilli dans l'Empire, son action s'apparentant davantage au mouvement de Gorze. Les abbayes concernées par sa réforme sont proches de celles touchées par Gorze, sur le plan humain et géographique. En 1022, Henri II nomme Poppon abbé de Saint-Maximin de

Trèves[18], son neveu Jean puis son disciple Thierry lui succèdent en 1048[19]. Bertulf (1024-1050), disciple de Poppon, est nommé abbé de Saint-Euchaire par l'archevêque Poppon (1016-1047)[20]. Pour la fondation de Brauweiler, Ezzo, père de l'abbé Henri de Gorze, fait appel à Poppon, qui envoie pour premier abbé un moine de Saint-Maximin, Ello[21]. Wolphelm de Brauweiler vient aussi de Saint-Maximin[22]. Saint-Vincent de Metz, dont le premier abbé semble avoir été Odolbert de Gorze, est dirigée par Poppon puis, à partir de 1030, par Heribert[23]. Waulsort reçoit comme abbé Lambert, disciple de Poppon[24]. Neuwiller, qui eut deux abbés gorziens, est dirigée, dans la première moitié du XIe siècle, par Thierry, disciple de Poppon[25]. A Saint-Hubert, dont Frédéric de Gorze avait été abbé au Xe siècle, l'abbé Thierry est élève de Poppon autant que de Richard[26].

L'activité de Poppon s'étend aussi à des monastères sans liens attestés avec Gorze. Vers 1008, il est prieur de Saint-Vaast d'Arras ; nommé plus tard abbé, il se désiste au profit d'Emmelin. En 1020, Henri II, avec l'accord d'Heribert de Cologne et de Wolbodon de Liège, le nomme abbé de Stavelot[27]. Vers 1025, il devient abbé de Limbourg au diocèse de Spire – où il choisit son neveu Jean comme successeur[28] – abbé d'Hohorst par la volonté d'Adalbold d'Utrecht[29] et abbé de Saint-Laurent de Liège[30]. Des disciples de Poppon dirigent d'autres abbayes : Humbert Echternach[31], Everhelm Haumont[32], Heribrand Saint-Ghislain[33], Folmar Wissembourg[34], Conon Bouzonville[35], Guntram Saint-Trond[36].

Il est difficile de savoir ce que recèle véritablement sa « réforme », bien qu'on la voie fonctionner à Hersfeld et à Saint-Gall. L'empereur Conrad II choisit comme abbé d'Hersfeld Rudolf (1031-36). Celui-ci, qui succède à l'abbé Arnold successeur de Godehard[37], impose les coutumes de Stavelot[38]. Rudolf devient par la suite évêque de Paderborn[39]. Lambert de Hersfeld, qui nous rapporte ces faits, est favorable à Rudolf. Inversement, on connaît le témoignage passionné du moine Ekkehard IV de Saint-Gall, qui n'a pas accepté que, vers 1036, Conrad II nomme à Saint-Gall un autre disciple de Poppon, Nortper[40], au désespoir des moines qui détestent leur abbé étranger. Pour

Ekkehard IV, les Lotharingiens, les « Galls », sont des schismatiques qui détruisent l'unité de l'Eglise par leurs regroupements de monastères[41]. Nortper vient avec des moines lorrains qui s'intègrent mal, il change le vêtement, la nourriture, et introduit des nouveautés[42], dont le culte de saint Remacle. Une génération plus tard, ces rancœurs sont oubliées. Dans la continuation de l'histoire de Saint-Gall, Nortper ne paraît plus un dangereux révolutionnaire, son souvenir est lié à l'agrandissement de l'église, à son amour pour les frères et à l'augmentation des prébendes des moines[43], à l'imitation de son prédécesseur. Parmi les transformations apportées, le chroniqueur fait allusion à l'introduction du culte de saint Remacle[44].

Différents personnages font appel à Poppon : l'empereur, des grands laïcs, des évêques. Il devient parfois lui-même abbé, mais confie souvent le monastère à un moine[45]. Malgré la présence de moines liés à Poppon dans plusieurs monastères d'influence gorzienne, cet abbé n'apparaît pas dans le nécrologe de Gorze, pas plus que ses disciples, sauf Lambert et Conon.

D. Saint-Airy.

On attribue à saint Airy, dixième évêque de Verdun (554-591), la fondation d'une église Saint-Martin où il fut enterré. En 1037, l'évêque Rambert de Verdun (1025-1037) y fonde une abbaye, avec l'accord de Conrad II. Il fait venir de Saint-Maximin, alors dirigée par Poppon de Stavelot, des moines et l'abbé Baudry. En 1041, l'abbaye obtient une confirmation d'Henri III[46] et, en 1052, à la demande de l'évêque Thierry, une bulle de Léon IX[47]. Le troisième abbé, le liégeois Etienne (1062-1084), écrit une vie de saint Airy[48] et fait faire le catalogue de la bibliothèque[49]. Etienne introduit des coutumes d'inspiration clunisienne[50], que diffusent plusieurs moines de Saint-Airy devenus abbés, dont Rodolphe de Saint-Vanne.

E. Cluny.

La puissance, l'influence, la richesse de Cluny sont trop connues pour qu'il soit nécessaire de faire ici plus qu'un rappel. A partir de l'abbatiat du « roi Odilon », que critique Adalbéron de Laon[51], les monastères clunisiens sont regroupés en une seule structure hiérarchiquement organisée, concernant toute la chrétienté sauf l'Empire. La taille du monastère – quatre cents moines sous saint Hugues – sa puissance foncière, la naissance d'une famille monastique, qui remplace l'indépendance jusqu'alors générale des monastères par le système des filiales[52], font de Cluny un cas particulier exceptionnel, si différent de Gorze qu'aucun point de contact ne permet de formuler une comparaison, mais seulement de souligner des divergences de fond.

L'opposition entre Gorze et Cluny, axée sur des antithèses culture/liturgie, fermeture/expansion, est fondée sur des *a priori*. Elle repose en partie sur l'idée que Cluny est l'archétype de l'abbaye réformatrice, alors que de nombreuses études montrent que sa place, si elle est exceptionnelle, n'est pas unique. La faible influence de Cluny sur les abbayes de l'Empire s'explique en partie par le fait que le monachisme, en tant qu'institution, n'est jamais missionnaire, pas même dans l'ensemble de la Germanie où l'on prête à Cluny un désir de conquête auquel Gorze se serait opposé. Les puissants évêques de l'Empire ne peuvent soutenir un système qui sape leur autorité sur les monastères et l'organisation même de Cluny ne peut se surimposer à celle des diocèses dans lesquels ils disposent pourtant d'importants droits temporels. Cependant certains monastères que nous avons rencontrés entretiennent des relations avec les abbés de Cluny : Maïeul à Saint-Maximin, Odilon à Saint-Vanne et Saint-Emmeran, Hugues à Saint-Blaise vers 1093 auquel l'unit une fraternité de prières. D'autre part, sur le plan des usages monastiques, l'opposition se fait plutôt entre Cluny et Fleury qu'entre Cluny et Gorze.

L'influence clunisienne se manifeste tardivement dans l'Empire : le premier mouvement qui s'en réclame est celui d'Hirsau.

F. *Hirsau*

Vers 1065, des moines venus d'Einsiedeln, réforment l'abbaye d'Hirsau à la demande du comte Albert de Calw.

L'abbé Guillaume (1069-91), moine de Saint-Emmeran, cherche à soustraire l'abbaye à la tutelle du comte. En 1075, Hirsau obtient son indépendance (*libertas*), sous l'influence probable du modèle clunisien. La confirmation pontificale, en 1076, évite de faire allusion à toute soumission à l'Empire, Hirsau progresse vers la *libertas romana*. Le légat de Grégoire VII en Germanie conseille à Guillaume les coutumes clunisiennes et un échange de moines a lieu avec Cluny en 1078. Guillaume reconnaît sa dette envers Cluny et, vues de l'extérieur, les coutumes des deux abbayes tendent à se confondre. Mais ces coutumes sont adaptées aux besoins d'Hirsau et aux pratiques de l'Empire, en particulier l'évêque garde une voix prépondérante dans le choix de l'abbé. Pendant la Querelle des Investitures, Hirsau est favorable à Grégoire VII et l'anti-roi Rodolphe de Souabe y réside quelque temps, ce qui oblige Guillaume, chassé par l'évêque de Spire pro-impérial, à se réfugier à Schaffouse[53]. K.Hallinger souligne des oppositions entre Gorze et Hirsau[54], considérant que Herrand d'Ilsenburg est hostile aux idées d'Hirsau, tenue pour la première importatrice de la réforme clunisienne dans l'Empire. Mais il constate aussi que quelques réformes d'abbayes organisées par des abbés venus de Gorze, comme Herrand ou Erpho, se font en accord avec Hirsau, et nous verrons plus loin que Thierry de Kremsmünster est en relation avec Hirsau. Au XIIe siècle, de nombreux monastères restaurés par Gorze adoptent la réforme d'Hirsau[55].

G. *Gislebert d'Hasungen.*

En 1085, le landgrave Louis de Thuringe demande à Gislebert, abbé d'Hasungen (diocèse de Mayence)[56], de diriger Reinhardsbrunn où il installe douze moines d'Hirsau. En 1088, Gislebert devient abbé de Saint-Pierre d'Erfurt, en 1091 Thiemo de Salzburg le fait abbé d'Admont. Parti en Terre Sainte, il est capturé par les Sarrasins et meurt en 1101, près de Jérusalem.

Gislebert a-t-il été un propagateur de l'esprit d'Hirsau ? La réponse est certainement négative. Il n'y a aucune preuve de l'introduction de la réforme d'Hirsau à Admont du fait de Gislebert. La *Vita* de Guillaume d'Hirsau, discrète sur les succès de Gislebert – seules Reinhardsbrunn et Saint-Pierre d'Erfurt sont citées – serait sans doute plus expansive si Gislebert venait d'Hirsau. Hasungen est fondée en 1081 par des moines d'Hirsau dirigés par Dietrich[57], mais le premier abbé paraît avoir été Lambert de Hersfeld. Ce dernier, qui vient d'Hersfeld alors dirigée par un disciple de Poppon, Rudolf, fait aussi un séjour de quatorze mois à Siegburg puis à Saalfeld réformée par Siegburg. Lambert n'a pu introduire à Hasungen la réforme d'Hirsau, car cette dernière n'existait pas encore. La chronique d'Hirsau déclare que Gislebert est moine de Schwarzach, ce que Jakobs pense être une confusion[58]. Gorze a collaboré avec Hirsau et Saint-Blaise. Gislebert est-il un représentant du mouvement « Jeune-Gorze », comme Hallinger le croyait? Peut-être Gislebert a-t-il été moine à Ilsenburg, cela expliquerait l'intervention d'Herrand[59] dans la fondation de Reinhardsbrunn.

CHAPITRE IV

L'INFLUENCE DE GORZE EN LOTHARINGIE

Le mouvement de renouveau monastique dirigé par Gorze, défini par K.Hallinger, pouvait surprendre par son étendue et sa durée. En fait, il convient de distinguer deux étapes. Au Xe siècle, Gorze a un rayonnement lotharingien, la restitution de son autonomie au mouvement de Saint-Maximin privant l'abbaye Lorraine d'une action réformatrice dans l'Empire.

Au XIe siècle, les moines, soutenus par les empereurs et les prélats, sont influents dans l'Empire[1]. Gorze est à son apogée, sa réforme atteint un espace plus vaste qu'au siècle précédent, des moines de Gorze deviennent abbés, non seulement en Lotharingie, mais dans diverses régions de l'Empire. Nous montrerons qu'il n'est pas question d'un ordre de Gorze au sens d'une soumission quelconque à l'abbaye-mère et que le degré d'influence de Gorze, variable, ne peut être précisé que dans certains cas particuliers. En dehors d'allusions littéraires assez vagues[2], l'influence monastique de Gorze au XIe siècle est surtout perceptible à travers le nécrologe édité par M.Parisse[3]. Sous sa forme actuelle, il s'agit d'extraits faits à l'époque moderne, d'un nécrologe dont les dernières mentions remontent à la fin du XVIe siècle. Le copiste néglige généralement les simples moines, parfois les évêques et les rois, par contre, cent treize abbés sont cités. Plusieurs d'entre eux, dont le monastère n'est malheureusement pas toujours précisé, sont d'anciens moines de

CHAPITRE IV

Gorze, comme l'indique la formule *monachus istius monasterii*. Nous verrons ce que représente Gorze dans l'Empire, au XIe siècle, ce que signifie pour un monastère d'être dirigé par un abbé issu de Gorze et qui soutient son mouvement. Afin de juger de l'impact plus ou moins grand que l'on peut attribuer à la présence du nouvel abbé et au dynamisme de l'abbaye *réformée*, nous étendons l'influence de Gorze dans l'abbaye concernée jusqu'à la deuxième génération, pour suivre l'action de quelques abbés issus de monastères dirigés par un ancien moine de Gorze. Malheureusement, les « conditions de recrutement » des futurs abbés parmi les moines sont impossibles à appréhender, on ignore si un moine a été envoyé à Gorze pour recevoir une formation particulière, ou si de grands personnages ont cherché, au sein du monastère, un moine énergique. L'abbaye elle-même n'a pas eu de rôle moteur ; elle sert plutôt de réservoir dans lequel les évêques viennent chercher des abbés. Le terme de réforme est donc utilisé ici en raison de sa commodité, dans le sens d'un rétablissement de la règle et de la diffusion d'un esprit gorzien qui reste à définir. Il ne faut pas y voir l'adoption systématique de nouvelles coutumes, ni surtout l'intégration dans un mouvement organisé. La « réforme » de Gorze est morale, elle vise à préserver le système en place dans l'Empire, fondé sur la soumission de l'abbé à l'évêque.

1) LES ABBAYES MESSINES.

Sous ce titre nous étudierons les monastères de la ville, qu'ils dépendent ou non de l'évêque, ceux du diocèse et ceux du temporel de Metz, dépendant au spirituel d'autres évêques. Ce sont tout d'abord les monastères messins qui sont touchés par l'influence de Gorze, et les abbés de Gorze restent durablement liés à l'évêché, du fait même de la situation *d'Eigenkloster* qui suppose des relations privilégiées avec l'évêque. Il est nécessaire de faire rapidement le point sur l'origine des monastères de l'évêché de Metz et leur situation au XIe siècle, afin de préciser les conditions et le contexte de l'action des moines de Gorze.

L'INFLUENCE DE GORZE EN LOTHARINGIE

TABLEAU DES ABBAYES ÉPISCOPALES DE METZ

Saint-Arnoul

Benoît (990-1000)

Guillaume de Volpiano (1000-1015)

Odo (1015-1048)

Warin (1048-1050)

Milo (1050-1057 ?)

Walon (1057 ?-1099)

Saint-Vincent

Poppon de Stavelot (-1026-)

Heribert (1030-1046)

Folcuin (1046-1070)

Lanzo (1070-1103)

Saint-Clément

Fingen (984-1002/4)

Constantin (1002/4-1007 ?)

Haimon (1007 ?-1036)

Wido (1036-1057)

Hagano (1057-1098)

Acelin (1098-1121)

Saint-Symphorien

Fingen (984-1002/4)

Siriaud (1002/4-1004/5)

Constantin (1004/5-1047)

Richer (1047-1080)

Durand (1080-1090)

A. *Saint-Arnoul.*

Le nom de l'abbaye de Saint-Arnoul[4] vient de l'évêque de Metz Arnoul, ancêtre des carolingiens, dont le corps a été ramené en 641 du Saint-Mont où l'ancien évêque de Metz avait terminé sa vie en ermite. Il est enseveli dans l'église des Saints-Apôtres, où une communauté est chargée d'honorer sa mémoire[5]. Cette église devient la nécropole de plusieurs carolingiens[6], dont Louis le Pieux, et de quelques évêques de Metz de cette même famille, comme Clou[7], fils de saint Arnoul, et Drogon, demi-frère de Louis le Pieux[8]. C'est un élément important dans la lutte de prestige que se livrent les abbayes messines, qui entraîne la rédaction de généalogies carolingiennes[9]. On ne sait rien de Patient, quatrième évêque de Metz, fondateur présumé de Saint-Arnoul, son existence même n'est pas assurée[10]. Sa *Vita*[11], composée à Saint-Arnoul après le IXe siècle, est légendaire. Elle est à la gloire de l'abbaye[12] et de son fondateur Patient, un grec envoyé par saint Jean[13], ce qui faisait bonne mesure avec saint Clément envoyé par saint Pierre.

Vers 942, Adalbéron Ier remplace les chanoines par des moines[14] et impose la réforme de Gorze, d'où viennent les premiers abbés : Heribert[15], qui meurt en 944, Anstée, mentionné dans la *Vita Iohannis*[16], Jean auteur de cette même *Vita*[17].

Vers l'an mil, Adalbéron II fait appel à Guillaume de Volpiano pour diriger Saint-Arnoul. L'évêque a connu Guillaume par l'intermédiaire de Benoît, moine à Saint-Bénigne. Benoît est le fils du comte palatin Teutbert, qui a consacré son premier né à Dieu, en remerciement d'avoir eu une descendance[18]. Guillaume choisit Benoît, sans doute à la demande d'Adalbéron, pour le seconder à Saint-Arnoul. Vers 999-1000, Benoît en devient abbé[19]. Il meurt vers 1015 et Guillaume lui succède[20]. Saint-Arnoul conserva de cet abbatiat quelques traces matérielles[21], un acte[22] et des textes[23]. Guillaume choisit pour successeur son prieur Odo[24].

Comme nous l'avons vu, une correspondance entre Warin de Saint-Arnoul et Jean de Fécamp[25] nous apprend qu'un moine de Fécamp est venu à Saint-Arnoul et nous renseigne sur l'origine des abbés. La lettre de Warin montre qu'il est choisi parmi les moines de Gorze après l'abbatiat de Guillaume[26]. Les liens avec Gorze sont renforcés par le passage de Guillaume à la tête des deux monastères.

Avant de venir à Gorze, Warin a sans doute été un élève d'Adelman de Liège[27], auquel il écrit pour expliquer son choix de la profession monastique[28]. Le court abbatiat de Warin (1048-1050) est important, il fait terminer la reconstruction de l'abbatiale de Saint-Arnoul et la fait consacrer par Léon IX[29]. Le pape procède à l'authentification des reliques[30] et donne peut-être une bulle de confirmation[31]. Warin est enterré dans la chapelle Sainte-Marie de l'abbaye, où étaient inhumés les abbés[32].

Milo, prévôt de Saint-Arnoul sous Warin[33], lui succède. Il est cité comme abbé dans un acte de 1057[34], ainsi qu'aux nécrologes de Saint-Arnoul, Saint-Clément et Saint-Bénigne[35].

Son successeur, Walon (1057/63-1099), a une carrière mouvementée. Peut-être moine de Gorze[36], il devient abbé de Saint-Arnoul dès l'épiscopat d'Adalbéron III[37]. Il obtient de l'évêque Heriman la confirmation des droits de foire de l'abbaye de Saint-Arnoul[38]. Vers 1073, il est appelé à Reims par l'archevêque Manassès pour succéder à l'abbé Herimar de Saint-Remi, mort en 1071. Au Xe siècle, Gorze est en relation indirecte avec Saint-Remi de Reims[39]. Les liens de cette ville avec l'espace lotharingien se manifestent aussi par les études que Poppon de Stavelot y a faites[40]. Le catalogue des livres de Gorze nous est parvenu par une copie de Saint-Thierry de Reims, ce qui prouve l'existence d'échange de manuscrits[41]. Walon ne peut restaurer Saint-Remi, en raison de ses démêlés avec Manassès. En effet, se rendant compte que l'archevêque ne cherche qu'un homme de paille afin de spolier l'abbaye[42], il remue ciel et terre pour obtenir l'autorisation d'abandonner sa charge. Vers 1073, il écrit dans ce but au pape Grégoire VII[43] – profitant d'ailleurs de cette lettre pour le féliciter et se réjouir que l'Eglise trouve en lui un réformateur zélé. Il va même à Rome[44] pour faire intervenir le pape plus rapidement. Celui ci écrit une lettre à Manassès et une autre à Heriman[45] dans laquelle il lui recommande Walon qui a obtenu une dispense pour cumuler les abbatiats de Saint-Arnoul et de Saint-Remi[46]. Walon revient à Metz vers 1074/75[47] et envoie deux lettres à l'archevêque Manassès, l'une où il insiste sur ses sentiments pacifiques et sur la perversité de Manassès[48], l'autre pour se défendre d'avoir emporté avec lui la crosse abbatiale de Saint-Remi[49]. Walon envoie une lettre, un plaidoyer, à l'abbé Henri de Gorze[50], et deux lettres à un moine A.[51], toujours au sujet de l'acceptation de l'abbatiat de Saint-Remi. Dans ces lettres, il conteste le droit de séparer dès ce monde le bon grain de l'ivraie. Cette attitude explique en partie son ralliement temporaire aux anti-grégoriens, moins intransigeants. Elle se retrouve dans les écrits d'un autre lotharingien, anti-grégorien célèbre, Sigebert de Gembloux.

Vers 1085, il fonde grâce à Thierry de Verdun, un prieuré à Olley proche d'Amel[52]. Cette même année, Walon est choisi comme évêque de Metz par Henri IV[53] qui a déposé et chassé Heriman. Le choix de Walon est à replacer dans la politique suivie par l'empereur depuis 1076, de promouvoir des candidats moralement irréprochables[54]. Walon, consacré par Thierry de Verdun[55], dilapide une partie des biens de Saint-Arnoul pour se faire des alliés[56]. Il renonce très vite à sa charge[57] qu'il considère comme un cadeau empoisonné d'Henri IV[58] et va à Gorze, d'où il publie son abdication[59] et où il devient, comme nous l'avons vu, *custos puerorum*[60] et s'occupe peut-être de la bibliothèque. Walon se réconcilie avec Heriman, redevient abbé de Saint-Arnoul, sans doute en 1090, et le reste jusqu'à sa mort[61]. Entre 1093 et 1097, il écrit à l'évêque Gui d'Osnabrück[62], qui soutient des thèses pro-impériales[63], pour lui demander des éclaircissements sur l'attitude d'Henri IV et lui expliquer les raisons pour lesquelles il a abandonné la cause de l'Empereur. Walon assiste, en 1095, comme abbé de Saint-Arnoul, au règlement de l'évêque Poppon concernant l'avoué d'Amel[64]. En 1097, il fonde le prieuré Sainte-Walburge dans le château de Chiny[65]. Les tribulations de Walon ne sont pas terminées : en 1097, l'abbaye est détruite par un incendie[66].

Malgré l'implication de l'abbé dans les événements politiques, Saint-Arnoul reste un modèle de vie régulière[67]. Après la mort de l'abbé Bercher de Senones en 1087, l'évêque de Metz[68], dont Senones dépend au temporel, cherche à Saint-Arnoul un religieux capable de diriger cette abbaye. C'est Antoine, moine d'origine lombarde[69], qui a fait profession à Saint-Arnoul, dont la régularité l'a attiré et qui a été prieur de Lay-Saint-Christophe[70]. Il est mal accueilli par les moines de Senones, qui se sont habitués à vivre sans règle[71]. Il persiste, soutenu par l'évêque de Metz, finit par réussir et se lance même dans une grande politique de construction, faisant reconstruire deux églises à Senones et développant les prieurés[72].

Saint-Arnoul, la plus puissante abbaye de Metz, et Gorze ont des abbés communs, une vie intellectuelle voisine. Proche de Gorze, Saint-Arnoul conserve une existence propre, un caractère et des préférences spécifiques. Nous avons vu plus haut qu'elle a gardé dans sa bibliothèque quelques textes remontant à l'abbatiat de Guillaume et son nécrologe est plus ouvert que celui de Gorze à l'influence de Cluny[73].

B. *Saint-Vincent de Metz et Saint-Trond.*

L'abbaye Saint-Vincent est fondée par Thierry Ier (965-984) dès 968[74]. Il la place sous la protection de la papauté, obtenant pour elle, en 970, un privilège[75]. Sa fondation est confirmée en 983 par l'empereur Otton[76]. L'évêque lui donne des terres[77] et des reliques[78] qu'il rapporte d'Italie, profitant sans vergogne de son influence comme cousin et conseiller de l'empereur pour se les procurer. Thierry ne se contente pas des reliques dont il est grand collectionneur, il ramène d'Italie, particulièrement de Vérone, des livres[79], surtout des *Vitae*[80]. Il fait copier plusieurs textes[81]. Grâce à ce généreux fondateur, Saint-Vincent se trouve bien placée pour faire sa propre publicité et, au XIe siècle, l'écolâtre Sigebert écrit pour elle, outre la vie de l'évêque Thierry Ier, des textes consacrés à sainte Lucie[82].

Il est possible que le premier abbé de Saint-Vincent ait été Odolbert de Gorze, auquel Thierry Ier fait appel pour construire l'église de Saint-Vincent[83], vers 968. Sigebert le dit *abbas Gorziensis*, mais Odolbert n'est pas encore abbé de Gorze lors de la construction de Saint-Vincent. Aucun abbé Odolbert ne se trouve au chevet de Jean, mais on trouve un abbé Odo[84] : ce nom est peut être l'abréviation d'Odolbert qui serait alors abbé de Saint-Vincent.

A la fin du Xe siècle, le moine de Gorze Bertald est abbé de Saint-Vincent[85].

Vers 1030, Poppon de Stavelot, qui dirigeait cette abbaye depuis 1026 environ[86], est remplacé par un de ses disciples, Heribert[87], qui termine la construction de l'église[88] et meurt en 1046[89].

CHAPITRE IV

Son successeur, Folcuin[90], obtient, en 1051, de Léon IX une bulle de confirmation[91]. Folcuin, moine à Stavelot sous Poppon, y était responsable des *puerorum scholae*[92]. Il se soucie de la vie intellectuelle et fait copier des manuscrits[93] – l'extrait de catalogue de bibliothèque date peut-être de cette époque[94]. Vers 1050, il fait appel à Sigebert de Gembloux qui a étudié, à Stavelot, avec son frère Mascelin, sous la direction du futur abbé de Gembloux, Olbert[95]. Sigebert devient écolâtre de Saint-Vincent. Les moines de Saint-Vincent, lui ont demandé, comme à un spécialiste, de rédiger la *Vita* de Thierry Ier[96], l'évêque fondateur, qui y était enterré. Il y fait l'éloge de la ville de Metz, et de l'abbaye de Gorze[97]. Sigebert dispose de sources diplomatiques, d'une liste de reliques[98], de la *Vita* écrite par Alpert[99] au début du XIe siècle et de quelques traditions orales. L'image de l'évêque est celle d'un administrateur et d'un politique, préoccupé de sa gloire.

A la fin du XIe siècle, l'abbé de Saint-Vincent est un ancien moine de Gorze, Lanzo (1070-1103), qui devient également abbé de Saint-Trond en 1083.

L'abbaye de Saint-Trond, située dans le diocèse de Liège, fait partie du patrimoine de l'évêché de Metz, le fondateur, Trudo, ayant fait don de ses biens à Metz[100]. En 944, Adalbéron Ier essaye de réformer l'abbaye, dont il prend lui même la direction durant quelques années[101], à la place de Reignier, fils de Richilde, choisi par Otton. Vers 1020, l'abbé Adalard tombe en disgrâce auprès de l'évêque Thierry II de Metz, qui cherche à faire réformer Saint-Trond par Poppon de Stavelot. Ce dernier remarque le moine Guntram de Saint-Trond et le fait venir à Stavelot. Guntram y reste quelque temps, puis part à Hersfeld, où l'abbé Rudolf, disciple de Poppon de Stavelot[102], a imposé les coutumes de cette abbaye[103]. Vers 1033, à la mort d'Adalard, une délégation de moines de Saint-Trond vient demander à Thierry II de leur donner Guntram comme abbé. Cette nomination se fait, dit la *Vita*, grâce à la sœur de l'évêque Thierry[104]. Guntram (1034-1055) rétablit la situation financière, érige quelques constructions et procède à l'élévation des reliques de saint Trond et de saint Eucher. A sa mort, en 1055, Adalard II lui succède, mais l'abbaye connaît des difficultés et, à la fin du XIe siècle, les évêques Heriman de Metz et Henri de Liège lui en font reproche. L'abbé pense alors se retirer à Siegburg. En 1083, les deux évêques décident de remplacer les moines par d'autres, venus de la région messine. Ils choisissent Lanzo dans l'espoir d'entraîner une réforme et une reprise en main de la gestion[105]. Mais ces efforts sont vains, en particulier à cause de l'opposition du moine Lupo[106], qui se fait nommer abbé par l'empereur en 1085. Une guerre interne s'ensuit et Lanzo, obligé de se réfugier dans la tour du monastère, ne parvient à rentrer à Liège que grâce à l'abbé Bérenger de Saint-Laurent. L'évêque Walon accorde l'investiture abbatiale à Lupo[107], mais l'évêque de Liège résiste, entraînant une situation de guerre générale qui se termine par un massacre. En 1086, il ne reste que des ruines, pourtant quelques moines reviennent avec Lanzo en 1087. Lors de la Querelle des Investitures, Lanzo, chassé de Metz avec Heriman par ordre d'Henri IV, renonce à Saint-Trond et part en pèlerinage en Terre Sainte[108], après avoir vendu pour ce faire des terres de Saint-Trond. Vers 1092, Lupo achète la charge abbatiale à l'empereur[109] et, accepté par Otbert de Liège, il néglige l'investiture de Poppon de Metz que l'empereur ne reconnaît pas[110].

Lanzo, revenu en 1089, retrouve Saint-Vincent. En 1090, il participe à l'élection du nouvel évêque Poppon et Urbain II le félicite pour l'excellence de ce choix[111]. En 1095, il est témoin du règlement de l'évêque Poppon concernant l'avoué d'Amel[112]. En 1096, il assiste à plusieurs conciles tenus par Urbain II en France et obtient une bulle de confirmation pour son abbaye[113]. Lanzo meurt après 1103[114].

Les relations entre Gorze et Saint-Vincent, étroites au Xe siècle, se distendent au début du XIe siècle, quand l'une est confiée à Poppon de Stavelot et l'autre à Guillaume de Volpiano. Les successeurs immédiats de Poppon à Saint-Vincent viennent de Stavelot. Dans la deuxième moitié du XIe siècle, l'évêque se tourne à nouveau vers Gorze, d'où vient Lanzo.

C. Saint-Clément

Au sud de Metz, au lieu dit *Ad basilicas*, une chapelle, élevée au Ve siècle en l'honneur de saint Félix de Nole, abritait dans sa crypte les corps des premiers évêques de Metz[115] et surtout celui de saint Clément – Drogon ayant fait rechercher le corps du premier évêque de Metz. La présence de ces reliques prestigieuses explique l'abandon, au XIe siècle, du titre de Saint-Félix pour celui de Saint-Clément.

Adalbéron Ier y installe des moines dirigés par Kaddroë vers 945-950. Alors qu'il réforme Gorze et lui confie Saint-Arnoul, Adalbéron se tourne donc vers un Irlandais pour diriger ce nouveau monastère. Rappelons que si Kaddroë et Maccalan viennent d'Irlande, Kaddroë a passé quelque temps à Fleury-sur-Loire avant de devenir abbé de Waulsort et Maccalan a été moine à Gorze avant de devenir abbé de Saint-Michel en Thiérache. Les usages ainsi mis en place ne sont pas fondamentalement différents de ceux des moines du continent, de Gorze en particulier. D'ailleurs, c'est sur la recommandation d'Einold et d'Anstée qu'Adalbéron choisit Kaddroë[116].

Dans les *Miracula sancti Clementi*, un mort apparaît et demande à Kaddroë l'assistance de ses prières, l'intercession de Clément ne lui suffisant pas pour être sauvé[117] : l'abbé est ainsi valorisé. En 974, Kaddroë étant mort, l'évêque Thierry Ier abandonne pour un temps la réforme monastique et choisit pour diriger Saint-Clément un chanoine de la cathédrale, Vidric[118], afin d'opérer la translation des reliques de Clément sans se heurter à un abbé régulier. Mais Vidric résiste et Thierry renonce à son projet. L'origine du premier texte de la vie de saint Clément[119] est à rechercher dans ce désir de Thierry de s'approprier, pour la cathédrale, le corps du premier évêque de Metz, envoyé par saint Pierre[120]. Saint-Clément réagit vigoureusement, fait rédiger la *Vita*, et l'entreprise échoue. Dans les miracles de saint Clément, l'échec de la translation est attribué à une intervention miraculeuse du saint[121].

Les relations avec Gorze se poursuivent, la première mention des corps des trois premiers évêques de Metz dans la crypte se trouve dans la *Vita Chrodegangi*[122]. La *Vita* de Kaddroë, est écrite vers 982-983 par un moine de Saint-Clément à la demande d'Immo de Gorze[123]. Le danger étant alors écarté, l'évêque apparaît comme le protecteur de Saint-Clément, ce qui explique que ce texte fasse l'éloge de Thierry[124].

Un Irlandais succède à Vidric vers 984, Fingen, chargé de restaurer Saint-Clément[125]. Il dirige également Saint-Symphorien, à la demande d'Adalbéron II, et Saint-Vanne de Verdun[126]. En 1000, l'empereur Otton III accorde une charte à l'abbaye[127]. Metz est très accueillante aux Irlandais à l'époque d'Adalbéron II, mais par la suite leur rôle diminue[128]. Fingen, mort vers 1004[129], est enterré à Saint-Clément devant l'autel Saint-Jean[130]. Sous son abbatiat, le moine Carus écrit une seconde vie de saint Clément en vers[131].

L'abbé Constantin lui succède. S'il est identique à l'abbé de Saint-Symphorien, son homonyme et contemporain, il faut supposer que Constantin, ne gardant qu'un temps l'abbatiat de Saint-Clément[132], a dirigé simultanément les deux abbayes. Les conditions de sa nominations sont complexes : Adalbéron[133] aurait souhaité rattacher cette abbaye à Saint-Arnoul, en nommant un moine de cette abbaye, les moines choisirent Haimon qui ne put d'abord se maintenir mais devient abbé après Constantin.

Haimon meurt en 1036[134] et Wido[135] (1036-1053/57) lui succède.

Sous l'abbatiat d'Hagano[136] (1057-1098), a lieu la translation des reliques de saint Clément. En 1090, l'évêque Heriman met donc son retour à Metz sous les auspices du premier évêque, il fait des donations à Saint-Clément[137], et procède à une nouvelle reconnaissance des reliques, emmenées en procession à la cathédrale, puis replacées à Saint-Clément[138]. Le couronnement de cette politique de prestige est la désignation de Saint-Clément, au XIIe siècle, comme *caput urbis et totius pontificatus*[139].

Sans lui être aussi étroitement liée que Saint-Arnoul, Saint-Clément reçoit de Gorze plusieurs abbés. L'abbaye est moins puissante, au point que Saint-Arnoul veut se l'assujettir[140]. Les liens avec Gorze, nets jusqu'au début du XIe siècle, se distendent ensuite, puis se raffermissent au début du XIIe siècle : Acelin[141], prieur puis abbé de Saint-Clément, dirige Gorze, renversant ainsi les pratiques du siècle précédant. Son abbatiat correspond à l'apparition de la légende du passage de saint Clément à Gorze, renforçant les liens entre les deux abbayes qu'il dirige[142]. Acelin meurt en 1121[143].

D. Saint-Symphorien.

Cette église fut fondée au VIIe siècle par l'évêque Papoul, qui s'y fit enterrer[144].

D'après la *Vita Iohannis*, le moine de Gorze Radincus était prêtre à Saint-Symphorien[145]. Cependant, vers 991, quand l'évêque Adalbéron II décide de restaurer et de reconstruire ce lieu de sépulture de ses prédécesseurs[146], où lui-même veut se faire enterrer[147], il ne le confie pas à Gorze mais, comme Saint-Clément, aux moines irlandais, comme le précise l'acte de fondation[148]. Le premier abbé est l'irlandais Fingen, mais rien ne dit que son successeur[149], Siriaud (1002/4-1004/5), ancien moine de Gorze, le soit aussi.

A la mort de Siriaud, Adalbéron II nomme abbé Constantin[150]. Il peut s'agir de Constantin, *prepositus* de Gorze sous l'abbé Immo[151]. Adalbéron, qui aime Gorze, peut avoir nommé comme abbé un moine de cette abbaye. Constantin est l'auteur de la *Vita* d'Adalbéron II[152], dans laquelle il parle d'Immo avec respect, ce qui s'explique d'autant mieux de la part d'un ancien moine de Gorze. Le *scriptorium* de Saint-Symphorien connaît alors un essor notable[153]. Alpert de Metz, qui écrit vers 1030[154], y était peut-être moine.

Un autre moine de Gorze, Richer[155], est abbé de 1047 à 1080. Il a été choisi par Adalbéron III, comme le rappelle l'évêque dans une donation de 1056[156], ce qui nous permet de dater la mort de Constantin et le début de l'abbatiat de Richer. De cette époque date un complément de catalogue de bibliothèque[157].

Malgré son ancienneté, et bien que certains évêques de Metz y soient enterrés, dont Adalbéron II qui l'a réformée, Saint-

Symphorien connaît un problème d'autonomie. Sans doute n'est-elle pas suffisamment puissante, et menace toujours de tomber sous la coupe de l'une de ses voisines. Gorze n'est pas la dernière à entrer en lice et prétend à la possession sans partage de l'abbaye de Saint-Symphorien, prétention à laquelle le fait de lui avoir fourni plusieurs abbés n'est sans doute pas étrangère.

Ces trois dernières abbayes ont avec Gorze des relations épisodiques, celles que sont susceptibles d'avoir des centres modestes quoiqu'autonomes avec un foyer voisin puissant et prestigieux.

E. Saint-Martin devant Metz.

Le monastère est fondé, vers 650, par le roi d'Austrasie Sigisbert III (633/4-656), qui s'y fait enterrer[158]. Contrairement aux abbayes précédentes, Saint-Martin n'est pas épiscopale mais impériale, et dépend au milieu du XIe siècle du duc de Lorraine. La *Vita Iohannis* mentionne, parmi les premiers moines de Gorze, Salecho de Saint-Martin[159], qui revient diriger ce monastère. Son successeur, Berthard, vient aussi de Gorze[160], en 976 il est au chevet de Jean[161]. Pierre[162], moine de Gorze, est abbé de Saint-Martin à une date inconnue, peut-être fin du Xe ou début du XIe siècle[163].

Vers 1035, Saint-Martin est dirigée par Nanther[164]. L'influence de Poppon de Stavelot, abbé de Saint-Vincent et ami de Nanther, se fait certainement sentir alors[165]. Les relations persistent entre Saint-Martin et Saint-Vincent. Lors de l'élévation des reliques du saint[166], vers 1063, Sigebert de Gembloux écrit une *Vita Sigisberti*[167]. Mais cela ne suffit pas à concurrencer les Vies de saints plus célèbres, contemporaines et concurrentes des grandes abbayes messines, et le culte de saint Sigisbert reste discret et limité.

Cette abbaye messine relève de l'Empire. Bien qu'elle ait été touchée par la réforme de Gorze du Xe siècle, les relations entre Gorze et cette abbaye, qui n'est pas soumise au pouvoir de l'évêque, sont peu suivies.

F. *Le diocèse de Metz.*

Toutes les abbayes du diocèse ne sont pas touchées par le mouvement issu de Gorze, ainsi Bouzonville ne semble pas concernée, sans doute à cause de la réforme de Poppon.

a. Saint-Avold

Le monastère d'*Hilariacum* a peut-être été fondé au VIe siècle. Au début du VIIIe siècle, il est à tout le moins restauré par Pirmin sur les biens de l'évêché de Metz, à la demande de l'évêque Sigebaud qui s'y fait enterrer[168]. Les monastères de Gorze et de Saint-Avold étaient tous deux étroitement liés à l'évêque. Chrodegang donne à Gorze le corps de Gorgon, à *Hilariacum* celui de Nabor[169] et l'ancien patron, Hilaire, est supplanté par Nabor, qui donne son nom à l'abbaye : Saint-Avold. L'évêque Angelram de Metz (768-791) fait achever le monastère et s'y fait enterrer[170].

A la mort de Jean de Gorze, en 976, l'abbé de Saint-Avold, Adelmold, ancien moine de Gorze, est à son chevet[171]. Le nécrologe conserve aussi la mention de Heliman, moine de Gorze, abbé de Saint-Avold[172], dont on ignore les dates[173]. C'est probablement un abbé du XIe siècle, car à cette époque les relations entre Gorze et Saint-Avold sont prouvées par la mention au nécrologe de Gorze d'un abbé Einard de Saint-Avold qui apparaît aussi à Saint-Bénigne ; or les abbés lorrains du nécrologe de Saint-Bénigne sont ceux du début du XIe siècle[174]. L'abbaye possédait une riche bibliothèque[175].

b. Saint-Martin de Glandières.

Quoiqu'une tradition, attestée au XVe siècle[176], veuille faire remonter la fondation de l'abbaye à la fin du VIe siècle, le premier acte authentique ne date que du IXe siècle[177]. Le martyrologe de Saint-Avold cite, parmi les saints vénérés à Glandières, Dignus, Bodalgisus et Undo, le premier n'étant peut-être qu'un qualificatif, le second le nom du fondateur laïc[178], le troisième celui du premier abbé[179].

L'abbaye Saint-Martin de Buxbrunno est fondée au VIIIe siècle[180], il faut peut-être l'identifier avec l'ancien monastère dont la *nova cella* fondée par Pirmin suppose l'existence.

Le nécrologe de Gorze mentionne un moine de Gorze, Grégoire, abbé de Saint-Martin de Glandières, à une date inconnue[181].

Les relations entre Saint-Avold et Glandières étaient orageuses, chacune prétendant à une antériorité de fondation, alors qu'elles sont certainement contemporaines, la fondation conjointe d'une église Saint-Martin et d'une église Saint-Hilaire étant fréquente.

G. *Hors du diocèse de Metz.*

a. Neuwiller

Saint-Adelphe de Neuwiller fut fondée par l'évêque Sigebaud de Metz et par Pirmin[182]. Au VIIIe siècle, on connaît un abbé Ratramnus[183]. L'évêque Drogon procède à la translation des reliques de saint Adelphe, évêque de Metz[184]. C'est donc une manifestation des revendications de Metz, au même titre que le choix d'abbés venus de Gorze, Arminfrid[185] et Mainard[186]. Au début du XIe siècle, Thierry II confie l'abbaye à Thierry, disciple de Poppon de Stavelot[187].

b. Marmoutier

L'abbaye a été fondée par Pirmin[188]. Depuis que Drogon lui donna le corps de l'évêque de Metz Céleste[189], elle est très liée à Metz. Trois abbés de Marmoutier viennent de Gorze, Landeloch[190] à la fin du Xe siècle, Ader[191], et Angelbert[192] peut-être au XIe siècle, mais l'histoire de l'abbaye est mal connue. Au XIIe siècle, le prieur de Marmoutier, Théoduin, devient abbé de Gorze.

Deux abbayes du diocèse de Strasbourg connaissent ainsi la réforme de Gorze. Les relations, mal documentées, entre Gorze et ces abbayes lointaines sont épisodiques. Mais leur existence même est révélatrice ; l'évêque, pour conforter son autorité, envoie pour diriger ses abbayes des moines dévoués, comme il y transfère des reliques messines.

CHAPITRE IV

2) GORZE ET LES MONASTERES LOTHARINGIENS.

A. Evêché de Toul.

Plusieurs abbayes de l'évêché de Toul ont connu la réforme de Gorze au Xe siècle, en particulier dans les Vosges,. Un siècle plus tard, seule l'abbaye de Saint-Evre, *Eigenkloster* de l'évêque de Toul, garde des liens avec Gorze.

La réforme de Saint-Evre, voulue par l'évêque Gauzelin (928-962), vient de Fleury en 934 avec l'abbé Archambaud, auquel succède Humbert (942-973), ancien reclus de Verdun et moine à Gorze[193]. Le prieur de Saint-Evre, Robert, cumule les abbatiats de Saint-Evre et de Saint-Mansuy de Toul.

L'évolution de Toul est parallèle à celle de Metz, l'évêque confie Saint-Evre à Guillaume de Volpiano[194], qui est aussi abbé de Saint-Mansuy. Le prieur Werry de Saint-Evre succède à Guillaume en 1031, avec l'appui de Bruno de Toul[195]. Il dirige aussi Saint-Mansuy[196] et Moyenmoutier[197], ce qui indique, outre une personnalité exceptionnelle, que les principales abbayes de ce diocèse sont plus étroitement liées que dans les autres évêchés lorrains. A la demande de Bruno de Toul, Werry écrit une vie de saint Gérard évêque de Toul (963-94), le récit de sa canonisation et de la translation de ses reliques par Léon IX[198]. Werry, mort en 1050/51, est cité au nécrologe de Gorze[199].

Les relations entre Gorze et Toul ne se limitent pas aux abbayes, une lettre de Sigefroy de Gorze fait allusion aux relations entre l'abbé de Gorze et l'évêque avant que Léon IX n'accède au pontificat, en 1032, Sigefroy est témoin de l'acte de Bruno concernant Saint-Evre[200].

Guy (1072-1074/76) fait faire le catalogue de la bibliothèque de Saint-Evre[201]. Son successeur, Evrard, ancien moine de Gorze[202], partage les opinions pro-impériales de l'évêque Pibon de Toul, il mourut vers 1083/85.

Dans le diocèse de Toul, l'influence de Gorze concerne essentiellement le Xe siècle, au cours duquel la réforme de Gorze est mêlée à celle de Saint-Evre. Au début du XIe siècle, la présence de Guillaume à Metz et à Toul rapproche les monastères des deux cités, mais il faut attendre la deuxième moitié du XIe siècle pour que Saint-Evre ait à nouveau un abbé venu de Gorze.

B. *Evêché de Verdun.*

A partir de la deuxième moitié du Xe siècle, les communautés de clercs, développées autour des sépultures des premiers évêques, deviennent des abbayes : Saint-Vanne en 952, grâce à Humbert venu de Saint-Evre[203], Saint-Paul en 972, grâce à des moines venus de Tholey[204] et Saint-Airy en 1037, grâce à des moines de Saint-Maximin. Après la mort de Richard, Saint-Airy prend le relais de Saint-Vanne et apparaît comme un centre de diffusion de l'esprit clunisien.

Saint-Mihiel est donnée à Saint-Denis à l'époque carolingienne. Prélevée sur les biens de Saint-Denis, elle fait partie de la dot de Béatrice lors de son mariage avec le duc Frédéric. Cette possession ducale garde ses distances envers l'évêque[205]. Jean de Gorze y a étudié[206], mais il n'y a pas de relations ultérieures entre Gorze et Saint-Mihiel[207]. Nanther, abbé entre 1020 et 1050, a une activité diplomatique importante[208]. Il introduit la réforme de Richard de Saint-Vanne, en échangeant six moines de Saint-Mihiel contre six de Saint-Vanne[209]. La chronique de Saint-Mihiel est écrite sous son abbatiat. L'abbé Ulric (1094-1117), ancien moine de Saint-Airy, est cité au nécrologe de Gorze[210].

Vasloges, fondée par l'ermite Rouin vers 648, est réformée, vers 1020, par Richard de Saint-Vanne qui nomme Poppon prieur. Il transferre sur la colline voisine l'abbaye qui prit le nom de Beaulieu en Argonne.

Alors que les abbayes du diocèse de Toul sont ouvertes aux mouvements messins, l'évêché de Verdun, au XIe siècle, se montre fermé et récalcitrant, en raison notamment de l'importance des réformes de Saint-Vanne et Saint-Airy.

C. *Archevêché de Trèves.*

La réforme de Saint-Maximin de Trèves, contemporaine de celle de Gorze, ne peut lui être attribuée, malgré l'existence de relations entre les deux abbayes[211]. En 1022, Poppon de Stavelot devient abbé de Saint-Maximin. Son neveu Jean – également abbé de Limbourg – puis son ami Thierry, lui succèdent. Poppon dirige aussi l'abbaye Saint-Euchaire[212], et son disciple, Humbert, Echternach, laquelle est d'ailleurs en relation avec Gorze[213].

a. Saint-Martin de Trèves.

Eberwinus, abbé de Saint-Martin depuis 1022 environ, rencontre Richard de Saint-Vanne vers 1026 et devient son ami. Ses successeurs, venus de Saint-Maximin, s'illustrent par leur savoir[214]. Hugues, abbé vers 1080/1084, vient de Gorze[215]. Il est choisi par Egilbert (1079-1101). Cet archevêque, d'origine bavaroise, prévôt et écolâtre à Passau[216], prend position dès 1080 contre Grégoire VII, dans un manifeste aux évêques d'Empire. Consacré en 1084 par Thierry de Verdun, Egilbert fait de Trèves un bastion indéfectible du parti impérial[217]. Il connaît Gorze, à laquelle il donne une charte concernant Stenay, qui relève de son diocèse[218].

b. Saint-Sixte de Rettel.

Au VIIIe siècle, c'est une abbaye de femmes, mais au XIe siècle on y trouve des moines. L'abbé Bernard, attesté en 1084[219], est un ancien moine de Gorze[220].

Enfin nous avons vu que Prüm, abbaye impériale au diocèse de Trèves, a été dirigée par Immo au début du XIe siècle. L'influence de Gorze dans l'archevêché de Trèves est prouvée mais minime, la réforme de Saint-Maximin, puis celle de Poppon de Stavelot, l'ayant certainement rendue superflue.

D. *Evêché de Cambrai.*

L'évêché, suffragant de Reims, fait partie de l'Empire. Certains évêques de Cambrai ont des relations indirectes avec Gorze : Rothard († 995) y a étudié[221], Gérard de Cambrai[222] (1012-1051) est parent d'Adalbéron de Reims et de Baudri de Liège. Une des rares traces de l'influence de Gorze est la présence de reliques de saint Gorgon, mais l'origine en est obscure.

E. Evêché de Liège.

La réforme dans l'évêché de Liège[223] est due aux évêques du début du XIe siècle. Notger (972-1008), prévôt de Saint-Gall issu de la chapelle impériale, choisit comme conseiller Heriger de Lobbes. Un disciple d'Heriger, Olbert[224], étudie en France avec Fulbert de Chartres, va à Worms et aide à la rédaction du décret de Burchard. Il réforme Gembloux en 1012 et Saint-Jacques en 1021. Il est l'ami et le conseiller de l'évêque Wazon (1042-1048), qui a étudié à Lobbes et dont Sigebert de Gembloux a été élève. L'évêque Réginard de Liège (1025-1037) se montre résolument hostile à toute influence monastique extérieure à son diosèse. Il ne peut être rattaché au mouvement de Gorze, quoique qu'il ait été l'ami d'Heribert de Cologne[225].

Dans les régions les plus occidentales de la Lotharingie, la réforme de Gorze remporte peu de succès, les traces de son influence sont discrètes, des évêques qui auraient pu lui être favorables, en raison de leur origine, ne font pas appel à elle.

CHAPITRE V

La réforme à l'est du Rhin

1) *Les abbayes d'Empire*.

Henri II, dès son arrivée au pouvoir, impose de nouveaux abbés, notamment dans les abbayes impériales de Lorsch, Fulda et Corvey.

A. *Lorsch*

L'abbaye, fondée par Chrodegang vers 764, fut peuplée de moines de Gorze, à la tête desquels il plaça son frère, Gundeland, et à qui il donna les reliques de saint Nazaire, ramenées de Rome[1].

La réforme voulue par Bruno de Cologne, abbé commendataire, amène à Lorsch des moines de Saint-Maximin sous la direction d'Israël[2], professeur et ami de Bruno[3]. En 951, Bruno met à Lorsch un abbé régulier, Kerbodo (951-72), et renonce aux bénéfices de sa commende. L'abbaye est soumise à l'évêché de Worms en 998, mais retrouve son autonomie l'année suivante.

Werner II, abbé de 1001 à 1002, est un ancien moine de Gorze[4]. Cela ne paraît pas devoir contribuer à la gloire de Gorze, car il a été chassé ignominieusement de son abbaye[5]. Ce que nous savons d'Immo nous amène à reconsidérer la situation de Werner. Que faut-il comprendre par la mauvaise conduite de l'abbé ? S'agit-il de malversations ? Werner a-t-il trop vite et maladroitement cherché à obtenir pour le compte d'Otton ce qu'un de ses successeur, Poppon, peut-être plus habile, obtint pour Henri II ? Seul l'empereur a la capacité d'imposer Werner à Lorsch, de nommer à la tête de cette abbaye un abbé étranger, dont la chronique précise qu'il ne se réclamait ni par la naissance ni par les mœurs, et que les moines de Lorsch n'ont sûrement pas élu spontanément.

En 1005, Henri II nomme abbé Poppon, moine de Saint-Emmeran de Ratisbonne[6], élève de Ramwold de Saint-Emmeran. Il n'importe pas d'usages gorziens, car Saint-Emmeran a été réformée par Saint-Maximin. Saint-Michel près de Heidelberg, prieuré de Lorsch depuis 912, vit selon les coutumes de saint Nazaire[7], sans référence à Gorze.

Le seul moine de Gorze devenu abbé de Lorsch n'a certainement pas réformé l'abbaye. Pourtant les moines de Lorsch se réclament de l'*Ordo gorziensis* quand les moines d'Hirsau veulent les réformer au XIIe siècle. Cette mention unique de L'*Ordo gorziensis* est tardive, car la chronique est écrite au XIIe siècle, quand l'influence de Gorze dans l'Empire est devenue pratiquement nulle. En outre, le texte cite cet *ordo* comme s'il était identique à l'*Ordo cluniacensis*[8], ce qui paraît curieux, même si au XIIe siècle les oppositions entre les deux tendances s'étaient atténuées. Si cette mention renvoie à un système « Jeune-Gorze », comme le pensait K. Hallinger[9], elle prouve que Guillaume a fait de l'abbaye lorraine une filiale de Cluny au point de rendre superflue toute distinction entre les deux. Mais Lorsch ne peut avoir connu l'influence de Gorze qu'avant le passage de Guillaume dans cette dernière et d'autre part, si Gorze était identique à Cluny, la mention serait une tautologie. Derrière cette réclamation des moines de Lorsch d'appartenir à L'*Ordo gorziensis* il faut voir un attachement aux coutumes propres, aux traditions, peut-être un souvenir des conditions de la fondation, mais pas une affiliation à Gorze. D'ailleurs Lorsch revendique du même élan l'appartenance à Cluny, à laquelle Hirsau doit pourtant l'essentiel de ses coutumes[10]. Cette mention est donc totalement dévaluée et indigne de servir de clef de voûte à la construction d'un empire gorzien concurrent de l'empire clunisien.

La part de Gorze dans la réforme de Lorsch est un problème important, car K. Hallinger a fondé sur cette mention de l'*Ordo gorziensis* tout un « groupe de Lorsch », qui étend fort loin des ramifications plus ou moins directes.

B. *Les abbayes réformées par Lorsch.*

– Fulda, abbaye du diocèse de Mayence, ferait partie de ce groupe depuis 1013, date à laquelle Henri II impose Poppon de Lorsch, qui réforme difficilement l'abbaye[11]. Jusqu'à quel point cette réforme est-elle « gorzienne » ? L'influence de Gorze, très indirecte, ne s'étend apparemment pas au-delà du Xe siècle – les abbés cités au nécrologe de Fulda sont Einold, Jean et Odolbert[12].

– Saint-Vit de Corvey[13], dans le diocèse d'Osnabrück, est dirigée après 1015 par un moine de Lorsch, Druthmar[14]. D'abord mal reçu, il fait de l'abbaye un centre renommé.

– Vers 990, sous l'abbé Gotebold, des moines de Lorsch viennent à Amorbach. Mais, comme nous le verrons, cet établissement devient après 993 un *Eigenkloster* de l'évêque de Wurzbourg. Richard d'Amorbach dirige aussi Fulda (1018-39).

La part de Gorze dans la réforme de ces abbayes d'Empire, précocement mais faiblement attestée, ne survit pas aux premières années du XIe siècle.

La première mention d'un moine de Gorze devenu abbé à l'est du Rhin concerne Milon d'Ellwangen, à la fin du Xe siècle. Au début du XIe siècle, l'abbé Immo, nommé à Reichenau par l'empereur, échoue. Jusqu'au milieu du XIe siècle, l'Empire apparaît réfractaire à l'influence de Gorze, après cette date les évêques font appel à des moines de Gorze : Ekkebert à Schwarzach vers 1047, Thierry à Kremsmünster vers 1065/75, Humbert à Saint-Pantaléon de Cologne en 1066, Erpho à

Siegburg en 1068, Herrand à Ilsenburgen 1070, Gottschalk à Saint-Alban de Mayence en 1072, Hugues à Saint-Martin de Trèves en 1080.

Le facteur dominant de l'expansion gorzienne étant le soutien de l'épiscopat, il convient de choisir comme plan d'exposition le découpage des évêchés de l'Empire.

2) ARCHEVECHÉ DE COLOGNE.

Les relations avec Metz sont bien attestées au XIe siècle[15] – l'abbé Henri obtient notamment trois des corps des onze mille vierges et fait consacrer un autel Saint-Pantaléon[16] – ce qui favorise la venue de moines de Gorze à la tête des abbayes du diocèse.

A. *Les archevêques de Cologne*[17].

Ils ont généralement été favorables au mouvement de Gorze.

– Heribert[18], archevêque de Cologne de 999 à 1023, a été formé à l'école cathédrale de Worms, puis à Gorze[19]. Il conserve des relations avec Gorze, car un certain Albuin lui dédie une étude sur l'antéchrist, plagiée sur Adso[20]. Heribert est abbé de Brogne, précepteur et ami d'Otton III, qui le fait chancelier pour l'Italie puis pour tout l'Empire (998-1002). Après la mort d'Otton III[21], il se montre hostile aux prétentions du duc de Bavière à la royauté, ce qui se retourne contre lui avec la reconnaissance d'Henri II en 1002. Heribert se confine alors dans la gestion de son diocèse. Il fonde, vers 1002-3, le monastère de Deutz où il se fait enterrer.

– Pilgrim (1021-1036) soutient Conrad II en 1024 et couronne son épouse Gisèle. Il conseille à Ezzo de recourir à Poppon pour sa fondation de Brauweiler.

– Hermann II (1036-1056) lui succède. Second fils d'Ezzo et de Mathilde, il est le demi-frère d'Henri de Gorze. D'abord chanoine à Liège[22], la faveur impériale le fait archichancelier pour l'Italie, chancelier du siège apostolique. Il a pu connaître Ekkebert de Schwarzach[23].

– Anno, archevêque de 1056 à 1075, a été écolâtre à Saint-Etienne de Bamberg[24]. Il est nommé archevêque par Henri III et a une très grande influence sous son règne. En 1062, Anno conspire pour ôter à l'impératrice Agnès la tutelle d'Henri IV et, avec Siegfried de Mayence, accapare l'administration de l'Empire pendant un an. Il perd ensuite une partie de son crédit à la cour[25] et se consacre à la réforme de son diocèse, aux abbayes et à sa fondation de Siegburg[26].

B. Saint-Pantaléon de Cologne.

En 964, Bruno de Cologne fonde cet *Eigenkloster* où il se fait enterrer[27]. Bien que favorable à la réforme de Gorze, Bruno ne fait pourtant pas appel à ces moines, mais à Saint-Maximin de Trèves, d'où viennent les moines et le premier abbé, Christian[28]. La réforme de Saint-Pantaléon a connu une certaine diffusion[29].

Les monastères dépendant de Cologne s'organisent selon un réseau informel de relations. Folbert, premier abbé de Deutz, dirige aussi Gladbach et Saint-Pantaléon[30] de 1019 à 1021. Son successeur à Saint-Pantaléon, l'irlandais Hélias, est aussi abbé de Saint-Martin[31], de 1021 à 1042, ce que lui reproche l'archevêque Pilgrim. Henri, abbé de Saint-Pantaléon (1052-66) et de Gladbach, confie cette dernière abbaye à son neveu Wolphelm de Brauweiler[32].

L'implantation des coutumes de Fruttuaria à Saint-Pantaléon correspond à l'abbatiat d'Humbert, moine de Gorze[33] et abbé de Saint-Pantaléon de 1066 à 1082. L'abbatiat d'Humbert est contemporain de la fondation par Anno de l'abbaye de Siegburg, pour laquelle il fait appel à des moines de Fruttuaria. Dans les deux cas, l'archevêque cherche les premiers abbés à Gorze.

J.Semmler considère que Saint-Pantaléon fait partie du groupe de Siegburg depuis l'abbatiat d'Henri, car Anno envoya des moines de Saint-Pantaléon et Siegburg à Saalfeld[34]. La référence à Gorze par l'origine identique des deux abbés a renforcé entre Siegburg et Cologne des liens que la proximité géographique rendait de toute façon probables. Cela expliquerait que, comme nous le verrons plus bas, Saint-Maurice de Minden, réformée par Saint-Pantaléon, adopte l'*Ordo sigeburgensis* vers 1080.

C. Siegburg.

Anno de Cologne fonde Siegburg sur une colline à l'est de la ville qui lui a été disputée par le comte Henri, comme nous l'avons vu. Pour fonder cet *Eigenkloster*, Anno fait d'abord appel à des moines de Saint-Maximin – restaurée par Poppon de Stavelot – sous la direction de Wolphelm, mais c'est un échec et il les renvoie[35]. L'archevêque confie alors Siegburg à des religieux de Fruttuaria[36] dirigés par Erpho (1068-1076), venu de Gorze[37]. Nous avons rencontré une même « alliance » entre Gorze et Fruttuaria dans le cas de Saint-Pantaléon de Cologne. Le rôle de Fruttuaria[38] s'explique par l'origine de l'abbé, Gorze ayant été dirigée par Guillaume de Volpiano[39]. Mais cette réforme est elle gorzienne[40] ? Le texte des *Consuetudines Sigiberti* est recopié à Siegburg et probablement importé par l'abbé Erpho[41]. La translation de reliques de saint Bénigne à Siegburg, en 1073, est célébrée par Erpho avec une solennité particulière[42]. Cet abbé introduit à Siegburg le culte de saint Gorgon en y amenant des reliques du patron de Gorze[43]. Le successeur d'Erpho, son prieur Reginhard (1076-1105), écrit une *Vita* d'Anno de Cologne, qui y était mort et y avait été enterré[44]. Comme les autres fondations d'inspiration gorzienne, Siegburg ne recherche pas l'autonomie par rapport à l'évêque, la *libertas coloniensis* se limitant à la libre élection de l'abbé. Siegburg réforme plusieurs monastères.

D. La réforme de Siegburg au XIe siècle.

Le mouvement issu de Siegburg a un succès certain. L'étude de sa diffusion dans la deuxième moitié du XIe siècle permet de retrouver, dans les monastères concernés, quelques traits gorziens, bien que l'influence de l'abbaye soit indirecte.

– Brauweiler était une chapelle, desservie au Xe siècle par un chapitre de chanoines[45]. Le comte palatin Erenfried – père de l'abbé Henri de Gorze – et son épouse Mathilde – fille d'Otton III – y fondent en 1024 un monastère. C'est un *Eigenkloster*, dont les ressources sont prises sur les possessions du comte, et un lieu de sépulture familial. L'archevêque Pilgrim conseille à Ezzo de le confier à Poppon de Stavelot, qui envoie sept moines avec Ellon pour premier abbé[46]. Brauweiler passe sous le contrôle de l'archevêque dès 1051, d'ailleurs Hermann II est le fils des fondateurs. En 1061, Anno de Cologne, avec Egilbert évêque de Minden, procède à la dédicace de l'église de Brauweiler[47] sous l'abbatiat de Tegeno (1053-1065), futur abbé de Malmédy[48].

Le troisième abbé, Wolphelm (1065-1091), est le neveu d'Henri de Saint-Pantaléon[49]. Il a étudié à Saint-Maximin de Trèves à l'époque de l'abbatiat de Bernard, disciple de Poppon de Stavelot[50]. Son oncle, Henri, lui confie, vers 1052, l'abbaye de Gladbach dont il était abbé. Rappelons que Wolphelm a été le premier abbé de Siegburg[51]. Il introduit, non sans difficultés, la réforme de Siegburg à Brauweiler[52]. Wolphelm est l'auteur d'une lettre concernant Bérenger de Tours à Meginhard de Gladbach qui lui a succédé à la tête de ce dernier monastère[53]. Pendant la Querelle des Investitures, il se montre partisan d'Henri IV, ce qui lui vaut les invectives de Manegold de Lautenbach, qui lui reproche aussi son amour des auteurs antiques, surtout de Macrobe[54]. A sa mort, en 1091, Reginhard de Siegburg et Hermann de Saint-Pantaléon sont à son chevet[55].

– Saalfeld[56]. Richeza, fille d'Ezzo[57], qui a épousé le roi Mieskos II de Pologne, donne en 1056 à Anno le territoire autour de Saalfeld et de Coburg – où Saalfeld eut un prieuré. Anno de Cologne fonde un chapitre de chanoines, qu'il transforme en monastère en 1071 en y faisant venir des moines de Siegburg et de Saint-Pantaléon de Cologne[58] – peut-être aussi de Schwarzach, si Ezzo, le premier abbé, vient effectivement de cette abbaye[59]. La transformation ne se fait pas sans mal et de nombreux moines s'enfuient plutôt que d'accepter la réforme de Siegburg[60], jugée trop austère. Saalfeld est un *Eigenkloster* de Cologne sur le territoire de Mayence et un poste avancé d'évangélisation vers l'Est. En 1071, Siegfried de Mayence accorde aux moines la libre élection de l'abbé. L'abbaye est en relations épistolaires avec Reinhardsbrunn[61] et crée des confraternités de prières avec Deutz, Gladbach, Michelsberg et Reinhardsbrunn[62].

— Grafschaft, abbaye du diocèse de Cologne, est fondée en 1072 par Anno[63], grâce à des moines de Siegburg. Le premier abbé est Liutfred (1072-1115), l'église de l'abbaye est bénie par l'archevêque Sigewin (1079-1089). Il existait une communauté de prières entre Grafschaft et Deutz. A Grafschaft comme à Saalfeld, Anno impose les coutumes de Siegburg[64].

— Saint-Vit de Gladbach avait été complètement détruite par les Hongrois en 954, si bien que l'archevêque Gero apparaît comme son véritable fondateur en 974. Il choisit pour premier abbé Sandrat de Saint-Maximin. Le quatrième abbé, Folbert, dirige aussi Saint-Martin de Cologne, collégiale dont l'archevêque Everger fait un monastère. Heribert nomme Folbert abbé de Saint-Pantaléon et de Deutz[65]. Everger aurait voulu en profiter pour ramener à Cologne les reliques de saint Vit, mais celui-ci lui apparait en rêve pour s'opposer à ce projet, qui échoue donc. Les relations de Gladbach avec les monastères de Cologne se poursuivent sous Henri, abbé de Saint-Pantaléon et de Gladbach[66], qui confie cette dernière à son neveu Wolphelm, lequel devient abbé de Brauweiler en 1065, puis à un moine de Brauweiler, Meginhard. Sous quel abbatiat l'abbaye est-elle intégrée au groupe de Siegburg[67] ? Si l'on suppose que Wolphelm est le représentant d'un mouvement traditionnel, émanant de Saint-Pantaléon et Saint-Maximin, il faut repousser l'introduction des coutumes de Siegbur, jusqu'à l'abbatiat d'Adalbéron de 1090 à 1110. Si l'on se rappelle au contraire que Wolphelm est le premier abbé de Siegburg, dont il a introduit les coutumes à Brauweiler, l'intégration de Gladbach peut remonter à 1060 environ. A la fin du XIe siècle, Rudolf de Saint-Trond la décrit comme récemment gagnée à la réforme de Siegburg[68]. Dans le nécrologe de Gladbach les abbés de Gorze Jean et Henri le Bon[69] alternent avec les abbés de Cluny, Odilon et Hugues.

— Sinheim, abbaye du diocèse de Spire. Jean, évêque de Spire, veut transformer la collégiale fondée par sa famille en monastère bénédictin, vers 1092. Il se tourne vers Siegburg[70], négligeant Hirsau qui est dans son diocèse, craignant sans doute que Sinheim ne s'émancipe de sa tutelle comme Hirsau. D'ailleurs ses idées pro-impériales l'opposent à l'abbaye, dont il finit par exiler l'abbé, Guillaume. Jean a pu connaître la réforme de Siegburg lors d'un séjour à Cologne[71]. Les débuts sont difficiles, le premier abbé, Gottfried, repart rapidement, le second, Duido, devient moine à Hirsau[72]. En 1098, Reginhard de Siegburg propose le moine Adalger comme abbé de Sinheim[73]. L'abbaye devient la sépulture familiale de l'évêque Jean, qui y est enterré en 1104, ainsi que sa mère, sœur d'Henri IV, son père et son frère.

– Saint-Maurice de Minden. Minden[74] est indirectement liée à Gorze par le patronage commun de saint Gorgon, dont l'évêque Milo envoya la passion à Immo. Le monastère est fondé par Bruno, chapelain de Conrad II, qui devient évêque de Minden. En 1036, il est consacré par Hermann II de Cologne. Bruno, mort en 1055, est enterré à Saint-Maurice[75]. En 1042, les premiers moines viennent de Saint-Jean de Magdebourg, ils donnent comme patron à l'abbaye celui de la ville de Magbebourg, Maurice. Le premier abbé, Mainward, meurt en 1071. Le troisième abbé, Albérich, moine de Saint-Pantaléon de Cologne, introduit à Saint-Maurice l'*ordo sigeburgensis*, l'influence de Siegburg remonte donc à 1080[76].

La présence de l'abbé Humbert venu de Gorze à Saint-Pantaléon de Cologne n'a pas de conséquences flagrantes en raison du rayonnement de l'abbaye voisine de Siegburg qui englobe Saint-Pantaléon. La réforme de Siegburg est le plus dynamique des mouvements lancés par des abbés venus de Gorze. L'action directe de l'abbé Erpho n'est jamais mise en avant : comme dans le cas de Gorze, l'abbaye ne fait pas de prosélytisme. La réforme de Siegburg adhère pleinement au système épiscopal, ce qui est typique de Gorze. Enfin il existe des relations ponctuelles avec d'autres abbayes dirigées par des moines de Gorze.

CHAPITRE V

3) ARCHEVÊCHÉ DE MAYENCE.

Siegfried[77], archevêque de Mayence de 1060 à 1084, est abbé de Fulda – réformée par Lorsch vers 1013. Ami d'Anno de Cologne, il partage un temps avec lui la régence pendant la minorité d'Henri IV, et va visiter sa tombe à Siegburg[78]. Sa rencontre avec les moines de Siegburg l'incite à choisir un moine de cette abbaye pour diriger Saint-Pierre d'Erfurt et un moine de Gorze pour diriger Saint-Alban. Pourtant, en 1072, il a pensé à se faire moine à Cluny alors qu'il passait dans cette abbaye au retour d'un pèlerinage à Saint-Jacques de Compostelle[79], mais les habitants de Mayence l'en ont empêché.

Au moment de la Querelle des Investitures, Siegfried s'oppose à l'empereur[80], assez peu vigoureusement au début, puisqu'il se rend à la convocation de Henri IV à Worms en janvier 1076, très violemment ensuite, car il couronne roi Rudolf de Rheinfelden en 1077, s'oppose au choix de l'anti-pape Clément III et soutient Hermann de Salm en 1081. Il meurt le 16 février 1084 au monastère de Hasungen où il s'est retiré. Son successeur, Wezilo, (1084-1088) clerc d'Halberstadt en fuite devant son évêque et nommé par l'empereur archevêque de Mayence, est favorable à Henri IV[81].

A. Saint-Pierre d'Erfurt[82].

La collégiale, fondée vers 1060, est transformée en monastère, Siegfried de Mayence remplaçant les chanoines par des moines[83]. On ne sait rien du premier abbé Ruggart, le second, Rapodo (1071-1088), vient de Siegburg ou de Saint-Pantaléon de Cologne[84] et introduit la réforme de Siegburg. En 1080, les troupes d'Henri IV détruisent le monastère en pillant la ville. En 1088, peu après la mort de Wezilo de Mayence, Gislebert[85] devient abbé. Il fait des modifications et des réformes qui perturbent les moines, dont plusieurs se sauvent[86]. Bien qu'il devienne abbé d'Admont en 1091, il semble que Gislebert reste abbé de Saint-Pierre d'Erfurt jusqu'à sa mort, en 1101.

B. Saint-Alban de Mayence.

L'abbaye Saint-Alban, fondée par l'archevêque Richolf (787-813), est un élément important de la vie de l'archevêché[87]. Gottschalk, choisi par l'archevêque Siegfried et abbé depuis 1074, venait de Gorze[88]. Lors de la Querelle des Investitures, il est déposé, en 1085, par le concile de Mayence – tenu dans son abbaye de Saint-Alban[89] – pour ses opinions anti-impériales.

C. Iburg

Iburg est une fondation de Benno d'Osnabrück (1068-88). Benno[90], formé à Strasbourg et à Reichenau, va ensuite à Spire, où il est remarqué par Henri III, puis à Goslar. Vers 1051, il devient prévôt et écolâtre de la cathédrale d'Hildesheim, où il se fait remarquer par ses talents de gestionnaire et d'architecte[91]. En 1067, Henri IV et Anno de Cologne le choisissent comme évêque d'Osnabrück. Pendant la Querelle des Investitures, il se montre très fidèle au roi, il est un des rares à l'accompagner en 1073 dans sa fuite lors de la révolte de la Saxe. En 1080, il va en Italie avec Thierry de Verdun[92]. Benno fait écrire par son écolâtre Gui une défense de Guibert de Ravenne[93], mais il apparaît surtout comme un médiateur entre Henri IV et Grégoire VII. Benno est un évêque très actif dans le domaine séculier, et jaloux des droits de son siège, qu'il restaure en particulier au détriment de l'abbaye de Corvey[94]. Benno fonde de l'abbaye d'Iburg[95] dès qu'il devient évêque, et s'y fait enterrer.

Pour cette fondation, il fait venir, vers 1080, douze moines de Saint-Alban de Mayence, à la suite d'une rencontre avec l'abbé Gottschalk de Saint-Alban[96]. Il met à leur tête un abbé venu de Saint-Pantaléon de Cologne[97]. Ces deux abbayes étaient alors dirigées respectivement par Gottschalk et Humbert, tous deux venus de Gorze. Pourtant la fondation connaît des problèmes, les moines ne s'accordent pas sur les coutumes, et Benno renvoie chacun chez soi[98]. Cela montre la large autonomie laissée par son abbé à un monastère. Saint-Alban et Saint-Pantaléon ont une existence stable bien antérieure à l'arrivée d'un abbé de Gorze, et celui-ci ne cherche pas à les transformer à l'image de son abbaye d'origine. Benno devait pourtant avoir une certaine idée de ce qu'il voulait et il reste fidèle à l'influence de Gorze ; il s'en remet d'abord à quelques moines destinés à assurer un service minimum, qui viennent de Saint-Maurice de Minden, laquelle a été réformée à la même époque par Saint-Pantaléon de Cologne. Finalement, vers 1082, Benno fait venir un abbé, Adelhard, et des moines de Siegburg, dont il a rencontré l'abbé Reginhard en allant sur la tombe d'Anno[99]. Reginhard est assez réticent, car la fondation lui semble faiblement dotée[100]. En outre, Benno ne peut la surveiller puisqu'il part en Italie la même année. A son retour, une partie des moines a disparu et Adelhard, très âgé, est rapidement renvoyé à Siegburg[101]. Cette abbaye fournit alors de nouveaux moines et le second abbé, Norbert (1085-1117). Ce dernier, élevé à Saint-Pierre de Cologne, est chanoine à Bamberg avant de se faire moine à Siegburg et d'être choisi pour devenir abbé d'Iburg. La construction de l'abbaye est lente et difficile, la première église s'effondre aussitôt et les moines vivent un certain temps sur un chantier[102]. Il semble que le problème principal soit la pauvreté de la fondation, ce qui explique que l'évêque Markward veuille transformer Iburg en prieuré de Corvey, mais Norbert s'oppose victorieusement à ce projet. Norbert écrit la Vie de l'évêque Benno pour conserver sa mémoire, se conformant ainsi au désir de l'évêque qui, en fondant Iburg, souhaitait que les moines, par leurs prières, compensent après sa mort les insuffisances de son existence terrestre[103].

Sur le vaste territoire de l'archevêché, les réformes monastiques viennent de zones diverses, certaines influencées par Gorze, surtout par l'intermédiaire de Siegburg. Gottschalk de Saint-Alban, apparemment peu efficace, est en outre rapidement écarté lors de la Querelle des Investitures. L'homme fort de la réforme monastique dans le diocèse est Giselbert d'Hasungen.

4) *WURZBOURG.*

L'évêché de Wurzbourg est en relation avec Gorze par l'intermédiaire de d'Heribert de Cologne, frère d'Henri[104] de

Wurzbourg (995/6-1018). Ce dernier réforma les abbayes de son diocèse[105], Amorbach, Schlüchtern et Schwarzach.

A. *Adalbéron de Wurzbourg.*

L'évêque Adalbéron, de la famille des comtes de Lambach, appartient par sa mère, Regilinde, à la famille d'Ardenne[106]. Il étudie à Wurzbourg et peut-être à Paris, devient chanoine à Wurzbourg et succède, en 1045, à son oncle Bruno comme évêque de Wurzbourg. Henri III le choisit, avec Hugues de Cluny, pour être le parrain de son fils Henri. Il s'intéresse à la réforme monastique et fait appel à Ekkebert. Pendant la Querelle des Investitures, Adalbéron se rallie fermement à Grégoire VII, après 1076, participe à la déposition d'Henri IV et à son remplacement par Rodolphe en 1077. Wurzbourg, restée fidèle à Henri IV, chasse l'évêque et est assiégée par les Saxons qui veulent rétablir Adalbéron. Ces derniers sont eux-mêmes attaqués par Henri IV[107] en 1086. Adalbéron, déposé, est fait prisonnier par l'empereur, qui le conduit à Lambach où il meurt en 1090[108]. Vers 1205, un moine de Lambach écrit sa *Vita*[109].

B. *Amorbach*[110]

Amorbach a été fondée par Pirmin. En 993, Otton III la reconnaît comme un *Eigenkloster* de l'évêque de Wurzbourg à l'instar de tous les autres monastères d'hommes de son diocèse. Vers 990, sous l'abbé Gotebold, des moines de Lorsch viennent à Amorbach.

La réforme d'Amorbach est difficile à cerner. En 1007, à la diète de Neuburg, l'abbé Otto apparaît comme un représentant de la réforme clunisienne et un disciple d'Odilon de Cluny. Vers 1010-1018, le moine Thierry de Fleury importe à Amorbach les coutumes de Fleury[111]. L'abbé réformateur Richard d'Amorbach (1012-39) participe, vers 1015, à la fondation par l'évêque Eberhard (1007-1040) de Michelsberg à Bamberg, abbaye dans laquelle les moines suivent l'*ordo amerbacensis* jusqu'à la réforme d'Hirsau, introduite par l'évêque

CHAPITRE V

Otton au début du XIIe siècle[112]. Richard d'Amorbach prend part à la reconstruction de Schlüchtern, en 1018. En 1018, Henri II le nomme abbé de Fulda.

Bruno, abbé d'Amorbach attesté en 1091[113], était moine de Gorze[114]. On ignore à quelle date il devient abbé (son prédécesseur meurt en 1039), mais il est certainement nommé par Adalbéron, qui soutient Gorze. Il apporte le culte de saints messins[115] et s'est peut-être intéressé à la bibliothèque[116].

C. Ekkebert de Schwarzach.

Sainte-Félicité de Schwarzach est fondée vers 815, le premier abbé étant Benoît d'Aniane. En 993, Otton III donne l'abbaye à l'évêque de Wurzbourg[117]. Au début du XIe siècle, Schwarzach subit l'influence de Saint-Maximin et de Saint-Emmeran[118]. Vers 1047, le moine de Gorze Ekkebert[119] est envoyé avec six moines de Gorze pour restaurer le monastère à la demande de l'évêque Adalbéron de Wurzbourg[120], qui lui accorda toujours son aide et sa confiance. Ekkebert[121], abbé de Schwarzach de 1047 à 1076, porte un intérêt particulier à la bibliothèque et à l'école de son monastère[122]. Les constructions qu'il réalise sont rendues possibles par la générosité de l'évêque, qui y gagne le nom de deuxième fondateur[123]. Ekkebert fait consacrer, dès 1047, par Adalbéron, une première église dédiée aux saints Gall et Colomban[124]. Il jette par la suite les bases de l'abbatiale et l'*oratorium cryptae* est consacré en 1064[125], enfin, en 1074, l'édifice achevé est consacré par Adalbéron[126]. Pendant la Querelle des Investitures, l'abbaye se montre favorable aux grégoriens, mais recueille néanmoins Hermann de Bamberg.

D. L'influence d'Ekkebert et l'extension du mouvement.

– Saint-Etienne de Wurzbourg.

Ekkebert, qui dirige aussi l'abbaye Saint-Burchard de Wurzbourg[127], est à l'origine de la transformation de la collégiale Saint-Etienne de Wurzbourg en abbaye. Celle-ci a été fondée en 1013 par Henri de Wurzbourg. En 1057, l'évêque remplace les chanoines par des moines de Schwarzach, l'aide financière lui est fournie par Richeza, reine de Pologne. Saint-Etienne est probablement dirigée de 1057 à 1090 par un abbé Frédéric ou Rupert, mais son successeur, Ezzo (1094-1119), est le premier abbé à apparaître dans les actes. Cela tend à prouver que l'abbaye n'a obtenu son autonomie qu'à ce moment là. Il est possible que Saint-Etienne ait été à l'origine un monastère double, ce qui expliquerait l'abondance des moniales citées au nécrologe du XIIe siècle[128]. Les traces d'une influence gorzienne sont sensibles dans les textes liturgiques, hymnes et sanctoral[129].

– D'autres abbayes du diocèse de Wurzbourg sont touchées :

L'abbaye de Thères, indirectement, Albricus de Thères, abbé de 1090 à 1120, étant un disciple d'Ekkebert[130].

Neustadt-am-Main peut-être, si Ekkebert en est abbé : on sait qu'il est réputé avoir restauré plusieurs abbayes dont les noms ne sont pas précisés. Comme il est cité au nécrologe de Neustadt, ainsi que Sigibold de Melk-Lambach[131], Adalbéron a pu lui confier aussi ce monastère.

– Lambach.

L'évêque Adalbéron choisit Ekkebert comme premier abbé de Lambach[132], un *Eigenkloster*, fondé, en 1048, par son père le comte Arnold de Lambach, dans le diocèse de Passau, et dont il a hérité en 1056. Son ami Altmann de Passau consacre l'église de cette fondation en l'honneur de Notre-Dame et de saint Killian[133]. Adalbéron s'y fait enterrer[134]. Un fragment de texte liturgique de la fin du XIe siècle porte des traces de l'origine complexe de Lambach puisqu'on y retrouve des emprunts à Wurzbourg, d'où vient Ekkebert, à Gorze, où il est d'abord moine et à Saint-Bénigne de Dijon dont l'abbé Guillaume a été abbé de Gorze[135]. Ekkebert a sans doute apporté, dès 1056, à Lambach un manuscrit écrit à Schwarzach[136]. Les liens entre Schwarzach et Lambach, qui apparaît comme une sorte de plaque tournante de la réforme dans le sud de l'Empire, sont durables. Pezeman, moine de Schwarzach, devient, à la demande d'Ekkebert, abbé de Lambach[137]. Sigibold, qui est probablement un moine de Schwarzach venu à Lambach avec Ekkebert, transforme, en 1089, la collégiale Saint-Pierre de Melk en abbaye[138], il

CHAPITRE V

devient en 1104, à la mort de Pezeman, abbé de Lambach, où il meurt en 1116[139].

– Admont.

En 1074, Gebhard de Salzbourg fonde, grâce aux moines de Saint-Pierre de Salzbourg, l'abbaye d'Admont, où il se fait enterrer. Les relations entre Admont et les abbayes d'influence gorzienne sont nombreuses mais allusives[140]. Gebhard de Salzbourg, ami d'Altmann de Passau et d'Adalbéron de Wurzbourg, écrit aussi à Heriman de Metz qu'il cherche à conforter dans ses positions pro-grégoriennes. Gislebert, deuxième abbé d'Admont, en 1091, est aussi abbé de Reinhardsbrunn et de Saint-Pierre d'Erfurt. Le moine Wezilo de Michelsberg part à Lambach et devient abbé d'Admont[141] en 1105.

– A la fin du XIe siècle, l'influence de Schwarzach s'étend au diocèse de Merseburg :

Vers 1091, un moine de Schwarzach, Altman, devient abbé de Saint-Pierre de Merseburg, avant de diriger aussi Schwarzach[142].

L'église Saint-Jacques de Pegau[143], fondée dans le même diocèse en 1092, a été détruite par le comte Wiprecht, auquel l'évêque donne comme pénitence de faire le pèlerinage à Rome, d'où Urbain II le renvoie à Saint-Jacques de Compostelle. Il devait reconstruire l'église et en faire un monastère. Wiprecht revient en 1091 et fonde l'abbaye en 1092, grâce à des moines de Schwarzach, alors dirigée par l'abbé Burcard[144], parmi lesquels se trouvait le futur abbé de Pegau, Bero[145].

Ekkebert est le premier moine de Gorze venu dans l'Empire au XIe siècle, et ce à la demande d'un évêque, parent des évêques de Metz. On sait de façon explicite qu'il était accompagné par d'autres moines de Gorze. Sans que l'on puisse dire si cette formule est exceptionnelle ou non, elle justifie, autant que la longueur de l'abbatiat d'Ekkebert, un important apport gorzien dans les monastères dépendants de Schwarzach. Ekkebert se démarque aussi des autres abbés gorziens en ce qu'il est le seul a diriger directement les abbayes qui lui sont confiées, donc à cumuler les charges abbatiales.

5) BAMBERG.

La politique monastique d'Hermann de Bamberg (1065-1075).

Hermann de Bamberg a été *vice dominus* à Mayence, il s'est donc occupé de l'administration de ce diocèse. Il part en Terre Sainte avec Siegfried de Mayence et Gunther de Bamberg qui meurt brusquement. Siegfried met en avant Hermann pour qu'il reçoive l'évêché de Bamberg, peut-être contre de l'argent. Hermann est mal reçu par le chapitre cathédral de Bamberg[146].

Vers 1071, Hermann de Bamberg fait appel à Ekkebert, dont il a certainement entendu parler du fait de l'action de Schwarzach dans le diocèse voisin, dont il a rencontré l'évêque[147], Hermann connaît d'ailleurs les moines de Gorze par l'abbé Gottschalk de Saint-Alban de Mayence. Ekkebert devient abbé de Michelsberg de Bamberg[148], abbaye bénédictine fondée en 1015 par Eberhard[149], premier évêque de Bamberg, avec l'aide de Richard d'Amorbach. Les abbés ont été souvent choisis à Saint-Emmeran de Ratisbonne. Le choix d'Ekkebert par Hermann montre qu'il n'y a pas d'élection libre de l'abbé dans cet *Eigenkloster* de l'évêque[150]. Schwarzach et Michelsberg ont été liés par une communauté de prières, on trouve dans le nécrologe de Michelsberg les noms de 146 moines de Schwarzach. L'apport de Gorze en ce qui concerne le culte des saints se montre dans le calendrier de Michelsberg à la fin du XIe siècle[151], par contre les manuscrits ne témoignent pas d'une influence gorzienne[152]. La réforme d'Ekkebert est très mal accueillie, « les moines s'éparpillent comme des feuilles mortes sous son abbatiat », pourtant l'abbé ne semble pas avoir touché aux coutumes qui restent, jusqu'au début du XIe siècle, celles d'Amorbach. Après la chute d'Hermann, Ekkebert repart et les abbés sont à nouveau choisis à Saint-Emmeran.

L'évêque Hermann, quant à lui, semble très satisfait de l'action d'Ekkebert auquel il confie aussi Saint-Jacques de Bamberg[153], chapitre collégial qu'il a fondé en 1072, et qu'il transforme ainsi en monastère, non pas, explique le chroniqueur parce que les chanoines menaient mauvaise vie, mais parce que la vie contemplative a seule l'heur de plaire à l'évêque, en butte, rappelons-le, à l'hostilité des chanoines. Ekkebert construit sans doute l'église Saint-Jacques[154].

Hermann s'appuie sur les monastères restaurés qui dépendent de lui, pour faire contrepoids aux chapitres hostiles[155] et augmenter son pouvoir. Par réaction les chanoines portent plainte devant Henri IV en accusant Hermann de simonie, mais l'empereur soutient son allié et confirme sa légitimité[156]. En 1073, la même accusation est portée à Rome et Heriman de Metz est chargé de régler l'affaire[157], qu'Henri IV préfère à nouveau traiter en Germanie. Hermann et Siegfried, convoqués à Rome, sont suspendus par le pape pour ne pas avoir aussitôt obéi. Ils partent en 1074, mais seul Siegfried rencontre Grégoire VII. En avril 1075, le pape condamne Hermann, après avoir demandé à Heriman de Metz, Adalbéron de Wurzbourg et Siegfried de Mayence si son élection était légitime, et s'être fait répondre qu'elle était simoniaque. En juillet 1075, Grégoire VII dépose Hermann, que Henri IV a abandonné contre la promesse de pouvoir choisir son successeur, attitude considérée par tous comme une trahison[158].

Chassé de Bamberg, Hermann va à Schwarzach. Ekkebert l'accueille et obtient en 1076 sa réconciliation avec Rome[159]. Hermann meurt en 1084 à Schwarzach, auquel il a donné des biens[160]. Hermann est perdu par l'hostilité de son chapitre et l'abandon de l'empereur, qu'il a pourtant constamment soutenu.

La tentative d'Hermann de s'appuyer sur Ekkebert pour accroître sa puissance dans le diocèse et son autonomie face au clergé local est typique du comportement d'un évêque d'Empire. C'est sans doute pourquoi il a recherché des moines de Gorze. L'échec d'Hermann est l'archétype de l'échec du système de l'Eglise d'Empire, qui entraîne Gorze dans sa chute.

6) *Eveché de Passau : Kremsmünster*

Altmann, évêque de Passau, et Thierry de Kremsmünster
Altmann étudie à Paderborn et peut-être à Paris avant de diriger l'école de Paderborn. Il a été le condisciple de Gebhard de

Salzbourg et d'Adalbéron de Wurzbourg dont il reste l'ami[161]. Henri III le nomme prévôt du chapitre d'Aix puis, en 1065, évêque de Passau. Altmann se trouvait alors en terre sainte, pour attendre la fin des temps[162]. Après son retour, il cherche à réformer son diocèse, en particulier les monastères. Il publie la bulle de Grégoire VII contre le clergé concubinaire, ce qui lui coûte presque la vie, ainsi que la sentence d'excommunication d'Henri IV en 1076. Altmann, choisi par Grégoire VII comme légat, réconcilie Pibon de Toul avec le Pape[163]. Déposé par l'empereur, Altmann fuit en 1079. Il ne revient dans son diocèse que de 1081 à 1082 et meurt en exil en 1091 à l'abbaye de Göttweig, qu'il a fondée et où il est enterré.

Pour restaurer Kremsmünster[164], *Eigenkloster* de l'évêque[165], Altmann choisit l'abbé Thierry[166] et des moines venus de Gorze vers 1065-1073. L'évêque a probablement connu Gorze grâce à son ami Adalbéron de Wurzbourg. Celui-ci a consacré l'église de Lambach, qui se trouve dans son diocèse, avec l'évêque de Wurzbourg, qui en est le propriétaire. Schwarzach est liée à d'autres abbayes voisines, Michaelbeuren[167], Saint-Lambrecht[168], Formbach[169], Melk. Thierry a du mal à réorganiser l'abbaye, qui est apparemment décadente, mais il y parvient et fait de Kremsmünster un centre brillant. Il s'intéresse au scriptorium de son abbaye et fait copier au moins deux manuscrits de *Vitae* parmi lesquelles celles de Léger, Killian, Nicolas, Pantaléon, Symphorien, Lucie et Vit[170]. Malheureusement les catalogues de manuscrits conservés ne lui sont pas contemporains[171]. En 1082, Altmann consacre l'église de Kremsmünster[172]. On ignore quelles coutumes apporte Thierry, des textes postérieurs font remonter à son abbatiat l'implantation des coutumes d'Hirsau[173], mais la *Vita Altmanni* ne parle que de la restauration de la règle bénédictine[174]. Thierry a constitué des fraternités de prière avec des abbayes voisines : Saint-Pierre de Salzburg, Lambach, Admont[175] et Hirsau[176]. Malgré cette dernière mention, il ne faut pas faire de Kremsmünster une abbaye de la mouvance d'Hirsau, la Vie de Guillaume d'Hirsau ne parle pas de cette réforme et, bien qu'Altmann connaisse Guillaume, ce sont les convictions progrégoriennes qu'ils partagent qui les rapprochent. D'ailleurs les relations avec Guillaume ne remontent qu'aux années 1080, après la nomination de Thierry ; en outre à partir de ce moment Altmann est en général hors de son diocèse[177].

La réforme de Kremsmünster est la plus lointaine des manifestations de l'influence de Gorze. Elle se fait en quelque sorte par ricochet, et ses relations ultérieures sont surtout orientées vers d'autres monastères autrichiens, où rien ne nous dit qu'elle exporte l'esprit gorzien.

7) HALBERSTADT – ILSENBURG

A. Metz et Halberstadt.

L'évêque Burchard II d'Halberstadt (1057-1088), neveu d'Anno de Cologne, est choisi par l'impératrice Agnès. Il a de bonnes relations avec Henri IV jusqu'à la révolte de la Saxe en 1073, où il prend le parti des rebelles. Il cherche à faire appliquer dans son diocèse les réformes de Grégoire VII. Les Saxons ayant été vaincus, Burchard doit se soumettre. Fait prisonnier, il s'enfuit et se rallie aux anti-rois Rodolphe de Souabe puis Hermann de Salm. Après la défaite de ce dernier, Burchard l'accompagne au Danemark. Henri IV nomme Hamezo évêque d'Halberstadt. Burchard, blessé dans une émeute à Goslar, meurt à Ilsenburg[178] – Herrand écrivit le récit de sa passion[179]. Burchard est à l'origine de la réforme d'Ilsenburg et fonde aussi un couvent double à Huysburg, ainsi que la collégiale Saint-Paul à Halberstadt.

B. Herrand d'Halberstadt.

Herrand[180], neveu de Burchard, part se former à Gorze[181]. Ce choix s'explique par le prestige de l'abbaye et par l'existence de relations entre Metz et Halberstadt[182], remontant à l'évêque Thierry Ier et poursuivies par ses successeurs[183].

Herrand accompagne peut-être Ekkebert à Wurzbourg[184] avant d'être rappelé à Halberstadt par son oncle, qui le fait écolâtre de la cathédrale, puis lui confie, vers 1070, l'abbaye d'Ilsenburg. Dans cette abbaye, fondée vers 1018 par Arnoul d'Halberstadt et que Burchard a élue comme son lieu de sépulture, la rigueur a faibli[185]. Herrand y fait construire une nouvelle église, entre 1078 et 1087.

A la mort de son oncle, Herrand, qui a la réputation d'être savant et pieux[186], devient évêque d'Halberstadt, son concurrent, Thietmar Ier, ayant été assassiné. Herrand accède difficilement à son siège et a du mal à s'y maintenir. En effet, en 1090, trois évêques potentiels se disputent la ville : Herrand, candidat des grégoriens, Thietmar II et Frédéric, sans doute membres du chapitre, qui se partagent les suffrages des anti-grégoriens[187]. Le pape Urbain II considère l'élection d'Herrand comme seule régulière et le consacre en 1094 sous le nom d'Etienne[188]. Comme son oncle, il s'oppose au cours de la Querelle des Investitures à la politique d'Henri IV et écrit un pamphlet[189] contre ce dernier vers 1090. Sa position en faveur de Grégoire lui vaut d'être chassé de son siège en 1100. Thietmar II disparaît de la compétition mais Frédéric résiste, et expulse, avec leur abbé Otto, les moines d'Ilsenburg qui ont pris le parti de leur ancien abbé[190]. Herrand, chassé de son diocèse, se réfugie près de l'archevêque Hartwig de Magdeburg, puis à Reinhardsbrunn où il meurt en 1102[191].

C. L'influence d'Herrand.

Herrand dirige plusieurs monastères, essentiellement ses *Eigenkloster*[192] :

– Hillersleben où, sous sa direction, les moines remplacent en 1096 les chanoines[193]. Herrand choisit Alverich, ancien prieur d'Ilsenburg, comme prieur puis premier abbé d'Hillersleben[194], monastère qui se réclame d'Ilsenburg.

– Huysburg apparaît vers 1070, quand divers personnages attirés par la vie érémitique s'y réunissent : le chanoine Ekkehard d'Halberstadt[195], la nonne Bia de Quedlinburg[196] et, six ans plus tard, la chanoinesse Adelhaïde de Gandersheim[197]. Celles-ci paraissant mener dans le monastère une vie de recluses, on ne peut sans doute pas parler de monastère double. La fondation est assurée en 1076 par l'évêque Burchard, avec l'aide de moines venus de Saint-Jean près de Magdebourg : Thiezelin, qui a passé deux ans à Siegburg[198], et Meizo[199]. Sans qu'il y ait un abbé, le partage des responsabilités se fait pour le spirituel – Thiezelin – et pour le temporel – Ekkehard[200], qui a donc fait profession[201]. La force de l'influence d'Herrand vient de sa réputation et des conseils que Huysburg attend de lui[202], quoiqu'il ne soit pas véritablement abbé de Huysburg. A la mort de Thiezelin, le premier abbé est Ekkehard[203], auquel succède, en 1073, Alfried, choisi par Ekkehard, Bia, Adelhaïde et l'évêque[204]. La communauté compte apparemment cinquante-deux personnes ; la liste donnée pour « l'abbatiat » d'Ekkehard cite Thiezelin, Meizo, Bia et Adelhaïde[205].

– En dehors de ce cas très particulier, Herrand ne semble pas s'être intéressé aux monastères de femmes. Indirectement cependant, les deux recluses, Bia et Adélaïde participent à la réforme du monastère de Lippoldsberg, dans l'archevêché de Mayence[206].

– Harsefeld[207], dans le diocèse de Brême, fondé en 1001 comme chapitre de chanoines, est transformé vers 1101 en monastère bénédictin par la venue de moines chassés d'Ilsenburg par l'évêque Frédéric[208], sous la direction de l'abbé Werner (1001-33). En 1102, Pascal II confirme les biens du monastère. Celui-ci se réclame de l'*ordo ilseburgensis*[209].

– Wimmelburg, placée par l'évêque Burchard II d'Halberstadt in *monasticam religionem* et où l'influence d'Herrand est possible mais non prouvée.

– Reinhardsbrunn[210], dans le diocèse de Mayence. Le comte Louis de Thuringe fonde ce monastère qu'il place sous la direction de Gislebert, premier abbé de 1085 à 1101, avec l'appui d'Herrand qui n'est pas encore évêque[211]. Le fondateur fait venir d'Hirsau douze moines sous la direction du prieur Ernst[212], qui installent dans l'abbaye *les coutumes de Cluny*[213]. Pourquoi des moines d'Hirsau ? Il est possible que cette abbaye ait eu moins de scrupules que Gorze par exemple pour soutenir des fondations faites par des laïcs, quitte à leur contester toute influence ultérieure. Herrand consacre l'église de l'abbaye en 1097[214], s'y fait moine vers 1101, y meurt l'année suivante et y est enterré[215].

Le mouvement de réforme monastique organisé par Herrand aurait pu être l'illustration parfaite de la « réforme » de Gorze, qu'il appliquerait comme abbé et imposerait comme évêque. En réalité, du fait de la Querelle des Investitures, le rôle d'Herrand évêque est à peu près nul. Mais son attitude comme abbé est révélatrice car, s'il pratique parfois le cumul et dirige temporairement plusieurs abbayes, il agit plutôt comme un conseiller et un guide, dont on ne voit pas qu'il ait systématiquement cherché à imposer ses vues. Par exemple, il s'allie à un laïc pour une fondation dont une partie des moines vient d'Hirsau. Peut-être cette largeur de vue et cette absence de dogmatisme sont-ils justement la trace que nous cherchions de la formation d'Herrand à Gorze.

8) *LES CARACTERES DU MONACHISME GORZIEN*
A *Les coutumes.*

Quelles sont les coutumes de Gorze au XIe siècle ?

K. Hallinger a d'abord cru que les *Consuetudines Sigiberti*, datant du XIe siècle, étaient les *Consuetudines* de Gorze à l'époque de l'abbé Sigefroy, donc postérieures à l'influence de Guillaume[216].

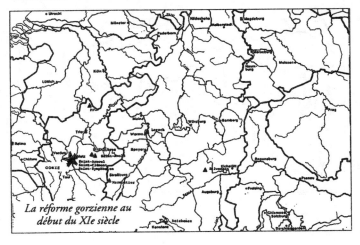

La réforme gorzienne au début du XIe siècle

CHAPITRE V

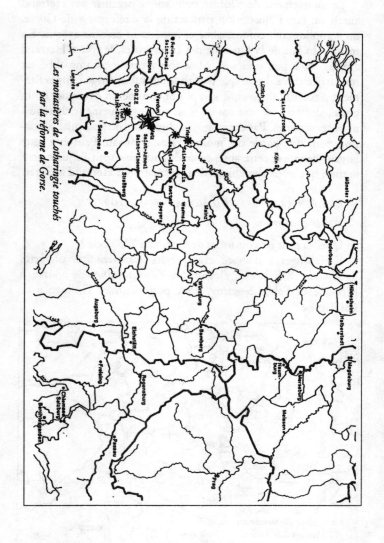

Les monastères de Lotharingie touchés par la réforme de Gorze.

LA RÉFORME À L'EST DU RHIN

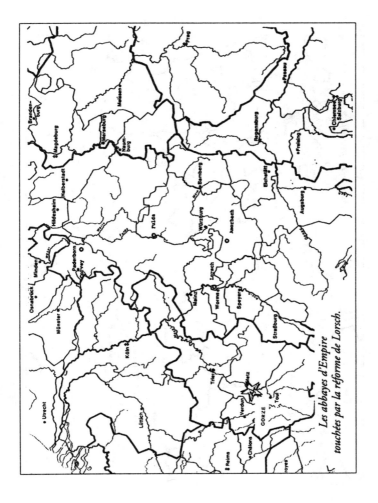

Les abbayes d'Empire touchées par la réforme de Lorsch.

CHAPITRE V

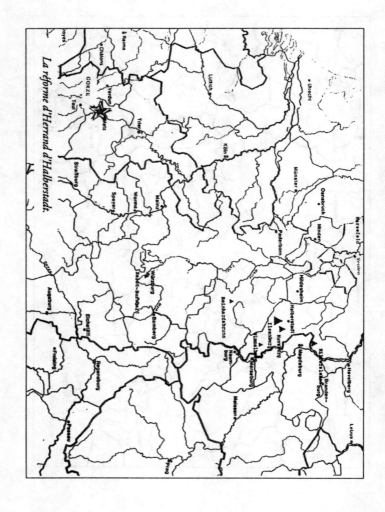

LA RÉFORME À L'EST DU RHIN

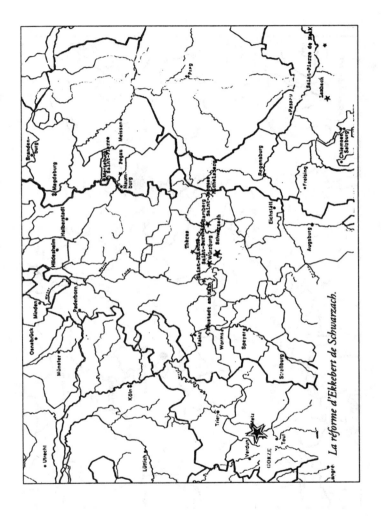

La réforme d'Ekkebert de Schwarzach.

CHAPITRE V

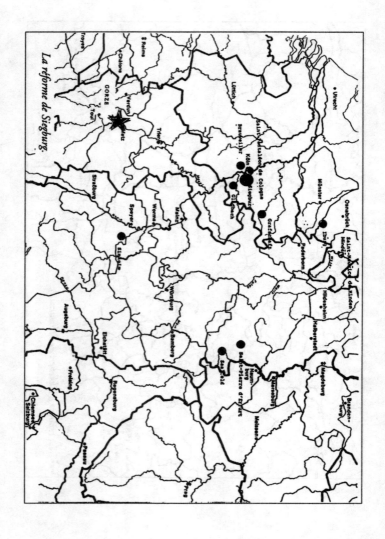

LA RÉFORME À L'EST DU RHIN

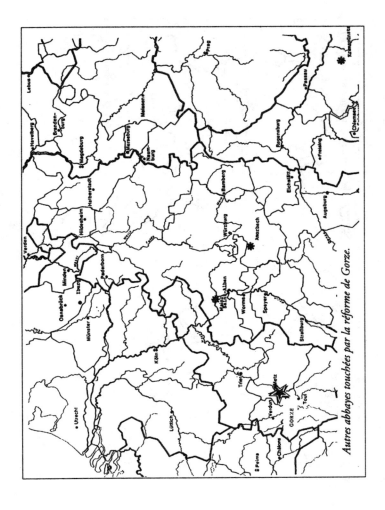

Autres abbayes touchées par la réforme de Gorze.

CHAPITRE V

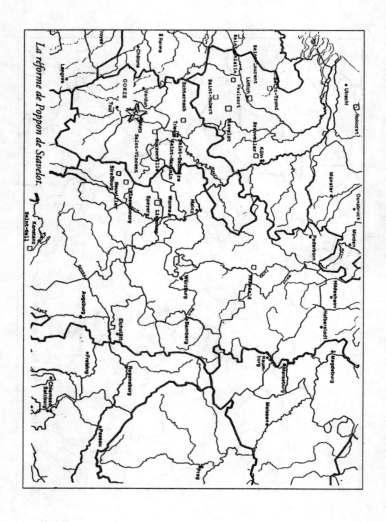

La réforme de Poppon de Stavelot.

LA RÉFORME À L'EST DU RHIN

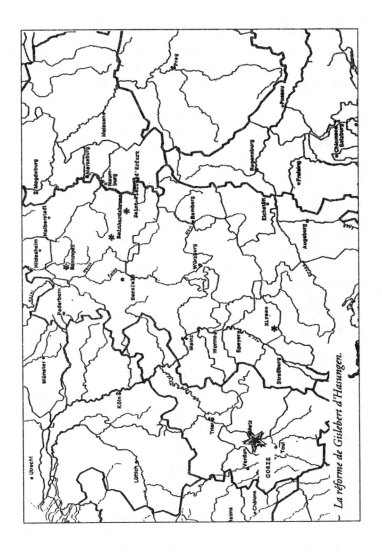

La réforme de Gislebert d'Hasungen.

– Quatre abbés Sigebert sont attestés, l'un d'eux est peut-être l'auteur des *Consuetudines*. Sigebert de Prüm, mort en 1084, est trop ancien. Sigebert de Saint-Martin de Trèves, attesté en 1097 et qui fait reconstruire l'abbaye[217], pourrait être l'auteur, mais Hallinger, considérant qu'alors l'abbaye est devenue très clunisienne, repousse cette possibilité, bien que le prédécesseur de Sigebert, Hugues, ait été un moine de Gorze. C'est Sigebert de Saint-Clément de Metz qui recueille ses suffrages. K. Hallinger reconstruit sa carrière, vers 1107, Sigebert est l'adjoint de Rodolphe de Saint-Trond dans cette abbaye, il le suivit à Saint-Pantaléon[218] en 1122 et devient abbé de Saint-Clément de Metz[219], où il succéda à Acelin, puisque le prieur de Saint-Pantaléon et l'abbé de Saint-Clément sont mentionnés dans les nécrologes à un jour de différence en 1120-1122. Acelin, abbé de Gorze et de Saint-Clément, meurt en 1121 et Adelo est attesté dans une bulle de 1123[220]. Sigebert repart à Cologne et meurt prieur de Saint-Pantaléon[221]. Cette identification n'est pas entièrement convaincante[222], cela montre que la question de l'identité réelle de l'abbé Sigebert n'est pas résolue.

– Dès la découverte du texte, Dom Albers fit des rapprochements avec la *Vita Iohannis* et la réforme de Gorze du Xe siècle, en soulignant les points communs avec Fleury et Gorze et attribua ces *Consuetudines* à une abbaye de l'Ouest de l'Allemagne[223].

Sachant que ce texte est recopié à Siegburg, dont l'abbé venait de Gorze, il est logique qu'il présente des traits proprement gorziens, quel qu'en soit l'auteur. Il est donc possible de l'exploiter prudemment. K. Hallinger a cherché à approfondir les particularités de Gorze en rapprochant systématiquement les témoignages concernant les abbayes qu'il reliait à Gorze, cependant, comme nous l'avons vu, plusieurs de ces abbayes doivent être écartées et certaines conclusions de l'auteur, modifiées[224].

Quoique, sur le fond, il n'y ait pas d'opposition entre Gorze et Cluny, toutes deux voulant la restauration des principes de saint Benoît, on observe pourtant des différences de détail dans la vie quotidienne, entre les coutumes de Cluny, la *Vita Iohannis* et les *Consuetudines* :

A Cluny, il n'y a pas de procession le matin de Pâques, mais les *Consuetudines* attestent cette procession, qui existe aussi à Toul, à Fleury et dans la *Regularis Concordia* et se répand dans les monastères touchés au XIe siècle par Gorze[225].

Le nombre de psaumes chantés pendant l'année à matines est au nombre de trente pendant l'hiver et de quinze pendant l'été, quoique dès l'époque de Jean le nombre des psaumes ait pu être modifié *en fonction de leur longueur du fait de la faiblesse humaine*[226].

Les monastères touchés par Gorze connaissent la progression hiérarchique abbé – prévôt (second, chargé surtout de l'administration des biens) – doyen (responsable de la discipline interne), alors qu'à Cluny le doyen disparaît, et que le prieur devient un agent de centralisation pour les monastères réformés. Evidemment cette dernière catégorie est inutile à Gorze, qui ne connaît pas de centralisation.

Les mentions d'interventions de moines de Gorze sont nombreuses, au XIe siècle, en Lorraine et autour de monastères guidés par une forte personnalité comme Ekkebert ou Herrand. Les auteurs qui mentionnent des abbayes réformatrices mettent sur le même plan Fruttuaria, Gorze et Cluny, dans la vie d'Anno de Cologne en particulier. K.U.Jäschke a étudié[227] le caractère spécifique de ces actions, particulièrement celle d'Herrand, et l'étude de détail des coutumes montre des caractères de mixité, et l'influence de Cluny sur les *Consuetudines* d'origine Lotharingienne, comme c'est le cas pour la place des dénominations hiérarchiques. Gorze même reste fidèle au système du Xe siècle : abbé – doyen (le second de l'abbé : c'est-à-dire le prieur, mais ce mot sera employé dans le système clunisien avec une connotation centralisatrice) – prévôt (chargé de gérer les biens de l'abbaye). Cette répartition, attestée à Gorze par la *Vita*, perdure à la fin du XIe siècle sous l'abbatiat d'Henri[228], et même au-delà[229]. Au contraire, à Ilsembourg le prieur est le *prepositus*[230]. A titre d'exemple, il faut constater que les coutumes de Fleury au début du XIe siècle, telles que les connaît Amorbach, citent aussi l'abbé, le doyen comme second de l'abbé, puis le prévôt chargé du temporel[231], alors que celles de Verdun placent le prévôt après l'abbé, et le doyen en troisième position[232], à la différence de Cluny et de Gorze, mais conformément la situation d'Ilsemburg.

Toutes ces différences valent en théorie pour l'ancien Gorze et l'ancien Cluny, mais dans quelle mesure sont-elles appliquées ? Malgré l'abbatiat de Guillaume de Volpiano, les *Consuetudines Sigiberti* gardent des traits que l'on peut supposer propres à Gorze (trois leçons à Pâques, la procession du matin de Pâques), et sous l'abbé Henri, on trouve, cités après l'abbé, le doyen et le prévôt.

Sans doute des différences importantes subsistent-elles entre Gorze et Cluny, mais il semble qu'elles concernent surtout la manière d'envisager les relations avec le monde extérieur ; l'exemption est rare dans les monastères « gorziens », le problème des droits de l'avoué est réglé par l'intervention de l'évêque. Dans le détail de la vie quotidienne, Gorze se rattache à un ensemble de monastères que l'on trouve surtout au nord de la Loire et dans l'Empire, monastères qui sont plus traditionalistes que Cluny et qui suivent, comme l'ont montré L. Donnat et A. Davril, des coutumes « franques ». Ceci est certainement valable pour Gorze, avant comme après le passage de Guillaume.

La question des relations entre Fleury et Gorze n'a pas été réellement étudiée. La *Vita Iohannis* donne une idée assez précise des constitutions suivies par l'abbaye, avant les apports éventuels de Guillaume de Volpiano. Sur des points révélateurs, les coutumes de Gorze révélées par la *Vita* sont à rapprocher de celles de Fleury-sur-Loire[233] : ainsi ce qui touche les veilles, les jeûnes, les bains, ou sur le plan administratif, la place respective du prévôt et du doyen, le premier faisant fonction d'intendant, alors que le second est le prieur. Gorze appartient, comme Fleury, à un ensemble de coutumes dites germaniques, qui se sont répandues au nord de la Loire, en Germanie et en Angleterre, car les coutumes de Fleury eurent une grande influence sur la *concordia regularum* anglaise. Dans l'Empire, le moine Thierry de Fleury a importé à Amorbach, vers 1010-1018, les coutumes de son monastère[234] ; or nous avons vu qu'Amorbach et Michelsberg de

Bamberg, réformées par Richard d'Amorbach dans la lignée de Fleury, ont conservé leurs coutumes sous les abbés Bruno et Ekkebert.

A Saint-Evre de Toul, la réforme vient de Fleury avant de venir de Gorze, à Saint-Vincent de Laon, des moines de Fleury sont dirigés par Maccalan, formé à Gorze, Saint-Clément de Metz est dirigée par Caddroë, formé à Fleury. Il y a une réforme de Fleury attestée à Saint-Rémi de Reims, Saint-Florent de Saumur, Saint-Père de Chartres, Saint-Pierre-le-Vif de Sens, Saint-Gildas de Rhuys, et rappelons qu'Abbon de Fleury a laissé la vie à La Réole[235] en 1004, alors qu'il cherchait à réformer ce monastère. En dépit de la réforme d'Odon de Cluny vers 930, Fleury garda son autonomie et sa personnalité. Malgré des traits qui la rapprochent de Gorze, l'abbaye a dans le domaine idéologique des positions antithétiques, puisqu'elle se présente comme le champion de l'immunité face à l'évêque, au point que, pour un moine de Fleury, *l'évêque idéal* serait *absent*[236].

Il faut souligner que ce n'est pas sur ces points de vie quotidienne, réglée en détail par les coutumes, que porte la lettre de réforme des monastères lotharingiens inspirée par Henri de Gorze, dont nous avons parlé plus haut[237]. Il y est question du respect de vertus qui sont celles de tout bon moine : ne pas jouer, ne pas chasser, prendre soin des malades ; à cela s'ajoute un appel à l'uniformisation de la nourriture et du vêtement à l'intérieur du monastère. La réforme de Gorze est fondée sur une base morale élémentaire commune et des conseils de bonne gestion et d'unité, inspirée de Benoît de Nursie et de Benoît d'Aniane. La réforme, ce n'est pas l'implantation de *Consuetudines,* dont ne subsistent d'ailleurs pas de traces écrites, preuve du caractère informel du mouvement de Gorze.

Au gré d'une étonnante variété de tendances, les abbayes s'orientent vers des centres divers auxquels elles ne se lient pas définitivement. Il est en outre difficile de définir la nature exacte de l'influence exercée : Fleury domine les coutumes monastiques du Nord de la Loire, Cluny occupe plus de place que Gorze dans les mentions liturgiques des commémorations dans les terres d'Empire. La *libertas romana* que veut Cluny est en pratique trop hostile au système de la domination de l'évêque sur son clergé, de son intervention dans les nominations abbatiales, pour être assimilable par le système de l'Eglise d'Empire[238].

Pas plus qu'au Xe siècle, il n'est question d'une congrégation structurée, les abbayes conservent leur autonomie, les mentions d'*ordo* sont rares, tardives, trompeuses – Herrand d'Halberstadt n'est-il pas supposé faire rentrer les monastères qu'il restaure dans l'*ordo cluniacensis*[239], d'ailleurs assimilé à celui de Gorze[240] ? – peu probantes – Lorsch confond Gorze et Cluny dans la même prétention à garder ses coutumes contre les innovations d'Hirsau, alors que Thierry de Kremsmünster est supposé d'après la chronique du XIIe siècle avoir introduit dans l'abbaye qu'il dirige les coutumes d'Hirsau[241]. De façon générale, les mentions d'*ordo* sont assez vagues sauf pour Cluny, qui sert de système de référence en ce domaine, ce qui explique que pour les besoins de leur cause les moines de Lorsch aient inventé un *Ordo gorziensis,* qui a sans doute aussi peu de cohérence que celui dont parle au XIIe siècle Metell de Tegernsee à propos des monastères groupés autour de Gorze et Trèves : *pulcher ordo gallicus*[242]. Le nécrologe de Gorze n'utilise ni le terme d'*ordo* ni celui de *congregatio*[243]. La réforme monastique inspirée par Gorze a laissé aux monastères la même indépendance que celle accordée par Gérard de Brogne ou Richard de Saint-Vanne. La place même que tient l'abbé de Gorze est révélatrice : alors qu'à Cluny l'abbé est le centre de l'*ordo*, il ne saurait être question d'une position semblable pour les abbés de Gorze.

D'autre part, alors que les moines de Cluny, qui dirigent des abbayes clunisiennes, restent moines de Cluny et prieurs, les moines de Gorze qui partent et deviennent abbés sont indépendants, et, quoique le nécrologe les cite comme « moine de Gorze et abbé de... » les relations sont personnelles et non institutionnelles. Ainsi, dès la mort de Guillaume, les relations personnelles qu'il a tissées entre les abbayes sont contestées, chacune récupère son autonomie, comme le montre la lettre de Warin de Saint-Arnoul à Jean de Fécamp ; Warin défend cependant la mobilité nécessaire des moines, sur le modèle du Christ qui a envoyé des apôtres par toute la terre[244], et celle-ci est la condition sine qua non de la diffusion de la réforme. Cette dernière se fait soit par un cumul d'abbatiat – c'est le cas pour Immo, Guillaume, Poppon et Ekkebert –, soit par l'envoi d'un moine ou d'un groupe de moines dans le monastère à restaurer ou à fonder – méthode favorisée par Gorze et qu'appliquent Sigefroy, Henri, Erpho et Herrand. Cela ne signifie pas le refus de relations entre les monastères – Walon trouve naturel d'aller à Siegburg rencontrer Gui d'Osnabrück – : au contraire des communautés de prières se créent, qui peuvent durer, des cumuls d'abbayes sont parfois reconduits, c'est le cas à Schwarzach et à Lambach, à la fin du XIe siècle. Ce type de situation a permis à K. Hallinger de construire ses systèmes de relations, mais on est frappé par les très rares allusions aux abbés de Gorze dans les nécrologes d'abbayes qui furent dirigées par des abbés gorziens. Cela tend à montrer aussi la faiblesse des liens entre ces ensembles de monastères et à discréditer l'idée même d'*ordo gorziensis*[245].

Y a-t-il une influence lointaine de Gorze ?
– Dans les îles anglo-saxonnes, des influences lotharingiennes marquent la *Regularis Concordia*[246]. La *Regularis Concordia*, rédigée au concile de Winchester en 970, est une compilation insulaire, où apparaissent des traits proches de coutumiers Clunisiens et d'autres, plus nombreux, lotharingiens. Parmi les figures marquantes du synode de Winchester, il faut citer l'archevêque Dunstan de Canterbury, considéré comme responsable de l'introduction de l'influence lotharingienne. En effet, exilé sous le règne d'Eadwig, de 955 à 957, il séjourna à Saint-Pierre de Gand, que Gérard de Brogne a réformé. Cependant l'influence de Fleury et, à travers elle, celle de Cluny, est très importante, les évêques Oswald de Worcester et Aethelwold de Winchester y ont séjourné, afin d'y trouver une règle plus stricte que celle de Glastonbury. Or leur rôle a été récemment revalorisé. La *Regularis Concordia* dit que des moines de Fleury et de Gand furent invités pour aider le synode qui la mit au point. L'importance de la réforme se manifeste par l'intérêt qu'y prennent les grands laïcs et les évêques, mais soutenir une abbaye ne signifie pas nécessairement être un

chaud partisan de toute réforme[247]. L'esprit de réforme se répand en Angleterre de façon autonome vers 934. Oda, futur archevêque de Canterbury, vient à Fleury peu après la réforme d'Odon de Cluny. La part prépondérante doit donc revenir à Fleury, d'autant plus que Dunstan a moins d'expérience monastique que ses deux collègues et n'est à Gand qu'un réfugié politique. Aethelwold réforma ou fonda les grands monastères, leur donna des actes, traduisit la règle en vernaculaire et participa à la rédaction de la *Regularis Concordia*. Par ailleurs, est-il certain que les coutumes de Gand et Fleury étaient si différentes ? ne faut-il pas simplement les ramener à Benoît d'Aniane et rappeler que les coutumes de Gorze, au Xe siècle, font partie du même groupe que celles de Fleury[248] ?
— L'extension des mouvements issus de foyers lotharingiens vers l'Est, particulièrement en Hongrie, suit la route de terre conduisant à la Méditerranée depuis la victoire sur les Bulgares, en 1018. Richard de Saint-Vanne emprunte cette voie pour aller à Jérusalem[249]. Saint-Arnoul conservait dans son trésor un pallium donné au pape par Etienne de Hongrie et dont Léon IX a fait cadeau à Saint-Arnoul[250]. Le premier groupe de *latini* paraît issu de Liège à l'époque de Wazon. Quand la cathédrale de Verdun brûle, ses vingt-quatre chanoines partent en Hongrie, suscitant un renouveau de la vie religieuse hongroise[251]. Certains prélats sont lotharingiens, comme Georges archevêque de Kalosca délégué par André, qui assiste avec Léon IX au transfert des reliques de saint Gérard dans la cathédrale de Toul et à la consécration d'un autel à Besançon[252] ; Leduinus, un liégeois, évêque d'Eger, qui dit la messe à Namur et y donne des reliques ramenées de Hongrie[253], dont certaines de saint Nicolas, est chargé d'authentifier les reliques de l'église collégiale de Székesfehérvar où est enterré Etienne et où sont conservés les *regalia* ; l'évêque de Bellagrade, présent à Saint-Hubert en 1081, est lotharingien[254], Guillaume, abbé de Sekszàrd, en 1074, est un *latinus*. Enfin la charte de fondation de l'abbaye Saint-Aignan de Tihanny par André, en 1055, suit les principes de chancellerie des évêques lotharingiens et non plus de l'empereur. André favorise les prélats d'Outre-Rhin par méfiance envers l'Empire germanique, comme l'a fait Etienne, car

il craint d'être exagérément lié à l'Empire par une Église impériale trop fidèle. Une des manifestation les plus nettes est le culte des saints importés par ces prélats : Vaast, Médard, Germain d'Auxerre, Lambert, Remi, Léger, Amand, Aignan et surtout Arnoul – commémoré lors de sa mort et de la translation de ses reliques –, ainsi que l'évêque de Metz Térence il y a donc un modèle messin[255]. L'évangéliaire de Szelepcsenyi, du XIe siècle, se rattache à la Lotharingie. Cette influence paraît le fait de personnalités isolées, plutôt que d'un mouvement de réforme issu de Gorze, et semble venir surtout de Verdun et de Ratisbonne[256].

B. En quoi consiste la réforme ?

Quels sont les points communs entre les abbayes qui furent influencées, directement ou non, par Gorze ? l'action de leurs abbés est-elle comparable ? Dans le diocèse de Metz l'action de Gorze est directe et immédiate sur les abbayes avoisinantes. Aucun mouvement de réforme ne part des abbayes trop proches, malgré la présence dans le diocèse même de Metz de réformateurs concurrents venus des diocèses voisins. Au contraire, dans l'Empire, apparaissent des mouvements nés à Gorze mais qui se développent très librement, de façon indépendante, et se ramifient à leur tour. Il est apparu, au cours de cette recherche, qu'il y a autant de cas de figure que de monastères, que l'action de Gorze dépendait en fait du dynamisme propre de l'abbé et que le choix des moyens lui appartenait.

Qu'apprennent les moines de Gorze ? Ceux qui viennent s'y former, sans doute attirés par le renom de l'abbaye, comme Herrand d'Halberstadt, s'imprègnent de l'esprit de l'institution, comme l'a fait Forranan un siècle plus tôt, mais il n'est pas dit pour autant que devenu abbé, le moine de Gorze impose aveuglément ses coutumes. Quelle est l'originalité de la réforme monastique du XIe siècle ? Pour K. Hallinger, le nouveau mouvement réutilise les réseaux du Xe siècle pour faire passer dans l'Empire une réforme clunisienne, gardant simplement quelques traits remontants à l'ancienne Gorze. K.U. Jäschke a contesté ce point de vue, et démontré que, pour certains monastères de l'Empire, restaurés par Gorze au XIe siècle, l'empreinte gorzienne est manifeste.

Le degré d'influence de Gorze est variable et doit être appréhendé cas par cas. Saint-Arnoul est complètement restaurée par Gorze, les moines de Gorze y remplacent les chanoines, au XIe siècle les deux abbayes sont gouvernées par Guillaume de Volpiano. A la même époque, en est-il de même pour la fondation confiée à Ekkebert, et dont l'influence s'étend à Bamberg ? Certaines abbayes ont des problèmes, peut-être de discipline, et un abbé de Gorze, surtout s'il est accompagné de moines suivant la même coutume, peut imposer son mode de vie. Mais si les moines viennent d'ailleurs, comme de Fruttuaria dans le cas de Siegburg, ou restent largement sur place, comme dans le cas de Saint-Pantaléon de Cologne, l'influence de Gorze est moindre. Qu'un moine vienne d'un monastère n'implique pas forcement une relation de dépendance[257].

Quels sont les moyens déployés par Gorze pour s'imposer ? Les abbés de Gorze sont statiques, sauf Immo, ils ne quittent pas leur abbaye et ne prennent pas eux-mêmes en main la direction des monastères. Leur influence s'exerce à Metz comme abbés de Gorze, bien que nous ayons vu que Gorze n'est jamais le seul centre dans lequel les évêques messins cherchent leurs abbés, car ils la placent en concurrence avec les Irlandais ou avec Poppon de Stavelot, par exemple, à Saint-Vincent. L'influence de Gorze sur les autres abbayes se fait indirectement lorsque des moines de Gorze en deviennent abbés. Au contraire, Poppon et Richard, s'ils envoient parfois des moines diriger des abbayes restées indépendantes, en deviennent souvent eux-mêmes les abbés. Les abbés de Gorze semblent peu dirigistes en ce qui concerne la diffusion de l'esprit gorzien. Face à la demande épiscopale, leur rôle semble passif, voire réticent.

En effet, ces abbés semblent peu favorables à l'essaimage. L'abbé Henri insiste sur le fait que le moine W. ne doit pas aller contre la volonté de l'abbé, désobéissant au vœu de stabilité et scandalisant ses frères[258]. Apparemment W. est resté moine, mais est parti de sa propre autorité, or les abbés répugnent à voir partir leurs moines. Dans la place tenue par les moines de Gorze, il faut considérer le rôle de l'abbé de Gorze, sans lequel le départ de moines de Gorze serait impensable.

Les abbés venus de Gorze agissent de façons diverses, Erpho apparaît peu dans la réforme de Siegburg, alors que Ekkebert est une figure de premier plan. Il y a une grande différence entre l'activité d'Ekkebert, importante et bien documentée, et le manque apparent de dynamisme de Gottschalk de Saint-Alban, sur lequel, il est vrai, on sait peu de chose en dehors de l'échec de la fondation d'Iburg. Pourtant, beaucoup de questions restent sans réponse même dans le cas de cet abbé important : par exemple Ekkebert change-t-il les coutumes des abbayes qu'il dirige ? Cela ne semble pas être le cas à Michelsberg, qui après son passage se réclame toujours d'Amorbach. Faut-il pour autant en déduire une identité des coutumes de Richard et d'Ekkebert ? Sûrement pas, car Richard est un représentant au mieux très indirect de l'influence de Gorze, avant l'abbatiat de Guillaume de Volpiano. Plus certainement la référence aux coutumes précédentes n'a pas été remise en cause et Ekkebert de Schwarzach, si tant est qu'il en ait eu le temps, a dû réaliser une sorte de « sédimentation » des coutumes dont on a la trace à Lambach, où les influences successives imprimées à Ekkebert sont mêlées[259]. Les coutumes que Erpho installe à Siegburg, qui est pourtant une nouvelle fondation, sont suffisamment peu révélatrices de l'influence de Gorze pour que celle-ci ait échappé même à Hallinger. L'adaptabilité de Gorze aux conditions préexistantes est très nette à Iburg, dans laquelle l'évêque installe dans un premier temps des moines venus des deux monastères de Saint-Pantaléon de Cologne et de Saint-Alban de Mayence. Tous deux, dirigés pourtant par un moine de Gorze s'opposent par les coutumes, chacun cherchant à faire prévaloir les siennes, au point que la cohabitation devient impossible. Gorze ne change donc pas ce qui préexiste, chaque monastère, même s'il reçoit un abbé venu de Gorze, garde, non seulement son indépendance, mais sa personnalité.

L'origine sociale et la motivation des moines venus se former à Gorze et qui en repartent pour diriger une abbaye sont souvent mal connues. Sont-ils envoyés pour apprendre les façons de vivre de Gorze, ou sont-ils des moines énergiques et compétents, que l'abbé recommande pour la direction d'un monastère ? Il est théoriquement possible de distinguer deux catégories : les moines de Gorze qui deviennent éventuellement abbés et ceux qui, membres d'une puissante famille, séjournent à Gorze puis deviennent abbés ou évêques comme Adalbéron II de Metz ou Herrand d'Halberstadt. Mais Ekkebert a-t-il fait un « stage » comme Herrand, ou est-il un simple moine de Gorze comme apparemment Constantin de Saint-Symphorien ? La mention identique du nécrologe – *monachus istius monasterii* – ne permet pas de trancher.

C. *Le rôle des évêques*

Les monastères dont les abbés viennent directement ou indirectement de Gorze sont, suivant les cas, de nouvelles fondations[260], des monastères préexistants restaurés par Gorze[261], des chapitres de chanoines transformés en monastères[262]. Si l'on considère que les chapitres sont « naturellement » les soutiens de l'évêque, cette transformation est inexplicable, mais il faut penser que les mouvements d'inspiration lotharingienne, surtout celui de Gorze, sont épiscophiles, si bien que la réforme ne fait qu'affirmer le pouvoir de l'évêque[263].

Depuis 1050 environ, les évêques augmentent leur autorité sur les monastères. Ils s'y font enterrer comme Anno à Siegburg, Jean à Sinheim, Adalbéron à Lambach, Benno à Iburg. Les évêques contrôlent même des fondations laïques, comme celle du comte Ezzo à Brauweiler, placée sous l'autorité de l'archevêque de Cologne. Les évêques ont un droit de présentation de l'abbé, ou au moins le pouvoir d'orienter le choix de la communauté, ce qui leur est explicitement reconnu par la règle bénédictine. La réforme de Cluny tend à remettre en cause l'autorité de l'évêque sur les abbayes de son diocèse, mais au XIe siècle, elle n'a touché l'Empire que de façon très marginale. En fait, la situation des abbayes de l'Empire ne devient délicate qu'en cas de vacance du pouvoir épiscopal, ce qui se produit à la fin du

XIe siècle, quand la crise amène au pouvoir des étrangers, des candidats impériaux excommuniés ou des évêques choisis par le pape et non reconnus par l'empereur.

La notion de *libertas*, fondamentale pour le monachisme clunisien et pour Hirsau, n'a pas le même sens dans l'Empire où, au XIe siècle, la *libertas* c'est le droit et la protection, la définition du statut politico-juridique de l'Eglise[264]. Quelle *libertas* connaît Gorze, monastère épiscopal ? Lors de la réforme de 934, l'évêque Adalbéron affirme, sous réserve d'un droit d'intervention épiscopal[265], le droit des moines à élire librement l'abbé, ce qui est confirmé par le pape Léon VII, qui précisa que le choix des moines peut se porter sur une personne extérieure au monastère[266]. En pratique, ce droit semble fonctionner au Xe siècle et Einold, Jean et Odolbert sont choisis parmi les moines de l'abbaye dans laquelle ils occupent des charges. La question se pose pour Immo, qui n'apparaît pas avant son abbatiat et a pu être choisi par Thierry Ier, mais le choix de l'évêque semble évident en ce qui concerne Guillaume de Volpiano, abbé célèbre mais extérieur à Gorze, porteur d'un esprit probablement différent. Celui-ci choisit lui-même son successeur, Sigefroy, qui est son prieur et en pratique son remplaçant, car Guillaume devait être peu présent. Sigefroy est un clerc messin, peut-être un chanoine, en tout cas il n'appartient pas à l'origine au milieu monastique et n'a donc en principe aucune raison d'être attaché aux coutumes de Gorze antérieures à Guillaume. Sans doute Guillaume le choisit-il à Metz, pour ne pas bousculer les traditions en amenant un étranger, et Sigefroy est en effet conservateur. Peut-être est-il en fait nommé par l'évêque de Metz qui, en mettant un ancien clerc à la tête de l'abbaye, conforte son autorité sur elle après le long abbatiat d'Immo. Sigefroy connaît Poppon de Stavelot qui, abbé de Saint-Vincent ne cherche pas à faire des moines de Gorze ses successeurs ; il a de bonnes relations avec Bruno de Toul, qui soutient l'abbé Werry de Saint-Evre, lequel n'a pas été moine à Gorze et qui, devenu pape, ne favorise pas le mouvement gorzien. On sait peu de choses des relations politiques qu'Henri, devenu abbé de Gorze, conserve dans l'Empire, les archevêques de Cologne s'intéressent à Gorze avant son abbatiat, cela peut expliquer le choix d'Henri comme abbé, le patronage d'Hermann II de Cologne ayant pu être prépondérant.

Qui place les abbés venus de Gorze[267] sur le siège abbatial ? A Siegburg, *Eigenkloster* fondé par Anno de Cologne, l'acte de fondation d'Anno, qui prétend accorder l'élection aux moines et à l'archevêque un simple droit de regard, est un faux du XIIe siècle[268]. L'évêque de Spire va chercher des moines à Siegburg pour garder la mainmise sur Sinheim. Herrand s'impose aux *Eigenkloster* d'Halberstadt, et la politique autoritaire d'Hermann de Bamberg, qu'il nomme Ekkebert à la tête de ses abbayes, est si peu discrète qu'elle monte tous les chanoines contre lui.

L'influence qui pèse sur le choix des abbés au XIe siècle montre la prédominance des évêques et un recul du patronage laïc, processus normal puisque les clercs refusent l'ingérence laïque dans les abbayes, les laïcs ne gardant que l'avouerie. L'empereur, qui soutient par exemple Poppon de Stavelot, n'est pas un simple laïc[269], aussi intervient-il dans le domaine ecclésiastique et est-il tenu, jusqu'à Grégoire VII, pour le chef naturel de l'Eglise d'Empire : la lutte contre le patronage laïc ne pouvait le toucher, du moins avant la Querelle des Investitures.

La réforme, dans les abbayes qui dépendent d'eux, est voulue par les évêques, ceux de Metz, d'Halberstadt, de Cologne, de Bamberg, dont nous avons vu qu'ils ont, surtout depuis le milieu du XIe siècle, les moyens d'arriver à leurs fins. Pourquoi désirent-ils mettre à la tête de ces monastères des moines venus de Gorze ? Les monastères restaurés par Gorze ne deviennent pas indépendants, ils constituent au contraire la principale source de puissance de l'évêque, comme nous l'avons vu dans le cas d'Hermann de Bamberg. Ces abbés venus d'une région différente, coupés de leurs relations et protections, dépendent complètement du bon vouloir de l'évêque qui les a fait venir. Ils n'ont finalement d'espoir que dans l'alliance avec l'évêque, leur protecteur naturel. Suivant ce raisonnement, Walon partit à Reims appelé par Manassès, mais ce qui fonctionne bien dans l'Empire, est mal compris dans le royaume de France. Walon décrit Manassès comme l'arbre qui devrait protéger les jeunes pousses et les empoisonne de son ombre funeste. Walon n'imagine pas une rupture avec l'évêque, mais lui reproche amèrement son indignité. Outre le fait que dans le royaume la réforme de Cluny faisait victorieusement concurrence à celle de Gorze, l'impact politique des évêques est moindre, et leurs relations avec les abbayes de leur diocèse souvent plus lâches, parfois plus intéressées ; aussi les évêques français n'ont-ils eu que faire de Gorze. Dans l'Empire, la situation est différente, l'évêque trouve son avantage dans une réforme venue de l'extérieur qu'il ne laissera pas devenir autonome, l'abbaye profite également de la situation privilégiée de ses rapports avec l'épiscopat, par exemple sur le plan des donations – on le constate à Schwarzach qui reçoit des terres sous l'abbatiat d'Ekkebert. L'exemple de ces monastères respectables, pieux et soumis, est donné par les *Eigenkloster* qui sont particulièrement favorables à l'esprit gorzien, comme Sinheim, dont Jean de Spire fait la nécropole familiale, dans le diocèse même où l'abbaye d'Hirsau se développe. Les abbés venus de Gorze remplissent les fonctions que l'évêque attend d'eux et pour lesquelles d'autres évêques les ont recommandés.

En général, ce sont des nobles qui sont choisis comme abbés, ce qui se vérifie dans les rares cas où l'on a des renseignements sur leur origine sociale, Benoît de Saint-Arnoul, Henri de Gorze, et souvent des prêtres comme Sigefroy. L'élection des moines ne pèse pas lourd face au désir de l'empereur ou de l'évêque, suivant le cas. Ainsi, à Reichenau, où Henri II impose Immo, malgré le choix d'Henri par les moines. La désignation de l'abbé par l'évêque est parfois très manifeste. Bruno de Toul dépose les abbés de Moyenmoutier et de Saint-Mansuy qui laissent péricliter leurs abbayes, Hermann de Bamberg impose Ekkebert, les évêques de Metz et de Liège choisissent un nouvel abbé à Saint-Trond pour redresser la situation de cette abbaye, l'évêque de Metz impose Antoine à Senones.

Les bulles concernant la Lorraine insistent sur le fait qu'il est normal que l'abbé vienne de son propre monastère, ce qui est en conformité avec la Règle Bénédictine. Si le moine vient d'un monastère étranger, il faut qu'il se recommande par des qualités remarquables. La *Regularis concordia* admet que l'on choisisse pour abbé un moine d'un monastère étranger, à condition qu'il y ait déjà des relations avec ce monastère, qu'il soit connu[270]. Léon IX insiste le cas échéant sur le respect du droit (*iustus ordinendis, regulariter promouendis*) dans le choix de l'abbé, et s'il n'en fait pas mention pour Sigefroy c'est que le choix de celui-ci s'est fait dans des circonstances particulières, par la désignation de Guillaume de Volpiano, qui a installé Sigefroy comme prieur.

Gorze est soutenue de façon assez continue par les évêques de Metz, surtout sous l'épiscopat d'Adalbéron III, qui choisit ou approuve l'élection de Richer, Warin, Walon, Lanzo, sans pourtant donner à Gorze l'exclusivité du recrutement abbatial. Le recours aux moines de Gorze est contemporain – vers 1046 – à Metz et à Wurzbourg. Comment expliquer que Wurzbourg soit le premier évêché concerné par une réforme venue de Gorze dans l'Empire – Lorraine exceptée ? Adalbéron de Wurzbourg vient d'une grande famille locale, il n'a pas besoin de s'imposer contre une hostilité régionale, il succède à son oncle et n'est pas un évêque extérieur, il n'a aucun des mobiles que l'on peut prêter à Hermann de Bamberg et qui puissent justifier qu'ils fassent tous les deux appel à Gorze – à Ekkebert. Doit-on supposer l'influence de l'abbaye d'Amorbach, réformée par Lorsch vers 990 et dont l'abbé à la fin du XIe siècle est aussi un moine de Gorze ? Sans doute faut-il chercher du côté des origines lotharingiennes d'Adalbéron : descendant par sa mère de la famille d'Ardenne, il a pu connaître assez bien Gorze pour désirer obtenir dans son propre diocèse un monastère aussi soumis à la volonté épiscopale que l'est Gorze à son cousin Adalbéron III.

Il ne faut pourtant pas voir dans Gorze le seul souci politique des évêques et négliger ainsi la raison essentielle qui les poussait à soutenir ce mouvement : la piété manifeste qui faisait la réputation de ces moines est une garantie de vie régulière. Si les évêques ne pouvaient pas toujours accomplir durant leur existence le bien qu'ils désiraient, les tâches qui leur incombaient par leur position dans l'Empire étant écrasantes, la garantie d'avoir des moines qui prieraient pour eux après leur trépas dans l'abbaye qu'ils avaient fondée pouvait leur servir d'assurance sur l'au-delà, suivant une pratique attestée dès la fondation de Gorze par Chrodegang. Ce souci de s'assurer des prières de moines respectables est spécifiquement manifesté par Benno d'Osnabrück[271].

L'étude des relations entre les évêques de l'Empire au XIe siècle montre que l'influence de Gorze se répand grâce à eux, que l'apogée de la diffusion du monachisme gorzien dans l'Empire correspond au milieu du XIe siècle, quand les évêques sont libres de leurs choix. Les évêques sont amenés par leurs fonctions à se rencontrer dans des synodes ou à la cour impériale[272], peuvent être issus d'une formation identique, chapitre cathédral ou école épiscopale[273]. L'évêque d'Empire est, dans la plupart des cas, nommé par l'empereur, qui ne peut permettre que la puissance des évêchés lui échappe[274]. Dans tout l'Empire, l'empereur s'appuie sur les évêques, souvent formés et choisis dans le système de la chapelle impériale organisé par Bruno[275], pour contrebalancer le pouvoir des princes laïcs. Contrairement à ce qui se passe en France[276], en Italie ou dans l'Empire de la première moitié du Xe siècle, rares sont les évêques qui viennent de monastères (un évêque sur dix dans l'Empire au XIe siècle) et dans ce cas ce sont surtout des abbés de Saint-Gall et Reichenau. Ils sont issus pour la plupart des chapitres cathédraux ou de la chapelle royale. L'évêque est un chanoine instruit, le plus souvent placé sur un siège différent de celui où il a été formé, ce qui lui permet entre autres de connaître les réformes monastiques et de les diffuser dans son nouvel évêché. L'abbaye de Gorze a-t-elle formé assez de grands prélats pour justifier l'attachement que ceux-ci montrent à son esprit ? La réponse est assurément négative. Ainsi, Heribert de Cologne, qui est moine à Gorze, ne soutient pas l'influence de cette abbaye. Adalbéron II, s'il est ami des moines, s'intéresse au moins autant aux Irlandais qu'aux moines de Gorze. Il confie sa nouvelle fondation de Saint-Symphorien aux Irlandais, et non à Immo, fait appel à Guillaume de Volpiano pour diriger Saint-Arnoul : il refuse donc d'accorder une sorte de toute puissance, dans sa ville, à un monachisme venu exclusivement de Gorze. Herrand soutient Gorze plus comme abbé que comme évêque, mais il est vrai que sa position anti-impériale pendant la Querelle des Investitures rendait de toute façon son action difficile. Sans doute le catalogue des manuscrits de Gorze contient-il un certain nombre d'ouvrages qui peuvent directement concerner les évêques, en particulier des textes de droit canon. Mais l'abbaye ne devient pas pour autant une école de l'épiscopat comme la chapelle impériale depuis Bruno de Cologne, au Xe siècle. La façon dont les moines de Gorze ont travaillé au maintien du système de l'Eglise d'Empire, tel que Léon IX et Henri III l'avaient défini, avec de toute évidence un accord total entre abbés réformateurs et évêques, suffit à expliquer l'existence de ce fond de manuscrits. Pourtant, il est étonnant que Gorze, que nous avons vu fondamentalement liée à l'épiscopat, n'ait pas donné à l'Empire d'avantage d'évêques. Les anciens moines de Gorze devenus évêques ne le sont pas à ce titre, mais en raison de leurs attaches familiales. Si l'on compare la situation avec celle de Cluny, l'abbaye lorraine est totalement dépassée. Il ne faut pas en déduire pour autant que la place réelle de Gorze dans l'Empire est insignifiante, car rares sont les évêques d'Empire qui sortent d'une abbaye, quelle qu'elle soit, et tout particulièrement des abbayes lotharingiennes, importantes par ailleurs – comme Saint-Maximin, Saint-Vanne, Stavelot. Reste que relativement peu d'évêques viennent de Gorze et que ceux qui soutiennent des abbés gorziens ne connaissent souvent l'abbaye qu'indirectement. Il en est d'ailleurs de même dans le cas de Siegburg[277], qu'il convient d'approfondir. L'abbaye est fondée par l'archevêque Anno de Cologne. Le premier ou le second abbé est Erpho, moine de Gorze. Il est responsable de l'importation à Siegburg de reliques de saint Gorgon. Une version des *Consuetudines Sigiberti* est écrite à Siegburg. Walon projette d'y rencontrer Gui d'Osnabrück. Siegburg est un centre de rayonnement gorzien. La réforme de Siegburg atteint Brauweiler, fondée par le père d'Henri de Gorze, mais aussi Iburg, après une première tentative de fondation avec des moines de Saint-Pantaléon de Cologne, qui s'est soldée par un échec. Pourtant, en dépit de ces indices, l'origine d'Erpho est indécelable avant la découverte du nécrologe. Cela montre la discrétion des traits propres à Gorze.

Certains évêques ont jugé bon de chercher un abbé à Gorze, parfois géographiquement lointaine. Cette pratique s'explique par un réseau de relations et d'amitiés, dont il ne reste que des témoignages épars, mais qui est probablement le ressort de l'influence de Gorze. Dans les abbayes dépendant de l'évêque de Metz, mais éloignées de la ville, l'abbé, venant d'une importante abbaye du diocèse, est un agent capable d'assurer l'autorité de l'évêque (Marmoutier, Neuwiller...), le fait de choisir un moine de Gorze affirme son emprise sur cette abbaye. Les monastères touchés par la réforme gorzienne ne cherchent pas à se débarrasser de la tutelle de l'évêque, il n'y a pas de charte d'exemption au XIe siècle dans les monastères cités, l'influence épiscopale est maintenue, parfois au grand dam des moines : par exemple ceux de Saint-Trond résistent à l'abbé Lanzo que voulait leur imposer Heriman. Gorze reste fidèle au programme tracé pour elle par Chrodegang, la définition de *libertas* n'a donc pas ici le sens que lui prêtent les grégoriens. Le lien essentiel entre les monastères est personnel, les évêques choisissent Gorze parce qu'ils y sont passés, mais surtout ils font appel à des moines de Gorze parce que ces derniers dirigent déjà une abbaye d'un diocèse voisin. C'est l'action d'un groupe d'individus plus que d'une institution.

D. Henri IV et la crise du système en Lorraine.

Le règne d'Henri III constitue l'apogée de la coordination du sacerdoce et de l'Empire, les relations entre le *regnum* et le *sacerdotium* fortifient les deux partis. Henri exprime avec plus de force que ses prédécesseurs l'idéal de paix et de réforme, de lutte contre la simonie et le nicolaïsme, idéal qu'il soutient dans la vie monastique. Dans le même esprit, il cherche à réformer la papauté. Le pape Benoît IX, chassé par Silvestre III, ayant vendu sa dignité à Grégoire VI, Henri III intervint en 1046, les déposa tous et nomma comme pape Suidger de Bamberg. Les papes suivants, Clément II, Damase II, Léon IX et Victor II, sont des représentants de l'aristocratie cléricale de l'Empire. Bruno, ancien évêque de Toul, qui prit le nom de Léon IX, eut une action réformatrice remarquable. Il est accompagné de

Lorrains, dont Hugues Candide, Udo de Toul, Frédéric de Lorraine, Humbert de Moyenmoutier. Sous Grégoire VII, une partie du personnel pontifical est originaire de Lorraine. En outre, Hildebrand, exilé avec Grégoire VI à Cologne, a connu les canonistes de Liège[278] et de Worms. L'accession au trône pontifical de Nicolas II en 1059 amena la promulgation du nouveau décret sur l'élection des papes, à laquelle seuls les cardinaux furent habilités à participer avec l'approbation du peuple, l'empereur étant désormais officiellement exclu.

Henri III accorda des libertés aux monastères d'Empire et laissa beaucoup d'autonomie aux évêques, en particulier dans leurs rapports avec les monastères épiscopaux. Pour Henri III, la liberté de l'Eglise fait partie intégrante de la stabilité de l'Empire. L'empereur soutint la réforme religieuse et agit de concert avec la papauté. Rétrospectivement, l'image de Léon IX, qui a su réformer en préservant l'unité[279], est idéalisée par les Lotharingiens traumatisés par la Querelle des Investitures. Pour Sigebert de Gembloux, Grégoire VII et Henri IV déchirent cette union nécessaire[280], alors que Léon IX et Henri III, prince idéal, type du *rex iustus*, avaient préservées l'unité et la paix.

Henri IV chercha à utiliser les monastères comme instruments de la politique impériale, il n'est alors plus question de *libertas*. Quelle est alors la position des évêques et des abbés ?

Peut-on définir une prise de position politique particulière susceptible de caractériser les prélats qui viennent chercher des abbés à Gorze ? Les impériaux – Thierry de Verdun, Benno d'Osnabrück, Hermann de Bamberg – sont moins nombreux que les grégoriens – Siegfried de Mayence, Gottschalk, Adalbéron de Wurzbourg, Herrand d'Halberstadt, Altmann de Passau, Heriman de Metz – mais aucune ligne politique ne se laisse définir, et un évêque qui soutient Gorze peut être pour ou contre la réforme grégorienne. La Lotharingie, pourtant en partie à l'origine de la réforme de l'Eglise et de la formation de plusieurs grégoriens, se trouve en marge. Pendant la Querelle des Investitures[281], les évêques lorrains ont des attitudes équivoques, en particulier Pibon de Toul[282]. L'étude d'un évêque impérial et d'un évêque grégorien, tous deux proches de Gorze, permet de préciser les raisons de certains choix.

Thierry de Verdun[283], d'origine souabe, chanoine à Bâle, puis chapelain d'Henri III, est choisi en 1046 comme évêque de Verdun par l'empereur. Le début de son épiscopat est marqué par la révolte du duc de Lorraine, Godefroy le Barbu, qui, en 1047, mit Verdun à sac et brûla la cathédrale. Il se repent par la suite et l'évêque le reconnaît comme comte de Verdun et l'enterre à la cathédrale en 1069. Thierry, partisan d'une réforme religieuse dans la lignée de Léon IX, fait montre d'une grande énergie dans l'administration de l'Eglise et lutte contre la simonie. Il cherche à conserver sa loyauté à la fois à l'empereur et au pape et ne devient pas brusquement pro-impérial. Vers 1080/1081, trois lettres sont écrites sous sa caution. La première, très polémique, sans doute composée juste après le concile de Mayence de 1080, demande la déposition de Grégoire VII. La seconde décrit le conflit de Thierry avec son clergé, qui refuse de l'accueillir jusqu'à ce qu'il se soit soumis au pape, ce qu'il fait par l'intermédiaire de Rodolphe de Saint-Vanne, après quoi il refuse l'absolution, sans doute à la nouvelle de la marche d'Henri sur Rome[284]. La dernière, de Wenrich de Trèves, fait la liste des torts de Grégoire VII et se termine par un appel au pape qui n'est pas forcément hypocrite[285]. Les moines de Saint-Vanne, farouchement pro-grégoriens, partent en exil à Dijon par hostilité envers leur évêque, qui ne se réconcilie avec le pape qu'en 1089, sur son lit de mort. Il se fait inhumer dans la collégiale Sainte-Marie Madeleine. Alors que Verdun paraît fermée à l'influence de Gorze, Thierry, évêque impérial, soutient deux abbayes du diocèse de Metz : Gorze en favorisant la fondation du prieuré d'Amel, et Saint-Arnoul par la donation du prieuré d'Olley, au sud d'Amel[286]. Cette action ne s'explique pas seulement par des liens d'amitié possibles avec Sigefroy de Gorze, qui est passé à Verdun avec Léon IX après le concile de Reims. En fait, Thierry emploie la même méthode qu'Hermann de Bamberg et cherche une formule monastique qui lui convienne, indépendante des mouvements plus ou moins clunisiens de son propre diocèse, lesquels, d'ailleurs, se retournent contre lui.

CHAPITRE V

A Metz, Heriman (1072-1090) se montre, au début de son épiscopat, un prélat typiquement lotharingien, fidèle à Henri IV. En 1074, Heriman part en Italie[287], rencontre Grégoire VII, auprès duquel il intercède en faveur de deux évêques accusés de simonie, Hermann de Bamberg et Dietwin de Liège. A la suite de sa participation au concile de Worms de 1076 qui condamne Grégoire VII, il demande son absolution au Pape. Heriman, dès lors partisan de Grégoire, s'entend avec de grands nobles et Adalbéron de Wurzbourg pour résister à Henri IV et favoriser le soulèvement des Saxons, il libère deux otages saxons que Henri IV lui a confiés[288]. Grégoire VII lui écrit alors une première lettre[289], en réponse aux problèmes de conscience d'Heriman concernant l'excommunication d'Henri IV. Heriman, Adalbéron de Wurzbourg, Siegfried de Mayence, les ducs Rodolphe, Guelf et Berthol prévoient une assemblée à Forchheim[290] en mars 1077, mais Heriman ne participe pas à cette réunion, qui se termine par l'élection de Rodolphe comme roi. En 1078, Henri IV attaque Metz et chasse Heriman, qui reste évêque et va à Verdun[291], dans ses abbayes liégeoises, puis en Italie[292]. Pourtant Heriman n'est pas entièrement convaincu du bon droit du pape et, après la nouvelle excommunication d'Henri en 1080, Grégoire VII lui écrivit une nouvelle lettre qui est un véritable traité[293], au point que Sigebert de Gembloux se charge d'en réfuter les arguments au nom du parti impérial[294]. La réponse pontificale ne suffit pas à Heriman, qui pose le même problème à Gebhard, archevêque de Salzbourg, partisan de Grégoire VII[295]. Le fond du problème est de savoir si les partisans de Grégoire ont trahi leur serment de fidélité envers le roi[296]. Dans sa réponse, l'archevêque lui décrit la situation créée par la déposition de Grégoire et le choix de l'antipape Clément III. Pour se faire des alliés, Heriman distribue des biens de l'évêché à de grands personnages comme Hermann de Salm, vassal de l'Eglise de Metz. En août 1081, ce dernier est élu roi de Germanie, peut-être avec l'appui d'Heriman[297], après la défaite des Saxons et la mort de Rodolphe. Heriman paraît se désintéresser des problèmes politiques et ne plus s'occuper que de son diocèse, et de certaines de ses possessions comme l'abbaye de Saint-Trond, ce qui n'est pas du goût de cette dernière, qui accuse Heriman de la persécuter et de la spolier. Heriman revient à Metz en 1084, mais Henri IV le fait déposer à Mayence en 1085[298], le chasse de son siège et le remplace[299] par Walon de Saint-Arnoul (consacré par Thierry de Verdun) puis, après l'abdication de celui-ci, par Bruno de Calw, lui-même chassé par les messins en 1088. Heriman revient à Metz en 1089 au plus tard. Il meurt en mai 1090 et est remplacé par Poppon, élu par le chapitre.

Durant la Querelle des Investitures, les abbayes touchées par un esprit « gorzien » se montrent fidèles au choix politique de leur évêque. Les difficultés commencent quand un abbé dépend de deux évêques, ce qui est le cas d'Ekkebert de Schwarzach : Adalbéron est pro-grégorien, Hermann impérial. Pire, Hermann est en partie condamné pour avoir soutenu Ekkebert à Bamberg. Hermann déposé, Ekkebert quitte Bamberg et ne dépend plus que d'Adalbéron. A Mayence, l'abbé Gottschalk, grégorien comme l'archevêque Siegfried, est déposé peu après lui.

Dans le cas de Saint-Trond, qui dépend au temporel de Metz (grégorien), au spirituel de Liège (impérial), la situation est plus confuse. D'ailleurs on ne peut considérer que ce monastère est restauré par Gorze, puisque Lanzo en est chassé avant d'avoir pu agir. Il est possible que la simonie soit intervenue dans le choix de l'abbé Lupo en 1085, en tout cas, le fait est certain, en 1091, Lupo donne à l'empereur une grosse somme d'argent[300]. Henri IV usurpe donc à deux reprises le droit de l'évêque de Metz sur son *Eigenkloster*. En 1085, Walon, candidat d'Henri IV sur le siège épiscopal de Metz, accorde l'investiture à Lupo[301], mais, en 1093, l'évêque Poppon, candidat de la papauté, n'est pas reconnu par Henri IV, qui confisque une partie de ses terres. L'opposition entre les deux pouvoirs fait exploser le système de l'Eglise d'Empire[302]. De toute façon, l'autorité de l'évêque et la régularité pâtissent de la Querelle et il faut rappeler les difficultés d'Antoine de Senones, nommé par l'évêque de Metz à une époque de faiblesse, et de troubles et qui se heurte à ses moines.

CHAPITRE V

CONCLUSION.

Quoique l'influence de Gorze dans l'Empire au XIe siècle, telle que nous l'avons étudiée plus haut, soit plus limitée que ne le croyait K.Hallinger, des traits distinctifs se précisent. Au début du XIe siècle, l'empereur tente d'importer la réforme telle qu'on la concevait en Lotharingie, afin que les monastères servent directement ses besoins. Mais l'apport essentiel de Gorze au monachisme d'Empire se situe dans la seconde moitié du XIe siècle, sous l'impulsion des évêques. Ceux-ci cherchent des moines de mœurs irréprochables, dociles, qui ne manifestent pas de velléité d'autonomie envers eux, qui leur soient au contraire un soutien dans leur diocèse, dans lequel l'évêque d'Empire apparaît en effet souvent comme un étranger, et où il lui faut affirmer la puissance que l'empereur lui concède. Ces caractères permettent d'expliquer pourquoi la réforme monastique a eu dans le diocèse de Metz, où elle est née, un succès réel mais limité, car l'évêque choisi, dans une grande famille locale, n'est pas menacé dans son autorité et la plupart des monastères dépendent de lui. L'évêque n'a pas de raison politique pour faire appel à des moines de Gorze, s'il le fait c'est qu'il cherche comme abbés à Metz des moines de Gorze qui lui semblent dignes. Gorze n'a jamais de monopole de réforme et, au début du XIe siècle, l'intervention de Guillaume de Volpiano, dont il est difficile de mesurer l'impact, prouve que les monastères sont ouverts à des influences diverses.

La Querelle des Investitures ruine le système en perturbant les relations entre l'empereur et l'épiscopat et de ce fait celles de l'évêque avec les abbayes de son diocèse. La stabilité politique du système germanique favorisait des abbayes indépendantes, elles subissent donc de plein fouet le contrecoup de son échec.

La liberté que connaît Gorze est celle que lui confère l'évêque. En retour, la réforme de Gorze est pragmatique et répond au désir de l'épiscopat. Elle ne cherche pas à s'implanter par la force au détriment de coutumes et de régles préexistantes ou concurrentes, elle vise à mettre à la tête des abbayes réformées des hommes sûrs et respectables. Les coutumes de Gorze apparaissent insaisissables et, devant notre méconnaissance des coutumes de l'abbaye-mère, il est dangereux de tenter de les reconstituer à partir de monastères restaurés par elle, car ce que nous savons des abbés et de leur attitude nous les montre extraordinairement accueillants et ouverts aux influences des moines étrangers qui les accompagnent, de l'abbaye où ils s'installent, ou des conditions du milieu dans lequel leur évêque les transplante. Ainsi, si l'influence lotharingienne est indéniable en Angleterre, c'est que le trait fondamental du monachisme anglais est la prédominance de l'épiscopat. En Hongrie, la réforme « lotharingienne » est une réaction contre l'Empire. On ne parvient à mettre en évidence que des traces éparses, jamais un système complet.

Moins dirigiste que Richard de Saint-Vanne ou Poppon de Stavelot, sans parler de Cluny, Gorze laisse une grande autonomie à ses anciens moines devenus abbés. Les liens entre Gorze et les abbayes que ces derniers dirigent sont réels, mais ce ne sont jamais des liens de sujétion ni même de conformité des coutumes, comme le pensait K. Hallinger. Les indices de l'influence gorzienne sont ceux qui découlent de liens d'amitié entre monastères : emprunts de nécrologes, de cultes de saints, éventuellement de reliques, de pratiques liturgiques. Mais rien n'est imposé et la souplesse de ce système, qui explique son succès, est aussi source de faiblesse, car il n'y a pas de structures et donc peu de défenses. Gorze se montre fidèle aux principes de Benoît d'Aniane, et finalement à un système carolingien traditionnel qui a longtemps perduré dans l'Empire. Le succès de son mouvement a pour principale raison la volonté de l'évêque, mais il est en position d'infériorité face à des réformes organisées, conquérantes et hardies, comme celle d'Hirsau, qui auront raison de lui au XIIe siècle.

Cette situation explique pourquoi, si Gorze est souvent citée, quoique succinctement, dans les sources concernant l'Empire au XIe siècle, et si son rôle est indéniable, l'importance de son apport est difficile à cerner.

CONCLUSION GENERALE

Gorze, fondée par Chrodegang au début de l'époque carolingienne, dans une période de floraison monastique, paraît dès l'origine destinée à servir de modèle et de référence à l'intérieur du cadre épiscopal et bénédictin que lui impose l'évêque de Metz.

La réforme monastique du Xe siècle, portée par des personnalités d'exception, s'épanouit dans un milieu très ouvert au renouveau monastique. Elle atteint de nombreux monastères lotharingiens, puis connaît un repli à la fin du siècle. Cette réforme est d'une importance fondamentale, car elle prête à Gorze un prestige durable et explique le respect dont elle est entourée au siècle suivant.

1) GORZE AU XIe SIECLE.

Gorze au XIe siècle avait été peu étudiée, malgré la présence de personnalités de premier plan à la tête de l'abbaye.

Les abbés de Gorze au XIe siècle. Immo, sans doute d'origine noble, a été nommé abbé de Gorze en 982 par l'évêque Thierry de Metz. L'empereur Henri II le choisit, sans doute à cause du prestige rémanent de la réforme, comme abbé à Prüm et Reichenau, ce qui montre l'intégration de Gorze au système de l'Eglise impériale. L'échec de cette tentative montre les limites d'Immo qui apparaît plus comme un lettré et un ascète que comme un diplomate. L'empereur ne parvient pas à s'appuyer sur Gorze, qui reste un monastère épiscopal. Après l'échec des interventions impériales l'évêque reprend les choses en main.

CONCLUSION GÉNÉRALE

Pour succéder à Immo, il fait appel vers 1015 à Guillaume de Volpiano, peut-être en raison du prestige de ce réformateur qui dirige déjà des abbayes lorraines. La vie monastique de Gorze ne paraît pas modifiée en profondeur par son abbatiat. Gorze ne devient pas clunisienne et garde ses pratiques antérieures.

L'abbé Sigefroy (1031-1055) a été le prieur de Guillaume qui choisit un clerc messin et non un moine. Peut-être l'évêque réaffirme-t-il son autorité sur Gorze en choisissant un chanoine comme lors de la fondation. On ignore ses origines familiales, mais Sigefroy est en relation avec des personnages importants. Il connaît Léon IX, participe au concile de Reims, lui écrit, ainsi qu'à Poppon de Stavelot, pour s'opposer au mariage d'Henri III. Il s'intéresse aussi à la doctrine de Bérenger de Tours sur l'Eucharistie. A Gorze, il organise le temporel en fondant des prieurés.

L'abbatiat d'Henri (1055-1093) correspond à l'apogée de Gorze et de son rayonnement. Henri, d'origine noble, applique une politique monastique traditionnelle et réformatrice de haute tenue morale. Pendant la Querelle des Investitures qui secoue tout l'Empire et particulièrement la Lorraine, Gorze garde une attitude irénique.

Immo auquel Henri II fait appel, Sigefroy qui prend parti contre le mariage d'Henri III avec Agnès de Poitiers, Henri, fils naturel du comte palatin Ezzo, lié à une puissante famille. Pourtant le seul dont le rayonnement dépasse largement Metz, Guillaume, n'est gorzien que d'occasion et est imposé par l'évêque à la tête de l'abbaye. Ces abbés, actifs, célèbres ont certainement permis, du fait de leurs relations, le développement de Gorze. Mais en pratique leur influence est difficile à préciser au delà du niveau régional.

La puissance de l'abbaye vient-elle de sa richesse ?

Le temporel. La source essentielle pour le connaître est un cartulaire du XIIe siècle. Malheureusement, l'essentiel des documents conservés concerne soit le Xe soit le XIIe siècle, pour le XIe siècle il faut procéder par déduction. L'ensemble des biens provient des donations de Chrodegang à la fondation, auxquelles s'ajoutent quelques dons de particuliers, ponctuels à l'origine, dispersés dans le cas de l'importante donation de Conrad, et qui échappent en partie à Gorze. Aux XIe-XIIe siècles, se constituent des prieurés, mais Gorze ne paraît pas avoir eu en ce domaine une politique délibérée d'expansion. En 1051, ils sont deux, Varangéville et Amel, puis apparaissent, avant la fin du XIe siècle, Stenay et Apremont, alors que certaines terres plus éloignées ne sont pas encore (Pfeddersheim, Vanault) ou ne seront jamais (possessions de la région de Trèves) des prieurés. Sans être d'une richesse exceptionnelle le temporel est fermement organisé et homogène et a donné naissance à l'entité autonome que fut la terre de Gorze.

La bibliothèque. La même atmosphère d'héritage, géré avec plus ou moins de bonheur, domine dans le catalogue de la bibliothèque, ensemble important, varié mais disparate, dans lequel l'emportent les textes traditionnels que l'on trouverait dans n'importe quel grand monastère ottonien. Ce fond ancien est constitué par des commentaires scripturaires et des manuels d'étude qui dénotent une orientation pratique de la bibliothèque vers l'enseignement. Cette fonction, attestée au Xe et au début du XIe siècle, semble se réduire nettement par la suite. La bibliothèque est importante, mais les livres sont anciens et Gorze n'apparaît pas comme un grand centre intellectuel. Le catalogue mentionne des ouvrages dépareillés, anciens, en mauvais état. Ce sont en majorité des classiques ou des textes dont l'actualité est celle des renaissances carolingiennes et ottoniennes. Une activité de copie est décelable mais ne renouvelle pas vraiment le fond. Passé l'an mil, on n'a plus de traces – en dehors des abbés – de grands personnages ayant étudié à Gorze. Ce n'est pas un grand centre intellectuel, comme Lobbes, ce n'est donc pas à ce titre qu'elle peut attirer. Cette impression est renforcée par la faible production littéraire gorzienne, limitée à quelques vies de saints. Pourtant, même dans ce domaine, l'effort de Gorze n'a pas eu grand succès : les cultes de Gorgon, Chrodegang et même Dagobert sont restés confidentiels.

Les allusions à Gorze, dans les textes du XIe et du début du XIIe siècle, elliptiques et parfois anecdotiques, permettent pourtant de dégager quelques points forts. C'est une puissante abbaye messine[1] susceptible de servir à l'occasion de lieu de détention[2]. Un endroit où il y a des livres et où il est possible d'obtenir une formation[3]. Mais aucune chronique ne relate la vie quotidienne de l'abbaye, uniquement documentée par le cartulaire.

RÉFORME ET ESPRIT DE RÉFORME AU XIe SIECLE.

Le mouvement monastique issu de Gorze a laissé peu de traces. Sans le nécrologe, les liens entre Gorze et de nombreuses abbayes resteraient dans l'ombre. L'aire de diffusion du mouvement de Gorze à travers les moines de Gorze devenus abbés dans d'autres abbayes est vaste, mais difficile à expliquer. En quoi Gorze pouvait-elle apparaître comme un modèle pour les évêques de l'Empire ?

Gorze a conservé des liens étroits avec à Saint-Arnoul, mais les autres abbayes messines, Saint-Vincent, Saint-Clément, Saint-Symphorien sont touchées de façon plus sporadique. L'implantation de moines de Gorze dans les abbayes du diocèse révèle la volonté de contrôle de l'évêque.

Dans le reste de la Lotharingie, l'action de Gorze est flagrante à Toul qui apparaît comme une zone de moindre résistance. Elle est presque nulle à Verdun, malgré les efforts de Thierry de Verdun, en raison de la présence de Saint-Vanne, et faible à Trèves, sans doute à cause de la puissance de Saint-Maximin.

Dans l'Empire, l'influence de Gorze dans les abbayes impériales, telle Lorsch, est minime. Au contraire, à Cologne, l'action des archevêques l'a favorisé. Des abbés de Gorze viennent à Saint-Pantaléon et surtout à Siegburg qui devient un brillant centre de réforme.

Les autres prélats ont une action similaire : l'archevêque Siegfried de Mayence choisit Gottschalk de Gorze comme abbé de Saint-Alban. L'évêque Adalbéron de Wurzbourg fait venir Ekkebert à Schwarzach auquel l'évêque Hermann de Bamberg fait également appel. L'évêque Altmann de Passau appelle Thierry à Kremsmünster. L'évêque Herrand d'Halberstadt, moine à Gorze devenu abbé d'Ilsenburg, se montre actif au point que l'on a pu parler d'une réforme d'Herrand d'Halberstadt-Ilsenburg.

Gorze est une abbaye messine par sa fondation, lotharingienne par son contexte culturel, impériale – ou plutôt active dans l'Empire – car pro-épiscopale. Ces aspects se manifestent de façon différente selon les périodes. Au Xe siècle, le succès de la réforme de 934 en fait manifestement une abbaye lotharingienne, les ouvertures proposées au début du XIe siècle vers l'Empire par Henri II, vers la France par Guillaume de Volpiano restent sans suite, mais élargissent certainement les perspectives de l'abbaye. Quoique les successeurs de Guillaume soient apparemment moins actifs, c'est durant la deuxième moitié du XIe siècle que l'influence de Gorze, par la volonté des évêques, devient une référence dans l'Empire. Les évêques cherchent, par son entremise, à s'assurer le contrôle des monastères de leur diocèse, tout en garantissant un idéal de vie monastique.

Malgré l'intervention ponctuelle de l'empereur Henri II, ce sont les évêques qui veulent la réforme. Cependant dans le système de l'Eglise d'Empire la bonne entente entre Sacerdoce et Empire est nécessaire, ce qui explique que la Querelle des Investitures marque la fin de son mouvement.

Gorze et les autres abbayes réformatrices. Gorze n'est pas soutenue par les empereurs ou les grands laïcs, comme ce fut le cas pour Stavelot, sous l'abbatiat de Poppon. Toutefois cette dernière réforme demeure proche de celle de Gorze car les évêques y ont contribué. En revanche, bien qu'elle partage avec Fleury l'origine de ses coutumes, son évolution se fait dans un sens diamétralement opposé par le soutien qu'elle apporte à l'autorité épiscopale que rejette Fleury. Ce choix la rapproche des mouvements internes de l'Empire : Hirsau – d'influence clunisienne et pro-grégorienne, mais sans hostilité fondamentale à l'épiscopat – et Hasungen – dont l'abbé Gislebert est peut-être indirectement « gorzien ».

Gorze n'est pas une abbaye mineure, portée brusquement au premier plan par des circonstances politico-religieuses exceptionnelles et par le prestige d'un réformateur, comme cela fut le cas de Saint-Airy et même de Saint-Vanne dans la Lorraine du XIe siècle. C'est une abbaye importante qui brilla pendant une longue période d'un éclat particulier, en partie dû à la renommée dont elle jouissait par on-dit dans l'Empire. Elle n'est pas pourtant une très grande abbaye capable par ses seules forces de se pousser au premier rang, comme le firent Fleury, Cluny ou Saint-Denis.

La comparaison entre Gorze et Cluny, proposée par K. Hallinger, bien qu'enrichissante, met en évidence la différence de nature entre les deux réformes. Face au système structuré de Cluny, l'entreprise de Gorze apparaît floue, car elle n'a eu ni programme ni organisation à imposer. C'est ce que montrent aussi les *consuetudines Sigiberti*, dans lesquelles il est difficile de retrouver un esprit gorzien et qui ne sont attestées que de façon sporadique. Quand à l'influence plus lointaine de Gorze, elle est encore moins nettement caractérisée et se confond en Angleterre avec celle de Fleury, dans l'Est avec celle des centres lotharingiens de Saint-Vanne ou de Liège.

La thèse de K. Hallinger a conduit beaucoup d'historiens à croire que la réforme de Gorze a créé un réseau de monastères, organisés autour d'elle, à l'instar de Cluny, mais moins vaste et moins structuré. Nous avons vu qu'il n'en était rien, d'abord parce que le nombre d'abbayes touchées par le mouvement de restauration monastique d'inspiration gorzienne a été surestimé, mais surtout parce que l'influence de Gorze a été essentiellement morale et qu'il n'y a pas eu de congrégation gorzienne et les allusions à un *ordo gorziencis* sont en effet tardives et discutables. Hallinger a attribué une importance excessive au réseau de Gorze en se fondant sur l'idée que l'abbaye diffusait effectivement un esprit particulier fondé sur les coutumes et sur une nébuleuse d'abbayes influencées par ricochet. En fait, nous n'avons pas trouvé de coutumes ni d'attestation de relations qui dépasserait la première génération. Gorze a eu un prestige certain, puisque les évêques viennent y chercher des abbés, mais son

CONCLUSION GÉNÉRALE

rôle reste passif, trop bien adapté au système de l'Eglise d'Empire. Dans ce cadre, la restauration monastique ne se constitue pas en système, l'abbaye « mère », si l'on peut encore la nommer ainsi, ne profite pas matériellement de sa situation privilégiée, comme on le constate aussi pour Stavelot, pour Saint-Vanne. Les donations sont limitées au cadre du diocèse de Metz et des diocèses voisins. Gorze apparaît comme une grande abbaye peu différente des autres, dont les conditions de l'Eglise d'Empire ont favorisé le mouvement de réforme, mouvement dont l'étude de Hallinger a donné une image trop structurée. L'abbaye a eu une influence lointaine, sans pour autant avoir été toute puissante sur le plan local, car son action est passée par les voies indirectes des relations personnelles, des liens de famille ou d'amitié. Il est impossible de parler d'un *Ordo Gorziensis*.

Au début de notre recherche sur les bases de l'influence de Gorze dans l'Empire, l'abbaye nous paraissait une grande puissance. En fait, il est apparu nécessaire de séparer sa force et son impact. A-t-elle vécu sur la réputation que lui a faite la réforme du Xe siècle ? Sans pouvoir apporter de réponse on constate que l'aura de l'esprit de restauration monastique attaché à son nom dépasse à Gorze la politique consciente d'expansion, dont l'abbaye semble avoir été remarquablement dépourvue. En cela Gorze est finalement restée fidèle au programme de réforme morale du Xe siècle, beaucoup plus proche de Benoît d'Aniane que de Cluny. D'autre part, les évêques qui cherchent à rétablir l'observance monastique s'adressent indéniablement à une abbaye qui a conservé son esprit de réforme. La réputation de Gorze se fonde sur les relations et les réseaux qui existent entre les évêchés d'Empire et entre ceux ci et leurs monastères, relations personnelles, privilégiées, dont ne subsistent que des traces sporadiques.

L'effacement même de Gorze lui a servi, sa soumission à l'évêque attire sur elle l'attention des prélats allemands, jaloux de leur autorité, auxquels Henri III accorde plus d'indépendance. Le nom de Gorze se rencontre alors à plusieurs reprises à propos des monastères de l'Empire, sans qu'il soit question de liens étroits. Le nécrologe de Gorze mentionne, en particulier pour le

XIe siècle, de nombreux abbés et moines d'abbayes réformées par Gorze ou en relation avec elle.

La modification du recrutement des évêques d'Empire après le concordat de Worms explique le repli de Gorze au XIIe siècle. L'abbaye est alors réduite à ses propres forces. Quelle est, dans cette phase de repli, mais non de récession, la place de Gorze ?

2) Gorze au XIIe siècle

Les conséquences de la Querelle des Investitures

Les conditions de la vie politique et religieuse ont changé dans tout l'Empire. En 1102, Pascal II excommunie à nouveau Henri IV, dont la politique menaçait par ailleurs l'aristocratie qui se soulève en 1104 et met à sa tête Henri V. Celui-ci, alors que son père meurt à Liège en 1006, entreprend de soumettre les grands. Il signe, avec Pascal II, le concordat de Sutri en 1111, l'Eglise renonçant à son droit sur les propriétés reçues du roi en échange de la renonciation à l'investiture. Cet accord provoque un tollé général et impose un nouveau compromis : le concordat de Worms de 1122, entre Henri V et Calixte II, qui impose la liberté d'élection, mais laisse à l'empereur l'investiture temporelle. La mort d'Henri, en 1125, amène une nouvelle crise du pouvoir impérial, le principe de l'élection réapparaît, Adalbert de Mayence fait convoquer une diète électorale où il impose son candidat, Lothaire, fidèle à l'Église. En 1137, Lothaire meurt sans descendance et, alors que les princes croient trouver un héritier spirituel en Henri le Superbe, Albéron de Montreuil, archevêque de Trèves[4], fait approuver par Rome la candidature de Conrad de Hohenstaufen.

A Metz, Heriman étant mort en 1090, Poppon, ancien prévôt de Trèves et représentant de l'orthodoxie pontificale, est choisi par les chanoines et un ensemble de réformateurs gagnés à la papauté[5]. Il n'est consacré qu'en 1093 à Lyon[6]. Gorze se montre pro-pontificale, l'abbé Warnier (1093-1108) obtient, en février 1105, du pape Pascal II, qui prend Gorze sous sa protection, une certaine indépendance envers l'évêque[7]. C'est une reconnaissance de la fidélité de Gorze à la papauté et à la réforme grégorienne et aussi la fin du monastère épiscopal. Warnier continue la politique d'extension des prieurés pratiquée par Henri. En 1095, il demande à l'évêque Poppon d'intervenir à Amel pour défendre l'abbaye contre l'avoué[8]. En 1097, de retour d'Italie, Henri IV nomme comme évêque son parent Adalbéron IV, qui était chancelier d'Empire[9], et auquel les Messins et le chapitre cathédral se rallient[10], mais que le pape excommunie peu après. Quand Poppon meurt en 1104, Adalbéron IV reste seul évêque et n'est déposé qu'en 1115, au concile de Reims. Peut-être parce qu'il est en désaccord avec l'évêque, c'est au cardinal Richard, évêque d'Albano que l'abbé Warnier fait appel pour consacrer en 1106, un autel à Saint-Michel, dans la tour de l'église abbatiale de Gorze[11]. Au même moment, Richard d'Albano consacre l'église d'Apremont[12]. En 1008, Gorze obtient, à la demande de la comtesse Mathilde[13], une bulle de Pascal II, qui concerne le prieuré de Stenay.

L'influence de Gorze diminue lentement, bien que les successeurs de l'abbé Henri soient parfois très brillants. Si l'on compare les activités des abbés du XIe à celles des abbés du XIIe siècle, on constate d'abord qu'au XIIe siècle Gorze a des abbés venus d'ailleurs, Acelin, Théodwin, les relations ne sont plus à sens unique à partir de Gorze.

Le prieur de Saint-Clément, Acelin, succède à Warnier en 1108. Acelin est à la fois abbé de Saint-Clément[14] et de Gorze, il est le premier abbé de Gorze choisi hors de l'abbaye, peut-être dans le but d'y rétablir la régularité, car il est loué à ce titre dans le nécrologe de Saint-Clément. L'abbé Acelin meurt en 1121[15].

Le plus brillant des abbés de Gorze, au XIIe siècle est son successeur, Théodwin[16], prieur de Marmoutier puis abbé de Gorze (1121 ?-1132). Dès son arrivée, éclate la crise de la nomination de Theotger. Celui ci, abbé de Saint-Georges en Forêt Noire[17], est choisi en 1117, comme évêque de Metz par le Pape. Le nouvel évêque est accueilli par l'abbé de Gorze, Théodwin, qui ne parvient pas à empêcher la population de la ville de Gorze de se soulever et d'attaquer la suite de l'évêque qui a été reconnu[18]. Ne réussissant pas à rentrer dans Metz, Theotger se réfugie à l'abbaye de Saint-Clément. Se voyant incapable de se faire accepter pas les Messins, Theotger quitte la région et meurt deux ans plus tard à Cluny[19]. Cette situation équivoque, puisqu'on ignore quel est l'évêque légitime depuis environ un quart de siècle, a pu entraîner un relâchement dans la vie de l'abbaye que Théodwin déplore et auquel il tente de remédier[20].

Le début du XIIe siècle est marqué par une diminution du pouvoir des évêques, due à l'intervention du pape, et à la contestation des élites urbaines[21]. Le pouvoir du chapitre cathédral qui élit l'évêque augmente. Les usurpations des pouvoirs laïcs sur les biens d'Église se transforment, elles se manifestent par l'avidité croissante des avoués, et par l'agitation urbaine. La crise provoquée par la Querelle des Investitures à Metz ne se termine que vers 1120, quand Calixte II fait élire comme évêque son neveu, Etienne de Bar, qui entre à Metz en 1122 et parvient à freiner cette évolution[22].

En 1130, à la mort du pape Honorius II, les cardinaux de son entourage élisent l'un d'entre eux qui prend le nom d'Innocent II, mais la majorité du collège choisit un autre cardinal, qui prend le nom d'Anaclet II et occupe Rome. Théodwin se rallie à Innocent II, et obtient de lui une confirmation des privilèges de l'abbaye de Gorze[23]. Innocent II est reconnu comme le pape légitime par Pierre le Vénérable, saint Bernard, l'empereur et les rois de France et d'Angleterre. En 1131, le pape réunit un concile à Reims et sacre le prince Louis, fils du roi Louis VI. L'abbé de Gorze se trouvait parmi la foule des ecclésiastiques présents à l'occasion de cette double solemnité[24].

En 1132, Théodwin reçoit d'Innocent II un acte qui règle pour un temps les querelles autour du prieuré de Vanault[25] et une nouvelle bulle qui confirme son autonomie envers l'évêque[26].

Vers 1136, le pape Innocent III nomme Théodwin évêque de Porto, cardinal de Sainte Ruffine, et légat pour la Germanie[27], sans doute parce qu'il était alors le seul membre de la Curie à avoir été choisi dans l'Empire, ce qui posait d'ailleurs quelques problèmes d'adaptation[28]. La longue durée de sa légation s'explique par son amitié[29] avec Conrad III, qu'il sacre empereur le 13 mars 1138, à Aix[30]. Légat en Allemagne, Théodwin intervient dans plusieurs abbayes, Sainte-Walburge de Heiligenshorst près de Haguenau[31], Lorsch, dont il dépose l'abbé Baldemar[32]. Il revient parfois à Gorze, confirmant la fondation du prieuré d'Apremont[33]. Wigeric devient sans doute abbé de Gorze dés 1136, quand Théodwin devint cardinal[34].

En 1144, la chute d'Edesse provoque la seconde croisade, dirigée par Conrad III[35] qui est rejoint par Louis VII. Théodwin y participe en tant que légat apostolique auprès de Conrad III il retrouve parmi les croisés les évêques Etienne de Metz et Henri de Toul[36]. Théodwin rentre par la Sicile et envoie un rapport à Conrad[37].

Théodwin meurt à Porto le 18 novembre 1151[38]. Son abbatiat est atypique, il est le premier abbé de Gorze pour lequel cette fonction n'est qu'un moment dans une brillante carrière politique.

Les abbés du XIIe siècle sont des gestionnaires et la puissance territoriale de l'abbaye s'organise[39]. Isembaud[40], attesté en 1121, fonde le prieuré de Pfeddersheim[41]. Avec les abbés de la deuxième moitié du XIIe siècle s'achève la grande période de l'histoire de Gorze, Isembaud II (1145-1160)[42], Albert (1160-1169)[43], et surtout Pierre (1169-1203) qui fait rédiger le cartulaire de Gorze.

Quand le soutien de l'épiscopat germanique disparaît, Gorze se replie sur sa région et ne rayonne plus dans l'Empire. Des moines de Gorze deviennent abbés à Saint-Symphorien[44], à Saint-Clément[45], à Saint-Arnoul[46] voire dans des monastères plus lointains, dépendants de l'évêque de Metz, Marmoutier[47] et Saint-Avold[48]. Dans le diocèse de Toul, deux abbés sont d'anciens moines de Gorze : Simon de Moyenmoutier (1193-1206)[49] et Baudoin de Senones (1239-1270)[50]. Ce rayonnement justifie que Sigebert de Gembloux, qui la compare à une ruche, l'appelle *Gorzia mater*. Cependant il n'y a plus de mentions d'abbés venant de Gorze au delà de ce cercle messin, au sens large, l'abbaye de Gorze est devenue une force purement locale. Les conditions ont changé, la réforme grégorienne entraînant une diminution du pouvoir des évêques et la fin de l'Église

CONCLUSION GÉNÉRALE

d'Empire. Les abbés de Gorze ne sont pas devenus des réformateurs dynamiques et, comme on ne leur demande plus rien, ils n'ont plus d'influence hors du diocèse. En outre, la région messine se tourne davantage vers la France[51].

L'abbaye reste la première du diocèse, l'évêque Etienne de Bar la qualifie de *quasi camera Mettensis episcopi et principale membrum ecclesie Mettensis*[52]. A partir de 1180, l'abbé de Gorze est un des six électeurs du maître-échevin de Metz.

Après le XIe siècle les moines noirs perdent de leur prestige, des mouvements nouveaux, davantage orientés vers la pauvreté, se développent. En Lorraine, dès la fin du XIe siècle, l'ordre canonial prend la relève, une congrégation de chanoines réguliers se constitue, celle de Saint-Pierremont[53]. En 1098, Robert de Molesmes fonde l'abbaye de Cîteaux et en 1129 les cisterciens fondent Saint-Benoît-en-Woëvre.

NOTES DE L'AVANT-PROPOS

1. MGH SS VIII 8, p.511.
2. D.IOGNA-PRAT, *Agni Immaculati. Recherches sur les sources hagiographiques relatives à saint Maïeul de Cluny (954-994)*, Paris, 1988.
3. K.HALLINGER, *Gorze-Kluny. Studien zu den monastichen Lebensformen und Gegensätzen im Hochmittelalter*, Studia Anselmiana 21-22, Rome, 1952.
4. Comptes rendus de Gorze-Kluny par H.BÜTTNER, *Historisches Jahrbuch*, 71 (1952), p.406-07. P.VOLK, *Revue d'Histoire ecclésiastique*, 47 (1952), p.247-51. Th.SCHIEFFER, Cluniazensische oder Gorzische Reformbewegung ?, *Archiv für mittelrheinische Kirchengeschichte*, 4 (1952), p.24-44. U.LEWALD, *Rheinische Vierteljahrsblätter*, 18 (1953), p.306-13.
5. M.PARISSE, L'historiographie allemande sur la Lorraine médiévale, *Annales de l'Est* (1977), p.329.
6. *L'abbaye de Gorze au Xe siècle*, ed. M.PARISSE - O.G.OEXLE, Nancy, 1993.

NOTES DE L'INTRODUCTION

1. *Vita Iohannis*, MGH SS IV, p. 355-377, ce texte a fait l'objet d'un colloque à Gorze dont les actes sont édités sous la direction de M.PARISSE – O.G.OEXLE, *L'abbaye de Gorze au Xe siècle*, Nancy, 1993.
2. J.C.LAGER, Die Abtei Gorze in Lothringen, *Studien und Mitteilungen aus dem Benediktiner und Cistersiencer Orden* VIII (1887), p. 32-56 181-192 328-347 540-574. Edité en volume : *Die Abtei Gorze in Lothringen*, Brünn, 1887.
3. F.CHAUSSIER, *L'abbaye de Gorze*, Metz, 1894.
4. Le cartulaire du XIIe siècle a été édité par A.D'HERBOMEZ, dans Mémoires et Documents publiés par la Société Nationale des Antiquaires de

France (Mettensia II), Paris, 1898, d'après le manuscrit 826 de la bibliothèque municipale de Metz détruit en 1944. Edition citée sous la forme *Cartulaire*, suivie du numéro de l'acte. D'Herbomez a identifié plusieurs lieux et a été complété par P.MARICHAL, *Remarques chronologiques et topographiques sur le cartulaire de Gorze*, Mettensia III, Paris, 1902.

5. K.HALLINGER, Zur Rechtgeschichte der Abtei Gorze bei Metz (vor 750-1572), *Zeitschrift für Kirchengeschichte*, Stuttgart, 1972, p. 325sq.

6. Il en subsiste des copies partielles à la Bibliothèque Nationale, collection de Lorraine 284, f.228-306 copie XVI-XVIIe, M.PARISSE, *Le nécrologe de Gorze, contribution à l'histoire monastique*, Nancy, 1971, B.N. collection Baluze 40, f.129sq. Edition citée sous la forme *Nécrologe*, suivie de la date. Ch.AIMOND, Extraits de l'obituaire de Gorze, *Bulletin de la Société d'Archéologie Lorraine* XIV (1914), p. 1-11. Un nécrologe concernant Varangéville, B.N. collection de Lorraine t.I, f.246 est édité par P.MAROT, l'obituaire du prieuré de Varangéville, *Bulletin de la Société d'Archéologie Lorraine*, XVIII (1925), p. 57-64. J.WOLLASCH, Totengedenken im Reformmönchtum, Monastiche Reformen im 9. und 10. Jh., *Vorträge und Forschungen* XXXVIII, ed. R.Kottje – H.Maurer, Siegmaringen, 1989, p. 155-57.

7. N.REIMANN, Beiträge zur Geschichte des Klosters Gorze im Spätmittelalter, *Mitteilungen zur Geschichte des Benediktinerordens und seiner Zweige*, LXXX (1970), p. 337-389, à partir des archives du Vatican.

8. A.BELLARD, Sur le rattachement à la France de la terre et seigneurie de Gorze, *Annuaire de la Société d'Histoire et d'Archéologie de la Lorraine* 41, (1961), p. 48-58.

9. J.SEMMLER, Gorze, *Theologische Realenzyklopädie*, XIII, 1984, 588-590.

10. J.SCHNEIDER, Gorze, *DHGE* 21, 1986, c.811-17.

11. *Cartulaire 1 Ubi Gorzia consurgit. Vita Chrodegangi*, MGH SS X, p. 568 *locus quem Gurgitensem uocari, ut ueterum hystoriarum testantur auctores, ea res dedit, quia Octauianus ab eodem loco aquae ductum fieri instituit, quo ad ciuitatem usque pertigente, tali industria antiquo ritu lustra celebrantur*. Le Mont-Saint-Blin, près de Gorze est peut-être le témoin d'un sanctuaire pré-chrétien lié au culte de la source ou de Belenus, mais nous verrons qu'il faut plutôt rattacher Blin à saint Bénigne.

12. *Cartulaire* 1, *ad illam basilicam sancti Petri et sancti Stephani quam a nouo edificauimus*. D'après MEURISSE, *Histoire des évêques de l'église de Metz*, Metz, 1634, p. 164-167, qui recopie un document de date inconnue et disparu depuis, Chrodegang agrandit l'oratoire qui se trouvait là depuis l'évangélisation par saint Clément, *Gorziense oratorium iam inde a primis Christiani fidei cunabulis per D.Flauium Clementem Metensium Austrasiorum apostolum Diuo Petro apostolo, suo fidei Magistro et Doctori consecratum*.

13. *Vita Chrodegangi* MGH SS X, p. 568 *olim temporis seruorum Dei habitatione benedictum*. Le thème de la chasse se retrouve dans la fondation de Saint-Denis par Dagobert. L'occupation antérieure n'empêche pas

NOTES DE L'INTRODUCTION

l'auteur de dire *Gurgientise monasterium, quod ab ipsis fundamentis nobillime aedeficauit.*

14. BHL 1860. Il aurait fondé une chapelle Saint-Pierre, E.PAULUS, *Etude sur la légende de la venue et du séjour de saint Clément à Gorze*, Metz, 1895. On trouve cette thèse chez Richer de Senones, *Gesta Senonensis ecclesiae*, MGH SS XXV, p. 270, liée à la légende de Clément chassant les serpents de l'amphithéâtre, *in loco qui postea monasterium quod Gorzias uocatur, primus habitator oratorium erexit.*

15. S'agit-il du lieu dit La-Croix-Saint-Clément ? Ce lieu, situé sur la hauteur surplombant Ancy-sur-Moselle, permet d'avoir une visibilité suffisante pour qu'on puisse y distinguer la vallée jusqu'à Metz. Il semble que la chapelle ait été fondée à La Croisette dont le nom rappelle ce même fait, mais qui est situé au Sud et non à l'Est de Gorze, au flanc de la côte d'où on ne distingue pas Metz, mais la vallée de la Gorzia. N.GAUTHIER, *L'évangélisation des pays de la Moselle*, Paris, 1980.

16. L'importance en est exagérée, la mauvaise réputation de Charles Martel est fondée sur une contre-propagande de saint Boniface. Les textes hagiographiques contemporains ne révèlent ni politique religieuse restrictive ni sécularisations. *Karl Martell in seiner Zeit, Beihefte der Francia* 37, 1994, p. 101-118 et 277-293.

17. M.BRENNAN – H.B.CLARKE, *Columbanus and merovingian monasticism B.A.R. International Series* 113, Oxford, 1981. Saint Colomban, *Règles et pénitentiels monastiques*, ed. A. de VOGÜÉ, abbaye de Bellefonfaine, 1989 ; J.M.PICARD (ed), *Ireland and Northern France A.D.600-850*, Dublin, 1991 ; L.BIELER, *Ireland and the culture of early medieval Europe*, Londres, 1987.

18. H.LÖWE, Pirmin, Willibrord und Bonifacius, *Settimane di Spoleto*, XIV (1966), p. 217-62. E.EWIG, Saint Chrodegang et la réforme de l'église franque, dans *Saint-Chrodegang*, Metz, 1967, p. 28-31. et A.ANGENENDT, *Das Frühmittelalter (400-900)*, Stuttgart-Berlin-Köln, 1990.

19. Paul Diacre, MGH SS II, p. 267. *Gesta episcoporum Mettensium*, MGH SS X, p. 540 *Duo monasteria construxit Elariacum et Nouum Vilare.* EWIG, Saint Chrodegang, p. 30. Les reliques de Sigebaud furent ramenées en 1005 par Adalbéron II depuis Saint-Avold, AA SS Oct 11, p. 939-942.

20. La vie de Pirmin y fut écrite vers 1000-1010 (AA SS Nov.2, p. 2-56), MGH SS XV. Paul Diacre, MGH SS II, p. 267. *Vita Pirmini*, MGH SS XV, p. 26, *Nomina uero praedictorum monasteriorum quae nouimus haec sunt : Altaha, Scutura, Genginbach, Suarzaha, Muorbach, Moresmunster, Niuuenwillare.* Das Kalendar der Abtei Hornbach, *Archiv für Mittelrheinische Kirchengeschichte*, 1973, p. 179-201.

21. Th. de MOREMBERT, Chrodegang dans *DHGE* 12, c.781-84 ; J.SEMMLER, Chrodegang, dans *Theologische Realenzyklopädie* 8, p. 71-74.

22. R.FOLZ, Metz dans la monarchie franque, dans *Saint-Chrodegang*, p. 11-24 ; C.VOGEL, Saint Chrodegang et les débuts de la romanisation du culte en pays franc, dans *Saint-Chrodegang*, p. 91-109.

23. I.REZNIKOFF, Le chant des Gaules, *Haut Moyen Age, Culture, éducation et société, études offertes à P.Riché*, Paris, 1990, p. 323-342.

24. G.HOCQUARD, La règle de saint Chrodegang, dans *Saint-Chrodegang*, p. 55-89 ; ed. J.B.PELT, *Etudes sur la cathédrale de Metz, La liturgie*, Metz, 1937, p. 7-28.

25. Paul Diacre, MGH SS II, p. 268-269 *Chrodegangus construxit etiam alterum monasterium quod Gorzia uocicatur ubi pari modo non modicam multitudinam adunouit monachorum. et MGH SS XXI, p. 343 Chrodegangus... a Gorziensis monasterio quod ipse pridem construxerat cum ipso direxit cuncta eis necessaria tam in alimentis quam in ceteris subsidis impertiens.* Chrodegang s'intéresse-t-il au monachisme féminin, est-il à l'origine de l'abbaye de Saint-Pierre-aux-Nonnains ? Paul Diacre (MGH SS II p. 268) lui attribue la fondation d'une abbaye Saint-Pierre dont il n'est plus question ensuite. La première mention de Saint-Pierre-aux-Nonnains date de 781 mais un acte d'Otton en 993 parle de privilèges accordés par Thierry (679-691), X.DELESTRE, *Saint-Pierre-aux-Nonnains*, Paris, 1988, p. 29.

26. *Cartulaire 4, in honore beatissimorum apostolorum Petri et Pauli necnon et sancti Stephani, seu et ceterorum sanctorum. Miracula s. Gorgonii*, MGH SS IV, p. 241 *Deum offendisse, patronum iram liberalissimorum sanctorum uidelicet Petri, Pauli, Gorgonii.*

27. *Cartulaire* 4, signé par vingt-deux évêques, ceux de Wurzbourg, Tongres, Amiens, Beauvais, Noyon, Bayeux, Sens, Meaux, Paris, Orléans, Tours, Angers, Nantes, Metz, Toul, Besançon, Constance, on ignore les sièges de trois évêques et deux noms sont répétés. MGH *Legum III, Concilia II*, p. 60-63 ; EWIG, Saint Chrodegang, p. 34.

28. *Cartulaire 4 secundum ordinem et regulam sancti patris nostri Benedicti abbatis.*

29. R.Mc KITTERICK, *The Frankish Church and the Carolingian Reforms*, 789-895, Cambridge, 1977. colloque Saint Colomban Luxeuil 1989 ; G.MOYSE, Monachisme et réglementation monastique en Gaule avant Benoît d'Aniane, dans *Sous la règle de Saint-Benoît, structures monastiques et sociétés en France du Moyen Age à l'époque moderne*, Centre de recherches d'histoire et de philologie de la IVe section de l'école pratique des Hautes Etudes, Genève, 1982, p. 3-19.

30. Paul Diacre, MGH SS II, p. 269 *Expetiit denique a Paulo Romano pontifice tres corpora martyrum id est beati Gorgoni quod in Gorzia requiescit... Requiescit in Gorzia monasterio quod ipse a fundamentis extruxit.* Les évêques de Metz sont généralement enterrés dans des églises aux portes de la ville, J.CH.PICARD, Le recours aux origines, Les vies de saint Clément, premier évêque de Metz, composées autour de l'an Mil, dans *Religion et Culture autour de l'an Mil*, Paris, 1990, p. 291-299.

31. *Chronicon Laureshamensis*, MGH SS XXI, p. 343 *Beatum Gorgonium in ecclesia Gorziensi, sanctum Naborem in ecclesia Hylariacensi collocauit, beatum Nazarium ad Laureshamense monasterium destinauit.*

NOTES DE L'INTRODUCTION

32. F.PRINZ, Stadtrömisch-italische Märtyrerreliquien und fränkischer Reichsadel, *Historisches Jahrbuch* 87 (1967), p. 1-25.
33. *Cartulaire* 1, la date de 745 est à corriger en 747 à cause d'une erreur de calcul du scribe.
34. *Cartulaire* 4.
35. Pirmin avait fondé avec l'évêque Sigebaud, Hilariacum, Neuwiller, Marmoutier et Hornbach. Chrodegang envoya des moines de Gorze à Gengenbach, autre monastère fondé par Pirmin. EWIG, Saint Chrodegang, p. 29-30.
36. *Nécrologe*, p. 29-30 et 36. *Cartulaire* 6 Gundelandus ; 26 (786), 39 (796), 40 (796) Optarius abbas ; 8 (762) abbati Theuthmaro ; Cartulaire 41 (802) Magulfus episcopus idemque abbas, 43 (804), 44 (811) et 45 (815) Magulfus corepiscopus atque abbas, FLODOARD cite en 813 le chorévêque de Metz Adalmar attesté au martyrologe de Metz le 31 juillet, PELT, Liturgie, p. 48, M.SOT, *Un Historien et son Eglise, Flodoard de Reims*, Paris, 1993, p. 469 ; *Cartulaire* 46 (822), 47 (824), 48 (824), 49 (835) *Halduinus abbas*.
37. MGH SS XVI, p. 495 *transmisit domnus Chrotgangus suos monachos de Gorzia ad monasterium Rohadi*.
38. *Chronicon Laureshamensis*, ed. K.Glöckner, I, Darmstadt, 1929, p. 265.
39. *Cartulaire* 4, *sit ipsum monasterium... subiectum Sancti Stephani ecclesie Mettensis*. L'acte précise les cas, fréquents, où l'évêque peut et doit intervenir. E.BOSHOF, Kloster und Bischof in Lotharingien, Monastiche Reformen im 9. und 10. Jh. Vorträge und Forschungen XXXVIII, ed. R.Kottje – H.Maurer, Siegmaringen, 1989, p. 197-245.
40. Angelram, parent et successeur de Chrodegang sur le siège épiscopal messin, est consacré le 27 IX 768. Il devint archichapelain après la mort de Fulrad en 784 et obtint le titre d'archevêque avant 788. Il fut abbé de Senones et d'Herrenchiemsee, peut-être aussi de Saint-Trond. Il donna à Gorze des terres autour de Varangéville. Vers 783, il commanda à Paul Diacre une histoire des évêques de Metz. Il mourut dans une expédition de Charlemagne contre les Avars en 791. AASS Oct.12, p. 653-67. A.HUMBERT, Angilram, *DHGE*, III, 125-7.
41. Continuation de Paul Diacre MGH SS II, p. 269 *Gondulfus... requiescit in Gorzia monasterio*. Il est cité le 6 IX dans le nécrologe et dans le calendrier du XIIe siècle.
42. Ch.PFISTER, L'archevêque de Metz Drogon (823-856), dans *Mélanges Paul Fabre*, Paris, 1902. M.GAILLARD, Les abbayes du diocèse de Metz au IXe siècle, décadence ou réforme ?, *Revue d'Histoire de l'Eglise de France*, LXXIX (Jlt-Dec 1993), p. 261-274.
43. *Cartulaire* 51 (848) *domno Drogoni, gratia Dei archiepiscopo atque abbati de monasterio sancti Stephani et sanctorum Petri et Pauli uel sancti Gorgonii qui uocabulus est Gorzia*. 53 (849) *cellule sancti Gorgonii... ubi domnus Drogo rector preesse uidetur*.

NOTES DE L'INTRODUCTION

44. *Cartulaire* 55 (856) *Biuinus abbas*, 57 (857) *Biuinus comes atque abbas*, 58 (857) *Biuino comiti atque abbati*.

45. *Cartulaire* 60 (863) *Patet cunctis quantas ecclesia nostra scissuras pertulit cum monasteria secularium fuerint domicilia virorum, pene jam hereditas Dei suis nudabatur obsequiis nefaria distributione preualente... jam dictum monasterium nouo fundamine instruxit, usque detestandas preloquunte calamitatis oppressiones, a regularibus abbatibus gubernabantur, possidentibus et dominantibus integritatem assequentium facultatum.*

46. M.BUR, Les possessions de Gorze en Champagne, VIIIe-XIIe siècle, dans *Saint-Chrodegang*, p. 169-181.

47. *Cartulaire* 61 (864) *uirum illustrem Bettonem, Gorziensis monasterii abbatem*, 62 (864) *Bettonem disciplinis monasticis instructum abbatem regularem statui*, 63 (864) *Beto misericordie Dei abbas de monasterio*. Nécrologe, 9 avril, *Domnus Betho abbas et sacerdos sancti Gorgonii*.

48. *Cartulaire* 60, *uix sacrum monachorum agmen uictus necessitatem haberet... Biuino quidam comiti illud comitens paulatim deficientibus alimentorum et tegumentorum solaminibus regularibus obseruatio minuebatur, religio monastica infirmabatur, ecclesie nulla ornatus gratia decorabantur ipsaque altaria pluuiis et nuditatibus aspernabantur.*

49. *Cartulaire* 64 *Waltarius prepositus Gorziensis monasterii*.

50. *Cartulaire* 71 (876) *uenerabili Bouoni abbati*, 73 (878) *cum consensu Bouoni abbatis*, 74 (880) *abbatem suum nomine Bouonem*. *Nécrologe*, 13 mars, *Bouo piae memoriae abbas et sacerdos sancti Gorgonii*.

51. *Cartulaire* 64 (868), 66 (871), 73 (878) l'évêque Wala parle de *parte sua de ratione sancti Gorgonii monasterii* ; la mense conventuelle est dite *ad partem sancti Petri uel sancti Gorgonii atque fratrum*.

52. *MGH Die Urkunden der deutschen Karolinger*, Bd. I *Die Urkunden Ludwigs des Deutschen*, p. 237, acte 169 de 875 ; *post obitum Aduentii episcopi nostram adeuntes clemetiam reclamando innotuerunt, quod substantia et uictus illorum minus deerant necessaria*.

53. BOSHOF, Kloster und Bischof, p. 205, Diplômes de Louis le Germanique de novembre 875 pour Glandières (acte 166), Saint-Arnoul (acte 167) et Sainte-Glossinde (acte 168). M.GAILLARD, Un évêque et son temps, Advence de Metz, article à paraître. En 870, Advence fit faire l'inventaire du trésor et constitua la mense abbatiale, *Gesta abbatum Trudonensium*, MGH SS X, p. 230.

54. A Bovon succèdent l'abbé Hérigaud, *Nécrologe*, 9 novembre *Domnus Herigaudus abbas et sacerdos sancti Gorgonii*, puis Lodovin, *Cartulaire* 81 (890), 83 (895), *Nécrologe*, 23 VIII *Domnus Lodouinus abbas et sacerdos*. *Cartulaire* 75 (884) *Lodouinum abbatem* est un faux.

55. *Gesta ep. Mett.*, MGH SS X, p. 541. Il fut inhumé dans l'église Saint-Sauveur qu'il avait fondée. Il est cité comme saint dans un calendrier de provenance inconnue, actuellement conservé à Trèves, Bistum Archiv 407, le 11 avril. J.CHOUX, Décadence et réforme monastique dans la province de Trèves 855-957, dans *La Lorraine Chrétienne au Moyen Age*.

NOTES DE L'INTRODUCTION

56. M.PARISSE, *Histoire de la Lorraine : l'époque médiévale*, Nancy, 1990, p. 49-106.

57. *Cartulaire* 86 (903), 87 et 88 (910), 89 (912) Wigéric apparaît déjà comme abbé, mais l'échange de terres se fait par l'autorisation de Robert.

58. *Cartulaire* 90 (914) l'archevêque Robert n'est pas cité, et 91 (922), Wigéric étant évêque et Adelbert *senior siue abbas ipsius cenobii*, l'échange a lieu *cum consensum domni Wigerici.*

59. *Vita Iohannis*, MGH SS IV, p. 348 *ut iuxta altaria ipsa uestigia fœda animalium deprehenderet. Cartulaire 92, non solum humanis auxiliis et rebus destitutum sed quod est multo grauius omni religione priuatum.*

60. *Cartulaire* 91 (922).

61. *Cartulaire* 93 (935) *Ardowicus, Blitherus, Angelardus.*

62. E.HLAWITSCHKA, *Die Anfänge des Hauses Habsburg-Lothringen. Genealogie Untersuchungen zur Geschichte Lothringen und des Reiches 11.-12. Jh.*, Sarrebruck, 1969. K.WICHMANN, Adalbero I., Bischof von Metz 929-962, *Jahrbuch der Gesellschaft für lothringische Geschichte und Altertumskunde* 3 (1891), p. 104-174.

63. PARISSE, L'abbaye de Gorze dans le contexte politique et religieux lorrain à l'époque de Jean de Vandières (900-974), dans *L'abbaye de Gorze au Xe siècle*, Nancy, 1993, p. 58-62.

64. *Vita Iohannis*, MGH SS IV, p. 241.

65. *Cartulaire 92 cum domno et sancto predecessore nostro Rodgingo... Si autem, quod absit !, in ipsa defuerit congregatione qui hoc iplere ualeat, ab ipso episcopo, de alia congregatione monachorum religiosus et Deum toto corde timens ac diligens assumatur, et eis preponantur, qui eos prudenter sciat regere et in Dei uoluntatem uiamque dirigere.*

66. *Gesta ep. Mett.*, MGH SS X, p. 542 *Gorziae sustinet resurrectionis diem* Il mourut le 6 des calendes de Mai 964 (MEURISSE, *Histoire des évêques*, p. 315, d'après un Cartulaire de Saint-Arnoul), l'inscription de sa pierre tombale, très abîmée, fut recopiée dans le cartulaire de Saint-Arnoul : *Adalbero/ Episcopus claris aeditus Atauis mundialis gloriae praeclaris/ insignibus, sedulitate pietatis officiosus, egregiae in construendis/ Monasteriis cum sanctae conuersationis institutionibus.../ ence coluit cœnobium quod ex parientinis... ad/ hoc nomeroso spiritualis militiae... coacernuauit, in/ quo iamdudum actatem prius... ceret. Sibi/ sepulchrum effodit... situs et pater et/ monachorum... Stephane, Gorgoni/ Benedicte... uestris refouete patroni. Anno ab incarnatione Jesu Christi DCCCCLXXIV. Indict.VII. Obiit. Nécrologe*, 26.IV *Domnus Adelbero piae memoriae praesul Mettensis* et *Nécrologe de Saint-Arnoul, Adelbero primus nomine Metensis episcopus bona plurima contulit monasterio Sancti Arnulphi et in ipso regularem disciplinam instaurauit ubi et sepulturam sibi elegit* (sic).

67. *Miracula s. Gorgonii*, MGH SS IV, p. 245 *Quidam contra fidem suam id est christiani nominis, agens, misit legatos et adduxit Hungariorum gentem.*

68. *Id.*, p. 245-46. Saint Gorgon apparait dans la brèche des remparts de Gorze et terrorise l'armée de Conrad.

69. *Vita Brunonis*, MGH SS IV, p. 252-279.

70. Attesté comme duc en 959, *Cartulaire* 108 *Fridericus, gratia Dei et electione Francorum dux*.

71. *La maison d'Ardenne Xe-XIe siècles, Actes des journées lotharingiennes 24-26 octobre 1980*, Centre Universitaire de Luxembourg, Luxembourg, 1981.

72. *Cartulaire* 94 (936 ?) *per interuentu Brunonis archiepiscopi*. F.LOTTER, *Die Vita Brunonis des Ruotger, ihre historiographische und ideengeschichtliche Stellung*, Bonn, 1958, considère que la *Vita* de Bruno est l'application de l'idéal religieux de Gorze par le souci de formation de l'épiscopat, par le mélange du spirituel et du temporel. Bruno sert l'Empire en soutenant la réforme monastique.

73. BN lat 13766, MGH SS IV, p. 335-377. P.JACOBSEN, Die Vita des Iohannes von Gorze und ihr literarisches Umfeld, dans *L'abbaye de Gorze au Xe siècle*, Nancy, 1993, p. 25-51.

74. G.BARONE, Jean de Gorze, moine bénédictin, dans *L'abbaye de Gorze au Xe siècle*, Nancy, 1993, p. 141-151.

75. P.C.WOLFF, Die Gorzer Reform und ihr Verhältnis zu deutschen Klostern. Ein Beitrag zu lothringisch-deutsch Klosterbeziehungen des Mittelalters, *Elsass-Lothringisches Jahrbuch*, IX (1930), p. 95-111.

76. K.HALLINGER, *Gorze-Kluny*, Studia Anselmiana 21-22, Rome, 1952, cité *Gorze-Kluny*. T.SCHIEFFER, Cluniazensische oder Gorzische Reformbewegung ?, *Archiv für mittelrheinische Kirchengeschichte*, 4 (1952), p. 24-44.

77. E. SACKUR, *Die Cluniacenser*, 2, 438, Cluny est la racine de la réforme, la source à laquelle les autres mouvements s'abreuvent. E.TOMEK, *Studien zur reform der deutschen Klöster*, P.SCHMITZ, *Geschichte des Benedictinerordens*, I, 129.

78. TOMEK, I, p. 91.

79. L.P.LADEWIG, *Poppon und die Klostereform unten den ersten Saliern*, Berlin, 1888, considère que ce mouvement est clunisien.

80. K.HALLINGER, Gorze, *Dizionario degli istituti di Perfezione*, IV, Rome, 1977, c.1382-1384.

81. J.LECLERCQ, Cluny fut-il ennemi de la culture ?, *Revue Mabillon*, 47 (1957), p. 172-182 ; D.IOGNA-PRAT, *Agni Immaculati*, Paris, 1988.

82. *Gorze-Kluny*, p. 16.

83. H.BÜTTNER, Verfassungsgeschichte und lothringische Klosterreform, dans *Aus Mittelalter und Neuzeit*, Bonn, 1957, p. 17-27. Voir aussi les commentaires de SCHIEFFER, Cluniazensische oder Gorzische Reformbewegung, H.FEINE, *Zeitschrift der Savigny-Stiftung für Rechtgeschichte, Kanonische Abtteilung*, 38 (1951), p. 404-416.

84. J.SEMMLER, *Iren in der lothringische Klosterreform*, dans *Die Iren und Europa*, Stuttgart, 1982, p. 941-57.

NOTES DE L'INTRODUCTION

85. La *Vita* de Gérard de Brogne, MGH SS XV,2 est très remaniée. E.SABBE, Etude critique sur la biographie et la réforme de Gérard de Brogne, dans *Mélanges F.Rousseau*, Bruxelles, 1958, p. 497-524. Un ensemble d'articles, réunis dans *RB* 70 (1960), fait le point sur cette réforme, complétés par B.MISONNE, Gérard, dans *DHGE* col 724-740 et A.DIERKENS, *Abbayes et chapitres entre Sambre et Meuse (VIIe-XIe siècles), contribution à l'histoire religieuse des campagnes du Haut Moyen Age*, Sigmaringen, 1985, p. 229-252.

86. *Vita Gerardi* AA.SS. oct. II, 317. Le chiffre proposé serait de 18 abbayes, dont Saint-Ghislain réformée à la demande de Gislebert, Saint-Pierre au Mont Blandin de Gand où le comte Arnoul de Flandres appelle Gérard, comme à Saint-Bavon de Gand. Gérard intervient aussi à Saint-Bertin, Saint-Riquier, Saint-Amand, Saint-Remi de Reims, Salles-les-Chimay, Saint-Wandrille et au Mont Saint-Michel.

87. E.WISPLINGHOFF, *Die Lothringische Klosterreform in der Erddiozese Trier*, Trier, 1964 et Id, *Untersuchungen zur frühen Geschichte der Abtei S. Maximin bei Trier von der Anfangen bis etwa 1150*, Mainz, 1970. M.MARGUE, Aspects politiques de la réforme monastique en Germanie, le cas des abbayes de Saint-Maximin de Trèves, de Stavelot-Mamédy et d'Echternach, *RB* (1988), p. 31-61.

88. *Vita Iohannis*, MGH SS IV, p. 364, *ope ducis Gisilberti.*

89. *Id.*, p. 365.

90. MGH SS XIII, p. 302.

91. *Nota dedicationis*, MGH SS XV,2, p. 1269, Rupert de Trèves, Adalbéron de Metz, Ogo de S.Maximin, Einold de Gorze, Erkambald de S.Evre, Héribert de S.Arnoul, Frédéric de S.Hubert, Salecho de S.Martin.

92. MABILLON, *Diplomatica*, p. 524, *in cellula suburbi nostri, quae meritis et sepultura beati Apri effulget, monachos quondam regularibus disciplinis effloruisse uiderim*, la réforme fut de courte durée et l'abbaye usurpée par des laïcs : BENOIT, *Histoire de Toul*, preuves I-III *in quo quidem monasterio Frotarius quidam eiusdem ciuitatis episcopus, monasticum ordinem penitus destitutum.*

93. *Gorze-Kluny*, p. 60-62. M.SCHAEFFER, *Chartes de l'abbaye de Saint-Evre de Toul, des origines à 1228*, Thèse Nancy, 1983. *MGH Dipl. Otto I.*, p. 220, acte 93

94. *Vita Iohannis*, MGH SS IV, p. 343, 345-346, 351. *Gesta Senonensis ecclesia*, MGH SS XXV, p. 266, *a quibusdam monachis Gorziensibus... ordo monachorum et officia diuina ibi sunt restituta. Miracula s. Mansueti*, MGH SS IV, p. 511, Humbert abbé de Saint-Evre sous l'épiscopat de Gérard (962-995). *Nécrologe*, 12 XII, *Humbertus istius monasterii monachus et abbas Tullensis.*

95. *Gorze-Kluny*, p. 62. *Miracula s. Berchariii*, MGH SS IV, p. 487, *Albericus monachus S. Apri Tullensis.*

96. *Gorze-Kluny*, p. 62-64 ; N.BULST, *Untersuchungen zu den Klosterreform Wilhelm von Dijon, 962-1031*, Bonn, 1973, p. 99-102.

97. Adson, *Miraculis s. Mansueti*, MGH SS IV, p. 511, *laudabilis memoriae abbatis Humberti consilio, qui tunc temporis beati Apri gloriose regebat monasterium... quendam boni testimonii uirum moribusque fulgentem, uerbis et actibus institutum, Adam nomine, eidem loco abbatem preafecit et rectorem.*

98. *MGH Dipl Otto I.*, p. 404, acte 289 *abbatem nomine Adam regularibus disciplinis eruditum cum consilio Brunonis archiepiscopi ac principum regni fratribus ibidem consentibus praefecit.*

99. BULST, *Wilhelm von Dijon*, p. 99 n.107. Adsor, auteur des miracles de Saint-Mansuy, nommé au nécrologe de Saint-Mansuy, est cité comme abbé dans un acte de Gérard de 969.

100. CALMET, Histoire de Lorraine II preuves, ccxxxvi *Domnum Adalbertum loci Domini mei Mansueti Abbatem qui ea tempestate et Medii monasterii regebat abbatiam.*

101. *Gorze-Kluny*, p. 80 ; CALMET, Histoire de Lorraine, I, preuves 364.

102. *Gesta ep. Virdunensium*, MGH SS IV, p. 45, *abbatem praefecit nomine Humbertum, olim eiusdem ecclesiae clericum, sed tunc temporis diuini amoris instinctu apud Sanctum Aprum Tullo monachum, ipsique loco iam a Deo patrem factum.* Il ne s'agit pas de l'abbé Humbert de Saint-Evre qui est cité au *Nécrologe* (12 décembre) comme abbé à Toul et non à Saint-Vanne, aucun abbé Humbert n'est cité au nécrologe de Saint-Vanne, Hugues de Flavigny dit qu'il mourut le 5 décembre 972.

103. Les monastères sur lesquels l'influence de Gorze se manifeste encore au XIe siècle sont étudiés plus loin.

104. *Gorze-Kluny*, p. 68-71 ; A.DESPY-MEYER – P.P.DUPONT, Abbaye de Saint-Hubert, *Monasticon Belge V, province de Luxembourg*, Liège, 1975, p. 29.

105. *Vita Iohannis*, MGH SS IV, p. 352.

106. *Id.*, p. 358 « *Occidisti me* » *aiebat. Cum Iohannes* « *Ego in quo ?* » « *Patientia tua me* » *dicebat* « *occidit* ». « *Non ita* » *inquit iste* « *sed animositas uestra uos occidit* ».

107. Le 13 octobre 942, MGH SS XV, 2, p. 1269. *Nécrologe*, 23.X *Fridericus istius monasterii monachus et abbas s. Huberti*, et à Echternach.

108. Le catalogue de la bibliothèque donne quelques indications sur les relations intellectuelles entre Gorze et Saint-Hubert.

109. *Annales Stabulenses*, MGH SS XIII, p. 42.

110. *Vita Iohannis*, MGH SS IV, p. 353 *Odilo, uir natalis clarus... petitus reformationi monasterii quod dicitur Stabulacum.* A Verdun sont présents Bruno de Cologne, Adalbéron de Metz, Einold de Gorze, Israel, Odilon de Stavelot, Flodoard, MGH SS III, p. 394.

111. *Nécrologe*, le X.3 cité à Saint-Arnoul et Saint-Maximin.

112. *Gorze-Kluny*, p. 72. *Vita Wicberti*, MGH SS VIII, p. 504-516 et *Gesta abbatum Gemblacensium*, MGH SS VIII, p. 523-534, complété par C.G.ROLLAND, Fragment d'une œuvre inédite de Sigebert de Gembloux, *Bulletin de la commission royale d'histoire*, 86 (1922-1923), p. 218-228.

NOTES DE L'INTRODUCTION

113. *Gesta abb. Gemblacensium*, MGH SS VIII, p. 531-532.

114. Il mourut en 962 d'après Sigebert, entre 974 et 984 d'après C.DAMER et J.ARRAS. J.PYCKE, Guibert, dans *DHGE*, col.765-768. Guibert de Gembloux est commémoré dans le calendrier du XVe siècle (Epinal BM manuscrit 71), cas exceptionnel dans la région messine. *Gesta abb. Gemblacensium*, MGH SS VIII, p. 516 et 523-524. *Vita Wicberti*, MGH SS VIII, p. 515.

115. *Liber de successoribus s. Hidulphi in Mediano monasterio*, MGH SS IV, p. 89, *Gorciense cœnobium sub industria Ainaldi nimium reuerendae uitae abbatis, longe lateque euibrabat radios monasticae religionis ubi tunc degebat in monachi habitu quidam Adelbertus sanguine primatum regni sublimis. Qui suorum et praecipue prefati comitis Gisliberti fretus adminiculo sistitur duci Frederico cui interea Mediani monasterio per id tempus dispositio. A quo loci gubernatione donatus monasticum ordinem ibidem restituere est jussus. Tum etiam religiosus dux sub confirmatione cyrographi restituit loco aecclesias quas olim possedisse dinoscitur et quicquid canonici tenuisse comprobatur. Adelbertus igitur praedicti abbatis sui suffultus subsidio monasticae professionis uiros aggregauit in prefato cœnobio, interquos Blidulfum olim Mettensis primicerius et Gundelohum nobilissimum Dei famulus.* Gorze-Kluny, p. 80-83.

116. Nécrologe 14.I *Domnus Albertus istius monasterii mon. et abbas Mediimonasterii*, cité à Senones, Moyenmoutier et Saint-Mansuy.

117. *Vita Iohannis*, MGH SS IV, p. 356.

118. La liste des moines de Saint-Maximin comprend un Gundelach, MGH SS XIII, p. 302.

119. *Vita Iohannis*, MGH SS IV, p. 356 *Is post plures annos maiori calore uirtuti tactus, heremum, altero quodam cui Gundelach uocabulum fuit sibi sociato, in remotioribus Vosagii expetiit.*

120. *Gesta Senonensis ecclesia*, MGH SS XXV, p. 275.

121. Gorze-Kluny, p. 75. Pour confirmer les droits de l'évêque, Angelram y fit déplacer le corps de Symeon, septième évêque de Metz, jusqu'alors enterré à Saint-Clément, *Gesta Senonensis ecclesia*, MGH SS XXV, p. 269sq. *Gesta ep. Mett.*, MGH SS X, p. 536.

122. *Gesta Senonensis ecclesia*, MGH SS XXV, p. 279, *Destinauit enim ei quendam iuuenem Rambertum nomine, huius tamen loci monachum... Erat enim in episcopatu mettensis quodam monasterium Gorzias nomine quod a fratribus deum timentibus quasi quibusdam flosculis amenissimus paradisus suo desiderio fulgebat. Hanc fratrum congregationem frater Rambertus huius loci monachus euaden naufragium, Deo donante, melior futurus agredi disposuit. Qui ab abbate et fratribus loci benigne est receptus, et tamdiu tamque religiose ididem conuersatus ut omnibus carus haberetur et precipue eiusdem monasteri priori, qui et Adelbero dicebatur, uir quippe uite laudabilis et honeste conuersationis. Rambertus enim, quem diuina instruebat benignitas, consideratis religionis et ordinis circumstanciis, adque ipsorum fratrum Gorziensium mores laudabiles et actus consuetudinem loci et modum tam sagaciter retinuit ut idem prior et fratres ipsum gratanter, si uoluisset pro sue humilitatis et modestie*

statu, retinuissent. Sed ille... ad monasterium Senoniense repedauit... Rangero itaque huius loci abbate ab ac uita non multo post decedente... totus fratrum conuentus Rambertum prepositum sibi elegit abbatem.

123. *Nécrologe* 25.I *Rangerus istius monasterii mon. et abbas Senonensis*, et le 3.III *Rambertus istius monasterii mon. et abbas Senonensis*, et Id. p. 12.

124. *Vita Iohannis*, MGH SS IV, p. 355, *cuidam congregatione ipsius, Adalgero nomine, in monasterio quod dicitur Senonias in partibus Vosagi cum fratribus quiescenti quidam in somnis apparens : surge, inquit, et quia domnus Angilramnus defunctus est, campanas pro eo facito concrepare*, prouve l'existence d'une communauté de prières entre Gorze et Senones.

125. *Vita Iohannis*, MGH SS IV, p. 352. Le pape Agapet a dû entendre parler de Gorze au synode d'Ingelheim auquel assiste Einold.

166. *Gorze-Kluny*, p. 118-119. Abbaye royale dans laquelle Otton II nomma abbé Sandrad de Saint-Maximin déjà abbé de Gladbach. STOCLET, *Autour de Fulrad*, p. 371, n.3.

127. *Vita Iohannis*, MGH SS IV, p. 351 *Milo... non minimo postmodum usui profuturus. Nécrologe*, 22.IV *Milo istius monasterii mon. et abbas, qui Romae obiit* et Id. p. 16.

128. *Nécrologe* 19.XI *Deodatus istius monasterii monachus et abbas.* L'archevêque Thierry (965-975) est commémoré au Nécrologe le 5.VI : *Deodericus episcopus Treuerensis*.

129. D.MISONNE, Gérard de Brogne à Saint-Remi de Reims, *RB* LXX (1960), p. 167-176.

130. Flodoard, *Historia Remensis ecclesiae*, MGH SS XIII, § 32, p. 583, *a. 946 Aduocans denique hic pontifex Ercamboldum monasterii Sancti Benedicti abbatem, regulam monasticam in monasterio sancti Remigii restituere decertat, constituens ibi abbatem Hincmarum, eiusdem loci monachum.* Richer, *Histoire de France*, t.II, Paris Belles Lettres, 1964 p. 32-49 : *Monachorum quoque mores, quanta dilectione et industria correxit atque a seculi habitu distinxit sat dicere non est.* L'essentiel de l'effort porte sur une plus grande austérité. *Nécrologe* le 5 III, *Hincmarus abbas Remensis* (†967).

131. M.BUR, Saint-Thierry et le renouveau monastique dans le diocèse de Reims au Xe siècle, dans *Saint-Thierry*, p. 39-49 ; après avoir réformé Saint-Remi, vers 940, l'archevêque réforma Saint-Thierry, vers 972.

132. *Gorze-Kluny*, p. 74.

133. *Nécrologe* II 7 *Odda abbatissa*, attestée de 972 à 977, est mentionnée à Saint-Arnoul.

134. *Vita sanctae Glodesindis*, MGH SS IV, p. 238 *Gorzia monasterium ad eius exemplar relique extra vel infra uirorum ac feminarum.* L'auteur mentionne la présence d'Einold de Gorze et d'Anstée de Saint-Arnoul lors de l'élévation des reliques de la sainte en 951.

135. PARISSE, L'abbaye de Gorze, p. 51-91. Flodoard, *Annales*, ed.Ph.Lauer, *a.934, Religio regulae monachorum in quibusdam monasteriis per regnum Lothariense reparatur.*

NOTES DE L'INTRODUCTION

136. *Vita Wicberti*, MGH SS VIII, p. 512 *aluearium monachorum*.

137. MGH SS IV, p. 346. Plusieurs moines de Gorze – Frédéric, Harbert et peut-être Angelram – étaient d'anciens chanoines D.MISONNE, Les membres du chapitre cathédral de Metz au Xe siècle, dans Mélanges Stiennon, Liège, 1982, p. 496-508.

138. MGH SS VIII, p. 511 *extirpatis nociuis radicibus de domini horti aerola, Adalberone episopo plantante, Agenoldo rigante, Deo autem incrementum dante, crescebat solito uberius uirtutum plantaria.*

139. MGH SS IV, p. 345 *in scientia literarum tam secularium quam diuinarium ea tempestate inter suos nulli secundus.*

140. MGH SS IV, p. 349 *Uno enim uoto et pari sentencia domno Einoldo ab omnibus exclamato.* C'est la forme normale d'élection des abbés si l'Esprit Saint veut bien s'en occuper.

141. *Cartulaire* 97 (938) *post tuum uero discessum habeant monachi licentiam, uel de semet ipsis, uel de alio cenobio qualemcumque personam sue saluti plenius conuenientem reppererint, sina cuiulibet, aut episcopi, aut alterius gradus contradictione.*

142. MGH SS IV, p. 366 *Et quia sub idem ferme tempus Ogo praepositus tunc sancti Maximiani felicis postmodum exempli a saeculari conuersatione se restrinxerat, et ope ducis Gisleberti idem monasterium ad regularem conuersationem reduxerat, eiusdem pio molimine praepositi illo se transferre aliquantisper assensum flagitauerant.*

143. MGH SS XV,2, p. 1269.

144. MGH SS III, p. 394.

145. *Gorze-Kluny*, p. 79, acte de Lothaire pour Saint-Pierre de Gand en 954.

146. MGH SS XV,2, p. 692 *Iohannes abbas Gorziensis cœnobii columna in templo Dei... lectulo decubabat... Pater Kaddræ hoc audito, caritate ducente, Gorziam peruenerat.*

147. *Nécrologe*, 21.I *Marcolanus, istius monasteri mon. et sac. et abbas s. Michaelis.*

148. *Cartulaire* 102 et 103 (946).

149. *Nécrologe*, 18.VIII *Domnus Agenoldus piae memorie abbas et sacerdos*, mentionné au nécrologe de Senones, de Fulda le 15 août, et de la chapelle palatine d'Otton à Magdebourg. H.W.KLEWITZ, *Königtum Hofkapelle und Domkapitel im 10. 11. Jh.*, Darmstadt, 1960.

150. J.LECLERCQ, Jean de Gorze et la vie religieuse au Xe siècle, dans *Saint-Chrodegang*, p. 134-152 ; G.BARONE, Jean de Gorze, moine de la réforme et saint original, dans *Religion et culture autour de l'an mil*, Paris, 1990, p. 31-38.

151. *Vita Iohannis*, MGH SS IV, p. 343-344.

152. *Id.*, p. 346-347.

153. *Id.*, p. 349 *Ad res extra curandas domnus Ioannes.* D.K.McDANIEL, John of Gorze, a figure in tenth-century management, *Indiana Social Studies Quaterly*, p. 66sq.

NOTES DE L'INTRODUCTION

154. *Id.*, p. 369-377.

155. *Cartulaire* 112, d'Otton II. Curieusement l'acte 111, de la même année, parle de Jean au passé.

156. *Cartulaire* 113 (974).

157. *Historia Walciodorensis monasterii*, MGH SS XIV, p. 512, *Forannanus... archiepiscopus erat et abbas... Qui quo in monasticae eruditionis instituetur proposita, ducti sunt Romam a comite supradicto, quo cum praesulatus honoris dignitate nomen suscipiens abbatis predictus Christi confessor, tale mandatum a domino benedicto, qui in totius mundi gubernatione a celestis regni clauigero acceptam spei anchoram in agnitione huius nominis fixerat septimus, suscepit, quatenus remeando ad propria ad monasterium diuerteret quo nuncupatur Gorzia atque ibidem cum suis in diuinis instituetur mandatis. Etenim sub norma monasticae religionis colla decreuerant subiegere ; obtemperatoresque apostolicae iussionis gestientes existere, ad monasterium superius nominatum una peruenere. Quo breuissimo in tempore diuinis in institutionibus pleniter roborati, quod diu concupierant sunt adepti.* Waulsort, fondée par l'aristocrate Eilbert et l'abbé Maccalan, vers 946, fut ensuite sous controle impérial. En 969, Otton Ier la donna à son cousin Thierry de Metz. Ce dernier donna à Waulsort la petite abbaye d'Hastières qui s'intégra très difficilement, *Vita Deoderici*, MGH SS IV, p. 467. A.DIERKENS, *Abbayes et chapitres.*

158. *Nécrologe*, 7 III, mentionné à Saint-Maximin, et à Gladbach où son nom fut introduit probablement à la fin du XIe siècle, *Gorze-Kluny*, p. 53, n°13.

159. *Cartulaire* 100.

160. *Cartulaire* 102 (946), 103 (946), 104 (947 ?), 109 (960) *Odolbertus prepositus.*

161. *Cartulaire* 11 (973) et 114 (977) Le *prepositus* de Gorze est alors *Theuterus.*

162. *Vita Deoderici*, MGH SS IV, p. 470. Voir infra Saint-Vincent.

163. *Cartulaire* 114 (977) et 115 (977).

164. *Nécrologe de Saint-Arnoul.* Odolbert n'est pas cité au Nécrologe de Gorze, mais on n'en connaît qu'une copie partielle.

165. Les Annales nécrologiques de Fulda, MGH SS XIII, mentionnent les décès année par année, on trouve quelques Lorrains, surtout de la fin du Xe siècle : Gislebert de Lorraine, Thierry de Metz, Winfried de Verdun, Frédéric de Lorraine, Egbert de Trèves, Étienne de Toul, Adalbéron II de Metz, Thierry II de Metz. Odolbert est le seul abbé de Gorze cité, si l'on refuse de voir Jean de Gorze dans l'abbé décédé en 973 (p. 202).

166. Ainald, Jean et Odolbert sont cités le 26 VI dans le manuscrit Verdun BM 10, martyrologe qui a appartenu à Saint-Airy mais est antérieur à la fondation de cette abbaye qui s'en est peu servi. M.SANDMANN, Kalendar und Martyrolog in Saint-Airy zu Verdun, *Vinculum Societatis Joachim Wollasch zum 60. Geburtstag*, ed. F.Neiske, D.Pœck, M.Sandmann, Sigmaringendorf, 1991, p. 234-240.

NOTES DU CHAPITRE I

1. A.FLICHE, *La réforme grégorienne et la reconquête chrétienne (1057-1123)*, Histoire de l'Eglise t.8, Paris, 1946. M.PARISSE, La vie religieuse en Lorraine au XIe siècle, *Sacris Erudiri*, XX (1971), p. 11-28.

2. Après le changement de dynastie de 987, les souverains capétiens se désintéressent, au contraire de leurs prédécesseurs carolingiens, de ces territoires frontaliers. C'est dans cet espoir qu'Adalbéron de Reims a soutenu Hugues Capet, M.PARISSE, Les hommes et le pouvoir, dans *Religion et culture autour de l'an mil*, p. 259-266. M.BUR, Adalbéron, archevêque de Reims, reconsidéré, dans *Le roi de France et son royaume autour de l'an Mil*, Paris, 1992, p. 55-63.

3. Ensemble des territoires où l'évêque exerce un pouvoir princier. En 1018, Henri II fait don à l'évêque de Metz de l'autorité banale sur l'espace entre Seille et Nied. L'évêque possède des terres et des abbayes hors du diocèse.

4. *Cartulaire* 92, *abbas sicut regula precipit, per communem electionem ex ipso esset congregatione... si autem — quod absit ! — in ipsa defuerit congregatione qui hoc implere ualeat, ab ipso episcopo, de alia congregatione monachorum religiosus et Deum toto corde timens ac diligens assumatur, et eis preponantur, qui eos prudenter sciat regere et in Dei uoluntatem uiamque dirigere*, conformément aux principes de la Règle Bénédictine, chap. 64.

5. *Cartulaire* 97 (938) *habeant monachi licentiam uel de semetipsi uel de alio cenobio, qualemcumque personam sue salutis plenius conuenientiem repererint, sine cuiuslibet, aut episcopi, aut alterius gradus contradictione, abbatem preferre*.

6. M.PARISSE, L'évêque impérial dans son diocèse, l'exemple lorrain aux Xe-XIe siècles, dans *Institutionen, Kultur und Gesellschaft im Mittelalter*, Sigmaringen, 1984, p. 179-193. Id., L'évêque d'Empire au XIe siècle, l'exemple lorrain, *Cahiers de civilisation médiévale*, 27 (1984), p. 94-105.

7. Il meurt un 7 septembre d'après le kal. necr. Einsielden, *Fontes rerum merovingicarum* IV, p. 144, en 984 d'après les *Annales Sancti Vincentii Mettensis*, MGH SS III, p. 157.

8. *Vita Adalberonis II*, MGH SS IV, p. 668. *Hic certe domnus et multum uenerabilis Immo, post decessum patris Odolberti a domno Theoderico, sacro pontifice, Gurgientibus pastor et abbas constitutus.*

9. *Vita Adalberonis II*, MGH SS IV, p. 668, *Immo, post decessum patris Odelberti... pastor et abbas constitutus*. Les actes de l'abbatiat d'Immo qui font état de ses prédécesseurs citent, dans l'ordre, les abbés Einold, Jean et Odolbert *Cartulaire* 116 *predecessoribus nostris Agenoldo scilicet Iohanne Odolberto, Cartulaire* 119 *bone memorie Odolberto*.

10. M.PARISSE, Thierry Ier, évêque de Metz, *Cahiers Lorrains*, 1965, p. 110-8; R.FOLZ, Un évêque ottonien, Thierry Ier de Metz (965-984), dans *Media in Francia*, Herault, 1989, p. 139-155. Thierry Ier est mentionné le 7.IX dans l'extrait du nécrologe de Gorze (ed. MAROT) et à Saint-Vincent *Domnus Deodericus episcopus huius loci curator et mater eius Amalrada comitissa*.

11. *Cartulaire* 116; CH.E.PERRIN, *Recherches sur la seigneurie rurale en Lorraine*, Paris, 1935, p. 180-196.

12. FÖRSTEMANN, *Altdeutsche Namenbuch* I, München-Hildesheim, col.949: *Ymmo siue Irminfrid*. Ce phénomème est peu fréquent, quoique la forme Ermenfroid / Ezzo soit attestée dans le cas du père d'Henri de Gorze, qui est connu sous ces deux noms.

13. *Cartulaire* 116, *anno Deoderico defuncto, Adalbero II cathedram Mettensem accepit*.

14. *Cartulaire* 117.

15. Deux indices tirés des *Miracula sancti Gorgonii* dont il est l'auteur le laissent supposer. Parlant d'un moine témoin d'un miracle qui s'est produit vers 920 il dit *ego ipse puerulus ualde senem uidi centenarium*, MGH SS IV, p. 240-241. Il se trouvait dans l'abbaye lors l'attaque des Hongrois en 953, MGH SS IV, p. 245-46.

16. *Cartulaire* 114.

17. *Vita Deoderici*, MGH SS IV, p. 475-6.

18. G.KURTH, Le comte Immon, *Bulletins de l'Académie royale des Sciences des Lettres et des Beaux Arts de Belgique* 35 (1898), p. 320-333, A.DIERKENS, Un membre de l'aristocratie lotharingienne au Xe siècle : le comte Immon, *Bulletin de l'Institut Archéologique Liégeois*, C (1988), p. 21-32.

19. *Cartulaire* 109 (960), Immo, laïc, frère d'Adalard vend une terre à Gorze.

20. LAGER, *Die Abtei Gorze*, p. 330 dit qu'Immo fait partie de la famille des comtes de Sponheim, d'après Brower et Mansen, *Metropolis ecclesiae Trevirensis 1*, p. 468 : *Immo de Spanheimensium familia comes, ex Gorziensi cænobio, in actis Augiae diuitis* et CALMET, *Histoire de Lorraine*, 2e ed. t.VII, p. clxxxiii, *Immo de la maison de Sponheim, fonde l'hôpital de Prum, abbé en 1006*. Cette famille n'est pas attestée au Xe siècle, il s'agit donc d'une interpolation tardive. On note que les abbés de Prüm sont tous nobles, *Gallia* XIII, c.596.

21. *Cartulaire* 199 *tradentes curtes suas Amella et Geldulfi uilla uocatas in pago Webra dicto, Nécrologe*, 13.VII *Cono comes qui dedit ad hunc locum quicquid habuit inter Lotharii regnum, Amellam, Geldulfiuillam, Felmam,*

NOTES DU CHAPITRE I

Morlihen, Herlisuiller, Longlar et Lessi, Amel, Joudreville, Velme, Morlange, Ernswiller, Longlier, Lessy. Velme se trouve *in pago Haspongowe, et in comitatu Eremfridi comitis,* en Hesbaye, KURTH, le comte Immo, p. 333.

22. L'abbaye a été dirigée successivement par Rambert et Ranger qui avaient séjourné à Gorze. Il semblerait que les moines de Senones aient voulu se séculariser vers 982-984. Afin de les en empêcher, Thierry Ier part à Senones avec Immo, chasse les moines récalcitrants et les remplace par d'autres, venus de Gorze. L'entreprise échoue, les moines de Gorze repartent dans leur abbaye, *Histoire de Metz par les Bénédictins,* t.II, p. 82; d'après l'histoire de Benoît PICARD texte manuscrit disparu en 1944 (copie à Epinal). CALMET, *Histoire de Senones,* n'en parle pas.

23. J.FLECKENSTEIN, *Die Hofkapelle der Deutschen Könige. t.II Die Hofkapelle im Rahmen der Ottonisch-salischen Reichkirche,* Stuttgart, 1966.

24. R.FOLZ, *Les saints rois du moyen age en Occident,* p. 84-91. Humbert de Moyenmoutier, *Aduersus simoniacos,* IIII, ch. 15, MGH Lib. de lite 1, p. 215. H.L.MIKOLETZKY, *Kaiser Heinrich II. und die Kirche,* Wien, 1946.

25. H.SEIBERT, *Untersuchungen zur Abtsnachfolge in der Herzogtümen Lothringen und Schwaben in der Salierzeit (1020-1125),* Dissertation (ms), Mayence, 1990; Id., Libertas und Reichabtei, dans *Die Salier und das Reich, II, Die Reichkirche in der Salierzeit,* Sigmaringen, 1991, p. 503sq.

26. *Gorze-Kluny,* p. 162-167. C.JUNG, *Abbaye de Niederaltaich, centre de réforme monastique au Xe et XIe siècle,* Thèse de Troisième cycle, Paris X Nanterre, 1988.

27. R.BAUERREISS, *Kirchengeschichte Bayerns, II, von den Ungarneinfall bis zur Beilegung des Investiturstreites (1123),* St-Odile, 1950.J.KLOSE, St. Wolfgang als Monch und die Einfürung der Gorzer Reform in Bayern, *Regensburg und Böhmen,* Ratisbonne, 1972, p. 79-88, et K.J.BENTZ, Godehard, *DHGE* 21, 1986, col.407-411.

28. *Gorze-Kluny,* p. 164.

29. L.P.LADEWIG, *Poppon und die Klosterreform unten des ersten Saliern,* Berlin, 1888. H.GLAESENER, Saint Poppon abbé de Stavelot Malmédy, *RB,* 60 (1950), p. 163-179.

30. J.WOLLASCH, *Mönchtum des Mittelalters zwischen Kirche und Welt,* Münich, 1973, p. 12 sq., p. 162 sq.

31. J.WOLLASCH, Der Einfluss des Mönchtums auf Reich und Kirche vor dem Investitursstreit, dans *Reich und Kirche vor dem Investitursstreit,* Sigmaringen, 1985, p. 35-48. Henri est cité dans les nécrologes clunisiens.

32. Th.SCHIEFFER, Heinrich II. und Conrad II., *Deutsches Archiv,* 8 (1951), p. 384-437. J.W.BERNHARD, Servitium regis and monastic properties, *Viator,* 18 (1987), p. 75-82.

33. SCHIEFFER, Heinrich II. und Conrad II., p. 384-437.

34. Il existe des relations entre Gorze et Prüm, *Cartulaire* 61 (864) échange de biens entre les deux abbayes dans la région de Clusserath. La

NOTES DU CHAPITRE I

chronique de Réginon de Prüm est utilisée dans la *Vita Chrodegangi*, MGH SS X, p. 552-572.

35. H.FORST, *Geschichte der Abtei Prüm*, *Bonner Jahrbucher*, 122 (1912), p. 97-110, H.ZIELINSKI, *Die Kloster- und Kirchengründungen der Karolinger*, *Beiträge zu Geschichte und Struktur der mittelalterlichen Germania Sacra*, Göttingen, 1980, p. 102-109.

36. M.MANITIUS, *Geschichte der lateinischen Literatur des Mittelalters*, I, p. 695sq.; W.HAUBRICHS, *Die Kultur des Abtei Prüm zur Karolingerzeit. Studien zu Heimat des althochdeutschen Georgsliedes*, Bonn, 1979.

37. PERRIN, *Recherches*, p. 3-98.

38. MGH *Constitutiones et acta publica imperatorum et regnum* I, 362.

39. *Cartulaire* 94 et 99 confimations d'Otton, infra le temporel.

40. *Nécrologe*, Otton Ier est commémoré le 7.V, Otton II le 7.XII, Otton III 23.I. Les empereurs suivants, jusqu'à la fin du XIIe siècle, ne sont plus mentionnés mais le nécrologe est partiel.

41. Ed. J.HAVET, *Lettres de Gerbert, 983-997*, Paris, 1889, lettre 182, p. 166-167, F.WEIGLE, *Die Briefsammlung Gerberts von Reims*, MGH, *Briefe der Deutschen Kaiserzeit II*, Weimar, 1966, lettre 182, p. 214-215. Traductions : H.P.LATTIN, *The letters of Gerbert with his Papal Privileges as Sylvester II translated with an introduction*, New York, 1961, lettre 224, P.RICHE-J.P.CALLU, *Gerbert, correspondance*, Belles Lettres, Paris, 1993, lettre 182. Cette lettre date de 997 environ, car Gerbert félicite Otton de sa campagne contre les Slaves entre Juillet et Août 997 et lui demande la libération du frère de W., le comte Hermann, qui meurt de faim à Gorze : *Conqueritur quippe ille nobilis uir (« W. ») fratrem suum apud Gorgiam fame necari, contra suam suorumque natalium dignitatem, ignominiaeque ducit hoc sempiternae. Quod si uerum est, quid sibi uolunt tam dira supplicia ? quod genus mortis acerbius fame ? Omnia paenarum genera sola fames exhuberant. Mortem ipsam contempnit, ac eam contra naturae usum in se prouocat. Remouete queso, tam immane nefas, et petenti fratri, fratrem adhuc, ut dicit, spirantem reddite.* Hermann, fils de Godefroy le captif, devint à la fin de sa vie moine à Saint-Vanne de Verdun où il mourut en 1029. *Chronique d'Hugues de Flavigny*, MGH SS VIII, p. 370 et 374-75. *Gesta episcoporum Cameracensium*, MGH SS VI, p. 467-468 *Herimanum comitem, cui erat pudori fugere, ibi in ecclesia s.Gorgonii, ubi quidem spe resistendi sublata, qui fugerant cuncti secesserat causa Roberti comitis custodia commendauit.* Cependant on ne connait à Hermann aucun frère « W. ». Faut-il comprendre que le frère de W. n'est pas Hermann mais qu'il a été fait prisonnier par ce dernier ?

42. *Chronicon Laureshamense*, MGH SS XXI, p. 401, *Werinherus... dictante iusticia et regia prescribente censura, infra annum dimidium sicut inconserate inuectus, ita percipianter deiectus est.*

43. *Vita Heriberti*, MGH SS IV, p. 741, *Florebat iam dudum in Gorzia districtus cœnobitarum feruor, et ab eis ubiuis terrarum diffundebatur boni odoris dulcis uapor quod essent caritate et religione ceteris praestantes et honestatae peritiae auditorio redundantes.*

NOTES DU CHAPITRE I

44. *Vita Adalberonis II*, MGH SS IV, p. 664 *Aderant etiam in hac uenerabili synodo primi et praecipui sacerdotes*. Sur la date de ce synode, Thietmar de Mersebourg, MGH SS III, p. 798 et S.HIRSCH, *Jahrbuch des Deutschen Kaiserzeit unter Heinrich II* II, Berlin, 1867, p. 243. Henri descend sur Thionville depuis Francfort, détruit le château de Mulsberg qui appartenait au duc de Lorraine Thierry Ier, et rassemble ses évêques en synode à Thionville.

45. MGH SS IV, p. 658-672. R.FOLZ, Adalbéron II évêque de Metz (984-1005), *Festschrift H. Zimmermann*, Sigmaringen, 1991.

46. *Gesta episcoporum Virdunensium*, MGH SS IV, p. 47, version sujette à caution, la similitude des noms de l'évêque de Metz et de Verdun a pu prêter à confusion, M.PARISSE, Les hommes et le pouvoir, dans *Religion et culture autour de l'an mil*, p. 259-266.

47. le 16 octobre 984. M.PARISSE, Généalogie de la maison d'Ardennes, dans *La maison d'Ardennes, Xe-XIe siècles*, Publications de la section Historique de l'institut G.-D. de Luxembourg 95, Luxembourg, 1981, p. 24.

48. *Vita Adalberonis II*, MGH SS IV, p. 661 *Seruorum Dei et praecipue monachorum amator feruentissimo* et p. 666 *Quadrasegisa dies sine monachis, si in patria demorari poterat, numquam celabrat, quod praecipue apud Gurgientibus facere consueuerat...*

49. M.PARISSE, Der Anteil der lothringischen Benediktinerinnern an der monastischen Bewegung des 10 und 11. Jh., p. 204.

50. *Gesta episc. Mett.*, MGH SS X, p. 542 *renouauit coenobium sancti martyris Symphoriani... sepultus est in ecclesia sancti Symphoriani, ubi et sancti Epletius, Papolus, Godo, Aptatus, Felix pontifices meritis insignes quiescunt*. *Vita Adalberonis II*, MGH SS IV, p. 671 *qui etiam locus multis sanctorum praedecessorum suorum pontificum Mettensium corporibus insignis et celebris habebatur et habetur*.

51. *Vita Adalberonis*, MGH SS IV, p. 668.

52. A.DIGOT, Inventaire du trésor de l'abbaye de Prüm, *Bulletin monumental*, 15 (1849), p. 283-300; p. 286 : *sub Udone loci eiusdem abbate*. Immo a succédé à Udon, *Series abbates Prumensis*, MGH SS XIII, p. 302 : *Uto abbas. Immo abbas. Uroldus abbas*.

53. *Herimannus Augiensis Chronicon*, MGH SS V, p. 118 anno 1006 *Ymmonem quemdam Gorziensem abbatem, qui et Prumiam ipso tempore tenebat*.

54. BAYER, *Mittelrheinische Urkunden Buch*, I, Coblence, 1860, p. 342-343.

55. Le nécrologe de Gorze cite un moine de Prüm, pour une date inconnue, *Nécrologe*, 24.1 *Thiedefridus monachus Prumiensis*.

56. *Herimannus Chronicon*, MGH SS V, p. 118 a. 1006 *Ymmonem quemdam Gorziensem abbatem, qui et Prumiam ipso tempore tenebat*. L.HERKOMMER, *Untersuchungen zur Abtsnachfolge unter den Ottonen im Südwestdeutscher Raum*, Stuttgart, 1973.

NOTES DU CHAPITRE I

57. Des relations entre Gorze et Reichenau existaient déjà comme le montrent les listes des moines de Gorze commémorés à Reichenau, l'une à l'époque de la fondation – Chrodegang est cité comme abbé – l'autre vers 796 – *Optatus abbas*, MGH, *Libri confraternitatum* p. 233-234 : *Nomina fratrum de monasterio quod Gorzia nominatur*. G.OEXLE, Voraussetzung und Wirkung des Gebetsbundes von Attigny, *Francia* 2, 1974, p. 110-112.

58. *Die Kultur der Abtei Reichenau*, Münich, 1925; F.MÜTERICH-F.WORMALD, Peinture, L'Art Ottonien, dans *Le siècle de l'an mil, L'univers des formes*, Paris, 1973, p. 117-146, 163-167.

59. Reichenau doit soixante chevaliers au service d'ost. MGH *Constitutiones et acta publica imperatorum et regnum 1*, 632-33.

60. Roudmann, ami de Sandrat de Saint-Maximin, introduit à Reichenau les coutumes de Saint-Maximin, *Gorze-Kluny*, p. 108.

61. BOEHMER-UHRLITZ, *Regesta imperii* acte 279 *nulla persona de aliis monasteriis introducatur, sed de ipsa Augiensis congregatione abbas eligatur*. HERKOMMER, *Untersuchungen*, p. 20.

62. *Herimannus chronicon*, MGH SS V, p. 118 *Quamuis ab eo pecunias accepisset*.

63. *Chronicon Sueuicum uniuersale*, MGH SS XIII, p. 332 *Ymmo annis II. Hunc rex intrusit aliunde assumptum contra uoluntatem Fratrum et cum ipsi unum de fratribus eligissent*.

64. *Herimannus Chronicon*, MGH SS V, p. 118 *Ymmonem quendam... uirum austerum... nonullis ex ipsis sponte locum illum reliquentibus, quibusdam etiam ab eo ieiuniis uerberibus exilioque grauiter afflictis*.

65. *Chronicon Sueuicum* MGH SS XIII, p. 69 *anno 1006, Himmo, monasteri destructor et fratrum expulsor*.

66. *Herimannus chronicon*, MGH SS V, p. 118 *sicuti Roudpertus monachus nobilis et docte facetus, matris meae patruus, prosa rithmo metroque flebiliter de planguit*.

67. *Id*., p. 118 *nobile monasterium in magnis uiris, libris et aecclesiae thesauris, graue, peccatis exigentibus, pertulit detrimentum*.

68. DIGOT, Inventaire, p. 286, *regis serenissimi atque orthodoxi Heinrici ipso iubente, recensita sunt res Prumensis ecclesiae*.

69. *Herimannus chronicon*, MGH SS V, p. 119 *Ipso anno Heinricus rex, cognita tamen post duos annos Ymmonis crudelitate, remoto eo, Bern, uirum doctum et pium, Prumiensis monachum, Augiae constituit abbatem*. *Chronicon Sueuicum*, MGH SS XIII, p. 70, *anno 1008, Bern Augiae abbas*. P.VOLK, Bernon, dans *DHGE* 8, c.861-62.

70. *Chronicon Sigeberti*, MGH SS VI, a. 1027 *florebat hoc tempore aecclesiastica religio per abbates nominabiles in Francia... in lotharingia per Richardum Virdunensem per Popponem Stabulensem per Heliam Coloniensem per Olbertum et Stephanum Leodienses per Bernonem Augiensem*.

71. F.J.SCHMALE, Zu den Briefen Bern von Reichenau, dans *Zeitschrift für Kirchen Geschichte*, 6 (1957), p. 69-95. Certaines lettres sont

adressées à Henri III, au sujet de son mariage, qui poussa également Sigefroy de Gorze à intervenir.

72. Immo était sévère ; si la lettre de Gerbert de Reims se rapporte bien à un moine de Gorze, les conditions de vie sont si ascétiques qu'on y meurt de faim.

73. *Vita Adalberonis II*, MGH SS IV, p. 668 *felicem locum Gorzia, felicem autem non minus ex eo qui in praesentium praeest et sanctissime dulcissimeque prodest, quam ex his qui iam beati ad cœlestia transmigrarunt, quorum uita inclita et gloriosa proprios libros expetunt, et gesta uere memoranda otium satis longum ad scribendum requirunt. De huius uiri multum honorandi gestis honestissimis ad augendum nostrae materiae decus decus plurima inserenda iudicaremus, et ex actibus eius satis magnificis uenustatem paginae inderemus sed quia ad uotum utilitatemque patriae adhuc Dei gratia superest, adulationis nostra inuri timentes, alii tempori uel personae id reseruamus.*

74. *Vita Kaddroë*, AA SS Martii I, p. 474-481 *Venerabili in Christo Patri Immoni, omne bonum in summo bono. Cum me tibi, pater, obedire spondere tale quid imposuisti... ut aliquid de actibus felicis uiris Kaddroë describerem.* Pourtant cette *Vita* n'est pas mentionnée dans le catalogue de la bibliothèque et Kaddroë n'est pas cité dans le calendrier de l'abbaye.

75. CALMET, *Histoire de Lorraine*, 2e ed. I preuves col.ccclxxxii.

76. Dom B.MISONNE, *Etude littéraire et historique sur la Vita sancti Kaddroë*, Université catholique de Louvain, 1957-58, p. 24-33. L'abbé Immo cité dans la liste abbatiale de Waulsort est introduit tardivement, justement sous l'influence de la *Vita*. Il en est certainement de même pour l'abbé Immo de Saint-Clément donné comme successeur de Kaddroë par la chronique de Saint-Clément, MGH SS XXIV, p. 498, texte tardif et douteux.

77. Le texte parle comme de contemporains de l'empereur Otton II († 983) et de Thierry Ier († 984) dont il fait l'éloge.

78. Lettre, BHL 3618, *Passio*, BHL 3619. F.DOLBEAU, Un panégyrique anonyme, prononcé à Minden pour la fête de saint Gorgon, *AB*, 103 (1985), p. 35-59.

79. Lettre de l'évêque Milon, *passionem et miracula sanctissimi ac beatissimi communis patroni nostri Gorgonii uos non habere... Post haec itaque cum reuersus uenissem ad patriam plurimas librorum percurriri paginas... breui quidem sermone succintam, sed a me auidius acceptam, uestrae caritatis dirigere destinabam.*

80. A.PONCELET, L'auteur et les sources de la passion des ss. Gorgone et Dorothée, *AB*, 18 (1899), p. 5-21, considère qu'il s'agit d'Adalbert de Magdebourg (†981), plutôt que d'Adalbert de Prague (†997). Cependant le premier meurt avant le début de l'abbatiat d'Immo, il s'agit donc du second.

81. Les *Miracula* font allusion à Hugues Capet, duc des Francs, MGH SS IV, p. 246 et renvoient le lecteur non à la *Vita Chrodegangi* mais à Paul

NOTES DU CHAPITRE I

Diacre, MGH SS IV, p. 239, *plurima et laudabilia patrauit opera, quae scire qui cupit, gesta pontificum legat Mettensium, ibique plenius instruitur,* or la *Vita* est écrite avant 987, les Carolingiens étant encore au pouvoir, *Vita Chrodegangi*, MGH SS X, p. 553, *Arnulfum cuius stirps filii hodie que regno francorum strenuisse president.*

82. Paris, BN lat 5594, folios 13 à 19v.

83. Eusèbe de Césarée, *Histoire de L'Eglise*, VIII 6.

84. P.JACOBSEN, Die Vita des Iohannes von Gorze und ihr literarisches Umfeld, dans *L'abbaye de Gorze au Xe siècle*, Nancy, 1993, p. 25-51 propose comme auteur Jean ou Odolbert de Gorze.

85. *Miracula*, MGH SS IV, p. 247.

86. Par une démarche identique et contemporaine, l'abbé Richard de Saint-Vanne écrit une *Vita* et des *Miracula* de saint Vanne. Ignorant tout de la vie du saint, il propose celle d'un évêque modèle, par contre les miracles sont la narration fidèle de faits contemporains. Verdun, BM 2.

87. Alcuin explique que la vie en prose (de saint Willibrord) est lue aux moines dans l'église, que la vie métrique est méditée en privé et que le sermon est prêché au peuple. *MGH SS Rer Merov. VII*, p. 113-114. Par ailleurs on sait que les vies métriques avaient des usages pédagogiques, le texte en prose médité et le sermon utilisé pour l'office de nuit. B. de GAIFFER, L'hagiographie et son public, *Etudes critiques d'hagiographie et d'iconologie*, Bruxelles, 1967, p. 476sq. J.M.H.SMITH, Oral and Written : Saints Miracles and Relics in Brittany, c.850-1250, *Speculum* 65 (1990), p. 319.

88. M.HEIZELMANN, Recueils de miracles, dans *Hagiographie culture et société IV-XIIe s.*, Paris, 1981, p. 245, cette divergence explique l'apparition du genre nouveau qu'est le recueil de miracles à partir du IXe siècle.

89. *Miracula s.Gorgonii*, MGH SS IV, p. 238-247, laissent peu de place au merveilleux, la spiritualité gorzienne privilégie les œuvres et minimise les miracles. F.LOTTER, *Die Vita Brunonis*, p. 36-41; P.A.SIGAL, *L'homme et le miracle dans la France médiévale (XIe-XIIe siècles)*, Paris 1985; BUR, *Chronique de Mouzon*, p. 106-107, G.BARONE, Une hagiographie sans miracles, *Les fonctions des saints dans le Moyen Age occidental (IIIe-XIIIe siècles)*, Ecole Française de Rome, 1991, p. 435-446.

90. *Chronicon s. Michaelis*, CALMET, *Histoire de Lorraine* III, 199-213, extraits MGH SS IV, p. 78-86, J.THERY, *Le petit livre des successeurs de saint Hydulphe à Moyenmoutier, une chronique monastique écrite en Lorraine au début du XIe siècle, Présentation édition et traduction*, Mémoire, Paris I – Panthéon Sorbonne, 1994. La chronique, écrite vers 1031-44, concerne la fondation du monastère, la vie de l'abbé Smaragde et les miracles du saint pape Calixte.

91. *Miracula s.Gorgonii*, MGH SS IV, § 20-22, Lors de la rébellion de Conrad, Gorze est assiégée. Gorgon défend la muraille inachevée.

92. *Miracula* MGH SS IV, §4, à Varangéville, les reliques du saint sont accrochées à un arbre qui grandit pendant la nuit, Moivrons *Id.*, §5. Les moines n'ont souvent que le biais des *Miracula* pour faire reconnaître leurs droits, B.De GAIFFER, Les revendications de biens dans quelques documents hagiographiques du XIe siècle, *AB* 50 (1932), p. 123-138.

93. P.J.GEARY, *Furta sacra : Thefs of Relics in the Central Middle ages*, Princeton University Press, 1978. Les reliques sont susceptibles d'attiser la convoitise, ce qui prouve leur importance, en outre le vol de ses reliques valorise la puissance du saint, qui ne peut être emporté qu'avec son consentement. La *Vita Chrodegangi* souligne le vol des reliques de Gorgon à Rome dont le texte des *Miracula* ne parle pas, les deux textes relatent le vol commis par les moines d'Agaune.

94. *Miracula s.Gorgonii*, MGH SS IV, p. 240-241.

95. *Id.*, p. 242-243.

96. Attesté en 987 *Cartulaire* 117 et en 991 *Cartulaire* 120.

97. Attesté en 986 *Cartulaire* 119, en 987 *Cartulaire* 117 et en 991 *Cartulaire* 120.

98. En 984, Immo confirme les privilèges des gens de Brouk – 987, échange d'une vigne à Scy – 987, donation de deux parts d'une saline à Vic – 991, donation à *Geverardi fossa* – 995, ascencement d'une terre à Alincourt (?) – 1006, échange de vignes à Chazelles – 1007, accord entre Saint-Felix et Gorze concernant les moulins d'Art-sur-Meurthe.

99. *Cartulaire* 116 et 119.

100. *Cartulaire* 121.

101. *Vita Adalberonis II*, MGH SS IV, p. 668 *Hic certe domnus et multum uenerabilis Immo... solus hunc eundem sanctum antitistem (Adalberonem) superuixit et interim, quo multum gaudemus, superuiuit.*

102. *Nécrologe*, 21.VIII *Domnus Immo, uenerabilis uitae abbas et sacerdos. Requiescit circa altare s.Crucis.* Immo est inscrit aux nécrologes de Saint-Arnoul, Saint-Clément, Saint-Bénigne et Echternach.

103. Cet autel de la Croix est peut-être celui mentionné dans DES ROBERT, *Deux codex manuscrits de l'abbaye de Gorze*, Nancy, 1884, p. 18 *altare ad crucem in honore sancti Clementis Pape et Martyris*, bien qu'il ne soit consacré qu'en 1068, voir annexe « Les saints ».

104. RAOUL GLABER, *Vita sancti Guillelmi abbas Diuionensis*, PL 142, c.698-720; N.Bulst, *Vita domni Willelmi abbatis*, Neue Edition nach einer Handschrift des 11. Jh., Paris BN lat. 5390, *Deutsches Archiv für Erforschung des Mittelalters* 30 (1974), p. 450-487. N.BULST, *Untersuchungen zu den Klosterreform Wilhelm von Dijon, 962-1031*, Bonn, 1973 ; D.IOGNA-PRAT, Guillaume de Dijon, dans *Histoire des saints et de la sainteté chrétienne*, t.V, Paris, 1986, p. 164-167.

105. *Vita sancti Guillelmi*, P.L.141, 865 *Sed et honorabilis praesul Mettensis ecclesiae Theodoricus Gorziensem abbatiam eodem zelo Dei commendauit illi (Guillelmo) defunctus illius loci abbate (Immone) qui dum praefac-*

NOTES DU CHAPITRE I

tum regeret locum ex clero Mettensi quemdam clericum, Sigefridum uocatum, litteris bene doctum, ad monasticum attraxit ordinem. Qui post decessum eamdem rexit congregassionem.

106. P.CORBET, *La sainteté Ottonienne*, Sigmaringen, 1986. Cunégonde, sœur de Thierry, a épousé Henri II. Cette parenté peut expliquer que les Prêcheresses de Metz possédaient à l'époque moderne le chef d'Henri II et celui de Cunégonde, Nicolas Tabouillot, *Pièces relatives à l'histoire de Metz*, Metz BM 909 (Mémoires sur Metz III) 1770, f.102.

107. *Sigeberti Chronicon*, MGH SS VI, p. 354, *episcopatum usurpauerat. Dux enim Mosellanorum Deodericus post frater suum Alberonem dato episcopatu Mettensium filio suo adhuc puero, tutorem ei substituit ipsum Deodericum, qui puero urbeexcluso et episcopatu usurpato...* PARISSE, Les hommes, Sigebert écrit plus d'un demi-siècle après les événements. Il est possible qu'il ne reflète que les espoirs déçus du duc de Lorraine qui aurait aimé voir son jeune fils devenir évêque de Metz, sans que les choses soient jamais arrivées à un point tel que Thierry puisse apparaître comme usurpateur d'un siège attribué à son cousin. Un manuscrit messin Metz Berlin, Phill.1654, IX-XIe s., contient au dernier folio un poème qui est l'écho des plaintes adressées à Henri II à propos du nouvel évêque : *Adtende rex piisime planctus hoc ecclesie Bruto pastori subditam quae se plangit miseram Condoletque periculum quod patitur ostium Deus qui potes omnia Extincto bono presule urso (Adalbero) nostro nobile Fraus dolus uis subrepserant fides pax euaserunt Gaudebat rex premittere quod post gemit intime Heinricus urbi fortium tidericum hominem.* V.ROSE, *Verzeichniss der lateinischen Handschriften des Sir Thomas Philipps*, t.1, Berlin, 1893, p. 9.

108. *Cartulaire* 122 (1006) à rapprocher des *Gesta episcoporum Mettensium*, MGH SS X, p. 543 *Rexit cum potentia cathedram annis 30.* Il se peut que la façon très laudative dont Gorze parle de Thierry soit à rechercher dans la formation de ce dernier. En effet on ignore où il l'a reçue, mais il est qualifié de *grammaticus* et il est possible qu'il ait été élevé à Gorze, H.ZIELINSKI, *Der Reichepiskopat in spätottonischer und salicher Zeit (1002-1125)*, Teil 1, Stuttgart, 1984, p. 84 n.55.

109. L'impératrice Cunégonde fait des présents à Saint-Bénigne. WOLLASCH, Der Einfluss, p. 39.

110. *Epistola Warini*, PL 147, c.467 *Domnum uero Benedictum non uestrum sed sancte memorie domnis abbatis Wilhelmi conuersum, nutritum et professum fuisse, quem ipse in primo quo locum Gorziensem regendum accepit, ad idem coenobium cum multis aliisquorum nonulli iam uita defuncti ibitem humati quiescunt, ut suum uenire, ac inibi manere praecepit. Quod et fecit usquedum transactis nonullis annis, conhibentia Domni abbatis Gorziensi Sigifridi et domni abbatis Oddoni tunc priorum post abbatum...,* c.469 *Redeant omnia a prima initia Benedictus ad Fiscannum, Warinus Gorziam, Domnus abbas Johannes Diuioni.*

111. *Nécrologe*, 1 I *dominus Wilhelmus, abbas et sacerdos*, nécrologe de Saint-Clément le 1 I, *Willelmus abbas*, nécrologe de Saint-Arnoul,

NOTES DU CHAPITRE I

Wilhelmus abbas sancti Arnulphi, B.SCHAMPER, *Saint-Benigne de Dijon, Untersuchungen zum Necrolog der Handschrift Bibl. mun. de Dijon, ms. 634*, München, 1989, p. 189.

112. *Vita s. Guillelmi*, PL 141 *cumque reuisendi charitate cunctos Gorziense usque monasterium, a se olim cum caeteris ad regulare specimen reformatum deuenisset, quae superant inuisere curauit.*

113. A.D. Mos. H 886, *Cartulaire* 125. La formule persista à Gorze.

114. A.D. M&M. E.108, *abbas Wilhelmus cenobii Sancti Arnulphi cum sibi subditis fratribus.*

115. Sigefroy de Gorze n'est pas l'auteur des *Consuetudines Sigiberti*, K.HALLINGER, Herkunft und Überlieferung der Consuetudo Sigiberti, dans *Zeitschrift der Savigny-Stiftung für Rechtsgeschichte (Kanonische Abteilung)*, 56 (1970), p. 194-242.

116. D'autre part, il existe des traces de cultes messins ou lotharingiens à Saint-Bénigne, Montpellier, Ec. Med. 30 (XIIe s.) Arnoul (BHL 692), Symphorien (BHL 7969), Genest (BHL 3304), Vincent (BHL 2745), Gorgon (BHL 3617-18), Evre (BHL 616), Crépin et Crépinien (BHL 1990) et Ec. Med. 151 vie de saint Airy.

117. N.DORVAUX, *Les anciens pouillés du diocèse de Metz*, Nancy, 1902, p. 44 *Divi Benigni prope Gorzia.*

118. G.BOURGEAT-N.DORVAUX, *Atlas historique du diocèse de Metz*, Metz, 1907, carte V.

119. L'origine de ce nom a été cherchée dans un culte rendu à l'époque gauloise à Belenos, l'Apollon gaulois, dieu du soleil et des eaux souvent adoré sur les hauteurs. L'existence de l'aqueduc romain qui amenait l'eau de Gorze à Metz est un argument en faveur de l'existence d'un tel culte sur un lieu ultérieurement christianisé. Le site de l'abbaye est celui de la source, il est possible que celui de ce prieuré soit une hauteur consacrée au dieu dont le souvenir aurait pesé sur la toponymie, H.DONTENVILLE, *Histoire et géographie mythiques de la France*, Paris, 1973, p. 67-71.

120. Vers 768, la sœur de l'évêque Jacob a donné à Saint-Bénigne de Dijon des terres dans le diocèse de Toul, à la limite de celui de Langres. En 1005, l'évêque Bertold de Toul fait une donation à l'église qu'il considère comme une fondation épiscopale. En 1033, l'évêque Bruno consacre l'église du prieuré et lui fait des donations. CALMET, *Histoire de Lorraine* I, col.539-540. Les relations avec Toul existaient au moins depuis qu'Adson de Montierender a été abbé de Saint-Bénigne pendant un temps à la place de Manassès. Montierender est influencé par Saint-Evre de Toul. Le prieur de la nouvelle *cella* est Arnoul, un clerc toulois sans doute alors prieur de Saint-Bénigne. *Vita s. Guillelmi*, PL 141, c.861 *Ex Tullensis quoque clero uenit ad eum quidam Arnulphus uocabulo, litteris adprime eruditus, omnique munda sapientia doctus.* et id. c.865. Arnulf devint-il ensuite prieur de Gorze ? MABILLON, *Annales Benedictini* IV, p. 183, pense que Arnulf est déjà prieur de Gorze en 1005, mais HALLINGER, *Gorze-Kluny*, p. 836, pense que Guillaume le nomme prieur à Gorze, avant Sigefroy, enfin

NOTES DU CHAPITRE I

BULST, *Wilhelm von Dijon*, p. 88, considère que Arnulf ne fut jamais prieur de Gorze et que la mention *Domnus uero Arnulphus, istius loci prior* (PL 141 865) désigne Saint-Bénigne. D'ailleurs, Arnulf fut prieur de Saint-Bénigne : *Vita s. Guillelmi*, PL 141 col 882 en 1027 *Arnulfus prior obiit.*

121. L'existence de cet axe, qui se manifeste non seulement dans la vie religieuse mais aussi dans le domaine économique, a été mise en valeur par M.PARISSE, Noblesse et monastères en Lotharingie du IXe au XIe siècle, *Revue Mabillon*. L'abbé Antoine de Senones vient de Lombardie (il est né à Pavie) et se fait moine à Saint-Arnoul *Gesta Senonensis ecclesiae*, MGH SS XXV p. 282. L'activité de Guillaume a débordé ce cadre, puisqu'il réforme aussi des abbayes normandes.

122. BULST, *Wilhelm von Dijon*, p. 110.

123. Immo est cité au nécrologe de Saint-Bénigne, B.SCHAMPER, *Saint-Benigne de Dijon*. Il faut attribuer à l'influence de Guilllaume la présence au nécrologe de Gorze de plusieurs moines et abbés. *Nécrologe*, 7.I *Hidebertus abbas*, Hidebert, abbé du Mont Saint-Michel de 1009 à 1017, appartenant au mouvement normand de la réforme de Guillaume, aussi cité à Saint-Clément; le 16 II, Jean abbé de Fruttuaria († mort v.1048) qui succéda à Guillaume, aussi cité à Saint-Arnoul; le 10.II *Gortuto abbas sancti Benigni*, Jarenton abbé de Saint-Bénigne († 1113) et vingt-trois moines de cette abbaye, il est cité à Saint-Arnoul et Saint-Vanne de Verdun; le 14 I, *Robertus mon. s. Trinitatis*, Robert moine de la Trinité de Fécamp; le 26 II *Nicolaus abbas s.Audœni*, Nicolas de Saint-Ouen (1036/38 – 1092-94) aussi cité à Saint-Arnoul.

124. Maïeul sert de modèle pour la *Vita* par Raoul Glaber. N.BULST, *Untersuchungen zu den Klosterreform Wilhelm von Dijon, 962-1031*, Bonn, 1973.

125. H.JAKOBS, *Die Hirsauer*, et HALLINGER, *Zur Rechtsgeschichte*.

126. *Epistola Warini*, PL 147, c.467-469.

127. *Cartulaire* 124, confirmation de Léon IX, *Cartulaire* 125, donation de *Monzou*, *Cartulaire* 126, fondation du prieuré d'Amel, *Cartulaire* 128, donation de *Careio*, *Cartulaire* 129, concession de Saint-Martin d'Amel.

128. *Cartulaire* 107 *ecclesiam sancti Petri... in uilla Amella nominata*.

129. A.D.Mos H.765, *Cartulaire* 126.

130. BN coll de Lorraine t.981, n°1, *Cartulaire* 124.

131. MANSI, *Concilia*, 19 c. 737 *domnus scilicet abbas sancti Remigii Herimarus, domnus Hugo Cluniacensis, Sigefridus Gorziensis*. HEFELE-LECLERC, *Histoire des conciles*, IV,2, p. 1011-1026; WATERICH, *Pontificum romanorum Vitae*, I, p. 113-127.

132. PFLUGK-HARTTUNG, *Acta pontificum Romanorum inedita* I, 18, *Cartulaire* 124. R.BLOCH, Die Klosterpolitik Leos IX. in Deutschland Burgund und Italien, *Archiv für Urkunde Forschung*, (1930), p. 254-257; P.JAFFE, Regesta Pontificum Romanorum, I, Graz, 1956.

NOTES DU CHAPITRE I

133. *Analecta Hymnica* 26, Leipzig, 1897, p. 70-72. M.BERNARD, Les offices versifiés attribués à Léon IX (1002-1054), *Etudes Grégoriennes*, XIX (1980), p. 89-100. *Vita Leonis*, P.L. 143, col 493 *exoratus a domno Sigifrido Gorziensi abbate composuit in ueneratione gloriosi martyris Gorgonii nocturnalium responsum dulcisonam melodiam*. *Ekkehardi Chronicon*, MGH SS VI, p. 196, a.1048 *Hic undecumque doctissimus cantus dulci et regulari modulatione composuit de aliquibus sanctis : Gregorio scilicet papa, Ciriaco martyre, Gorgonio martyre et aliis*.

134. Ce projet a pu faire l'objet de l'entrevue d'Ivois la même année, I.VOSS, *Herrschertreffen im frühen und hohen Mittelalter*, Köln-Wien, 1987, p. 214-215, Avril 1043 rencontre entre l'empereur Henri III et le roi Henri Ier.

135. W.GIESEBRECHT, *Geschichte der deutschen Kaiserzeit*, II, Leipzig 1885, p. 704-708. Manuscrit unique, Wien OBN. 5584, XVIIe siècle, f.3r-7v. H.THOMAS, Abt Siegfried von Gorze und die Friedensmassnahmen Heinrichs III. vom Jahre 1043, dans *Chronik 1976 des Staalichen Regino-Gymnasium Prüm*, p. 125-137.

136. J.L.KUPPER, *Liège et l'Eglise impériale*, XIe-XIIe siècles, Paris, 1981, p. 127, 404. T.SCHIEFFER, Poppon, *Lexikon für Theologie und Kirche VIII*, c.617-18.

137. KUPPER, *Liège*, p. 127, 404.

138. On connait d'autres exemples d'utilisation d'abbés à des fins diplomatiques. Richard de Saint-Vanne organise, avec Gérard de Cambrai, une rencontre en 1023 entre Henri II et le roi de France Robert II, I.VOSS, La rencontre entre le roi Robert II et l'empereur Henri II à Mouzon et Ivois en 1203, Un exemple des relations franco-allemandes au Moyen Age, *Annales de l'Est* (1991), p. 6. Nanther de Saint-Mihiel (1020-1044) est envoyé en ambassade auprès du roi de France, *Chronicon s. Michaelis*, MGH SS IV, p. 82.

139. *Vita Popponis*, MGH SS XI, p. 304, *Poppo, uere euangelicae pacis filius... quia... Romani imperii cum Francis discordia non minima inoleuerat, ipse inter utrumque pacis gratiam labore et industria sui paratam compleuit*.

140. Sigefroy assiste à la confirmation de la fondation de Saint-Evre par l'évêque Bruno de Toul, BENOIT, *Histoire de Toul*, Toul, 1707, p. LXX-LXXI, vers 1031.

141. *Vita Adalberonis II*, MGH SS IV, p. 663 *Inter multa quae in regno nostro uetrisque barrochiis corrigenda sunt, parentes sic sibi proxime coniugo copulatur, ut Deum non timentes, et homines non reuerentes, etiam tertii loci consanguinitatem, quod dictu nefas est, ad copulam asscissere non refugiant, et lineam, quae ad septimam usque generationem sacris canonum institutionibus illabata conuersari iubetur, Iudaeis paganisque infeliciores in ipsis suis exordiis abrumpere non formidant*. Au début du XIe siècle, malgré l'échec rencontré à Thionville, l'ensemble de l'épiscopat raidit son attitude envers les mariages consanguins, et Henri II leur apporte un soutient efficace, P.CORBET, Le mariage en Germanie ottonienne d'après Thietmar de Mersebourg, dans *La femme au Moyen Age*, actes du colloque de Maubeuge, 1990, p. 199-209.

142. *Vita Adalberonis* II, MGH SS IV, p. 664 *Domnus Otto dux, pater istius uenerabilis Conradi ducis nobis consedentis, natus ex filia est magni Ottonis, cuius soror Gibergia dedit filiam suam Conrado Burgudionum regi. Ex Conradis autem filia nata est domina Mathildis, huius Conradi assidentis uxor. Hoc ergo genealogie ordine, quia frater sororque in supputatione non admittuntur, consanguinitas horum non plus quam secundo loco elongari praeualet.*

143. O.G.OEXLE, Die Karolinger und die Stadt des heiligen Arnulfs, dans *Frümittelalterliche Studien*, 1 (1967), p. 250-364. Paul Diacre, dans l'histoire des évêques de Metz, développe la généalogie carolingienne dans la notice sur Arnoul, il fut « complété » au début du IXe siècle, afin de donner à Arnoul une origine romaine. Exemple de généalogies, *Genealogia ex stirpe sancti Arnulfi descendentium Mettensis*, MGH SS XXV, p. 381-85, manuscrit messin du XIIe siècle.

144. *De ordinando pontifice Auctor Gallicus*, MGH Libelli de lite, p. 13 *Sed imperator, unde loquimur, infamis erat, utpote qui incestuose cognatam suam sibi mulieren copulauerat.*

145. H.THOMAS, Zur Kritik an der Ehe Heinrichs III. mit Agnès von Poitou, dans *Festschrift für Helmut Beuman*, Siegmaringen, 1977 et édition de la lettre par C.ERDMANN, *Forschungen zur politischen Ideenwelt des Frühmittelalters*, Berlin, 1951, p. 112-119 : *Bern von Reichenau und Heinrich III.*

146. Lettre à Poppon : *temporibus olim ab apostolo praedictis...*

147. Id. : *cum apud Teodonis uillam conuenissemus, de periculis nostrae aetatis...* Cette rencontre se fait hors de toute réunion officielle connue, E.STEINDORFF, *Jahrbücher des Deutschen Reichs unter Heinrich III.* I, Leipzig, 1874, p. 188-296.

148. Id. : *figuram quadam facere curauemus.* Sur ce genre de tableau MGH SS VI, 32, d'après le *Liber aureus* de Prüm et MGH SS III, 215 d'après un manuscrit de Steinfeld (Nord de l'Eiffel).

149. Sigefroy fait allusion au mariage de Conrad II, l'archevêque de Mayence, Aribo, poussé par les canonistes qui doutaient de la légitimité de l'union, refuse de couronner en septembre 1024 Gisèle de Souabe qui avait épousé en 1017 Conrad contre le gré d'Henri II. Elle fut couronnée plus tard à Cologne par l'archevêque Pilgrim. Inversement l'attitude conjugale des Ottoniens a été exemplaire, CORBET, Le mariage, p. 208-210.

150. Lettre à Poppon : *ne parentum delicta faciat esse sua.* M.PARISSE, *Noblesse et chevalerie en Lorraine médiévale*, Nancy, p. 200-203.

151. Id. : *ad compuctionem et planctu commoueatur.*

152. Id. : *non modo anima sed etiam corporis... generatio non posse feliciter succresceres.* Le concile de 909 déclarait que les enfants nés au mépris des normes canoniques sont aveugles, boiteux et bossus. Article « Inceste », *Dictionnaire de Droit Canon*, d'après entre autres Sg, 3,16-4, 6.

153. Id. : *de eius parentela quam pauci supersint.*

154. Id. : *sicut ciuitas supra montem posita Domino testante non potest abscondi et sicut lucerna super candelabrum leuata omnibus lucet, qui in domo*

sunt, sic regis siue bona fama siue infamia latere non potest plurimos intra et extra regnum suum degentes. La lumière qui ne doit pas être mise sous le boisseau mais sur le lampadaire, Mat. 5, 14-16, est un thème que P.G.JESTICE tient pour fondamental dans la réforme gorzienne, The gorzian reform and the light under the bushel, *Viator, medieval and renaissance studies,* 24 (1993), p. 51-78.

155. Id. : *suo exemplo peccare ac per hoc perire fecerit eorum in culpa et pœna in ipsum redundabit. Legat, si placeat, uel coram se legi faciat, quid de Ieroboam rege scriptura sancta dicat, et inueniet, crebrius commemorari, quod alios peccare fecerit, quam quod ipse peccauerit.* Pour manifester l'indépendance religieuse de son nouveau royaume d'Israël envers Jérusalem, Jéroboam organisa un culte et un sacerdoce distincts, la Bible considère ce schisme comme une révolte envers Dieu, 1 ROIS, 12 26-33.

156. Josias accomplit une réforme religieuse (2 ROIS, 23 4-20) et détruisit les autels construits par Jéroboam (2 ROIS, 23 15-16). Il est le modèle dont se réclamait Charlemagne.

157. Id. : *duo regna in magna pace confœdari... ueram non esse pacem... habent reprobi et transgressores pacem scilicet adulteri cum adulteris, homicidae cum homicidis, periuri cum periuris... non est pax impiis* (Isaïe, 48,22).

158. H.THOMAS, Abt Siegfried, et MGH SS I, p. 85 *populum ad pacem cohortari cœpit...* et MGH SS V, p. 124. *pacemque multis seculis inaudita efficiens...* Idée que reprend Bruno de Reichenau : *ut illam pacem predicaretis populo uestro quam nascente Christo angeli nuntiauerunt mundo.*

159. *Chronica Reinhardsbrunnensis,* MGH SS XXX, 1 p. 520, *a. 1042 : Heinricus pace Hactenus inaudita in omnibus regni sui prouinciis, regia censura per edictum confirmata.* H.THOMAS, Abt Siegfried, et G.DUBY, *Les trois ordres ou l'imaginaire du féodalisme,* Paris, 1978, p. 35-61 « Gérard de Cambrai et la paix ».

160. Lettre à Poppon : *dum terrero principi placere desiderant... faciamus mala ut ueniant bona... multum uobis periculum immineat.*

161. Id. : *ex quo enim prius Aquisgrani* (ce qui montre que Sigefroy s'est rendu à la cour impériale à Aix) *et postea Mettis* (sans doute lors de la venue d'Henri à Metz en 1040) *pro se humiliter me petiit quod parum aut nihil profuisse dolebimus.*

162. J.WOLLASCH, Kaiser und Könige als Brüder der Mönche, *Deutsches Archiv,* 40 (1984), p. 12. Henri III n'est pas cité dans les extraits du nécrologe de Gorze conservés. On peut comparer la demande d'Henri et celle de Pépin, *Cartulaire* 10, *ad mercedem uel stabilitatem regni in Dei nomine pertinere confidimus et profuturum nobis ad presentis uitae curricula felicius transigenda necnon et beatitudinis premia securius obtinenda non dubitamus.*

163. Sigefroy n'est pas le seul à chercher en France l'origine de tous les vices, un autre Lotharingien, l'évêque Gérard de Cambrai, partage son avis et considère que tous les « Karlenses » sont par définition des félons. La condamnation de Sigefroy : *ignominisa Franciscarum ineptiarum consuetudo*

NOTES DU CHAPITRE I

introducitur... in tonsione barbarum... in decurtatione ac deformitate uestium, s'alimente aussi à une seconde source qui condamne le port de la barbe comme une coupable innovation des Aquitains, Ce sentiment se trouvait déjà chez Raoul Glaber, *Historiarum* livre V chap IX, *in Franciam atque Burgundiam ab Auernia et Aquitania homines omni leuitate uanissimi, moribus et ueste distorti, armis et equorum faleris incompositi, a medio capitis comis nudati, histrionum more barbis rasi, caligis et ocreis turpissimi, fidei et pacis fœdere omni uacui,* qui prête à Guillaume de Volpiano la même réaction dans un sermon qu'il aurait fait en 1017, *Vita* PL 137, c.716. H.PLATELLE, Le problème du scandale : les nouvelles modes masculines aux XIe et XIIe siècles, *Revue Belge de Philologie et d'Histoire,* 53 (1975), p. 1075-1096.

164. Lettre à Poppon : *rapinas, pariura... et haec maiorum malorum praecurrentia indica esse timemus.* G.LOBRICHON, L'ordre de ce temps et les désordres de la fin. Apocalypse et société du IXe à la fin du XIe siècle, dans *The use and abuse of Eschatologie in the Middle Ages,* Leuwen U. press, 1988, p. 230-237.

165. Adso est connu dans la région messine car au début du XIe le Lotharingien Albuin plagie son œuvre et l'envoie à Héribert de Cologne. Voir infra, la bibliothèque.

166. Lettre à Brunon : *cœpiscopos uestros ut uobiscum laborent*

167. Id. : *tam magno totius regni periculo*

168. Id. : *si Neronis et Decianis temporibus fuissent*

169. L'interdiction des mariages consanguins est une préoccupation constante. En 1049, Léon IX rappèle les interdictions canoniques et excommunie en 1053 Guillaume de Normandie qui a passé outre en épousant Mathilde, sa cousine au 5e degré.

170. *Nécrologe,* 14.XII *Agnes imperatrix.*

171. MANSI, *Concilia* 19, col.742 : *noui haeretici in Gallicanis partibus emersant, eos excommunicauit*

172. MARTENE DURAND, *Thesaurus nouum anecdotorum,* I, col 196.

173. M.CAPPUYNS, « Bérenger de Tours », dans *DHGE* VIII, 1935, c.722-742, J. de MONTCLOS, *Lanfranc et Béranger. La controverse eucharistique du XIe siècle,* Louvain, 1971.

174. Jean Scot Erigène a cependant soutenu les thèses de Ratramne de Corbie qui faisaient de l'Eucharistie un geste symbolique. Son traité *De diuisione Naturae* est condamné en 867 par Nicolas Ier, à l'initiative d'Hincmar de Reims. Paschase Radbert écrit *De corpore et sanguine Domini* et défend la transsubtantiation, retenue comme la doctrine officielle de l'Eglise.

175. A.J.McDONALD, *Authority and Reason in the early Middle Ages,* Londres, 1933.

176. H.SILVESTRE, Notice sur Adelman de Liège, évêque de Brescia, *Revue d'Histoire Ecclésiastique,* lvi (1961), p. 858-871. Adelman écrit plus tard lui-même à Bérenger, des extraits de cette lettre sont édités PL 143,

1289-90. Adelman fait allusion aux recherches qu'il a demandées à Paulin : *sciens porro familiarem tuum dominum Paulinum... tibique aliquando uicinorem esse...* D'ailleurs Bérenger lui a répondu, J.HAVET, *Notices et documents publiés pour la société de l'histoire de France*, Paris 1884, p. 75. Adelman trouve que Paulin n'a pas bien accompli la mission dont il était chargé, PL 143, c.1289-1296 *Paulinum... delegaui... negocii executionem... non enim in hac re laudare esse possum.*

177. Lettre à Bérenger : *quod in scriptis tuis de Eucharistia accepi secundum eos quos posuisti auctores bene sentis et catholique sentis.*

178. Id. : *quia multa humilitate tanto in ecclesia culmini est deferendum.* MONTCLOS, *Lanfranc et Béranger*, p. 84sq.

179. Id. : *Christi fide de omnibus poscentibus rationem reddere paratum te exhibeas.*

180. Id. : *Sentenciam Iohannis Scoti quoque defendas et quomodo defendas.*

181. Id. : *petimus praeterea, domnus S. Gorziensis et ego...*

182. Id. : *Liber B. Augustini de haeresibus, nihil contra hereses agit, sed tantum sectas exponit, transcriptus tamen, ut proxime potero, tua caritati mittetur.* Il s'agit du *De haeresibus ad Quoduultdeus*, CC 46, p. 283, qui décrit les caractéristiques d'environ quatre-vingt sortes d'hérésies.

183. H.SÜDENDORF, *Berengarius Turonensis, oder eine Sammlung ihn bettrefender Briefe*, Hambourg, 1850, p. 229 : en 1074-75 Bérenger écrit à l'évêque Hermann de Metz.

184. Dans l'Empire, mais apparemment pas dans les régions occidentales, ainsi le moine qui circule avec un rouleau des morts au milieu du XIe siècle, s'arrête à Metz mais ne va pas à Gorze, L.DELISLES, *Rouleaux des morts du IXe au XVe siècle*, Paris, 1866, il faut pourtant noter que le porteur du rouleau peut avoir un itinéraire fantaisiste et ne pas faire l'effort d'un détour de quelques kilomètres, J.DUFOUR, Brefs et rouleaux mortuaires, dans *Naissance et fonctionnement des réseaux monastiques et canoniaux*, Saint-Etienne, 1991, p. 492.

185. *Vita s. Guillelmi*, P.L. 141, 865 *Sigefridus... litteris bene doctus.* BN coll de Lorraine t.981, n°1, *Cartulaire* 124, *tu quidem, o abbas non ignorans et satis consulte...*

186. Lettre de Sigefroy : *constat et indubitater uerum est canonicam auctoritatem dei esse legem.*

187. H.HOESCH, *Die kanonische Quelle im Werk Humberts von Moyenmoutier*, Köln-Wien, 1970. Sur l'importance des études de droit à Liège et leur influence sur le travail de Burchard de Worms : Ch.DEREINE, L'école canonique liégeoise et la réforme grégorienne, dans *Annales du 33e congrès de la fédération archéologique et historique de Belgique*, Tournai, 1949, t.II, p. 79-94. Les livres de droit de la bibliothèque de Gorze sont bien décrits.

188. Alexandre II a soumis à l'empereur le différend qui l'opposait à l'antipape Cadale, élu vers 1069. Pierre Damien écrivit un traité et une lettre à

NOTES DU CHAPITRE I

Anno de Cologne qui lui valurent d'amers reproches d'Hildebrand. G.TELLENBACH, *Church State and Christian Society*, Oxford, 1959; J.FLECKENSTEIN, Problematik und Gestalt der Ottonisch-salischen Reichkirche, dans *Reich und Kirche vor dem Investiturstreit*, Siegmaringen, 1985, p. 83-113; Id. Zum begriff der Ottonisch salischen Reichskirche, dans *Ordnungen und formende Kräfte des Mittelalters*, Göttingen, 1989, p. 213-221.

189. J.M.WALLACE-HADRILL, The *Via regia* of the carolingian age, dans *Trends in Medieval Political Thought*, ed. B.Smalley, Oxford, 1965, p. 22-41, W.ULLMANN, *The carolingian Renaissance and the idea of Kingship*, London, 1971.

190. Gregoire, *Registrum IV 2, MGH Epistolae*, p. 294 : *beatus Ambrosius non solum regem, sed etiam re uera imperatorem Theodosium moribus et potestate non tantum excommunicauit, sed etiam, ne presumeret in loco sacerdotum in ecclesia manere, interdixit.*

191. MANITIUS, *Geschichte* III, p. 29. Le résumé qui nous est parvenu du traité de Gui d'Osnabrück est édité dans *MGH libelli de lite I*, p. 461-470, sous le titre *De eo quod Wipertus, qui et Clemens, in sedem apostolicam legitime fuerit intronizatus, et Hildebrantus, qui et Gregorius VII, iuste reprobatus.*

192. MANITIUS, *Geschichte* III, p. 468 *idem Hidebrandus in quadam sua epistola quia a Romanis pontificibus exemplum huiusmodi sumere non ualuit, Ambrosium Mediolanensem episcopum Theodosium imperatorem excommunicasse introduxit, ut ex hoc, quod Ambrosius ciuisdam metropolis episcopi fecerat, sibi maiori et uelut Romano pontifici licitum esse probaret. Sed quia exemplum mendacio corrupit et inconuenienter in suam argumentationem assumpsit, nulla ex hoc euidentia probabilitatis propositum suae intentionis firmauit...*

193. *Cartulaire* 129 (1055).

194. *Nécrologe*, 12 VI. Il est mentionné aux nécrologes de Saint-Bénigne (le 12 VI), Saint-Clément (le 11 VI *Sigifridus pie memorie abbas sancti Gorgonii*), Saint-Arnoul (le 11 VI), Saint-Mansuy (le 13 VI) et Echternach (le 13 VI).

195. *Cartulaire* 133.

196. Nécrologe de Brauweiler a.a.O. f.138, 1 mai *Heinricus uenerabilis abbas Gorziensis monasterii filius domni nostri Erenfridi.* SEMMLER, *Die Klosterreform von Siegburg*, Bonn, 1957, p. 134 n.8. Sur la famille d'Ezzo : U.LEWALD, Die Ezzonen, das Schicksal eines rheinischen Furstengeschlechtes, *Rheinische Vierteljahrsblätter*, 43 (1979), p. 120-168.

197. *Vita Popponis*, MGH SS XI p. 305, *Apud Bruwillarium uero quod ab Ezzone Palatii administrante comitatum suscepit Ellonem omnibus eiusdem loci habitaculis a fundamento extructis praefecit.*

198. *Actus fundat. Brunwilarensis mon.*, MGH SS XIV, p. 129.

199. *Annales Brunwilarenses*, MGH SS XIV, p. 132.

200. Théophanu à Essen et Gerresheim, Adelhaïde à Nivelles, Ide à Gandersheim et Sainte-Marie-in-Capitolio de Cologne, Heylewigae à Saint-

NOTES DU CHAPITRE I

Quirin de Neuss, Sophie à Sainte-Marie de Mayence, Mathilde à Saint-Pierre de Bonn et Vilich.

201. *Actus fundat. Brunwilarensis mon.*, MGH SS XVI, p. 725, *1025, Domina nostra Mathild. pro dolor obiit. 1034, Hic Erenfridus, comes palatinus, moritur.* LEWALD, Die Ezzonen, p. 141-142. On connaît à Ezzo une concubine, d'ailleurs soupçonnée de l'avoir assassiné, Annales d'Hildesheim, MGH rer.germ. p. 39, *a.1034, Hezo palatinus comes a sua concubina nomine Thietburga ueneni poculo, ut fertur, defraudatus, periit flebiter mortuus.*

202. *Annales Brunwilarensis*, MGH SS XIV, p. 126, *habuerunt adhuc alium filium nomine Heyricum sicut in uetustissimo libello inuenitur. Hic H. electus fuit ex summo Coloniensi in abbatem monasterii Gorziensis.*

203. *Vita Leonis*, PL 143, c.468 *Eius quidem collegae, quamuis eo maiusculi existerunt, duo Adalberones... prior... alter sub scholarum magistro, magister nepotuli sui Brunonis constitutus, quia tunc pro tempore habebatur sciolus.* PARISSE, Les hommes, p. 32.

204. *Vita Leonis*, PL 143, c.468-469 *a primaeuo, soli Deo placendi cupidus, supra aetatem suam et ualetudinem, carnem suam cum uitiis crucifere conatus est, adeo feruens igne diuinitatis... ut in presentiarum de plurimo eius cœlibatus, de columbina innocentia, de serpentina prudentia, de discreta acrimonia, qeque matura grauitatis, in tenera indole taceatur, in tantum semet ieiunis et uigiliis affecit, ut illud beati Iob etiam historialiter dici possit : Pelli meae compsumtis carnibus adhaesit os meum.*

205. La chronique de Saint-Trond renchérit sur l'éloge vague des *Gesta episc. Mett.*, MGH SS X, p. 543 *pacis amator et cœnobiorum reparator.* Il était qualifié de *saint* comme le montre le récit de l'invention de saint Matthias à Trèves, MGH SS VIII, p. 228 *Adalberonis, uocabulo sancti, Metensis.*

206. *Gesta episc. Mett.*, MGH SS X, p. 543 *prediis suis ecclesiam sancti Saluatoris infra urbem ampliauit in qua requiescit.* Léon IX confirme les privilèges de Saint-Sauveur A.D.Mos. G.439,2. L'église a été fondée par l'évêque Wala *Gesta episc. Mett.*, MGH SS X, p. 541 *in ecclesia Saluatoris quam ipse construxerat sepelitur.* Vers 917-927, alors que les reliques de saint Gorgon étaint abritées à Saint-Sauveur, un prêtre tente en vain d'en voler une partie, *Miracula s. Gorgonii*, MGH SS IV, p. 240-241.

207. *Cartulaire* 132 (1055) donation à Vic, 133 (1055) Henri concède des biens à Martin à Tichemont ; 134 (1056) échange de terres ; 135 (1060) Thierry évêque de Verdun donne l'église de Brainville ; 136 (1090?) Gobert d'Apremont donne l'église Notre Dame; 137 (1064) Thierry évêque de Verdun donne les églises de Jeandelize et Domprix ; 138 (1069) Godefroy le Barbu donne l'église Saint-Dagobert de Stenay -/ (1085) Egilbert archevêque de Trèves restitue l'église de Mouzay à Saint-Dagobert de Stenay ; 139 (1093) Godefroy rend Saint-Dagobert de Stenay que lui avait enlevée le comte Arnoul.

208. *Cartulaire* 133.

209. *Cartulaire* 203 (1001) *pie memorie abbas Henricus* et Nécrologe *Henricus... postea cognomentum Boni Abbatis adeptus.*

NOTES DU CHAPITRE I

210. Le corps d'Euchaire, premier évêque de Trèves, reposait dans l'église qui devint l'abbaye Saint-Matthias. *Gallia* III, col.545 : en 1062 l'abbé qui préside avec Henri peut être Reginard qui meurt en 1062 ou Robert son succésseur. L'abbaye fut dirigée par Bertulf, disciple de Poppon de Stavelot, *Vita Popponis*, MGH SS XI p. 305, P.BECKER, Die monastische Observanz in der Trierer Abteien S. Euchaire-Matthias und S.Maximin bis zur 15 Jh., *Kulturische Jahrbuch*, 7 (1967), p. 23-31.

211. CALMET, *Histoire de Lorraine* II, preuves col. cccxix-cccxxij. *Gorziensis et sancti Eucherii Abbates, Magistri generalis Capituli in Prouincia Treuirensi.*

212. id. *statuimus ut quis fuit repertus fuerit inobediens... carcerali custodia mancipetur, aut de monasterio ejiciatur.*

213. id. *ne ludant ad aleas, taxillos, decios, uel globos.*

214. id. *canes uenaticos clamosas et saltuosas uenationes districtius inhibemus.*

215. id. col cccxxij, *Alii humilem habitum despiciunt, alii maculatum, dilaceratum, et purulentum nimis gerunt, alii elegantem nimis, non ut monachi, sed ut nimi in habitu incedunt, quia aut pedes in calceis acrius obstringunt, aut capucium super aures reflectunt, et in quantum possunt, si non materiam, tamaen mutant formam.*

216. id. col cccxxij, *Unitas religionis, unitas professionis, unitas charitatis... uniformes in uictu, unanimes in ieiuniis, unanimes in uigiliis...*

217. En effet dans la lettre de W. à A., Mabillon, *Vetera analecta*, p. 459, il s'agit de l'abbaye de Gorze, que l'auteur soit Walon ou Warin : *Verum si nosse desideras, quali in castris regula militemus, breuiter tibi illam describimus. Sunt nobis cuncta communia, unum cor, una anima, unum idemque propositum : uirtus autem obedientiae sic praepollet, ut cum nobis incredibile sit studium legendi, nullus tamen obedientiae praeferre audeat lectionem. De gratuitate uero paupertate quid referam ? cum omne quod corporeus sensus attingit, sit nobis omnino contemptui, animumque auocantes a corpore consuescamus mori. Arduum id quidem atque difficile, quis negat ? Sed tamen hoc duce philosophia nos credimus effecturos. Haec est uita laudabilis, quam tenemus : haec uera philosophia.*

218. G.JENAL, *Erzbischof Anno von Köln*, Stuttgart, 1974, p. 128-137.

219. *Lamperti annales* MGH SS rer Germ p. 51 *Heinricus comes palatinus mentis insania captus tonsuram et monachium habitum accepit ac monasterium Gorziae sub specie religionis intrauit.*

220. LEWALD, Die Ezzonen, p. 158-60.

221. *Vita Annonis*, MGH SS XI, p. 480, *dilecta coniugis caput feriens amputauit, cursuque fores egressus, plausu manuum et cachino quid egisset, insanientis ut erat more exposuit.*

222. Cette affaire a défrayé la chronique, outre la *Vita Annonis*, MGH SS XI, p. 479-80, plusieurs textes la rapellent MGH SS III, p. 71, *Henricus comes palatinus mentis insania captus tonsuram et monachium accepit ac*

monasterio gorzia sub specie religione intrauit. Sed eum quem ingressum uitae posuit pedem retraxit seseque in eum quem despexit mundum male sanus iniecit insuper et domnam Mathildam, Gozelini ducis filiam, que sibi in matrimonio iuncta fuerit, heu infelix, parricida perrenit. Vita Willibrordi, MGH SS XXIII, p. 26. Il est mentionné au nécrologe d'Echternach *Heinricus ex palatino comite conuersus et monachus nostrae congregationis.*

223. *Epistola Henrici,* MGH Die Briefe der Deutschen Kaiserzeit, p. 108-109 *te obligaueras uoto, propositio, professione, scripto, quod ipse manibus tuis adsignatis, quod ipse in presentia Dei sub testimonio fratrum recitasti super ipsum altare sancti Gorgonii in stabilitatem eius loci.*

224. Il y a une difficulté majeure dans l'hypothèse qui identifierait Walon au moine W. Les lettres ne peuvent se comprendre que si Walon est parti de Gorze où il était moine pour devenir abbé ailleurs. Or il n'a été abbé de Saint-Rémi qu'après avoir été abbé de Saint-Arnoul, auquel cas il n'a plus de comptes à rendre à Henri.

225. Walon a écrit une lettre pour expliquer sa situation comme abbé de Saint-Rémi de Reims à un abbé H. qui est sans doute Henri ed. MABILLON *Vetera Analecta Epistola IV,* col.456 elle commence par *Desiderabiliter uenerabili et uenerabiliter desiderabili Domno et Patri H. W. peccator, orationem, seruitium* et rappelle que le correspondant de Walon s'étonnait de la naïveté de ce dernier : *ut in terra Francorum, quasi in lacu leonum me passus sim tam temere facilique contrudi.*

226. J.WOLLASCH, Parenté noble et monachisme réformateur. Observations sur les conversions à la vie monastique aux XIe et XIIe siècles, *Revue Historique,* 104 (1980), p. 3-24.

227. J.B.PELT, La plus ancienne crosse d'ivoire du trésor de la cathédrale provient de l'abbaye de Gorze, *Bulletin de l'œuvre de la cathédrale de Metz,* IX (1934), p. 32-34. C'est sans doute de l'abbatiat d'Henri que date la crosse provenant de Gorze conservée au trésor de la cathédrale de Metz. On peut supposer que c'est celle qui a été trouvée dans sa tombe, ce qui expliquerait pourquoi, seule de tous les témoins mobiliers de l'abbaye, elle nous soit parvenue. Dans son état d'origine, connu par un dessin, BN coll de Lorraine, 128, f.17, elle rappelle la crosse dite d'Anno de Cologne (conservée à Siegburg, église Saint-Servat, cat 101) qui date de la même époque, vers 1075. GABORIT-CHOPIN, *Elfbeinkunst im Mittelalter,* Berlin, 1978, p. 101 ill. 103. La crosse est décorée de petites plaques de cuivre qui portent *Gens subiecta parem te sentiat effera grandem spe trahe dilapsos pungeque tardigrados.* D'autres plaques, placées plus bas, représentent les fleuves du paradis et leur nom : EVFRATES / TIGRIS / FISON / GEON. Raoul Glaber déclare à leur propos : Le premier, le Pison dont le nom veut dire ouverture de la bouche, signifie la prudence qui est toujours répandue chez les meilleurs et utile. Par sa stupidité l'homme a perdu le paradis, c'est d'abord par la prudence qu'il doit le reconquérir. Le second, le Géon dont le nom veut dire ouverture de la terre, signifie la tempérance, nourrice de la chasteté qui extirpe salubrement les rameaux des vices. Le troisième, le Tigre dont les

rives sont habitées par les Assyriens, ce qu'interprète les Dirigeants, signifie la force qui, après avoir rejeté les vices prévaricateurs, dirige les hommes, avec l'aide de Dieu vers les joies du royaume éternel. Le quatrième, l'Euphrate dont le nom veut dire abondance, désigne de façon patente la justice qui fait paître et réconforte toute âme qui l'aime ardemment, E.ORTIGUES – D.IOGNA-PRAT, Raoul Glaber et l'historiographie clunisienne, *Studi Medievali*, XXVI (1985), p. 555.

228. DES ROBERT, *Deux codex*, p. 21 *Anno ab incarnatione Domini MLXV Indictione III.IIII Nonas Iunii Dedicatum est oratorium in hospitali ab Azone episcopo, in honore omnium confessorum Christi et specialiter illorum quorum ibi continentur relique, id est sancti Nicholai Sancti Gregorii Pape.*

229. *Id.*, p. 17 *Anno Dominice Incarnationis Millesimo Sexagesimo viii. Indictione vi. Dedicata est Basilica Sancti Petri a Domno Utone Treuitorum archiepiscopo in honore eiusdem Apostolorum principis. Huius dies dedicationis celebratur vi kal Julii.*

230. *Id.*, *Deux Codex*, p. 21 *Anno ab incarnatione Domini Mill. LXX VII Indictione XV. II Nonas Decembris Oratorium quod uenerabilis Henricus abbas edificauit dedicatum est a Domno Herimanno Mediomatrice Sedis presule in honore Apostolorum Christi.* Et *Cartulaire* 146 (1109) *ad laudem in honore sanctorum apostolorum oratorium a fundamentis construxit, et a domno Herimano, Metensi episcopo, dedicari fecit.*

231. *Nécrologe*,1.V *Domnus Henricus uenerabilis uitae abbas et sacerdos, capellae s Stephani Gorziensis et sex aliarum basilicarum aedificator.*

232. L'église de Brauweiler était dédiée à saint Nicolas, peut être sous l'influence d'Anno de Cologne, *Ex Miracula sancti Nicolai Brunvilarensis*, MGH SS XIV, p. 144-146.

233. DES ROBERT, *Deux codex*, p. 21 *XVII kl.Julii dedicatum est oratorium Sancti Mauricii a domino Azone Episcopo in honorem omnium martyrum Christi*, si, comme dans le cas de la consécration suivante, l'évêque Azo est Adalbéron III (1047-1072).

234. L'église romane de Varangéville fut détruite à la fin du XVe siècle pour permettre la construction de l'église paroissiale. Il ne subsista que la tour – porche du prieuré, datant du début du XIIe siècle. Elle brûla en 1633, et fut vendue à la Révolution. Elle se trouve dans une cour de ferme, le sommet de la tour a été détruit et on y a percé des fenêtres. D'après H.COLLIN, *Les églises romanes de Lorraine*, IV, Nancy, 1986, p. 104-108, l'église était à trois nefs précédée par cette tour à quatre étages qui servait de porche, la façade étant ornée de trois arcades, celle du centre servant d'entrée.

235. L'église du prieuré bénédictin a disparu lors de l'extension de la muraille du château, des fouilles ont permis la découverte du portail ouest du XIIe siècle, construit par les moines de Gorze.

236. DES ROBERT, *Deux codex*, p. 19-20 : *Anno ab Incarnatione domini M LXXX VIII, cum dubitatio fieret de corpore Martyris, Abbas Henricus, uir religiosissimus, dubie res faciens fidem uetus in quo prius iacuerat*

NOTES DU CHAPITRE I

scrinium, tulit et caput Martyris caeteraque principalia membra particulatim populo, qui tunc innumerabilis conuenerant, ostendens in nouis iterum scriniis, decenter adornatis cum omni diligentia recondidit. A la fin du XIe siècle, de nombreuses élévations de reliques entrainent la réalisation de nouvelles châsses, à Saint-Vincent pour les reliques de Lucie, à Saint-Clément pour celles de Clément.

237. Henri, qui a des liens privilégiés avec Cologne du fait de son origine familiale, fait consacrer un autel saint Pantaléon dans la chapelle des Saint-Apôtres, DES ROBERT, *Deux codex*, p. 22.

238. DES ROBERT, *Deux Codex*, p. 21 : *in scrinio quod ibi est continentur sex corpora sanctarum Virginium de illis undenis millibus Aggripinensium quorum tria uenerabilis abbas Henricus... ad nos transtulerunt.*

239. MEURISSE, *Histoire des évêques de l'Eglise de Metz*, Metz, 1634, p. 378 avec Lanzo de Saint-Vincent et Durand de Saint-Symphorien.

240. A.DANTZER, La Querelle des Investitures dans les évêchés de Metz, Toul et Verdun, *Annales de l'Est*, 16 (1902), p. 85-100. J.P.CUVILLIER, *L'Allemagne médiévale, naissance d'un état* (VIIIe-XIIIe siècles), Paris, 1979, p. 280-329.

241. F.RUPERTI-G.HOCQUARD, Heriman évêque de Metz (1072-1090), *Annuaire de la Société d'Histoire et d'Archéologie de la Lorraine*, 39 (1930), p. 503-578.

242. KUPPER, *Liège*, p. 136,n.139.

243. Hugues de Flavigny, MGH SS VIII, p. 453. La chronique ne précise pas la date mais CALMET, *Histoire de Lorraine I*, 1156 pense qu'il s'agit de 1076.

244. *Lamperti annales*, MGH SS V, p. 301, *Bertholdi annales*, MGH SS V, p. 291.

245. CASPAR, MGH *Epistolae selectae II*,1 lettre IV,2 p. 293-297, et lettre VIII,21 p. 544-562. H.X.ARQUILLIERE, La deuxième lettre de Grégoire VII à Hermann de Metz, ses sources patristiques, *Mélanges Lebreton*, Paris, 1952; p. 231-42. Heriman pose le même problème à l'archevêque Gebhard de Salzbourg *MGH Libelli de Lite*, réponse de Gebhard, *MGH Libelli de Lite I*, p. 261-279.

246. Peut-être avec l'appui d'Heriman *Sigeberti Chronicon*, MGH SS VI, p. 364, *anno 1082 : Herimannus miles Hermanni episcopi, corona sibi imposita post Rodulfum in Saxonia tirannidem exercet.*

247. Hugues de Flavigny, MGH SS VIII, p. 471, *Gesta abb. Trud.*, MGH SS X, p. 240.

248. *Gesta abb. Trud.*, MGH SS X, p. 241 *Metenses cum insolentiam eius ferre non possent, stultaque eius suorumque superbia... Bruno... tam honore quam nomine episcopi ea ipsa die penitus est priuatus a Mettensibus.*

249. Il fut enterré à Saint-Pierre-aux-Images. L'inscription de sa pierre tombale et la mention du nécrologe de Saint-Clément donnent *iiii nonas maii Herimannus mettensis episcopus et sancte romane ecclesiae legatus.*

NOTES DU CHAPITRE I

250. *Nécrologe*, 10.II *Gortuto abbas sancti Benigni* abbé de 1077 à 1113. Jarenton a accueilli les moines de Saint-Vanne; en révolte contre l'évêque Thierry de Verdun, H.DAUPHIN, *Le bienheureux Richard, abbé de Saint-Vanne de Verdun, mort en 1046*, Louvain-Paris, 1946. Id. L'abbaye Saint-Vanne de Verdun et la Querelle des Investitures, *Studi Gregoriani* 1947, p. 237-261. Et J.P.EVRARD, *Thierry le Grand, évêque de Verdun (1046-1089)*, Nancy, 1970.

251. La charge de *custos puerorum*, qui devient alors celle de Walon, est-elle un refuge ou une punition ? La formule du chroniqueur favorise la seconde interprétation, *Gesta abb. Trud.*, MGH SS X, p. 246. Sans doute Walon s'est il rendu à Gorze parce qu'il a des relations d'amitié avec l'abbé et qu'il a été moine de Gorze avant ce pénible épisode. *Nécrologe*, 19 II *domnus Walo monachus istius monasterii et abbas sancti Arnulphi*.

252. Les actes obtenus par l'abbé Warnier consacrent l'indépendance de Gorze envers l'évêque au nom de l'amitié de Gorze pour la réforme.

253. Bulle de 1091, MARTENE-DURAND, *Vetera Analecta I*, 529; PL 151, 327.

254. Après la destruction de l'abbaye au XVIe siècle on retrouva, en 1596, la tombe de l'abbé Henri sous les décombres de l'église Saint-Pierre. F.X.KRAUS, *Die Christlichen Inschriften der Rheinlande*, Freiburg-Leipzig, 1894, p. 139-140. Son corps fut réinhumé dans l'église Saint-Etienne de Gorze, dans le chœur, où se trouve la plaque qui reproduit l'inscription trouvée sur la tombe : *Anno ab incarnatione DNI MXCIII. indictione I. obiit domnus Henricus pie memorie abbas et sacerdos istius loci decessit ante Kal. Maii.*

255. *Nécrologe*, 1.V, Henri est aussi mentionné aux nécrologes de Saint-Arnoul et Saint-Clément de Metz (*Henricus abbas sancti Gorgonii*), Saint-Airy de Verdun, Saint-Mansuy de Toul, Brauweiler, Gladbach, Saint-Maximin.

NOTES DU CHAPITRE II

1. O.G.OEXLE, Voraussetzung und Wirkung des Gebetsbundes von Attigny, *Francia* 2, 1974, p. 110-112.
2. U.BERLIERE, Le nombre des moines dans les anciens monastères, *RB* (1929), p. 259.
3. *Gest.abb.Trud.*, MGH SS X, chap IX, p. 280-291.
4. *Gesta Senonensis ecclesiae*, MGH SS X, chap XXV, p. 283 : *ut in introito suo uix duo uel tres, modo deni uel duodeni ibi ualeant sustenari.*
5. Les archives sont dispersées, Bar le Duc, A.D. Meuse, série H pour les deux prieurés de Gorze dans le diocèse de Verdun : Amel 7H, Apremont 8H. Metz, A.D. Mos., série H.696-993. Gorze. Nancy, A.D. M. et M., série G (G.429-444 : Apremont), (G.449-466 : Saint-Nicolas). Paris, BN, Collection de Lorraine 376.
6. CH.E.PERRIN, *Recherches sur la seigneurie rurale en Lorraine*, Paris, 1935.
7. La réorganisation du temporel lors de la réforme se retrouve à Saint-Vanne de Verdun, H.DAUPHIN, *Le Bienheureux Richard, abbé de Saint Vanne de Verdun, mort en 1046*, Bibliothèque de la revue d'histoire ecclésiastique XXIV, Louvain-Paris, 1946.
8. Metz, BM 826, détruit en 1944, édité par D'HERBOMEZ, dans Mémoires et Documents publiés par la Société Nationale des Antiquaires de France (Mettensia II), Paris, 1898. Cité *Cartulaire* suivie du numéro de l'acte. Il reste de ce texte deux copies modernes à la Bibliothèque Nationale, lat.5436 (tous les actes ne sont pas recopiés dans ce volume qui cependant ne fait pas d'extraits) et B.N.nouv.acq.fr.4879. L'édition a été complétée par R.MARICHAL, *Remarques chronologiques et topographiques sur le cartulaire de Gorze, Mettensia III*, Paris, 1902, concernant surtout la localisation des lieux possédés par l'abbaye, et par D.H.REUMONT, Zur Chronologie der Gorzen Urkunden aus karolingische Zeit, *JGLGA*, XIV (1902), p. 270-289, commentaires sur la date et de l'authenticité des actes.
9. Nancy, Bibliothèque du grand séminaire 163, il y en a deux copies : à Metz (BM 77) et à la bibliothèque de l'Institut. C.REUTENAUER-

CORTI, Une source de l'histoire de Gorze, le deuxième cartulaire, dans *Gorze au fil des siècles*, Metz, 1993, p. 25-44.

10. Metz BM 827, compilé par les Bénédictins au XVIIIe siècle pour *L'Histoire de Metz*. A l'époque moderne, les possessions de l'abbaye forment un ensemble important et bien délimité : la Terre de Gorze. Un état des biens complet de l'abbaye a été établi, concernant la part conservée par le chapitre de Gorze : censier général de l'abbaye de Gorze fait le 11 juillet 1612 (Mos H.742) et plan terrier du XVIIIe siècle.

11. Paris, BN lat.17752, cartulaire du prieuré d'Apremont de la fin du XVe siècle, époque dont datent l'essentiel des actes.

12. A.D.Vosges 1J68, cartulaire concernant les prieurés de Pfeddersheim, Varangéville et Saint-Nicolas de Port, compilé au XVIIIe siècle. Il commence par Pfeddersheim, le copiste de l'acte 1, la donation de Chrodegang a comparé son texte avec l'édition de Meurisse, *Histoire des évêques de Metz*, l'acte 2 concerne déjà le XIIe siècle : il émane de l'évêque Etienne (1120-1163) et est adressé à Isembald I abbé de Gorze (1121-1124). La deuxième partie du cartulaire commence par l'acte de Pibon qui fonde Saint-Nicolas en 1091 et comprend 57 actes, les derniers du XVIe siècle.

13. J.REISDORFER, *Peuplement et occupation du sol dans la vallée du Rupt de Mad des origines à la fin du Moyen-Age*, Thèse Nancy, 1987.

14. J.P.EINHORN, *Inventaire des biens de l'abbaye collégiale de Gorze vers le milieu du XVIIIe siècle*, Mémoire, Metz, 1974.

15. REUMONT, Zur Chronologie, p. 270-289. L'acte 4, tenu pour authentique – un faussaire n'aurait pas eu de raison d'y toucher, il s'agit de la confirmation de la fondation de l'abbaye au synode de Compiègne, et de la soumission de l'abbaye envers l'évêque de Metz, sans donations – donne un point de comparaison pour les autres actes en ce qui concerne la formulation. L'acte 1 commence par la formule *in nomine Patris et Filii et Spiritus sancti*, qui n'apparaît qu'au XIe siècle, Chrodegang se dit évêque par la grâce de Dieu, la récapitulation des biens, trop détaillée, est anachronique. Les actes 2 et 3 se répètent, ils concernent les biens lointains et mentionnent « toute la *villa* » façon anachronique de procéder à une récapitulation des biens et l'acte 2 commence, comme l'acte 1, par *In nomine Patris et Filii et Spiritus sancti*. L'acte 5 est un faux établi pour récupérer Moivrons et une saline à Vic.

16. *Cartulaire* 10 donation à *Domnus Busila* Dombasles, M.&M. ar. Nancy, c.Saint-Nicolas de Port, où Varangéville a des possessions à l'époque moderne.

17. *Cartulaire* 12, supplémenté pour les possessions voisines de Varangéville, *Cartulaire* 13, donation à Foug et Jouy.

18. *Cartulaire* 50-51 (848-49) constitution de précaire à Rembercourt sur Mad, *Caderecinse* et *Galliniaga Auviaga, Argesingas, Sismeringas, Berteringas*, Waville, Xuron, Saint-Julien, *Balduflo villa*. En 850 Drogon concède une précaire à Waville, Pagny-sur-Moselle, Sione, Saint-Julien. Il

échange des terres dans la région de Varangéville et d'Arnaville. 849-50 attestation de possessions de Gorze à Vic et à Varangéville.

19. En 856, constitution de précaire à Villecey-sur-Mad, *Ceiensis*, Lironville, *Waleburas*, Rouroy-les-Lachaussée, Scy ; en 857 constitution de précaire à Burrey, *Aviniagus* et *Ramberciaga, Archesingas, Sesmeringas, Bertmeringas*. *Cartulaire* 60 *uix sacrum monachorum agmen uictus necessitatem haberet... Biuino quidam comiti illud comitens, paulatim deficientibus alimentorum et tegumentorum solaminibus regularibus obseruatio minuebatur, religio monastica infirmabatur, ecclesie nulla ornatus gratia decorabatur, ipsaque altaria pluuiis et nuditatibus aspernabantur.*

20. Il faut peut-être comprendre ainsi la précaire des biens de Saint-Etienne *Cartulaire* 69 (874). En 858-859, Advence rend aux moines de Gorze des biens à Onville, Noveant, Arnaville et Scy. En 863, Prüm échange avec Gorze une vigne à Clusserath. En 863-64 Advence confirme la donation par l'abbé Betto d'une vigne à Scy, une à Voisage, deux manses à Novéant, et celle de Rofrid de deux manses à Metz ; Betto concède en précaire des biens à *Horneis villa*, et renouvelle une précaire à *Walciaga, Druiciaga, Leutranno villa, Walaburias* et une vigne à Scy. Gorze obtient par échange un manse à Auconville, un à Vionville, un à Moyeuvre en 871. En 874, donation à Sponville. En 875, Louis le Germanique restitue Moivrons.

21. MGH *Die Urkunden der deutschen Karolinger*, Bd I *Die Urkunden Ludwigs des Deutschen*, p. 237, acte 169 de 875 ; *post obitum Aduentii episcopi nostram adeuntes clemetiam reclamando innotuerunt, quod substantia et uictus illorum minus deerant necessaria.*

22. BOSHOF, Kloster und Bischof, p. 205, la chose est sûre dans le cas de Saint-Trond.

23. En 879, Louis le Jeune restitue Foug, le prêtre Sicco obtient une précaire près de Pfeddersheim, Gorze reçoit par échange l'église Saint-Pierre d'Escherange, des biens à Metz. En 882, Charles le Chauve confirme Moivrons.

24. Entre 883 et 886, d'après un acte suspect, Bivin fait construire à Doncourt une église et lui donne un manse à *Belciadi curte*. Entre 885 et 887, Gorze échange des terres à Waville et Jeandelize, une sur le Rupt-de-Mad, une vigne à Arnaville, à *Complatinse*, Vic et *Ceponiaga*. Vers 893-894, l'abbé donne en précaire des terres à *Summaveria* et *Eone mons* (Haumont ?), Auve, renouvelle une précaire à *Huneriaca* et *Hegunbach* et *Huneriada*, et *Retingas*, donne en précaire Saint-Martin de Jeandelise, des biens à Arnaville et Ancy. *Cartulaire* 87 et 88 (910) Robert accorde à Richilde une précaire à Varangéville et Voisage en plus des biens qu'elle a donné à *Langei villa* et Mancieulles *in comitatu Virdunensis, in Manciola vocata villa*. Vers 913-914, Gorze reçoit de Wigeric, qui les reprend en précaire, Saint-Martin de Conflans et des terres, un manse à *Fadilico*, des biens à *Verniaca*, Saint-Gorgon de Moivrons.

25. *Cartulaire* 21, 22 (775) *Rocheringas*, l'église Saint-Albin de Rosselange, donnée en précaire, disparaît.

26. à *Rivolum, Eplonis villa, Ragimbert curte*, Béchamps, *Cartulaire* 98 et 108 (959), 111 (973). Le duc Frédéric n'est pas cité au *Nécrologe*, contrairement à sa femme, Béatrice (19.I), et à son fils Thierry Ier (11.IV).

27. Donations de Bernacer à Silvange, d'Hadwige, veuve du comte Gislebert, à Cattenom, de Ragimbald à Vitrincourt, d'un manse à Burrey, d'un à Metz, échange avec saint-Pierre de Trèves, et deux achats, l'un à Waville l'autre entre *Lagneivilla* et *Monte Bivonis* (Beaumont ?).

28. Au Xe siècle, de grandes parcelles de terres furent divisées, des villages réorganisés, ces transformations se placent à la charnière de notre connaissance du temporel de Gorze. Dans le rupt de Mad les villages descendent vers le fond de vallée. REISDORFER, *Peuplement*.

29. Acte connu par deux copies voisines, plus longues que la moyenne des actes d'Otton Ier, elles citent Bauville, Novéant, Voisage, *Domni Stephani*, Pannes, Jarny, Scy, Moulins les Metz, *Lagneivilla*, Dornot, Jouy, Malancourt, Dommartin, Cuvry, Vic et Bioncourt, Varangéville, Moivrons, *Montem Guidini* (Gudmont), Sommelone, *Domni Martini*, Vanault, Montmay, Pfeddersheim, Flammersheim, Eisenberg, Clusserath, Pommern, Briedel, Metz, Pournoy, Millery, Foug, Faulx, *Vulteriaco*, Haudonville, Cercueil, Forcelles saint-Gorgon, *Montem Jovis*. Le premier acte est daté de 936, l'autre de 945, il est le plus proche de la confirmation d'origine, car l'acte de 936 mentionne pour terminer un certain nombre de possessions de Gorze à Onville, Waville, Olizy, les églises de Foug et de Saint-Marcel et Soiron, sont donc probablement des récupérations ultérieures que l'abbaye a jugé bon de mettre sous la protection du roi germanique. Il y a sans doute un acte d'origine – on en a conservé pour plusieurs abbayes lotharingiennes – les rajouts dans le texte ont dû entraîner la destruction de cet original, qu'un moine prudent a cru devoir remplacer par un document plus complet, témoin de la protection impériale. Le rédacteur du cartulaire a maladroitement conservé les deux falsifications.

30. MGH Dipl. Otton II, n°280, *Cartulaire* 199, *Amella, Geldulfi villa... Morlingas... Lezhei... Lunglar... Velme... Ernustes Wilere* : Amel, Joudreville ?, Morlange, Lessy, Longlier, Velm, Ernstwiller.

31. A.D. Vosges, 1J 68, comprend des actes concernant Varangéville, Saint-Nicolas et Pfeddersheim.

32. M.PARISSE, Varangéville prieuré de Gorze, dans *Saint Chrodegang*, Metz, p. 152-167. *Miracula s. Gorgonii*, MGH SS IV, p. 240.

33. *Cartulaire* 12 (770), biens autour de Varangéville, base de la dotation de ce prieuré. *Waringiso villa... Manunone curte... Thensaldo curte... rem in villa Acciago una cum illa ecclesia... in Vidulo... in villa Buxarias... in loco noncupato Haldulfo curtem et ad Bautsolo villam... in loco noncupatur Arcas seu et Aigone monte... ad Tumbas... res illa super fluvium Cernone... villam noncupatam Chidulfo villa*.

NOTES DU CHAPITRE II

34. Manoncourt en Vermois, M.&M. ar. Nancy, c.Saint-Nicolas de Port, *Thensaldo curte*, Essey-lès-Nancy, M.&M. ar. Nancy, c.Nancy sud, *Vidulum* (Ville-en-Vermois ?, certainement identique à *Bidolium* mentionné dans *Cartulaire* 44, proche de Landreville), Bouxières, M.&M. ar. Nancy, c.Nancy est, Tomblaine (Essey-les-Nancy et Tomblaine font partie de la dotation de Varangéville ou d'Apremont, en 1060 pour fonder le prieuré d'Apremont Gobert donne le tiers de l'église et cette donation est complétée au XIIe siècle. Mais Gorze les récupère à la sécularisation, ils sont mentionnés dans le censier général de l'abbaye de Gorze fait le 11 juillet 1612 (A.D. Mos H.742) et dans le plan terrier du XVIIIe siècle), Heillecourt, M.&M. ar. Nancy, c.Nancy Ouest. Au XVIe siècle, l'église de Heillecourt est à la collation de l'abbé de Gorze (Faut il rapprocher cet endroit de *Cartulaire* 39 *Hatlerigo*), Bosserville ;, M.&M. ar. Nancy, c.S.Nicolas de Port, Art-sur-Meurthe, M.&M. ar. Art s Meuse, les terres situées le long du Sanon, ainsi que peut-être Chaouilley, M.&M. ar. Nancy, c.Vezelise, s'il faut reconnaître cette localité dans *Childulfo villa*, qui disparaît ensuite. Ces donations furent attribuées à Pépin, *Cartulaire* 10 (faux), *Nécrologe*, 26.IX *Pipinus, inclytus rex Francorum, qui dedit nobis Warengesivillam et Noviantum cum omnibus appendiciis suis. Cartulaire* 20 (773) donation.

35. P.MAROT, L'obituaire du prieuré de Varangéville, *BSAL*, XVIII (1924), p. 57-64 *In obituario Varangevillano scripta sunt quae sequntur.*

36. L'évêque Frotaire de Toul se plaint de voir des moines, ceux de Senones et de la *cella* de Varangéville, faire appel à l'évêque de Metz, MEURISSE, *Histoire des évêques*, p. 203.

37. *Cartulaire* 53.

38. BARTH, *Der Herzog*, p. 96.

39. *Cartulaire* 87 et 88.

40. *Vita Iohannis*, MGH SS IV, p. 364, vers 936, *episcopo quiescenti, personna quaedam terribili ac minaci uultu apparens, hec sibi cum quadam austeritate dicere uidebatur : Bunum bene cepisti, sed a cœptis nimis cito defecisti. Caue ne haec defectio maiorum tibi causa ruinarum. Repara quae cœpisti, nec in deterira procumbas... uilam quondam iuris monasterii, quam etiam tunc germanus ipsius Gozilinus in beneficio retinebat, quae Waringis uilla dicitur, eis continuo contulit, dans mandata ministro, ut nisi omnes reditus integre abbati assignaret.*

41. *Vita Iohannis*, MGH SS IV, p. 366. Otton confirme à Gorze la possession de la *villa*. *Cartulaire* 92 et 99 *Warengesi villam cum appendiciis suis.*

42. *Cartulaire* 99 *de Haldulfi villa, de Sarcofago, de Furcellis.*

43. B.N. Coll. de Lorraine, t.981, n°3, Cartulaire 203 *prefata ecclesia Warengesi villae antiquitus possidet mediam partem decimarum de novem quartaris de Lherimontis etiam in parrochiis circumiacentibus corvadis suis omnem decimationem de acengis mediam partem. Apud villa autem et apud Mannonis curtis et apud Bellois de corvadis et acingis suis omnem decimationem*, droits sur Manoncourt, Bellois (?) et Lherimont (?).

NOTES DU CHAPITRE II

44. A.D. M.&M., G.438 à 445 : Azelot, Agincourt, Manoncourt, Gerardcourt, Corvillier, Greming, Varangéville, Heillecourt, Manoncourt, Saint-Hilaire, Remereville, Donmartecourt, Remereville, Cercueil, Dombasles, Sainte Genevieve, Fleville, Ludres, Dronville, Frocourt, Meillecourt, Jarville.

45. Heillecourt, M.&M. ar. Nancy, c.Neuves Maisons, Cercueil, actuellement Cerville, M.&M. ar. Nancy, c.Saint-Nicolas de Port et Forcelles-Saint-Gorgon, M.&M. ar. Nancy, c.Vezelise.

46. BN coll de Lorraine t.981, n°1 ; *Cartulaire* 124, *Warengisi uilla, regulariter in monastico ordine constituam.*

47. Udon enquêta auprès des évêques Adalbéron de Metz, Thierry de Verdun, de l'archidiacre de Trèves, Arnoul et des abbés de Toul et de Metz. BENOIT, *Histoire ecclésiastique et politique de la ville et du diocèse de Toul*, Toul, 1707, p. LXXII-LXXIII. Une nouvelle église a été construite sans consécration épiscopale, les reliques placées dans l'autel par un quelconque moine, *altari sanctorum reliquias presumptuose a quodam monacho insertas.*

48. A.D. M.&M., G 449-466 : Saint-Nicolas.

49. B.N. Coll. de Lorraine, 981, n°3 ; *Cartulaire* 203.

50. *Recueil des historiens des croisades. Historiens occidentaux*, t.V, Paris, p. 293-94, *Qualiter reliquiae B.Nicolai ad Lotharingiam villam quam Portu nominatur delatae sunt. Saint-Nicolas*, Saint-Nicolas de Port, 1985.

51. A.D. Mos G.193.

52. *Cartulaire* 143.

53. A.D. M.&M. G 449, Cartulaire de Saint-Nicolas.

54. A.D. Meuse, serie H.7H Amel.

55. *Cartulaire* 107 *ecclesiam sancti Petri... in villa Amella nominata... villa unam Grimineias vocatam, in eodem pago Waprensi, cum ecclesia in honore sancte Marie... ecclesiam in honore Sancti Martini... in pago Moslinse... ad Bodingas... ad Adingas...ad Morlingas... et ad Fontes et ad Waldonis curtem* : l'église Saint-Pierre d'Amel, les dîmes, sept manses à Amel et deux moulins, le village de Gremilly (Meuse, ar. Verdun, c.Damvilliers, église à la collation de l'abbé de Gorze au XVIIIe siècle), l'église Sainte-Marie, un moulin, un bois, l'église Saint-Martin d'Amel, et plus à l'est, dans le Mosellois : cinq manses à Fameck (Mos., ar. Thionville O, c.Florange), deux à Budange-sous-Justemont, un à Edanges, un à Morlange, un à Fontoy, un pré et un champ à Vaudoncourt.

56. *Nécrologe*, le 13.VII *Cono comes qui dedit ad hunc locum quicquid habuit inter Lotharii regnum, Amellam, Geldulfivillam, Felmam, Morlihen, Herlisviller, Longlar et Lessi.* Amel, Joudreville ?, Velm, Morlange, Ernswiller, Longlier, Lessy. *Cartulaire* 199 *tradentes curtes suas Amella et Geldulfi villa vocatas in pago Webra dicto et in comitatu Reghinhardi comitis sita.* Dans *Geldulfi villa* D'Herbomez a reconnu Joudreville, proche

d'Amel, mais où Gorze ne possède rien. Au XVe s. ce lieu est lu Eddulfville : soit le traducteur ne sait plus à quoi ce nom faisait référence, soit il a rapproché ce lieu de *Haldulfivilla*, mentionné dans le supplément à la confirmation d'Otton (*Cartulaire* 99).

57. J.AVRIL, Paroisses et dépendances monastiques au Moyen Age, *Sous la règle de Saint Benoît*, Genève-Paris, 1982, p. 97. AUBRUN, *La paroisse*, p. 85-92.

58. Sendebald est cité au *Nécrologe*, 21.III. A la fin du Xe siècle, un Sendebald comte de Toul, témoin d'un acte de l'évêque Gérard de Toul du 9 octobre 971 est miraculeusement guéri à la main par une relique de saint Mansuy (MGH SS IV, *Miracula s.Mansueti*, p. 512). Il est peut-être aussi comte de Metz, *Cartulaire* 117 (987) *comite palatii Zendebaldo* et avoué de Gorze à laquelle il donne un bien à Metz. Son épitaphe, mentionne son intervention à Amel en faveur de Gorze, CHAUSSIER, *Histoire de Gorze*, p. 513, d'après un manuscrit du IXe siècle donné par Thierry de Verdun à Saint-Vincent, Berlin Phill. 1877. *Stemmatis egregii consul meritique pehennis/ clauditur hoc tumulo, regnat at in domino./ Hic Sendebaldus sublimi nomine clarus/ regibus a proauis semper erat celebris./ Hunc inopem patrem, monachorum dulce levamen,/ non meruit mundus iam retinere malus./ Fructiferam hanc vitam peracerba morte ruentem/ Gorzia pedoluit, Mettis et ampla luit./ Cuius ad eloquiumtremuit fraus cuncta venustum,/ defecit verbis, ansibus et periit./ Unde tuas, martyr Gorgonii splendide, causas/ iure peroravit rhetor ut emeritus. / Praedia multa tibi studio solidavit herili/ debellans pravos voce potente tonans/ atque labore pio caram retraxit Amellam/ praedonum rapiens faucibus e patulis./ Quapropter famuli deposcunt mente benigna/ ac testem Domini te assidue flagitant,/ iudicis eterni vultum quo valde benignum/ illi perficias ac veniam flagites./ Namque tuos mundo degens dilexit amicos/ infestusque tuis hostibus ipse fuit./ Ostendit fuscas nimium lux clara tenebras/ dum placuit sanctis, discipulis reprobis./ Ipse duodenas felice fine kalendas/ Aprilis mestas terrigenis posuit./ Celicole leti quem ad gaudia summa tulere/ cetibus atque suis associant alacres./ Carminis huius ovans lector subsiste parumper/ sortem communem sedule praecogitans/ atque precare pios quos noris quaerere Christum/ ipsum quo strenuo vocibus efflagilent/ nunc donare pia semper sine fine corona/ qua splendent iusti perpetuoque boni./ Candiduloque suo hunc praetextat vellere sanctus/ agnus, qui mundum sanguine purificat.*

59. A.D. Mos H 763. *Cartulaire* 126, *domnum Sigifridum me suppliciter exorasse ut posset in uilla que dicitur Amel, ad laudem et seruitium Dei monachos collocare, et regularem institutionem confirmare.*

60. *Cartulaire* 124.

61. *Cartulaire* 129 *peticione domni Sigifridi abbatis, et Berneri prepositi celle sancti Petri... ad victum et necessaria monachorum apud Amelle deo seruientium.*

62. A.D. Mos H.763 ; *Cartulaire* 137 *duo altaria, unum ad Jamdrelisiam, alterum in Domereis, donare cenobio sancti Petri apostoli sito in villa que dicitur Amella.*

NOTES DU CHAPITRE II

63. Au XVIIe siècle Amel a des rentes à Jeandelise, A.D. M &M H.2145.

64. *Domeris*. L'église de Donmery est à la collation de l'abbé de Gorze au XVIe siècle. Il s'agit de Domprix.

65. BN coll. de Lorraine, t.981, n°2, *Cartulaire* 130. Par cette donation, Thierry s'intègre à la communauté de prière de Gorze : *pro Christi caritate pro salute anime mee proque fraterna Gorziensis collegii societate*. Gorze y a déjà un bien *Cartulaire* 16 (770-71). A l'époque moderne Gorze a des biens et la collation de l'église de Maizeray.

66. *Cartulaire* 135. *proque fraterna societate Gorziensis colegii*.

67. J.P.EVRARD, *Thierry le Grand, évêque de Verdun (1046-1089)*, Nancy, 1970.

68. *Cartulaire* 137 *sine ullo tamen precio*. N.HUYGEBAERT, *Saint Léon IX et la lutte contre la simonie dans le diocèse de Verdun*, Rome, 1947 (*Studi Gregoriani* t.1).

69. Après 1050, donation de Thierry à Saint-Arnoul, cartulaire de Saint-Arnoul, ed. *Histoire de Metz par les Bénédictins*, t.III, preuves p. 88. Saint-Arnoul l'a vendu à Gorze en 1202 (A.D. Mos H 904-5), après l'avoir cédé quelques temps aux Prémontrés de Sainte-Marie-aux-Bois ce qui a entraîné un litige avec Gorze qui y possédait un alleu donné par Alexandre de Prény. La question fut réglée par l'évêque Bertram de Metz. A l'époque moderne l'église d'Olley est à la collation de l'abbé de Gorze.

70. *Cartulaire* 137 *interventu quoque fidelis mei domni Berneri, monachi Gorziensis... cenobio sancti Petri apostoli sito in villa que dicitur Amella, cui modo preest prefatus Bernerus vice prepositi et prioris*. Il procède à un échange de terres en 1056, *Cartulaire* 134 *Bernerus, prepositus Sancti Gorgoni, utilitati fratrum meorum consulens... ex permissu enim et consilio domnis abbatis nostri Henrici*. Le prévôt Bernier est cité dans les actes concernant le prieuré dont il est responsable.

71. A.D.Meuse, 7H 1, 210 ; *Cartulaire* 140.

72. A Jeandelize, *Cartulaire* 76 (885) donation d'un pré à *Grandilisa*, *Cartulaire* 86 (903) précaire à Saint-Martin de *Ganderlisa*. Gorze ne transferre pas à Amel tous ses biens de Jeandelise, elle en garde au XVIIIIe siècle. Peut-être à Loison, s'il faut y voir le *Lauciagum*, *Cartulaire* 6 (759). *Cartulaire* 137 (1056) *De Donno Remigio* échange des terres à Domremy-la-Canne.

73. *Cartulaire* 137.

74. Catalogue *Libri qui amellae deportati sunt*. Voir infra la bibliothèque.

75. *Cartulaire* 149 *Amellensem itaque ecclesiam in qua monachi deo deseruiunt in integra libertate et immunitate stabilimus... altare etiam sancti Martini... jure perpetuo contradimus*.

76. *Cartulaire* 150 précise qu'Amel possède Senon et ne doit pas être lésée par l'opération, *ut cenobium Amellense, ad hoc fundus ipse pertinebat*,

NOTES DU CHAPITRE II

in hoc nihil amiteret... ut baptisma et sepulture que inibi fieri deberent, Amelle potius ageretur, et de oblationibus quicquid ad ipsam ecclesiam veniret, totum prorsus Amellensis prepositus susciperet.

77. *Cartulaire* 63 Ornel appartient à Gorze depuis 863-864, Betto abbé de Gorze renouvelle la précaire de Hildoino dont une terre à *Horneius villa* dans le Serpenois. Au XVIIIe siècle, « Ornelle » au baillage de Metz dépendait de Gorze.

78. *Cartulaire* 160 *ad cœnobium Amellense ad hoc fundus ipse pertinebat, in hoc nihil de redditu et jure antiquo perderet... ut baptismus et sepulture apud Amellam celebrantur.*

79. A.D. M.&M. H.2141 : biens des Jésuites de Pont-à-Mousson, Amel et ses dépendances : Amermont, Aviller et Beaucourt, Belchamp, Belmont, Ethilonge la Tour, Bertramy, Billy et Moraigne, Bouvigny (église à la collation de l'abbé de Gorze), Circourt, Cernery, Domry (église à la collation de l'abbé de Gorze au XVIe), Donremy la Canne, Eston (église à la collation de l'abbé de Gorze), Haudelacourt – dont Vadoncourt – (église à la collation de l'abbé de Gorze), Ornel, Senon (église à la collation de l'abbé de Gorze), Foame, St Ferieu, Gincré, Gremigny (Grumilly ? église à la collation de l'abbé de Gorze), Hemomesnil, Hercour et Harvillier, Loison, Resmenil, St Lieiger, Maucourt Mangeville, Morgemolin, Piennes (église à la collation de l'abbé de Gorze), Quasimodo, Spincourt. Les églises dépendant d'Amel sont Senon, Dommery, Olley, Bouvigny et Baroncourt. Gorze conserve la collation des églises de Grumilly, Bouvigny, Houdelacourt, Olley, Piennes et Senon. Les Jésuites demandent un relevé des bâtiments subsistants, A.D. M.&M. H.2241.

80. VOSS, *Herrschertreffen*, p. 214-215 : 22 août 988 à Stenay.

81. Gerbert, Lettres, ed. HAVET, p. 95, n°103. Ce bien est entré dans la famille d'Ardenne par l'intermédiare de Richilde épouse de Thierry Ier. M.PARISSE, *Noblesse et chevalerie en Lorraine médiévale*, Nancy, 1982, p. 103.

82. Meuse, ar. Verdun, c.Stenay.

83. A.LARET-KAISER, *Entre Bar et Luxembourg, le comté de Chiny des origines à 1300*, Crédit communal de Belgique, 1986, p. 56.

84. Chantilly, musée Condé armoire 83 ; *Cartulaire* 138 *Carta de Sathanaco. Superaddimus... ecclesiam sitam apud villam Mosacum... Donamus etiam eis vineam apud villa vocabulo Colombarium, et pratum quod dicitur Cavirol... et corvatam in loco qui vocatur Blacis fontana*

85. Les revenus étant insuffisants pour des moines, Godefroy ajoute l'autel Saint-Dagobert, l'église et les dîmes de Mouzay, une vigne à Colombey et un champ à Blancs des Fontaines.

86. A.D. Meuse, 11 F 89 diplome du 1er Juin 1086 d'Henri IV en faveur de Thierry de Verdun auquel il confirme des biens appartenant à la comtesse Mathilde.

87. BN Collection de Lorraine t. 407, fol.2.
88. Chantilly, Musée Condé armoire 83 ; *Cartulaire* 139.
89. *Cartulaire* 145. Il y eut une communauté monastique. Ardennes H 5 (Cartulaire du prieuré de Grandpré, acte 1 fol 5, XIIe siècle) *Heribertus prior de Satenaco cum monachis suis.*
90. *Cartulaire* 19 (913-914) *De Quintiaco villa*, de même que l'église Saint-Martin, par le comte Boson. PERRIN, *Recherches*, p. 170-224 considère ces biens comme perdus, mais ils sont rattachés au prieuré.
91. H.VINCENT, Les biens de l'abbaye de Gorze dans le pagus Vongensis, *Revue historique Ardennaise*, jlt-août 1901. M.BUR, Les possessions de Gorze en Champagne, VIIIe-XIIe siècle, dans *Saint-Chrodegang*, p. 169-182. Ces biens sont Ethilonge, l.-d. Savigny sur Aisne, *Cartulaire* 27 *in pago Vogensi, in loco qui vocatur Stilonio, quicquid pars ipsius ecclesiae in predicto loco*, Olizy Primat *Cartulaire* 48 *in pago Vonzinse, secus fluvium Axna, in villa que dicitur Alta villa, mansum unum*, confirmée par Otton, *Cartulaire* 94 *Aldivilla*, il y a un lieu-dit Saint-Gourgon dans la commune d'Auteville, localité disparue, près de Primat, citée en 1262 dans une charte de Belval, et Montmay, *Cartulaire* 92 confirmation d'Adalbéron *in pago Vogencinse villam que vocatur Monsmedium cum ecclesiis vi et vineis campis et omnibus rebus illic pertinentibus* et d'Otton, *Cartulaire* 99 *Montem medium cum appendicis suis*, Marichal propose deux lieux-dit de la commune de Semide, Montmedi et Montmay. Ces biens tombent dans le temporel de Belval après le XIIe siècle.
92. *Cartulaire* 174 *Sathanaco* Stenay, *Mosaco* Mouzay, *Servisiaco* Cervisy, *Marthecurt* Martincourt (Meuse, ar. Verdun, c.Stenay), *Olese* Olizy, *Vileio* Villy (Ardennes, ar. Sedan, c.Carignan), *Linaco* Linay (Ardennes, ar. Sedan, c.Carignan), *Noviantho* Nepvant (Meuse, ar. Sedan, c.Stenay), *Bruenna* Brouennes (Meuse, ar. Verdun, c.Stenay), *Sancto Wolfaio* Saint-Valfroy, *Cavisiaco* Chauvency le château (Meuse, ar.Verdun, c.Montmédy), *item Cavisiaco* Chauvency Saint-Hubert (Meuse, ar. Verdun, c.Montmédy), *Moreio* Moiry (Ardennes, ar.Sedan, c.Carignan), *Margurio* Margut (Ardennes, ar.Sedan, c.Carignan), *Beveio* Bievres (Ardennes, ar.Sedan, c.Carignan), *item Beveio*, *Toma* Thonne (nom de la rivière qui se jette dans la Chiers, d'où : Thonne-le-Thil, Thonne-les-Prés, Thonne-le-Long, Meuse, ar.Verdun, c.Montmédy), *Sinniaco* Signy-Montlibert (Ardennes, ar.Sedan, c.Carignan), *Marniaco* Margny (Ardennes, ar.Sedan, c.Carignan), *Breuseio* Breux (Meuse, ar.Verdun, c.Montmédy), *Sapinio*Sapogne (Ardennes, ar.Sedan, c.Carignan), *Quinciaco* Quincy (Meuse, ar.Verdun, c.Montmédy), *Inorto* Inor (Meuse, ar.Verdun, c.Stenay), *Lamulier* Lamouilley (Meuse, ar.Verdun, c.Stenay), *Sumeiaco* Sumay, *Firteiaco* Ferté sur Chiers (Ardennes, ar.Sedan, c.Carignan).
93. Meuse, ar.Verdun, c.Stenay.
94. A.D. Mos H. 744, p. vii, l'abbé de Gorze a la nomination au prieuré Saint-Dagobert.

NOTES DU CHAPITRE II

95. BN Coll. de Lorraine t. 407, f.43sq. Stenay, Mouzay, Baâlon, Charmois, Laneuville, Bronelle.

96. Paris, BN lat.17752 cartulaire, A.D. M.&M. G 429-444, A.D. Meuse, 8H.

97. *Cartulaire* 136. *donaui sancte ecclesie Gorziensi tempore abbatis Heinrici,* la date de 1060 proposée par le cartulaire ne convient pas, il y est fait mention conjointement d'Heriman de Metz, mort en 1090 et de Richer de Verdun, évêque en 1089.

98. *Cartulaire* 151. Son gendre, Thierry de Briey, lui succéda, PARENT, *La seigneurie d'Apremont,* p. 77-78.

99. *Cartulaire* 136 *de Manneres mediatem ecclesie et frater meus alteram mediatem, de Acceio similiter et de Rohenges dimidium et ecclesia sicut tenui dedi, preter Josbertum ejusque quartarium, de Bracetes medietatem de Hauencumcurt ecclesiam et servum unum.. de Troles quartam partem.* L'église Sainte-Marie, l'église de Magnières (M.&M., ar.Lunéville, c.Gerbéviller, à l'époque moderne l'église en est à la collation de l'abbé de Gorze), l'église d'Essey-lès-Nancy (M.&M., ar. Nancy, c.Saint-Max), la moitié de l'église de Rurange (Mos., ar.Thionville est, c.Metzervisse), un alleu à Doncourt et les trois quarts de l'église, la moitié de Brasseittes (Meuse, ar.Commercy, c.Saint-Mihiel), l'église et un serf à Hauconcourt (Mos., ar.Metz campagne, c.Maizières-les-Metz, au XVIe siècle l'église est à la collation du prieur d'Amel) et le quart de Trondes (M.&M., ar.Toul, c.Toul-Nord).

100. *Cartulaire* 151 confirmation des donations du fondateur et des ajouts, *ecclesia de Auecuncurt... partem ecclesia in villa de Rohenges... terciam partem ecclesiae de Aceio vinoso cum partem decime de Tumbelennes... partem in ecclesia de Maigneres... alodium de Duncurt... alodium de Braicetes... alodium de Trundes... sub Aspero monte ecclesia beate Marie vinea est data... apud Jagneis... apud Jarreis et apud Bossei villa et apud Dagonisvilla... apud Nais et Jarreis... alodi sui apud Charei...dimidiam partem alodii de Willeruncort... ecclesiam cum decimam de Domno petro.* Nous avons vu dans la note précédente qu'une partie des biens, Essey-lès-Nancy et Tomblaine ont pu faire partie de la dotation d'Apremont et sont récupérés lors de la sécularisation et mentionnés dans le censier général de l'abbaye de Gorze du 11 juillet 1612 (A.D.Mos H.742) et dans le plan terrier du XVIIIe siècle, Charey où Gorze a des biens, Jouy sous les côtes (Meuse, ar.Commercy, c.Commercy qu'il faut peut-être reconnaître sous la dénomination *Gendingas* de *Cartulaire* 69), Jaulny (M.&M., ar. Toul, c.Thiaucourt), Bosserville (M.&M., ar. Nancy, c.Saint-Nicolas de Port), *Dagonis villa,* Villeroncourt, Dompierre (Meuse, ar.Commercy, c.Vigneulles-lès-Hattonchâtel).

101. *Cartulaire* 151 *quod donum abbas Gorzie cum suis fratribus, concessit predicte cella beate Marie.*

102. L'église de Leheville est à la collation de l'abbé de Gorze en 1420.

NOTES DU CHAPITRE II

103. Il subsiste pour Apremont un cartulaire de la fin du Moyen-Age, et un état des biens en 1576 A.D. Mos H.724 « Prieuré N.D. d'Apremont, depuis au collège de Pont à Mousson » : Apremont, droits à Richecour et Bresse, dîme de Léomont, Warneville, Mouço, gaignage de Zeoville, Laulter, Les Saisons, des prés, rente à Ynynville, part de dîmes à Chayury, Sachepree, Dompierre et Suzay, Mouache, Yauconcourt, Magniet, Jouy, Bracet, Saint-Baussant, le moulin de Pan, terres et prés à Leneville et Valleroy.

104. Meuse, ar.Commercy, c.Saint-Mihiel. Montsec appartient à Gorze en 1290, comme le montre l'octroi de la loi de Beaumont à ses habitants par ses co-seigneurs, l'abbé de Gorze et le seigneur d'Apremont (Meuse fonds d'Apremont). L'église Sainte-Lucie de Monsec est à la collation des abbés de Gorze. Il faut peut-être reconnaître Montsec dans la donation d'Angilla *Cartulaire* 39 (796) *De Montisso villa... in pago Scarponinse, in fine Magdarinse in villa Magdarinse seu in Montisso villa*, en 1051, Erfo donne tous ses biens à « Monzou », A.D.Mos H. 886, *Cartulaire* 125. Marichal, p. 78-81. Il faut peut-être en rapprocher « Mausenciaga » où Gorze a reçu des biens en 824, *Cartulaire* 47, donation à *Mauseciaga*. D'Herbomez y reconnaît Montsec, Marichal pense que ce bien est près de Saint-Julien.

105. M.&M., ar. Toul, c.Thiaucourt, *Cartulaire* 26, 33-34 *in fine Ingmeringa uel in ipsa uilla* et sans doute *Cartulaire* 37-38, *in pago Virdunensi in fine Ingaracinse in villa que vocatur Hingarigo curte super fluviolum Mala.* D'après D.de l'Isle, *Histoire de Saint-Mihiel*, acte de 972 cité p. 435. En 1159, la dîme d'*Imercurt* est consacrée au luminaire de saint Gorgon.

106. *Cartulaire* 151 *Richardus minister et legatus, gratia Dei Albanensis cardinalis episcopus, iussu domni pape Pascalis, ut uices legationis iniucte impleret, Gallias adiit, et ipsas peragans ad Gorzienses cenobium deuenit. Ibi a patre ipsius cenobii Warnero rogatus ut ecclesie sancti Gorgonii celle ecclesiam sub Aspero monte in honore sancte Dei genitricis Marie dedicaret, adquieuit et dedicauit, et qualiter ipsa cella uel a quibus constructa esset diligenter perquirens, scripto mandari fecit, et constructionem ipsius celle, et possessiones ad eam pertinentes.*

107. A.D. M.&M. H.2142, état des biens au XVIIe siècle, surtout des rentes, à Apremont, Thigeville, Liauville Loupmont et Warneville, Montsot, Dompierre, Surez, Woinville, Boncourt, Brassette, Jouy sous les côtes, Mauvages, Civrey et Marvoisin, Seicheprey, Saint-Baussant, Richecourt, Pannes et Has, Haconcourt, Magnières et Saint Pierremont, Neufville sous Valleroy. Comme dans le cas d'Amel, les Jésuites ont procédé à un relevé des bâtiments A.D. M. et M. H 2240.

108. R.FOSSIER, *Enfance de l'Europe, aspects économiques et sociaux*, T.I, Paris, 1982, p. 288-601. et La naissance du village, dans *La France de l'an Mil*, Paris, 1990, p. 162-168. A.VAUCHEZ, Le christianisme roman et gothique, dans *Histoire de la France religieuse*, T. I, Paris, 1988, p. 285-290.

NOTES DU CHAPITRE II

109. A.D. Mos H.744, premier volume d'un plan terrier établi pour Gorze au XVIIIe siècle qui cite Auconville, Ancy, Attiloncourt, Allaincourt, Armaucourt, Arnaville, Aviller, Arracourt, Atthienville, Ametz, Allieux, Burtaucourt, Bioncourt, Bratte, Bayonville, Buxières-lès-Chambley, Boncourt en Jarnisy, Ballembourg, Beaumont en Jarnisy, Bruville, Bassaucourt, Boncourt-lès-Vic, Bellau-de-Hautoy, Champs, Chambille-sur-Seille, Conflans, Caure, Charey, Dornot, Dampvitoux, D'Ancourt, Droitemaut-en-Jarnisy, Doncourt-en-Jarnisy, Dompmartin, Escherange, Ennetrange, Essey-lès-Nancy, Fameck, Fleury, Friaville, Gorze, Gerbecourt, Grehiere, Giraumont, Hageville, Hebange, Hedival, Hannonville-au-passage, Hincourt, Haumont, Hadonville, Jonville, Juvrecourt, Jandelaincourt, Jarny, Jandelise, Labeuville, Lubecourt, Lanfraucourt, Labry, La Ville-au-prés, Larandoise, Latour-en-Woëvre, Lachaussée, Moyvron, Morville-lès-Vic, Moyenvic, Molvange, Morlange, Moncel, Morey, Noveant, Neulan, Neuchef, Neuvron, Onville, Ornelle, Obrecq, Olley, Oineville, Putigny, Pagny-sous-Preny, Rezonville, Riauville, Richonvillé, Rupt-lès-Moivron, Ranguevaux, Rouvroy-lès-Lachaussée, Saint-Julien-lès-Gorze, Sponville, Saint-Marcel, Sivry-lès-Moivron, Suzange, Salonne, Suzemont, Saint-Maurice, Signeul, Saulx lès Genivaux, Tantelainville, Tierban, Tronville, Tomblaine, Tichemont, Vionville, Villecey, Waville, Villers-lès-Genivaux, Vic, Vaxy, Ville-sur-Yron, Urcourt, Woël, Xonville, Xammes.

110. *Cartulaire* 1, 2, 3, 45 donation par Chrodegang *in fine Haldiniaca*. La possession de l'église paroissiale Saint-Etienne de Gorze, construite par l'abbé Henri, est confirmée en 1184, *Cartulaire* 52.

111. Il est possible de reconnaître, dans un bien en apparence autonome, un lieu-dit du ban de Gorze, Baudichamp *Cartulaire* 1 *Baudiciaga*, *Godolino villa* est Gondelonveau, *Nigram terram* est Habeau, *Cartulaire* 206, 213, 214. Les destructions et reconstructions du moulin que Gorze y possédait indiquent une source inépuisable de contestations. A.D. Mos H.835.

112. A.D. Mos H.857. Un manse donné à Gorze avant 1106 permet de doter la nouvelle chapelle Saint-Michel, *Cartulaire* 144 *Lebodo villa*.

113. *Cartulaire* 1 biens à *Aconiaga*, dépendant de Soiron *in loco nuncupato Suirone... vel quicquid ad hoc aspicit... in fine Aconiaga*. D'Herbomez pense qu'il s'agit d'Auconville. *Cartulaire* 18 (769) donation d'une forêt à Woël *silvam... in fine Aponega et in fine Trubercega et in fine Maurilinega et in fine Angeliana et in fine Scalcunega et in fine Walcinnega* Marichal, p. 45 pense qu'il s'agit d'Happonville (com. de Woël). en 795, le comte Gagenfridus donne ses biens à *Hacconega*, dans le *pagus* de Verdun, *Cartulaire* 37-38, *in pago Virdunensi, in fine Ingaracinse in villa que vocatur Hingarigo curte super fluviolum mala* (Saint-Baussant) *et in alio loco in Hacconega curte vel in ejus fine, et in fine Helninse, vel in ipsa villa que vocatur Helna*. en 815, Louis le Pieux confirme les biens de Gorze, des terres dans le *fine Audoniaga* dans le

NOTES DU CHAPITRE II

Serpennois, *Cartulaire* 45 *in fine Scamminse, et in fine Helmunciaga et in fine Audoniaga et in fine Adsosoloniaga et in fine Walaburicinse et in fine Halaricinse*. En 822, Warachio donne ses biens à *Hepplinacaga finis, Cartulaire* 47 *in Warbodo villa et in fine Mausenciaga et in fine Heppliniaga*, endroit proche de Saint-Julien *De Warbœdis villa*. *Cartulaire* 64 (868) échange *in pago Scarponnensis in fine vel villa Aconiaca* Auconville. Le comte Frédéric reconnaît à Gorze *Epplonis Cartulaire* 108 (959) *De Enplonis villa in pago et comitatu Scarponense et Wabrensi Virdunensi quoque id est ad Eplonis villa ad Raginberti curtim et ad Bellum campum*. L'abbé Jean accorde en tenure à Giseramus deux moulins à *Enplonis villa*, *Cartulaire* 113 (974) *De Eplonis villa... molendinum nostrum, Eplonis villa situm*. *Cartulaire* 141 (1095) *De Thealdi curte, Herbodis ville, Tealdi curie, Fai, Amblendis ville et Vilicet*, donation.

114. *Cartulaire* 1 donation à *Tantalino villa*.

115. Mos., ar.Metz campagne, c.Ars sur Moselle, *Cartulaire* 48 (824) *Guionis villa*. En 1156, le pape Adrien confirme à Gorze l'église de *Widonis villa Cartulaire* 169. Cartulaire XVe s. acte 74, confirmation par l'évêque Bertram, acte 75 (1210), confirmation par le comte Theobald de Bar et actes 85 et 122 du XIIIe siècle. Au XVIIIe siècle, Gorze possède des terres et la collation de l'église Saint-Clément.

116. M.&M., ar.Briey, c.Chambley-Bussières, Cartulaire XVe s. acte 90 (1244), Poncel de Cons tient de Gorze un fief dont fait partie *Zonville*. L'origine des biens de Gorze remonte peut-être à la fondation, *Cartulaire* 2 et 3 *Cincilone villa*. *Cartulaire* 89 (916) échange de biens *in fine Segoniaga, in loco que dicitur Boslesilve*. Marichal, p. 52, pense qu'il s'agit du bois de Bonseille (com. de Dampvitoux).

117. M.&M., ar.Briey, c.Chambley. La mention de la restitution d'*Odonis villa* n'apparaît que dans *Cartulaire* 94. En 1156, le pape Hadrien confirme à Gorze l'église Saint-Remi d'Onville, *Cartulaire* 167 *ecclesiam in Odonis villa*.

118. REISDORFER, *Peuplement*, *Cartulaire* 59 (858) *in villa Caulido, in villa Sumtonis in villa Noviandum* (Novéant) *in Ernaldo villa* (Arnaville) le titre de l'acte cite Onville alors que rien, dans le texte, ne s'y réfère, l'auteur du cartulaire sait encore l'origine des terres qui ont constitué Onville. *Sumtona villa* en est devenue une partie. Ces terres font l'objet de contrats de précaire en 811. *Cartulaire* 33 et 34 donation à *Sontonega finis* concerne Onville, cet acte portait la mention *Onville tenet*, destinée à guider le rédacteur du cartulaire du XVe siècle pour le classement géographique des actes.

119. M.&M., ar.Briey, c. Chambley. *Cartulaire* 51 (848) précaire *in Inwaldo villa*. Il faut y ajouter Bauland, sur le territoire de Waville, *Cartulaire* 52 (849) précaire accordée par Drogon *in termino Ligoniaga, Bauleniaga* ces deux formes désignant un même lieu, A.D. Mos H. 949 cite ensemble les biens à Soiron, La Mad et Baulan. REISDORFER, *Peuplement*.

NOTES DU CHAPITRE II

120. *Enwaldi villa* mentionné en 848-849, *Cartulaire* 51, 52. Au moment des restitutions, *Cartulaire* 94 supplémenté. En 946, Einold y achète une terre *Cartulaire*, 103. En 1156, le pape Hadrien confirme à Gorze l'église Saint-Hubert de Waville *Cartulaire* 167.

121. *Cartulaire* 120 (991) donation *in villa que dicitur Geverardi fossa*, dans la Woëvre, près de Dampvitoux, entre deux torrents. D'Herbomez y voit le fonds de Gravelaus près de Gorze, Marichal pense que cela se situe sur l'autre rive de l'Yron. Le plan terrier mentionne deux endroits, proches de Gravelotte : Saulx les Genivaux et Villers les Genivaux (actuellement Villers les Boix). D'après A.D. Mos H.858 *Geveraldifosse* où une autre donation a lieu en 1133 *Cartulaire* 213, 214 est proche de La Boville. La forêt de Gravelaus, lieu-dit à Waville attesté dans le plan terrier du XVIIIe siècle.

122. REISDORFER, Peuplement, montre qu'il faut y voir la rive gauche du rupt de Mad entre Waville et Onville, endroit qui s'appelait *Béthégny*. *Bedernecincis finis* est mentionné dans l'acte de Louis le Pieux, qui confirme une précaire, renouvellée en 848 *Cartulaire* 51, 57 et 58 *Betheniaga finis*. *Cartulaire* 76 (857) échange à *Bettonis curte*. *Cartulaire* 45 (973) rappel d'un échange « au temps de l'abbé Jean » à *Bitinei Cartulaire* 111.

123. Villecey sur Mad, M.&M., ar.Briey, c.Chambley. *Cartulaire* 55 et 56 (856) constitution de précaire à *Walcillea*, reconduite en 864 *Cartulaire* 63. *Cartulaire* 141 (1095) donation à *Vilicet*. Villecey fait partie de Fay-en-Haye dont l'église est dédiée à saint Gorgon. D'Herbomez rapproche cet endroit de Fai-Faggido d'où est daté *Cartulaire* 55 (856) qui précise *Faggido in atrio sancti Gorgonii*, donation en 1095.

124. Buret, com. de Waville, *Cartulaire* 58 et 59 précaire *in fine Buricensi in villa que vocabulus est Berriago*. *Cartulaire* 109 et 111 (Xe siècle) donations.

125. Com. de Waville, *Cartulaire* 1 donation de Chrodegang *in loco nuncupato Suirone*, mentionné dans la précaire de Fredalus *Cartulaire* 51, puis dans une précaire accordée par Drogon, *Cartulaire* 52, confirmé par Otton, *Cartulaire* 94 *villam que dicitur Suiron*.

126. PARISSE, Varangéville, p. 163-164.

127. Mos., ar.Metz campagne, c.Ars sur Moselle, *Cartulaire* 9, 19, 59. Gorze possède les églises de Saint-Martin et Saint-Genest *Cartulaire* 92 (restitutions d'Adalbéron) et des biens importants, A.D. Mos H.892-898.

128. MGH SS IV, §6, p. 240, PARISSE, Varangéville, p. 155.

129. Mos., com. d'Arry, c. Gorze. En 864, l'abbé Betto donne à Gorze une vigne dans cette *villa*, *Cartulaire* 62. *Cartulaire* 87 et 88 constitution de précaire pour la reine Richilde. Ce domaine est à nouveau mentionné lors de la donation de Quincy, *Cartulaire* 19. En 913-914, Boson détient Voisage en précaire, Gorze récupère ce domaine, confirmé par Otton *Cartulaire* 99 *Wasaticum*.

NOTES DU CHAPITRE II

130. Mos., ar.Metz campagne, c.Ars sur Moselle, confirmé à Gorze par Otton *Cartulaire* 99 *villam Dornicum*.

131. Mos., ar.Metz campage, c.Ars sur Moselle, terre donnée par Optarius, confirmée en 815 par Louis le Pieux, *Cartulaire* 45, *in fine Adsosoloniaga*. *Cartulaire* 86 (903) donation *in Adsoloni manso*, *Cartulaire* 104 (947) échange à *Ansani curtis*, d'Herbomez propose Assoncourt, il s'agit plutôt d'Ancy, proche d'Arnaville et les terres qui jouxtent le manse appartiennent à la cathédrale de Verdun, à celle de Lyon, à celle de Trèves, à Saint-Martin de Metz, les vignes attirent des propriétaires divers et éloignés.

132. M. et M., ar.Toul, c.Thiaucourt, *Cartulaire* 59 (858) donation d'Advence, *in Ernaldo villa vineolam unam*, *Cartulaire* 54 (851) à *Alnaldi villa*, *Cartulaire* 75 (894) à *Alnaldi villa*, *Cartulaire* 86 (903), 110 (967). Cartulaire XVe s. acte 153 (1224) l'évêque de Metz confirme à Gorze la possession de Saint-Etienne d'Arnaville. Arnaville était divisée entre Gorze, Saint-Pierre-aux-Nonnains et Saint-Vanne, REISDORFER, *Peuplement*.

133. Preny, M. et M., ar.Nancy, c.Pont-à-Mousson. *Cartulaire* 52 (849) précaire à *Patriniago* (Pagny). Au XIIe siècle, Gorze possède des pâturages, Cartulaire XVe s. acte 159 (1185).

134. Cette abbaye, avant de s'établir à Pont-à-Mousson, se trouvait à Vilcey-sur-Trey, M.&M., c. de Thiaucourt, à coté de cette localité se trouve un écart Sainte-Marie-Aux-Bois où entre 1152 et 1160 Gorze acense ses biens, *Cartulaire* 178.

135. M.&M., ar.Briey, c.Chambley. Saint-Julien s'est formé à partir de la division de *Warbodi villa*, dont le nom subsiste encore sous la forme *Herbuefville*, au XVe siècle, pour désigner une partie de ce domaine. Le nom de Saint-Julien remplace celui de *Warbodo villa* à la fin du Moyen age, *Cartulaire* 33 *in Warbodi villa ad Sanctum Julianum... Actum in Warbodo villa, in atrio Sancti Juliani*. Donations en 795, 824, 973, concernant Villeux, l.-d. à Saint-Julien, *Cartulaire* 51 et 52 (848-849) *Villare*.

136. M.&M., ar.Briey, c.Chambley-Bussieres, Marichal, p. 53-54. *Cartulaire* 7 (761) donation *in Daulfi villa seu et in fine Buxarinse*.

137. M.&M., ar.Briey, c.Chambley-Bussieres. Ce bien est peut-être mentionné en 816 *Cartulaire* 45 *Cimboloniaga finis*, d'Herbomez reconnaît Chambley, Marichal s'y oppose. Saint-Remi de Chambley est à la collation de l'abbé de Gorze à l'époque moderne.

138. M.&M., ar.Briey, c.Chambley-Bussieres, fief donné à Gorze en 1113, *Cartulaire* 213 *Trudonis villa*. Le Saulcy est un lieu-dit de Tronville.

139. M. et M., ar.Briey, c.Chambley-Bussieres. Les biens de Gorze proviennent peut-être du démembrement de *Domni Stephani*. Gorze a des biens à l'époque moderne A.D. Mos H.872.

NOTES DU CHAPITRE II

140. A.D. Mos. H.921-923.

141. M. et M., ar.Briey, c.Chambley-Bussieres. L'église Saint-Hilaire d'Hageville est à la collation de l'abbé de Gorze depuis 1242.

142. Com. d'Hageville, *Cartulaire* 59 (858) donation d'Advence à *Caulidum*. Pâquis de Choloy, l.-d. de la com. de Lachaussée que Marichal, p. 52-53, identifie à *Caulido*.

143. M.&M., ar.Briey, c.Chambley-Bussieres. Près de Dampvitoux se trouvait la ferme de *Champfontaine* attestée en 1725 témoin de l'existence d'un village Jehanfontaine.

144. Meuse, ar. Commercy, c.Vigneulles les Hattonchâtel, Gorze y a des biens à l'époque moderne A.D. Mos H.843. *Cartulaire* 82 (894) l'abbé Laudovinus accorde une précaire à *Eone mons* (d'Herbomez propose Hennemont). *Cartulaire* 111 (973) échange à *Homei finis* (d'Herbomez propose Emmy).

145. Lachaussée, Meuse, ar.Commercy, c.Vigneulles les Hattonchâtel. A.D. Mos.H.861.

146. Rouroy près de Lachaussée. *Cartulaire* 56 (856) constitution de précaire *Ridercea finis*, *Cartulaire* 79 (886) donation à *Rodolciaga finis* sur le rupt de Mad. C'est peut-être la *villa* confirmée à Gorze par le duc Frédéric, en 959, après la tentative d'usurpation d'un descendant d'Urso, auquel Wigeric a donné ces biens en précaire, *Cartulaire* 108 *Rivoli villa*. La construction de l'étang a englouti le ban de Rouroy, près de Francheville. A.D. Mos H.762.

147. M.&M., ar.Toul, c.Thiaucourt. *Cartulaire* 1 donation de Chrodegang *in pago scarponinse, villam sancti Stephani qui uocabulum est Pinna cum mansis, curtilis, ortilis, domibus, edificiis, terris, campis, pratis, vineis siluis, cultis et incultis*, confirmé par Adalbéron *Cartulaire* 92 *Penna et quisquid ad ipsa villa pertinet* et Otton *Cartulaire* 99 *Pennam cum suis appendiciis*. Peut-être ces biens comprennent-ils l'église Saint-Remi, confirmée à Gorze Cartulaire XVe s. acte 68, Bulle d'Honorius III (1220). Gorze y conserva des biens importants, A.D. Mos. H.912-914.

148. M.&M., ar.Toul, c.Thiaucourt. S'agit-il de *Wassane villa* donnée par Chrodegang, *Cartulaire* 2 et 3. L'église est dédiée à Saint-Gorgon, Gorze y possède des terres à l'époque moderne.

149. Meuse, ar.Commercy, c.Vigneulles lès Hattonchâtel. *Cartulaire* 1 Chrodegang donne la moitié de la villa *Novum Sartum*. Vers 874-884, Wala la donne en précaire avec l'église Saint-Evre *Cartulaire* 69 *in novo sarto nuncupato villa*. Les autres localités sont difficiles à identifier, le titre de l'acte *De nouo sarto et aliis locis* montre que le rédacteur prenait essentiellement Nonsart en compte.

150. Lamarche en Woëvre Meuse, ar.Commercy, c.Vigneulles les Hattonchâtel, identification de Marichal.

151. M.&M., ar.Toul, c.Thiaucourt. *Cartulaire* 7 (761) *De Thialdi curte, in loco nuncupato Theaucort*, donation confirmée par Louis le Pieux

Cartulaire 45 (815) *in fine Teodalciaga* et *Cartulaire* 141 (1095). Gorze y garda des biens, A.D. Mos.H.956-957.

152. *Cartulaire* 56 (856) précaire à *Letranno finis, Cartulaire* 63 (864) renouvellement de précaire.

153. Régniéville, à côté de Thiaucourt, actuellement indistinct de ce lieu. *Cartulaire* 26 (786) donation à *Ragnulfi villa*. Cartulaire XVe s. acte 189 (1272).

154. M.&M., ar.Toul, c.Thiaucourt. *Cartulaire* 6 (759) donation à *Garricensis, Cartulaire* 50 (848), donation. J.Reisdorfer a montré qu'il fallait retrouver Jaulny derrière *Jarreis* et *Gariciensis*, des terres, données par Hugues de Jarreis, moine de Gorze, pour Apremont sont rappelées dans la confirmation *Cartulaire* 151 *Jarreis*.

155. M.&M., ar.Toul, c.Thiaucourt. H.HIEGEL, Les localités mosellanes aux noms de saints, *Le pays lorrain* 42 (1961), p. 59. Gorze possède des biens et l'église de Dommartin en 1746, avec Charey, Dampvitoux et Haumont pour annexes. Adalbéron confirme à Gorze l'église Dommartin *Cartulaire* 92 *in pago Wavrinse ecclesiam unam que dicitur ad Domnum Martinum*. Il faut chercher Dommartin sous le vocable *Bodolino curte*, l'endroit ayant pris le nom de son patron, *Cartulaire* 47 *Bodilione, in atro sancti Martini. Cartulaire* 1 donation de Chrodegang à *Bodelo curte*, cédés en précaire à Fredalus en 848 *Cartulaire* 51 *in Badullo villa*. Confirmée par Adalbéron, *Cartulaire* 92 *Bodulfi villa* et Otton, *Cartulaire* 99 *Bodulfi villa*.

156. M.&M., ar.Toul, c.Thiaucourt. *Cartulaire* 50 et 51 (848) constitution de précaire. *Cartulaire* 128 (1053) donation, *Cartulaire* 151 donation de Gobert d'Apremont. Cartulaire XVe s. actes 189 et 245 du XIIIe s. Au XIVe siècle *Charei* fait partie du fief que le seigneur d'Apremont tient de Gorze, *Cartulaire* 205.

157. M.&M., ar.Toul, c.Thiaucourt. *Cartulaire* 45 confirmation de Louis le Pieux *in fine Scamninse*, Xammes est cité dans le titre mais pas dans le corps de *Cartulaire* 7, précaire, *De Thialdi curte et de Scamnis*. *Cartulaire* 24 (776) donation *in fine Scanis vel in ipsa villa Scannis*. L'église Saint-Clément de Xammes dépend de Gorze.

158. M.&M., ar.Toul, c.Thiaucourt. *Cartulaire* 50 et 51 (848) constitution de précaire de Fredalus, puis usurpé par un fidèle de l'évêque Wigeric, Urson. En 959, le duc Frédéric de Lorraine règle la question en faveur de Gorze, *Cartulaire* 108.

159. Meuse, ar.Commercy, c.Vigneulles lès Hattonchâtel, donation de Chrodegang, confirmée par Adalbéron *Cartulaire* 92 *Geoni villa*. A l'époque moderne, l'église est à la collation de l'abbé de Gorze.

160. La Bertaucourt, l.-d. com. de Labeuville, *Cartulaire* 2 et 3 *Bertaldo curtem*.

161. Meuse, Verdun, c.Fresnes en Woëvre. Il faut voir derrière *Bodelo curte* Dommartin plutôt que Labeuville. Au XIIIe siècle, l'abbé de Gorze

et l'évêque de Metz placent le village sous la loi de Baumont, *Cartulaire* XVe s. acte 288 (1291). A l'époque moderne Gorze y a la collation de l'église et des terres, A.D. Mos H.857.

162. M.&M., ar.Briey, c.Conflans. *Cartulaire* 44 (811) constitution de précaire à *Bagrulfo villa*. Mentionnée dans plusieurs donations du XIIe *Cartulaire* 208 (1148-1163) Etienne de Metz confirme une donation à *Brani villa*, et du XIIIe siècle cartulaire XVe s. actes 289, 291, 292, 293, 294, 296.

163. M.&M., ar.Briey, c.Chambley, *Cartulaire* 2 et 3 *Cippone villam*, donné en précaire en 875 et 912 *Cartulaire* 67 et 89. Il semble que Sponville se soit constitué tardivement, cependant on trouve des mentions de lieux dans le *Fine Cipponiago*, *Cartulaire* 67 : *in loco nuncupate Feomonte... in loco qui vocatur in Pradilo campum... in alio loco que dicitur in Stirpo... in loco nuncupate in Calvino... in Dodono campo... ad Oron in Fraxinido*. *Cartulaire* 89 *in loco que dicitur Verenna Adelardi*. Cartulaire XVe s. actes 308, 309, 312, 313, 314, donations au XIIIe siècle. Gorze a biens à l'époque moderne A.D. Mos H.950-953.

164. L'église de Jonville est dédiée à saint Etienne, on y trouve un lieu dit *Dontaine*. A Sponville se trouve un « four de Domptaine », *Domni Stephani*. Il faut y reconnaître la *Villa Domni Stephani*. Au XVIe siècle, l'église de *Domno Stephano* est à la collation des abbés de Gorze, la mention disparait au XVIIIe s. L'église est confirmée à Gorze par Adalbéron *Cartulaire* 92 *in villa Domni Stephani ecclesiam unam* et Otton *Cartulaire* 99 *villam Domni Stephani cum appendiciis suis*. C'est la paroisse mère de Mars-la-Tour, d'après le cartulaire XVe s. acte 315, Mars-la-tour est « appelé vulgairement » *Domni Stephani*. Le seigneur de Mars-la-Tour reconnaît que le patronage de l'église Saint-Théobald de Mars-la-Tour revient à l'église mère de *Domni Stephani*. D'autre part, à l'époque moderne l'évolution phonétique de *Domni Stephani* a donné Saint-Ail, près de Jonville et où Gorze possède des biens à l'époque moderne (A.D. Mos H. 927), assez proche géographiquement de Mars-la-Tour pour que la division de *Domni Stephani* entre les deux soit envisageable. D'Herbomez recherche le lieu au sud, vers Pannes, *Cartulaire* 1 *villam Sancti Stephani cujus vocabulus est Pinna*, mais l'église de Pannes est dédiée à saint Remi.

165. M.etM., c. de Conflans. A.D. Mos H.842. Faut-il rapprocher ce lieu de *Hodingas* mentionné dans *Cartulaire* 69, qui se trouve entre le Serpennois et la Woëvre. En faveur d'Hannonville-au-passage, on note la présence à Suzemont, d'un moulin qui appartient à Gorze, peut-être celui auquel l'abbé Jean fait référence. Il y a un bois près d'Hannonville. Les biens importants de Gorze à Hannonville n'ont pas une origine autrement mentionnée, si l'on excepte la mention de l'achat d'un pré à *Hununega*.

166. M.&M., ar.Briey, c.Conflans. A.D. Mos H.980, l'église, dédiée à saint Gorgon, est à la collation de l'abbé de Gorze à l'époque moderne. Ville-sur-Iron est accordée en précaire par Drogon *Cartulaire* 52 (849) *Villare*.

167. Une terre près des thermes vient d'un échange avec Saint-Arnoul en 880, *Cartulaire* 74, Sendebald fait une donation *Nécrologe*, 21.III *Sendebaldus comes qui dedit nobis Mettim curtim cum domo eius*.

168. Donation de Chrodegang, *Cartulaire* 2 *donamus etiam ibidem in Mettis uineas duas*, *Cartulaire* 85 (898) vigne près de la porte serpenoise, des vignes près de Metz sont mentionnées dans la confirmation d'Otton *Cartulaire* 99 *de uineis indominicatis que sunt circa Mettis*.

169. *Cartulaire* 62 (863). Donation de Rofridus confirmée par Advence, *Mansiones... iuxta sedem nostram*. Ingelram (peut être l'Angelram de la *Vita Iohannis*) donne un manse en 936 (*Cartulaire* 95) que *Cartulaire* 99 (diplôme d'Otton) confirme en le situant *mansum infra Mettis que dicitur Aurea*. DORVAUX, *Pouillés*, p. 314.

170. Mos., ar.Metz campagne, c.Ars sur Moselle. Lessy est donnée en 982 par le comte Conrad, *Cartulaire* 199, L'église Saint-Gorgon appartient à Gorze, *Cartulaire* 156 (1143) l'évêque Etienne lui restitue les dîmes ravies par le *miles* Petrus, *Cartulaire* 159 (1147) confirmation par le pape.

171. Mos., ar.Metz campagne, c.Woippy. Gorze possède l'église et une chapelle, *Cartulaire* 1 *donamus etiam illa res Sancti Remigii cum ipsa basilica in Sigeio constructa uel quicquid ad eos aspicit*. La donation de Chrodegang mentionne l'église Saint-Remi. Otton confirme l'église et une chapelle sans préciser le titre, *Cartulaire* 99 *ecclesiam que est in villa Siaco cum capella una*, en 1143, l'évêque Etienne de Metz confirme l'église Saint-Quentin de Scy et la chapelle Sainte-Brigitte de Plappeville qui en dépend, *Cartulaire* 156, *quandam capellam de Papiuilla in honore beate Brigide uirginis dicatam, et ad ecclesia de sancto Quintino de Sye pertinentem* ainsi que des vignes au lieu dit *Fracturas*, *Cartulaire* 117 *partem vinee in loco que dicitur sancti Remigii campus, vineam alteram in loco Fracturas dicto*, *Cartulaire* 122 *in campo Gaiberti inter duas vinas juxta predium Sancti Felicis, altera in campo Sancti Remigii, relique tres in quodam alio campo Sancti Remigi super Sieio constituti, novissima in finibus Casseliensum que dicitur Fracturas*.

172. Mos., ar.Metz campagne, c.Woippy. *Cartulaire* 99 *IX mansos in uilla que dicitur Molendina, Lagnei villam cum appendiciis suis*. Otton confirme neuf manses à *Molendinum*, restitués par Adalbéron, *Miracula*, MGH SS IV, §11 *redi sibi Langei villam ac ea quae Molinis sui iuris erant*. Biens à l'époque moderne, A.D. Mos H.884.

173. Mos., ar.Metz campagne, c.Woippy, *Cartulaire* 102 *super fluvium que dicitur Orna, inter Montem Bivonis et Langei villa*, Longeville est liée à Moulins-les-Metz dans les donations et les restitutions. *Cartulaire* 87 et 88 (910) constitution de précaire pour la reine Richilde *in pago Gerbecinse, in Langeii villa*. Le même acte cite Mancieulles, Varangéville et Voisage. *Cartulaire* 99 confirmation d'Otton *Lagnei villa cum appendiciis suis*. Gorze agrandit ses biens par échange avec Saint-Pierre de Trèves, *Cartulaire* 104. D'Herbomez y voit Laneuveville, Marichal Lenoville. Gorze ne possède rien au XVIIIe siècle.

NOTES DU CHAPITRE II

174. *Cartulaire* 1, 117 et 122, des vignes.

175. Mos., ar.Metz campagne, c.Ars sur Moselle, Gorze possède l'église Saint-André, *Cartulaire* 1, donation de Chrodegang, donation de Sigeramnus, *Cartulaire* 35, en 795, l'église et les terres sont confirmées par Adalbéron, *Cartulaire* 92 *in Gaugegio ecclesiam unam in honore sancti Andree*, et Otton *Cartulaire* 99 *ecclesiam in Gaugiaco*.

176. M.&M., ar.Nancy, c.Pont-à-Mousson, Gorze possède des biens dès 761, *Cartulaire* 8. Localité difficile à distinguer de Vionville, D'Herbomez distingue *Wittel Villa* : Vittonville et *Pontibanium* : Pompey. Marichal considère que la formule *villa cujus vocabulus est Pontibannio sive et Wittel villa* indique un seul et même endroit et que Pompey s'est scindée. Gorze possède à l'époque moderne des terres à Vittonville, rien à Pompey. Gorze fait un échange avec un chanoine de Metz au lieu-dit *Galcia*, à Vittonville, en 871, *Cartulaire* 65 *in loco que vocabulus est Galcia, in Witone villa*, les biens qui environnent les terres concernées appartiennent déjà à Gorze. Au XIIe siècle, l'abbé Albert y vend des vignes, cet endroit dépend alors de Novéant, *Cartulaire* 197 *Wittonis villam*. Au XIIIe siècle, le comte de Bar reconnaît à Gorze un droit de pêche à Vittonville, Cartulaire XVe s. acte 143.

177. Mos., ar.Metz campagne, c.Ars sur Moselle, *Cartulaire* 75, en 884 échange de terres. En 1267, le prêtre d'Ars obtient un droit de vendanges sur les vignes de Gorze A.D.Mos H.700,2.

178. Mos., ar.Metz campagne, c.Verny. Gorze possède l'église Saint-Martin, *Cartulaire* 1 donation de Chrodegang *ad Cuberacum illam basilicam que est in honore sancti Martini constructa*, confirmée par Adalbéron, *Cartulaire* 92 *uillaque cocatur Cuueriacus ecclesiam unam in honore sancti Martini dicatam, cum mansis duobus*, et Otton *Cartulaire* 99 *ecclesia in Cuveriaco*.

179. Mos., ar.Metz campagne, c.Verny, Chrodegang aurait donné les dîmes à Gorze, *Cartulaire* 1 *decima de Prunido*. Otton y confirme des biens *Cartulaire* 99 *de Prunido, decimam indominicatam*. Gorze y a des biens à l'époque moderne, A.D. Mos H.916.

180. Mos., ar Metz campagne, c.Montigny-lès-Metz, Drogon accorde une précaire en 848 à Fredalus et en 857 Bivin la confirme, *Cartulaire* 51 et 58 *Auvigniagum*.

181. Mos., ar.Metz campagne, c.Verny. Gorze a des vignes et la dîme, donation de Chrodegang, *Cartulaire* 1 et 3 *ad Miliagum unum vinitorem cum sua sorte quam tenet*, confirmé par Otton, *Cartulaire* 94 *de Miliriaco*.

182. Meuse, ar.Verdun, c.Fresnes en Wöevre. Marichal a reconnu Woël sous *Berulfi villa*, mentionné en 886, en 912 donation, *Cartulaire* 18, *Berulfi villa*, l'église est dédiée à saint Gorgon, la rivière et la Signeulles et la section du cadastre comprenant la rue de l'Eglise se nomme Brauville. A l'époque moderne Saint-Gorgon de Woël est à la collation des abbés de Gorze.

183. Marichal, Remarques, p. 19-21, montre que l'acte 18, qui suppose l'existence d'une église à Bagrulfo villa, ne peut dater de 768.

L'évêque de Verdun confirme à Gorze la possession de l'autel et de l'église de *Beroli villa* en 1060, sans doute une fondation de Gorze, *Cartulaire* 135. L'abbé autorise la construction de la chapelle de Doncourt-aux-Templiers (Meuse, ar.Verdun, c.Fresnes en Wöevre), sous réserve de la préservation de ses droits, *Cartulaire* 77, en 886, l'abbé autorise la construction d'une chapelle, *Berulfi villa*. En 885 le problème de la dîme est réglé : *Cartulaire 84, decimam de Dodoni curte ad ecclesiam Bivini in ipsa villa noviter constructam, que decima antea respiciebat ad ecclesiam sancti Gorgoni in Berulfi villa*. Marichal, p. 28-30, a montré que cet acte était un faux, fondé sur un original concernant Brauville et Doncourt aux Templiers. Le faussaire a profité de l'homonymie avec Bruville et Doncourt-les-Conflans pour assurer des droits à Doncourt et Saint-Marcel dont Bruville était l'annexe.

184. *Cartulaire* 36 (795) donation *in Dodenega fine vel in ipsa villa que vocatur Dodona curtem*, *Cartulaire* 46 (822) donation à *Dodonis curte*. Donation par Gobert d'Apremont, en 1090, d'un alleu à Doncourt pour le nouveau prieuré. Faut-il rapprocher cet endroit de *Cartulaire* 55 (856) *fine Doniga*.

185. *Cartulaire* 44 (911) précaire *in fine Tilgentense uel in ipsa fines seu et in Bagrulfo uilla... in fine Tilecinse uel in ipsa uilla*. Marichal reconnaît Thillot sous les Cotes (Meuse, c. de Fresnes en Woëvre) près de Brainville.

186. Meuse, comm. de Saint-Maurice sous les côtes, *Cartulaire* 77 et 84 en 895, l'abbé Bivin donne une manse dans la *curte Belcialdi Belcialdi curte ... super rivolum Senode*, à l'église de Brauville, *Cartulaire* 77, *Bernulfi villa*.

187. Meuse, ar.Commercy, c.Gondrecourt le château. Les actes du XIIe siècle disent que Gorze y possède des droits « depuis plus de cent ans », « depuis la donation de Pepin », les dîmes, contestées par le seigneur de Gondrecourt, sont confirmées à Gorze par l'archevêque de Trèves, *Cartulaire* 175, confirmation d'Hillin de Trèves entre 1152 et 1160, et par l'évêque de Toul *Cartulaire* 196, confirmation de Pierre de Toul en 1166. A l'époque moderne, l'église de Mauvages est à la collation de l'abbé de Gorze (A.D. Mos H.873).

188. M.&M., ar.Toul, c.Toul-Nord. L'évêque de Metz y donne une terre, *Cartulaire* 13 *villam nuncupatum Fao*, en 878, Louis le Jeune restitue ce bien *Cartulaire* 72 *villam que vocatur Fao donata fuit et postea injuste abstracta*, l'église et de la dîme sont confirmés par Otton, *Cartulaire* 94 *ecclesiam in villa Fao* et 99 *de Fao... decimam indominicatam*. E.Ewig proposait Faha dans le diocèse de Trèves.

189. *Cartulaire* 44 (811), contrat de précaire en faveur de l'évêque Mangulfus, *Landini villa, Bettun curtis, Senorio villa, Bidolium*. Au XVIIIe siècle, Gorze a la collation de l'église et les gens vivent sous son patronage. Les autres biens près de Toul ne sont pas identifiables.

190. Mos., ar.Château-Salins, c.Vic sur Seille. *Cartulaire* 2 *in subteriore vico aria cum sessu suo ubi hinium ipsi fratres possint habere* et *Catulaire*

NOTES DU CHAPITRE II

5 *in suteriori Vico qui dicitur Bodesio vico officinam cum sesso et ducto et stadile vel omnia adjacentia ad se pertinensia.* Gorze possède l'église Saint-Marien, *Cartulaire* 92, et la chapelle Saint-Etienne de Bioncourt qui en dépend Mos., ar.Château Salins, c.Château Salins. *Cartulaire* 92 et 99 *ecclesiam sancti Mariani in Subteriori Vico sita cum capella in Bionis curte et omnia que ad predictam ecclesiam ascipiunt.*

191. Ch.HIEGEL, Le sel en Lorraine du VIIIe au XIIe siècle, *Annales de l'Est* 33 (1981), p. 3-48. Au XVIIIe siècle les biens de Gorze près de Vic sont : Moyenvic, Morville-lès-Vic, Lubecourt, Gerbecourt, Vaxy, Puttigny, Hedival, Sallone, Bioncourt, Alaincourt, Lanfraucourt, Armaucourt, Moivrons, Rupt les Moivrons, Bratte, Sivry, Faulx, Obrecq, Juvrecourt, Riouville, Attiloncourt, Jeandelaincourt.

192. Par exemple Saint-Arnoul, donation de Morville sur Seille en 958 *Histoire de Metz*, tIII preuves, p. 71.

193. Gorze a la collation des cures de Cuvry, Attienville, Waxey, Malancourt, Vic, Bioncourt, Moivron, et possède des terres et des droits divers, A.D. Mos H.772.

194. *Cartulaire* 116. PERRIN, *Recherches*, p. 180-196.

195. Mos., ar.Château Salins, c.Château Salins. A l'époque moderne Gorze a la collation de Saint-Evre de Vaxey. A.D. Mos H.967-972.

196. *Cartulaire* 106 (957) donation. Attesté au XIIIe siècle, village détruit.

197. *Cartulaire* 91 (922) donation.

198. Mos., ar.Château-Salins, c.Delme, l'abbé acense une terre, *Cartulaire* 121 (995).

199. A.D. Mos H.899.

200. M.&M., ar.Lunéville, c.Arracourt. Otton confirme à Gorze, d'après *Cartulaire* 94 supplémenté, *Aldivilla*, sans indication de contexte géographique, qui est peut-être Atthienville dans le Saulnois, où Gorze a la collation de l'église Saint-Pierre-Saint-Paul à l'époque moderne.

201. Mos., ar.Château-Salins, c.Château Salins.

202. *Cartulaire* 192 (1164-1170). *Cartulaire* 163 (1158) Gorze cherche à s'opposer à la construction de salines par l'évêque de Metz.

203. M.&M., ar.Nancy, c.Nomeny,. *Miracula*, MGH SS IV, p. 240, §5.

204. *Cartulaire* 5 donation de Chrodegang *Montemvironem in pago Scaponinse cum omni integritate uel soliditate sua*, de Louis le Germanique *Cartulaire* 68 (876) *Villam Monte Vironis una cum ecclesia et mansis cum omni integritate ad ipsamvillam iuste pertinentibus* recopie un acte de Saint-Arnoul, A.D.Mos H.29 ; REUMONT, Zur Chronologie, p. 281. *Cartulaire* 198 (882) confirmation de Charles le Chauve ; le rejet de l'acte à la fin du cartulaire, au mépris de la chronologie est exceptionnel, il a sans doute été utilisé dans un procès. *Cartulaire* 90 précaire de Wigeric *in Monte virone nuncupata villa, ecclesiam unam in honore sancti*

Gorgonii consecratam, Cartulaire 96 confirmation d'Adalbéron *uillam Montem Vironis dictam, quam legitimam donatione necne verenda obstentatione sub testamento conscriptionis a predecessore nostro videlicet beate memorie Rodingo, ostendebant prefato loco traditam, atque veredico testimonio affirmabant tenuisse ipsam in proprios usus usque tempore predecessoris nostris Wigirici episcopi, qui illam ordine precario a communione fratrum removit, quam videlicet, quia noster fidelis Folmarus in beneficio habebat acsi aliter quam rectitudo mandat, totiens dissimulando distulit verum proprio libitu sola difficultas resistebat.* Otton confirme ce bien, *Cartulaire* 99 *Montem vironis cum appendiciis suis*

205. A.D. Mos H.875-877.

206. M.&M., ar.Nancy, c.Nomeny. *Cartulaire* 99 Otton confirme des vignes à *Falto*.

207. Kirsh *Cartulaire* 31 donation en 791 à *Carisiago*, Oudern, Kédange, Elzange *Cartulaire* 85 *in loco que dicitur Hegunbachae in villa Huneriada... super fluvium Caneram in villa cujus vocabulus est Retingas, in locis nuncupatis Alcassingas et Hihelingas.* Au XVIIIe siècle, Gorze possède dans le baillage de Thionville des biens à Ennetrange, Hebange, Molvange, Ronchovillé, Suzange.

208. *Cartulaire* 16 (771) don à *Masirico villa, Cartulaire* 130 (1053-1055) Thierry de Verdun donne l'autel Saint-Florent de Maizerais.

209. M.&M., ar.Briey c.Conflans, en 959, le duc Frédéric reconnaît les biens de Gorze, *Cartulaire* 108 *Bellumcampum.* Gorze y a des terres au XVIIIe siècle.

210. M. et M., ar.Briey, c.Conflans, *Cartulaire* 28 (788) donation à *Labrigia villa.* L'église Saint-Gorgon, mentionnée en 1158, est à la collation de l'abbé de Gorze à l'époque moderne.

211. M.&M., ar.Briey, c.Conflans, *Cartulaire* 90 constitution de précaire pour l'abbé Wigeric *in pago Wabrinse... in villa que dicitur Confluentis, super fluvium que vocatur Horna, ecclesia una in honore sancti Martini.* Les autres terres peuvent être proches mais ce n'est pas certain, car il est aussi question de Moivrons.

212. M.&M., ar.Briey, c.Conflans, Gorze possède l'église Saint-Maximin et deux chapelles, confirmées par Otton, *Cartulaire* 99 *ecclesiam de villa Guarniaco cum duabus capellis.*

213. M.&M., ar.Briey, c.Conflans. *Cartulaire* 2,3,45 ? Louis le Pieux confirme *Bavone curtis* en faisant référence à une donation de Chrodegang. Au XVIIIe siècle, Gorze à des biens à Boncourt, J.Reisdorfer préfère Bayonville.

214. *Cartulaire* 133 (1055) l'abbé Henri concède des terres à *Tucheimons*.

215. M.&M., ar.Toul, c.Domèvre, Cartulaire 54 (851) donation *De Monte Bibonis... in pago Wabrinse, in loco qui vocatur Bibonis monte supra fluvium Orna. Cartulaire* 102 (946) achat d'une terre *super fluvium que dicitur Orna, inter Montem Bivonis et Langei villa.*

NOTES DU CHAPITRE II

216. M.&M., c.Conflans, la dîme de Moncel est destinée, comme celle d'Homécourt, à fournir un luminaire permanent à Saint-Gorgon, A.D. Mos. H.878,1, *Cartulaire* 173 (1159) *decima de Moncels... et decima cum censu de Imércurt*. A l'époque moderne, Gorze a un champ A.D. Mos H.878,2.

217. M.&M., ar.Briey, c.Conflans. L'église Saint-Marcel est citée *Cartulaire* 94 *ecclesiam in villa Sancti Marcelli cum capella una*. En 1156, le pape Hadrien confirme à Gorze l'église Saint-Marcel. Au XIVe siècle, les biens de Gorze font partie du fief du seigneur d'Apremont *Cartulaire* 205. A l'époque moderne, Gorze a la collation de l'église A.D. Mos H.934.

218. Gorze possède l'église Saint-Martin, confirmée par Adalbéron, *Cartulaire* 92 *in villa que dicitur Madelini curtis ecclesiam unam*, et par Otton, *Cartulaire* 99 *cappellam in madelini curte et aliam Domni Martini dictam*. Otton confirme à Gorze l'église Dommartin *Cartulaire* 99, *cappellam in Madelini curte et aliam Domni Martini dictam*.

219. Mos., ar.Thionville Ouest, c.Moyeuvre, Gorze a déjà des terres en 871, *Cartulaire* 66 *in villa cujus vocabulum est in Superiori Mondover... mansus... de uno latere ratio sancti Gorgoni*. L'église est dédiée à Saint-Gorgon.

220. *Cartulaire* 94 et 99 *alodium quod Angelramnus sancto Gorgonio dedit ad Montem Jovis*. Il pourrait s'agir de Jœuf ; M.&M., ar.Briey, c. Briey, mais les donations d'Angelram concernent la région de Varangéville.

221. *Cartulaire* 93 (935) Bernacer, – un moine de Gorze de ce nom est cité dans la *Vita Iohannis* – fait une donation à *Silvianacum villa*.

222. *Cartulaire* 199 donation de Morlange par Conrad. Gorze y possède des biens à l'époque moderne, A.D. Mos.H.880-882.

223. Mos., ar.Thionville Est, c.Cattenom. A l'époque moderne, Gorze y possède des terres, l'église Saint-Pierre est à la collation de l'abbé, *Cartulaire* 73 (878) Gorze échange une chapelle Saint-Gorgon à Varennes contre une chapelle Saint-Pierre à Hicchiringas. D'après W.HAUBRICHS *Die Tholeyer Abstlisten des Mittelalters Philologische, onomatische und chronologische Untersuchungen, Veröffentlichungen der Kommission für saarländische Landesgeschichte und Volksvorschung* XV, Sarrebruck, 1986, p. 35-56, il s'agirait d'Eschringen en Sarre dont l'église primitive est dédiée à Saint-Pierre. *Cartulaire* 51 *in fine Argesyngas, et in Sismeringas et in Bertneringas*. E.Ewig reconnait Ersingen, Simmisngen et Bürmeringen mais D'Herbomez y a vu de façon plus probable Erzange, Budange et Seremange, près de Morlange. On peut aussi penser à Escherange et Suzange où Gorze a des biens au XVIIIe siècle, A.D. Mos H.807.

224. Mos., ar.Thionville Est, c.Metzervisse. *Cartulaire* 31 (791) donation à *Gaunigas* dans le pagus Muslinse.

225. Mos., ar.Thionville Est, c.Cattenom. *Cartulaire* 98, donation en 939 et par Otton II, *Cartulaire* 112 (973). Cattenom est un centre de

NOTES DU CHAPITRE II

gestion des biens de Gorze dans la région au XVe siècle, le cartulaire de Gorze du XIIe siècle indique les actes à recopier en fonction des centres de gestion *Cartulaire* 112, *Daganeid tenet*.

226. Mos., ar.Thionville Ouest, c.Fontoy, *Cartulaire 92 in villa que uocatur Almaz ecclesiam unam*, Adalbéron confirme à Gorze l'église Saint-Gorgon. Gorze y a des biens à l'époque moderne A.D. Mos H.775.

227. E.EWIG, *Trier in Merowingerreich*, Trier, 1954. D'autres abbayes messines, comme Saint-Trond, y ont des biens.

228. *Cartulaire* 1 donation de Chrodegang *supra Musellam villam Cluserado cum illo villarcello qui dicitur Riviniacus cum mansis*, confirmé par Adalbéron *Cartulaire 92 super fluvium Mosellam, villam que vocatur Clussererus* et Otton *Cartulaire 99, quicquid sanctus Gorgonius in Cluserado habuit*.

229. *Cartulaire* 199, donation de Conrad de la villa Lunglar que d'Herbomez identifie avec Langlier ou Lagney, dans les Ardennes, qui disparaît après 982. La donation d'Otton en faveur de Conrad *Cartulaire* 101 (946) précise l'étendue des biens concernés *De Lunguilirt... in villa Lunglier nuncupata in Osninge sita* et la donation de Conrad à Gorze en 982 *curtem suam Lunglar nuncupatam in pago Osning nominato*.

230. A Briedel ; et Pommern ; Gorze possédait des vignobles, dont la possession remontait à Chrodegang, *Cartulaire 2 donamus in pago Maginse, in villa Pomaris sortem cum viniatore... ad Bredalio unum viniatorem cum sua sorte, Cartulaire 3 ad Bredalium unum vinitorem ... Pumaris sortem cum vinitore*, confirmés par Otton *Cartulaire 99 omnem decimationem de vino annona ac lino in villa pomaries et in Bredalio*.

231. C.SIBERTIN-BLANC, Contribution à l'histoire du Wormsgau, l'évêché de Metz et ses possessions au pays de Worms du VIIe au XVIIe siècle, dans *Mémorial du voyage en Rhénanie de la Société Nationale des Antiquaires de France*, Paris, 1953, p. 271-288. ID. Encore le Wormsgau, *Cahiers Lorrains* (1952), p. 27-32.

232. *Cartulaire 2 et 3 Donamus in pago Warmacinse illam basilicam que est in Paterno villa, vel quicquid ad ipsam basilicam legibus obtingit*.

233. *Cartulaire 11 basilicam unam in Paterni villa in honore sancte Marie conditam, vel quicquid ad ipsam basilicam pertinet... villa Dagolbelshei... in villa Flamersche ecclesiam in honore sancti Gorgonii conditam ... villa Isinburc... campus que dicitur Mers... partem silve que dicitur Stamph*, c'est à dire Pfeddersheim, Dalsheim, Flomersheim, Eisenberg, Stauf. Les détails concernant les redevances et la langue utilisée dans l'acte ont amené Ch-E.Perrin a reconnaître un extrait du censier constitué à Gorze au Xe siècle. PERRIN, *Recherches*, p. 196-217. Gorze admet la diminution de ses droits dans cette région et donne certaines terres aux tenanciers. L'abbaye fait ce faux pour soutenir un temporel menacé.

243. Siccon, curé de Flammersheim, donne à Gorze des biens dont il garde la précaire *Cartulaire* 70 et 71 *res meas in pago Warmacinse in villa Flamereshaym* (Flammersheim*) in fine Hebbisten (*Eppstein*) in fine*

Hemeresheim... ad Gretesheim... mansum meum... de alio latere mansio sancti Gorgoni.

235. *Cartulaire* 92 *in pago Wormocinse capelas iii et mansos xviii cum decima indominicata.*

236. *Cartulaire* 99 *ecclesias duas in Paterni villa, cum mansis ad eas pertinentibus, Flamereshem cum ecclesia una, ecclesia que est in villa Isemburg et terciam partem ejusdem ville.*

237. *Cartulaire* 162 et 163.

238. *Cartulaire* 202.

239. *Cartulaire* 169 *quicquid etiam juris habentis in cella de Patresheim, sicut ab initio quiete et rationabiliter possedistis, ecclesiam sancte Marie ejusdem ville... ecclesiam sancti Gorgonii de Flamersheim, ecclesia de Isembork.*

240. *Cartulaire* 177 et 180 (1152-1160) *apud Patreshim... vobis et fratribus ibi deo servientibus.*

241. Cartulaire XVe s. acte 68, *Patriseio.*

242. A.D. Vosges, Epinal, 1J 68.

243. K.H.DEBUS et A.STÖCKLEIN, Die französischen Benediktinerpropsteien am Rande der heutigen Pfalz zur Zeit des grossen Schismas : Offenbach am Glan, Georgenberg bei Pfeddersheim, Remigiusberg, Grunstadt, *Archiv für Mittelrheinische Kirchengeschichte*, 23 (1971), p. 235-63. Les dernières attestations remontent à la fin du moyen âge (H.810 pour Flammersheim et H 915 pour Pfedersheim).

244. *Cartulaire* 2 *Holomna* et 3 *Somolonna* ces biens furent usurpés par les Bosonides, BUR, Les possessions, p. 172-174 n.19 et 20. Ils furent récupérés au milieu du Xe siècle, *Cartulaire* 99 *Sumalona.*

245. Maffrecourt, Marne, ar.Sainte-Menehould, c.Sainte-Menehould. *Cartulaire* 29 et 30 (791) précaire, Wargnepont *Cartulaire* 49, Auve Marne, ar.Sainte-Menehould, c.Givry en Argonne. *Cartulaire* 82 et 92 charte d'Adalbéron *villa quae uocatur Arua cum ecclesia in honore Sancti Martini*, un ensemble autour de Vanault ; Marne, ar.Vitry-le-François, c. Heiltz le Maurupt. *Cartulaire* 2 et 3 : Possesse (Marne, ar.Vitry-le-François, c. Heiltz le Maurupt). *Cartulaire* 15, donation de 771, Gommicourt *Cartulaire* 15 *Montiniago Gunciniaga curtis*, Charmont (Marne, ar.Vitry-le-François, c. Heiltz le Maurupt). *Cartulaire* 43 et 44, Freginville *Cartulaire* 49 Sommeyevre, *Cartulaire* 82.

246. M.BUR, Les possessions p. 169-182. PARISSE, Les Bosonides.

247. *Miracula s.Gorgonii*, MGH SS IV, p. 242, *Vita Iohannis*, MGH SS IV, p. 367.

248. A moins que dans l'acte 169 *ecclesia de Hevre*, mentionnée juste après les églises de Vanault, ne désigne l'église de Arva, Gorze a conservé jusqu'à la fin du Moyen Age des biens dans cette région : Dommartin, Dampierre, Orbeval, Maigneux, Valmy (Meuse, 7 H 5).

249. *Cartulaire* 142, *Cartulaire* 169 (1156) confirme l'église Sainte-Libaire.

NOTES DU CHAPITRE II

250. *Cartulaire* 161, *Cartulaire* 169 (1156), confirmation.

251. *Cartulaire* 153 et 155.

252. M.BUR, Les possessions, p. 169-182. En 1175 un certain Thierry est prévôt de Vanault, HUGO, *Ordo Praem Annales* I, preuves, 210. en 1342 un frère Guido est prieur de Vanault (A.D. Mos.H.713.2). « La prévôté de Vanault n'était encore, à l'aube du XIIIe siècle, ni un prieuré conventuel, ni un prieuré cure, mais une entreprise de simple revenu », BUR, Les possessions, p. 182. Marne, 20 H 58, 1 *Theodericus, prepositus de Wasnau* semble peu actif dans l'acensement de Semide réalisé par l'abbé Henri, il est cité avec les témoins en cinquième position.

253. *Cartulaire* 143.

254. Cartulaire de Pfeddersheim acte 2,

255. PARENT, *La seigneurie d'Apremont*, p. 90-91. M.PARISSE, *La Lorraine Monastique*, Nancy, 1981, p. 27-32.

256. *Cartulaire* 140 (1095).

257. *L'avouerie en Lotharingie, actes des 2e journées lotharingiennes*, 1982, Publications de la section historique 98, 1984.

258. *Cartulaire* 140.

259. En particulier dans le diocèse d'Halberstadt, K.U.JÄSCHKE, Zur Eigenstandigkeit einer Junggorzer Reform bevegung, *Zeitschrift für Kirchen Geschichte*, 81 (1970), p. 17-43.

260. M.PARISSE, la reine Hildegarde et l'abbaye Saint-Arnoul de Metz, *Autour d'Hildegarde*, 1987, p. 41-47. Fausse donation d'Hildegarde de 783, A.D. Mos. H,126,1.

261. Deux actes de restitution d'Adalbéron Ier : A.D. Mos H6, ed. *Histoire de Metz* 3, p. 63. Le premier de 942 concerne le Chaumontois, le second vers 944 est douteux ; confirmation des biens par Otton Ier en 948, A.D.Mos H 3 MGH Dipl.I n°104.

262. Donation par Eve comtesse du Chaumontois vers 958, CALMET, *Histoire*, 2em ed. t.2, preuves col. 202 ; transfert des reliques de saint Cloud dans l'église de Lay en 959.

263. A.D. Mos. H,5,1 bulle falsifiée de 1049, voir plus loin Saint-Arnoul.

264. A.D. Mos. H,3 et H 42,1 vers 1075.

265. *Cartulaire* 169 (1156) Hadrien IV confirme à Gorze tous ses biens, expressément les églises de Saint-Nicolas de Port, Amel, Stenay, Sainte-Marie d'Apremont, Pfeddersheim, Flammersheim, Eisenberg, Scy, Novéant, Onville, Waville, Vittonville, Jarny, Saint-Marcel, Vic, Saint-Loup, Sainte-Libaire de Vanault, Auve.

266. Dans le plan terrier du XVIIIe siècle, A.D. Mos H.744, les églises à la collation de Gorze sont, outre le prieuré de Stenay, Gorze, Vionville, Noveant, Arnaville, Hageville, Vic, Onville, Waville, Saint-Julien, Thiaucourt, Chambley, Montsec, Xammes, Xivrey, Bouconville, Pannes, Dommartin, Jonville, Labry, Jarny, Saint-Marcel, Ville-sur-Yron, Jouy-

NOTES DU CHAPITRE II

aux-arches, Cuvry, Moulins, Hauconcourt, Malancourt, Morville lès Vic, Moivron, Bioncourt-sur-Seille, Atthienville, Vaxy, Escherange. Dans l'évêché de Verdun, Labeuville, Brainville, Mezeray, Woël, Olley, Senon, Piennes, Haudelacourt, Bouvigny, Grumilly. Dans l'évêché de Toul, Landeville, Mauvages, Magnières, Portu, Domno<martinomonte>, Lesceville, dans celui de Trèves, Ametz. L'église elle peut-être un centre de gestion, étape intermédiaire entre la *villa* et le prieuré. Bulle d'Innocent II en 1130 confirmant *Amella Septiniaco Asperomonte*. Bulle d'Honorius III confirmant *villa de Portu, de Waringisi villa, Sancte marie sub Asperomonte, de Amelle, de Patriseio, ecclesias de Vico, de Moviruum, de Penna, de Morleinges*.

267. M.AUBRUN, Triomphe et mutations de l'église privée, *La paroisse*, p. 69-105.

268. Dans la première moitié du XIIe siècle, les moines noirs s'efforcent d'augmenter leurs revenus et de remettre leurs biens en état, peut-être à cause d'une crise économique aggravée par les retombées de la Querelle des Investitures. On peut citer l'action de Pierre le Vénérable à Cluny, G.DUBY, Le budget de l'abbaye de Cluny entre 1080 et 1155 : économie domaniale et économie monétaire, dans *Hommes et Structures du Moyen-Age*, Paris, 1973, D.BOUTHILLIER et J.P.TORRELL, *Pierre le Vénérable, abbé de Cluny*, Paris, 1988, p. 59-64, de Suger à Saint-Denis M.BUR, *Suger, abbé de Saint-Denis, Régent de France*, Paris, 1988, p. 172-197, de Rodolphe à Saint-Trond, *Gesta abb. Trud.*, MGH SS X, p. 280-291.

269. *Cartulaire* 115 (977) *De plantatione nova... clausum quod capiti fluvioli Gorzie incombit... Septem annorum decursis temporibus uberiorem uniuscuisque vinee medietatem nostro mancipabimus iuri, ipsis partem reliquam jure hereditario ad posteros suos transmittendam reliquentes.*

NOTES DU CHAPITRE III

1. *Claustrum sine armario quasi castrum sine armamentario*, lettre 18 de Godefroid de Breteuil ed.MARTENE, *Nova Anecdota*, II, 494sq. cité dans A.d'HAENENS, Ecrire, un couteau dans la main gauche, dans *Mélanges J.Stiennon*, Liège, 1982, n.21.

2. Règle, chap. 38 : la lecture ne doit jamais manquer à la table des frères pendant le repas. D.NEBBIAI-DALLA GUARDA, Les listes médiévales de lectures monastiques, contribution à la connaissance des anciennes bibliothèques bénédictines, *RB*, 96 (1986), p. 271-326.

3. Londres, British Museum, Arundel 45, XIe s., Commentaire d'Origène sur Jérémie suivit de la première homélie sur le Cantique des Cantiques. fol.1 *Liber sancti gorgonii gorziensis si quis eum abstulerit anathema sit.*

O.SCHMIDT-REDER, Ein Codex aus Gorzia, *Neues Archiv*, IX (1883), p. 201 ; et F.DES ROBERT, *Deux codex manuscrits de l'abbaye de Gorze*, Nancy, 1884, signalent un psautier fin IXe début Xe s. conservé à Görlitz jusqu'à la guerre et dont la trace est perdue depuis.

L'évangéliaire du XIe siècle, Paris, BN lat.11961-11962, été copié à Metz, a appartenu à Gorze à la fin du Moyen Age, un ajout en bas du folio 114r de 1477, mentionne Henri Tardy, camérier du monastère qui fit faire un reliquaire de saint Gorgon, ce texte est recopiée dans un autre manuscrit provenant de Gorze, DES ROBERT, *Deux codex*, p. 12-13. *Anno Domini Millesimo Quadringentesimo septuagesimo septimo. Quintadecima mensis Junii Dompnus Henricus Tardy camerarius huius monasterii contulit Ecclesiae dicti Monasterii quodam Reliquiare argentum, in cuius summitate Ymago beati Gorgonis deaurata et subtus sunt arma predicti Dompni Henrici.* C.NORDENFALK, *Codex Caesarus Upsalensis, an Echternach Gospel book of the Eleventh century*, Stockholm, 1971. Je remercie C.Rabel de cette information.

Gorze possédait l'*Aduersus Iudaeos* de Tertullien, car Beatus Rhenanus a utilisé, pour son édition, un manuscrit provenant de Gorze : *codex Gorziensis*, Cf. éd. de H.Tränkle, Wiesbaden, 194, p. lxxxix-xciv.

Aucun de ces textes n'est mentionné dans le catalogue, il peut y avoir des oublis, qui peuvent être le fait du rédacteur – si un livre est sorti au moment où le catalogue est établi – ou du copiste – qui a pu laisser passer une ligne malgré le souci de relecture dont il fait preuve. De tels oublis sont fréquents, ainsi le catalogue de Saint-Vaast néglige de mentionner dix manuscrits, Ph.GRIERSON, La bibliothèque de Saint-Vaast d'Arras au XIIe siècle, *RB* 52, p. 137-138.

4. Dom G.MORIN, Le catalogue des manuscrits de l'abbaye de Gorze au XIe s., *RB*, XXII (1905), p. 1-11. La dernière étude du catalogue de Gorze est R.KOTTJE, Klosterbibliotheken und monastische Kultur in der zweiten hälfte des 11. Jh., *Il monachesimo e la riforma ecclesiastica (1049-1122), Miscellanea del Centro di studi mediœvali* VI, Milan, 1968, p. 351-372.

5. Acte conservé dans une collection privée, photo A.D. Moselle H 763, *Cartulaire* 126.

6. M.BUR, Saint-Thierry et le renouveau monastique dans le diocèse de Reims au Xe siècle, dans *Saint-Thierry*, p. 39-49, après avoir réformé Saint-Remi vers 940 l'archevêque réforma Saint-Thierry, vers 972.

7. M.P.LAFITTE, Esquisse d'une bibliothèque médiévale, le fonds de manuscrits de l'abbaye de Saint-Thierry, dans *Saint-Thierry, une abbaye du VIe au XXe siècle*, 1979, p. 73-100, a montré que les deux premiers cahiers du manuscrit constituent un fragment indépendant.

8. Nous verrons plus bas que le bibliothécaire de Saint-Arnoul a fait la liste des manuscrits des bibliothèques des abbayes de la ville, Metz, BM 221 perdu, ed. Cat. Gnal. des mss des Bibl. Publ. des Dpts. V, Paris 1879, n°221.

9. M.P.LAFITTE-POCHAT, *La bibliothèque et le Scriptorium de Saint-Thierry de Reims* (970-1225), Position des Thèses de l'école des Chartes, 1969, p. 75-81, montre l'influence ottonienne à Reims au début de la période, jusqu'à l'abbatiat de Guillaume, le scribe Arnoul écrit dans un style proche de celui des *scriptoria* de l'Est et du Nord-Est, auquel s'ajoute alors l'influence de l'écriture cistercienne. J.VEZIN, Un manuscrit messin de la première moitié du XIe s., Reims BM 1427, *Miscellana codicologica F.Masai dicata*, Gand, 1979, p. 157-164. Je remercie Monsieur Vezin d'avoir eu l'amabilité d'examiner ce catalogue.

10. BHL. 143. Dans le manuscrit Verdun BM 8, l'abbé Etienne (1070-1084) est représenté offrant son texte à saint Airy.

11. Verdun BM 74 prov.de Saint-Vanne, en partie du XIe s. comprend la passion, la lettre de Milo et une partie mutilée des miracles.

12. E.LESNE, *Histoire de la propriété ecclésiastique en France*, t IV, *Les livres, scriptoria et bibliothèques du commencement du VIIIe à la fin du XIe siècle*, Lille, 1938, p. 660-669, se prononce pour l'exclusion des *libri de arte* de l'ensemble d'Amel ; B.MUNK OLSEN, *L'étude des auteurs classiques aux XIe-XIIIe siècles* t.1, Paris, 1987, p. 120-121 et t.2, Paris, 1989, p. 168 les inclut.

13. Les écoles destinées aux enfants, jeunes oblats ou élèves destinés plus tard à retourner dans le siècle, sont parfois distinctes, comme cela paraît être le cas à Fleury au Xe siècle et, au XIe siècle, à Lobbes et à Saint-Hubert. Qu'il s'agisse ou non de futurs moines, seul l'éloignement permettait aux

moines de prier en paix, on le voit à Waulsort où l'abbé Erembert (†1033) décide de transporter l'école à Hastière, de l'autre côté de la Meuse, et à Saint-Denis qui créé le prieuré de l'Estrée. P.RICHÉ, Les moines bénédictins maîtres d'école, dans *Benedictine Culture (750-1050)* (Medievalia Lovaniensia series I/ Studia xi), Leuven U. press, 1983, p. 112-113.

14. A-M.BAUTIER, De *prepositus* à *prior*, de *cella* à *prioratus* : évolution linguistique et genèse d'une institution (jusqu'à 1200), dans *Prieurs et prieurés dans l'occident médiéval*, ed. J.L.LEMAITRE (Actes du colloque Paris 12-11-84) publiés par la IVe section de l'Ecole Pratique des Hautes Etudes et l'IRHT, Genève, 1987, p. 102-103.

15. Tableau du vocabulaire :

Œuvre : *liber, libellus, opusculum, epistola, sermo, tractatus, questiones, canones, explanatio*....

Livre-objet : *liber, codex, codiculum, quaternio, quaterniunculus, rotula, pagina.*

Le rapport du volume et de son contenu : *in uno uolumine, in duobus uoluminibus, corporibus, distributi, diuisa, simul, et, cum, in unum coartata, in capite habens, continens, in cuius initium est, continens infra medium sui, in fine habens.*

Etat du volume : *conrosus, uetustissimus, pessimus, initio carens, cuius medietas deperiit, initio perdito.*

état du texte : *cuius initium est, ita incipiens, perfectus imperfectus, partim, integre, excerptus, ceptus, inceptus, consummatus, inconsummatus, antiquioris, recentioris, secundum editione.*

Graphie : *antiquae manus, ueteris manus, nouae manus, antiquae litterae, tonsae litterae, grece compositi, depicta.*

16. E.PALAZZO, Le rôle des libelli dans la pratique liturgique du haut Moyen-Age, histoire et typologie, *Revue Mabillon*, nouvelle série 1 (62) 1990, p. 9-36.

17. F.FOSSIER, Chroniques universelles en forme de rouleaux à la fin du Moyen-Age, *Bulletin de la Société Nationale des Antiquaires de France*, 1980-1981, p. 163-183. B.BISCHOFF, *Paléographie*, Paris, 1985, p. 40sq. F.DOLBEAU, Noms de livres, dans *Vocabulaire du livre et de l'écriture au Moyen Age*, Turnhout, 1989, p. 82 n7.

18. M.HUGLO, *Les livres de chant liturgique*, Typologie des sources du Moyen-Age Occidental 52, Brepols Turnhout Belgium, 1988, p. 63-75 : *Rotula* est employé par Notker de Saint-Gall vers 884.

19. B.MUNK-OLSEN, Les bibliothèques bénédictines et les bibliothèques de cathédrales : Les mutations des XIe-XIIe siècles, dans *Histoire des bibliothèques françaises*, t.1, *Les bibliothèques médiévales du VIe siècle à 1530*, A.Vernet dir., Paris, 1989, p. 32sq.

20. *Vita Iohannis*, MGH SS IV, p. 345, *in scientia literarum tam secularium quam diuinarum ea tempestate inter suos nulli secundus.*

21. *Vita Iohannis*, MGH SS IV, p. 344, *manu libraria ceteris eius temporis non inferior*. Il écrivit trois actes du cartulaire 93 (935) *Bernacher... scrip-*

sit, 100 (945) *Bernacer... scripsit*, 114 (977) *Bernacer... scripsit* cette capacitée a pu être mise à profit pour la copie de manuscrits.

22. R.McKITTERICK, *The Frankish church and the Carolingian reforms, 789-895*, London, 1977, p. 1-44. La Lotharingie était un centre d'études de droit important, l'étude du droit canon est attestée par la lettre de Sigefroy à Poppon de Stavelot.

23. *Vita Iohannis Gorziensis*, MGH SS IV, p. 335-377, A.WAGNER, La vie culturelle à Gorze au Xe siècle d'après la Vita de Jean de Gorze et le catalogue de la bibliothèque, dans *L'abbaye de Gorze au Xe siècle*, Nancy, 1993, p. 213-231.

24. *Vita*, p. 340 *Hildeboldus quidam grammaticam professus ex discipulis domni Remigii.*

25. *Vita*, p. 340 *studio lectionis apud <Bernerum> intentiori cura operam tunc cepit inpendere.*

26. *Vita*, p. 342 *Studium itaque lectio diuina cum eisdem ancillis Dei summa ui statim arripuit.*

27. *Vita*, p. 360 *primum moralia beati Gregorii ordine quam saepissime percurrens... Nec minor ei Augustini Ambrosii Ieronimi uel si quis antiquorum ad manus uenissent lectio erat.*

28. Cette œuvre a inspiré plusieurs compilateurs, parmi les contemporains de Jean, Odon de Cluny (*Epitome Moralium* PL 133, 107-512) et à Metz, au début du Xe siècle, Adalbert qui dédie son texte à son ami le prêtre Hermann, PL 136, 1309, R.WASSELYNCK, Les compilations des *Moralia in Job* du VIIe au XIIe siècle, *Recherches de Théologie ancienne et médiévale* XXIX (1962), p. 15-20 et 27-28. H.M.ROCHAIS, Contribution à l'histoire des florilèges ascétiques du Haut Moyen Age latin, *RB* 63 (1953), p. 246-291.

29. *Vita*, p. 360 *Augustini in Iohannem et Psalmos et de ciuitate Dei integre perlegit, postremum in libris de Trinitate multa intentione sudauit... ab ipsis (decem predicamentis) introdutionibus Isagogarum laborem arripuit lectionis.*

30. Troyes BM 2247, fol 13v-117v, IX-Xe siècles, provenant de la cathédrale Saint-Etienne de Troyes, *Albuinus presbyter indignus non in facto portans nomen heremite, sed tantummodo nomine.*

31. D.VERHELST, Adso Deruensis, *De ortu et obitu Antichristi*, CC CM. XLV, 1976, p. 55-89.

32. Albuin dédie ce texte à son frère. Il en existe de nombreux manuscrits, H.M.ROCHAIS, Florilèges spirituels latins, *Dictionnaire de Spiritualité*, c.452, en particulier Berlin Phill. 1723 prov. Saint-Vincent de Metz, Xe s., A.E.ANSPACH, *Scriptores Ecclesiastici Hispano-Latini*, IV A, Escurial, 1935 a restitué à Isidore de Séville le texte édité sous le nom d'Adalger PL 134, 915-34.

33. Ce chanoine non identifié est dit *parisiacensi* dans certains manuscrits, *pariacensi* dans Troyes BM 2247.

34. A Saint-Arnoul, Metz BM 652, XIe s., perdu, ed.M.FLOSS, Vom Antichrist, *Zeitschrift für Deutsches Altertums*, 10 (1856), p. 265-270), à

NOTES DU CHAPITRE III

Saint-Vincent de Metz, Berlin Phill 1723, Xe s, et dans le manuscrit 377 de Berne (f.17-19), qui contient des ajouts propres à Metz, G.PHILIPPART, Le manuscrit 377 de Berne et le supplément au légendier de Jean de Mailly, *AB* 92 (1974), p. 68-78.

35. Aucun moine de ce nom n'est cité dans le nécrologe de Gorze, la notice de Thierry, abbé de Kremsmünster à la fin du XIe siècle, mentionne un Albuin moine de Gorze enterré à Kremsmünster : MGH SS XXV, p. 631, *Albuinus aduocatus monachus de Gorze.*

36. BHL 1781, Ed. G.H.Pertz, 1852, MGH SS X, p. 552-572 d'après un manuscrit unique, Wolfenbuttel 7614, XIe siècle. *Vita Chrodegangi*, MGH SS X, p. 553, *Arnulfum cuius stirps filii hodie que regno francorum strenuisse president.*

37. *Id.*, p. 553-555.

38. *Id.*, p. 559.

39. *Id.*, p. 556 *sanctus puer ex stirpe sancta descendens... Vere beata stirps illa*, p. 564, *Pippino rege eius auunculo, Cartulaire* 11 *Chrodegangus cum voluntate Pippini, avunculi mei*, cet acte faux recopie un censier du Xe siècle concernant le Wormsgau. La généalogie se retrouve chez Sigebert de Gembloux, *Vita Wicberti*, MGH SS VIII, p. 510.

40. *Vita Chrodegangi*, MGH SS X, p. 570 *nocturno silentio dono deprauatis custodibus sublatus sit... Circa Chrodegangum lux clara et lux splendidissima effulgebat...*

41. *Id.*, p. 571-72. Le texte, incomplet, s'achève sur cet épisode que l'on peut rapprocher des *Miracula s. Gorgonii*, MGH SS IV, p. 239-240.

42. K.U.JÄSCHKE, Die Karolingergenealogien aus Metz und Paulus Diaconus, *Rheinische Vierteljahrsblätter*, 34 (1970), p. 190-218, W.GOFFART, *The narrators of babarian history*, Princeton, 1988, p. 373-378.

43. Paris, BN lat.5017 porte l'*ex-libris* de cette abbaye. Le début du Paris, BN lat.5016 a été copié à Reichenau vers l'an mil, se continue par la *Visio Karoli* sans doute d'origine lorraine des XIe-XIIe siècles, le f.160 porte *Liber sancti (Arnulfi)*, il correspond à la notice LAUER, n°39 : *Chronicon Reginonis... in fine libri relatio somnii eiusdem Caroli de statu successorum in regno*. Le texte était connu antérieurement à l'abbatiat d'Immo à Prüm.

44. *Vita Chrodegangi*, MGH SS X, p. 561 *Ambrosio cuius flores doctrinae in sancta Dei ecclesia hodieque quam suave dulcissime redolent...*

45. *Histoire ecclésiastique* d'Eusèbe-Rufin, Metz, BM 184, perdu, prov. cathédrale, XIe s.

46. *Miracula*, MGH SS IV, prologue, §1, §13, §22, §26.

47. Metz, BM 189, perdu, prov. Saint-Arnoul début XIe siècle.

48. *Chronicon Centulense*, PL 174, c.1329 *Gervinus aliquando perrexit monasterium Gorziam indeque retulit codicem de gestis huius sancti loci... duo prima in codice a Gorzia delato tertium autem in membranis nostri gymnasii reperta sunt.* Dom L.GAILLARD, Gorze et Saint-Riquier, *Mélanges de sciences religieuses*, XVII (1961), p. 143-151. J.PYCKE, Gervin, *DHGE* 20, c.1096-1098.

NOTES DU CHAPITRE III

49. *Chronicon Centulense*, PL 174, chap. XXXII, c.1353-54.
50. MGH SS V, p. 118. Voir supra *Abbés*.
51. P.LEHMAN, *Mittelalterliche Bibliothekscataloge Deutschlands und der Schweiz*, 1, München, 1970, p. 263sq.
52. Après le passage d'Immo, des manuscrits de Reichenau sont venus en Lorraine : évangéliaire de Saint-Mihiel conservé à l'institut catholique de Lille, évangéliaire pourpre d'Epinal BM 201, évangéliaire de Poussay Paris, BN lat.10504, S.COLLIN-ROSET, L'évangéliaire de Poussay, *Cahiers Lorrains*, 1983, 2, p. 77-90.
53. Le manuscrit 561 de la Mazarine du IXe siècle contient au fol 217 l'abjuration de Walon écrite pendant son séjour à Gorze. Ce manuscrit comprend principalement la traduction par Jean Scot Erigène des *Ambigua* de Maxime le Confesseur sur les passages difficiles de Grégoire de Naziance, il a été copié à Soissons et se trouvait sans doute au XIe siècle à Saint-Benigne de Dijon. E.JEAUNEAU, Quisquiliae e Mazarino codice 561 deprompta, *Recherches de théologie ancienne et médiévale*, t.XLV, 1978, p. 79- 129 ; Ce manuscrit contient la liste des livres de Vulfald, abbé de Montierender et de Saint-Médard de Soissons, puis archevêque de Bourges (†876) : M.CAPPUYNS, Les *Bibli Vulfadi* et Jean Scot Erigène, *Recherches de théologie ancienne et médiévale*, tXXXIII, 1966, p. 137-139. N.BULST, *Untersuchungen zu den Klosterreformen Wilhelms von Dijon. 962-1031*, Bonn, 1973, p. 81-114.
54. Avant dernier folio : *Varnerus me scripsit.*
55. *Cartulaire* 119.
56. Walon écrit vers 1073/74 au pape Grégoire VII, à l'archevêque Manassès de Reims, à l'abbé Henri et à un moine A. (ed. MABILLON, *Analecta* 1, Paris, 1723, p. 455-459. Les deux lettres à Manassès, C.Erdmann et N.Fickerman *MGH Briefe der Deutsche Kaiserzeit* V, p. 182-187). Walon, nommé par Henri IV évêque de Metz en 1085, renonce rapidement, se réfugie à Gorze où il a été *custos puerorum* et plublie son abdication (éd. K.HAMPE, Reise nach Frankreich und Belgien im Fruhjach 1897, *Neues Archiv*, 23 (1898), p. 650). Vers 1093/97, il écrit à l'évêque Gui d'Osnabrück ed. Baluze, *Miscellaneorum liber quartus*, p. 442-444.
57. R.ARBESMAN, The concept of *Christus medicus* in saint Augustin, *Traditio*, X (1954), p. 1-28.
58. Lettre à Manassès : *in illis litteris tuis me hominem esse pacificum, humilem et quietum, lectioni semper intentum.* Monumenta Germaniae Historica *Epist. II*,1, lettre I,52, p. 78-80 : *quoniam ibi honestum moribus et eruditum litteris ... uir religiosus et sapiens est.*
59. Dans le catalogue de Saint-Arnoul du XVIIe s., Ph.LAUER, *Manuscrits*, p. 524, n°98, commentaire de Jérôme sur les petits prophètes, portait la mention : *descripsisse hoc uolumen iussu domni Walonis abbatis.* Il commençait par les vers : *Sedulus in libris lector, quicumque uideris,/ Hunc desiderio mentis complectere toto,/ Quem dominus per se mundo commitit*

habere, /Instituens uates mentes penetrare ualentes,/ Quos dum uita probat, meriti uirtusque decorat, / Si dum quasi iam factum nouere quod est faciendum. Metz, BM 476, perdu, PFLUGK-HARTTUNG, Antiquitates, p. 223.

60. Il n'a pas été l'élève d'Adelman de Liège, la lettre de W. à A. est plutôt attribuable à Warin de Saint-Arnoul, W.WATTENBACH – R.HOLTZMANN, *Deutschlands Geschichtquellen im Mittelalter. Deutsche Kaiserzeit*, Berlin, t. 1, p. 720, n.254.

61. *Gesta abbatis Trudonensis*, Monumenta Germaniae Historica Scriptores X, p. 246 *proque emendatione tam illiciti facinoris positus in cœnobio Gorziensi sub disciplina, factus est custos puerorum*. Le terme, inhabituel, signifie sans doute maître des novices.

62. Les catalogues de Gorze, Stavelot, Saint-Maximin et Saint-Evre présentant une certaine unité, les ouvrages qui s'y touvaient sont notés dans l'édition ci-dessous, sauf les ouvrages scolaires qui ne se trouvaient que dans deux des listes.

63. BISCHOFF, *Paléographie*, p. 98 n.22 : *Sunt et Africanae quae tunsae appellantur. Quas in usu frequenti habemus.*

64. J.DUFT, Irische Handschriftenuberlieferung in S.Gallen, dans *Die Iren und Europa im früheren Mittelalter*, Stuttgart, 1982, p. 923, cite une trentaine de titres.

65. *Augustinus de karitate scotice <41>, expositio psalterii scottice conscripta* <151>.

66. *Psalterium I scoticum* <12>.

67. *Item Hieronimi epistolae scoticum volumen I et Liber effrem scotticum*, FAWTIER, p. 130 et 140.

68. Metz BM 227, XIe s., « d'après les maîtres Scots ».

69. P.RICHE, Les irlandais et les princes carolingiens aux VIII-IXe s., dans *Die Iren*, p. 741sq. J.J.CONTRENI, *Carolingian learning, Masters and Manuscripts*, 1992 (Reprints). L.HOLTZ, Murethach et l'influence de la culture irlandaise à Auxerre, dans *L'école carolingienne d'Auxerre de Murethach à Remi*, Paris, 1991, p. 147-156. Le commentaire de Murethach sur Donat se trouvait à Saint-Evre de Toul <183>, ed. L.Holtz CC CM 40, 1977.

70. B.BISCHOFF, *Mittelalterliche Studien* II, Stuttgart, 1970, p. 51sq. E.JEAUNEAU, Les écoles de Laon et d'Auxerre, *Settimane di studio*, XIX (1971), Spolète, 1972, p. 495-522. J.SEMMLER, Iren in der lothringischen Klosterreform, dans *Die Iren*, p. 941-957. J.J.CONTRENI, *The cathedral school of Laon from 850 to 930, its Manuscripts ans Masters* (Münchener Beiträge zur Mediav. u. Renaissance Forschung 29), Munich, 1978.

71. *Vita Iohannis*, MGH SS IV, p. 343 *uir natione Britto, Andreas nomine, liberalibus adprime studiis eruditus... de patria insula infestatione Nortmannorum.. cum pluriis aliis doctis ac sapientibus uiris pulsus.*

72. A.AUTENRIETH, Irische Handschriftenüberlieferung auf der Reichenau, dans *Die Iren*, p. 903sq.

NOTES DU CHAPITRE III

73. Les Irlandais ont cherché à retrouver les mots des textes originaux, à partir de Jérôme pour l'hébreu, d'Isidore et de Macrobe pour le grec. B.BISCHOFF, *Mittelalterliche Studien* II, p. 246sq. ; W.BERSCHIN, *Griechisch-lateinisches Mittelalter von Hieronymus zu Nikolas von Kues*, Bern-Munchen, 1980, p. 230-237 ; ID., Grieschiches bei den Iren, dans *Die Iren*, p. 501 sq.

74. *Miracula sancti Gorgonii*, MGH SS IV, p. 246 *de omnibus regionibus congregauit de Graecia, Burgundia...*

75. D.IOGNA-PRAT, L'œuvre d'Haimon d'Auxerre, dans *L'école carolingienne d'Auxerre*, p. 157-179.

76. *Vita Iohannis*, MGH SS IV, p. 340 *Hideboldus... ex discipulis domni Remigii* et p. 350 *ex scolis... Remigii*.

77. Remi d'Auxerre a été appelé par l'archevêque Foulques de Reims pour enseigner à l'école cathédrale *Historia ecclesiae Remensis*, MGH SS XIII, p. 574 *euocato Remigio Autosiodorense magistro, liberalium artium studiis adolescentes clericos exerceri fecit*.

78. D.VERHELST, Adso Deruensis, *De ortu et obitu Antichristi*, CC CM. XLV, 1976. G.LOBRICHON, Conserver, réformer, transformer le monde : les manipulations de l'Apocalypse au Moyen-Age central, dans P.GANZ (ed), *The role of the book in medieval culture*, Turnhout, 1986, p. 75-94. Id. L'ordre de ce temps et les désordres de la fin, Apocalypse et société du IXe à la fin du XIe siècle, dans *The use and abuse of Eschatologie in the Middle Ages*, Leuwen U. press, 1988, p. 221-241.

79. Abbon, PL 139, c.471, l.X, R.LANDES, *Millenarismus absconditus*, *Le Moyen Age*, 98 (1992), p. 355-77 et Id., Sur les traces du millenium, *Le Moyen Age*, 99 (1993), p. 5-28, *quand l'Annonciation se passera le Vendredi Saint, ce sera la fin du monde.*

80. Le Xe siècle connait un regain d'intérêt pour ces textes, qui remontent au IIe siècle, à la suite de la traduction en latin d'un texte apocalyptique grec du IVe siècle qui faisait allusion à l'empereur des derniers jours et joua un certain rôle dans le dévellopement de l'idéologie impériale. E.SACKUR, *Sibyllinische Texte und Forschungen*, Halle 1898, p. 177-187.

81. Citons Orose, l'Histoire ecclésiastique d'Eusèbe, César, l'Histoire tripartite, Flavius Josèphe, Grégoire de Tours, l'Histoire ecclésiastique de Bède, Paul Diacre, la Chronique de Réginon...

82. M.SCHMIDT-CHAZAN, La chronique de Sigebert de Gembloux, succès français d'une œuvre lotharingienne, *Cahiers Lorrains*, mars 1990. La richesse de Lobbes par exemple était remarquable, F.DOLBEAU, Un nouveau catalogue des manuscrits de Lobbes aux XIe et XIIe siècles, *Recherches Augustiniennes*, 13 (1978), p. 3-36 et 14 (1979) p. 191-248.

83. Certains pouvaient néanmoins se montrer particulièrement éloquents, comme Anstée de Saint-Arnoul : *Vita Iohannis*, MGH SS IV, p. 355 *ad exteriorem sermonem facundissimus*. La façon même de traiter l'éloquence dans cet éloge indique qu'elle a finalement peu sa place au monastère.

84. *Vita Leonis*, PL 143, c.169, IV : *non solum claruerunt prosa et metro, uerum et forenses controuersias acuto et uiuaci oculo mentis deprehensas expediebant, seu remouebant sedulo.*

85. W.BERGMANN, *Innovationen im Quadrivium des 10.-11. Jh.*, Stuttgart, 1985. Au Xe siècle le moine Bernacer s'intéresse aux mathématiques, la *Vita Iohannis*, MGH SS IV, p. 344 le dit *artis calculatoria studiosissimus.*

86. J.W.THOMPSON, The Introduction of Arabic Science into Lorraine in the Tenth century, *Isis*, XII, 38 (mai 1929), p. 184-193, M.C.WELBORN, Lotharingia as a center of Arabic and scientific influence in the eleventh century, *Isis* XVI, 49 (1931), p. 188-199, insistent sur la place qu'aurait pu jouer le voyage de Jean de Gorze en Espagne. En fait, Jean est resté indifférent à la culture qu'il a rencontrée à Cordoue. L'on a abusivement étendu à toute la Lotharingie l'intérêt attesté dans la région de Liège pour les mathématiques, Ch.RENARDY, Les écoles liégeoises du IXe au XIIe siècle, grandes lignes de leur évolution, *Revue Belge de Philologie et d'Histoire*, 57 (1979), p. 309-328.

87. Dans un traité attribué à Euclide on trouve le premier texte qui ait transcrit des chiffres arabes Paris, BN lat.7277 C f.25v°, prov. Saint-Evre, XIe siècle, cité au catalogue de Saint-Evre <211> *Musica Bœtii cum Euclide de geometrica. Ecriture et enluminure en Lorraine au Moyen-Age*, catalogue d'exposition, Nancy, 1984, p. 98.

88. Certains moines de Gorze s'étaient apparemment intéressés à la musique au Xe siècle, par exemple Bernacer : *Vita Iohannis*, MGH SS IV, p. 344 *canendi disciplina admodum praestans.* Il n'est pas certain que le chantre Roland , cité comme une célébrité dans son domaine, devienne moine à Gorze, *Vita Iohannis* p. 342.

89. Cet auteur meurt vers 1050. M.HUGLO, Bibliographie des éditions et des études relatives à la théorie musicale du Moyen Age (1972-1987), *Acta musicologica LX fasc VII,* 1988. Je remercie Monsieur Huglo d'avoir attiré mon attention sur ce point du catalogue de Gorze.

90. Sur Odolbert *Vita Deoderici*, MGH SS IV, p. 470, sur Jean, *Vita Iohannis*, MGH SS IV, p. 362 *claustrum muro in modum castri undique circum sepsit*, Henri, mention du nécrologe au 1.V, voir plus haut.

91. Saint-Arnoul possédait la règle de saint Basile, Metz BM 395.

92. PL 174, col 1260. M.DIAZ Y DIAZ, La circulation des manuscrits dans la péninsule ibérique du VIIIe au XIe s., *Cahiers de civilisation médiévale*, 1969, p. 221 et 233.

93. Adalbéron archevêque de Reims (969-989) et Rothard évêque de Cambrai (974-995) MGH SS VII, p. 443 *cum quo amicitiam et familiaritatem a puero tenebat ex quo uidelicet in scolis Gorziensis monasterii pariter condiscipuli extiterant*, Adalbéron II évêque de Metz (984-1005) MGH SS IV, p. 660 *Scolaribus disciplinis apud Gurgientenses*, Héribert archevêque de Cologne (999-1021) et chancelier d'empire, MGH SS IV, p. 741 *Florebat... in Gorzia districtus cœnobitarum feruor... Quod ubi fidelis adolescentis, aures serio attigit, omni instantia eo peruenire statagit, nec desistit donec uotum*

NOTES DU CHAPITRE III

effectu perfecit, Herrand abbé d'Ilsenbourg et évêque d'Halberstadt (1070-1102) M.PARISSE, *Le nécrologe de Gorze,* Nancy, 1971, p. 88 (24,X).

94. H.ZIELINSKI, *Der Reichepiskopat in spätottonischer und salicher Zeit (1002-1125),* Teil 1, Stuttgart, 1984, p. 83-84.

95. *De interpretibus diuinarum scripturarum,* PL 131, 993-1004 particulièrement chapitre VI *De libri ornando sacerdotio necessariis,* col 998-1000. Edition critique : E. RAUNER, *Mittellateinische Jachbuch,* 21 (1986), p. 34-69.

96. A son séminaire de l'EPHE.

97. A Saint-Evre : *canonum uolumina xiv.* A Stavelot : *Septem libri canonum.*

98. P.FOURNIER G.LEBRAS, *Histoire des collections canoniques en Occident* I, Paris, 1931, p. 277 sq. ; H.LECLERCQ, Les diverses rédactions des canons de Nicée, HEFELE-LECLERCQ, *Histoire des conciles* I,2, Paris, 1907, app. VI, p. 1139 sq. ; GAUDEMET, *Les sources,* p. 29sq.

99. Ed. *Concilia Galliae,* CC 147 A, Brepols, 1963, p. 200-203. Le texte commence par *Primo in loco unitatem,* mais les compilateurs prennent des libertés avec les textes qu'ils utilisent, HOESCH, *Die kanonische Quellen,* p. 190-191. Les canons 1, 4 et 5 traitent des rapports des évêques entre eux, O.PONTAL, *Histoire des conciles mérovingiens,* Paris, 1989, p. 166-169. Ce texte est parfois cité dans les collections canoniques plus vastes, J.GAUDEMET – B.BASDEVANT, *Les canons des conciles mérovingiens (VIe-VIIe siècles),* II, SC 354, 1989, p. 402-409.

100. FOURNIER-LEBRAS, *Collections,* I, p. 142-145. A.HUMBERT, Angilramne, *DHGE,* c. 125-127. La paternité de ce texte est attribuée par une partie des sources à Angelram qui l'aurait utilisé pour plaider sa cause à Rome, mais les plus anciens manuscrits l'attribuent à Hadrien qui l'aurait envoyé à l'évêque dans le même but. On ignore de quelle affaire il s'agirait.

101. Traduction par Denys le Petit des canons grecs en commençant avec Nicée, Collection romaine donnée à Charlemagne par Hadrien.

102. Collection d'origine espagnole apparue à l'époque carolingienne.

103. FOURNIER-LEBRAS, *Collections,* I, p. 104.

104. FOURNIER-LEBRAS, *Collections,* I, p. 108.

105. ed. Baluze, *Capitularia regum francorum* I, Paris, 1677, col 697, PL 97, c.489 sq., MG Leges II, 1 p. 394 sq. Anségise, abbé de Luxeuil et de Saint-Wandrille, missus en Espagne et en Italie est apparenté à la dynastie carolingienne, K.F.WERNER, Gouverner l'empire chrétien, dans *Charlemagne's heir,* Oxford, 1990, p. 85.

106. ed. Baluze, *Capitularia regum francorum* I, Paris, 1677, col 1233-1284. FOURNIER-LEBRAS, *Collections,* p. 206

107. FOURNIER-LEBRAS, *Collections,* I, p. 244-267.

108. HOESCH, *Die kanonische Quellen,* p. 190-191.

109. La bibliothèque de l'abbaye de Saint-Gérard au XIIe siècle, *Annales de la société archéologique de Namur,* IX (1867), p. 340-349.

110. G.BECKER, *Catalogi Bibliothecarum antiqui,* Bonn, 1885, n° 76, p. 178-181.

NOTES DU CHAPITRE III

111. Ceux-ci devaient faire l'objet d'un catalogue autonome, quelques manuscrits d'auteurs classiques et d'ouvrages scolaires ont en effet subsisté. R.LAUFNER, Vom Bereich der Trierer Klosterbibliothek St. Maximin im Hochmittelalter : *Armaria Trevirensia* (1960), p. 7-35. On attribue parfois à l'importante école à Saint-Maximin la paternité de l'*Ecbasis captivi*, poème écrit à la fin du XIe siècle soit à Saint-Evre de Toul (E.VOIGT, ed. Quellen und Vorschungen, 8 (1975), soit à Saint-Maximin de Trèves (K.ERDMANN, *Deutsches Archiv*, 4 (1941).

112. Berlin, Phill. 4313, XIe s., manuscrit de droit canon provenant de Saint-Maximin, contient les canons du concile de Carthage.

113. Bruxelles bibl.roy. II, 976 Xe s. provenant de l'abbaye Saint-Ghislain semble être passé par Saint-Maximin.

114. Un manuscrit du IXe siècle de Grégoire de Tours actuellement à Cambrai provient de Saint-Maximin, MGH Script.rer.merov. II, p. 221-222.

115. Plutôt que de la vie d'Eginhard qui ne traite que de l'empereur, il pourrait s'agir des *Gesta* de Notker de Saint-Gall.

116. On remarque la *Dionysiana* et une autre collection de canons, l'Histoire ecclésiastique d'Eusèbe, la concordance des règles de Benoît d'Aniane, une vie de saint Vanne, quelques textes de patristique surtout Augustin, un ouvrage de Boèce sur l'arithmétique, un d'Isidore de Seville sur l'Astronomie, le *de Trinitate* d'Alcuin. F.J.RONIG, Die mittelalterlichen Bibliotheken in Verdun, *Jahrbuch für westdeutsche Landesgeschichte*, 4 (1978), p. 65-72. Plusieurs ouvrages liturgiques avaient été copiés et enluminés sur l'ordre de Richard, A.M.TURCAN-VERKERK, Le scriptorium de Saint-Vanne sous l'abbatiat de Richard (1004-1046), *Scriptorium* 46 (1992,2), p. 204-223.

117. T.GOTTLIEB, *Über mittelalterlichen Bibliothekskatalogen*, Leipzig, 1890, p. 284-291, nll. ed. J.GESSLER, Les catalogues des bibliothèques monastiques de Lobbes et Stavelot, *Revue d'Histoire ecclésiastique*, 29 (1933), p. 89-96.

118. Les canons dits apostoliques, HEFELE-LECLERCQ, *Histoire des conciles* I,2, Paris, 1907, app. IX, p. 1203 sq. ; J.GAUDEMET, *Les sources du droit de l'Eglise en Occident du IIe au VIIe siècle*, Paris (CNRS), 1985, p. 24. Ces textes insistent sur les fondements de la foi et la dignité épiscopale.

119. K.F.WERNER, L'Historia et les rois, dans *Religion et Culture autour de l'an Mil*, Paris, 1990, p. 135-144.

120. *Vita Popponis*, MGH SS XI, p. 314. Poppon met en fuite cette armée de démons, mais l'auteur a auparavant attribué comme origine aux songes *ventris plenitudine, inanitate, illusione, cogitatione simul et illusione, revelatione, cogitatione simul et revelatione* (p. 311) en s'appuyant sur Grégoire le Grand et Macrobe.

121. RONIG, Die mittelalterlichen Bibliotheken, p. 76-77. L'original se trouve à Florence, Bibl. Laurentienne Plut.xxix 24f70.

NOTES DU CHAPITRE III

122. R.FAWTIER, La bibliothèque et le trésor de l'abbaye de Saint-Evre-lès-Toul à la fin du XIe siècle., *Mémoires de la société Lorraine d'archéologie*, 1911, p. 123-153. Voir plus bas la réforme à Toul.

123. Bayerische Staatsbibliothek, Clm 10292-I.

124. GAUDEMET, *Les sources*, p. 65-72.

125. M.PAULMIER, La bibliothèque d'une abbaye lorraine au XIe siècle, dans *Ecriture et enluminure en Lorraine au Moyen-Age*, Nancy, 1984, p. 77-105. J.VEZIN, Un manuscrit messin, Id. Les manuscrits en Lotharingie autour de l'an Mil, dans *Religion et culture autour de l'an mil*, Paris, 1990, p. 309-314. L'évêque Abraham de Freising (957-994) fit copier plusieurs manuscrits à Saint-Evre.

126. Le premier, de 1673, établi de façon très précise, a été édité par Ph.LAUER, Les manuscrits de Saint-Arnoul de Crépy, *Bibliothèque de l'école des Chartes*, 63 (1902), Paris, p. 501-514, comme le catalogue de Saint-Arnoul de Crépy, mais R.ETAIX, Sermon inédit de saint Augustin sur l'amour des parents, *RB*, 86 (1976), p. 38 n.1, a montré qu'il s'agissait de Saint-Arnoul de Metz. Le second est inédit, Paris, BN lat.11902, f.126-130.

127. Metz, BM 221 perdu, ed. Cat. Gal. des mss des Bibl. Publ. des Dpts. V, Paris 1879, n°221.

128. H.HOESCH, *Die kanonische Quellen im Werk Humbert von Moyenmoutier*, Böhlau Verlag, Köln-Wien, 1970, p. 180-194.

129. Metz, BM 351. PL 124, c.1001sq. FOURNIER-LEBRAS, Collections, I, p. 215-216. Ce manuscrit contenait aussi les eglogae officio missae d'Amalaire. P.R.McKEON, *Hincmar of Laon and Carolingian Politics*, Urbana, 1978.

130. Gotha bibliothèque ducale II, 131, IXe-Xe siècle, prov. Saint-Symphorien de Metz. L.TRAUBE - R.EHWALD, *Jean-Baptiste Maugérard, ein Beitrag zur Bibliotheksgeschichte, Paleographische Forschungen III*, München, 1904, n°21, p. 360, R.SCHIPE, *Die Maugérard-Handschiften der Forschungsbibliothek Gotha*, Gotha, 1972, p. 88-89.

131. Le même liste cite *Liber de utilitate penitentiae* et *Liber de iiij fundamentis religionis*.

132. Metz, BM 134, VIIIe s., perdu, *Sancti Gelasi papae ... de catholicis scripturis qui sunt uel non recipiendi*, E.von DOBSCHÜTZ, Der Decretum Gelasianum de libri recipiendis et non recipiendis (Texte und Untersuchungen zur Geschichte der Altchristlichen Literatur 38), Leipzig, 1912, p. 77. Certains textes de ce manuscrit, dont celui-ci, furent recopiés en partie dans un autre manuscrit de Saint-Arnoul, Metz BM, 145, XIe s., perdu.

133. Metz, BM 51 : *Si quis a medicis per langorem...*

134. Metz, BM 226, perdu, *Libellus de religione oblationum Dei directus Pipino regi Francorum... incipit « Inclito caelestisque gratia regio munere insigniter sublimato domino regi Pipino ... sacerdotum apud Aquasgrani »*. Il faut sans doute lier ce texte à l'action réformatrice de Chrodegang et de Pépin qui a fait un temps de Metz un centre de production canonique.

NOTES DU CHAPITRE III

135. Metz, BM 236, perdu, contenait l'ensemble de ces textes en trois livres : 1) *Constitutio* « *omnibus uobis* » 2) *Ordo de celebrando concilio* : inc. *Horo diei prima ante solis* 3) *de utilitate penitentiam* : « *Excepto baptimatis munere* ». C'est à la suite de ce dernier texte que se trouvaient des canons traitant de la juridiction et des biens d'Eglise. Ce texte est proche de celui d'un manuscrit de l'Ambrosienne de Milan (A 46). P.FOURNIER, Un groupe de recueils canoniques inédits du Xe siècle, *Annales de l'Université de Grenoble* t.II, 1899, 383-86 ; FOURNIER-LEBRAS, *Collections*, I, p. 205-206, n.1.

136. Paris, BN lat.9654. Un autre manuscrit messin, mais dont on ignore la provenance exacte, contenait les *Leges Longobardorum Alamanorum et Baiuuariorum* (Paris, BN lat.4614 f.1-84) et la *lex Visigothorum* (Paris, BN lat.4669), J.VEZIN, Un manuscrit messin, p. 163.

137. Berlin, Phill. 3711, XIe s. Le contenu est identique à celui du manuscrit 1979 de Troyes, FOURNIER-LEBRAS, *Collections*, I, p. 272. Est ce le manuscrit décrit dans la liste du manuscrit Metz 221, *C.Flavius ad Theodosium, de concilio in Nicea facto* ?

138. Metz, BM 100, perdu, ce texte se trouvait à la cathédrale de Verdun, Paris, BN lat.15392, XIe s., FOURNIER-LEBRAS, *Collections*, I, p. 235 sq.

139. Edité par L.DELISLES, Le cabinet des manuscrits de la Bibliothèque Nationale t.II, p. 458sq. reconnaît Hugues III dans l'abbé Hugues, sous l'abbatiat duquel ce catalogue a été réalisé, car plusieurs livres sont d'auteurs du XIIe siècle. LESNE, *Scriptoria*, p. 524-533, date aussi le catalogue du XIIe s. mais souligne l'ancienneté de la plupart des ouvrages. On a donc considéré que le seul témoin du XIe siècle clunisien était la liste de lecture de carême, A.WILMART, Le convent et la bibliothèque de Cluny, vers le milieu du XIe siècle, *Revue Mabillon*, XI (1921), p. 89-124. Cependant V. von BÜREN, Le grand catalogue de la bibliothèque de Cluny, dans *Le gouvernement d'Hugues de Semur à Cluny, Actes du colloque scientifique international, Cluny, septembre 1988*, CNRS, 1990, p. 245-263, montre que l'essentiel des ouvrages correspond à une bibliothèque a caractère fortement carolingien, que les ouvrages plus récents sont placés au hasard dans le catalogue et que celui-ci a donc été réalisé sous Hugues de Semur.

140. KOTTJE, Klosterbibliotheken, p. 366sq., souligne l'importance des songes hostiles à ces auteurs dont la référence est saint Jérôme.

141. GAUDEMET, *Les sources*, p. 129sq. PL 67 c.139sq.

142. Paris, BN nv.acq.lat.2253. L.Delisles, inventaire du fonds de Cluny 78. Ce texte répand l'idée de la primauté de Rome, régularise le principe des appels à Rome quand les évêques sont concernés, limite le pouvoir des métropolitains, rétablit le caractère sacré de la propriété ecclésiastique et s'attache à défendre l'Eglise contre les usurpations laïques. L'importance de ces idées réformatrices explique l'adoption de ce texte par la réforme grégorienne. FOURNIER-LEBRAS, *Collections*, I, p. 171 sq.

NOTES DU CHAPITRE III

143. FOURNIER-LEBRAS, *Collections*, I, p. 364-421. Burchard s'inspire de Réginon et de la collection *Anselmo dedicata*.

144. FOURNIER-LEBRAS, *Collections*, II, p. 55-114. Yves de Chartres s'intéresse à l'accord entre les deux pouvoirs et a une attitude irénique, bien qu'il défende l'indépendance de l'Église. La présence de ce texte à Cluny témoigne de l'intérêt envers la réforme grégorienne.

145. M.JUGIE, art. Pénitence, *Dictionnaire de Théologie Catholique*, t.12, c.742 sq.

146. W.ULLMANN, Historical jurisprudence, historical politology, and the history of the Middle Age, dans *Jurisprudence in the Middle Age*, London, 1980, p. 199sq.

NOTES DE L'INTRODUCTION
DE LA DEUXIÈME PARTIE

1. J.SEMMLER, Iren in der lothringische Klosterreform, dans *Die Iren und Europa*, Stuttgart, 1982, p. 941-57.

2. H.J.KRACHT, Gross St. Martin, *Germania Benedictina 8*, Munich, 1980, p. 276-84. *Mariani Scotti chronicon*, MGH SS V, p. 555 a. *975 Ebergerus, archiepiscopus Coloniensis immolauit Scottis in sempiternum monasterium sancti Martini in Colonia. Quibus primus abbas preerat Minnbotinus scottus annis 12.* L'abbaye fut dirigée par Minnborius 975-986, Kilian 986-1003 *Mariani Scotti chronicon*, MGH SS V, p. 556 a. *986 Minnborinus abbas Scottorum monasterii sancti Martini in Colonia obiit 15 Kal. Aug. Kilianus abbas Scottus successit annis 16*, Helias, abbé de Saint-Martin et Saint-Pantaléon (*Mariani Scotti chronicon*, MGH SS V, p. 555 a. *1003 Kilianus abbas scottorum S. Martini Coloniensis obiit a. 1004 Helias Scottus post eum successit annis 20.* Id. p. 556 *propter religionem districtam disciplinamque nimiam et propter aliquos scottos quas secum habebat Helias scottus abbas qui monasterium sancti Pantaleoni et sancti Martini in colonia pariter regebat*, Maiol 1042-1061, *Mariani Scotti chronicon*, MGH SS V, p. 556 a. *1042 Helias scottus abbas obiit... successit Maiolus Scottus*, Foillanus 1061-1068.

3. D.MISONNE, *Eilbert de Florennes. Histoire et légende. La geste de Raoul de Cambrai*, Louvain, 1967. D.MISONNE, Le moine Kaddroë et ses fondations de Saint-Michel en Thiérache, de Waulsort et de Saint-Clément de Metz, dans *Au pays des rièzes et des sarts* 22, 85 (1981), p. 414-24. A.DIERKENS, *Abbayes et chapitres entre Sambre et Meuse VII-XIe siècles, contribution à l'histoire religieuse des campagnes du haut Moyen Age*, Sigmaringen, 1985. *Nécrologe*, 6 mars Bernier, premier abbé d'Homblières (948-982/88), p. 17-20.

4. *Vita Gerardi episc. Tullensis*, MGH SS IV, p. 503.

5. *Nécrologe*, 21.I *Marcolanus, istius monasteri mon. et sac. et abbas s. Michaelis.*

6. R.POUPARDIN, *Cartulaire de Saint-Vincent de Laon*, 1902, acte 3 du 1er octobre 961, *Euocatis igitur a monasterio sancti Benedicti supra Ligerim sito duodecim monachis, uenerabilem eis Melchalannum prefeci abbatem eumque cum supradictis monachis in eodem cenobio ad Deo seruientum*

NOTES DE L'INTRODUCTION

constitui, M.BUR, Saint-Thierry, p. 42. Comme Gorze au moment de la réforme, Saint-Vincent a du mal à récupérer ses terres. L'abbé Maccalan les réclame à l'évêque Rorico dans le *Dialogus de statu sanctae ecclesiae*, ed.H.Löwe, *Deutsches Archiv* 17 (1961), p. 68-90.

7. Meerman Phill. 1830, ed. MGH SS XV, 2 p. 1293-95.

8. M.PARISSE, La vie religieuse en Lorraine au XIe siècle, *Sacris Eruditi*, XX (1971), p. 11-38. Nécrologe de Saint-Clément, *ii ides oct Gerardus reclusus monachus et sacerdos s. Gorgonii*. La chapelle Saint-Thiébault près de Gorze, dédiée à un saint ermite fut peut-êtreoccupée par un ermite. Les ermites ne se rencontrent pas qu'à Gorze : dès le IXe siècle certains sont mentionnés à Metz, où fut écrite la Règle des Solitaires de Grimlaïc, J.LECLERCQ, Reclus et recluses à Metz durant le Moyen Age, *Revue ecclésiastique du diocèse de Metz*, 1953, p. 356 sq, M.C.CHARTIER, Grimlaïc, *DHGE*, c.273-274.

9. *Gorze-Kluny*, p. 282-316, *Lothringische Mischobservanz*.

10. *Gesta episc. Virdunensium*, MGH SS IV, p. 48, *Fingenii abbatis huius ecclesiae successor factus est... erat tunc ipsa ecclesia rebus inops, edificiis angusta, parum laudabilis conuersatione religiosa, quam nonnisi septem scotti monachi sub abbate suo, tamen magnae sanctitatis uiro, nomine Fingenio incolebant*.

11. J.PEROND, Les comtes de Verdun aux Xe-XIe siècles dans *La Maison d'Ardenne Xe-XIe siècles*, publication de la Section historique de l'Institut G.-D. de Luxembourg, 95, Luxembourg, 1981, p. 153-182.

12. Ils organisent, en 1023, une rencontre entre Henri II et le roi de France Robert II, I.VOSS, La rencontre entre le roi Robert II et l'empereur Henri II à Mouzon et Ivois en 1203, Un exemple des relations franco-allemandes au Moyen Age, *Annales de l'Est* (1991), p. 6.

13. *Chron. s. Huberti*, MGH SS VII, p. 575, *Vita Theoderici abb. s. Huberti*, MGH SS XII, p. 45. A.DESPY-MEYER - P.P.DUPONT, Abbaye de Saint-Hubert, *Monasticon Belge V, province de Luxembourg*, Liège, 1975, p. 32-36.

14. Richard est connu par la *Vita Richardi abbas s.Vitoni Virdunensis*, MGH SS XI, p. 280-290, qui s'inspire du livre II de la *Hugonis Chronicon*, MGH SS VIII, p. 368-502. H.DAUPHIN, *Le bienheureux Richard, abbé de Saint Vanne de Verdun, mort en 1046*, Bibliothèque de la revue d'histoire ecclésiastique XXIV, Louvain-Paris, 1946 et Id., Monastic Reforms from the Tenth Century to the Twelth, *Downside Review* 70 (1952), p. 62-74, a montré que Saint-Vanne ne devint jamais un prieuré clunisien, que sa réforme est indépendante de Cluny, mais aussi de celle de Gorze, beaucoup plus que K.Hallinger ne le soutenait.

15. A défaut de Richard lui-même, certains de ses disciples et successeurs sont mentionnés au *Nécrologe* : Warner de Saint-Vanne de Verdun (moine de Saint-Bénigne et abbé de Saint-Vanne, *Nécrologe*, 18.III, cité le même jour à Saint-Bénigne, mais dont on ignore les dates) ainsi que trois moines de cette abbaye ; Waleran de Saint-Quentin (1037-1041), disciple de

NOTES DE L'INTRODUCTION

Richard, *Nécrologe*, 9.I ; Etienne de Saint-Urbain (1048-1104), qui succéda à Richard dans cette abbaye, *Nécrologe*, 24.I.

16. ed. E.SACKUR *Neues Archiv* 15 (1890), p. 126-132.

17. *Vita Popponis*, MGH SS XI, p. 294-303.

18. *Id.*, p. 303

19. *Id.*, p. 311-312 *Theodericum... in regendo sancti Maximini coenobio pastoralitatis curam subire.* Jean mourut en 1032, il est cité au nécrologe de S.Arnoul le V ides de Juillet, *Iohannes abbas sancti Maximini.*

20. *Id.*, p. 305 *apud sanctum Eucharium etiam Treueris Bertulfum in regimine prouendo roborauit quod sibi gratia regendi archipresul Poppo condonauit*

21. *Id.*, p. 305 *apud Bruwillarium uero... Ellonem... prefecit.*

22. *Id.*, p. 309 *in regimine Bernardum succedere iubebat*, *Vita Wolphelmi*, MGH SS XII, p. 183 *sanctumque Maximinum in treuerica urbe expetiit, ubi sub uenerabilis patris Bernardi regimine...*

23. *Id.*, MGH SS XI, p. 305, *per Theodericum Mettensium... archipraesul Poppo condonauit... Metis apud Sanctum Vincentum praefecit Heribertum.*

24. *Id.*, p. 305 *in Walciodoro Lambertum.* Lambert (1048-1070) avait été prieur à Saint-Maximin, *Nécrologe*, 20 III.

25. *Vita Popponis*, MGH SS XI, p. 305 *in Willario Theodoricum.*

26. *Chron. s. Huberti*, MGH SS VII, p. 575, *Vita Theod. abb. s. Huberti*, MGH SS XII, p. 45, DESPY-MEYER-DUPONT, Saint-Hubert, p. 32. Voir supra Richard.

27. *Vita Popponis*, MGH SS XI, p. 302 *Heinrico imperatori beatum Popponem subrogare animo insedit, quod ut fieret Richardum abbatem tunc secum in consilis agentem humiliter conuenit.*

28. *Id.*, p. 305 *Lintburg in Vosago situm... tum Iohannem nepotem suum.*

29. *Id.*, p. 305 *apud Traiectum... ab Adalboldo eiusdem ciuitatis episcopo coenobium sancti Pauli regendum suscepit. Adaboldus sui administrationem commendauit.* Il en fut abbé avant 1026, date de la mort de cet évêque.

30. *Ruperti chronica sancti Laurentii Leodiensis*, MGH SS VIII, p. 269 et 271, vers 1021, mais il ne parvint pas à s'imposer.

31. *Vita Popponis*, MGH SS XI, p. 305 *Epternaco Humbertum.*

32. *Id.*, MGH SS XI, p. 305 *Everhelmus quoque in Altomonte rector coepit haberi*, Everhelm, qui donna l'extrême onction à Poppo, est l'auteur de sa *Vita*.

33. *Id.*, p. 305 *Heribrandus in cella sancti Gisleni.*

34. *Id.*, p. 305 *in Wizenburg Folmarum*, mort le II des ides de Mai (Necr. d'Echternach) 1043, *Lamperti Annales*, MGH Scrip. rer. germ., p. 49.

35. *Vita Popponis*, MGH SS XI, p. 305 *in Busendorf sub Conone* ; CALMET, Histoire de Lorraine, I, preuves, 543, *Fondation de Bouzonville*, MGH SS XV, 2, p. 977-80. Conon, premier abbé de Bouzonville, choisi vers 1033 par le fondateur, le comte Adalbert, obtint une bulle de Léon IX pour son abbaye. *Nécrologe*, 8.III.

NOTES DE L'INTRODUCTION

36. *Gesta abb. Trud.*, MGH SS X, p. 262.

37. *Vita Popponis*, MGH SS XI, p. 305, *a prefato iussus rege primus successit, rectoresque singulos in singulis ingessit : apud Herosfeldiam quidem Ruodonem. Lamperti Annales*, MGH Scrip. rer. germ., a. 1031 *Arnoldus abbatiam Herueldensem perdidit... Rudolfus uero abbatiam Herueldensem suscepit. Lamberti liber de institutione Herueldensis ecclesiae*, MGH Scrip. rer. germ., p. 350 *Godehardus... successit Herueldiae Arnoldus ex preposito eiusdem loci abbas districtae seueritatis uir... accusatus abbas Arnoldus deponitur Rudolfus de monasterio Stabulaus abbas hic institutur, Italus genere, mitis pater et beniuolus, in Dei seruicio uigilantissimus et preuis.*

38. *Annales Hildesheimenses*, MGH Scrip. rer. Germ., p. 37 *a quo* (Rudolf) *imperatoris decreto inibi mutata est monachica consuetudo.*

39. *Lamperti Annales*, MGH Scrip. rer. germ., a. 1036 *Rudolfus abbas Herueldensis ordinatur episcopus Podelbrunnon, Vita Popponis*, MGH SS XI, p. 305 *Pathalabornensem postea antistitem.*

40. *Vita Popponis*, MGH SS XI, p. 305 *ad sanctum Gallum uersus Alpium iuga Norbertum.* Abbé de 1034 à 1072.

41. *Casus S. Galli*, MGH SS II, p. 142, *quae a Gallis patimur, monachorum scismatis.* Poppon devait être très autoritaire, car à sa mort Lambert de Waulsort déclara qu'il allait enfin pouvoir être vraiment abbé. *Historia Walcidiorensis monasterii*, MGH SS XI, p. §li, p. 527.

42. *Id.*, p. 121 Ekkehard critique les *nouitas Popponis.*

43. *Casuum S. Galli cont.II*, MGH SS II, p. 155, *ecclesiam ampliauit, fratres amauit, praebendam adauxit.*

44. *Id.*, p. 156, *in uigilia sui patroni Remacli, cuius festiuitatem solempnizandam hic instituit.*

45. *Id.*, p. 305 *rectoresque singulos in singulis ingessit*

46. MGH dipl. V, 72.

47. CALMET, *Histoire de Lorraine*, II, preuves, col.ccciv.

48. Verdun, BM ms 8.

49. F.J.RÖNIG, Die Mittelalterlichen Bibliotheken in Verdun, *Jahrbuch für Westdeutsche Landesgeschichte*, 4 (1978), p. 61-79.

50. N.HUYGHEBAERT, *Saint-Airy et la diffusion des coutumes clunisiennes (1032-1139)*, Louvain, 1944 ; *Gorze-Kluny*, p. 306.

51. *Poème au roi Robert*, ed.C.Carozzi, v.114 *Nam dominus meus est rex Oydelo Cluniacensis*, Adalbéron a peut-être étudié à Gorze à laquelle il est lié par ses origines familiales.

52. M.PACAUT, La formation du second réseau monastique clunisien (v.1030-v.1080, dans *Naissance et fonctionnement des réseaux monastiques et canoniaux, Actes du premier colloque international du C.E.R.C.O.M.*, Saint-Etienne, 1991, p. 43-51.

53. H.JAKOBS, *Die Hirsauer. Ihre ausbreitung und Rechstellung im Zeitalter des Investiturstreites*, Köln-Graz, 1961.

54. *Chronicon Laureshamense*, MGH SS XXI, p. 430, a.1105 *quibus ipsius ecclesiae nutritii fratres pro defensione Gorziensis seu Cluniacensis ordi-*

NOTES DE L'INTRODUCTION

nis, quem ab antiquo traditum seruauerant, acrius obnientes, Hirsaugiensem factione paene omnes domo propulsi ac aliquandiu dispersi sunt.

55. Schwarzach, Pegau, Theres, Saint-Etienne de Wurzbourg, Saint-Burchard de Wurzbourg, Michelsberg de Bamberg, Reinhardsbrunn, Saint-Pierre d'Erfurt.

56. G.MICHIELS, Gislebert de Hirsau, *DHGE* 21, 1986, c.27 ; JAKOBS, *Die Hirsauer*, p. 39-44, et J.SEMMLER, Lampert von Hersfeld und Gislebert von Hasungen, *Studien und Mitteilungen zur Geschichte des Benediktiner Ordens und seiner Zweige*, 67 (1956), p. 261-274.

57. JAKOBS, *Die Hirsauer*, p. 40, n.43.

58. Id., p. 39, n.38.

59. J.SEMMLER, Lampert von Hersfeld, p 270-71.

NOTES DU CHAPITRE IV

1. J.WOLLASCH, Der Einfluss des Mönchtum auf Reich und Kirche vor dem Investiturstreit, dans *Reich und Kirche vor den Investiturstreit*, Siegmaringen, 1985, p. 35-48.
2. La réforme de Gorze est souvent mise en relation avec celle d'autres abbayes. Dans le diocèse de Cologne, Gorze est mise sur le même plan que Cluny et Siegburg *Vita Annonis*, MGH SS XI, p. 476 *alii ex Gorzia, alii ex Cloniaca, alii ex Siegeberg, alli ex aliis monasteriis monachos euocantes*. A Lorsch, Cluny et Gorze sont mises sur le même plan, par opposition à Hirsau. *Codex Laureshamensis*, p. 417 *pro defensione gorziensis seu cluniacensis ordinis quem ab antiquo traditum seruauerant*. A Kremsmünster, Thierry est présenté comme proche d'Hirsau *Bernardi Crem. Hist.*, MGH SS XXV, p. 670, *assuptis consuetudinibus cluniacensibus, quas sanctus Udilo tradiderat et miserat Wilhelmo abbati Hirsaugiensi cum quo etiam contraximus fraternitatem*. *Vita Altmanni*, MGH SS XII, p. 232 *Theodericum abbatem ibi praefecit qui monastici tramitis sectatores de Gorze adduxit, quos sub magisterio beati Benedicti per normam regularis uitae uerbis et exemplis*... Seul Ekkebert échappe à ce système de comparaison. *Lamperti Annales*, MGH Script Rer Germ. 8, 1894, p. 128 *Ekebertus, Gorziensis disciplinae monachus*.
3. M.PARISSE, *Le nécrologe de Gorze, Contribution à l'histoire monastique*, Nancy, 1971, d'après BN coll. de Lorraine 284, f.228-306. Cité *Nécrologe*.
4. E.MÜSEBECK, Die Benediktiner Abtei Sankt Arnulf von Metz in der ersten Hälfte des Mittelalters, *Jahrbuch der Gesellschaft für lothringische Geschichte und Altertumskunde*, 13 (1901), p. 164-244. R.S.BOUR, Die Benediktiner Abtei S. Arnulf vor den Metzer Stadt Mauern, *Jahrbuch der Gesellschaft für lothringische Geschichte und Altertumskunde*, XIX-XX (1908).
5. A la fin du VIIe siècle, la basilique est desservie par des clercs, mais Grégoire de Tours, *Historia Francorum* l.VIII, c.21 parle déjà d'une communauté monastique à Metz à la fin du VIe siècle, sans précision, il s'agit sans doute des Saint-Apôtres. H.ATSMA, Les monastères urbains, *La christianisation des pays entre Loire et Rhin, IV-VIIe siècles*, Paris, 1993, p. 179. N.GAUTHIER, *Topographie chrétienne des cités de la Gaule, 1. Province ecclésiastique de Trèves, Belgica Prima*, Paris, 1986, p. 49.

NOTES DU CHAPITRE IV

6. BOUR, *Die Benediktiner Abtei*, p. 125, situation comparable à celle de Nivelles pour les Pippinides. E.GIERLICH, *Die Grabstätten der rheinischen Bischöfe vor 1200*, Mainz, 1990, p. 87-141.

7. *Gesta episcoporum Mettensium*, MGH SS X, p. 539. *Vita* : Metz BM ms 814, BHL 1735 (AASS. fête le 8.VI, p. 125-135). Une source importante pour l'histoire de Saint-Arnoul est un recueil de chartes et de légendes nommé *petit cartulaire*. Il en existe deux exemplaires, l'original du XIVe siècle se trouve à Clervaux (ms 107), une copie du XVe siècle se trouvait à Metz (BM 814, disparu). Il contient une histoire de saint Arnoul : des *Vitae* de saint Arnoul, de saint Clou, de sainte Glossinde, des chartes de donations, une *Vita* de saint Amalaire, d'autres chartes de donation, les épitaphes des personnages enterrés à Saint-Arnoul, les actes de la réforme d'Adalbéron, un résumé de l'histoire des abbés de Saint-Arnoul après 940, une liste des biens de Saint-Arnoul. P.SALMON, Les manuscrits du petit cartulaire de Saint-Arnoul, *RB* (1932), p. 260-62.

8. *Gesta ep. Mett.*, MGH SS X, p. 541 *Corpus eius sepelitur est in ecclesia sancti Iohannis euangelistae Mettis ubi et Lodouicus Pius imperator frater eius quiescit feliciter cum matre sua Hildegarda regina.*

9. La lignée carolingienne est supposée descendre d'un sénateur Gallo-romain, d'origine troyenne et d'une femme d'origine germanique, G.OEXLE, Die Karolinger und die Stadt des heiligen Arnulf, *Frühmittelalterlichen Studien*, I (1967), 250-365. Textes dans MGH SS XIII, p. 245-46 ; MGH SS XXV, p.3381-84. La construction de ces généalogies est nette dès la fin du règne de Charlemagne en particulier sous l'impulsion d'Angelram, K.U.JÄSCHKE, Die Karolingergenealogien aus Metz und Paulus Diaconus, *Rheinische Vierteljahrblätter*, 34 (1970), p.190-218. M.SOT, Historiographie épiscopale et modèle familial en Occident au IXe siècle, *AESC* 33 (1978). J.SCHNEIDER, Charlemagne et Hildegarde, conscience dynastique et tradition locale, *Autour d'Hildegarde*, 1987, p. 9-18.MGH SS XXV, p.3381-84.

10. Le nom des premiers évêques ressemble plus à une série d'adjectifs qu'à une liste réelle : Clément, Victor, Patient. Ce dernier est simplement cité dans le *Libellus* de Paul Diacre MGH SS II p. 161-62, N.GAUTHIER, *L'évangélisation des pays de la Moselle*, Paris, 1980, p. 95, Querelle sur l'apostolicité de l'évangélisation de Metz.

11. BHL 6482, AASS. I Janvier (fêté le 8) p. 469-70, *Vita* qui se trouve dans le manuscrit 814 de la Médiathèque de Metz, provenant de Saint-Arnoul. L'épisode de la dent de saint Jean, relique confiée à son disciple Patient est particulièrement développé *Suscepit igitur carissimus discipulus dentem dilecti Domini, sicut in munimen sui, sicut pignus pii amoris, sicut propriationem multorum futuram*, cette dent était conservée à Saint-Arnoul.

12. D'après le petit cartulaire de Saint-Arnoul, ce sanctuaire aurait un temps servi de cathédrale, R.BOUR, La plus ancienne cathédrale, *A.S.H.A.L.*, 42 (1933), p. 345-372.

13. Idées reprises dans les *Gesta ep. Mett.* MGH SS X, p. 535, *fuit genere*

NOTES DU CHAPITRE IV

grecus, euangelistae Iohannis discipulus... ecclesiam sancto Iohanni euangelistae... construxit... ubi et ipse postmodum requieuit sepultus.

14. Acte d'Adalbéron, A.D. Mos H.6,1 ed. MEURISSE, *Histoire des évêques*, p. 306 et confirmation par Otton A.D. Mos H.6,2 ed. MGH D. Otto I., n°45.

15. La forme Heribert, qui est celle de la *Vita Iohannis*, MGH SS IV, p. 355 *Heribertus apud sanctum Arnulfum*, n'est pas la seule, on rencontre Albert dans un acte douteux MGH SS XXIV, p. 542 *Ego Albertus monacus Gorziensis notum uobis facio quod Otto diuina prouidentia imperator et Adelbero Mettensis episcopus expulsit canonicis regularibus me abbatem sancti Arnulphi consisterunt*, et Harbert dans une liste de chanoines messins du Xe siècle, D.MISONNE, Les membres du chapitre cathédral de Metz au Xe siècle, dans *Mélanges J.Stiennon*, Liège, 1982, p. 501. Est ce lui qui est cité le xiii kal Juin au nécrologe de Saint-Arnoul, *Heribertus abbas*?

16. A.D. Mos H.6,2 nommé par Adalbéron. MGH SS XXIV, p. 542 *Ansteus... iste sapientia et eloquentia in tantum effloruit, ut ab eo, uelut ab optimo rethore, continuo, cum esse necessere, sermonum mella discurrerent. In architectura quoque pericia non modicum ualuit. Hic primo in monasterio Gorziensis decanus effectus opere et exemplo monstrauit quantum sanctitate et rerum amministratione floreruit.* Sous son abbatiat Saint-Arnoul acquit le prieuré de Lay-Saint-Christophe fondé en 950 dans le diocèse de Toul (A.D. Mos H.151,6). Anstée, mort en 960, *Nécrologe*, 7.IX, *Ansteus istius monasterii mon. et abbas s.Arnulphi.*

17. Un abbé Jean est attesté, MGH Dipl. II,1, n°158, BULST, *Wilhelm von Dijon*, p. 82. La chronique de Saint-Arnoul (BM Metz 814) connaît deux abbés Jean qui se seraient succédé, l'auteur semble avoir confondu avec Jean de Gorze et il lui prête des traits de la *Vita Iohannis*.

18. P.L. 141, 864 *quidam Mettensis clericus, generosis ortus natalibus, nomine Benedictus, breuique in tempore studendo eum imitari, doctrina et conuersatione perfectionem attigit monasticae uitae. Per eius igitur relationem comperit domnus Adalbero mettensis pontifex patris Willelmi religiosam conuersationem a quo suppliciter euocatus atque sancti Arnulphi abbatia donatus, eumdem Benedictum ibidem constituit patrem* ; Metz, BM 814, f.55v-56r.

19. On connaît deux actes de Benoît, l'un après 996 (Metz ms 62, p. 266, ed. MÜSEBECK p. 227-228), l'autre en 1012 (Metz ms 62, p. 274, ed. MÜSEBECK p. 228-229). J.von PFLUGK-HARTTUNG, Antiquitates Arnulfinae, *Neues Archiv*, VII (1882), p. 221.

20. BULST, *Wilhelm von Dijon*, p. 83 n.12 et SCHAMPER, p. 207-8. Il est cité le 3.VIII aux nécrologes de Saint-Bénigne, Saint-Mihiel, Senones, Montierender, Saint-Mansuy, le 4 à Saint-Arnoul (*Benedictus abbas*), Echternach, Saint-Germain des Prés.

21. Nous avons déjà parlé de l'église Saint-Bénigne qui date sans doute de cet abbatiat et se trouve *in suburbio sancti Arnulphi extra muros Mettenses*, voire *in monasterio sita*, Bour, S.Arnulf, p. 30-32.

22. MM E 108 *abbas Wilhelmus Sancti Arnulphi*. Guillaume est mentionné au nécrologe de Saint-Arnoul le 1 I, *Domnus Willermus pie memorie abbas*.

23. La bibliothèque de Saint-Arnoul reflète le culte de plusieurs saints clunisiens ou vénérés dans des abbayes réformées par Guillaume : Metz BM 653, disparu *Dedicatio ecclesiae sancti Michaelis archangeli in occiduis partibus in monte qui dicitur Tumba, Passio sancti Benigni* ; Metz BM 654, disparu *Vita sancti Odonis abbatis Cluniacensis* ; Metz BM 652 disparu *Vita sancti Audoeni* (Ouen). Metz BM ms 377, contenait une lettre sur la mort de saint Maïeul, texte ajouté dans un manuscrit de la Consolation de la Philosophie, D.IOGNA-PRAT, *Agni Immaculati*, Paris, 1988, p. 44-45. Saint-Arnoul possédait des reliques de saint Maïeul, *Dedicationes ecclesiae s.Arnulfi* MGH SS XXIV, p. 547 et 549.

24. *Epistola Warini*, PL 147, c.462 *et domni abbatis Oddonis tunc priorum post abbatum , et iussione praedicti domni abbatis Willelmi ad monasterium sancti Arnulfi...* Il est cité le 7.II aux nécrologes de Saint-Arnoul (*Oddo abbas huius loci*), Saint-Mihiel, Saint-Mansuy, Senones, Saint-Bénigne.

25. Ces liens expliquent la présence d'ouvrages de Jean de Fécamp dans le manuscrit Metz, BM 245, prov. Saint-Arnoul, dont une lettre de Jean à l'impératrice Agnès qui se retira à Fruttuaria, ed. PL 147, 445sq, une complainte sur les fins dernières, ed. *Auteurs spirituels et dévots du Moyen-Age latin*, p. 126-137, le *Libellus de scripturis et verbis patrum collectum*, et une partie de la *Confession théologique*, ed. J.LECLERCQ -J.P.BONNES, *Un maître de la vie spirituelle au XIe siècle : Jean de Fécamp*, Paris, Vrin, 1946. Trad. de ce dernier texte, Ph ? de VIAL, Paris, 1992.

26. *Epistola Warini*, PL 147, 469 *Redeant omnia ad prima initia... Warinus Gorziam*. Nécrologe, 19.XI *Warinus istius monasterii monachus et abbas s.Arnulphi*. Il est mentionné aux nécrologes de Saint-Arnoul (*Domnus Warinus abbas huius loci*), Saint-Clément, Saint-Bénigne, Echternach, Senones (18.XI), Saint-Mansuy (16.XI), Saint-Mihiel (12.XI).

27. Adelman *Rhythmi alphabetici*, PL 143, 1298, *Xerapelinos ornatus cum paucis jugeribus/ Praesul durus denegarant, at tu Mettim profugus/ Multas illic opes nactus, Warine est et conditus*.

28. Si la lettre commençant par *Praeceptori suo A., W. peccator fugere a facie arcus* le concerne bien. Lettre conservée dans le manuscrit Metz BM 37, prov. Saint-Arnoul, f.1v., éd. MABILLON, p. 458. Le destinataire peut être Adelman de Liège, évêque de Brescia, mort en 1061, qui écrivit à Paulin de Metz pour lui demander des renseignements sur Béranger (Voir supra). Sigebert de Gembloux, *De viris inlustribus* ed. WITTE, p. 96, 154, *ex clerico Leodiensis Brixiensis episcopus*. Il avait été élève de Fulbert de Chartres et un extrait du Rythmi Alphabetici est cité dans un manuscrit de Saint-Arnoul : *Vix amissum quereremur Oduiso supersiste Alestanum quantus erat ueteris scientiae Sicut hi quos erudiuit pollent hodie*. PFLUGK-HARTTUNG, Antiquitates Arnulfianae, p. 223. Adelman *Rhythmi alphabetici*, PL 143, 1297-98. H.SILVESTRE, Notice sur Adelman de Liège, évêque de Brescia, *Revue d'Histoire ecclésiastique* lvi (1961), p. 858-871.

NOTES DU CHAPITRE IV

29. *Gesta ep. Mett.*, MGH SS X, p. 543 *Guarinus abbas sancto construxit basilicam Arnulfo, quam sanctus Leo IX dedicauit priuilegioque suo sublimauit.* Une miniature du manuscrit de Berne 292 (f.43) représente cette scène, avec la légende suivante *Hoc ut struxit opus Vuarinus nomine dictus/ Contigit ut nonus Leo benediceret almos.* La dédicace eut lieu le 11 octobre 1049, Bréviaire de Saint-Arnoul de 1332, Metz BM 333, LEROQUAIS, *Bréviaires manuscrits II*, p. 227. Dédicace de l'église, MGH SS XXIV, p. 545-549. Voir *Annexe.*

30. *Dedicationes ecclesiae sancti Arnulfi*, MGH SS XXIV, p. 545-546, *dentem Iohannis uere recondidit in argenta pixide... pignora sanctorum recondidit.*

31. Acte interpolé, mais Warin fit sans doute confirmer en 1049 les biens de l'abbaye, obtint l'autorisation de célébrer la messe en sandales et dalmatique, et la possession de l'abbaye Saint-Clément, cette dernière prétention restant sans suite. A.D.Mos H.5,1 ; *Gallia* XIII c 902, CALMET, *Histoire de Lorraine*, 2e ed. t.II, preuves, c.cccv-cccviii, l'acte est constitué au XIIe siècle d'après un acte faux de 952. M.PARISSE, la reine Hildegarde et l'abbaye Saint-Arnoul de Metz, *Autour d'Hildegarde*, 1987, p. 41-47.

32. Nécrologe de Saint-Arnoul, *Warinus abbas huius monasterii ecclesiae sancti Arnulphi reparator et in eadem tumulatus in capella beatae Mariae cum aliis abbatibus qui tandem huc delatus quiescit in tumulo regum et principium a latere euangelii.*

33. A.D. Mos H 143,1 ed. MÜSEBECK, p. 229-230, *signum Milonis prepositi.* BULST, *Wilhelm von Dijon*, p. 84, n.16.

34. BULST, *Wilhelm von Dijon*, p. 84,n.16. BENOIT, *Histoire de Toul*, p. lxxii-lxxiii. *Milonis abbatis s. Arnulfi.* Milo n'est pas cité dans la *Gallia* XIII, col.893 sq. qui donne pour la période qui suit l'expulsion des chanoines : Heribert (941-944), Anstée (944-960), Jean I (960-977), Jean II ? (977-994), Benoît I (994-1024), Guillaume de Volpiano, Odo (1031-1046), Warin (-1050), Walon (1050-1099). La succession des abbés au début du XIe siècle est connue par une liste nécrologique qui se termine avec l'abbé Warin dans un rouleau des morts édité par L.DELISLES, Rouleaux des morts du IXe au XVe siècle, Paris, 1866, p. 95, *Domno abbati Willelmo successoribusque eius Benedicto, Odoloni, Warino.*

35. Il meurt le 15 XI, le nécrologe de Saint-Clément précise *Milo abbas Sancti Arnulfi*, celui de Saint-Arnoul simplement *Milo abbas.*

36. *Nécrologe,* 19.II *Domnus Walo mon. istius monasterii et abbas s. Arnulphi,* cité à Saint-Arnoul, Saint-Airy, Saint-Mansuy, Senones et Echternach.

37. Cité par Adalbéron dans un acte de 1063, A.D. Mos H 29,5. ed. *Histoire de Metz*, III, p. 93.

38. L'acte date du début de l'épiscopat d'Heriman *postquam auctore deo promoti sumus in huius sancte Mettensis sedis pontifico.* Deux exemplaires en sont conservés. A.D. Mos H 6,4 ed. CALMET, *Histoire de Lorraine*, 2 ed. t.III, preuves v-vii, donne la deuxième version.

NOTES DU CHAPITRE IV

39. Une communauté de prière entre Saint-Remi et Gorze existe en 1132-1150, *Memoria*, colloque ed. par K.SCHMID et J.WOLLASCH, p. 236, d'après le ms. Reims 346, f.169. Dans le *Nécrologe* sont mentionnés l'abbé Hincmar, les moines Cuno et Vidric.

40. *Vita Popponis*, MGH SS XI, p. 296.

41. J.VEZIN, Un manuscrit messin de la première moitié du XIe siècle, dans *Miscellanae codologica F.Masai dicata*, Gand, 1979, Reims BM 1429 est un manuscrit de Constantin de Saint-Symphorien.

42. D'après Guibert de Nogent et Hugues de Flavigny, Manassès avait obtenu son siège par simonie. Guibert rapporte que Manassès reprochait à la condition d'archevêque de Reims d'avoir à dire la messe (*De vita sua* I, 11).

43. *Vetera Analecta I*, 456sq. A.HOCH, Abt Walo von Metz und Erzbischoff Manasses von Reims, *Strassburger Diözesanblatt* XIX, Strasbourg, 1900, p. 222-231 et J.R.WILLIAMS, Archbishop Manasses of Reims and Pope Gregory, *American Historical Review*, 54, 1949, p. 804-824.

44. *Vetera Analecta I*. Il est à Rome vers 1074, peut-être avec Heriman.

45. MGH *Epistolae selectae* II,1, 53 *abbas sancti Arnulfi, uir ut nobis uidetur religiosus et tibi fidelis,, nobis intonuit, quod uelit sub tuo regimine pauper uiuere quam alibi diues et potens. Vult enim, si tibi uidetur, renuntiare abbatiae sancti remigii et tantum uestrae esse contentus.*

46. Grégoire VII lui donna une dispense pour avoir les deux abbayes à la fois. MGH *Epistolae selectae* II,1, 52, p. 79 *Abbas quidem nobis admodum placet et si posset ferre onus ut utrasque Abbatias regeret, Mettensem scilicet et Remensem, laudassemus pro eo, quia uir religiosus et sapiens est.*

47. Il obtint en 1075 une charte d'Heriman concernant Cheminot, A.D. Mos H 42,1. *Domnum Walonem nobis karissimum abbatem coenobii beatissimi confessoris Christi Arnulphi.*

48. MGH *Briefe der Deutsche Kaiserzeit V*, p. 182-185, n°108.

49. MGH *Briefe der Deutsche Kaiserzeit V*, p. 185-187, n°109.

50. *Vetera Analecta I*, p. 457. *Desiderabiliter uenerabili et uenerabiliter desiderabili domno et Patri H. W. peccator, orationem, seruitium.*

51. *Vetera Analecta I*, p. 457-458.

52. *Histoire de Metz par les Bénédictins*, t.III, preuves p. 88. P.DENNIS, L'église d'Olley, *Annales de l'Est et du Nord*, 3 (1907), p. 161-75.

53. Henri confirme, le 16 octobre 1084, un échange entre Saint-Cunibert de Cologne et Saint-Arnoul, peu après l'anniversaire de la dédicace de l'abbaye qui a lieu le 11 octobre. A.D. Mos H 3,4, MGH Dipl. H.IV, n°370. Il est encore à Metz un peu plus tard, comme le montrent les deux actes qui concernent Verdun, MGH dipl.H.IV, n°374 et n°375. Il a probablement connu Walon à cette occasion, celui-ci a pu lui être recommandé par Thierry de Verdun, qui est pro-impérial, connait Walon au moins depuis la fondation d'Olley et le consacre en 1085.

NOTES DU CHAPITRE IV

54. J.FLECKENSTEIN, Heinrich IV. und der deutsche Episkopat in der Anfänge des Investitursstreites, *Adel und Kirche*, Fribourg-Bâle-Vienne, 1968, p. 221-236.

55. *Hugonis Chronicon*, MGH SS VIII, p. 471 : *Anno igitur sequenti persecutione Henrici tyranni Herimannus Metim exiit et sedem cathedrae eius Walo abbas sancti Arnulfi illicite usurpauit. Actum est illic mino Dei iudicio ut cum ad execrationem eius crisma quereretur et allatum esset crisma ab Herimanno confectum episcopum Virdunensis reprobatum crisma quod sanctum erat, proiceret et allato suo, quod ipso contra ius et fas sacrauerat, inde perfieret Walonis sacrationem ne benedictionem patris filius impudens mereretur. Walo tamen, quia patris cubile ascendit, publicam penitentia egit.*

56. Les biens de Saint-Arnoul cédés en fief durent être reconfirmés par Calixte II (A.D. Mos H.5,2 bulle de 1123, confirmant les privilèges de Léon IX, ed. U.ROBERT, Bullaire du pape Calixte II, Hildesheim-New York 1979 (réed. p158-159) *quicquid etiam Guialo abbas preposito episcopi et fratrum Deum timentium consilio a prebenda fratrum alienuit et in feudum dedit, totum ad comunem usum fratrum reuocari precepimus.* F.RUPERTI-G.HOCQUARD, *Hériman, évêque de Metz 1073-1090*, Metz, 1930, p. 40-41, d'après DESCROCHETS, *Histoire de l'abbaye de Saint-Arnoul*, Metz, ms. 63 (disparu), p. 48. La dilapidation explique la reconfirmation des biens par Henri V, A.D. Mos H.3,4.

57. *Chronicon Sigiberti*, MGH SS VI, an.1085 *Hermannus Metensis sibi absenti adjudicatio Episcopatu, iterum urbe pellitur. Imperator in episcopatu Metensium alterum mercenarium supposuit. Chronicon Bernoldi*, MGH SS V, p. 448, Anno 1088 *et ante triennum et alius Guiberti discipulus, Metensis inquam pseudepiscopus, penitentia ductus, epscopatum dimisit.*

58. Lettre de Walon à Gui : *me nuper equo Seiano et auro Tolosano donauerat*, Aulu-Gelle III, 9, on dit « il a le cheval de Sejus » de celui à qui rien ne réussit, « l'or de Toulouse » est utilisé dans le même sens.

59. K.HAMPE, Reise nach Frankreich und Belgien im Frühjahr 1897, *Neues Archiv*, XXIII (1898), p. 649. *Ego Walo sancti Gorgonii indignus monachus, anathematizo omnem errorem.*

60. *Gesta abb.Trud.*, MGH SS X, p. 246 *proque emendatione tam illiciti facinoris positus in coenobio Gorziensi sub disciplina, factus est custos puerorum.*

61. Odo, son successeur, est attesté en 1100.

62. BN lat 4952 f.129-130. ed. BALUZE, *Miscellanea* IV, p. 442-444 (ms provenant de Saint-Arnoul, XIIe siècle). Walon se plaint de la difficulté des temps, de la décadence de l'église et du fait que les princes ne donnent pas l'exemple. Il regrette de ne pouvoir rencontrer l'évêque Gui à Siegburg, car celui-ci est maintenant au-delà du Danube, occupé aux affaires du palais. Gui d'Osnabrück (1093-1101) est le seul évêque contemporain de Walon susceptible de séjourner à Siegburg, dans le diocèse de Cologne, dont Osnabrück est suffragant.

63. Gui écrivit vers 1084-85 un traité contre Grégoire VII, destiné à prouver que l'élection de l'antipape Clément III (Guibert de Ravenne)

répondait aux normes, et que Grégoire VII était schismatique. Gui était alors encore écolâtre d'Osnabrück. *MGH libelli de lite I*, p. 461-470. I.S.ROBINSON, *Authorithy and Resistance in the Investiture Contest, the polemical litterature of the late Eleventh Century*, Manchester, 1981, p. 156-160.

64. *Cartulaire* 140.

65. A.D. Mos H 144,1. ed. *Histoire de Metz*, III, p. 103-4. A.LARET-KAISER, Recherches sur la véracité de la charte de fondation du prieuré Sainte-Walburge de Chiny (1097), *Annuaire de l'institut archéologique du Luxembourg*, 103-104 (1972-73), p. 82-112. La position de Walon pendant la Querelle n'a donc pas entachée son image dans le domaine religieux.

66. *Historia s. Arnulfi*, MGH SS XXIV, p. 526, *1097 Monasterium sancti Arnulfi incenditur*.

67. *Gesta Senonensis ecclesiae* MGH SS XXV, p. 283 *claustro beati Arnulfi quod tunc famosissimum habebatur... Vita Antonii abbatis* MGH SS XXV, *Sancti cenobio tunc illo tempore Walo Arnulfi praeerat, uir clarus et inclitus abbas, deuia sectari nullo modo fas erat ulli*.

68. On ignore quand Antoine devient abbé. Il meurt en 1136, après avoir gouverné l'abbaye pendant 38 ans, disent les *Gesta Senonensis ecclesiae* MGH SS XXV, p. 283. Il serait donc devenu abbé en 1098, pendant l'épiscopat de Poppon. Mais le même texte attribue la nomination d'Antoine à Etienne de Bar (1120-1163), ce qui est beaucoup trop tardif, sans doute parce qu'il fut un protecteur de Senones. La *Vita Antonii* MGH SS XXV, p. 346 dit *Metensis presul fulgebat tunc Herimannus*, donc avant 1090.

69. *Gesta Senonensis ecclesiae* MGH SS XXV, p. 282 *Antonius de Ticino, que Papia dicitur, in territorio Longobardie sito, oriundus fuit, qui se tanto plus honestis decorauit moribus, quanto nobilibus ortus erat parentibus... Ciuitatem quoque Mettensem adiens...*

70. *Gesta Senonensis ecclesiae* MGH SS XXV, p. 282-283.

71. *Vita Antonii* MGH SS XXV, p. 346 *Mox plures cleri linquentes friuola mundi, currunt certatim sub tanti remige patris, qui prius inclite uiuebant et sine lege, linquere nota gemunt, incognita discere plangunt, uiuunt sub norma...* Ce topos, souvent repris, ne doit pas entraîner une confiance aveugle.

72. *Gesta Senonensis ecclesiae* MGH SS XXV, p. 283 cite Léomont, Schures, Vic, Vipucelle, Lorquin, Alinges et Deneuvre fondée par Etienne de Bar dont l'église fut consacrée par le Cardinal Théodwin. A.CALMET, *Histoire de l'abbaye de Senones*, H.COLLIN, *Les églises romanes en Lorraine*, Nancy, 1981, p. 122-125, L'abbatiale de Senones, Antoine de Pavie et les églises à rotonde orientale., Les constructions d'Antoine de Pavie, les édifices disparus, église de Lay Saint-Christophe et rotonde de Senones étaient des monuments exceptionnels. L'abbatiale, terminée en 1120, fut consacrée en 1124, MGH SS XV, 2, p. 982-984.

73. Le nécrologe cite Odilon de Cluny, le 1er Janvier, et Jarenton de Saint-Bénigne, le 10 février aussi au Nécrologe de Gorze.

NOTES DU CHAPITRE IV

74. *Vita Deoderici*, MGH SS IV, p. 470, *anno Domini 968... iacta fundamenta aecclesiae sancti Vincentii... nocte dieque ad singulare suum desiderium, id est ad constructionem aecclesiae sancti Vicentii, animo recurrebat.* R.FOLZ, Un évêque ottonien, p. 147. Une église Saint-Vincent est déjà mentionnée au VIIIe siècle dans la liste stationnale, BOUR, Les églises, p. 40.

75. Confirmation par le pape Jean XIII le 27 sept 970, Metz H.1921 (copie XVIIIe), ed. *Histoire de Metz*, t.III, preuves p. 180. L'abbé eut le droit de célébrer la messe en dalmatique et sandales en l'absence de l'évêque, *Vita Deoderici*, MGH SS IV, p. 471.

76. A.D. Mos H.1922 (copie moderne) éd. CALMET, *Histoire de Lorraine*, 2e ed., t.II, preuves, c.ccxli-ccxlii, MGH Dipl. O.II, n°313.

77. Il prit sans doute des biens de Saint-Arnoul, de Sainte-Glossinde et de l'évêché pour doter Saint-Vincent, car on le lui reprocha ; il est certain qu'il avait conservé le revenus de *villae* appartenant à Saint-Arnoul entre 965 et 977/78 date à laquelle il les restitue, AD Mos. H.29, MEURISSE, *Histoire des évêques*, p. 326. Il enleva à Saint-Trond Dugny sur Meuse, MGH SS X, p. 367. FOLZ, Un évêque ottonien, p. 147.

78. Les reliques de sainte Lucie sont données par Thierry en 970, *Ann. s. Vincentii*, MGH SS XV,2, p. 1295. Sigebert donne la liste des reliques obtenues par l'évêque, en précisant le lieu de conservation, l'autorité ecclésiastique qui les donne, l'existence - ou non - de passion, la date de la fête, l'identité de celui qui est chargé d'acheminer les reliques, la date de leur arrivée à Metz, *Vita Deoderici*, MGH SS IV p. 473-476, Elpide, Eutiche Victorin et Maro, Félicien, Asclépiote, Séréna et Georges de Spolète, un morceau des chaînes de saint Pierre, Vincent, Prote et Jacinthe, Digne et Emerite, Vincent évêque, Léonce et Carpophore, Lucie, un morceau du gril de Laurent. E.DUPRE-THESEIDER, La « grande rapina dei corpi santi » dall'Italia al tempo di Ottone, *Festschrift P.E. Schramm*, I, Wiesbaden, 1964, p. 420-432.

79. Berlin Phill 1650 (Xe s.) *Deodericus auguste Mettis humilis prouisor quoad sibi diuinitus permissum fuerit ad sancti Vincentii, quod ipse pio tactus amore a fundamentis usque construxit sub ostentaione anathematis*, ce volume contient, f.146v., une liste d'ouvrages peut être donnée par le fondateur, *Genesim Beda super euangelium Actus apostolorum apocalipsin et epistolae canonice in uno uolumine Epistolae pauli Item actus apostolorum Parabolae Salomonis Prudencius Liber regum Isaiam Ieremiam iezechiel daniel et duodecim prophetas in uno uolumine Et quattuor collectanei*. Des mentions directes de donations par Thierry permettent de faire remonter à l'origine du monastère les ouvrages suivants : Augustin sur saint Matthieu (Metz BM 48 perdu), Bède, *de temporibus* (prov. Vérone, Berlin Phill.1831), Rathier de Vérone, *Sermons* (prov. Vérone, Berlin, Phill.1676), extraits de chroniques, Sedulius *Opus Paschale* (Berlin Phill.1722 don de Thierry), *Audradus modicus* (Berlin Phill.1726), Augustin *Ennarationes* (Berlin Phill. 1657 VIII-IXe s.), Augustin *De consensu euangeliorum* (Berlin Phill.1706), Augustin Sermons 1-19 et 23, Augustin, *Super Iohannem* (Berlin Phill.1662), Vies de saint Martin et de

saint Brice l'*Historia ecclesiastica* de Rufin d'Aquilée (La Haye, Musée Mermann Westreenen 10 B 6, Xe s.). V.ROSE, *Verzeichniss der lateinischen Handschriften des Sir Thomas Philipps, t.1*, Berlin, 1893. Paris, BN lat. 10547, 10616, J.VEZIN, Un manuscrit messin, p. 162 ; Id., Les *Scriptoria* messins autour de l'an Mil, dans *Metz enluminée*, Metz, 1989, p. 45.

80. Ces textes sont le « mode d'emploi » des reliques, il sont rassemblés en légendiers : La Haye, Musée Mermann Westreenen 10 B 12, qui commence par *In Christe nomine in hoc corpore continentur Passiones uel uitae sanctorum quorum corpora et reliquae opera domini Deoderici senioris Metensi episcopi ab Italia Deo miserante translata sunt ad monasterium sancti Vincentii martyris et leuita* (B. de Gaiffer, *Etudes critiques d'hagiographie et d'iconologie*, Bruxelles, 1967, p. 73-76) et Munich Clm 28565 (XIIe s., que je remercie Monsieur Dolbeau de m'avoir indiqué), qui, après une série de portraits et les Annales de Saint-Vincent (MGH SS III, p. 155-60), comprend la passion des onze mille vierges, des textes sur Vincent, Lucie, Maximin, Félicien, Vincent évêque, Prote et Jacinthe, Miniato, Grégoire prêtre, Digne et Emerite, Eutyche Victorin et Maro, saint Pierre-aux-liens, un office de sainte Lucie, un office de saint Vincent et la passion de sainte Foi.

81. Saint Augustin (Phill 1706 ROSE 23, Phill.1662 ROSE 25), Bede commentaires sur les épîtres (Phill 1650 ROSE 48), Sulpice Severe, Vie de Saint-Martin (Phill. 1877 ROSE 115).

82. *De viris inlustribus*, ed. R.Witte, Frankfurt, 1974, p. 103 *Scripsi passionem sancte Lucie, que ibi requiescit, alchaïco metro. Quibusdam etiam reprehendentibus illam sancte Lucie prophetiam « Annuntio uobis pacem ecclesie Dei datam Diocletiano eiecto de regno suo et Maximiano hodie mortuo » respondit diligenter considerata temporum ratione et rerum ueritate. Scripsi nihilominus sermonem in laude huius uirginis, in quo translatationes ipsius a Sicilia in Corfinum, ciuitatem Italie, et a Corfino in Mettim, urbem Gallie, ordinata temporum consequentia digessi.* éd. du sermon PL 160, 811-814 (BHL 4999). La *vita* en vers (BHL 4995), peut-être à l'usage des écoles, lui parut suffisamment importante pour qu'il y applique les principes d'exactitude chronologique qui lui étaient chers.

83. *Vita Deoderici*, MGH SS IV p. 470 *Cuius construendae curam commiserat abbati Gorziensi Odilberto uiro sibi amicissimo et diuina atque humana scientia in omnibus nominatissimo.*

84. *Vita Iohannis*, MGH SS IV, p. 337 *patres reuerentissimi Kadhroe Berhardus Hudo Adelmoldus*. Dom MISONNE, *Etude litteraire et historique sur la Vita sancti Kaddroe*, Louvain, 1957-1958, inédit. Le problème de Udo est traité p. 111-112 : Udo, présent près de Jean, est attesté dans la vie de Kaddroë comme un ami intime de celui-ci, pourtant cet abbé Udo n'apparaît nulle par ailleurs.

85. *Nécrologe*, 7.X *Bertaldus istius monasterii mon. et abbas s. Vincentii*, cité aux nécrologes de Saint-Clément et de Saint-Arnoul. Ses dates exactes ne sont pas connues, il faut le placer à la fin du Xe siècle, puisque la liste des abbés le donne comme cinquième abbé, *Gallia* XIII, col.917 sq. donne une

NOTES DU CHAPITRE IV

liste contestable : Adelmod (donné comme premier abbé parce que présent à la mort de Jean de Gorze, alors qu'il s'agit de l'abbé de Saint-Avold), Odelard (-984 le premier abbé, dont nous n'avons pas trace ailleurs et qui est peut-être Odolbert), Valeran, Vimicius, Bertald, Vital, Richard de Saint-Vanne (v.1008), Poppon de Stavelot (1026 ?-1048), Heribert (1048-), Folcuin (v.1058), Lanzo (1078-1103).

86. A.D. Mos H 2160, 1026, *Poppo gratia dei abbas sancti Vincentii.*

87. *Vita Popponis abbas Stabulensis,* MGH SS XI, p. 305 : *Metis apud Sanctum Vincentum praefecit Heribertum... quae quidem monastici uigoris coenobia per Theodericum Metensium antistitem diuina sibi indulgit gratia.* A.D. Mos H.1672 de 1032. Nécrologe de Saint-Arnoul, d'Echternach ii Id sept *Herebertus abbas de santo Vincentio.* Saint-Vincent le cite comme second abbé le 12 sept *Heribertus secundus huius loci abbas,* sans doute en comptant à partir de Poppon.

88. *Vita Deoderici,* MGH SS IV, p. 483 *opus... tempore domni Heriberti uenerabilis uitae abbatis est consummatus,* le maître autel fut consacré en 1030, date donnée dans les Annales de Saint-Vincent, MGH SS XV, 2, p. 1295, *Dedicatum est monasterium Sancti Vincentii MXXX domini incarnationis XXV domni Deoderici episcopi secundi.*

89. Le 2 des ides de septembre d'après le nécrologe d'Echternach, l'année est donnée dans les Annales de Saint-Vincent, MGH SS XV, 2, p. 1295, *1046 Obiit Heribertus abbas cui succedit Folcuinus abbas.*

90. Le nécrologe de Saint-Vincent le cite comme troisième abbé le 12 septembre *Folchuinus tertius huius loci abbas.*

91. CALMET, *Histoire de Lorraine,* 2 ed., t.II preuves col.ccc-cccii. (copie XVIIe, A.D. Mos H.1921,3).

92. Folcuin était le frère de l'abbé de Gembloux, successeur d'Olbert *Gesta abbatum Gemblacensium,* MGH SS VIII, p. 542 *Olberto... cum fratre suo Fulcuino* et id *Fulquinus junior aetate nominatus in exercitio litteralis scientiae glorioso Stabulensium abbati Pipponi ad regendas puerorum scolas directus et per aliquot annos in morum honestate ab eo satis probatus in Mettensi urbe ad regimen abbatiae sancti Vincentii martyris promotus quod usque ad finem uitae suae utiliter et laudabiliter est executus.* M.SCHMIDT-CHAZAN, La chronique de Sigebert de Gembloux, succés français d'une oeuvre Lotharingienne, *Cahiers Lorrains,* mars 1990, p. 2.

93. Un manuscrit d'Orose a été copié à Saint-Vincent par Ulrich et Rodolphe sous son abbatiat, Oxford Bibl. Bodl.Auct.T.I 23, XIe s., O.PÄCHT-J.J.G.ALEXANDER, *Illuminated manuscripts in the Bodleian Library,* t.I, Oxford, 1966.

94. Metz, BM 221 prov. Saint-Arnoul (détruit) : *Hi sunt apud sancti Vincentium* parmi lesquels se remarque l'histoire d'Alpert de Metz *Historia Alperti.*

95. A.BOUTREMY, Un grand abbé du XIe siècle, Olbert de Gembloux, *Annales de la société archéologique de Namur,* 41 (1934), p. 43-87.

96. MGH SS IV, p. 461-483.

97. Eloge de Metz de Sigebert de Gembloux, *Vita Deoderici*, MGH SS IV, p. 478 : *Dedecet hic breuiter te dicere Gorzia mater...Inuisit matrem cum filia Gorzia Mettim.*

98. BHL 8054. *Vita Deoderici*, p. 473-476. La liste existe de façon indépendante ce qui montre peut être qu'elle préexistait à la *Vita* et que Sigebert l'a recopiée, Paris BN lat. 5294, prov. Saint-Symphorien de Metz (XIe s.) *inuentio sanctorum a domno Theoderico* (f.38v-43).

99. Cette Vie de Thierry est tout ce que nous possédons du *De episcopis Mettensibus* d'Alpert de Metz, MGH SS IV, p. 96-723.

100. G.BOES, *L'abbaye de Saint-Trond, des origines jusqu'à 1155*, Tongres, 1970.

101. *Gesta abb. Trudonensium continuatio tertia pars I*, MGH SS X, p. 262, *uenerabilis pater Adalbero... compatiens desolitati gregis necessitati... que per illos ferme 45 annos desolati huius loci per tyrannidem nobilium et magnatum iniuste possidebantur, recuperare posset, diuinitus inspiratus, onus prelature huius monasterii assumens, abbas efficitur.*

102. *Vita Popponis*, MGH SS XI, p. 305, *in quamplurimis proinde monastici instituti coenobiis a prefato iussus rege primus successit, rectoresque singulos in singulis ingessit : apud Herosfeldiam quidem Ruodonem...*

103. *Annales Hildesheimenses*, MGH SS rerum Germanicarum, p. 37 *a quo* (Rudolf) *imperatoris decreto inibi mutata est monachica consuetudo.*

104. *Gesta abb. Trudonensium*, MGH SS X, p. 232-33 *Interea primus Adelardus abbas loco nostro et honori suo iam dudum restitutus, defungitur 35 annis aecclesiae prelatus, famaque uolante Hersfeldiae ipsique imperatrici nuntiatur. Nec mora, apud utrosque fit deliberatio, qualiter Guntramno daretur natiui soli sui honor et proprii loci prelatio, sed paeruum qui asse hoc tanto uiro reputabatur, nisi quod inter suos erim sublimandum, maius multum illi peregrino honore natusque posse fore asserebant. De prouehendo eo Hersfeldia imperatrixque gratulabantur, sed quod tanto uiro talique carerent mestificabantur. Magnis igitur muneribus ab abbate Hersfeldense, maxime uero ab ipsa imperatrice honoratus, cum litteris imperialibus et commendaciis, honestaque comitatae Mettis transmittitur ab episcopo annuente abbas loci nostri, quin immo sui sine contradictione constituetur. Theodericus, qui tunc erat Mettensis episcopus, frater imperatricis secundum carnem habebatur, atque ita Deo ordinante contigit, ut simul uno die uenirent ante episcopum et imperatricis nuntii cum Guntramno et fratrum loci nostri missa legatio. Utrarumque audita episcopus legatione, distulit rem usque in crastinum, sed seorsum utrisque recedentibus, cum iam profundior esset uespera, iubet episcopus duos de obsequio famulos ire ante Gontramnum cum aureis suis candelabris necnon et flammantibus super ea cereis usque ad illius hospitium, simulque candelabra illa dono iubet ei relinqui seruitioque eius et honori. Quo uiso, fratres, rem ut future futura intelligunt, et facto mane unanimitater hilarique uultu consentiunt episcopo de preferendo sibi confratre suo, uiro uenerabili Guntramno.* L'auteur fait une confusion, la sœur de Thierry est Cunégonde, épouse d'Henri II († 1033) dont Gisèle est la sœur.

NOTES DU CHAPITRE IV

105. *Chronica s.Trudonis*, MGH SS X, p. 238-239 les évêques de Metz et de Liège *introduxerunt in monasterium nostrum Lanzonem quendam de coenobis sancti Vincentii Mettis abbatem, uirum quidem religiosum et inter religiosos nominatissimus at nihil religiosi eius detraxissent si tamdiu a regimine coenobi nostri abstinuissent donec canonica auctoritas etiam repugnantem eum ad id pertraxisset.* Il garda Saint-Vincent id. p. 246 *abbatiam s. Vincentii Mettis, quam cum nostra tenebat.*

106. *Gesta abb. Trud.*, MGH SS X, p. 239.

107. *Id.*, p. 241 *Lupo Mettis proficistur et redditum Gualonem baculum... ab eo recipit.*

108. *Id.*, p. 246 *uersus Iherosolimimam coepit ordinare peregrinationem suam.*

109. *Id.*, p. 251.

110. *Id.*, p. 257, *Poppo absque dono et uoluntate imperatoris episcopatum Mettensem intrauerat, et hac de causa imperator quae sunt apud nos beati prothomartyris suo iuri mancipauerat, necessitas hoc fecit, ut de manu imperatoris baculum de abbatia nostro reciperet.*

111. Bulle de 1091, MARTENE-DURAND, *Vetera Analecta I*, 529 ; PL 151, 327. M.PARISSE, Urbain II et la Lorraine, dans *Deus qui mutat tempora, Festschrift für A.Becker*, Siegmaringen, 1987, p. 122-124.

112. *Cartulaire* 140 *Abbates... Lanzo.*

113. A.D. Mos H.1919, Privilège d'Urbain II, Bullaire acte 78. confirme l'autorisation de célébrer la messe à la cathédrale en sandales et dalmatique en l'absence de l'évêque.

114. *Nécrologe*, 2.XII *Domnus Lanzo istius monasterii mon. et abbas s. Vincentii*. Nécrologe de Saint-Vincent *Lanzo huius loci abbas meritissimus pro stabilendo nostro monasterio multum laborauit et capsam auro et argenteo gemmisque ornatam ad exponendum corpus beatae Luciae uirginis et martiris fieri curauit. Obiit anno 1116.*

115. Saint-Félix-Saint-Clément se trouve dans un bourg fermement constitué depuis l'antiquité et dont la nécropole était encore utilisée au début du Moyen Age. La crypte, dédiée à saint Pierre, était tapissée de plaques de marbre, une fontaine miraculeuse s'y trouvait et plusieurs successeurs de Clément y étaient inhumés, dont Ruf et Adelphe. Le vocable Saint-Félix a jouit de l'homonymie avec deux évêques de Metz de ce nom, BOUR, *Eglises*, p. 94-100. GAUTHIER, *L'évangélisation*, p. 93. GIERLICH, *Die Grabstätten*, p. 87-141.

116. *Vita Caddroe*, AA SS Mart.I, p. 479 *Adalbero... ut erat amator religiosorum, uenerabiles uiros Agenaldum et Ansteum se aduocatos, de uiro (Kaddroë) interrogauit... Solennis erat dies, qua V.martyris Gorgonii agebatur festiua memoria et undique confluentis populi, ipse quoque homo Dei Kaddroë aduenerat.*

117. Miracle inspiré des *Dialogues* de Grégoire le Grand. *Sancti Clementis primi Mettensis episcopi Vita Translatio Miracula*, ed. Sauerland,

Trèves, 1896, p. 15-16, *De visio beati Caddroë*, d'après Berlin lat.123 Phill.1839, XIIIe siècle, prov. Saint-Vincent (ce manuscrit comprend un petit dossier sur Clément).

118. Vidric chantre, custode puis princier de la cathédrale avait accompagné Thierry en Italie, *Vita Deoderici*, MGH SS IV, p. 476. Il est cité au nécrologe de Saint-Arnoul le 11 février *Widricus abbas*. J.CH.PICARD, Le recours aux origines, Les vies de saint Clément, premier évêque de Metz, composées autour de l'an Mil, dans *Religion et culture autour de l'an mil*, Paris, 1990, p. 291-299. Cet épisode est relaté dans la chronique de Saint-Clément de Metz MGH SS XXIV, p. 499.

119. B.de GAIFFIER, Notes sur le culte des SS. Clément de Metz et Caddroë, *AB* 85 (1967) p. 21-43 ; et PICARD, Le recours. BHL 1854 fut écrite sous l'épiscopat de Thierry, Vidric princier et Fingen abbé, d'après le manuscrit Berne, 289 dans MGH SS XXIV, p. 499. La légende du Graouilly apparaît dans ce texte.

120. Paul Diacre est à l'origine de cette idée flatteuse pour Metz, MGH SS II, p. 261. La confusion est entretenue par l'homonymie avec Clément de Rome.

121. *Miracula Sancti Clementis*, ed. Sauerland, p. 16-17, *De eo quod uoluit episcopus Theodericus corpus sancti Clementis ad urbem transferre*. Ces miracles, BHL 1861, furent écrit au début du XIe siècle, comme complément à la *Vita* BHL 1854. PICARD, Le recours, p. 294.

122. MGH SS X, §4, p. 554, *Hi tres Trinitatis sanscta confessione decorati, sicut longissimae peregrinationis insimul ingressi sunt dura pericula, sic in constructae habitaculo pariter sunt inhumati*. Les trois premiers évêques de Trèves étaient inhumés à Saint-Euchaire.

123. B.MISONNE, *Etude littéraire*, p. 24-33.

124. *Vita Caddroe*, AA SS Martii I, p. 480 Thierry *ut nobilitatem sanguinis morum honestate uinceret, licet occupatus seculi negotiis, intentionem sui animi circa sanctorum memorias, locosque construendos et restaurandos uerterat... Vnde amore Dei, Domnique Kaddroë, qui eum unique dilexerat, locum B.Felicis, his, quibus hodie usque in eo Christo militantes utuntur, beneficiis auxit et praediis...*

125. *Hugonis Chronicon*, MGH SS VIII, p. 368, a.1002 : *raptus est de coenobio sancti Felicis Mettensis domnus Fingenius Scottorum progenie oriundus, quia locus idem per manum laicam aliquatulum negletus erat, ad restaurandum eum ibidem abbas est ordinatus*. Fingen est déjà cité à l'époque de Vidric. Le statut de ce dernier était peut-être en cause, peut-être Fingen s'est-il chargé de la gestion spirituelle de l'abbaye.

126. *Vita Richardi*, MGH SS XI, p. 282 *quam septem tantumodo Scotigenae sub abbate multae simplicitatis uiro, nomine Fingenio, qui abbatiam sancti Felicis extra muros mediomatricae urbis conditae cum ista regebat, non multum laudabili uita incolebant*. L'auteur de la Vita de Richard de Saint-Vanne ne fait pas un portrait flatteur de la situation, soit que les usages des Scots paraissent exotiques et que l'ascèse irlandaise semble pau-

vreté aux yeux d'un adepte du faste clunisien, soit qu'il faille mettre en valeur l'action de Richard. L'attitude de l'auteur des *Gesta episcoporum Virdunensis* est plus nuancée.

127. J.F.BOEHMER et M.UHLIRTZ, *Regesta imperii II, Säs. Haus 919-1024. Dritte Abteilung. Die Regesten des Kaiserreiches unter Otto III 980-1002*, Graz-Köln, 1957, acte 362.

128. *Vita Adalberonis II*, MGH SS VI, p. 668 *Fingennio ex hibernia, nam scotti et reliqui sancti pelegrini semper sibi dulcissimi habeantur*. SEMMLER, *Die Iren*, p. 946-52.

129. Le nécrologe de Saint-Clément (XIIe s., Metz, BM 307 disparu, copie du chanoine Bour et des extraits de Mabillon BN lat 11902, f.164-165v), propose 1002 *Gesta episc Virdunensis*, MGH SS IV, p. 48, a.1004 *Fingenius abbas defunctus est, et in ecclesia sancti Felicis extra muros Mettensium ciuitatis honorabiliter sepultus*. DAUPHIN, *Richard de Saint-Vanne*.

130. Nécrologe de Saint-Clément, *VIII Id. octobris Fibennius (sic) bone memorie abbas et rector huius loci hic iacet ante aram Sancti Iohanni in sinistra parte*.

131. BHL 1860f, ed. M.STREKER, MGH Poetae latini 5, 112-145, Carus insiste sur la nécessité de rendre à Clément un culte fastueux et reconnaissant. Sur Carus, MGH *Poetae* 5/3, 1979, p. 659-660.

132. Constantin est attesté en 1007, *Cartulaire* 123, échange entre Gorze et Saint-Félix (Saint-Clément). Constantin est dit abbé dans la chronique de Saint-Clément, MGH SS XXIV, texte tardif souvent fautif, qui date sa mort de 1016. Il n'est pas mentionné dans la *Gallia* XIII, col.866 sq. qui cite Caddroë, Fingen, Haymo, Widelo, Hagano, Ancelinus, ni dans le nécrologe de Saint-Clément, car cet abbé Constantin n'est pas celui qui est cité aux *Ides Iunii Constantinus pie memorie abbas huius loci*, moine de Gorze *Nécrologe*, 13.VI *Domnus Constantinus istius mon. mon. et abbas*, attesté à Saint-Arnoul et à Saint-Mansuy de Toul qui a vécu au XIIIe siècle *Ides iunii Constantinus abbas huius loci obiit 1270*.

133. J.MABILLON *Annales O.S.B.* 4 p. 169-170, FOLZ, Adalbéron II, p. 410.

134. Martyrologe de Saint-Clément *xiii kal. feb. Haimo abbas huius loci obiit 1036 Inuicibilis defensor domus nostrae*.

135. *Nécrologe*, 24.I *Wido abbas*, Nécrologe de Saint-Arnoul *Widilo abbas*, Martyrologe de Saint-Clément *viii kal feb. Widelo abbas huius loci obiit 1057 Huius tempore florebat cenobium s.Clementis uir sanctus et doctosissimus uelut paradisus Domini*.

136. BENOIT, *Histoire de Toul*, acte de 1057 p. lxxii-lxxiii *Haganonis abbatis sancti Felicis*, Nécrologe de Saint-Clément le 29 avril, *Hagano, abbas huius loci obiit a. 1098*. Nécrologe de Saint-Arnoul *Hagano abbas sancti Clementis*.

137. A.D. Mos H 494, 1 (copie) ed. CALMET, *Histoire de Lorraine*, 2e ed. preuves c.ccxliii, acte faux composé au début du XIIe siècle, M.PARISSE, *la reine Hildegarde*, p. 44-45.

138. *Hugonis chronicon*, MGH SS VIII, p. 471, *Gesta ep. Mett.*, MGH SS X, p. 543. Lettre d'Heriman, CALMET, *Histoire de Lorraine*, 2 ed, t.II, preuves, c.ccxliii-ccxliv. *Translatio Sancti Clementis*, Sauerland, p. 18-23. La translation est illustrée dans les manuscrits Berlin lat.123 Phill.1839, XIIIe siècle, prov. Saint-Vincent, lettre D f.26v. et Paris Arsenal 5227.

139. *Chronicon Gozecense*, MGH SS X, p. 155.

140. Adalbéron aurait nommé comme abbé en 1004 un moine de Saint-Arnoul et Léon IX aurait confirmé la soumission de Saint-Clément à cette abbaye, voir supra Saint-Arnoul.

141. *Vita Theotgeri*, MGH SS XII, p. 478. Acelin est abbé en 1118-9. D'après Hallinger, c'est par son intermédiaire que les *Consuetudines Sigiberti* sont adoptées à Saint-Clément, voir infra les Coutumes.

142. BHL 1860, écrite fin du XIe-début du XIIe siècle, dans un milieu favorable à Gorze. L'auteur donne des descriptions élogieuses pour Gorze à propos de la halte que Clément y aurait faite pour avoir une vue de la ville de Metz, ce que commémore la croix saint Clément.

143. *Nécrologe*, 30.I *Domnus Acelinus abbas et sac. s. Gorgonii*. MGH SS X, p. 266 *comissus ab episcopi nostri priori de Sancto Clémente Azelino nomine, qui postea extitit abbas Gorzes – habebat enim secum tunc eum tamquam uirum sapientem et religiosum monachum* – Nécrologe de Saint-Clément *Domnus Acelinus pie memorie abbas huius loci*. Le martyrologe de Saint-Clément précise ((iii kal. feb.) *Anselinus abbas huius loci obiit 1121 disciplina regularis studiosissimus.*

144. *Gesta ep. Mett.*, MGH SS X, p. 538, *Papolus ecclesiam in honorem sancti Symphoriani martyris ad australem Mettensis urbis plagam construit et ibi requiescit*. Papoul lui donna des biens, notamment Plapeville (*Paplivilla*) BOUR, Les églises, p. 111-117. A l'origine l'église aurait été dédiée aux Saints-Innocents, la translation des reliques de saint Symphorien, martyr d'Autun fêté le 22.VIII, par Adalbéron II, expliquerait le changement du titre, mais aucun document ancien n'atteste que Saint-Symphorien fut jamais nommée autrement.

145. *Vita Iohannis*, MGH SS IV, p. 346 *Radincus presbiter tituli sancti Symphoriani.*

146. Quelques successeurs de Papoul y furent enterrés : Goëry, Godon, Félix II (les évêques du VIIe et du début du VIIIe siècle sauf les membres de la famille d'Arnoul). *Vita Adalberonis II*, MGH SS IV, p. 662. Les *Gesta ep. Mett.*, MGH SS X, citent parmi les évêques enterrés là Papoul (p. 538), Sigebaud (p. 540, translation des reliques par Adalbéron II depuis Saint-Avold où il avait été enterré en 1005, AA SS Oct 11, p. 939-942) et récapitule lors du décès d'Adalbéron *ubi et sancti Epletius, Papolus Godo, Aptatus, Felix pontifices meritis insignes quiescunt*, GIERLICH, *Die Grabstätten*, p. 87-141.

147. *Gesta ep. Mett.*, MGH SS X, p. 542, *Vita Adalberonis II*, MGH SS IV, p. 671 *qui etiam locus multis sanctorum praedecessorum suorum pontificum Mettensium corporibus insignis et celebris habebatur et habetur... quorum*

NOTES DU CHAPITRE IV

amore et loci amoenitate hic beatus pontifex illectus sepeleri eo loco mandauit... Sepultus est juxta altare sancti Symphoriani martyris.

148. Confirmation par Otton, A.D. Mos H.1340, ed. CALMET, *Histoire de Lorraine*, 2e ed., t.II, preuves col.ccxlvii. *Abbas primus nomine Fingenius, Hiberniencis natione, quem ipse praelibatur Episcopus tunc temporis ibi constituit, suisque successores hibernenses natione habeant quandiu sic esse poterit.* C'est une abbaye irlandaise comme Waulsort, fondée à la même époque (946), DIERKENS, *Abbayes et chapitres*, p. 165-195 et 336 sq.

149. *Vita Adalberonis II*, MGH SS IV, p. 668 *Fingenio ex Hibernia - nam scotti et reliqui sancti pelegrini semper sibi (Adalberoni) dulcissimi habebantur - et domno Siriaud ex Gorziae ferulis ad regendum abduco.* Nécrologe, 20.VI *Domnus Serauldus istius monasterii monachus et abbas s. Symphoriani.* Il était chargé de la rédaction des actes et mentionné comme tel dans les actes 120 (en 991) *Seiriandi editui* et 117 (987) *Seirardus indignus monachus iussus edidi ac rogatus dedi.*

150. Il est abbé en 1032, et reçoit de Thierry II plusieurs biens dont l'église d'Augny, A.D. Mos.H1672. Nécrologe de Saint-Clément *iiii id sept. Constantinus abbas sancti Symphoriani.* Même s'il fut moine de Gorze ce n'est donc pas lui qui est mentionné au *Nécrologe*, 13.VI *Domnus Constantinus istius monasterii. mon. et abbas.*

151. *Cartulaire* 119 (986), 117 (987) et 120 (991) : *Signum Constantini prepositi.* En 1007 Folrad est prévôt, *Cartulaire* 123.

152. *Vita Adalberonis II*, MGH SS IV, p. 668 *hic sacer locus cui deo auctore, licet indignissimi, praesidemus, dum praecedentibus duobus sanctis et uenerabilibus patribus, Fingenio ex hibernia et domno Siriando... nos qui haec scibimus benedictione huius beati pontificis tertio loco regimini succedere compulsi sumus.* Il fait l'éloge de Gorze dans la *Vita Adalberonis*, MGH SS IV, p. 666 : *locus idem et sacrae religionis districtione insignis et diuitiis opulentus et situ amoenitaeque gratissimus.*

153. J.VEZIN, Un manuscrit messin, montre que quatre manuscrits provenaient de Saint-Symphorien : Paris BN ms lat. 5294 : Vies de saints, essentiellement des évêques de Metz, BN lat.5091, BN lat.8088 et Reims BM 1429.

154. Alpert a écrit une vie de Thierry Ier, dont il ne reste que la fin, et le *De Diuersitate Temporum* mentionné dans le catalogue de Saint-Vincent. Le prologue qui dédie l'oeuvre à Burchard de Worms, permet de le relier à Saint-Symphorien, sous l'abbatiat de Constantin : *Alpertus de praesule nostro digessi tibique sancte pater Constantine...* Sigebert de Gembloux utilise son travail, *De viris inlustribus*, Witte, p. 92 §144 *Albertus monachus mettensis scripsit ad Buchardum episcopum hystoriam de gestis suis temporis etsi breues, tamen utilem.* Vers 1025, Alpert envoya à son frère Immon, diacre à Worms, les miracles de sainte Walburge. MANITIUS, *Geschichte der lateinischen Literatur* II, p. 278-283 ; H.van RIJ, *Alpertus van Metz, De diuersitate temporibus et fragmentum de Deoderico primo*, Amsterdam, 1980, a montré qu'Alpert était moine d'Utrecht.

NOTES DU CHAPITRE IV

155. *Nécrologe*, 17.IV *Domnus Richerus istius monasterii mon. et abbas (s. Symphoriani)*, cité aux nécrologes de Saint-Arnoul, Saint-Clément et Saint-Symphorien.

156. A.D. Mos H.1433,1 donation d'Augny en 1056 par Adalbéron III, ed. CALMET, *Histoire de Lorraine*, 2e ed. t.II preuves, cccxi-cccxii, *ego, Adelbero... laudabilis uitae Domnus Richerus, quem ecclesiae beati martyris Symphoriani... abbatem constituimus*.

157. Metz, BM 221 prov. Saint-Arnoul (détruit) *Libri apud Sanctum Symphorianum qui apud nos non sunt*.

158. *Gorze-Kluny*, p. 90-92. J.C.LAGER, Die Benediktiner Abtei St. Symphorian in Metz, *Studien und Mitteilungen aus dem Benediktiner und Cistercienserorden*, XIII (1892), p. 288-15, 330-43 et 366-93. La liste des abbés de la *Gallia* XIII, col.844 sq. Caddroë (v 948-978), Figenius (978-1002), Siriaud (1002-1007), Constantin (1007-1046 ?), Richer (1046 ?-1080 ?), Durand (1080 ?-1090 ?).

159. R.FOLZ, Vie posthume et culte de saint Sigisbert, roi d'Austrasie, *Festschrift P.E.Schramm*, Wiesbaden 1964, t.I, p. 7-26, Id., *Les Saints rois du Moyen âge en Occident (VI-XIIIe siècles)*, Subsidia Hagiographica 68, Bruxelles, 1986, p. 74-76. Sigisbert a aussi fondé Stavelot-Malmédy. Le premier acte attestant cette fondation est de 960, ed. J.Halkin - C.G.Roland, *Recueils des chartes de Stavelot-Malmédy*, Bruxelles, 1909, I, n°78.

160. *Vita Iohannis*, MGH SS IV, p. 349 *Salecho ex clericis sancti Martini citra Mosellam*. Nécrologe de Saint-Clément *iiii nonas iunii, Saleco abbas*.

161. *Nécrologe*, 21.IX *Berthardus istius monasterii mon. et abbas s. Martini*, cité au nécrologe de Saint-Arnoul.

162. *Vita Iohannis*, MGH SS IV, p. 337, *Gorze-Kluny*, p. 71.

163. *Nécrologe*, 26.XII *Petrus istius monasterii mon. et abbas s. Martini super Mosellam*, cité au nécrologe de Saint-Arnoul.

164. On ne connaît pour cette période qu'un abbé Theutmar, mentionné en 984, A.D. Mos H.1123, copie XVIIe s. La *Gallia* XIII, col.826sq cite Salecho (942), Berardus (939 ou 948, présent au chevet de Jean en 976) et Nanther (1035).

165. CALMET, *Histoire de Lorraine*, 2e ed., t.II, preuves c.cclxiii-cclxix. Il est cité au nécrologe d'Echternach, Nanther le 2 novembre *Nanterus abbas s. Martini*.

166. CALMET, *Histoire de Lorraine*, 2e ed., t.II, pr. c.cclxiii-cclxix *Poppo predicto abbati (Nanther) erat amicus*. H.LEPAGE, L'abbaye de Saint-Martin de Metz, *Mémoire de la société d'Archéologie Lorraine*, 1878, p. 109-238.

167. Qui se fit à l'initiative des seuls moines, sous prétexte que la crypte risquait de s'écrouler, AA SS fev. I, p. 236-237.

168. BHL 7711 et BHL 7712 qui est seule attribuable à Sigebert qui la mentionne dans la récapitulation de ses oeuvres, *De viris inlustribus*, Witte, p. 103 *Scripsi vitam Sigeberti regis conditoris ecclesiae et abbatie sancti Martini*

NOTES DU CHAPITRE IV

Mettim ciuitate site. SCHMIDT-CHAZAN, La chronique de Sigebert, p. 5, n.15.

169. Paul Diacre, MGH SS II, p. 267. *Gesta ep. Mett.*, MGH SS X, p. 540 *Duo monasteria construxit Elariacum et Nouum Vilare*. E.EWIG, Saint Chrodegang et la réforme, p. 30. Les reliques de Sigebaud furent ramenées en 1005 par Adalbéron II depuis Saint-Avold, AA SS Oct 11, p. 939-942.

170. *Chronicon Laureshamensis*, MGH SS XXI, p. 343 *Beatum Gorgonium in ecclesia Gorziensi, sanctum Naborem in ecclesia Hylariacensi collocauit, beatum Nazarium ad Laureshamense monasterium destinauit. Codex Bernensis* (prov.Saint-Avold) AASS Nov.II,1 3 Non Juil. *In Hilariaco monasterio aduentus corporis sancti Naboris et Nazari*. 16 Kal oct. *Translatio corporis s.Naboris et dedicatio ecclesiae ipsius*.

171. Il restait peut-être peu de choses de l'état précédent, ce qui explique que l'on parle de *Nova Cella*. *Gesta ep. Mett.*, MGH SS X, p. 541 *Angerannus... Nouae cella monasterium construxit in quo et quiescit*. Sa tombe y fut retrouvée en 1609. GIERLICH, *Die Grabstätten*, p. 116-120.

172. *Nécrologe*, 23.II *Domnus Azamoldus istius monasterii mon. et abbas s. Naboris*. Vita Iohannis, MGH SS IV, p. 337.

173. *Nécrologe*, 1.VI *Helimannus mon. istius monasterii et abbas s. Naboris*, mentionné à Senones et Saint-Arnoul.

174. *Gallia* XIII col.838 sq. cite peu d'abbés pour les Xe-XIe siècles et les dates sont imprécises : Adelmold (présent au chevet de Jean de Gorze en 972), Rudolph, Albert, Frédéric, Daniel, Everard. Les nécrologes de Gorze et de Saint-Arnoul mentionnent, le 25 II, un abbé Samuel, que M.PARISSE propose d'identifier au Daniel de la *Gallia*, abbé dans la deuxième moitié du XIe siècle.

175. *Nécrologe*, le 13.03, *Einardus abbas s. Naboris*, cité à Saint-Bénigne.

176. H.TRIBOUT DE MOREMBERT, Manuscrits de l'abbaye de Saint-Avold, VIII-XIe siècles, dans *Saint-Chrodegang*, Metz, 1967, p. 183-201. Martyrologe de Berne, ms.829, Prudence, BN lat 8088 mentionne l'abbé Ratramne. S.FLESCH, *Die monastische Schriftkultur der Saargegend im Mittelalter* (Veröfftlichungen der Komission für saarländische Landesgeschichte und Volksforschung 20), Sarrebrück, 1991, p. 72-79, analyse la production poétique de deux moines du début du XIe siècle : Conrad et Hatto.

177. N.GAUTHIER, La fondation de l'abbaye de Longeville-lès-Saint-Avold, *Cahiers Lorrains*, 1988,4, p. 369-378 ; FLESCH, *Die monastische Schriftkultur*, réhabilite cette notice de fondation de l'abbaye.

178. MGH dipl reg. Germ. Karol. I, 166, acte de Louis le Germanique en 875.

179. Ce fondateur est supposé, pour des raisons de prestige, être le père d'Arnoul, ce dont nous n'avons aucune preuve. D'ailleurs les généalogies de

saint Arnoul lui attribuent des noms divers : Arnoalde, Buotgisus ou Bodalgisus.

180. Déjà cité dans l'acte de 875. GAUTHIER, *L'évangélisation*, n.23.

181. Attestée à Attigny en 762, d'après la liste des moines transmise à Reichenau qui cite l'abbé Rabidaugus et ciquante et un moines, O.G.OEXLE, Voraussetzung und Wirkung des Gebetsbundes von Attigny, *Francia* 2, 1974, p. 110-122.

182. *Nécrologe*, 2.VIII *Domnus Gregorius istius monasterii mon. et abbas Glandariensis*. On ne connaît que deux abbés pour les Xe-XIe siècles, *Gallia* XIII, col.841 sq., Thietmar en 991 et Heimon en 1066.

183. Paul Diacre, MGH SS II, p. 267. *Vita Pirmini*, MGH SS XV, p. 26, *Nomina uero praedictorum monasteriorum quae nouimus haec sunt : Altaha, Scutura, Genginbach, Suarzaha, Muorbach, Moresmunster, Niuuenwillare*.

184. Cité avec soixante-seize moines dans la liste commémorative de Reichenau, G.OEXLE, Voraussetzung, p. 112.

185. Il était enterré à Saint-Clément, Paul Diacre, MGH SS II, p. 262. G.PHILIPPART, La vie de saint Adelphe de Metz par Werinharius, d'après un manuscrit de Neuwiller, *Cod. Vindobonensis 563*, XIIe s., *AB*, 100 (1982), p. 431-442. GIERLICH, *Die Grabstätten*, p. 101.

186. *Nécrologe*, 20.VII *Domnus Arminfridus istius monasterii monachus et abbas s. Adelphi*.

187. *Nécrologe*, 30.XII *Mainardus istius monasterii mon. et abbas s. Adelphi*, il fut abbé au début du XIe siècle, période sur laquelle on a peu de renseignements. Il a copié un manuscrit de la Passion et des Miracles de saint Gorgon (ÖNB, 536, fol.58 *Hanc eximii martyris uictoriosissime passionis honestatem tumque precluorum miraculorum nitidam adiectionem iussu adscriptam abbatis Meinardi*), G.PHILLIPART, *AB* 90 (1972), p. 409.

188. *Vita Popponis*, MGH SS XI, p. 305, *In Willario... Theodoricum*.

189. *Vita Pirmini*, MGH SS XV, p. 26, *Nomina uero praedictorum monasteriorum quae nouimus haec sunt... Muorbach, Moresmunster, Niuuenwillare*.

190. *Gesta ep. Mett.*, MGH SS X, p. 535 *a Drogone episcopo Mettense translatus est in Elisaciam apud Mauri monasterium*. Drogon donna peut-être aussi les reliques d'Auctor, GIERLICH, *Die Grabstätten*, p. 95 et 102-103.

191. *Nécrologe*, 14.X *Landeboldus istius monasterii mon. et abbas Mauri monasteri*.

192. *Nécrologe*, 20.X *Domnus Aderus istius monasterii monachus et abbas Mauri monasterii*. Est-ce une mauvaise lecture pour Adelo mort en 1033, ou pour Adelo abbé de 1123 à 1132 ? *Cartulaire* 119, parle au passé d'un moine Adericus en 986.

193. *Nécrologe*, 13.V *Angelbertus mon. istius monasterii et abbas s. Mauri*.

194. *Gorze-Kluny*, p. 60-62. M.SCHAEFFER, *Chartes de l'abbaye de*

NOTES DU CHAPITRE IV

Saint-Evre de Toul, des origines à 1228. Thèse Nancy, 1983. *Vita Iohannis,* MGH SS IV, p. 343, 345-346, 351. Voir introduction.

195. BULST, *Wilhelm von Dijon,* p. 90-102

196. ID., p. 94 n 83, *Chronicon S. Benigni Divion.* PL 162, c.825 *Willelmus inuenit ibidem strenuos monachos ex quibus unum, Widricum nomine, post non multos annos in eodem monasterio constituit Patrem monachorum.* BENOIT, *Histoire de Toul,* p. lxx-lxxi, *per domnum abbatem Wilhelmum, locum sancti Apri omni religione destitutum Deus uisitauerat... Sed quia uita monastica, uidetur quasi contraria... redita autem pace.* Vita *Leonis,* PL 143, col.143 et 151.

197. *Nécrologe,* 10.IV *Domnus Johannes istius monasterii mon. et abbas s.Mansueti.* On ne trouve pas trace au nécrologe de Saint-Mansuy au 10 avril de cet abbé Jean également cité à Saint-Airy. Deux autres moines de cette abbaye sont cités à Gorze.

198. *Vita Leonis,* PL 143, col 141 *Medianensis ac sancti Mansueti monasterii... domno uenerabili Guidrico, tunc per id temporis praeposito praefati coenobii beati Apri, commendauit, cuius prouisione et solerti instantia ordo monasticus ut adhuc in propulato est, in eisdem loci feruenter recaluit.*

199. La *Vita sancti Gerardi* est dédiée par Werri « au seigneur et père Bruno » BHL 3431, canonisation BHL 3432, translation BHL 3433 ; ed. AASS Apr. III, 206-213 ; MARTENE-DURAND, *Thesaurus nouum anecdotum* III, 1048-1088 ; CALMET, *Histoire de Lorraine,* 1er ed., I, preuves col.83-113, Trad. M.GARDONI M.PARISSE M.PAULMIER, *Vie et Miracles de saint Gérard,* Etudes toulpises, 1981.

200. *Nécrologe,* 10.III *Domnus Widricus abbas,* cité à Saint-Mansuy, Saint-Arnoul, Saint-Mihiel, Senones, Saint-Germain-des-Prés et Echternach, BULST, *Wilhelm von Dijon,* p. 97-98, n.102.

201. BENOIT, *Histoire de Toul,* preuves, p. lxx-lxxi.

202. R.FAWTIER, La bibliothèque et le trésor de l'abbaye de Saint-Evre-lès-Toul à la fin du XIe siècle d'après le manuscrit 10292 de Munich, *Mémoires de la société d'Archéologie Lorraine,* 11 (1911), p. 122-156.

203. *Nécrologe,* 20.III *Domnus Everardus istius monasterii mon. et abbas,* mentionné à Echternach.

204. *Gesta episc. Virdunensium,* MGH SS IV, p. 45, Voir Introduction.

205. Tholey est rattachée à l'église de Verdun en 634 par Adalgisel-Grimo, H.M.HERMANN, *Das Testament des fränkischen Adlingen Adalgisel-Grimo, Studien und Mitteilungen zur Geschichte des Benediktiner Ordens und seiner Zweige,* 96 (1985), p. 260-275. La *Vita* de Paul de Verdun est rédigée vers 980, *AA SS,* fev.II, p. 175-8. La réforme de Gorze y transparaît, W.HAUBRICHS, *Die Tholeyer Abtslisten des Mittelalters,* Saarbruck, 1986.

206. M.PARISSE, Origines et développement de l'abbaye de Saint-Mihiel (VIIIe-XIIe siècles), dans *Saint-Mihiel, Annales de L'Est,* 48 (1974) et Id., In Media Francia : Saint-Mihiel, Salonnes et Saint-Denis (VIIe-XIIe siècles), dans *In Media Francia, mélanges offerts à K.F.Werner,* 1989, p. 320-343.

NOTES DU CHAPITRE IV

207. *Vita Iohannis*, MGH SS IV, p. 340.

208. L'abbé Odo présent au chevet de Jean n'est pas un abbé à Saint-Mihiel, comme le suggère la *Gallia* XIII, col.1274, mais le futur Odolbert de Gorze.

209. Nanther de Saint-Mihiel (1020-1044), avant de diriger ce monastère, a été remarqué par son abbé et par le duc Thierry, pour son éloquence et sa connaissance du Français, ils l'envoient comme ambassadeur auprès du roi de France, *Chronicon s. Michaelis*, MGH SS IV, p. 82 : *Nanther ab abbate suo ... frequenter ad palatium ... dux Theoderico ... eum iam bene cognitum ... ad quoscumque regni principes dirigebat legatum et maxime ad consobrinum suum regem francorum quoniam nouerat eum in responsio acutissimum et linguae Gallicae peritia facundissimum.*

210. DAUPHIN, *Richard de Saint-Vanne*, p. 104.

211. *Nécrologe*, 21.I *Vrlicus abbas s.Michaelis*, cité à Saint-Clément *Vlricus abbas s.Michaeli*, Saint-Vincent, Saint-Mansuy et Saint-Vanne. En 1226, une communauté de prière entre Gorze et Saint-Mihiel est attestée, Cartulaire du XVe siècle, DES ROBERT, *Deux Codex*, p. 11-12.

212. M.PARISSE propose de dater de 934 la réforme de Gorze, elle est donc exactement comtemporaine de celle de Saint-Maximin par Ogo, *L'abbaye de Gorze au Xe siècle*, p. 15-16. E.WISPLINGHOFF, *Untersuchungen zur frühen Geschichte der Abtei S.-Maximin bei Trier von der Anfangen bis etwa 1150*, Mainz, 1970. Le moine de Gorze, Gundelach est cité à Saint-Maximin, MGH SS XIII, p. 302. les réformateurs de Gorze et Trèves se retrouvent à Trèves en 942 *Nota dedicationis*, MGH SS XV,2, p. 1270. Il n'y a que deux moines de Saint-Maximin, Richer et Warner, dans le nécrologe.

213. *Vita Popponis*, MGH SS XI p. 305 *Apud sanctum Eucharium etiam Treueris Bertulfum in regimine promouendo roborauit*, elle fait partie des abbayes influencées par la réforme lotharingienne, P.BECKER, Die monastische Observanz in der Trierer Abteien S. Euchaire-Matthias und S.Maximin bis zur 15. Jh., *Kulturische Jahrbuch*, 7 (1967), p. 23-31.

214. Echternach fut réformée en 973 par le comte Sigefroy qui y met des moines de Saint-Maximin à la place des chanoines, MARGUE, Aspects politiques, p. 47-51. L'abbaye fut soutenue par Henri II et Conrad II qui y nomme en 1028 un disciple de Poppon, Humbert. Le nécrologe d'Echternach cite les évêques Adalbéron II et Adalbéron III de Metz, Immo et Sigefroy de Gorze, Benoît, Warin et Walon de Saint-Arnoul, Nanther de Saint-Martin, Héribert de Saint-Vincent, enfin le comte Henri, qui avait quitté Gorze, meurt à Echternach.

215. *Gallia* XIII, 554-555 *Eberwinus, Sigefridus, Remigius, Ernestus, Hugo, Sigebertus.*

216. *Nécrologe*, 6.X *Hugo, istius monasterii mon. et abbas s. Martini*. Le seul Hugues contemporain est le rédacteur de *Cartulaire* 134 (1056).

217. R.AUBERT, Egilbert, *DHGE* XV, col.14-15

218. ERKENS, *Die Triererkirchenprovinz*, p. 96-167.

NOTES DU CHAPITRE IV

219. BN. coll. de Lorraine t 407 f.2, daté de 1085, original sur parchemin dont la forme pose des problèmes. F.R.ERKENS, *Die Triererkirchenprovinz im Investiturstreit*, Köln-Wien, 1989, p. 106.

220. A.D. Mos H 3261, 1. ed. H.MÜLLER, Quellen und Urkunden zur Geschichte der Benediktiner Abtei St.Sixtus in Rettel, *Jahrbuch für Westdeutsche Landesgeschichte*, 1984 (10), p. 1-66.

221. *Nécrologe*, 22 II. *Domnus Bernardus mon. istius monasterii et abbas s. Sixti* deux autres moines de cette abbaye, Adalbero et Godefridus sont aussi mentionnés.

222. *Gesta episcoporum Cameracensium*, MGH SS VII, p. 443.

223. *Nécrologe*, 14.III *Gerardus episcopus*.

224. J.L.KUPPER, *Liège et l'église impériale, XI-XIIe siècles*, Paris, 1981.

225. *Gesta abbatum Gemblacensium*, MGH SS VIII, p. 535-538.

226. KUPPER, *Liège*, d'après MGH SS VII, p. 209, ne lit pas *archiepiscopo Heriberto conlitteratis* mais *conlateratis* (conseiller intime).

NOTES DU CHAPITRE V

1. *Codex Laureshamense*, ed. K.GLöckner I, Darmstadt, 1929, p. 270. J.SEMMLER, Die Geschichte der Abtei Lorsch von der Gründung bis zum Ende der Salierzeit (764-1125), dans *Die Reichabtei Lorsch*, Darmstadt, 1973, p. 75-174. MGH SS XXI, p. 343 *Chrodegangus... a Gorziensis monasterio quod ipse pridem construxerat cum ipso direxit cuncta eis necessaria tam in alimentis quam in cetris subsidis impertiens... Beatum Gorgonium in ecclesia Gorziensi sanctum Naborem in ecclesia Hylariacensi Nazarium ad Laureshamense.*

2. Israël vient d'Irlande, en passant par la Bretagne où il a peut-être été évêque, avant de fuir devant l'invasion normande. Il apporte à Saint-Maximin le plus ancien exemplaire connu de la Navigation de saint Brandan, et y rédige un commentaire sur l'Ars minor de Donat MGH *Pœtae* 5, p. 501. C.SELMER, Israël, ein unbekannter Scotte des 10. Jh., *Studien und Mitteilungen zur Geschichte des Benediktiner Ordens und seiner Zweige* 62 (1949-50), p. 69 sq. J.SEMMLER, Iren in der lothringische Klosterreform, dans *Die Iren und Europa*, Stuttgart, 1982, p. 941-57, E.JEAUNEAU, Pour le dossier d'Israël Scot, *Etudes Erigéniennes*, Paris, 1987, p. 641-706. M.LAPIDGE, Israël the grammairian in Anglo-Saxon England, dans *From Athen to Chartres. Neoplatonism and Medieval Thought, Studies in honour of E.Jeauneau*, Leiden, 1992.

3. *Vita Brunonis*, MGH SS IV, p. 257. H.STEHKÄMPER, Brun von Sachsen und das Mönchtum, Erzbischof von Köln 953-965, dans *Die Reichabtei Lorsch*, Darmstadt, 1973, p. 305-16.

4. *Nécrologe*, 16.XI *Warnerus istius monasterii mon. et abbas Lauresamensis.*

5. MGH SS XXI, p. 401, *Werhinero pio successit Werinherus eiusdem quidem nominis sed non eiusdem meriti neque natalium suorum professionesve dignitati religione respondens aut moribus. Qui et dictante iusticia et regia prescribente censura, infra annum dimidium sicut inconserate invectus, ita percipianter deiectus est.*

6. *Codex Laureshamensis*, p. 372. F.KNOPP, Poppo abt von Fulda 1014-1018, dans *Die Reichabtei Lorsch*, Darmstadt, 1973, p. 321-21.

7. *Codex Laureshamensis*, p. 412.

NOTES DU CHAPITRE V

8. *Id.*, p. 417, *Quibus ipsius aecclesiae nutritii fratres pro defensione gorziensis seu cluniacensis ordinis quem ab antiquo traditum seruauerant, acrius obtinentes, Hirsaugiensum factione paene omnes domo propulsi ac aliquandiu dispersi sunt.*

9. *Gorze-Kluny*, p. 179-187.

10. H.JAKOBS, *Die Hirsauer. Ihre ausbreitung und Rechstellung im Zeitalter des Investiturstreites*, Köln-Graz, 1961.

11. *Gorze-Kluny*, p. 219-225. Annales Quedlinburgenses, MGH SS III, 1013, p. 82 *Heinricus... Fuldensis monasterii bona miserabiliter diripuit, dum sibi fratrum uita displicuit... Diffungiunt hac et illac uagantes, qui erant cœnobitae, iugum Christi portantes.* Thietmar de Mersebourg, MGH SS III, p. 833, *a. 1013 Bronhag, abbas Vuldensis, deposuit, et succedete sibi Popone conuerso et tunc Laressemensi pastore, hoc monasterium, confratribus late discedentibus, a priori statu, mutatur.*

12. *Annales necr. Fuldenses*, MGH SS XIII, p. 199, 202, 205. Ces relations anciennes expliquent l'existence d'un culte de saint Gorgon, attesté au IXe siècle, à Gorze saint Boniface est noté dans le calendrier et sa *Vita* connue par l'auteur de la *Vita Chrodegangi*.

13. *Gorze-Kluny*, p. 204 ; H.H.KAMINSKI, *Studien zur Reichabtei Corvey in der Salierzeit*, Köln-Graz, 1972, p. 31-94. A Verdun, était conservé un sacramentaire écrit à la fin du Xe siècle à Fulda pour l'abbaye de Corvey, actuellement München Bayr. Staatsbl. lat. 10007. RÖNIG, Die mittelalterlichen Bibliotheken in Verdun, p. 73-74.

14. Thietmar de Mersebourg, MGH SS III, p. 412 *et unus ex Larsemensi monasterio Druthmer sine fratrum consensu predictorum assignatu.*

15. Heribert a été moine à Gorze, la fondation de Brauweiler est le fait du père d'Henri de Gorze dont l'archevêque Hermann est le demi-frère ; le comte Henri, envoyé comme moine à Gorze, persécutait Anno de Cologne, en 1084 a lieu un échange de terres entre Saint-Arnoul de Metz et Saint-Cunibert de Cologne, CALMET, *Histoire de la Lorraine* III preuves, X.

16. F.DES ROBERT, *Deux codex manuscrits de l'abbaye de Gorze*, Nancy, 1884, p. 21-22, voir Annexe.

17. R.SCHIEFFER, Erzbischöfe und Bischofkirche von Köln, dans *Die Salier und das Reich, II, Die Reichkirche in der Salierzeit*, Sigmaringen, 1991, p. 1-30. H.MÜLLER, Die Kölner Erzbischöfe von Bruno I. bis Hermann II. (953-1056), dans *Kaiserin Theophanu, Begegnung des Ostens und Westens um die Wende des ersten Jahrtausends*, Köln, 1991, p. 15-32.

18. H.MÜLLER, Heribert, Kanzler Ottos III. und Erzbischof von Köln, Köln, 1977 ; id., Die *Vita sancti Heriberti* des Lantbert von Lüttich, dans *Kaiserin Theophanu*, Köln, 1991, p. 47-58. Il existe deux *Vitae* : Celle écrite par Lambert éd. MGH SS IV p. 739-753 et celle écrite par Rupert de Deutz, éd. P.DINTER, *Vita Heriberti*, Bonn, 1976. BHL 3827-3833, translation : MGH SS XIV, p. 570-71 ; Miracles MGH SS XV,2, p. 1245-60.

NOTES DU CHAPITRE V

19. *Vita Heriberti*, MGH SS IV, p. 741 *Florebat iam dudum in Gorzia districtus cœnobitarum feruor, et ab eis ubiuis terrarum diffundebatur boni odoris dulcis uapor quod essent caritate et religione ceteris praestantes et honestatae peritiae auditorio redundantes. Quod ubi fidelis adolescentis aures serio attigit, omni instantia eo peruenire satagit nec desistit donec uotum effectu perfecit.* Cet épisode est illustré par un médaillon du reliquaire de saint Heribert.

20. PL 138, c. 185-186, et D.VERHELST, *Adso Dervensis De ortu et obitu Antechristi*, CC CM XLV, Turnholt 1976, p. 55-67. Albuin n'est pas forcément moine de Gorze, mais est certainement en relation avec cette abbaye, voir supra La bibliothèque.

21. Otton meurt au début de 1002, l'armée d'Heribert est arrivée peu auparavant, et l'archevêque prend la direction des opérations, envoie à Cologne, sous la protection du comte Ezzo, la lance de saint Maurice qu'Henri lui réclame avec les autres *regalia*. Heribert refuse de céder à celui qui n'est encore que duc de Bavière et Henri le fait arrêter. Il ne le relâche qu'à la demande de l'évêque de Wurzbourg, frère d'Heribert. Ce dernier peut ainsi préparer des funérailles solennelles à Otton.

22. 1036-1056, Adelman lui écrit une lettre, ed. MARTENE coll I, 357, et K.HAMPE, Reise nach England vom Juli 1895 bis Februar 1896, Zur Geschichte des Bistums Luttich im 11. und 12. Jahrhundert, *Neues Archiv*, XXII (1897), p. 371-80, qui rétablit Hermann comme destinataire.

23. Hermann adresse une lettre à un abbé Egbert, qui est peut-être l'abbé de Fulda (†1058), mais pourrait aussi être Ekkebert de Schwarzach, concernant un litige sur les droits de propriété de sa sœur Theophano, abbesse d'Essen, W.WATTENBACH, Briefe aus Heinrich III. Zeit, *Neues Archiv* I, 1876, p. 173-74.

24. *Lamperti Annales*, MGH Scrip. Rer. Germ., p. 242, *Is (Anno) in Bambergensis aecclesia in ludo tam diuinarum quam secularium litterarum enutritus...*

25. G.JENAL, Erzbischof Anno II. von Köln (1056-75) und sein politisches Wirken, Stuttgart, 1974, et P.RICHARD, Anno, dans DHGE 3, 396-98.

26. Voir plus bas Siegburg. *Annales Wirziburgenses*, MGH SS II, *a. 1077 Anno... obiit 2 nonas decembris, qui ex fundamento 5 congregationes fecit, 2 in Colonia, 1 in honore s. Marie, aliud in honore sancti Georgii martyris, et extra 1 in loco qui uocatur Grascahf, et in alio loco que uocatur Saleuelt et unum in monte que uocatur Sigeberg in quo feliciter requiescit.*

27. *Vita Brunonis*, MGH SS IV, p. 265.

28. *Id.* p. 265. Nécrologe de Saint-Maximin, *Christ. abbas et presbyter nostrae congregationis.*

29. *Gorze-Kluny*, p. 99-106, à Lunebourg vers 973, à Saint-Michel de Hildesheim en 996, à Deutz en 1002.

30. *Lantberti miracula Heriberti*, MGH SS XV,2 p. 1249, *Praefuit... eidem cœnobio primus domnus abbas Wolpertus, qui pariter et monasterium Sancti Pantaleoni strenue rexit et curam gregis Domini in Gladebach.*

NOTES DU CHAPITRE V

31. *Mariani Scotti chronicon*, MGH SS V, p. 556 *Helias scottus abbas qui monasterium sancti Pantaleoni et sancti Martini in colonia pariter regebat...*

32. *Vita Wolphelmi*, MGH SS XII, p. 184, Henri *qui uidens eum (Wolphelm) assuetae solitudinis inhaerentem studio, frequentia audiendi et uidendi causa undique concurentium habere fastidio, urbe eductum, praeposuit cuidam sui regiminis abbatiae, nomine Gladbach.* L'absence d'allusion aux abbés de Siegburg et de Brauweiler dans le nécrologe de Saint-Pantaléon est la preuve que ces nécrologes, surtout recopiés tardivement, ne sont pas entièrement fiables. *Publ. Gesellschaft Rhein. Geschichtskunde* 20,1 Bonn (1902), p. 6-85.

33. *Nécrologe*, 9.X *Domnus Humbertus, istius monasterii mon. et abbas s. Pantaleonis.* le nécrologe cite également le 11.I le moine Sigibold de Saint-Pantaléon.

34. J.SEMMLER, *Die Klosterreform von Siegburg*, Rheinisches Archiv, Bonn, 1959, p. 118.

35. Il est possible que la querelle avec Thierry de Saint-Maximin à propos de Malmedy ait envenimé les relations. Lampert de Hersfeld, MGH Scrip. Rer. Germ. 8, p. 245 *ad tradendam Gallis eiusdem disciplinae formulam in Sigeberg constituit, prioribus monachis, quos ex Sancto Maximino asciuerat, quoniam in horum instituta concedere noluerant, honorifice in locum suum remissis.*

36. *Vita Annonis archiepiscopi Coloniensis*, MGH SS XI, p. 476 *Ut per causa publicae romam pergeret cumque aliquas Italiae regiones peragraret principes eius regni ne a rege suis exhortationibus confortaturus ad monasterium quoddam cui Fructuaria nomen est causa orationis diuertit. Ibi admiratus monachorum artissimam et secundum regulae instituta conuersationem, ex ipsis in opere Dei probatissimos secum rediens abduxit, et eos ad tradendam Gallis eiusdem disciplinae formulam in Sigeberg constituit prioribus monachis quos aliunde asciuerat honorifice in legum suum remissis. Quod eius factum imitati caeteri Galliarum episcopi, alii ex Gorzia, alii ex Cloniaca, alii ex Siegeberg, alli ex aliis monasteriis monachos euocantes nouam diuini seruitii scolam in suis singuli monasteriis instituerunt.* H.JAKOBS, Der Adel in der Klosterreform von S. Blasien, Köln-Graz, 1968, p. 239-290.

37. *Nécrologe* p. 25-26. Il est cité au nécrologe de Saint-Arnoul, *Erpho abbas*. SEMMLER, *Siegburg*, p. 344-49, constate que Siegburg a réformé à la fin du XIe et au début du XIIe siècle des monastères qui étaient déjà touchés de façon indirecte par Gorze.

38. La venue de moines de Fruttuaria a incité à présenter cette réforme comme clunisienne, H.J.KRACHT, Die Gründung der Abtei Graschaft durch Erzbischof Anno II. von Köln und die Siegburger Reform, dans *Graschaft, Beiträge zur Geschichte von Kloster und Dorf,* Grafschaft, 1972, p. 53-63.

39. E.WISPLINGHOFF, Beiträge zu Geschichte der Kloster Siegburg, *Annales des Vereins für dem Niderrhein*, 168-169 (1967), p. 266-286 (nécrologes).

40. Malgré la présence d'un abbé venu de Gorze, la réforme de Gorze n'est pas immédiatement identifiable, SEMMLER, *Siegburg*, p. 344-49 souligne des différences entre le mouvement de Gorze et celui de Siegburg.

41. HALLINGER, Herkunft und Uberlieferung, p. 237. Le texte est conservé dans un lectionnaire du XIIe siècle, actuellement Londres, Brit.mus.Harley 2889, D.TURNER, The Siegburger lectionary, *Scriptorium* XVI (1962), p. 16-27. M.MITTLER, Von alten Siegburger Büchern, *Bonner Beiträge zur Bibliotheks und Bucherkunde* 14 (1966), p. 35-38.

42. *Vita Annonis*, MGH SS XI, p. 483, *omni conuentu sollempniter induto diuersis etiam ornamentis mutisque luminaribus templo resplendere, sacer antistes ac sanctar memoriae Erpho abbas pios humeros sanctorum reliquiarum feretro subiciens resonante populo signisque concrepantibus*. Il existe une châsse de saint Bénigne à Siegburg.

43. E.WISPLINGHOFF, Die Benediktinerabtei Siegburg, dans *Germania Sacra, Das Erzbistum Köln*, Berlin New-York, 1975, p. 109.

44. H.THOMAS, Ein Quellenfund zum Annolied. Die Fragmente von Reginhards *Vita Annonis*, *Zeitschift für Deutsche Philologie*, 97 (1978), p. 403-414. *Vita Annonis*, MGH SS XI, p. 501 et 517. WISPLINGHOFF, Siegburg, p. 156-57. La maladie d'Anno qui précéda sa mort a fait l'objet d'une lettre de l'abbé Erpho ed. SUDENDORF, Reg. 2, 34.

45. E.WISPLINGHOFF, Brauweiler, *Germania Benedictina* 8, München, 1980, p. 216-231. Id., Brauweiler, *Germania Sacra*, das Erzbistum Köln 5, Berlin-New-York, 1992, p. 29-35.

46. *Vita Popponis*, MGH SS XI, p. 305 *Apud Bruwilliarum vero quod ab Ezone Palatii administrante comitatum suscepit, Ellonem omnibus eiusdem loci habitaculis a fundamento extructis praefecit*. En 1028, Pilgrim de Cologne confirme la donation et consacre l'église abbatiale. En 1052, Léon IX accorde une confirmation à Brauweiler (Jaffé-Löwenfeld, 4272). *Actus fundatorum Brunwilarensis monasterii*, MGH SS XIV, p. 121-144, écrit à la fin du XIe siècle, MANITIUS, *Geschichte* II, p. 386 sq.

47. *Dedicationes ecclesiarum Brunwilarenses*, MGH SS XXX, p. 776.

48. *Triumphus s. Remacli*, MGH SS XI, p. 442, *abbas Tegeno ex cenobio Brunwilre, quem propriis priuatum non sine industria facit episcopus aliena suscipere.*

49. *Vita Wolphelmi*, MGH SS XII, p. 184, *Eminebat tunc temporis inter praesentis regni caelorum maiores Heinricus abbas monasterii s. Pantaleonis, qui memorati et saepe memorandi uiri auunculus erat.*

50. Id., p. 183 *sanctumque Maximinum in treuerica urbe expetiit, ubi sub uenerabilis patris Bernardi regimine amplius et perfectius tunc temporis monachicam uitam feruere cogauit. Vita Popponis MGH SS XI p. 309 beatum Popponem cœnobium sancti Maximini regendum... in regimine Bernardum succedere iubebat.*

51. SEMMLER, *Siegburg*, p. 44. *Vita Wolfhelmi*, MGH SS XII, p. 184-5, *uirum saepe dictum, accepta sanctitatis eius noticia, loco praeponere*

NOTES DU CHAPITRE V

(Siegburg) curauit. Sed studiosum diuinae comtemplationis hominem, actiuae uitae, talibus initiis pernecessariae uidens omnino expertem, eduxit eum ad locum solitudini eius competentionem. In proximo enim abbatia Brunwilarensis erat, quae quoniam uiduata erat pastore...

52. H.WOLTER, Abt Wolphelm von Brauweiler und die Einführung der Siegburger Reform im Kloster Brauweiler, *Annalen des Historische Vereins für den Niederrhein*, 189 (1986), p. 35-50.

53. *Vita Wolphelmi*, MGH SS XII, p. 185-6. Il cite dans cette lettre Horace et Juvénal ; un manuscrit du Xe siècle provenant de Brauweiler contient les œuvres de Juvénal et Perse, Wien O.N.B. Vindob.131, MANUTIUS, *Lateinisches Literatur III*, p. 175 n.4.

54. *Magenaldus contra Wolphelmum*, MGH Quellen zur Geistes Geschichte des Mittelalters 8, Weimar, 1972 ; Chap. XXIII : que les Allemands qui sont sortis de l'unité de l'Eglise disent qu'ils n'ont d'autre pape que César, chap. XIV : des lettres qu'ils écrivent contre Grégoire VII et des réponses qu'il faut y faire.

55. Il est enterré près de l'autel Saint-Vit et mentionné au nécrologe de Saint-Maximin le 22 avril.

56. U.ENGELMANN, Die ehemaligen Benediktinerklöster im thüringisch-säsischen Raum, *Studien und Mitteilungen zur Geschichte des Benediktiner Ordens und seiner Zweige*, 92 (1981), p. 284. SEMMLER, *Siegburg* p. 60-63.

57. U.LEWALD, Die Ezzonen, das Schicksal eines rheinischen Furstengeschlechtes, *Rheinische Vierteljahrsblätter*, 43 (1979), p. 120-168.

58. *Lamperti Annales*, MGH Scrip. rer. Germ., p. 132 *Anno Coloniensis archiepiscopus expulsit de Salevelt canonicis, uitam illic instituit monasticam, missis eo de Sigeberg et de sancto Pantaleone quo in tempore et ego illuc ueni, conferre cum eis de ordine et disciplina monasterialis uitae, eo quod magna quaedam et praeclara de illis uulgi opinione iactarentur.*

59. Trithème, *Annales Hirsaugiensis* I, 238 ; SEMMLER, *Siegburg*, p. 61.

60. *Lamperti Annales*, MGH SS V, p. 187 *sicut uulgo assiduitate uilescut omnia et popularium animi nouarum rerum auidi magis semper stupent ad incognita, nos, quos usu nourant, nihili aestimabant, et hos quia nouum inusitatumque aliqui praeferre uidebantur non homines sed angelos, non carnem sed spiritum arbitrabantur. Et haec opinio principium quam priuatorum mentibus altius pressus que insederant. A quibus ad populum deriuatus rumor, tantum terroris plerisque in hac regione monasteriis iniecit, ut ad ingressum illorum alios 30, alios 40, alios 50 monachi austerioris uitae metu scandalizat, de monasteriis abscederent...*

61. *Collectio epistolae Reinheresbrunnensis*, MGH epistolae selectae V, lettres n° 3, 29 et 31.

62. SEMMLER, *Siegburg*, p. 63

63. Id., p. 64.

64. *Vita Annonis* MGH SS XI, p. 478 *in loco que dicitur Grascaf... in loco que dicitur Salevelt... ad normam Sigebergensium uiuere instituit.*

65. MGH SS XV, 2, p. 1249.

66. *Vita Wolphelmi,* MGH SS XII, p. 184.

67. *Gesta abbatum Trudonensium,* MGH SS X, p. 273, *abbas loci illius, Adalbero moreretur, quod cum eo corrueret et Ordo sigebergensis noviter ibi introductus.*

68. *Gesta abb. Trud.,* MGH SS X, p. 273 (vers 1099) *primus et nouiter.*

69. Semmler, *Siegburg,* p. 146, suivant *Gorze-Cluny,* p. 110 attribue la présence de Erpho dans le nécrologe de Gladbach au groupe clunisien et ne rattache pas Siegburg à Gorze, ce qui montre à quel point un abbé gorzien peut passer inaperçu, G.ECKERZ, *Necrologium Gladbacense,* Aachen, 1881. H. BANGE-W.LÖHR, Gladbach, dans *Germania Benedictina* 8, München, 1980, p. 323-351.

70. SEMMLER, *Siegburg,* p. 71. *Chronicon Sinheimense,* ed. MONE, 1848, p. 205 *e celebri monasterio Sigebergensi coloniam sacram Benedictinorum fratrum huc deduxit, anno Christi millesimo nonagesimo secundo.*

71. Jean signe un acte à Cologne sous l'archevêque Hermann, Gallia V, c.724.

72. *Chronicon Sinheimense,* ed. MONE, p. 205, *Primusque huic loco abbas praeficitur Godefridus, sed hoc alio habeunte Drudo eius in locum successit, qui cum per paucos bene praefuisset... Hirsaugiam se contulit ibidemque uitam finit.*

73. *Id.,* p. 205 *Successit illi in regimine ex monasterio Sigebergensi ab illius loci abbate Reginhardo missus Adelgerus anno 1098, qui per annos triginta sex utiliter huic ecclesia praefuit.*

74. K.ORTMANNS, Das Bistum Minden in seiner Beziehungen zu König, Papst und Herzog bis zum Ende des 12. Jh., *Reihe der Vorschungen im Schaube Verlag* 5, 1972, p. 35.

75. *Series episcoporum ecclesiae catolicae occidentalis, series V Germania 1, Archiepiscopatu Coloniensis,* Stuttgart, 1982, p. 97-98.

76. SEMMLER, *Siegburg,* p. 131-33.

77. H.THOMAS, Erzbischof Siegfried I. von Mainz und die Tradition seiner Kirche, *Deutsches Archiv,* 26 (1970), p. 368-399. F.JÜRGENSMEIER, *Das Bistum Mainz,* Frankfurt am Main, 1988, p. 75-78. F.STAAB, Die Mainzer Kirche. Konzeption und Verwiklichung in der Bonifatius- und Theonestradition, dans *Die Salier und das Reich II, Die Reichkirche in der Salierzeit,* Sigmaringen, 1991, p. 58-63.

78. MGH SS XI, p. 509 *archiepiscopus urbis Mogontiae Sigefridus sub ipso tempore studio deuotionis adueniens, nec famosis nominis pontifico, nec obsequentium adiutus multitudine, sociis liminis obtinere potuit ingressum... donec abbatis impetrato adiutorio per secretamonachorum ductus, aptum suis uotis introitum habuit.*

79. *Lamperti Annales,* MGH Scrip. rer. Germ., p. 139, *cum in Galiciamausa quasi orationis causa profectinem simulasset, in Cloniacense*

NOTES DU CHAPITRE V

monasterium secessit, dimissis que his qui una uenerant, abdicatis etiam omnibus que habebat, statuit ibi deinceps priuatus aetatem agere atque ab omni secularium negociorum strepitu sub uoluntariae paupertatis titulo in perpetuum feriari. Et *Annales Wissemburgensis,* MGH SS III, p. 71.

80. *Ekkehardi Chronicon,* MGH SS VI p. 192 *Cui <Luipoldo> Sigifridus abbas successit, qui postea cum aliis contra dominum suum regem consensit.*

81. *Bernoldi Chronicon,* MGH SS V, p. 441 *Interim Heinricus congregata multitudine scismaticorum, Wecilonem, clericum Halverstatensis episcopi fugitivum, Mongontiensi episcopatu remunerauit, eo quod illi in omni pertinencia contra deum et sanctum petrum indefessus cooperator adfuisset.*

82. M.WERNER, *Die Grundungstradition des Erfurter Petersklosters,* Sigmaringen, 1973, p. 63-67, montre que les actes prouvant l'ancienneté de la fondation sont des faux.

83. BÖHMER, *Regesta archiepiscoporum Maguntinensium,* Innsbrück, 1877, p. 182, *a.1058 reformauit et instaurauit in Erfordia in monasterio montis s. Petri uitam monasticam iam et dudum ibidem desolatam et abolitam... expulsit canonicis regularibus monte sancti Petri.*

84. SEMMLER, *Siegburg,* p. 128.

85. Abbé d'Hasungen, de Reinhardsbrunn et d'Admont, mort en 1101, voir supra.

86. Lampert de Hersfeld fait allusion à ces faits pour l'année 1071, Semmler pense (p. 128) que la référence des 50 moines qui partent concerne Erfurt.

87. Au XIIIe siècle elle est dite *ecclesiae s.Albani spiritalis atque specialis filia,* SAAB, op. cit. n.60.

88. *Annales Wirziburgenses,* MGH SS II, p. 245, a. 1074 *Arnoldus s.Albani abbas obiit, proque Godeschalcus constitutur,* Gorze-Kluny, p .240-259. *Nécrologe,* 1.XI *Domnus Godescalus mon. istius monasterii et abbas s. Albani.*

89. *Annales Wirziburgenses,* MGH SS II, p. 245, a.1085, *Synodus Mogontiacensis apud sanctum Albanum habetur... Godeschalcus abbas deponitur.*

90. *Gorze-Kluny,* p. 128, E.N.JOHNSON, Bishop Benno II of Osnabrück, *Speculum* 16 (1941), p. 349-403, A.BIGELMAIR, Benno II d'Osnabrück, *DHGE,* 7, c.1366-69. La *Vita* a été écrite par Norbert d'Iburg, il en existe deux versions, la rédaction orginale est éditée MGH SS XXX,2, p. 869-892, l'autre est interpolée au début du XVIIIe siècle (MGH SS XII,p. 58-84).

91. Il supervisa la construction des châteaux royaux en Saxe *Vita Bennonis,* MGH SS XXX,2, chap 9 p. 876 *totam Saxoniam castellis nouis et firmis cœpit munire defectionemque perfidorum... dominum Bennonem praeesse constituit,* le roi le charga aussi des travaux de la cathédrale de Spire (id. p. 886).

92. *Hugonis Chronicon,* MGH SS VIII, p. 452, *duo episcopi... Virdunensis scilicet Teodericus et Osnaburgensis Romam uenerunt. Vita Bennonis,* MGH SS XXX,2, p. 884.

93. *MGH libelli de lite I*, p. 461-470. I.S.ROBINSON, *Authorithy and Resistance in the Investiture Contest, the polemical litterature of the late Eleventh Century*, Manchester, 1981, p. 156-160.

94. Corvey soutient Rudolf de Souabe, en 1077, Henry IV accorde à Benno un diplôme qui rétablit l'évêché dans ses droits antérieurs au IXe siècle, droits que Benno confortait par des faux qu'il avait fait fabriquer JOHNSON, Bishop Benno II, p. 402-403.

95. H.J.JARCK, Zur Gründungsdatierung des Klosters Iburg, dans *Iburg, Benediktiner abtei und Schloss*, Bad Iburg, 1980, p. 49-56.

96. *Vita Bennonis*, MGH SS XXX,2 p. 884 *cum redeundo Moguntiam deueniret, in beati Albani monasterio abbatem aggreditur... exposit auxilium : qui illico cum eo in opus Dei duodecim monachos misit.*

97. *Id.*, p. 885 *unde ei abbatem de monasterio b. Pantaleonis illius abbatis auctoritate praefecit.*

98. *Id.*, p. 885 *Sed ex duobus monasteriis congregati cum non solum se inuicem eadem angustia loci uerum etiam uarietate consuetudinem et sui untiusque ordinis defensione turbarent, uehementer contristatus uniuersos ad loca sua remittendos putauit.*

99. *Id.*, p. 886 *cum itaque hac occasione saepius illuc ita haberet Sigebergense cenobium... pro reuerentia domni Annonis, quidemfidelis esse destitit, maximo debitae caritatis suscipierunt officio, uenerabili uiro illius loci abbati Reginhardo, quid in Iburgensis castro inceperit.*

100. *Id.*, p. 886 *praedia erant exigua et tot necessaria.*

101. *Id.*, p. 889 *cum maxima tristitia eum Sigebergen remisit... ita unum ex quo fratribus Nortbertum nomine pro eo recipiens ordinauit abbatem.*

102. Un moine tomba à travers le plancher inachevé en se rendant à l'église et fut récupéré au retour par ses frères. Il n'avait pas cessé de chanter, MGH SS XXX,2 p. 886, *fratre... qui infra matutinas in necessario fratrum dum per tabulas nondum in ordine congrue dispositas incautus incederet subito in praeceps decidit... Ubi cum diutus nemine sciente iaceret nec interim tamen a psalmodia cessaret, tandem fratribus e choro reversis... mox redductus est.*

103. O.ENGELS, Der Reichsbischof in ottonischer und frühsalischer Zeit, dans *Beiträge zu Geschichte und Struktur der mittelalterlichen Germania Sacra*, Göttingen, 1989, p. 151-153.

104. Lettre de l'évêque Arnold d'Halberstadt (996-1023) dans laquelle il conseille à Henri de Wurzbourg de ne pas critiquer la création de l'évêché de Bamberg et de se soumettre à l'empereur, BN lat 4952, f.126v., ed. PL 139, 1493-1498, manuscrit provenant de Saint-Arnoul.

105. A.WENDEHORST, *Das benediktinische Mönchtum im mittelalterliche Franken*, Max Plank Institut für Geschichte 68, Göttingen. Id., *Die Bistumer der Kirchen Provinz Mainz*, Berlin, 1962, p. 74-88, 226-47.

106. Regilinde est une fille du comte Godefroy de Verdun, la nièce d'Adalbéron de Reims, P.J.JÖRG, Die Heimat und Vorfahren des heiligen Adalbero, Grafen von Lambach-Wels, Bischof von Würzburg (1045-1090), *Würzburger Diözesangeschichtblätter*, 14-15 (1952-53), p. 242.

NOTES DU CHAPITRE V

107. L'attitude de l'empereur est condamnée même par ses partisans comme Sigebert de Gembloux, qui considère que cette action a attiré la colère de Dieu, *Chronicon* MGH SS VI, *a.1086, Saxones urbem Wirziburch obsidientes ut episcopum ipsius Alberonem a ciuibus expulsum restituant sedi suae, Heinricus imperator aggreditur, sed exercitus eius diuinitus exterritus cessit, et ceciderunt ex eis plus quam 4 mili.*

108. A.WENDEHORST, Das Bistum Würzburg I, *Germania Sacra*, Berlin, 1962, p. 100-117. L.BOITEUX, Adalbéron, *DHGE*. I, c.439-40.

109. *Vita Adalberonis*, MGH SS XXI, p. 127sq.

110. W.STÖRMER, Zur kulturellen und politischen Bedeutung der Abtei Amorbach, dans *Die Abtei Amorbach im Odenwald*, Sigmaringen, 1984, p. 11-23.

111. A.PONCELET, La vie et les œuvres de Thierry de Fleury, *AB* 27 (1908), p. 22 ; *Consuetudines Floriacenses Antiquiores, Corpus Consuetudinem Monasticarum* VII,3, p. 3-60.

112. *Ebbonis vita Ottonis ep. Bambergensis*, MGH SS XII, p. 836, *primumque abolitio communi fratrum consensu uetusto et remisso ordine amerbacensium, nouum et religione plenum ordinem Hirsaugiensium instituit.*

113. F.J.BENDEL, Reihenfolge der Aebte von Amorbach ; *Studien und Mitteilungen OSB* 35 (1914), p. 108. Bruno meurt avant 1099.

114. *Nécrologe*, 16 VIII *Bruno istius monasterii monachus et abbas sanctae Mariae Amorbach*. Je remercie Monsieur le Doyen Schneider de m'avoir indiqué cette identification.

115. Nabor et Nazaire (Lorsch), Boniface (Fulda), Evre (Toul), Maximin (Trèves), Symphorien et Arnoul (Metz), Gorgon. *Gorze-Kluny*, p. 199 sq, d'après le calendrier d'Amorbach du XIe siècle, GROPP, *Historia monasterii Amorbacensis*, Frankfurt, 1736, p. 256, H.HOFFMANN, *Buchkunst und Königtum im ottonischen und frühsalien Reich, Schriften der M.G.H.*, 30, I,2, 1986.

116. P.LEHMAN, Die Bibliothek des Klosters Amorbach, *Studien und Mitteilungen zur Geschichte des Benediktiner Ordens und seiner Zweige* 48 (1930), p. 264-300 et H.THURN, Die Handschriften der Universität Bibliothek Würzburg, Handschriften aus benediktischen Provenienzen, Wiesbaden, 1973, p. 1-42. Le seul catalogue conservé est tardif et la plupart des manuscrits remontent à la fin du Moyen-Age. On peut pourtant noter : Cambridge, Fitz William-Museum McClean Bequest Ms. 108 (XI-XIIe s.) Bede *super parabolas et in librum Tobiae*, London British Museum Add. Ms 21216-21217 (X-XIe s.) Cassiodore *in Psalmos*, Wurzbourg Univ. Bibl. M.p. th.f. 71 (XIe s.) Augustin *Confessions*, Wurzbourg Univ. Bibl. M.p. th.q. 70 Psautier (XIe s.), Leipzig Antiquariat K.W.Hiersemann Kat.578 Nr.683 Gregorius, *Moralia in Job* (1-5 et 23-30), écrit dans la partie occidentale de l'Empire au Xe ou XIe siècle.

117. MGH Dipl. Ott. III, 141, 12 dec. 993.

118. Elle a été réformée par un élève de Ramwold, moine de Saint-Maximin et abbé de Saint-Emmeran. Il meurt en 1001 et Henri de

Wurzbourg fait de nouveau appel à un abbé, Alapold, et à des moines de Saint-Emmeran, *Gorze-Kluny*, p. 146-150, 320-329.

119. *Nécrologe*, 25.XI *Herbertus istius monasterii monachus et abbas s. Frelicis. Chronicon Schwarzacense* ed.J.P.Ludewig, *Novum volumen scriptorum rerum germanicarum*, II, Frankfort, 1718, *anno 1047, Eggeberdus* ... *fuit monachus sancti Gorgonii Gratianopoli in Gallia et rogatu Adelberi, episcopi Herbipolensis, huc fuit cum aliis fratribus transmissus causa reformationis nostri monasterii.* Ekkebert est cité aux nécrologes de Michelsberg, Bamberg, Admont, Neustadt ; *Gorze-Kluny*, p. 327,n.28. G.VOGT, *Der Selige Egbert abt von Munsterschwarzach*, Münsterschwarzach, 1976. M.TITS, Ekkebert, DHGE XIV, col.1471-1472.

120. *Chronicon Schwarzacense*, c.17, *Eius temporibus, Adalberus uenerabilis pontifex Wurzeburgensis, reaedificauit nostrum monasterium, iam destructum et collapsum, et dotauit illud munificentissime*, Wendehorst, *Das Bistum Würzburg*, p. 113. L'abbaye est présentée à cette époque comme ruinée, *Chronicon Schwarzacense, c. 17, quod iam pene tam in temporalibus quam in spiritualibus defecerat...reedificauit nostrum monasterium iam destructum et collapsum.*

121. Il mourût le 25 nov, *Ekkehardi Chronicon*, MGH SS VI, p. 201 *Domnus Ekkebertus abbas hujus congregatione transiuit ad Dominus 7 kal. Dec.* sans doute en 1076, *Annales s.Michalis Bambergensis*, MGH SS V, *anno 1076 Eggibertus abbas obit* ; *Annales Rosenfeldenses*, MGH SS XVI, p. 100, *anno 1077, Egbertus abbas obit.*

122. *Chronicon Schwarzacense*, c.17, *Hic cœpit solenniter reformare nostrum monasterium anno domini MXLVII et appellatur in omnibus nostris priuilegiis et libris abbas uenerabilis uitea. Plures libros fecit conscribi monasterio, multa monasteria refomauit, miraculis claruit.*

123. *Id.*, c.17, *et ideo appelatus secundus fundator. c.18, idem praedictus pontifex, noster fundator, in die dedicationis nostrae delegauit nobis, perpetuis temporibus et habendum et possidendum vi mansos et siluam, dictam der Lichterwald, cum omni utilitate in uilla quae dicitur Ronobach, et omnem decimationem ad Dettelbach pertinentem.*

124. *Id.*, c.17, *basilicam sancti Galli sancti Columbani.*

125. *Id.*, c.17, *oratorium cryptae in honore sanctae trinitatis ac uictoriosissimae crucis et sanctae Dei genitricis Mariae sanctique Stephani prothomartyris.*

126. *Id.*, c.17, *dedicauit ecclesiam maiorem nostri monasterii... in honore sancta Dei genitricis Mariae et sanctae Felicitatis martyris septemque filiorum eius.*

127. *Annales Rosenfeldenses*, MGH SS XVI, p. 100, *anno 1077, Egbertus (sancti Burchardi) abbas obit.* L'abbé Ekkebert est mentionné dans le nécrologe de Saint-Burchard. *Nécrologe*, 10.I cite un moine de Saint-Burchard, Richard.

128. M.OFER, *St Stephan in Würzburg*, Köln-Wien, 1990, p. 1-15.

129. K.HALLINGER, Junggorzer Reformbraüche aus St. Stephan in Würzburg, *Würzburger Diozesangechichtblatter*, 25 (1963), p. 93-113.

NOTES DU CHAPITRE V

130. *Gorze-Kluny*, p. 390-92. d'après Trithème, *Annales Hirsaug.* 1690, 1, p. 239.

131. *Gorze-Kluny*, p. 335-338, P.VOLK, Necrologium von Neustadt, *Würzburger Diözsangeschichteblätter*, 6 (1939), p. 21-39.

132. *Vita Adalberonis*, MGH SS XII, p. 136 *Ekkebertus primus abbas a beato Adalberone episcopo Lambacensi loco prelatus est.*

133. *Id.*, p. 134-35.

134. *Gorze-Kluny*, p. 329-334 *Chronicon Schwarzacense*, c.18 *Obiit autem episcopus Adelbero anno episcopatus sui quadragesimo secundo et sepultus est in Bauaria in quodam monasterio dicto Lambach.* et MGH SS XII, p. 231.

135. T.MICHELS, Fragment einer Karsammstag liturgie des XI. JHR. aus Lambach, dans *Sarmenta, Gesammelte Studien von Th. Michels*, Münster, 1972, p. 99-103.

136. Vienne BN series novae 3601 (XIe s.), Würzburg II, 1, *Revue d'Histoire ecclésiastique* 69 (1974), p. 546 ; R.GREGOIRE, dans *Studi medievali*, facs.1 (1972), p. 509.

137. *Vita Adalberonis*, MGH SS XII, p. 133 *Ekkebert... accepta humillimis obtinuit precibus, ut ipse abrogaretur et unus e fratribus suis, Bezemannus, subrogatur.* *Gorze-Kluny*, p. 331, n.9 p. 331, n.10 et p. 332, n.11, *Pezimannus abbas sancte Marie.* Pezeman, moine de Schwarzach, est cité au nécrologe de cette abbaye le 8.IX *Bezemannus prb.s.Felicitatis* (*Stud. u. Mitt. OSB* 41, p. 94), ainsi qu'à ceux d'Admont (MG Necr.2, p. 302), de Kremsmünster (MG Necr 4, p. 226), de Michaelbeuren (MG Necr 2, 215), de Michelsberg, d'Asbach (MG Necr. 4, 95).

138. Saint-Pierre de Melk était un chapitre de chanoines fondé par les margraves d'Autriche. *Annales Mellicenses*, MGH SS IX, p. 500, *a.1089 constitutio monachorum in loco Medelicensis sub abbate Sigiboldo.*

139. *Vita Adalberonis*, MGH SS XII, p. 136. *Gorze-Kluny* p. 368, n.16, Sigibold est cité aux nécrologes de Melk, Lambach, Kremsmünster, Saint-Lambrecht, Weihenstephan, Oberaltaich, Neustadt.

140. *Vita Altmanni episcopi Pataviensis*, MGH SS XII, p. 231. Thierry de Kremsmünster et Ekkebert de Schwarzach sont cités dans le nécrologe de cette abbaye. *Nécrologium Admuntense*, MGH Necrologia Germaniae, 2 Diocesis Salisburgensis, p. 307, *7 kal dec. Ekkibertus abbas, 5 id. dec Dietricus abbas.* *Gorze-Kluny*, p. 384-90. Il y eut des liens entre Lambach et Admont au XIe siècle.

141. *Nomina abbatum Admunt.*, MGH SS XIII, p. 356.

142. *Gorze-Kluny*, p. 403-5, *Chronica epps. ecclesiae Meresburgensis*, MGH SS X, p. 184 *Basilicam quoque sancti Petris... monachicamque uitam ibi constituens Altmannum abbatem eidem praefecit.* *Chronicon Schwarz. a.1096.*

143. *Gorze-Kluny*, p. 405-411, U.ENGELMANN, Die ehemaligen Benediktinerklöster, p. 281-82.

144. *Chronicon Schwarz.*, c.19, donne comme successeur à Ekkebert l'abbé Burcard (1077-1095). MGH SS XVI, p. 244, *dehinc utile ducens...*

aliquem religiosi propositi uirum inquireret, praecipue diuinum officium iniciaret, cœnobium Svarza dictum, sibi notissimum utpote in religiose praecipuum (anno domini 1092)

145. MGH SS XVI, p. 244 *Domnum Beronem aliosque tres fratres... ibidem impetrauit.*

146. *Lamperti Annales,* MGH Scrip. Rer. Germ. 8, p. 99, *successit ei (Gunther) in episcopatum Herimannus vicedominus Mogontinus, qui in eadem Ierosolimitana peregrinatione constitutus... quod et sedulo fecerunt, profuso in cœmptionem eius argenti et auri inestimabili pondere.* E.von GUTTENBERG, Das Bistum Bamberg I, *Germania Sacra,* Berlin, 1937, p. 106-111. M.WEILAUFF, Herman de Bamberg, *DHGE,* 24, c.36-40.

147. *Id.,* p. 156, *a. 1073 Adalbero Wiciburgensis episcopus et Herimannus Banbergensis episcopus...*

148. *Id.,* p. 128, *abbatiam Bambergensem interea susceperat Ekebertus, Gorziensis disciplinae monachus. Ad cuius ingressum omnes protinus fratres, quos prior ille abbas suis, hoc est mercatoria atque usurariae artis, disciplinis instituerat et quasi filios pater in uitam moresque suos pedibus, ut dicitur, ire docuerat, tamquam folia quae uento raptantur diffugerunt.*

149. *Vita Ottonis,* JAFFE, *Monumenta Bambergensia* I, p. 20.

150. R.BRAUN, *Das Benediktiner Kloster Michelsberg 1015-1525, Ein Untersuchung zu Gründung Rechstellung und Wirtschaft Geschichte,* Kuhnbach, 1977-78, p. 44.

151. On note Maximin, Eucher et Paulin (Trèves), Nabor et Nazaire (Lorsch), Albin, Alban, Pantaléon, Géréon, Séverin (Cologne), Félicité (Schwarzach), Walburge, Willibrord, Willibald, Killian, Lambert, Vaast, Léger (Lotharingie), Oswald, Symphorien, Privat, Quentin, Arnoul, Evre, Gorgon (Gorze). W.BRANDMÜLLER, Studien zur Frühgeschichte der Abtei Michelsbergs, *Bericht des Historischer Verein Bamberg* 100 (1964), p. 95-135.

152. K.DENGLER-SCHREIBER, *Scriptorium und Bibliothek des Klosters Michelsberg in Bamberg, von den Anfange bis 1150,* Studien zur Bibliotheksgeschichte 2, Graz, 1978. Le catalogue des livres reflète une bibliothèque importante dans laquelle la part du XIe siècle est notable (liste p. 160-175) sans que le court passage d'Ekkebert ait laissé de traces décelables.

153. *Gorze-Kluny,* p. 344-350 et 353-356. *Lamperti Annales,* MGH SS V, p. 219.(1075), *Herimannus episcopus aecclesiam in honorem b. Jacobi Babenberg foris murum propriis impensis exstruxerat ibique clericos XXV, scientia, moribus et canonicae conuersationis disciplinis haud obscuros, congregauerat et eis quae ad uictum uestitumque sufficerent affatim prouiderat. Cumque is quem congragationi prefecerat morbo preuentus diem clausisset extremum, nactus oportunitatem temporis, clericos expulit et locum ipsum cum omnibus appendiciis suis Egberdo abbati de sancto Michaele tradidit ad instituendum illic ordinem monasticum, non offensus crimine aliquo clericorum, cum, ut dixit, honestissime iuxta ecclesiasticas leges uitam intituerent, sed monasticae conuersationis mundicia delectatus in toto episcopatu suo, si fieri posset, hanc*

NOTES DU CHAPITRE V

solam esse uitam cupiebat...
154. *Gorze-Kluny*, p. 353.
155. *Lamperti Annales*, MGH Scrip. Rer. Germ. 8, p. 203-4, *clerici quoque maioris aecclesiae Banbergensis tam illorum quam suam uicem dolebant, quod scilicet non sine magna sui ordinis iniuria tantum episcopus deferret ordini monastico... episcopus nec ratione mouebatur nec supplicatione.*
156. *Id.*, p. 111, *per simoniacam heresim data pecunia episcopatum inuasisset, multa et preciosa munera papa dedit... cum pace dimissi sunt.*
157. *Id.*, p. 204, les chanoines *Romam pergunt et recitata Romano pontifici per ordinem suae calamitatis historia... cur aecclesiam Dei tamdiu sinat hominis heretici communione maculari, qui non ut pastor per ostium, sed ut fur et latro per Symoniacam heresim et ingentium pecuniarum profusionem irrepserit in ouile ouium.* Hermann s'était déjà rendu à Rome auprès d'Alexandre II en 1070, C.ERDMANN, Studien zur Briefliteratur Deutschlands im 11. Jh., *MGH Schriften I*, Leipzig, 1938, p. 233, 261 315 ; R.SCHIEFFER, Die Romreise deutscher Bischöfe im Frühjahr 1070, *Rheinische Vierteljahrsblätter*, 35 (1971), p. 152-174. Caspar, *Register Gregorii*, I.84.
158. *Lamperti Annales*, MGH Scrip. Rer. Germ. 8, p. 239 *cum regi in pace et in bello, tranquilla seu turbata re publica semper commodissime affuisset et scandalizatis in eo ceteris regni principibus solus ille numquam scandalizatus fuisset, sed in cunctis, quae ei accidissent calamitatibus, pondus diei et aestus cum eo inconcussa fide portasset. Ekkehardi Chronicon, MGH SS VI, p. 201, a. 1075 Herimannus Babenbergensis episcopus ab heresim symoniacam auctoritate Hiltibrandi papae deponitur, eique Ruotbertus a rege subrogatur.*
159. *Id.*, p. 242, *Herimannus Babenbergensis episcopus comperto, quod alius in locum eius subrogatus esset episcopus, cum omnis iam ei spes adempta esset recuperandae deinceps dignitatis suae, nec ad eludendam Romani pontificis sentenciam ullum ultra pateret diuerticulum, in monasterium cui nomen est Suarza secessit ibique sub Eggeberdo abbate sanctae conuersationis habitum suscepit. Statimque assumpto secum eodem abbate suo Romam profectus, cum de inobedientia sua humiliter apud sedem apostolicam penitentiam egisset, et anathemate liberatus et sacerdotalis ministerii preter ponttificalem dignitatem denuo licentiam est consecutus.*
160. *Chronicon Schwarzacenses*, c. 18, *Hermannus... tradidit nobis uillam Krautheim, cum omni sua utilitate cum aliis multis bonis.*
161. *Vita Altmanni*, MGH SS XII, p. 231, *Gebehard... Adalbero... Altmannus... cum adhuc scolares essent...* G.ALLMANG, Altmann, *DHGE*. II, col.826-827, KRAUSE (A.), Das Dreigestirn, Altmann, Gebhard und Adalbero, dans *Der Heilige Altmann Bischof von Passau, Sein Leben und Werk*, Göttweig, 1965, p. 39-47.
162. *Vita Altmanni*, MGH SS XII, p. 230, certains évêques attendaient la fin du monde pour 1065 ; l'échec des espérances millénaristes est un facteur favorable pour l'extension des réformes monastiques ; R.LANDES, Sur les traces du millenium, *Le Moyen Age*, 99 (1993), p. 17-26.
163. *Bertholdi annales*, MGH SS V, p. 286.

164. *Vita Altmanni*, MGH SS XII, p. 232, *monasterium quod Cremesmunster dicitur, erat tunc temporibus satis magna infamia respersum. Nam monachi illi, iugo regulae abiecto ac monastico ordine relicto longe prae secularibus saeculariter uiuentes, proprietatem habentes, per omnia uitiorum crimina erant insassientes, detractores murmuratores rebelles, proterui uentri et luxui tantum dediti et ad omna opus bonum reprobi. Horum praelati erant uoluptatum amatores, religionis spretores lucris inhiantes, subditos in flagitiis superantes. Hi uiri pestiferi substantiam monasterii luxuriose uiuendo dissipauerunt demum sanctarium Dei igni incenderunt.*

165. H.KOLLER, Zur Gründung des Klosters Kremsmünster, *Jahrbuch des Musealvereins Wels* (1981), p. 69-113. W.NEUMÜLLLLER, Zur Benediktinerreform des Heiligen Altman, dans *Der Heilige Altman, Bischof von Passau, Sein Leben und Werk*, Göttweig, 1965, p. 16-22.

166. Thierry venait de Gorze. *Gorze-Kluny*, p. 357-362 ; P.SCHMIEDER, Woher war der Reformabt Theoderich von Kremsmünster ? (saec XI), *Studien und Mitteilungen OSB* 4 (1883), p. 136, d'après le manuscrit 99 de Lambach provenant de Kremsmünster et contenant les coutumes d'Hirsau (XI-XIIe siècle, ajouts du XIVe siècle) *Hic enim sanctus uir Altmannus nostrum monasterium sicut et plura alia in sua dyocesi deformatum penitus in monastica disciplina laudabiliter reformauit postquam sue sedi per predictum papam fuerat restitutus rebelles huius cenobii monachos expellens et religiosos ac obediente uiros de Gorze adducens quibus etiam prefecit abbatem nomine Theodericum uirum laudabilem atque sanctum.* Ekkebert de Schwarzach, premier abbé de Lambach, n'a pas dirigé Kremsmünster ; on ne peut l'identifier à l'abbé Erchembert du XIe siècle, *Necrologia Cremifanensia*, MGH Necr. Germ, p. 217 (24 Juin) et p. 221 (25 Juin), qui était enterré à Kremsmunster et fêté comme bienheureux.

167. *Gorze-Kluny*, p. 362-365, MG Necr.2.

168. MG Necr.2, 329. *Gorze-Kluny*, p. 371-373, n.9.

169. *Gorze-Kluny*, p. 374-383, Formbach se trouve près de Passau, nous verrons que l'évêque Altmann de Passau fait venir l'abbé Thierry à Kremsmünster. Il ne subsiste pas de nécrologe de Formbach, c'est par des reconstitutions fondées sur d'autres nécrologes, tel celui d'Ansbach, qui furent liés à Formbach, que Hallinger relie cette abbaye à Pezeman, Berengarus, moine de Schwarzach, devient en 1094 abbé de Formbach.

170. H.FILL, *Katalog der Handschriften des Benediktinerstiftes Kremsmünster*, t.I, Wien, 1984, CC 7, p. 60-63 et CC 34 p. 95-99.

171. *Mittelalterliche Bibliothekskataloge Osterreichs*, un catalogue précède son abbatiat : 1040 (p. 33), le suivant lui est de beaucoup posterieur : 1320 (p. 35). W.NEUMÜLLER, *Zur mittelalterlichen Bibliotheksgeschichte Kremsmünster*, Wels, 1949.

172. *Bernardi Cremifarrensis Historiae*, MGH SS XXV, p. 631, note sur Thierry, *Item consecratus est nostrum monasterium a. Domini 1082 ab eodem Altmanno.*

173. *Id.*, p. 670, *Ditricus prefuit, qui fuit monachus in Gorze, et per Altmannum episcopum advocatus huic loco prefuicitur, et ordo monasticus, qui*

NOTES DU CHAPITRE V

tepuira, per eum solempniter reformatur, et ruina monasterii liberaliter restauratur, assuptis consuetudinibus cluniacensibus, quas sanctus Udilo tradiderat et miserat Wilhelmo abbati Hirsaugiensi cum quo etiam contraximus fraternitatem. Nous avons vu plus haut que le manuscrit des coutumes d'Hirsau (Lambach 99) provenait de Kremsmünster ; ce manuscrit contient également d'autres textes, les coutumes de Citeaux et d'Afflighem. Les notes du XIVe siècle indiquent que ces coutumes ont été suivies à Kremsmünster depuis l'époque de Grégoire VII, de l'évêque Altman et de l'abbé Thierry, SCHMIEDER, Woher war der Reformabt Theoderich, p. 136, *librum ordinis ab ecclesiae nostri religiosis esse credimus approbatum pariter et assumptum tempore sancti Gregorii pape VII, qui prior fuerat Gluniaci, cum sanctum restituit Altmannum in episcopatu patauiensi, a quo fuerat expulsus... prefecit abbatem nomine Theodericum.*

174. *Vita Altmanni*, MGH SS XII, p. 232 *Hos solertia episcopi cum magno labore de loco eiecit et uenerabilem uirum Theodericum abbatem ibi praefecit qui monastici tramitis sectatores de Gorze adduxit, quos sub magisterio beati Benedicti per normam regularis uitae uerbis et exemplis instruxit. Vnde et magnam persecutionem a rebellibus regulare sustinuit, quam ipse patienter tulit...*

175. *Bernardi Crem. Hist.*, MGH SS XXV, p. 629. *Necrologium Admuntense* MGH Necrologia Germaniae 2 Diocesis Salisburgensis, 5 id. dec. *Dietricus abbas.*

176. *Bernardi Crem. Hist.*, MGH SS XXV, p. 631, note sur *Thierry, huius anniversarius est 5 ydus decembr. et sanctus creditur, ante altare sante Crucis sepultus, Albuinus aduocatus monachus de Gorze, item contracta est fraternitas inter nostram et Hyrsaugensiem ecclesias.*

177. *Vita Altmanni*, MGH SS XII, p. 238, Lettre de Grégoire à Altmann et Guillaume. E.BOSHOF, Bischöfe und Bischofkirchen von Passau und Regensburg, *Die Salier und das Reich*, p. 136-37.

178. G.ALLEMANG, Burchard II d'Halberstadt, *DHGE* X, col.1232-1234.

179. WATTENBACH, *Deutschlands Geschichtequelle* II p. 75.

180. L.FENSKE, *Adelsopposition und kirchliche reform bewegung im östlichen Sachsen*, Göttingen, 1977, p. 133-164.

181. *Nécrologe*, 24.X. *Domnus Heurlandus, istius monasterii monachus et episcopus Halberstadiensis.* Herrand est aussi mentionné au nécrologe de Siegburg, de Saint-Blaise et d'Ottobeuren.

182. *Vita Deoderici*, MGH SS IV, p. 468 *De unanimi fraternitate cleri Mettensis et Halberstadensis*, l'évêque, formé à Halberstadt, avait donné à la cathédrale de cette ville des reliques de saint Etienne.

183. Hilduard, évêque d'Halberstadt, envoie à Adalbéron II de Metz un rational (sorte de pallium) et lui demande en échange des reliques (saint Etienne, sainte Glossinde), pour que la ville soit protégée des Hongrois. La lettre se trouve dans un manuscrit messin, BN lat 5294, f.88v-89v, ed. Labbe nov. Bibl. mss., I, 682-683. Cité dans la *Vita Deoderici*, MGH SS IV, p. 468-469.

NOTES DU CHAPITRE V

184. *Gorze-Kluny*, p. 339-344, n.27. Le passage d'Herrand à Saint-Burchard de Wurzbourg, à une date inconnue antérieure à 1070, certainement à la demande d'Adalbéron de Wurzbourg, qui avait déjà fait venir de Gorze Ekkebert, expliquerait le transfert des chroniques de Saint-Burchard à Harsefeld, car les *Annales Rosenfeldenses* dépendent fortement de renseignements intéressant directement Saint-Burchard de Wurzbourg. Nous savons qu'au moment du séjour d'Herrand l'abbé de Saint-Burchard était Ekkebert.

185. *Annalista Saxo*, MGH SS VI, p. 698, *Herrandus quem Burchardus Ilseneburgensi cœnobio ad informandam, que ibi tepuerat, monachiam Religionem praefecerat. Id., p. 725, ad Ilseneburgense cenobium perducitur, quod dudum fere omni religione destitutum in monastice religionis normam ipse reformauerat, prediisque ac diuersis donariis amplians sibi locum sepulture, ubi et nunc iacet, presignauerat. Gorze-Kluny*, p. 225.

186. *Gesta episcopi Halberstadensis*, MGH SS XXIII, p. 101 *Herrandus Ilseneburgensis abbas, uir religiosus et pacificus. Ann. Reinhardbrunnensi*, ed. Wegele, *p. 18, a.1093, Errandus... uir morum grauitate, librorum sciencia omnique uite merito laudabilis.*

187. FRITSCH, *Halberstadter Bistum*, Halle, 1913, p. 36-49.

188. *Annales Rosenfeld.*, MGH SS XVI, a.1090 *Herrandus abbas qui et Stephanus Halberstadensis episcopus electus est. Epistola Urbani Herrandus qui nos Stephanus nomen imposuimus.* cité dans *Libelli de lite II*, p. 285, n.1.

189. *Libelli de lite II*, p. 285-291. *Walrami et Herrandi epistolae de causa Henrici regis conscripta.* O.MENZEL, *Untersuchungen zur mittelalterlichen geschichtschreibung des Bistums Halberstadt*, Sachen und Anhalt 12, 1936.

190. *Annales Rosenfeld.*, MGH SS XVI, p. 102, anno 1100 *congregacio Hilsinburgensium monachorum Frederico Halberstadensi inuasori et excommunicatio subdi et obedire recusans, hac de causa ab ipso coacta est claustrum suum egredi*. Ils revinrent en 1105 ; allèrent-ils en pèlerinage en terre sainte pendant ces cinq ans, en compagnie de l'abbé de Saint-Pierre d'Erfurt ?

191. *Gesta episc. Halb.*, MGH SS XXIII, p. 101.

192. *Gorze-Kluny*, p. 392-416, fait de ses réformes un mouvement gorzien autonome opposé à d'Hirsau. K.BOGUMIL, *Das Bistum Halberstadt im 12. Jh.*, Köln-Wien, 1972, p. 63-101.

193. *Gorze-Kluny*, p. 411-414, K.U.JÄSCHKE, Zur Eigenstandigkeit einer Junggorzer Reform bevegung, *Zeitschrift für Kirchen Geschichte*, 81 (1970), p. 27 n.67, *clerici inde eleminatis monachos quos in Hilliburgensi cenobio religiosores repperi, collocaui.* SCHMIDT, *p. 97. Herrandus ipsum locum ex clericali ordine in monachicam religionem transmutauit secundum ordinem Ilseneburgensem...*

194. SCHMIDT, I, p. 96-97 , *quibus etiam tunc Ilseneburgensem priorem Aluericum primum abbatem prefecimus* MGH SS XVI, p. 748. *prepositura in Hildesleve mutata est in abbaciam, ubi primus ordinatur Aluericus abbas.*

NOTES DU CHAPITRE V

195. O.MENZEL, Das Chronicon Hujeburgense (s.XII), *Stud Mitt. OSB*, 52 (1934), p. 138 *fuit in Halberstadiensis ecclesia canonicus s. Stephani... nomine Ekkehardus... in eodem loco vitam eremeticam Deo militare vellet.*

196. *Chronicon Hujeburgense*, p. 138-139 *duceris solitariae vitae, iuxta ecclesiam s. Dei genitricis Maria in habitaculo competenti, in Huiesborg facias te includi... concessa sibi Luthmodis abbatissae suae... de Quedelinborg venit Hujeborg... inclusa est hic Dei famula Bia.*

197. *Id.*, p. 139 *erat in monasterio s.marie uirginis in Gandersheim quaedam Dei ancilla nomine Adilheidis, quae vehementer dolens in monasterio suo tepuisse fervorem... per predictum Dei famulum Ekkehardum succedente tempore eam ad huius desiderii propositum animauit, et agente episcopo occultis consiliis de claustro suo educat in hoc loco inclusa est anno sexto, ex quo domina Bia hic fuera inclusa.*

198. *Id.*, p. 140 *fuit in Parthenopoli ciuitate in monasterio sancti Iohannis baptistae quidam Dei famulus... Thiezelinus... in Sigebergensi cœnobio fere per biennium commoratus est, sed auctoritate archiepiscopo Parthenopolitani Wezelonis reuocatus.*

199. *Id.*, p. 140 *et alius de suo claustro uenerabilis monachus nomine Meinoldus, qui et Meizo.*

200. *Id.*, p. 142 *Nam in spiritualibus praefuit Thiezelinus, exteriora procurabat dominus Ekkehard.* La formule est identique à celle de la *Vita Iohannis*.

201. *Id.*, p. 140 *dominus Ekkehardus habitum monasticae professionis induerat.*

202. *Id.*, p. 142 (1076), *eo tempore praefuit Ilsenburgensis cœnobio Herrandus abbas, quem Burchardus secundus epicopus praefecerat eidem loco ad informandam in eodem cœnobio monasticae religionis uitam. Hunc igitur abbatem quia magnae religionis et sanctae conversationis uidebatur, saepe dicti fratres sibi praesse in his, quae ad Deum pertinet, petierant, eo quod necdum proprium abbatem haberent... Abbas autem Herrandus eorum petitioni acquiescens interdum causa uisitationis ad eos uenit, aliquantos etiam fratres benedictione monasticae professionis consecrauit.* MGH SS VI, p. 697-98, *Ekkehardus... abbas prefuit... Prefuerat ante ipsum aliquandiu Herrandus.*

203. *Chronicon Hujeburgense*, p. 142 (*fratres*) *elegerunt sibi abbatem uenerabilem uirum Ekkehardum, defuncto iam in eodem anno,... domine Thezelino.* JÄSCHKE, Zur Eigenstandigkeit, p. 29-30. L'« intendant » Ekkehard devient abbé, mais plutôt que de parler d'influence gorzienne dans ce cas, ne faut-il pas penser simplement à un partage équitable entre les deux personnalité essentielles du monastère, l'abbatiat se reportant sur le survivant ?

204. *Chronicon Hujeburgense*, p. 144 *successit in locum eius reuerendus uir Alfridus, eadem die electus, eadem die benedictione pontificali consecratus, anno dominicae incarnationis mlxxxiii. Non tamen haec eius electi preaceps aut inconsulta fuit, sed prudenti consilio idem pater noster Ekkehardus et ancilliae Dei Bia et Adelheidis egerant cum episcopo, ut eadem hora, qua ipse absoluetur, hic in eius loco succederet.*

NOTES DU CHAPITRE V

205. *Nomina fratrum de Rossevelde, S.Pauli in Brema, S.Godehardi et s.Michaelis in Hildinesheim, de Huisburch,* MGH SS XIII, p. 346. *Ekkehardus abbas,* soit qu'il ait eut cette fonction avant la mort de Thiezelin cité juste après lui, soit que ce titre, d'ailleurs rétrospectivement correct, ait été donné au premier nom de la liste par le copiste.

206. M.PARISSE, Die Frauenstifte und Frauenklöster in Sachsen vom 10. bis zur Mitte des 12. Jh., dans *Die Salier und das Reich II, Die Reichkirche in der Salierzeit,* Sigmaringen, 1991, p. 492-95.

207. *Annalista Saxo,* MGH SS VI, p. 724, *Fridericus comes palatinus... consilio Herrandi Halberstadensis episcopi et aliorum religiosorum uirorum expulerunt clericos de loco sue constructionis Herseveld et ponerunt illic monachos.* p. 735 *congegatio monachorum in Rossenwelde cepit institui et expulsis inde clericis Werinherus primus ibi abbas electus est.*

208. *Ann. Rosenfeld.,* MGH SS XVI, p. 102, voir Ilsenburg.

209. *Chronica ecclesia Rosenfeldensis,* ed. J.Vogt Monumenta inedita rerum germanicarum praecipue Bremensium, I, 2, Brême, 1741 p. 132.

210. ENGELMANN, *Die ehemaligen Benediktinerklöster,* p. 284-85.

211. *Chronica Reinhardsbrunnensis,* MGH SS XXX,1 p. 525 *Lodewicus comes, de sue animae salute salubriter deliberauit... cogitauit secum atque disposuit elemosinis quantum posset redimere peccata sua et de mammona iniquitatis uel rebus transitoriis sibi concessis facere sibi amicos pauperes Christi... Viros itaque industrios, Errandum religiosum et iustum monachum im Hilzenburg, postea Halberstadensem episcopum... et Gisilbertum pluribus abbaciis preminentem deuotissime uocauit et eis sue archana confessione aperuit.*

212. Ernst, prieur sous Gislebert, devint le second abbé de Reinhardsbrunn en 1101 ; il est attesté dans les actes de 1103 à 1139. H.WIBEL, Zur Chronologie der Äbte von Reinhardsbrunn, *Neues Archiv,* 36 (1911), p. 729-31.

213. *Chronica Reinhardsbrunnensis,* MGH SS XXX,1 p. 526 *Lodewicus igitur comes de Hirsaugia uiros religiosos Ernestum priorem cum allis XX deuotis et religiosis uiris adduxit in Reynharsborn qui secundum Cluniacensium uel Hirsaugensium ordinem Deodeuotius deseruirent.*

214. *Id.,* p. 528.

215. *Gesta episcoporum Halberstadensium,* MGH SS XXIII, p. 101 *corpus autem ipsium monasterio Reineresburnensi, in quo ipse monasticam duxerat uitam, in Domino requiescit.*

216. Quoiqu'il ait renoncé par la suite à cette théorie, ces Consuetudines témoignent probablement de la façon de vivre d'une abbaye restaurée par Gorze après le XIe siècle, K.HALLINGER, Die Provenienz der *Consuetudo Sigiberti,* dans *Festscrift für H. de Borr,* 1971, p. 155-176. Id., Herkunft und Überlieferung der Consuetudo Sigiberti, *Zeitschrift der Savigny-Stifung für Rechtgeschichte. Kanonische Abteilung,* LVI (1970), p. 194-242.

217. *Gallia Christiana* XIII, c.555.

NOTES DU CHAPITRE V

218. *Gesta abb. Trud.*, MGH SS X, p. 262-273, dans la liste des moines apparaît un nommé Sybert. Id., p. 317-318 : lettres de Rodolphe à son prieur de Saint-Pantaléon, Sybert.

219. Le martyrologe de Saint-Clément porte *ii nonas aprilis Sigibertus abbas huius loci obiit 1090*. Hallinger pense qu'il y a confusion et que l'année 1090 est interpolée par Bour.

220. *Gorze-Kluny*, p. 241-242.

221. Nécrologe de Saint-Pantaléon le 3.IV *Sigibertus pbr. et mon. s. Pantaleonis*, HALLINGER,« Consuetudo Sigiberti », p. 228, n.89.

222. Le seul abbé Sigebert attesté par la Gallia XIII, c.869 meurt en 1190, trop tard pour qu'il soit l'auteur des Consuetudines. De cet abbé Sigebert on dit *iurium ecclesiae suae accerimus defensor rebus humanis post sex regiminis annos exemptus est*. Le passage supposé de Sigebert à Saint-Clément est bien rapide, on ne s'explique pas ce qui aurait pu l'en chasser. Cet abbé n'est pas autrement attesté.

223. B.ALBERS, Les consuetudines Sigiberti abbatis dans CLM 14765, *RB* XX (1903), p. 420-433.

224. *Gorze-Kluny*, chap. 3 avait conclu que les moines de Gorze portaient tous les jours une cuculle qui allait au genou, et pour les offices un long vêtement descendant jusqu'aux pieds, alors que les moines de Cluny portaient toujours les deux l'un par desssus l'autre.

225. ALBERS, Les Consuetudines, p. 426-427 ; *Gorze-Kluny*, chap. 4-5, Id. Die Provenienz, compare les fêtes de Pâques telles qu'elles sont célébrées à Mayence, Winchester, Saint-Evre de Toul, Saint-Arnoul de Metz et le texte des *Consuetudines Sigiberti*.

226. *Vita Iohannis*, MGH SS IV, *ut feruentibus conuersationis initiis et numero et longetudine et mora dicendi multiplicim extendebatur, quae postmodum pusillanimitas imbecillium in nonnullis compulit coarctari*.

227. K.U.JÄSCHKE, Zur Eigenständischkeit einer Junggorzer Reformbewegung, *Zeitschrift für Kirchengeschichte* LXXI (1970), p. 17-43.

228. *Cartulaire 132, Abbate Henrico, decano Rodulfo, praeposito Agerico*.

229. *Cartulaire* 132 (1055) le doyen a le deuxième rang, dans Cartulaire 102, 103, 112, 113, 115 le prévôt vient en second, mais il s'agit d'un achat qui concerne la gestion des domaines et donc le prévôt ; Cartulaire 176 Richardus prior, Walfridus praepositus, Cartulaire 195 prior atque decanus (tous deux du XIIe siècle). JÄSCHKE, Zur Eigenständischkeit, p. 34 et DONNAT, Vie et coutumes monastiques dans la Vita de Jean de Gorze, dans *L'abbaye de Gorze au Xe siècle*, Nancy, 1993, p. 159-183.

230. JÄSCHKE, Zur Eigenständischkeit, p. 28 n.72 et 73, *Ilseneburgensem priorem Aluericum* à comparer avec : *Praepositura in Hildesleve mutata est in abbatiam, ubi primus ordinatur Aluericus abbas*.

231. *Consuetudines Floriacenses Antiquiores, Corpus Consuetudinem Monasticarum* VII,3, p. 10-14.

232. *Consuetudines Germaniae, Redactio Virdunensis, Corpus Consuetudinem Monasticarum* VII,3, p. 416-417 *ubi abbas non fuerit, prae-*

positus ordinem seruabit. ubi abbas et praepositus defuerint, decanus ordinem seruabit.

233. A.DAVRIL, Points de contact entre la *Vita Iohannis abbatis Gorziensis* et les *Consuetudines Floriacenses Antiquiores*, dans *L'abbaye de Gorze au Xe siècle*, Nancy, 1993, p. 183-193, L.DONNAT, Vie et coutumes, et Id., Les coutumes monastiques autour de l'An mil, dans *Religion et culture autour de l'an mil*, Paris, 1990, p. 17-24.

234. PONCELET, Thierry de Fleury, p. 22.

235. L.DONNAT, Recherches sur l'influence de Fleury au Xe siècle, *Etudes ligériennes d'histoire et d'archéologie médiévales Saint-Benoît-sur-Loire 1969*, Auxerre, 1975, p. 165-174. D.IOGNA-PRAT, Abbon de Fleury, dans *Histoire des saints et de la sainteté chrétienne*, t.V, *La sainteté dans les empires rivaux (815-1053)*, Paris, 1986, p. 58-61.

236. M.MOSTERT, L'abbé, l'évêque et le pape. L'image de l'évêque idéal dans les œuvres d'Abbon de Fleury, dans *Religion et culture autour de l'an mil*, Paris, 1990, p. 44.

237. CALMET, *Histoire de Lorraine* t.II, preuves col. cccxix-cccxxij. *Gorziensis et sancti Eucherii Abbates, Magistri generalis Capituli in Provincia Trevirensi*.

238. H.E.J.COWDREY, *The Cluniacs and the Gregorian Reform*, 1970, H.JAKOBS, Die Cluniazenser und das Papsttum, *Francia*, 2 (1974), p. 643-663.

239. *Gorze-Kluny*, p. 400, n.6. JACOBS, I, 6, n.5 à propos de la réforme d'Ilsenburg confiée par Burchard à Herrand : en 1085, *iuxta B.Benedicti Regulam et ordinem Cluniacensem adnitente nepote meo ... curaui*. On le voit aussi dans la fondation de Reinhardsbrunn à laquelle Herrand prête la main, les moines vivent *secundum Cluniacensium uel Hirsaugiensium ordinem, Chronica Renhardsbrunnensis*, MGH SS XXX,1, p. 526.

240. *De alio monasterio ... secundum Cluniacensem uel Fructuariensem siue Gorciensem ordinem*, cité dans FENSKE, Adelsopposition, p. 136.

241. *Bernardi Cremifarrensis Historiae*, MGH SS XXV, p. 670, *Ditricus prefuit, qui fuit monachus in Gorze, assuptis consuetudinibus cluniacensibus, quas sanctus Udilo tradiderat et miserat Wilhelmo abbati Hirsaugiensi cum quo etiam contraximus fraternitatem*.

242. O.PLECHL, Studien zur Tegernsee Briefsammlung des 12 Jrh., *Deutsches Archiv*, 13 (1957), p. 60.

243. M.BULST constate que des formules telles que *monachus nostrae congregationis* n'indiquent pas forcément une filiation, *congregatio* n'ayant pas au Moyen Age un sens bien net. D'autre part, trouver dans un nécrologe le nom d'un abbé ayant dirigé un autre monastère n'implique pas automatiquement qu'il y ait eu réforme. Dans le cas de Guillaume de Volpiano cela montre surtout son renom.

244. *Epistola Warini* PL 147, c.465-474, *monachum mundo mortuum et Deo soli uiuentem, in quocumque necesse fuerint loco stabilire*.

NOTES DU CHAPITRE V

245. M.PARISSE, Des réseaux invisibles : les relations entre monastères indépendants, dans *Naissance et fonctionnement des réseaux monastiques et canoniaux, Actes du premier colloque international du C.E.R.C.O.M.*, Saint-Etienne, 1991, p. 451-471.

246. Edition de la *Regularis Concordia* par Th.SYMONS in Medieval classics Nelson, Londres 1953 et étude de Dom H.DAUPHIN, Le renouveau monastique en Angleterre au Xe siècle et ses rapports avec la réforme de Gérard de Brogne, *RB*, lxx (1960), p. 177-196.

247. P.WORMALD, Aethelwold and his continental counterparts : contacts, comparison, contrast, dans *Bishop Aethelwold his career and influence*, Woodbridge Suffolk, 1988, p. 13-42.

248. E.JOHN, The sources of English monastic reformation, *RB*, 70 (1960), p. 197-203, DONNAT, Vie et coutume, DAVRIL, Points de contact.

249. Il y aurait fait deux pèlerinages, MGH SS IV, p 45 en 1026 et MGH SS VIII, p. 392 en 1035.

250. PFLUGK-HARTTUNG, Antiquitates, op. cit. p. 220, *asservatur modo in basilica Arnulfiana pretiosa casula missa quondam ad Johannem papam XIX a s.Stephano Hungarorum rege et Gisela ejus conjuge, ex dono ut creditur Leonis papa IX, in palli posteriori parte haec verba aureis litteris textili opere adscripta sunt S.Ungrorum R. et Gisela dilecta sibi conjux, mittunt haec munera domno apostolico Iohanni.*

251. Laurent de Liège, *Gesta episc. Vird.*, MGH SS X, p. 492. Le mouvement de restauration païen d'André (1046-60) avait entrainé un recul.

252. *Mirac. s. Gerardi*, MGH SS IV, p. 509 *ciuium legatio et apostolicae benedictionis cupido.*

253. *Fundatio ecclesia s. Albani Namucencis*, MGH SS XV p. 962-964.

254. *Chronicon s.Huberti*, MGH SS VIII, p. 579 et 590. J.STIENNON, *Cahiers de Civilisation médiévale*, IV (1961), p. 462-63.

255. Sacramentaire de Hahot, XII pour un collégiale, Zagreb bibl.archiep. ms 126 ; et Calendrier du Missel de Németjvàr-Güssing XIII copié pour le diocèse de Zagreb Güssing bibl du couvent des O.M. ms 1/43. Je remercie Madame Thot de ces renseignements.

256. *Arnoldus, monachus sancti Emmerammi*, MGH SS IV, p. 547, en 1028 un moine de Saint-Emmeran, André, vient à Etzergom et compose un office en l'honneur de saint Emmeran. Les prêtres de l'entourage de Gisèle, nièce d'Henri II qui avait épousé Etienne, viennent aussi de Ratisbonne, J.TÖRÖK, Influences lotharingiennes sur la liturgie d'Europe centrale autour de l'an mil, dans *Religion et culture autour de l'an mil*, p. 285-290.

257. G.TELLENBACH, Die Kirche in ihrer Geschichte, p. 97.

258. J.von PFLUGK-HARTUNG, Iter Italicum, Stuttgart, 1883, p. 412-413 ; Bulst, Die Ältere Wormser Briefsammlung, *MGH Die Briefe der Deutschen Kaiserzeit II*, Weimar, 1949, p. 108-109.

259. T.MICHELS, Fragment einer Karsammstag liturgie des XI. JHR. aus Lambach, dans *Sarmenta, Gesammelte Studien von Th. Michels*, Münster, 1972, p. 99-103.

260. Saint-Vincent de Metz (Odolbert), Siegburg (Erpho), Iburg (Gottschalk : échec, Siegburg), Grafschaft (Siegburg), Saalfeld (Siegburg), Lambach (Ekkebert), Huysburg (Herrand), Reinhardsbrunn (Herrand-Gislebert), Pegau (Schwarzach). Toutes ces fondations sont le fait d'évêques, sauf Pegau fondée en 1092 par le comte Wiprecht, à titre de pénitence.

261. Saint-Arnoul (Warin, Walon), Saint-Clément (Constantin ?), Saint-Symphorien (Constantin, Richer), Saint-Vincent à la fin du XIe siècle (Lanzo), Saint-Martin (Pierre ?), Saint-Avold (Einard), Glandières (Grégoire ?), Neuwiller (Arminfridus, Mainard), Marmoutier (Landelochus, Aderus, Angelbert), Saint-Evre (Evrard), Saint-Martin de Trèves (Hugues), Lorsch (Werner ?), Prüm et Reichenau (Immo ?), Saint-Pantaléon (Humbert), Brauweiler (Siegburg), Saint-Maurice de Minden (Siegburg), Gladbach (Siegburg), Saint-Pierre d'Erfurt (Siegburg), Saint-Alban (Gottschalk), Amorbach (Bruno), Schwarzach (Ekkebert), Saint-Pierre de Merseburg (Schwarzach), Michelsberg de Bamberg (Ekkebert), Saint-Burchard de Wurzbourg (Herrand), Ilsenburg (Herrand), Kremsmünster (Thierry).

262. Sinheim (Siegburg), Saint-Etienne de Wurzbourg (Ekkebert), Saint-Jacques de Bamberg (Ekkebert), Saint-Pierre de Melk (Schwarzach), Hillersleben (Herrand), Harsefeld (Ilsenburg).

263. H.SILVESTRE, Sur une des causes de la grande expansion de l'ordre canonial dans le diocèse de Liège aux Xe et XIe siècles, *Revue Belge de Philologie et d'Histoire*, XXXI (1953), p. 65-74.

264. B.SZABO-BECHSTEIN, *Libertas ecclesiae*, Studi Gregoriani, 12, 1985. SEIBERT, Libertas.

265. *Cartulaire 92, abbas sicut regula precipit, per communem electionem ex ipso esset congregatione... si autem quod absit ! in ipsa defuerit congregatione qui hoc implere ualeat, ab ipso episcopo, de alia congregatione monachorum religiosus et Deum toto corde timens ac diligens assumatur, et eis preponantur, qui eos prudenter sciat regere et in Dei uoluntatem uiamque dirigere.*

266. *Cartulaire 97 (938) habeant monachi licentiam uel de semetipsi uel de alio cenobio, qualemcumque personam sue salutis plenius conuenientiem repererint, sine cuiuslibet, aut episcopi, aut alterius gradus contradictione, abbatem preferre.*

267. Ceux de la seconde moitié du XIe siècle : Ekkebert à Schwarzach vers 1047, Bruno à Amorbach à la même époque, Richer à Saint-Symphorien en 1046, Warin à Saint-Arnoul en 1048, Walon à Saint-Arnoul en 1057, Thierry à Kremsmünster vers 1065/75, Humbert à Saint-Pantaléon de Cologne en 1066, Erpho à Siegburg en 1068, Herrand à Ilsenburg en 1070, Lanzo à Saint-Vincent en 1070, Gottschalk à Saint-Alban de Mayence en 1072, Hugues à Saint-Martin de Trèves en 1080,

NOTES DU CHAPITRE V

Evrard à Saint-Evre de Toul en 1083, Bernard à Saint-Sixte de Rettel en 1084.

268. SEIBERT, *Libertas*, p. 56-58.

269. E.KANTOROWICZ, *Les deux corps du roi*, Paris, 1989, p. 51-79.

270. *Regularis Concordia*, Symons, p. 75 *ex alio noto monasterio... eligatur.*

271. ENGELS, *Der Reichsbischof*, p. 151-153.

272. *Lamberti Annales*, MGH Scrip. rer. Germ., p. 156, *oct. 1073 aderant etiam ex parte regis Mogontinus archiepiscopus, Coloniensis archiepiscopus, Mettensis episcopus, Banbergensis episcopus...*

273. Il existe tout un réseau de relations, important mais difficile à cerner, qui se manifeste aussi lors de l'élévation à l'épiscopat de Pibon de Toul, à laquelle furent plus ou moins indectement mêlés Buchard d'Halberstad, Siegfried de Mayence, Anno de Cologne et Benno d'Osnabrück. ZIELINSKI, *Der Reichepiskopat*, p. 173.

274. PARISSE, L'évêque d'Empire, p. 97, ZIELINSKI, *Der Reichepiskopat*, en particulier p. 74sq., S.JAEGER, The courtier Bishop in Vitae from the tenth to the Twelth Century, *Speculum* 58 (1983), p. 292-300.

275. J.FLECKENSTEIN, *Die Hofkapelle der Deutschen Könige. t.II Die Hofkapelle im Rahmen der Ottonisch-salischen Reichkirche*, Stuttgart, 1966.

276. B.GUILLEMAIN, Les origines des évêques en France aux XIe et XIIe siècles, dans *Le istituzioni della« societas christiana » dei secoli XI XII papato cardinalato ed episcopato*, Milan, 1974, p. 387.

277. ZIELINSKI, *Der Reichepiskopat*, p. 128.

278. Ch.DEREINE, L'école canonique liégeoise et la réforme grégorienne, *Annales du 33e congrés de la fédération archéologique et historique de Belgique*, Tournai, 1949, t.II, Tournai, 1951, p. 79-94.

279. Les deux grandes idées de la réforme de l'Eglise existent dès Léon IX, la lutte contre la simonie et le mariage des prêtres, mais cette réforme n'a aucune connotation anti-impériale. G.FRECH, Die deutsche Päpste – Kontinuität und Wandel, dans *Die Salier und das Reich, II, Die Reichkirche in der Salierzeit*, Sigmaringen, 1991, p. 303-354.

280. Pierre Damien, *Libelli de Lite I*, p. 71 chap. 38 *symoniacae hereseos... truncauit... quasi Daniel... nemo prosus eligat sacerdotem... Heinricus gloria dignae laudis attolitur.* SCHMIDT-CHAZAN, op. cit. Sigebert, MGH SS VI, *anno 1086, in ecclesia scandala, et in regno augescunt discidia, dum alter ab altero dissicet, dum regnum et sacerdotium dissentit, dum alter alterum excommunicant, alter alterius excommunicationem, aut ex causa, aut ex personna preiudicio, despicit.* Sigebert, *Epistola Leodicensium MGH Libelli de lite II*, p. 462 *Quis poterit discernere causam regni a causa sacerdotii ? Nisi pax Dei, quae exuperat omnem sensum, copulet regnum et sacerdotium uno angulari lapide concordiae, uacillabit structura ecclesiae super fidei fundamentum.*

281. A.DANTZER, La Querelle des Investitures dans les évêchés de Metz, Toul et Verdun, *Annales de l'Est*, 16 (1092), p. 85-100.

NOTES DU CHAPITRE V

F.R.ERKENS, Die Trierer Kirchenprovinz im Investiturstreit, *Passauer historische Forschungen* 4, Köln-Wien, 1987.

282. J.CHOUX, Pibon, évêque de Toul et la Querelle des Investitures 1069-1107, *Annales de l'Est*, p. 77-104.

283. J.P.EVRARD, *Thierry le Grand, évêque de Verdun (1046-1089)*, Nancy, 1970. N.HUYGEBAERT, *Saint Léon IX et la lutte contre la simonie dans le diocèse de Verdun*, Rome, 1947 (Studi Gregoriani t.1). *Cartulaire* 137 *sine ullo tamen precio*. M.SANDMANN, Theoderich von Verdun und die religiösen Gemeinschaften seiner Diözese, *Person und Gemeinschaft im Mittelalter*, Siegmaringen, 1988, p. 315-344.

284. *Hugonis chronicon*, MGH SS VIII, p. 461. H.DAUPHIN, L'abbaye Saint-Vanne de Verdun et la Querelle des Investitures, *Studi Gregoriani*, 1947, p. 237-261.

285. ROBINSON, *Authority*, p. 153-156.

286. Cartulaire de Saint-Arnoul, ed. *Histoire de Metz par les Bénédictins*, t.III, preuves p. 88.

287. *Chronicon sancti Huberti*, MGH SS VIII, p. 583, Thierry de Saint-Hubert (ce disciple de Richard de Saint-Vanne venait de Lobbes) *abbas erat amicissimus domino Herimanno Metensium episcopo, disposuit cum eo Romam ire... occurit illis legatus marchissae Beatricis cum precibus etiam filiae eius Mathildis, ut Pisas diuerterent ut apud eos proximum Pasca solempnisarent.*

288. *Lamperti Annales*, MGH SS V, p. 243-44 et p. 257.

289. Caspar, *MGH Epistolae selectae II,1*, lettre IV,2 p. 293-297.

290. *Lamberti Annales*, MGH Scrip. rer. Germ., p. 301, *Bertholdi chronicon*, MGH SS V, p. 291.

291. Il fut reçu par l'évêque Thierry, généralement partisan d'Henri IV. Dans une lettre au Pape, Thierry explique qu'il accueille Heriman à la demande de Grégoire VII, *Gesta Treverorum*, MGH SS VIII, p. 186 *Monitus a te suscepit confratrem meum Mettensem ut te ipsum... causa eius meam fecit, negocium meum existimaui, eadem nobis aduersitas eadem fuit prosperitas*. La chronique ne précise pas l'année, sans doute 1080.

292. *Annales Bertholdi*, MGH SS V, 316.

293. CASPAR, *MGH Epistolae selectae* II,1, lettre VIII,21 p. 544-562. H.X.ARQUILLIERE, La deuxième lettre de Grégoire VII à Hermann de Metz, ses sources patristiques, *Mélanges Lebreton*, Paris, 1952 ; p. 231-42.

294. Attestée par la liste qu'il donne de ses œuvres, mais perdue.

295. Lettre d'Heriman ed. *MGH Libelli de Lite*, réponse de Gebhard, *MGH Libelli de Lite* I, p. 261-279. MANITIUS, III, p. 25.

296. *MGH Libelli de lite* II, *De unitate ecclesia conseruanda* p. 188 *erat inter haec Herimanno Metensi episcopo non modica cura uel de obedientia sententia uel de fidei suae obseruatione, nouerat enim se obedientiam debere romano pontifici propter primatum sedis apostolicae, nouerat etiam, se fidei, quam iuramento promiserat regi, debitorem fuisse quorum alterutrum uiolare magni est periculi et ideo reus esse uidetur grandis peccati per quem facta est*

haec discessio intre rectores mundi. RUPERTI-HOCQUART, *Hériman,* n.101.

297. *Sigeberti Chronicon,* MGH SS VI, p. 364, *anno 1082, Herimannus miles Hermanni episcopi, corona sibi imposita post Rodulfum in Saxonia tirannidem exercet.*

298. *Hugonis chronicon,* MGH SS VIII, p. 471, *Gesta abb. Trud.* MGH SS X, p. 240. La plupart des évêques allemands se rallièrent alors à Henri, la défection d'Heriman, d'Adalbéron de Wurzbourg et d'Altmann de Passau fut d'autant plus remarquée.

299. Sigebert de Gembloux, pourtant partisan de l'empereur, condamne cette déposition qui remplace un évêque légitime par des mercenaires, *Chronicon,* MGH SS VI, *anno 1085 Herimannus Metensis sibi absenti adjudicatio Episcopatu, iterum urbe pellitur. Imperator in episcopatu Metensi unum et alterum mercenarium supposuit sed oues Christi non audierant uocem alienorum.*

300. *Gesta abb. Trud.,* MGH SS X, p. 241 et 251.

301. *Id.,* p. 241 *Lupo Mettis profiscitur et redditum Gualonim baculum... ab eo recipit.*

302. *Id.,* p. 257 *Poppo absque dono et uoluntate imperatoris episcopatum Mettensem intraverat, et hac de causa imperator quae sunt apud nos beati prothomartyris suo iuri mancipauerat, necessitas hoc fecit, ut de manu imperatoris baculum de abbatia nostro reciperet.*

NOTES DE LA CONCLUSION

1. Sigebert de Gembloux, *Vita Deoderici*, MGH SS IV, p. 478 *Dedecet hic breuiter te dicere Gorzia mater...Inuisit matrem cum filia Gorzia Mettim.*
2. Pour le comte Henri et Walon de Saint-Arnoul.
3. *Chronicon Centulense*, PL 174, c.1329, *Vita Heriberti*, MGH SS IV, p. 741.
4. Cl.GIRARDIN, *Les relations entre l'archevêché de Trèves et les diocèses lorrains au temps d'Albéron de Montreuil (1131-1152)*, mémoire de maitrise, Nancy, 1973.
5. Bulle de 1091, MARTENE-DURAND, *Vetera Analecta I*, 529 ; PL 151, 327, Urbain II félicite de leur choix Lanzon de Saint-Vincent, Rodolphe de Saint-Vanne et le princier de Metz Adalbéron de Luxembourg.
6. Par le légat du pape, Hugues, archevêque de Lyon, *Chron. s.Huberti*, MGH SS VIII, p. 605.
7. *Cartulaire* 149 et 143 (1105) *sub tutela apostolice sedis.*
8. *Cartulaire* 140, *abbas... Warnerus.*
9. *Bernoldi chronicon*, MGH SS V, p. 456.
10. La ville est critiquée par un clerc messin pour sa position anti-grégorienne dans les *Satira in Mettenses*, MGH Libelli de lite III, p. 618-21.
11. *Cartulaire* 144 *Richardus Albanensis episcopus cardinalis, uolente domno Warnero abbate, Gorziam uenit, eoque cum fratribus deprecante capellam sancti Michahelis consecrauit.*
12. *Cartulaire* 151 *Richardus... ecclesiam sub Aspero monte... dedicauit.*
13. *Cartulaire* 145.
14. Abbé en 1118-9, *Vita Theotgeri*, MGH SS XII, p. 478.
15. *Nécrologe* 30.I *Domnus Acelinus abbas et sac. s. Gorgonii.* MGH SS X, p. 266 *comissus ab episcopi nostri priori de Sancto Clémente Azelino nomine, qui postea extitit abbas Gorzes – habebat enim secum tunc eum tamquam virum sapientem et religiosum monachum* – Nécrologe de Saint-Clément *Domnus Acelinus pie memorie abbas huius loci*, le martyrologe de cette abbaye dit *Anselinus abbas huius loci obiit 1121 disciplina regularis studiosissimus.*

NOTES DE LA CONCLUSION

16. *Cartulaire* 149 de 1126. BALUZE, *Miscellanea, IV*, p. 455 ; B.ZENKER, *Die Mitglieder des Kardinalkollegiums von 1130 bis 1159*, Würzburg, 1964. E.MANSON, Un abbé de Gorze devenu cardinal et légat du Saint-Siège, dans *Gorze au fil des siècles*, Metz, 1993, p. 89-104.

17. Saint-Georges a été confiée, en 1083, à Guillaume d'Hirsau qui y a introduit les coutumes d'Hirsau ;. *Notatio fundationis et traditionum monasterii s. Georgii*, MGH SS XV, p. 1009, *ad reuerentissimum abbatem Wilhelmum, quem dominus Deus plebi suae exemplum uerae religionis praeposuerat... rogauerunt ut intramitteret se ad hoc monasterium condendum, consuetendum et ordinantum*. H.JACKOBS, Die Hirsauer, p. 41. Theotger y a été formé, sous l'abbatiat de Guillaume, il a écrit un ouvrage sur la musique, MANITIUS, III, p. 222. *Vita Theotgeri*, MGH SS XII, p. 451.

18. *Vita Theotgeri*, MGH SS XII, p. 477 *consilium fuit, ut apud Gorziense coenobium eiusdem consecrationis compleret officium, abbas loci per nuntium de aduentu episcopi perdocetur, et omnibus quae rei utilitas postulabat, rite provisis, pridie aduentis episcopus... Gorziam uenisse pontificem, et ecce homines, loci illius, cum gladiis et fustibus exierunt tanquam ad latronem*.

19. *Id.*, p. 478-479.

20. *Annales Palidenses, auctore Theodoro monacho*, MGH SS XVI, p. 85 : Théodwin, *ex partibus Germaniae oriundus, ubi pro captu nobilis ingenii prudentiae semitas inuestigauit, seculo renunciare deliberans ad Gorcicense monasterium uenit, quo nimirum, languente capite rigor discipline paulatim lentescere ceperat. Quod licet uir sagacis animi facile deprehenderit, conceptum tamen sermonem sue conuersionis non ita singularis tenuit, sed priori eiusdem loci quid sibi in animo esset aperuit. Factum est ergo procurante Deo, ut salutaribus monitis illius currenti stimulus adderetur. Quapropter scema monachicum arripiens, tantum in breui regularis uie comprehendit, ut non multo post abbas ibidem factus, sicubi claustralis obseruantia mutauerat, eius industria corrigeretur*.

21. Metz cherche à se constituer en commune J.SCHNEIDER, *La ville de Metz aux XIIIe-XIVe siècles*, Nancy, 1950, p. 67-76.

22. En particulier, nomme son neveu Thierry princier de la cathédrale, poste-clef depuis le concordat de Worms qui confie au chapitre l'élection de l'évêque.

23. *Cartulaire* 152 (1130) daté de Palladio où Théodwin, qui était alors à Rome, a suivi le pape.

24. M.PARISSE, Saint-Denis et ses biens en Lorraine et en Alsace, *Bulletin philologique et historique*, 1967, p. 250sq.

25. *Cartulaire* 153 en fait cette bulle ne termine pas le conflit entre Gorze et Hugues de Montfélix, dont la puissance croît juste à côté du prieuré de Vanault.

26. Bulle d'Innocent II, *Cartulaire* 152

27. Théodwin apparaît dans deux actes de 1136, l'un concerne Saint-Blaise, l'autre Schwarzwald. BACHMAN, p. 48-49.

NOTES DE LA CONCLUSION

28. Jean de Salisbury, *Historia pontificalis*, ed. M.CHIBNALL, Oxford, 1986, p. 55 *Tadvinus Portuensis episcopus natione Teutonicus... moribus et lingua dissonans Francis barbarus habebatur.*

29. *Annales Palidenses*, MGH SS XVI, p. 85 *Qui a uero gloficantes Deum gloficabuntur exinde assumtus cardinalis episcopius apud sanctam Rufinam constituitur. Hic familiarissimus regi Conrado, ipsum electum, missus a domno Papa, regem ordinauerat, et postea laboriosam ad ipsum legationem in Ierosolimitana profectione susceperat.*

30. *Chronica Reinhardsbrunnensis*, MGH SS XXX, p. 535 *Conradum, presente Theodewino episcopo Portuensi cardinali, Romane ecclesiae legato, regem creant.* Otton de Freising, Script. rer. germ., p. 343 ; *Annalista Saxo* MGH SS VI, 776, *Annales S.Disibodi* MGH SS XVII, p. 25, *Annales Palidenses* MGH SS XVI, p. 85, *Annales S. Jacobi Leodiensis* MGH SS XVI, p. 640.

31. En 1138, Théodwin obtient un privilège pour cette abbaye fondée par le père de Conrad III, *Diethmarus abbas... sancti uirginis Walburgis, uidelicet in Heiligenforst...interuentu et consilio Deodowini.*

32. Baldemar vient de l'archevêché Mayence – il était abbé de Bleidenstadt-lez-Wiesbaden – et s'impose à Lorsch à la mort de l'abbé Diemon, il fut accusé de nombreux crimes, *Chronicon Laureshamense*, MGH SS XXI, p. 437, *Theodwinus, Dei gratia Sanctae Rufinae episcopus, apostolicae sedis legatus, Baldemaro abbatis de Blidenstadt spiritum humilitatis et obedienciae. Quoniam contra sanctorum patrum instituto Lorsensem abbatiam occupasti, et de pluribus enormitatum capitulis apud nos accusatus, statuto die et loco uocatus nec uenisti, nec canonicam excusationem misisti, consilio et iudicio religiosorum uirorum te prefata dignatae priuauimus et ipsius abbatiae monachos, clericos et laicos a tua subiectione fidelitate et obedientia liberauimus et absoluimus. Mandamus itaque tibi et ex parte domni pape ut de predicti loci amministratione et prelatione de cetero te non intromittas, eiusque res et personnas inquietare inuadere uel molestare nullatenus presumas. Durum est tibi contra stimulum calcitare.*

33. *Cartulaire* 151, Théodwin retrace l'origine des biens qui permirent la fondation du prieuré.

34. Il est attesté par un acte de 1137 environ de l'archevêque Albéron de Trèves, *Cartulaire* 154 *Wigericum Gorziensis ecclesiae abbatem.* Par cet acte l'archevêque confirme à Gorze la possession de vignes dans le diocèse de Trèves. En 1141, il assiste au synode de Trèves au cours duquel l'archevêque Adalbéron confirme les biens de Saint-Vincent. Il meurt après 1144, Mos H.575,1 ; *Nécrologe*, p. 33. *Nécrologe*, 10.II, *Vidricus abbas et sac. s. Gorgonii Gorziensis.* Cité à Saint-Clément et Saint-Arnoul.

35. Cette première intervention germanique dans les croisades marque, en dépit de l'échec de l'expédition, la reprise du rôle du pouvoir impérial, la place de Théodwin est limitée, le légat ne jouant plus de rôle prépondérant. C.KIRCHNER-FEYERABEND, *Otton von Freising als Diözesan- und Reichbischof*, Frankfurt, 1990, chap. 5, p. 183-246.

36. Guillaume de Tyr, livre XVII, chap 1, *Recueil des historiens des croisades* I, 2, p. 758 *dominus Conradus inclytae recordationis, Theutonicorum rex et*

NOTES DE LA CONCLUSION

Romanorum imperatore et de principibus eius ecclesiasticis, dominus Otto Frisigensis episcopus, uir litteratus frater eius, dominus Stephanus, Mettensis episcopus, dominus Henricus, domini Theodorici Flandrensium comitis frater, Tullensis episcopus, dominus Theotinus, natione Theutonicus, episcopus Portuensis, apostolice sedis legatus, qui de mandato domini Eugenii papae, eiusdem domini imperatoris castra fuerat secutus.

37. *Wibaldi epistolae,* P.JAFFE, bibl rer Germ I, Berlin, n.252, le 1er mars 1150, *domnus abbas Clareuallensis misit domno regis litteras per episcoporum Frigisensem, in quibus collaudabat dominum illium siciliae, eo quod in multis utilis et necessarius fuisset catholicae ecclesiae, futurus utilior, si non prohiberetur uirtute et potentia nostri principis, de quorum pace et concordia se libenter acturum promittebat, si sciret domino nostro non fore ingratum. Visus est hoc ipsum innuere domnus Theodvinus S. Rufinae episcopus in litteris suis, quos post reditum suum a Ierosolima cum per Siciliam transitum habuisset, domino nostro scripsit.* Persuadés de la trahison des grecs, Pierre le Vénérable et saint Bernard veulent proposer à l'empereur une alliance avec Roger II de Sicile contre Manuel Comnène, beau frère de Conrad. Mais ce dernier établit une alliance germano-byzantine avec Manuel contre Roger de Sicile. D"ailleurs Eugène III se méfie de la puissance normande en Sicile.

38. *Nécrologe,* 19 XI *Domnus Tetuinus abbas istius monasterii et episcopus s. Rufinae Romanae,* Nécrologe de Saint-Clément : *Tytuynus cardinalis et episcopus Romane ecclesie* ; MGH SS XVI, p. 85 *A.D. 1151 Thiedwinus cardinalis obiit.*

39. En 1094, Gorze obtient le droit de frapper monnaie, *Cartulaire* 148.

40. Mos H.1820, p. 9-14, il est encore abbé vers 1125 et fait un échange avec Théomar de Saint-Mansuy († 1125), J.DENAIX, *Chartes des cisterciens de Saint-Benoît,* 1959, p. 212. PARISSE, *Nécrologe* montre qu'il y a deux abbés Isembaud : le 26 septembre et le 28 mars. Isembaud Ier correspond à la notice du 26 septembre car le nécrologe de Saint-Mansuy ne connait que lui.

41. A.D. Vosges, 1J 68, acte 2.

42. Il est abbé en novembre 1145 et assiste à la confirmation des biens de Senones à Réméréville par Adalbéron de Trèves, la multiplication des actes sous son abbatiat laisse supposer une grande activité de remise en ordre du temporel de l'abbaye *Cartulaire* 158, 159, 162, 164, 167, 168, 169, 171, 173, 174, 176, 177, 178,180, 182, 184, 187.

43. *Cartulaire* 186, 191, 192, 193, 195, 197,

44. Herbert (1128-1132), Herbert (1158-1169), et au XIIIe siècle Guillaume (vers 1248), Poince (1260-1263) et Nicolas (1273-1277).

45. Humbert (1128-1138), Gérard (1151-1158), Jean (1158-1184/85).

46. Simon (1154-1179), Jacques (1252-1287) Renaud (1354-1398).

47. Adelo, mort en 1117, *Nécrologe,* 30.XII ; JACKOBS, *S.Blasien,* p. 111 n.10, *1117, pie memorie abbas Adelo ex Gorzio uenerabili cenobio ad Mauri gubernandum accitus monasterium.*

48. Godefroy, v.1175, *Nécrologe,* 30 XII.

49. *Nécrologe,* le 10 III et 22 XI

NOTES DE LA CONCLUSION

50. *Nécrologe*, le 25 IV.

51. M.PARISSE, *Noblesse et chevalerie en Lorraine*, Nancy, 1980.

52. *Cartulaire* 177, entre 1152 et 1160. Cette formule désigne une propriété de grande valeur, étroitement liée à la personne du propriétaire, J.SCHNEIDER, Chambre de l'Empereur, camera imperii, dans *Media in Francia, recueil offert à K.F.Werner*, p. 454.

53. Abbaye fondée près de Briey, en 1091, par deux clercs messins qui la placent sous la protection de la papauté ; au début du XIIe siècle, le mouvement prend de l'ampleur, plusieurs établissement s'y affilient : Belval, Septfontaines, Freistroff, Boulancourt. M.PARISSE, Les chanoines réguliers en Lorraine. Fondations, expansion (Xe-XIe siècles), *Annales de l'Est*, 20 (1968), p. 354-358.

ANNEXE

Les saints vénérés à Gorze

Les choix que les moines de Gorze ont effectués dans le sanctoral éclairent le retentissement de la réforme – en délimitant des régions avec lesquelles Gorze a été en relation, en précisant l'impact que les cultes propres à ces abbayes ont eu à Gorze. Les saints[1] vénérés à Gorze sont connus par des sources généralement tardives et parfois lacunaires, qu'il faut rassembler et comparer.

1) Les sources

Nous avons conservé deux calendriers de Gorze, l'un du XIIe siècle, l'autre du XIVe siècle.

A Le calendrier du XIIe siècle

Le calendrier Paris BN lat. 11025 f.27v-28v, date du XIIe siècle. Au folio 27 est mentionnée la fondation de la chapelle Saint-Michel *in Turris* et, d'une écriture plus récente, la fondation de la chapelle Sainte-Catherine. Le calendrier est écrit sur

---

1. *Vie des saints*, 4e ed. Paris, 1862-66, 13 vol. ; *Bibliotheca Sanctorum*, Rome, 1983-87, 12 vol. ; *Histoire des saints et de la sainteté chrétienne*, 11 vol., Paris, 1986-88.

ANNEXE

deux colonnes. Il est actuellement incomplet, seuls les six premiers mois sont conservés, mais il a été édité à partir d'une copie moderne[2], qui l'attribue à un lectionnaire. Dans notre édition, seuls font l'objet d'une note les saints propres à la Lotharingie et à Gorze[3].

IANUARIUS
1 Circumcisio Domini
2 Octava sancti Stephani[4]
3 Octava santi Iohannis[5] apostoli
4 Octava sanctorum Innocentum
7 Vigilia Epiphanie
6 Epiphania Domini
7 Luciani[6] presbyteri et martyris
8 Pacientis[7] episcopi
9 Iuliani et Basilice martyrum
10 Pauli heremite
11 Siluani[8] martyris
12 Satyri martyris

---

2. F.DES ROBERT, *Deux codex manuscrits de l'abbaye de Gorze*, Nancy, 1884, p. 26-37, le date par erreur de 1345.
3. J.DUBOIS-J.L.LEMAITRE, *Sources et méthodes de l'hagiographie médiévale*, Paris, 1993, p. 85-86 et 135-160, comparaison avec les calendriers romains. H.GROTEFEND, *Zeitrechnung des deutschen Mittelalters und der Neuzeit*, t.2, Hannovre, 1892, comparaison avec les diocèses allemands. Exemples régionaux dans N.MAZILLIER *Les saints locaux dans les calendriers liturgiques*, Mémoire, Nancy, 1985.
4. Etienne, diacre et martyr, BHL 7848-7895, le 2.8 ; invention des reliques le 3.VIII, 26. XII, Gorze possède des reliques et le texte de l'*inventio* <285-286>, aussi à Saint-Vincent (Berlin, Phill.1874, XIe-XIIe s. et Phill.1839, XIIIe).
5. Jean évangéliste, BHL 4316-28, premier patron de Saint-Arnoul qui conservait une dent du saint et auquel l'autel majeur était dédié, reliques et chapelle à Gorze.
6. Lucien, évêque d'Antioche, martyr en 312, BHL 5004-07.
7. Patient, évêque de Metz, BHL 6482, reliques à Gorze.
8. Salve, martyr en Afrique connu par un sermon de saint Augustin, homonyne de l'évêque d'Amiens martyr vers 625, BHL 7470-71.

LES SAINTS VÉNÉRÉS À GORZE

13 Octava Epiphanie, Hylarii[9] et Remigii episcoporum
14 Felicis presbyteri in Pincis
15 Mauri abbatis[10]
16 Marcelli pape et martyris
17 Antonii[11] abbatis
18 Prisce uirginis et martyris
19 Marie, Marthe, Audifax, Abacuc[12]
20 Fabiani et Sebastiani[13]
21 Agnetis uirginis et martyris
22 VINCENTII[14] leuite et martyris
23 Emerentiane uirginis
25 Conuersio sancti Pauli, Proiecti martyris[15]
26 Policarpi[16] episcopi et martyris
27 Iohannis Chrisostomi[17]
28 Octava sanctae *Agnetis*
29 Valerii[18] episcopi

---

9. Hilaire, évêque de Poitiers († 449), BHL 3885-3909, Gorze possédait la *Vita* <287> que Jean a lue.
10. Maur, abbé de Glanfeuil au VIe siècle, confondu avec le disciple de Benoît, BHL 5772-5781. Reliques à Gorze et Saint-Arnoul.
11. Antoine, abbé en Egypte († 356), BHL 609-614.
12. Martyrs romains dont Eginhard a ramené les reliques à Seligenstadt au IXe siècle, BHL 5543.
13. Sébastien, martyr militaire romain (288 ? 302-4 ?), BHL 7543-49, reliques à Gorze. En 848, les reliques de Sébastien furent amenées à Soissons par Hilduin de Saint-Denis.
14. Vincent, martyr espagnol († 304 ?), BHL 8627-55, Gorze possédait des reliques, la *Vita* se trouvait à Saint-Arnoul (Lauer, n°1) et à Saint-Vincent (Berlin, Phill.1839, XIIIe s.) qui possédait un dossier sur ce saint, La Haye, Musée Mermann Westreenen 10 B 12 (XIe s.) et Münich Clm 28565 (XIIe s.), Grégoire de Tours sur Vincent V. *leuita uel martyris hispaniis, Sub Diocletiano et Maximiani*, Prudence, *Beate martyr prospera diem triumphalem*, sermons d'Augustin *Passiones que nobis hodie recitata*; *Dilectissimi glorioso martyrum passiones*; *Oculis fidei certantem spectauimus sancte Vincentium martyrem*.
15. Prix, évêque de Clermont († 674), BHL 6915-6919, reliques à Gorze, *Vita* à Saint-Vincent (Berlin, Phill.1839, XIIIe s.).
16. Polycarpe, évêque de Smyrne († 155), BHL 6870-83.
17. Evêque de Constantinople et Père de l'Eglise, († 407), BHL 4374-79.
18. Valère, évêque de Saragosse au IVe siècle, BHL 8494. Homonyme du second archevêque de Trèves, BHL 8498, *Vita* à Saint-Vincent (Berlin, Phill.1839, XIIIe) et Saint-Symphorien (Paris, BN lat.5294).

ANNEXE

FEBRUARIUS
1 Brigide uirginis[19]
2 Purificatio sancte Marie
3 Blasii[20] episcopi et martyris
5 Agathe uirginis et martyris
10 Scolastice[21] uirginis
14 Valentinii presbyteri et martyris
22 Cathedra sancti Petri
24 Mathie[22] apostoli

MARCIUS
7 Sanctarum Perpetue et Felicitatis martyrum
12 Gregorii pape, Petri, Dorothei, Gorgonii martyrum[23]
17 Gerdrudis[24] uirginis
20 Urbicii[25] episcopi et confessoris
21 Benedicti abbatis
25 Annunciacio dominica
27 Resurrectio domini[26]

APRILIS
4 Sancti Ambrosii
11 Leonis[27] pape

---

19. Brigide, abbesse de Kildare en Irlande († 523), BHL 1455-62. A Saint-Arnoul, reliques et *Vita* (Metz, BM 523, perdu), à Saint-Vincent *Vita* (Berlin, Phill.1874, XIe-XIIe s. et Phill.1839, XIIIe), à la cathédrale de Metz, *Miracula* (Metz, BM 397 XIVe s.).
20. Blaise, évêque de Sébaste IVe siècle, BHL 1370-1380, Gorze possédait des reliques, Saint-Arnoul des reliques et la *Vita* (Lauer, n°24), *Vita* à Saint-Vincent (Berlin, Phill.1839, XIIIe).
21. Scholastique, moniale soeur de saint Benoît, BHL 7514-7526, reliques à Gorze, *Vita* à Saint-Arnoul (Metz, BM 523, perdu), et à Saint-Vincent (Berlin, Phill.1839, XIIIe).
22. Matthias, apôtre, BHL 5695-5719, BHL 5697-98, patron de Saint-Euchaire-Saint-Matthias de Trèves.
23. Première fête de saint Gorgon, martyr à Nicomédie avec Dorothé et Pierre BHL 3612-22 ; la plus importante fête est le 9.IX.
24. Gertrude, abbesse de Nivelles, BHL 3490-3504, reliques à Gorze.
25. Urbice, évêque de Metz au Ve siècle.
26. Pâques, fête mobile, est souvent notée arbitrairement au 27 mars.
27. Léon Ier, pape († 416), BHL 4817.

LES SAINTS VÉNÉRÉS À GORZE

14 Sanctorum Tiburcii, Valeriani, Maximiani
23 Georgii martyris[28], Alberti[29] episcopi et martyris
25 Marci euangeliste[30], Letania maiorum
28 Vitalis martyris

MAIUS
1 Philippi, Iacobi, Waltburgis[31] uirginis
2 Anathasii[32] episcopi
3 Inuentio sancte Crucis, Alexandri, Euenti, Theodoli atque Iuuenalis
6 Iohannis apostoli ante Portam Latinam
10 Gordiani et Epimachi martyrum[33]
11 Gengulfi[34] martyris, Rufi[35] et Agathimbri[36] episcoporum
12 Nerei, Achilei et Pancracii[37] martyrum
13 Seruatii[38] episcopi
14 Victoris et Coronae martyrum
16 Translatio sancti Terentii episcopi
19 Potenciane[39] uirginis

---

28. Georges, martyr légendaire, BHL 3363-3406, 12 églises, reliques à Gorze, patron de Saint-Georges en Forêt-Noire et du prieuré de Pfeddersheim, *Vita* à Saint-Arnoul (Metz, BM 653).
29. Adalbert, évêque de Prague et martyr en 997, BHL 37-56.
30. Marc évangéliste, BHL 5272-92, 3 églises.
31. Walburge, abbesse d'Heidenheim († 779), BHL 8765-74, Gorze possédait des reliques et une *Vita* <168> peut-être celle attribuée à Adelbold d'Utrecht (BHL 8766) qui se trouvait à Saint-Arnoul (Metz, BM 195, perdu) et Saint-Vincent (Berlin, Phill.1839, XIIIe).
32. Athanase, évêque d'Alexandrie († 373), BHL 728-33, défenseur de l'orthodoxie nicéenne.
33. Gordien et Epimache, martyrs à Rome IVe s, BHL 3612-13.
34. Gengoulf, assassiné au VIIe siècle, BHL 3328-31. Reliques à Gorze, passion à Saint-Arnoul (Metz, BM 395, perdu) et Saint-Vincent (Berlin, Phill.1874, XI-XIIe s. et Phill.1839, XIIIe).
35. Ruf, évêque de Metz au IVe siècle.
36. Agathimbre, évêque de Metz au début du VIe s.
37. Pancrace, martyr du IVe siècle, saint combattant comme Gorgon, vénéré dans le Kent, BHL 6420-28. 2 églises, reliques à Gorze.
38. Servais, évêque de Tongres mort en 384, BHL 7611-41.
39. Prudentienne, vierge, Rome IIe s., BHL 6991, vénérée à Saint-Trond.

ANNEXE

25 Urbani pape et martyris
28 Germani[40] episcopi et confessoris
29 Maximini[41] episcopi et confessoris
31 Petronille uirginis

IUNIUS

1 Nichomedis martyris
2 Marcellini presbyteri, Petri exorciste[42]
5 Bonefacii[43] episcopi et martyris
8 Medardi[44], Geldardi[45] et Clodulphi[46] episcoporum
9 Primi et Feliciani martyrum
11 Barnabe apostoli
12 Basilidis, Cirini, Naboris et Nazarii martyrum[47]
15 Viti[48] et Modesti[49] martyrum
16 Legontii[50] et Fronimi[51] episcoporum
18 Marci et Marcelliani martyrum
19 Geruasii et Prothasii martyrum
20 Vitalis martyris

---

40. Germain, évêque de Paris au VIe siècle, BHL 3468-81.
41. Maximin, archevêque de Trèves au IVe s., BHL 5822-27, reliques à Gorze, *Vita* à Saint-Arnoul (Metz, BM 523, perdu), Saint-Symphorien (Paris, BN lat.5294) et Saint-Vincent (Berlin, Phill.1839, XIIIe s.).
42. Marcellin et Pierre, martyrs romains (IVe s.), BHL 5230-5233, reliques à Gorze.
43. Boniface, archevêque de Mayence et martyr en Frise en 754, BHL 1400-11.
44. Médard, évêque de Noyon († v.561), BHL 5863-5875, reliques à Gorze.
45. Gildard, évêque de Rouen au VIe siècle, BHL 3539-40.
46. Clou, évêque de Metz († 694), BHL 1735, *Vita* (Xe s.) à Saint-Arnoul (Metz, BM 527, XIe s.) et Saint-Symphorien (Paris, BN lat. 5294), translation le 11 décembre.
47. Nabor (BHL 6028-29) et Nazaire (BHL 6039-50), martyrs à Milan, 2 églises, reliques à Gorze.
48. Vit (Gui), martyr du IVe siècle, BHL 8711-8723, reliques à Gorze, *Vita* à Saint-Arnoul (Metz, BM 400, Xe s. perdu).
49. Modeste, martyr en Lucanie sous Dioclétien avec Guy.
50. Legonce, évêque de Metz au Ve siècle, reliques à Gorze.
51. Fronime, évêque de Metz, fin du Ve, reliques à Gorze.

LES SAINTS VÉNÉRÉS À GORZE

21 Albani[52] martyris
22 Albini[53] martyris
23 Vigilia sancti Iohanni Baptiste, Aviti[54] confessoris
24 Natiuitas sancti Iohanni Baptiste[55]
26 Iohannis et Pauli fratrum martyrum
28 Leonis[56] pape, Vigilia apostolorum Petri et Pauli
29 Natalis eiusdem
30 Celebratio sancti Pauli

IULIUS

2 Processi et Martiniani martyris
4 Translatio sancti Martini[57] episcopi et Udelrici[58] confessoris
6 Octaua apostolorum et Goaris[59] confessoris
8 Sancti Kiliani[60] sociorumque eius
10 Sanctorum martyrum septem Fratrum filiorum sanctae Felicitatis
13 Sancte Margarete uirginis et martyris[61]

---

52. Alban, martyr à Mayence au IVe s., BHL 200, reliques à Gorze.
53. Albin, martyr romain vénéré à Cologne depuis la translation des reliques à Saint-Pantaléon en 984, MGH SS XV,2, p. 687-88, BHL 238-240, on ne savait rien de lui, on lui a prêté les actes d'Alban, martyr anglais du IIIe s. près de Worcester (act. Saint-Alban), BHL 206-17, reliques à Gorze.
54. Avit, abbé de Saint-Mesmin près d'Orléans (†528), BHL 879-883.
55. Jean Baptiste, BHL 4290-4315, fête le 24.VI, avec vigile et octave, et le 29.VIII, 30 églises, office en grec à Gorze <303>, reliques à Gorze.
56. Léon II, pape au VIIe siècle. Léon IX, fêté le 19 avril dans les calendriers de la cathédrale et de Saint-Arnoul – il a procédé à la dédicace de l'abbatiale – n'apparaît pas ici.
57. Martin, moine et évêque de Tours († 397), BHL 5610-5666, fête le 10.XI, translation le 4 VII, Gorze possédait des reliques et sa *Vita* <162> que Jean a lue. *Vita* à Saint-Vincent (Berlin, Phill.1877, IXe s. et La Haye, Musée Mermann Westreenen 10 B 6 (Xe s.) et à la cathédrale (Metz, BM 304). Autel et reliques à Saint-Arnoul.
58. Udalric, évêque d'Augsbourg († 973), BHL 8359-68, premier saint canonisé par une bulle. Reliques à Saint-Arnoul.
59. Goar, ermite en Rhénanie au IVe siècle, BHL 3565-68. *Vita* à Saint-Arnoul (Metz, BM 523, perdu) et Saint-Symphorien (Paris, BN lat.5294).
60. Kilian, évêque et martyr de Thuringe († 689), BHL 4660-63.
61. Marguerite, vierge et martyre, BHL 5303-13, 4 églises, reliques à Gorze, invention à Gembloux : BHL 5313.

ANNEXE

15 Diuisio apostolorum
18 Translatio sancti Arnulphi
19 Sancte Rufine uirginis
20 Sancti Victoris martyris
21 Sancte Praxedis uirginis et Victoris martyris
22 Sancte Maria Magdalene
23 Sancti Apollinaris martyris
24 Segolene[62] et Christine[63] uirginum et martyrum
25 Iacobi apostoli, Glodesindis[64] uirginis
26 Christophori martyris et Cucufatis[65] confessoris
27 Fronimii episcopi et Ermelai[66] presbyteri et martyris
28 Pantaleonis martyris[67]
29 Felicis, Simplicii, Faustini, Beatricis martyrum et Lupi[68] episcopi
30 Abdon et Sennen martyrum[69]
31 Germani[70] episcopi et confessoris

AUGUSTUS
1 Ad uincula sancti Petri et VII Macchabeorum et Eusebii martyris
2 Stephani pape et martyris

---

62. Ségolène, abbesse à Albi au VIIIe s. (?), BHL 7570-72.
63. Christine, vierge et martyre en Toscane, BHL 1748-62, translation des reliques en Westphalie.
64. Glossinde, abbesse messine (VIIe s.), BHL 3562-64, reliques à Gorze.
65. Cucufat, martyr à Barcelone sous Dioclétien, BHL 1998-2000.
66. Hermolaus, prêtre qui convertit saint Pantaléon, martyrisé avec lui, BHL 3858.
67. Pantaléon, martyr à Nicomédie IVe s., BHL 6429-48, vénéré à Cologne (BHL 6445), autel à Gorze, *Vita* à Saint-Vincent (Berlin, Phill.1874, XIe -XIIe s.).
68. Loup, évêque de Troyes († 479), BHL 5087-90.
69. Abdon et Sennen, martyrs à Rome sous Dèce, BHL 6-8, reliques à Fulda et Saint-Médard de Soissons qui en donna sans doute une partie à Prüm.
70. Germain, évêque d'Auxerre († 448), BHL 3453-4, fête le 31.VII translation le 1.X. Gorze possédait des reliques, Jean de Gorze a lu sa *Vita*, dont Saint-Arnoul possédait la version de Constance de Lyon (Lauer, n°24).

LES SAINTS VÉNÉRÉS À GORZE

3 Inuentio corporis sancti Stephani sociorumque eius
5 Sancti Memmii episcopi[71]
6 Sanctorum Sixti[72], Felicissimi et Agapiti martyrum
7 Sancti Donati[73] episcopi et martyris
8 Sancti Cyriaci martyris cum sociis suis
9 Sancti Romani martyris et Auctoris[74] episcopi Mettensis
10 Sancti Laurentii[75] martyris
11 Sancti Tiburcii[76] martyris
13 Sancti Ypoliti cum sociis suis
14 Sancti Eusebii confessoris
15 Assumptio Sancte Marie
16 Arnulphi[77] episcopi
17 Octaua sancti Laurentii et Mametis martyris
18 Agapiti martyris
19 Magni martyris
20 Philiberti[78] martyris
21 Priuati[79] martyris

---

71. Memmie, évêque de Châlons-sur-Marne au IIIe ou IVe s., BHL 5907-14.
72. Sixte II, pape et martyr IIIe s., BHL 7801-7812, reliques à Gorze et Saint-Arnoul, Passion à Saint-Vincent (Berlin, Phill.1874, XIe-XIIe s. et Phill.1839, XIIIe s.).
73. Donat, évêque d'Arezzo, martyr sous Julien l'Apostat, saint Grégoire relate certains de ces miracles, BHL 2989-96, homonyme de l'évêque de Besançon du VIIe s., BHL 2312.
74. Auctor, évêque de Metz vers 451, BHL 746.
75. Laurent, diacre et martyr, BHL 4752-4789. Passion à Saint-Vincent (Berlin, Phill.1839, XIIIe s.).
76. Tiburce, martyr à Rome sous Dioclétien, BHL 8286. En 827-28, Eginhard en ramena les reliques pour Seligenstadt. En 828, une partie des reliques furent donnés à Saint-Médard de Soissons, BHL 8286.
77. Arnoul, évêque de Metz († 629), BHL 689-701, translation le 18.7, 2 églises. Vita à Saint-Arnoul (Lauer 13), Saint-Symphorien (Paris, BN lat.5294), Saint-Vincent (Berlin, Phill.1839, XIIIe s.) et cathédrale de Metz (Metz, BM 397, perdu), ed. MGH SS Rer. Merov. II, p. 426-46. Sermons à Saint-Arnoul (Metz, BM 494 XIe s). Reliques à Gorze. Les 12 leçons se rapportent à Arnoul, Roch est un ajout.
78. Philibert, abbé de Noirmoutier († 685), BHL 6805-10.
79. Privat, évêque de Mende et martyr († 257), BHL 6932-42, reliques à Gorze.

ANNEXE

22 Thimothei et Symphoriani[80]
23 Thimothei et Appolinaris martyrum[81], Vigilia
24 Bartholomei apostoli et Genesii martyris
25 Genesii[82] martyris
26 Nerei et Abundi martyrum
27 Rufi martyris et Rufi episcopi Mettensis
28 Hermetis[83] martyris et Augustini episcopi et Iuliani[84] martyris
29 Decollatio sancti Iohannis et Sabine uirginis et Adelphi[85] episcopi
30 Felicis et Adaucti martyrum
31 Paulini[86] episcopi

SEPTEMBER
1 Prisci martyris, Egidii[87] abbatis et confessoris
3 Mansueti[88] et Remacli[89] episcoporum
4 Marcelli pape et martyris
6 Gundulphi[90] episcopi

---

80. Symphorien, martyr à Autun (IIe s.?), BHL 7969-70, reliques à Gorze, *Passio* à Saint-Arnoul (Metz, BM 523, perdu), à Saint-Vincent (Berlin, Phill.1839, XIIIe s.).
81. Thimotée et Apollinaire, martyrs rémois, BHL 8296-02.
82. Genest, martyr d'Arles IVe s., BHL 3315-26, *Vita* à Saint-Arnoul (Metz, BM 523, perdu) et Saint-Vincent (Berlin, Phill.1874, XIe -XIIe s.).
83. Hermès, martyr romain du IIe s., Eginhard a ramené les reliques à Seligenstadt au IXe siècle, translation à Cornelimünster en 851, BHL 3853-57.
84. Julien de Brioude, martyr en Auvergne au milieu du IIIe siècle, son culte se répandit surtout grâce à Grégoire de Tours qui consacra un livre à ses miracles, BHL 4540-42.
85. Adelphe, évêque de Metz au IVe siècle, BHL 76, *Vita* à Saint-Symphorien (Paris, BN lat.5294).
86. Paulin, sixième archevêque de Trèves, BHL 6562-68, *Vita* à Saint-Vincent (Berlin, Phill.1839, XIIIe s.).
87. Gilles, ermite près de Narbonne au VIIIe siècle, BHL 94-98.
88. Mansuy, premier évêque de Toul, BHL 5207-18, *Vita et Miracula* à Saint-Symphorien (Paris, BN lat.5294), reliques à Gorze.
89. Remacle, abbé de Stavelot († 670), BHL 7113-41, Gorze possédait sa *Vita* <195>, comme Saint-Arnoul (Lauer n°24) et Saint-Vincent (Berlin, Phill.1874, XIe-XIIe s. et Phill.1839, XIIIe s.).
90. Gondoul, évêque de Metz de 816 à 822, enterré à Gorze cité à cette date au nécrologe.

7 Euurcii[91] episcopi
8 Natiuitas sanctae Marie Virginis et Adriani martyris
9 Gorgonii martyris
11 Prothi et Iacinti martyrum[92]
12 Syrii et Euentii martyrum[93]
13 Sancti Amati[94] presbyteri
14 Exaltatio sancte Crucis, Corneli et Cipriani martyrum
15 Nichomedis martyris et Apri[95] episcopi
16 Lucie et Geminiani martyrum
17 Lamberti[96] episcopi et martyris
19 Goerici[97] episcopi et confessoris
20 Vigilia sancti Mathei apostoli
21 Natalis eiusdem
22 Mauricii martyris cum sociis suis[98]
25 Sergii et Bachii martyrum et dedicatio ecclesiae sancti Stephani[99]
27 Cosme et Damiani martyrum

---

91. Evurce, évêque d'Orléans au IVe siècle, BHL 2799-2802.
92. Prote et Hyacinthe, martyrs romains, BHL 6975-77. Des reliques ont été ramenées par Eginhard au IXe siècle pour Seligenstadt (MGH SS XV, p. 329) et par Thierry de Metz auquel l'abbé de Farfa les avait données, autel à Saint-Vincent (*Vita Deoderici*, MGH SS IV, p. 475 et 479). Passio à Saint-Vincent, Münich Clm 28565 f.77v. Autel à Saint-Arnoul.
93. Syrus et Eventius/Juventius, respectivement premier et troisième évêques de Pavie, IVe siècle, BHL 7976 et BHL 4619. Dans le calendrier de la cathédrale de Metz ils sont dits évêques.
94. Amé, ermite à Remiremont mort vers 628, BHL 358, *Vita* à Saint-Symphorien (Paris, BN lat.5294).
95. Aper (Evre), évêque de Toul, BHL 616-618. Gorze possédait des reliques et la *Vita* parfois attribuée à Adson de Montierender (BHL. 616) <194>, comme Saint-Arnoul (Metz, BM 653 perdu) et Saint-Bénigne de Dijon (Montpellier, Ec. Méd. 30, XIIe s. f.92-93v.).
96. Lambert, évêque de Tongres assassiné en 705, BHL 4677-94. Reliques et *Vita* <196> à Gorze.
97. Goëry, évêque de Metz († 644), BHL 3606-07, *Vita* à Saint-Symphorien (Paris, BN lat.5294) et Saint-Vincent (Berlin, Phill.1874, XIe-XIIe s.).
98. Maurice, martyr à Agaune avec la légion Thébaine IIIe s., BHL 5727-64, chapelle, reliques et *Vita* <197> à Gorze.
99. Saint Etienne, église paroissiale de Gorze.

ANNEXE

29 Memoria sancti Michaelis archangeli
30 Hieronimi presbyteri et confessoris

OCTOBER

1 Remigii[100], Germani et Vedasti[101] episcoporum
2 Leodegarii[102] martyris
3 Duorum Ewaldorum[103] presbyterum et martyrum
6 Fidis et Caprasii martyrum[104]
7 Marci, Marcelli et Apulei martyrum
9 Dyonisii, Rustici et Eleutherii martyrum[105] et Arnualis[106] confessoris
10 Gereonis[107] cum sociis suis
11 Taraci, Probi et Andronici martyrum
13 Athanasii episcopi
14 Calixti[108] pape et martyris et Celestis[109] episcopi

---

100. Remi, évêque de Reims, BHL 7150-7173. Gorze possédait des reliques et la *Vita* par Hincmar<311>. Ce texte se trouvait dans les abbayes messines, Berne, ms 168, XIe s. prov.Saint-Symphorien ; Berlin, Phill.1874, XIe-XIIe s. prov. Saint-Vincent, Berlin, Phill.1839, XIIIe s. prov. Saint-Vincent, Metz, BM 395 prov. Saint-Arnoul (XIe s. perdu) ; Metz, BM 1229 prov.Saint-Arnoul (Xe s.).
101. Vaast, évêque d'Arras d'origine touloise († 540), BHL 8501-19, sa fête est le 6 II mais dans la région il est souvent commémoré le 1 X.
102. Léger, abbé de Saint-Maixent et évêque d'Autun († 678), BHL 4850-56, reliques à Gorze, *Vita* à Saint-Vincent (Berlin, Phill.1874, XIe -XIIe s.).
103. Les deux Ewald, disciples de Willibrord martyrisés en 695, BHL 2803-7, enterrés à Cologne, reliques à Gorze.
104. Foi et Caprais, martyrs à Agen, BHL 2928-65, L.SALTET, Passio Fideis et Caprasi, *Bulletin de littérature ecclésiastique*, 1899, p. 175-90.
105. Denis, Rustique et Eleuthère, martyrs à Paris, BHL 2171-2203, Gorze possédait des reliques et la *Vita* <172-174>, sans doute celle d'Hilduin, qui se trouvait à Saint-Arnoul (Metz, BM 395, perdu) et Saint-Vincent (Berlin, Phill.1874, XIe-XIIe s. et Phill.1839, XIIIe s.).
106. Arnoald, évêque de Metz au début du VIIe s.
107. Géréon, martyr militaire de Cologne, BHL 3446-47. G.PHILIPPART, Géréon, *DHGE* XX, c.860-65.
108. Calixte pape et martyr († 222), BHL 1523-25. Vers 1020, l'abbé Nanther de Saint-Mihiel vole les reliques de Calixte à Rome et les ramene dans son abbaye, *Chronicon S.Michaelis in pago Virdunensis*, MGH SS IV, p. 82-83, où se produisent plusieurs miracles, A.LESORT, *Chroniques et*

LES SAINTS VÉNÉRÉS À GORZE

15 Basoli[110] confessoris
16 Galli[111] confessoris
18 Luce euangeliste
21 Undecim milium Virginum in Colonia[112]
23 Seuerini[113] episcopi
25 Crispini et Crispiani martyrum
26 Vedasti et Amandi[114] episcoporum
27 Vigilia apostolorum Symeonis et Iude
28 Natalis eorumdem
29 Terencii[115] episcopi
31 Quintini[116] martyris, Vigilia omnium sanctorum

NOVEMBER
1 Festiuitas omnium sanctorum et Cesarii martyris
3 Pirmini[117] et Hugberti[118] episcopi
4 Amantii[119] episcopi
6 Melanii[120] episcopi

---

chartes de l'abbaye de Saint-Mihiel, Mettensia VI, 1909, p. 1-38. *Passio* à Saint-Vincent (Berlin, Phill.1874, XIe -XIIe s.).
109. Céleste, second évêque de Metz, reliques à Gorze.
110. Basle, abbé à Reims, fondateur du monastère de Verzy au VIe s., BHL 1030-39.
111. Gall, ermite et abbé, BHL 3245-58, reliques à Gorze, *Vita* à Saint-Arnoul par Walafried Strabon (Lauer, n°24).
112. Onze mille vierges martyres à Cologne, BHL 8426-8451, reliques à Gorze, leur passion se trouvait à Saint-Arnoul (Metz, BM 652 perdu).
133. Séverin, archevêque de Cologne au IVe s., BHL 7647-57, reliques à Gorze et Saint-Arnoul.
114. Amand, évêque itinérant du nord de la France, fondateur d'Elnone (Saint-Amand), mort 6 février 679, BHL 332-348. Fêté à Gorze le jour d'une élévation des reliques.
115. Térence, évêque de Metz, BHL 8005-06, translation le 16 mai, reliques à Gorze, la *Vita*, AA SS Oct XII, 807-14, date certainement du XIe s.
116. Quentin, martyr du Vermandois IIIe s., BHL 6999-7021, reliques à Gorze.
117. Pirmin, évêque abbé de Reichenau mort vers 754, BHL 6855-58.
118. Hubert, évêque de Tongres († 727), BHL 3993-4002, *Vita* Metz, BM 315 XIVe s. prov. cathédrale.
119. Amans, évêque de Rodez au Ve s., BHL 351-52.
120. Mélaine, évêque de Rennes au VIe s., BHL 5887-95.

ANNEXE

7 Wilebrordi[121] et Rufi episcoporum
8 Quatuor coronatorum
9 Theodori martyris et Vitoni[122] episcopi
10 Martini pape et Mauri[123] confessoris
11 Martini episcopi et Menne martyris
12 Cuniberti episcopi[124]
13 Bricii episcopi[125]
16 Othmari[126] abbatis
17 Aniani[127] episcopi
18 Romani martyris
19 Simplicii[128] episcopi
21 Colombani[129] abbatis
22 Cecilie uirginis
23 Clementis martyris, Clementis episcopi[130], Trudonis[131] episcopi, Felicitatis[132]
24 Crisogoni martyris

---

121. Willibrord, évêque d'Utrecht et abbé d'Echternach († 739), BHL 8935-45, *Vita* à Saint-Symphorien (Paris, BN lat.5294) et Saint-Vincent (Berlin, Phill.1874, XIe-XIIe s.).
122. Vanne, évêque de Verdun au VIe s., BHL 8708-11.
123. Maur, deuxième évêque de Verdun.
124. Cunibert, archevêque de Cologne mort vers 660, BHL 2014-2017.
125. Brice, successeur de saint Martin à Tours, BHL 1451-54, reliques à Gorze.
126. Othmar, fondateur et premier abbé de Saint-Gall († 759), BHL 6386-89.
127. Aignan, évêque d'Orléans († 453), BHL 473-477, reliques à Gorze.
128. Simplice II, évêque d'Autun attesté en 418, BHL 7787-88, reliques à Gorze ? Sulpice.
129. Colomban, abbé de Luxeuil et de Bobbio († 615), BHL 1898-1905. Gorze possédait des reliques, sa *Vita* se trouvait à Saint-Arnoul (Metz, BM 523, perdu) et à Saint-Mihiel (Metz, Séminaire, J.LECLERCQ, Un recueil d'hagiographie colombanienne, *AB*, 73 (1955), p. 192-196).
130. Clément, premier évêque de Metz, BHL 1859-63. La *Vita* BHL 1860, sans doute écrite à l'époque de l'abbé Acelin, relate le passage de Clément à Gorze, résumé en français de la légende, avec des illustrations Paris, Arsenal 5227.
131. Trond, fondateur de Saint-Trond, mort vers 695, BHL 8321-27.
132. Félicité, martyre, avec ses sept fils, BHL 2853-55, reliques à Gorze, *Vita* à Saint-Arnoul (Metz, BM 523 perdu).

LES SAINTS VÉNÉRÉS À GORZE

25 Liuarii[133] martyris
26 Lini pape et martyris
28 Syli apostoli
29 Saturnini[134], Chrisanti, Mauri et Darie martyrum[135], Vigilia
30 Natalis Andree apostoli et Ambrosii episcopi

DECEMBER
1 Eligii[136] et Agerici[137] episcoporum
2 Firmini[138] episcopi, Vigilia
4 Sancte Barbare uirginis[139]
6 Sancti NICHOLAI episcopi
7 Octaua sancti Andree
8 Sanctorum Eucharii[140] et Romarici[141] confessorum
11 Sancti Damasi pape et translatio sancti Glodulfi episcopi

---

133. Livier, martyr à Marsal.
134. Sernin, martyr à Toulouse vers 250, BHL 7495-7508, son culte se répandit du fait des relations de Verdun avec l'Aquitaine. L'église où fut enterré l'évêque Paul de Verdun lui était dédiée.
135. Chrysante, Maur et Darien, martyrs romains, BHL 1787-94, attestés à diverses dates dont le 25.X et celle ci, reliques à Gorze, passion à Saint-Vincent (Berlin, Phill.1874, XIIe s.).
136. Eloi, évêque de Noyon († 660), BHL 2474-80, Vita à Saint-Arnoul (Lauer, Manuscrits, n°24).
137. Airy, évêque de Verdun au VIe siècle, patron de l'abbaye fondée en 1037, son culte n'est attesté, en dehors du diocèse de Verdun, que dans celui de Metz et à Saint-Bénigne de Dijon. La Vita était à Saint-Arnoul (Metz, BM 523 perdu), à la cathédrale (Metz, BM 397), Gorze possédait des reliques et la Vita <288>. M.SANDMANN, Kalendar und Martyrolog in Saint-Airy zu Verdun, Vinculum Societatis Joachim Wollasch zum 60. Geburtstag, ed. F.Neiske, D.Poeck, M.Sandmann, Siegmarigendorf, 1991, p. 233-75.
138. Firmin, évêque de Verdun à la fin du VIe siècle, dont les reliques furent apportées à Flavigny en 964, BHL 3018-19.
139. Barbe, vierge et martyre à Nicomédie († 306), BHL 913-971, 9 églises, reliques à Gorze, patronne de Metz et du pays messin à partir du XVe siècle.
140. Euchaire, premier évêque de Trèves, vers 250, Vita à Saint-Symphorien, Paris, BN lat.5294.
141. Romaric successeur d'Amé à la tête de la communauté d'Habendum († 653), BHL 7322-23, Vita à Saint-Symphorien (Paris, BN lat.5294), reliques à Gorze.

ANNEXE

13 Lucie[142] et Odilie[143] uirginum
20 Vigilia sancti Thome apostoli
21 Natalis eiusdem
24 Vigilia Natiuitatis Domini nostri Jhesu Christi
25 Natiuitas Domini et Anastasie uirginis
26 Sancti Stephani prothomartyris
27 Sancti Iohannis euangeliste
28 Sanctorum Innocentum
31 Sancti Siluestri pape urbis Romae

B. *Le calendrier du XIVe siècle*

Epinal, BM 71 provient d'un ouvrage liturgique, probablement destiné au prieuré Saint-Nicolas de Port[144], il est composite et incomplet. Le calendrier a subi des grattages et des rajouts, destinés à établir une concordance avec les textes de la vie des saints contenus dans la suite du volume ; ici en italiques. Dans notre édition, ne font l'objet d'une note que les saints de la Lotharingie et de Gorze absents du précédent calendrier.

---

142. Lucie, martyre sicilienne, BHL 4992-5003, reliques à Saint-Vincent et Gorze.
143. Odile, abbesse de Hohenburg († 730), BHL 6271-74, reliques à Gorze, *Vita* à Saint-Vincent (Berlin, Phill.1874, XIe-XIIe s. et Phill.1839, XIIIe s.).
144. Le premier texte concerne saint Nicolas, l'église Saint-Nicolas est mentionnée f.87. Au XVIIIe siècle, il appartenait à Saint-Pierre de Senones et a été considéré, probablement par Dom Calmet, comme l'*Ordo Gorziensis*. L'ensemble comprend 173 folios de 250mm x 180mm, coupés par la reliure. Le calendrier est suivi par une *oratio de sancta maria ad processis*, l'*initium sancti euangelii secundum Marcum*, des collectes *aduentum domini confiteor* et des *Vitae* de saints, du f.7 au f. 152. Il manque des pages. En effet, la fête de sainte Agnès en janvier, est mentionnée au f.94v. et au cahier VIII, alors que le f.95 contient la fête de sainte Walburge en mai au cahier XXV. Il manque donc trois mois. L'ensemble de ces textes fait 200x180mm, les lignes sont plus espacées (15mm), il y a 25 lignes par page et les pages numérotées en haut à droite. A partir du f.153, on trouve des prières générales. Ce texte de 220x180mm, de même espacement, avec le même nombre de lignes, la numérotation en rouge en haut à gauche de la page a souvent été rognée. Le calendrier occupe les folios 1 à 6, 200x140mm, interligne 10mm. il est écrit en lettres bleues-rouges-noires.

IANUARIUS

1 Circumcisio Domini	XII l.
2 Octava sancti Stephani	XII l.
3 Octava santi Iohannis apostoli	XII l.
4 Octava sanctorum Innocentum	III l.
7	Vigilia
6 Epyphania Domini	XII l
8 Pacientis episcopi	III l
13 Octava Epiphanie, Hylarii et Remigii episcoporum	
14 *Hilarii* episcopi, Felicis in Pincis	XII l
15 Mauri abbatis	XII l.
16 Marcelli pape et martyris	III l
17 Anthonii abbatis	XII l.
18 Prisce uirginis et martyris	II l
19 Marie, Marthe, Audifax et Abacuc	III l
20 Fabiani pape et Sebastiani martyris	XII l.
21 Agnetis uirginis et martyris	XII l.
22 Vincencii leuite et martyris	XII l.
25 Conuersio sancti Pauli, Proiecti episcopi et martyris	
28 Octava sancte Agnetis	III l.
29 Valerii	III l.
30 Aldegunde[145] uirginis	XII l.

FEBRUARIUS

1 Brigide uirginis	III l.
2 Purificatio beate Marie	XII l.
3 Blasii episcopi et martyris	XII l.
5 Agathe uirginis et martyris	XII l.
9 Apolonie uirginis et martyris	
10 Scolastice uirginis	XII l.
14 Valentinii martyris	III l.
16 Symeonis episcopi[146]	
21 Felicis episcopi[147] III l.	

---

145. Aldegonde, abesse de Maubeuge († 684), BHL 244-250.
146. Syméon, évêque de Metz du IVe siècle.
147. Félix, troisième évêque de Metz.

22 Cathedra sancti Petri   XII l.
23   Vigilia
24 Mathie apostoli   XII l.

MARCIUS
6 Crodegangi *episcopi*[148]   XII l.
12 Gorgonii martyris, Petri et
Dorothei martyrum et Gregorii pape   XII l.
17 Gerdrudis uirginis
19 *Ioseph confessoris*
21 Benedicti abbatis   XII l.
25 Annunciacio dominica   XII l.
27 Resurrectio domini

APRILIS
4 Ambrosii episcopi   III l.
14 Tiburcii et Valeriani martyrum et Maximiani martyris
23 Georgii martyris   XII l.
25 Marci euangeliste, Letania maiorum
28 Vitalis martyris   III l.
30 Quirini martyris[149]

MAIUS
1 Philippi et Iacobi XII l., Waltburgis uirginis
2 Anathasii episcopi   III l.
3 Inuentio sancte Crucis XII l., Alexandri, Euenti et
Theodori   XII l.
6 Iohannis ante Portam Latinam   XII l.
8 *Apparitio sancti Michaelis*[150]   XII l.
9 Translatio sancti Nicolay[151]   XII l.
10 Gordiani et Epimachi martyrum   III l.

---

148. Chrodegang, évêque de Metz († 766), BHL 1781, fondateur de Gorze où il est enterré.
149. Quirin, martyr romain, BHL 7026-7028, normalement fêté le 30 III, reliques à Gorze.
150. Michel archange, BHL 5947-56, fête le 29 IX et le 8 V, chapelle à Gorze, reliques à Gorze (manteau).
151. Nicolas, évêque de Myre, BHL 6104-6221, fête le 6.12, translation

11 Gengulphi martyris, Maioli abbatis[152] III l.
12 Nerei, Achilei et Pancracii martyrum III l.
13 Dedicatio sancte Marie ad martyres
16 *Honorati episcopi*[153]
19 Potenciane uirginis III l.
23 Wiberti monachi[154]
25 Urbani pape et martyris III l.
29 Maximini episcopi XII l.
31 Petronille uirginis III l.

IUNIUS
1 Nicomedis martyris III l.
2 Marcellini et Petri III l.
6 Claudii episcopi et confessoris[155]
8 Medardi episcopi III l., Clodulphi episcopi
9 Primi et Feliciani martyrum III l.
11 Barnabe apostoli XII l.
12 Basilidis, Cirini, Naboris
et Nazarii martyrum XII l.
13 *sancti Antonii de Padova*
15 Viti martyris III l.
18 Marci et Marcelliani martyrum III l.
19 Geruasii et Prothasii III l.
21 Albani martyris
23 Vigilia
24 Natiuitas sancti Iohanni Baptiste XII l.
26 Iohannis et Pauli III l., Dedicatio sancti Petri[156]

(BHL 6205) le 9.5, reliques à Gorze – de l'huile qui suinte du tombeau – et au prieuré Saint-Nicolas. Saint-Arnoul possédait la *Vita* par Jean diacre de Naples (Metz, BM, 398 perdu) et des miracles (Metz, BM 652 perdu).
152. Maïeul, abbé de Cluny († 994), BHL 5177-87. Saint-Arnoul possédait des reliques. Dans Metz, BM ms 377 une lettre sur la mort de Maïeul suivait la *Consolation de la Philosophie*, D.IOGNA-PRAT, *Agni Immaculati*, Paris, 1988, p. 44-45.
153. Honoré, évêque d'Amiens († v.600), BHL 3972-74.
154. Guibert, moine de Gorze fondateur de Gembloux, BHL 8881-86.
155. Claude, évêque de Besançon († 703), BHL 1840-47, 1 église.
156. Saint-Pierre de Gorze.

ANNEXE

27 *Translatio sanctorum Crispi et Crispianini*[157]
28 Leonis pape III l.   Vigilia
29 Sanctorum Petri et Pauli apostolorum   XII l.
30 Commemoratio sancti Pauli   XII l.

IULIUS

1 Octaua sancti Iohannis baptiste   XII l.
2 Processi et Martiniani martyrum   III l.
4 Translatio sancti Martini   XII l.
6 Octaua apostolorum   XII l.
8 Kiliani martyris sociorumque eius, Natiuitas beati Nicolai
10 Septem Fratrum martyrum   III l.
11 Translatio sancti Benedicti abbatis   XII l.
12 Cleti pape et martyris   III l.
13 Margarete uirginis et martyris   XII l.
15 Diuisio apostolorum
18 Translatio sancti Arnulphi episcopi,
Octaua sancti Benedicti   XII l.
21 Praxedis uirginis   III l.
22 *Maria Magdalene*   XII l.
23 Appollinaris episcopi et martyris   III l.
24 Christine uirginis et martyris   III l. Vigilia
25 Iacobi apostoli XII l. et Christophori, Glodesindis uirginis
26 *Annae matris mariae*
28 Pantaleonis martyris   XII l.
29 Felicis pape, Simplicii, Faustini et Beatricis martyrum
30 Abdon et Sennen martyrum   III l.
31 Germani episcopi XII l.

AUGUSTUS

1 Ad uincula sancti Petri XII l., Eusebii episcopi, Macchabeorum
2 Stephani pape et martyris   III l.
3 Inuentio sancti Stephani sociorumque eius XII l.

---

157. Crépin et Crépinien, BHL 1990-94, fête le 25.X, translation le 27.VI, Gorze possédait leur *Vita* <167>, Saint-Arnoul des reliques.

5 Oswaldi regis et martyris[158]
6 Sixti, Felicissimi et Agapiti martyrum   III l.
7 Donati episcopi et martyris   III l.
8 Ciriaci sociorumque eius   III l.
9   Vigilia
10 Laurentii martyris   XII l.
11 Tiburcii martyris   III l.
13 Ypoliti sociorumque eius   III l.
14 Eusebii confessoris   III l. Vigilia
15 Assumptio beate Marie uirginis   XII l.
16 Arnulphi episcopi, *Sancti Rochi confessoris* XII l.
17 Octaua sancti Laurentii   III l.
18 Agapiti martyris   III l.
19 Magni martyris
20 Philiberti abbatis
21 Priuati martyris *episcopi*
22 Octaua sancte Marie, Thimothei et Symphoriani
23 Thimothei et Appolinaris martyrum   Vigilia
24 Bartholomei apostoli   XII l.
25 Genesii martyris III l., Ludouici regis
27 Rufi martyris   III l.
28 Augustini episcopi XII l., Hermetis martyris, Iuliani martyris
29 Decollatio sancti Iohannis Baptiste XII l., Adelphi episcopi, Sabine uirginis
30 Felicis et Adaucti martyrum, *Fiacrii confessoris*
31 Paulini episcopi   III l.

SEPTEMBER
1 Prisci martyris, Egidii abbatis, Longini martyris III l.
2 Antoni martyris   III l.
3 Mansueti et Remacli episcoporum et ordinatio sancti Gregorii episcopi
4 Mauri, Saluini et Aratoris episcoporum[159], *Marcelli pape*
8 Natiuitas beate Marie Virginis, Adriani martyris

---

158. Oswald, roi de Northumbrie († 642), BHL 6361-73.
159. Maur, Salvin et Arator, évêques de Verdun.

ANNEXE

9 Gorgonii martyris　　　　　　　　　　XII l.
10 Dagoberti regis et martyris[160]
11 Prothi et Iacinti martyrum　　　　　　III l.
14 Exaltatio sancte Crucis XII l., Corneli et Cipriani
15 Apri episcopi XII l., Nichomedis martyris
16 Octaua sancti Gorgonii XII l., Eufemie uirginis confessoris, Lucie et Geminiani martyrum
17 Lamberti episcopi et martyris
19 Goerici episcopi　　　　　　　　　　III l.
20　　　　　　　　　　　　　　　　　　Vigilia
21 Mathei apostoli et euangeliste　　　　　XII l.
22 Mauricii sociorumque eius　　　　　　 XII l.
27 Cosme et Damiani martyrum　　　　　III l.
29 Festiuitas sancti Michaelis archangeli　 XII l.
30 Ieronimi presbyteri　　　　　　　　　XII l.

OCTOBER

1 Remigii episcopi XII l., Germani, Vedasti et Nicetii[161] episcoporum
2 Leodegarii episcopi et martyris　　　　III l.
6 *Octaua Michaelis*
7 Marci pape III l., Marcelli et Apulei
8 *Libariae uirginis et martyris*[162]
9 Dyonisii, Rustici et Eleutherii martyrum　XII l.
10 Gereonis cum sociis suis　　　　　　　III l.
14 Calixti pape et martyris　　　　　　　III l.
15 Leonardi abbatis[163]　　　　　　　　 III l.
16 Galli abbatis XII l.
18 Luce euangeliste
21 Sanctarum uirginum XI milium XII l.
23 *Seuerini episcopi*
24 *Henrici episcopi*[164]

---

160. Dagobert II, roi et martyr († 679), BHL 2081.
161. Nizier, archevêque de Trèves au VIe siècle, BHL 6090-92.
162. Libaire, vierge et martyre à Grand, BHL 4903-04.
163. Léonard, fondateur et abbé de Vandoeuvre, BHL 4859-61.
164. Qui est cet évêque Henri ? Henri de Wurzbourg mort en 1018, dont

LES SAINTS VÉNÉRÉS À GORZE

25 Crispini et Crispiniani martyrum   XII l.
27   Vigilia
28 Sanctorum apostolorum Symeonis et Iude XII l.
29 Terencii episcopi   III l.
31 Quintini martyris   Vigilia

NOVEMBER

1 Festiuitas omnium sanctorum XII l., Cesarii et Benigni[165]
2. *Benigni martyris*   XII l.
3 Huberti episcopi
6 *Nicolai episcopi, Leonardi*[166] *abbatis*
7 Wilibrordi archiepiscopi
8 Quatuor coronatorum   III l.
9 Vitoni episcopi, Theodori martyris
11 Martini episcopi XII l. et Menne martyris
12 *Renati episcopi*[167]
13 Bricii episcopi   XII l.
18 Octaua sancti Martini   XII l.
19 Odonis abbatis[168], *Elisabeth*   XII l.
21 Colombani abbatis, *presentationis Mariae* XII l.
22 Cecilie uirginis et martyris   XII l.
23 Clementis pape, Clementis episcopi XII l., Felicitatis et Trudonis

---

nous avons parlé plus haut (Gorze dans l'Empire), Henri de Coire, mort le 23 octobre 1078, ancien moine de Reichenau, grégorien ardent qui participa à l'élection de Rodolphe de Souabe à Forchheim ? Munich Clm 28565 f.7 représente un évêque Henri. Le nécrologe de Gorze cite Herrand d'Halberstadt le 24 octobre, peut-on supposer une erreur de lecture ?

165. Bénigne est gratté, *Benigni martyris* est réécrit en-dessous. Bénigne, martyr à Dijon, BHL 1153-1164, Saint-Arnoul possédait sa passion (Metz, BM 494, sauvé et BM 653, perdu).

166. Léonard, abbé de Noblat, diocèse de Limoges (VIe s.), BHL 4862-79.

167. René, évêque d'Angers au Ve s., BHL 7175-7181.

168. Odon, abbé de Cluny († 942), BHL 6292-99. Saint-Arnoul possédait sa *Vita* par Jean de Salerne (Metz, BM 654, XIe s., perdu). Les 12 leçons lui sont destinées, la mention de sainte Elisabeth de Thuringe († 1231) est un ajout tardif.

ANNEXE

24 Crisogoni martyris III l., Liuarii episcopi martyris[169]
25 Katherine uirginis et martyris[170] XII l.
26 Lini pape et martyris
29 Saturnini martyris III l. Vigilia
30 Andree apostoli XII l.

DECEMBER
1 Crisanti, Mauri et Darie martyrum, Eligii episcopi III l.
4 Barbare uirginis XII l.
6 Nicolay episcopi XII l.
7 Octaua sancti Andree et ordinatio Ambrosii episcopi XII l.
8 Conceptio beate Marie uirginis XII l.
11 Damasi pape III l.
13 Lucie uirginis XII l., Odilie uirginis
20 Vigilia
21 Thome apostoli XII l.
24 Vigilia
25 Natiuitas Domini nostri, Anastasie uirginis
26 Stephani prothomartyris XII l.
27 Iohannis apostoli et euangeliste XII l.
28 Sanctorum Innocentum XII l.
29 Thome episcopi et martyris
31 Siluestri pape XII l.

C. Les consécrations d'autels.

A partir du IXe siècle, les statuts synodaux obligent l'évêque célébrant une dédicace ou la consécration d'un autel à préciser par une inscription le nom du célébrant, le jour de la cérémonie, les saints en l'honneur de qui la consécration est faite. Par la suite, il sera spécifié que l'acte doit être déposé dans l'autel avec

---

169. Livier, martyr à Marsal, ne fut ni évêque de Metz, ni tenu pour tel. Peut-être le copiste a-t-il mal lu une abbréviation car le texte porte *Lyr episcopi*, personnage inconnu, alors que, comme l'a rappelé Monsieur Dolbeau, Livier est fêté le lendemain dans l'autre calendrier de Gorze.
170. Catherine, vierge et martyre d'Alexandrie, BHL 1557-1700, 9 églises, reliques à Gorze, chapelle dépendant de Gorze au XIVe siècle.

LES SAINTS VÉNÉRÉS À GORZE

les reliques et que le nom des saints doit être mentionné[171]. Une liste des autels, et des reliques qui s'y trouvaient, est connue pour Saint-Arnoul[172] et pour Gorze[173]. Quand un saint est présent à Gorze par ses reliques et sa mention dans le calendrier son nom est suivi d'une étoile :

Adelphe*, Adrien*, Airy*, Alban*, Albin*, Alexandre, Ammon, André*, Anian*, Apollinaire*, Aprintie[174], Arbogaste, Arnoul*, Augustin*, Barbe*, Bartholomé*, Basilide*, Benoît*, Blaise*, Brice*, Calixte*, Candide, Carpophore[175], Catherine*, Cécile*, Céleste*, Céréal, Christophe*, Chrysogone*, Clément*, Clou*, Colomban*, Côme et Damien*, Corneille*, Cyprien*, Cyriaque*, Denis*, Domnin, Donat*, Emmeran[176], Etienne*, Eustache, Evre*, Ewald*, Fabien*, Fauste*, Félicité*, Félix*, Fidèle, Fronime*, Gall*, Genest*, Gengoulf*, Georges*, Gérard[177],

---

171. N.HERRMANN-MASCARD, *Les reliques des saints, formation coutumière d'un droit*, Société d'histoire du droit, collection d'histoire institutionnelle et sociale 6, Paris, 1975, p 125.
172. *Dedicationes ecclesiae s.Arnulfi* MGH SS XXIV, p. 545-549.
173. DES ROBERT, *Deux codex*, p. 8, dispose de la copie XVIIIe d'un manuscrit du XIIIe siècle, qui contenait *le commencement de l'abbbaye de Gorze, le lectionnaire de ladite abbaye, l'érection de ses autels et la légende de saint Gorgon*. Paris, BN lat.11762 (f.47-54v.) est une copie moderne et partielle du manuscrit édité par Des Robert, je remercie Monsieur Dolbeau de m'avoir communiqué cette référence. Cette copie précise que l'original était un luxueux épistolaire. Elle commence par le récit erroné de la fondation de Gorze inc. *Flauius Clemens consul et patricius Romanorum...* (CALMET, *Histoire de Lorraine*, 2e éd., II, preuves c.98-100), suivi de la passion de saint Gorgon (BHL 3617), f.53 : *explicit passio sancti Gorgonii martyris sequitur dedicationis ecclesiae monasterii Gorziensis et capellaris ex eodem epistolarii libro argenteo* et se termine par la liste des consécrations d'autels la dernière étant la consécration en 1099 de l'autel Sainte-Croix (Des Robert, p. 20).
174. Aprintie, fille de Goëry, était devenu nonne, Saint-Clément possédait ses reliques, AA SS Juin IV, p. 254-55.
175. Reliques ramenées de Vicence par Thierry Ier, *Vita Deoderici*, MGH SS IV, p. 476.
176. Evêque de Ratisbonne († 715), évangélisateur de la Bavière, BHL 2538-42.

ANNEXE

Germain*, Gertrude*, Gervais et Protais*, Glossinde*, Gorgon*, Grégoire*, Hélène, Hilaire*, Hyppolite*, Innocents*, Isaac, Jean*, Jean-Baptiste*, Janvier, Julie, Julien*, Lambert*, Large, Laurent*, Lazare, Léger*, Legonce*, Léonard*, Lucie*, Mansuy*, Marguerite*, Marie*, Marie-Madelaine*, Marcel*, Marcellin*, Martin*, Materne[178], Matthieu*, Maur*, Maurice*, Maximin*, Médard*, Michel*, Nabor*, Nazaire*, Neophyte, Nicolas*, Odile*, Ursule et les Onze Mille Vierges*, Pancrace*, Pantaléon*, Paterne, Patient*, Paul*, Pierre*, Prime et Félicien*, Privat*, Probe, Prix*, Quentin*, Quirin*, Remi*, Richarde, Romaric*, Saintin[179], Scholastique*, Sébastien*, Serge et Bacchus*, Séverin*, Sigismond[180], Silvestre*, Sixte*, Smaragde, Sulpice*, Symphorien*, Térence*, Théodore*, Thomas*, Tiburce*, Urbain*, Valentin*, Valère*, Victorin, Vincent*, Vit*, Vital*, Walburge*, Walric[181].

On note la grande similitude entre les reliques et le calendrier, mais on remarque que les évêques Sanctinus de Verdun, Materne de Trèves-Cologne-Tongres, Emmeran de Ratisbonne et Gérard de Toul, dont Gorze détient des reliques, ne sont pas cités dans les calendriers.

D. *Le catalogue de la bibliothèque*

Il mentionne des *Vitae* et des textes liturgiques particuliers, un texte rassemblant les *Vitae* des Pères de l'Eglise d'Occident,

---

177. Evêque de Toul († 994), élève de Bruno de Cologne, protecteur du monachisme. Werry écrit, à la demande de Bruno de Toul, sa *Vita* (BHL 3431), le récit de sa canonisation par Léon IX (BHL 3432) et de la translation de ses reliques (BHL 3433). AASS Apr. III, 206-213 ; MARTENE DURAND, *Thesaurus novum anecdotum* III, 1048-1088 ; CALMET, *Histoire de Lorraine*, 1er ed., I, preuves col.83-113. Trad. M.GARDONI M.PARISSE M.PAULMIER, *Vie et Miracles de saint Gérard*, Etudes touloises, 1981.
178. Evêque de Trèves, premier évêque de Cologne et Tongres. Le grand chantre de la cathédrale de Metz possédait un bâton de saint Materne que saint Pierre avait donné à saint Clément et qui avait servi à le ressusciter.
179. Premier évêque de Verdun et de Meaux.
180. Roi de Bourgogne et martyr.
181. Probablement Baudry, BHL 898, saint abbé du VIe siècle, fondateur des monastères Saint-Pierre de Reims et Montfaucon en Argonne, vénéré

Ambroise <159>, Augustin <157>, Jérôme <160>, Grégoire <77-8><158>, un autre contenant celles des Pères du désert Paul <202>, Antoine <203>, Hilarion <204>, Malchus <205>, ce qu'il faut rapprocher de la *Vita* de Jean de Gorze. Celle-ci nous apprend que Jean lisait, sur le conseil de son abbé, les *Vitae* des saints Antoine, Paul, Hilarion, Macaire, Pachôme, Martin, Germain et Jean l'Aumônier[182], textes qui mettent en évidence deux traits de son caractère : le désir d'action pratique et le goût pour l'ascèse.

Les *Vitae* des saints Etienne <285-286>, Martin <162>, Hilaire de Poitiers <287> constituent des livrets autonomes. Si ces classiques de l'Antiquité chrétienne ou du haut Moyen-Age sont fort répandus, d'autres textes plus spécifiques concernent des saints locaux, Remi <311>, Gorgon <163>, Crépin et Crépinien <167>, Denis <172-174>, Walburge <168>, Remacle <195>, Lambert <196>, Evre <194>, Maurice <197>, Airy <288>. Enfin on note un office de saint Jean Baptiste en grec <303>.

2) *Les saints vénérés à Gorze*

A. *Metz*

La place des saints évêques de Metz est écrasante. Le monastère est lié à l'évêque de Metz, le calendrier de la cathédrale de

---

dans la région de Verdun. M.SOT, *Un Historien et son Eglise, Flodoard de Reims*, Paris, 1993, p. 336-340.
182. *Vita Iohannis*, MGH SS IV, p. 361, la vie de Jean l'Aumônier, patriarche d'Alexandrie, mort en 619, était répandue. Elle se trouvait à Saint-Arnoul (Metz, BM 349) et parmi les livres de l'abbé Adson de Montier-en-Der, D.VERHELST, Adson de Montier-en-Der, dans *Religion et culture autour de l'an mil*, Paris, 1990, p. 30. A.WAGNER, La vie culturelle à Gorze au Xe siècle d'après la Vita de Jean de Gorze et le catalogue de la bibliothèque, dans *L'abbaye de Gorze au Xe siècle*, Nancy, 1993, p. 213-232.
183. J.B.PELT, *Etudes sur la cathédrale de Metz, La liturgie Ve-XIIIe siècles*, Metz, 1947, p. 238-246. calendrier de la cathédrale de Metz du XIe siècle, d'après le cérémonial de la cathédrale XII-XIIIe siècle (Metz, BM 82 perdu). Des saints dont on pourrait être tentés de faire les témoins d'un rayonnement gorzien sont déjà attestés dans les litanies du XIe siècle (Metz, BM 334, PELT, *Liturgie*, p. 203sq.) Géréon, Denis, Remi, Ulrich, Gall, Maginold, Othmar, Félicité, Afre, Walburge.

ANNEXE

Metz[183] est pratiquement identique au premier calendrier de Gorze. Les premiers évêques de Metz étaient tous tenus pour saints, mais un culte n'est attesté que pour certains d'entre eux. Ils sont généralement enterrés dans des abbayes aux portes de la ville, qui s'occupent de la promotion de leur culte et avec lesquelles Gorze est en relations étroites ; d'ailleurs la *Vita Chrodegangi*, écrite à Gorze, est très attentive au lieu de sépulture des évêques[184].

Clément, premier évêque de Metz supposé envoyé par saint Pierre, fêté le 23 novembre comme son homonyme le pape Clément. Il aurait fondé Saint-Pierre-aux-Arènes – après avoir chassé les serpents qui les infestaient – et la crypte Saint-Pierre – où sourd une fontaine miraculeuse – pour y être inhumé. En fait, Paul Diacre ne citait que les sépultures de ses successeurs Céleste et Félix, mais Drogon procéda à une élévation des reliques. La première mention des corps des trois premiers évêques de Metz dans la crypte se trouve dans la *Vita Chrodegangi*[185] et s'inspire de la situation tréviroise dont les trois premiers évêques étaient inhumés à Saint-Euchaire. Patron de l'abbaye Saint-Clément[186] et de treize églises dans le diocèse. A Gorze, où il serait passé d'après la *Vita* du XIIe siècle, il y avait une chapelle, un autel et des reliques.

Céleste, second évêque de Metz, le 14 octobre. Son corps, d'abord enterré à Saint-Clément fut donné à l'abbaye de Marmoutier par Drogon[187].

Félix de Nole, premier patron de Saint-Clément le 14 janvier. Félix, troisième évêque de Metz, fêté le 21 février, avait été

---

184. J.CH.PICARD, Le recours aux origines, Les Vies de saint Clément, premier évêque de Metz, composées autour de l'an Mil, dans *Religion et Culture autour de l'an Mil*, Paris, 1990, p. 291-299, E.GIERLICH, *Die Grabstätten der rheinischen Bischöfe vor 1200*, Mainz, 1990, p. 87-141, N.GAUTHIER, *L'Evangélisation des pays de la Moselle*, Paris, 1980.
185. MGH SS X, §4, p. 554.
186. Trois abbés de Saint-Clément venaient de Gorze, Humbert (1128-1138), Gérard (1151-1158), Jean (1158-1184/85), peut-être Constantin au début du XIe siècle. L'abbé Kaddroë n'est pas cité au calendrier.
187. *Gesta episc. Mett.*, MGH SS X, p. 535 *a Drogone episcopo Mettense translatus est in Elisaciam apud Mauri monasterium.*

enterré mais en 1006, Henri II s'appropria son corps pour Bamberg[188].

Patient, le 8 janvier, quatrième évêque de Metz, réputé fondateur de Saint-Arnoul. Trois églises dans le diocèse de Metz. Sa *Vita*, écrite par un moine de Saint-Arnoul, raconte comment saint Jean donna à son disciple une de ses dents, précieusement conservée à l'abbaye[189].

Syméon, évêque au IVe siècle, le 16 février. Angelram a donné ces reliques à l'abbaye de Senones pour affirmer les droits de l'Eglise de Metz[190].

Ruf, évêque au IVe siècle, enterré à Saint-Clément[191], le 27 août, le 7 novembre et le 11 mai avec Agathimbre sans doute lors d'une translation. Drogon donna son corps à Odernheim, près de Worms.

Adelphe, évêque au IVe siècle, enterré à Saint-Clément, le 29 août. Drogon donna ses reliques à l'abbaye de Neuwiller[192].

---

188. *Id.*, p. 535, *transferetur in Saxoniam ab imperatore Henrico Bauebergense.*
189. BHL 4328b. Petit cartulaire de Saint-Arnoul, Metz, BM 814, AASS Janv. I, p. 469-70 ; C.ERAT, *Saint Patient, quatrième évêque de Metz, IVe-XVIIe siècle*, Mémoire de l'Université de Metz, édite un manuscrit messin en français de la fin du Moyen-Age, conservé à Carpentras. Cette légende se trouve aussi dans un manuscrit de Soissons du XIe siècle, A.PONCELET, *Catalogum codicum hagiographicorum latinorum bibliothecae Vaticanae, Subsidia Hagiographica* n°11, Bruxelles, 1910, p. 408-411 et 541-548.
190. *Gesta Senonensis ecclesia*, MGH SS XXV, p. 269sq. *Gesta episc. Mett.*, MGH SS X, p. 536.
191. Paul Diacre, MGH SS II, p. 262, *Rufus et Adelfus in basilica beati Felicis essent humata.*
192. La translation s'est accompagnée de miracles, MGH SS XV, 1 p. 293-296. Inversement, un paysan déclare qu'Adelphe n'est pas un vrai saint, que la translation a l'argent pour mobile, K.SCHREINER, « discrimen veri ac falsi », *Archiv für Kulturgeschichte* 48 (1966), p. 12-13. La première *Vita* du saint est éditée par G.PHILIPPART, *AB*, 100 (1982), p. 431-442, d'après un manuscrit de Neuwiller qui contient aussi la *Passio* et les *Miracula* de Gorgon. Une *Vita* ultérieure est éditée AASS Août VI, p. 504-12. Neuwiller possède des tapisseries représentant des miracles du saint, X.OHRESSER, *Les tapisseries de Saint-Adelphe de Neuwiller lès Saverne*, 1960. Neuwiller eut deux abbés venus de Gorze, Arminfried à une date inconnue et Mainard au début du XIe s.

ANNEXE

Legonce, évêque au Ve siècle, enterré à Saint-Clément, le 16 Juin.

Auctor, évêque de Metz vers 451, le 9 août, dont Drogon a donné le corps à Marmoutier[193].

Urbice, évêque au Ve siècle, le 20 mars, enterré à Saint-Maximin-outre-Seille (Saint-Maximin-aux-Vignes), près de la porte des Allemands et qui devint Saint-Urbice[194].

Térence, évêque au Ve siècle, le 29 octobre. Ses reliques furent données à l'abbaye de Neumünster, fondée par Advence et où Adalbéron II installa des nonnes[195], la translation est commémorée le 16 mai.

Fronime, évêque à la fin du Ve siècle est cité deux fois : le 27 juillet, date de sa mort d'après les *Gesta episcoporum Mettensium* et le 16 juin avec Legonce, peut-être lors d'une élévation de reliques à Saint-Clément.

Agathimbre, évêque au début du VIe siècle. Noté le 11 mai, date de sa mort d'après les *Gesta episcoporum Mettensium*, cité avec Ruf il est donc sans doute enterré comme lui à Saint-Clément.

Arnoald, évêque au début du VIIe siècle, enterré à Saint-Arnoald près de Sarrebruck, fêté le 9 octobre.

Arnoul, né dans une famille de la haute aristocratie, joue un rôle important à la cour, se marie et a comme enfants Clou et Anségisèle, père de Pépin de Herstal ancêtre des carolingiens. En 614, le roi Clotaire II le nomme évêque de Metz, sans doute parce qu'il sait pouvoir compter sur celui qui l'a soutenu contre Brunehaut. Mais Arnoul, attiré par la vie érémitique, démissionne en 629, pour se retirer près de son ami Romaric, au *Mons*

---

193. D'après *Gesta ep. Mett.*, MGH SS II, p. 535, la chronique de Saint-Clément ignore la translation.
194. R.S. BOUR, *Notes sur l'ancienne liturgie de Metz et sur ses églises antérieures à l'an mille*, Metz, 1929, p. 557-58. Il est possible qu'Urbice soit le fondateur de Saint-Maximin, bien que l'extension du culte de ce dernier semble postérieure au Ve siècle.
195. Fondation d'Advence attestée par un diplôme de Louis le Germanique de 871, MGH DD regum ex stirpe carolingorum 1, p. 192. Henri II confirma les biens de Neumunster à la demande d'Adalbéron, D.H. II n.104 (22 nov. 1005), *Vita Adalberonis*, MGH SS IV, p. 662.

Habendum (Remiremont) qui suivait comme Luxeuil, la règle colombanienne et donc une sévère ascèse. Arnoul meurt le 16 août 640. Il est enterré à Remiremont mais, Goëry ayant réclamé son corps, on le dépose, le 18 juillet, dans la basilique des Saints-Apôtres qui devient Saint-Arnoul[196], un autel lui est dédié. Le culte de son ami Romaric, fêté le 8 décembre, est lié à Saint-Arnoul. Romaric, comte à la cour, se fait moine à Luxeuil vers 613, puis à Habendum alors dirigé par Amé, fêté le 13 septembre. En 628, Romaric prend la tête de la communauté et meurt en 653. Au IXe siècle, ses reliques sont descendues dans la vallée et donnent le nom de Remiremont à la communauté de moniales qui y était installée[197].

Goëry, un Aquitain, succède à Arnoul après une brillante carrière militaire. Il meurt le 19 septembre 644, et est enterré à Saint-Symphorien près d'un autel dédié aux saints Crépin et Crépinien[198]. Thierry Ier donna ses reliques à sa fondation d'/Epinal, excepté le chef du saint. Leur translation, le 21 juin 984, en présence de Gérard de Toul, s'accompagna d'un miracle[199]. Gorze possédait des reliques de sa fille Aprintie.

Clou, évêque de Metz, fils de saint Arnoul. Il meurt le 8 juin 694 et est enterré à Saint-Arnoul. Le 11 décembre 959, ses reliques furent transférées à Lay-Saint-Christophe, prieuré de Saint-Arnoul.

---

196. Plusieurs abbés de Saint-Arnoul venaient de Gorze, Héribert (942-944), Anstée (944-960), Jean (960-v.984), Warin (1048-1050), Walon (1057-1097), Simon (1154-1179), Jacques (1252-1287) Renaud (1354-1398). Le calendrier de Saint-Arnoul, proche de celui de Gorze, est édité par A.ODERMATT, *Der liber ordinarius der Abtei St Arnulf vor Metz (ms 132)*, Friburg, 1987.
197. *Remiremont, l'abbaye et la ville, Actes des journées d'études vosgiennes,* avril 1980, réunis par M.Parisse.
198. Fait mentionné dans la vie de saint Goëry, Paris BN lat.5294 prov. Saint-Symphorien, Vezin, Un manuscrit messin de la première moitié du XIe siècle, dans *Miscellanae codologica F.Masai dicata*, Gand, 1979, p. 157-164.
199. *Vita Deoderici* MGH SS IV, p. 470 *corpus sanctissimi Goerici... transtulit. Vita Gerardi,* §13, p. 498, on avait préparé deux coffres, destinés à s'emboiter, pour mettre les reliques, mais les mesures ayant été mal prises le coffre intérieur était trop grand et le couvercle en argent ne fermait pas.

ANNEXE

Chrodegang, évêque de Metz mort le 6 mars 766, enterré à Gorze[200] qu'il avait fondée. La *Vita Chrodegangi* fut écrite à la fin du Xe siècle par un moine de Gorze. Chrodegang rapporte de Rome vers 765 les reliques des martyrs Nabor et Nazaire et les dépose respectivement à Saint-Avold et à Lorsch[201], leur fête se célèbre le 12 juin.

Gondoul, évêque de Metz de 816 à 822, succéda à Angelram après une longue vacance du siège. Il se fit enterrer à Gorze, fête le 6 septembre.

Les saints patrons des abbayes messines
    Vincent, fêté le 22 janvier, diacre de l'évêque de Saragosse, Valerius (attesté au concile d'Elvire entre 300 et 330). Supplicié sur l'ordre du gouverneur Dacien, son corps est défendu par un corbeau. Pour s'en débarrasser Dacien le fait jeter à la mer avec une meule au cou, mais il est ramené à la rive. Dans le deuxième quart du VIe siècle, Childebert obtint de l'évêque de Saragosse l'étole et un bras du saint, conservés à Saint-Germain-des-Prés.

Alors que Gérard dit la messe, le coffre intérieur rétrécit et le couvercle se ferme. La date est fournie par le nécrologe de Saint-Goëry.
200. DES ROBERT, *Deux codex*, p. 24 : *Presul et magnus confessor Domini Rodgangus requiescit*. Vita Chrodegangi, MGH SS X, p. 555, *Chrodegangi, senioris ac domini nostri*. Sa pierre tombale portait l'inscription *Quisquis ab occasu uenis huc uel quisquis ab ortu/ praesulis hic cineres scito iacere pii/ Moribus ornatum, uirtutum tramite rectum/ egregium meritis haec tenet urna uirum/ Cui sancti actuslex meditatio, dogma fidele/ Rotgangus nomen, gloria Christus erat/ Romulide de sede sibi data pallia sancta/ extulit, huncque patrum extulit ille pater/ Instituit sanctae clerum hinc munia uitae/ ordine in ecclesia luxque decusque fuit/ Exemplo et uerbis animos ad caelica regna/ misit et in tanta floruit arte satis/ Virtutes retinens, uitiorum monstransque uitans/ satque in eo uiguit pontificalis apex/ Solator uiduis fuit et tutela misellis/ sensit et hunc sibimet orphana turba patrem/ regibus acceptus, populo uenerabilis omni/ uita eius cuncti norma salutis erat/ Post uitae cursum senio ueniente peractum/ terram dat terrae, mittit ad astram animam.* F.X.KRAUS, *Die Christlichen Inschriften der Rheinlande*, Freiburg-Leipzig, 1894, p. 137.
201. Nabor et Nazaire, martyrs milanais, avaient une église à Rome dès la fin de l'antiquité, leurs reliques ont donc bien pu être données à Chrodegang par le pape, F.PRINZ, Stadtrömisch-italische Märtyrerreliquien und fränkischer Reichsadel, *Historisches Jahrbuch* 87 (1967), p. 20-25. L'abbé Werner (1001-1002) venait de Gorze.

Son culte est largement répandu quand, en 855, un moine de Conques vole à Valence le corps de Saint-Vincent lequel, après plusieurs péripéties, arriva à Castres[202]. Une tradition de la fin du Moyen-Age relate la translation des reliques à Lisbonne. Mais Sigebert de Gembloux raconte que l'évêque Thierry Ier obtint de l'évêque d'Arezzo le corps de Vincent, qui se trouvait dans la ville de Cortone, en échange de son retour en grâce auprès d'Otton. Les reliques auraient fait l'objet d'une translation d'Espagne en Italie, en raison de la menace musulmane[203]. Peut-être l'évêque a-t-il été trompé, pourtant Usuard, parti en 858 à Cordoue chercher des reliques pour Saint-Germain-des-Prés, mentionne que le corps de Vincent aurait été transporté à Bénévent, peut-être à Saint-Vincent-au-Vulturne, qui cependant n'en garde aucun souvenir[204]. Malgré les tentatives d'évêques italiens pour s'approprier ces reliques, Thierry réussit à les faire parvenir à sa fondation de Saint-Vincent[205]. Reliques à Gorze, autel à Saint-Arnoul.

---

202. BHL 8644-45, Aimoin de Saint-Germain-des-Prés *Translatio B. Vincentii*, PL CXXVI, 1014-26.
203. E.DUPRE-THESEIDER, La « grande rapina dei corpi santi » dall'Italia al tempo di Ottone, *Festschrift P.E. Schramm*, I, Wiesbaden, 1964, p. 428. R.FOLZ, Un évêque ottonien, Thierry Ier de Metz (965-984), dans *Media in Francia*, Herault, 1989, p. 139-155. *Vita Deoderici*, MGH SS IV, p. 475, *Hunc ex Hispania in Italiam deportatum firmiter asseruerunt. Cuius modum translationis postea, domno praesule Beneuentum ueniente, dum nurui imperatoriae a Graecia uenienti obuiam missus esset, plenius cognouimus. Iuxta Capua siquidem monasterium iam pene dirutum nomine sancti Vincentii reperimus, quod grandi et miro opere quondam a fratribus tribus nobilibus constructum, ueterani qui ibi tunc pauci uisebantur monachi dixerunt et corpus sancti Vincentii postea a duobus monachis ex Hispaniam ibi clam deportatum, atque deinceps multis temporibus maxime ueneratione habitum, donec a paganis eodem monasterio uastato, corpus sanctum inde sublatum et ad predictam Cordunensem ciuitatem esse translatum.*
204. PL CXV, 942. L.De LACGER, Saint Vincent de Saragosse, *Revue d'Histoire de l'Eglise de France*, 13 (1927), p. 307-58 ; B.De GAIFFER, Relations religieuses de l'Espagne avec le Nord de la France, transferts de reliques (VIIIe-XIIe siècles), dans *Recherches d'hagiographie latine*, Bruxelles, 1971, p. 7-9 ; P.J.GEARY, *Furta sacra : Thefs of Relics in the Central Middle Ages*, Princeton University Press, 1978, G.DUCHET-SUCHAUX, *Vincent, un prénom à découvrir*, Paris, 1985.
205. Les abbés Bertaud, fin Xe s. et Lanzo (1070-1103) venaient de Gorze.

ANNEXE

Il faut en rapprocher le culte de sainte Lucie, le 13 décembre. Dénoncée comme chrétienne lors de la persécution de Dioclétien par un soupirant éconduit, Lucie est condamnée à être emmenée dans un bordel mais les boeufs qui doivent l'y traîner ne peuvent avancer. Les flammes du bûcher restant sans effet sur elle, elle est égorgée. Son culte est attesté dès le Ve siècle à Syracuse par une inscription. On ignore la date du départ de ses reliques. Il est possible qu'elles aient été emportées par le gouverneur de Sicile, Serge, qui s'était révolté contre Léon III l'Isaurien en 718 et se réfugia auprès du duc de Bénévent. Sigebert de Gembloux rapporte qu'elles avaient été ramenées de Syracuse à Corfinio (dans les Abbruzes) par le duc Faroald de Spolète, une version proche des faits que nous venons de noter. L'évêque Thierry Ier s'étant fait confirmer l'authenticité de l'histoire par l'évêque de Corfinio, s'appropria ces reliques dont les Annales de la ville de Corfinio mentionnent le transfert pour l'année 970. Thierry consacra un autel Sainte-Lucie dans l'abbaye Saint-Vincent[206]. A la fin du XIe siècle, Sigebert de Gembloux écrivit une passion en vers et un sermon[207]. Héribert de Saint-Vincent donna à Henri III un bras de la sainte pour l'abbaye de Limbourg dirigée par Jean, neveu de Poppon de Stavelot[208]. En 1094, l'évêque Poppon déposa les reliques dans une châsse.

---

206. *Vita Deoderici*, MGH SS IV, p. 476 et 479. A.AMORE, Lucia, *Bibliotheca Sanctorum*, vol.8, p. 247. Une autre tradition rapporte que lors du sac de la ville de Constantinople en 1204, les reliques de Lucie furent données au Doge de Venise (BHL 5000).
207. Sigebert *De viris inlustribus*, ed. R.Witte, Frankfurt, 1974, p. 103, sermon BHL 4999, éd. PL 160, 811-814., passion metrique de Sigebert BHL 4995 (MGH SS IV, 483). Berlin, cabinet des estampes 78 A 4, prov. Saint-Vincent, contient huit textes consacrés à cette sainte. Saint-Vincent possédait, d'après une liste du XVIIe s. Paris BN lat.11902 f.130, un manuscrit écrit par un moine Rodolfe, qui contenait la *Passio s. Luciae*, et le récit de la *translatio qua facta est anno 970*, peut-être La Haye, Musée Mermann Westreenen 10 B 12, dont il existe une copie XIIe : Münich Clm 28565 qui comprend un dossier sur la sainte, la Passion, la passion métrique, un résumé de la passion et le sermon de Sigebert, ainsi qu'un office de la sainte.
208. Sigebert, sermon BHL 4999, PL 160, 814. Gotha bibliothèque ducale I 63, XIe-XIIe siècle, lettre des moines de Limbourg sur ces reliques, BHL 4998. Dorvaux, *Pouillés*, p. 275.

LES SAINTS VÉNÉRÉS À GORZE

Martin, moine et évêque de Tours († 397), fête le 10 novembre, avec octave, translation le 4 juillet. Modèle du clergé tant séculier que régulier, son culte est extrêmement répandu. Jean de Gorze a lu sa *Vita* par Sulpice Sévère, qui se trouvait dans la bibliothèque. Martin est le patron de soixante et onze églises dans le diocèse de Metz, de l'abbaye de Saint-Martin devant Metz[209], de Saint-Martin de Glandières[210] et de Saint-Martin de Trèves[211]. L'abbé Richer de Saint-Martin devant Metz († 1152) a écrit une *Vita* en vers du saint inspirée de Sulpice Sévère[212]. Reliques à Gorze, autel et reliques à Saint-Arnoul.

Il faut lier à Martin le culte de son successeur à Tours[213], Brice, mort le 13 novembre 444, six églises dans le diocèse, reliques à Gorze, autel et reliques à Saint-Arnoul.

Symphorien, martyr à Autun[214] du IIe ou IIIe siècle, fêté le 22 août. Son culte s'est répandu sous les Mérovingiens et a gagné le Nord Est. Patron de l'abbaye Saint-Symphorien[215].

Glossinde, abbesse de Saint-Pierre (Sainte-Glossinde) de Metz au VIIe siècle, fête le 25 juillet. La translation des reliques de la sainte, en 951, entraînent la rédaction d'un texte sans doute écrit par un moine de Gorze[216].

---

209. Les abbés Berthard (v.939 - v.976) et Pierre (début XIe siècle ?) venaient de Gorze.
210. L'abbé Grégoire (début XIe siècle ?) venait de Gorze.
211. L'abbé Hugues (v.1080-1084) venait de Gorze.
212. BHL 5634. Epinal BM 145, XIIe s. *Ecriture et enluminure en Lorraine au Moyen-Age*, catalogue d'exposition, Nancy, 1984, p. 177-179.
213. Dans le manuscrit Metz, BM 304, XIe siècle, provenant de la cathédrale de Metz la vie de Brice suit les textes concernant Martin, il en est de même à Saint-Vincent, La Haye, Musée Mermann Westreenen 10 B 6 (Xe s.).
214. Un malade, miraculeusement guérit par Gorgon vient d'Autun *Miracula s.Gorgonii*, MGH SS IV, p. 243.
215. Les abbés Siriaud (v.1002-v.1005), Constantin (v.1005-1047), Richer (1047-1080) ; Herbert (1128-1132), Herbert (1158-1169), Guillaume (v.1248), Poince (1260-1263) et Nicolas (1273-1277) venaient de Gorze.
216. AA SS Juillet 6, p. 198-225 et PL. 137, Berlin, Phill.1839, XIIIe prov.Saint-Vincent. La vie de sainte Glossinde, le récit de la translation et la *Vita* de Jean de Gorze sont réunies dans un même manuscrit, Paris, BN lat.13766. Le texte fait plusieurs allusions flatteuses à Gorze. L'abbesse Oda († v.977) est citée au nécrologe.

ANNEXE

Hilaire, évêque de Poitiers, défenseur de l'orthodoxie face à l'arianisme, est exilé de 356 à 360. Il est l'auteur de nombreux traités dont le plus célèbre est le *De Trinitate*. Il meurt le 1er novembre 367 à Poitiers, considéré comme saint de son vivant, il est fêté le 13 ou le 14 janvier. Hilaire est le premier patron de Saint-Avold[217] (le titre change à l'arrivée des reliques de saint Nabor) et de six églises dans le diocèse de Metz dont Saint-Hilaire d'Hageville qui dépendait de Gorze.

Les reliques de Privat, évêque de Mende et martyr, auraient été transportées à Saint-Denis en 632, puis au prieuré de Salonnes[218]. Privat est le patron de trois églises dans le diocèse de Metz. Au IXe siècle, le village de Saint-Privat appartient à l'abbaye de Prüm et passe à Saint-Clément à une date inconnue, cette abbaye y établit un prieuré au XIIe siècle[219].

Le culte d'Hilaire, de Privat de Mende le 21 août, de Cucufat, martyr à Barcelone, fêté le 26 juillet, viennent par l'intermédiaire de Fulrad de Saint-Denis († 784)[220].

Denis, premier évêque de Paris martyrisé au IIIe siècle avec ses compagnons, le prêtre Rustique et le diacre Eleuthère, fêtés le 9 octobre. Il fut confondu avec un grec converti par saint Paul, Denys l'Aréopagite, et avec un écrivain néoplatonicien du IVe siècle, auteur en particulier de la *Hiérarchie céleste*. L'abbé Hilduin de Saint-Denis[221] confond ces trois personnages dans la

---

217. Trois de ses abbés venaient de Gorze, Adelmold (v.976), Héliman à une date inconnue et Godefroy, vers 1171.
218. BHL 6932. A.PONCELET, les actes de saint Privat du Gévaudan, *AB* 30 (1911), 428-41. Les reliques de Saint-Privat sont effectivement attestées à Salonnes. C'est là que Bruno les aurait obtenues, *Vita Brunonis*, MGH SS IV, §31, p. 266. Aldebert de Mende découvrit, en 1170, dans la crypte de l'église Sainte-Thècle un cercueil en plomb et des ossements qu'il identifia comme ceux de Privat, BHL 6936.
219. BOUR, *Eglises*, p. 599-02.
220. D'après le testament de Fulrad, les reliques d'Hilaire et Privat se trouvaient à Salonnes, celles de Cucufat à Lièpvre, M.TANGL, *Neus Archiv* 32 (1907) p. 209, PRINZ, Stadtrömisch-italische Märtyrerreliquien, p. 8, De GAIFFER, Relations religieuses, p. 8-11.
221. P.G.THERY, Hilduin et la première traduction des oeuvres de Denys l'Aréopagite, *Revue d'Histoire de l'Eglise de France*, IX (1923), p. 34-37.

Passio qu'il écrit au IXe siècle. Denis était vénéré à Reims ainsi qu'à Prüm et à Reichenau, dont Immo de Gorze a été abbé. Par ailleurs, Saint-Denis possédait des terres en Lorraine[222], données par l'abbé Fulrad.

Les saints dont le culte est lié à la ville de Metz

Etienne, diacre et martyr, fête le 26 décembre, avec octave, invention des reliques le 3 août. Le culte du protomartyr est très répandu après l'invention des reliques en 415. Il est le patron de la cathédrale de Metz et de trente cinq églises dans ce diocèse, dont l'église paroissiale de Gorze et la chapelle de Bioncourt, autel à Saint-Arnoul.

Genest, le 25 août, martyr d'Arles, assimilé au martyr romain homonyme, et auquel est ultérieurement attribuée la *Vita* d'un mime converti au christianisme pendant une représentation[223]. Une église à Metz[224].

Livier, le 24 novembre, décapité par les Huns à Marsal (chapelle Saint-Livier à Moyenvic). Son culte se développe à Marsal, l'évêque Thierry Ier l'annexe en procédant à la translation des reliques, l'église Saint-Polyeucte devint Saint-Livier[225].

R.J.LOENERTZ, La légende parisienne de Saint-Denys l'Aréopagite. Sa genèse et son premier témoin, *AB* 69 (1951), p. 217-237.
222. Pépin envoya Fulrad en ambassade à Rome demander l'avis du pape sur le renversement des Mérovingiens, en récompense il reçut Saint-Denis (750) et devint le chapelain du roi. En 755, il obtint, entre autres biens d'un grand accusé de trahison, Saint-Mihiel, dans laquelle il remplaça les clercs par des moines. En 769, Charlemagne lui donna Saint-Dié. Fulrad reçut d'autres biens plus à l'Est, certains dans le Saulnois (une terre donnée par Pépin en 755) qui servirent à doter Salonnes avec l'appui d'Angelram. Ces biens sont attestés dans son testament. M.PARISSE, Saint-Denis et ses biens en Lorraine et en Alsace, *Bulletin philologique et historique*, 1967, p. 250sq. A.STOCLET, *Autour de Fulrad de Saint-Denis (v.710-784)*, Droz, 1993.
223. R.AUBERT, Genès, *DHGE* XX, c.408-416. Les Miracles de saint Genest furent écrits par un moine de Schienen, abbaye dépendant de Reichenau, MGH SS XV,1 p. 169-172, lors de la translation des reliques.
224. On connait deux églises, la première citée dans la liste stationnale, la seconde, déplacée au XIVe siècle, se trouve en Jurue (Bour, Un document, p. 596-97).
225. Sa Passion et la Translation de ses reliques se trouvaient dans le petit cartulaire de Saint-Arnoul, ed. CALMET, *Histoire de Lorraine* I, pr.xc-xcii,

ANNEXE

Les cultes de Julien de Brioude le 28 août, de Sernin de Toulouse le 29 novembre, de Foi et Caprais d'Agen le 6 octobre, et surtout de Ségolène d'Albi (fête le 24 juillet, église à Metz) prouvent les relations qui existaient au haut Moyen Age entre l'Aquitaine et les pays rhénans[226], ainsi que l'influence de l'aquitain Goëry.

B. *Les saints lotharingiens*

Toul est présente par :

Mansuy, premier évêque de Toul, le 3 septembre, une église à Metz.

Aper (Evre), septième évêque de Toul, le 15 septembre. L'évêque Gérard procéda à l'élévation des reliques en 978. Patron de l'abbaye Saint-Evre[227] de Toul – dont Guillaume de Volpiano fut abbé ainsi que de Saint-Mansuy – et de quatre églises dans le diocèse de Metz.

Maurice, martyrisé vers 290, à Agaune avec la légion Thébaine, est connu par une lettre d'Eucher de Lyon. Il est fêté le 22 septembre. L'abbaye Saint-Maurice d'Agaune s'élève sur le lieu de leur exécution. Maurice, saint combattant comme Gorgon, est le patron de l'Empire depuis les Ottons. Il est le patron de l'abbaye de Tholey et de celle de Beaulieu-en-Argonne et de Saint-Evre de Toul, Evre se faisant enterrer dans l'église qu'il a fondée. Vingt cinq églises lui sont dédiées dans le diocèse de Metz, une chapelle à Gorze.

C'est probablement par Agaune que Gorze a obtenu des reliques de Sigismond, roi de Bourgogne converti au catholi-

---

MGH SS XXIV, p. 530-31, BHL 4959. Bour, *Un document*, p. 541.
J.VAN DER STRAETEN, *Saint Livier, notes sur son culte et sa légende*, *AB* 86 (1968), p. 383-85, au XIIe siècle le culte est attesté à Saint-Maur de Verdun.

226. E.EWIG, L'Aquitaine et les pays rhénans au haut moyen âge, *Cahiers de Civilisation Médiévale*, I (1958), p. 37-54. J.C.POULIN, *L'idéal de sainteté dans l'Aquitaine carolingienne d'après les sources hagiographiques (750-950)*, Université de Laval, Quebec, 1975.

227. Deux de ses abbés venaient de Gorze, Humbert (942-973) et Evrard (1074/76- 1083/85).

cisme en 513, fondateur de Saint-Maurice d'Agaune. Il fit exécuter son fils sur la dénonciation de sa seconde femme et, plein de remords, fit pénitence. Vaincu par les Francs, il fut exécuté en 524 près d'Orléans malgré l'intervention de l'abbé saint Avit de Micy, et vénéré comme martyr. Les moines d'Agaune ramenèrent son corps[228].

Gengoulf[229], le 11 mai, aristocrate franc du VIIe siècle, assassiné par l'amant de sa femme, alors qu'il s'était retiré comme ermite à Varennes sur Amance (Haute-Marne), dont la source devint un centre de pèlerinage. L'évêque Gérard de Toul (963-994) obtint de l'évêque de Langres des reliques de Gengoulf en échange de plusieurs domaines. Grâce à ces reliques, Gérard fonda à Toul une abbaye de moniales qui devint une collégiale au milieu du XIe siècle. Onze églises dans le diocèse de Metz.

Enfin Gorze possédait des reliques de saint Gérard, mort en 994.

Verdun est présente par ses saints évêques :

Gorze possédait une relique de saint Saintin[230], premier évêque de Verdun, dont Richard avait obtenu le corps.

Maur, deuxième évêque de Verdun, mort à la fin du IVe siècle, fêté le 10 novembre. Dans le second calendrier, il est fêté

---

228. R.FOLZ, *Les saints rois du moyen âge en Occident (VI-XIIIe siècles)*, Subsidia hagiographica, Bruxelles, 1986, p. 23-25, Id. La légende liturgique de saint Sigismond d'après un manuscrit d'Agaune, dans *Festschrift J.Spörl*, Fribourg-Munich, 1965, p. 152-66.
229. P.VIARD, Gengoulph, *DHGE* XX, c.470-71, miracles écrits par l'abbé Gonzo de Florennes, BHL 3330, MGH SS XV,2, p. 790-796.
230. Saintin (BHL 7488), réputé premier évêque de Verdun et de Meaux, des marchands de Verdun volent son corps dans cette dernière ville au début du XIe siècle et le vendent à Richard de Saint-Vanne, qui écrit sans doute le récit de cette *translatio*. La plupart des évêques de Verdun sont enterrés à Saint-Vanne, plusieurs *Vitae* de saints évêques y furent écrites et Richard voulait posséder les reliques du premier évêque. H.DAUPHIN, *Le bienheureux Richard, abbé de Saint Vanne de Verdun, mort en 1046*, Bibliothèque de la revue d'histoire ecclésiastique XXIV, Louvain-Paris, 1946 ; GEARY, *Furta sacra* ; J.VAN DER STRATEN, *Les manuscrits hagiographiques de Charleville, Verdun et Saint-Mihiel*, Société des Bollandistes, Bruxelles, 1974, p. 149-176.

avec ses successeurs, Salvin et Arator, le 4 septembre, date de la translation des reliques de ces saints par l'évêque Airy, à la fin du VIe siècle. Vers l'an mil, l'église devint l'abbaye de moniales de Saint-Maur[231].

Firmin, évêque de Verdun mort vers 502-10, fêté le 2 décembre. La découverte de ses reliques, en 964, entraîne une translation à Flavigny qui s'accompagna de miracles[232]. La châsse de Firmin fut d'abord déposée à l'église saint-Hilaire, on construisit en 1025 un prieuré qui devint un monastère dépendant de Saint-Vanne.

Vanne, huitième évêque de Verdun, mort le 9 novembre 529. Il fut enterré dans l'église Saint-Pierre-Saint-Paul, dont le titre changea au IXe siècle lors de l'élévation des reliques de ce saint par l'évêque Hatton. En 952, des moines sous la direction de l'abbé Humbert remplacèrent les clercs[233]. Au début du XIe siècle, l'abbé Richard de Saint-Vanne écrit[234] une *Vita* qui propose un évêque modèle – car il ignorait tout du saint – et des *Miracula* qui sont au contraire des récits de faits contemporains, dont il veut faire la narration fidèle. Une église dans le diocèse de Metz.

Il faut rapporter à ce saint les attestations de culte liées à l'Orléanais. Deux évêques d'Orléans sont cités : Evurce évêque

---

231. *Gesta episc. Virdunensium*, MGH SS IV, p. 40. D.GUERY, *L'abbaye Saint-Maur de Verdun des origines au XVIe s.*, mem de maitrise, Nancy, 1979.
232. Deux hagiographes du XIe siècle Calmet, *Histoire de Lorraine*, III preuves p. 347-72, autre recueil de miracles non édités Verdun BM 4 XVe siècle.
233. *Gesta episc. Virdunensium*, MGH SS IV, p. 45, *abbatem praefecit nomine Humbertum, olim eiusdem ecclesiae clericum, sed tunc temporis diuini amoris instinctu apud Sanctum Aprum Tullo monachum, ipsique loco iam a Deo patrem factum.*
234. BHL 8708 (*Vita*) et 8709 (*Miracula*). Verdun, BM 2, XIe s., écrit vers 1019-1024, Richard est représenté f.3v. *Ecriture et enluminure en Lorraine*, p. 98. A.M.TURCAN-VERKERK, Le scriptorium de Saint-Vanne sous l'abbatiat de Richard (1004-1046), *Scriptorium* 46 (1992,2), p. 210-211. ed. DAUPHIN, *Le bienheureux Richard* p. 361-78.

au IVe siècle, le 7 septembre et Aignan, son successeur au Ve siècle, le 17 novembre. Alors que Clovis assiégeait Verdun et que l'évêque Firmin venait de mourir, les habitants lui envoyèrent le prêtre Euspicius. Clovis proposa ce dernier comme successeur à l'épiscopat, mais Euspicius se démit au profit de son neveu, Vanne, et se retira dans l'Orléanais avec un autre neveu, Maximin qui devint abbé de Micy. Ces détails sont tirés de la *Vita* de ce dernier[235]. C'est également par ce biais qu'est venu le culte de son successeur saint Avit, dont la mère était originaire de Verdun. Fête le 23 juin, une église à Metz[236].

Amans, évêque de Rodez au Ve siècle, le 4 novembre. L'abbaye Saint-Amans de Rodez dépendait de l'évêché de Verdun[237], une église à Metz.

Enfin c'est sans doute par l'intermédiaire de Verdun qu'est venu le culte de deux saints évêques de Pavie du IVe siècle[238] : Syrus, le premier évêque et Eventius le troisième, fêtés le 12 septembre. La vie de ces deux saints est évoquée conjointement dans la *Vita SS Syrii et Eventii* de la fin du VIIIe ou du début du IXe siècle. Elle est donc contemporaine de l'épiscopat de Pierre de Verdun. Pierre de Pavie, nommé évêque de Verdun par Charlemagne, encourut sa disgrâce, peut-être pour avoir trempé dans la tentative de coup d'état de Pépin le Bossu, et ne se représenta à la cour que sous le règne de Louis le Pieux et parvint alors à se purger de l'accusation de trahison par un jugement de Dieu[239].

---

235. BHL 5817, *Vita* de Maximin par Berthold de Micy, AA SS OSB I, 582. T.HEAD, *Hagiography and the cult of saints. The diocese of Orléans, 800-1200*, Cambrigde, 1990. A.PONCELET, *Les Saints de Micy*, AB, 24 (1905), p. 5-104.
236. BOUR, *Eglises*, p. 621.
237. *Gesta ep. Virgd.*, p. 43-44. Les revenus en furent donnés à Saint-Vanne par l'évêque Bérenger (951-59), J.P.EVRARD, *Actes des princes lorrains, Princes ecclésiastiques, les évêques de Verdun*, t.1 des origines à 1107, CRAL, 1977.
238. J.Ch.PICARD, *Le souvenir des évêques, sépultures, listes épiscopales et culte des évêques en Italie du Nord*, Ecole française de Rome, 1988, p. 198-203 et 645-48. A Pavie, l'anniversaire de Syrus est inscrit au 9 décembre, celui d'Eventius au 8 février, les deux saints sont cités conjointement dans les martyrologes le 12 septembre, Dom H.QUENTIN, *Les martyrologes historiques du Moyen Age*, Paris, 1908, p. 278-79.
239. *Gesta ep. Virgd.*, MGH SS IV, p. 44, Capitulaires de Francfort § 10.

ANNEXE

Trèves est présente par plusieurs archevêques :
Euchaire, le premier évêque, le 8 décembre, une église à Metz.
Valère, son successeur, le 29 janvier.

Gorze possédait une relique de Materne, premier évêque de Cologne et Tongres, réputé troisième évêque de Trèves et disciple de Clément.

Maximin (332-349), défenseur de l'orthodoxie nicéenne, est le plus célèbre des archevêques de Trèves, de nombreux miracles eurent lieu sur son tombeau à Saint-Maximin de Trèves[240]. Fête le 29 mai, patron de neuf églises dans le diocèse de Metz.

Paulin (349-358), le 31 août, son successeur, exilé pour ses positions anti ariennes. Il mourut en Phrygie ; l'archevêque Félix rapatria son corps qu'il plaça dans l'église Saint-Paulin où il se fit enterrer à la fin du IVe siècle.

Nizier (527-566), le 1er octobre.

Sixte II, pape et martyr, fêté le 6 août. Patron de Saint-Sixte de Rettel[241].

Willibrord[242], missionnaire anglo-saxon, arriva sur le continent en 690. Il évangélisa la Frise et devint évêque d'Utrecht en 695. Vers 700, il fonda l'abbaye d'Echternach où il mourut le 7 novembre 739, il est cité dans la *Vita Chrodegangi*.

Oswald[243], roi de Northumbrie, fonda Lindisfarne et soutint la christianisation. Vaincu par Penda, roi païen de Mercie, son corps fut offert aux dieux saxons, le 5 août 642. Cette mort fut considérée comme un martyre. Willibrord apporta ces reliques en Flandres et en Germanie. Deux églises dans le diocèse.

---

240. BOUR, *Eglises*, p. 560, Grégoire de Tours *Historia Francorum* l.1 §35. Son culte s'est surtout répandu après le VIe siècle, EWIG, *Trier in Merowingerreich*, Trèves, 1954, p. 33. GAUTHIER, *L'évangélisation*, p. 47-80.
241. Bernard, abbé vers 1084, venait de Gorze.
242. *Willibrord, Apostel der Niederland, Gründer der Abtei Echternach*, Gedenkgabe zum 1250 Todestag des Angelsäschsichen Missinonars ed. G.Kiesel-J.Schroeder, Echternach, 1989.
243. FOLZ, *Les saints rois*, p. 46-48 et ID. Saint Oswald, roi de Northumbrie, étude d'hagiographie royale, *AB* 98 (1980), p. 49-74. N.HUYGHEBAERT, Un moine hagiographe, Drogon de Bergues Saint-Winoc, *Sacris Erudiri* 20 (1971), p. 191-256 et ID., Les deux translations du roi saint Oswald à Bergues-Saint-Winoc, *RB* 86 (1976), p. 83-93.

En liaison avec Prüm[244], dont Immo fut abbé, on note :
Les martyrs romains Chrysante, Maur et Darien, attestés à diverses dates dont le 25 octobre et le 1er décembre, la translation à Prüm de leurs reliques eut lieu en 844.

Goar, un aquitain devenu ermite sur les bords du Rhin au IVe siècle, fêté le 6 juillet. Pépin le Bref fonda en 765 un prieuré qui dépendait de Prüm. Une localité porte son nom.

C. *Les provinces ecclésiastiques voisines*

Cologne

La place tenue par les saints vénérés à Cologne n'est pas propre à Gorze – elle est importante dans le sanctoral messin – mais elle a été renforcée au XIe siècle, quand les relations de Cologne avec Gorze sont attestées et la production hagiographique florissante à Cologne[245] :

Géréon, le 10 octobre, martyr militaire de Cologne. Décapité, d'après la légende[246], vers 300, l'invention de ses reliques[247], en 1020, permet la fondation d'une église Saint-Géréon en 1121.

Pantaléon, martyr à Nicomédie, le 28 juillet. L'abbé Hadamar de Fulda les rapporta de Rome en 955 à l'intention de l'archevêque Bruno[248]. Patron de Saint-Pantaléon de

---

244. W.HAUBRICHS, *Die Kultur des Abtei Prüm zur Karolingerzeit. Studien zu Heimat des althochdeutschen Georgsliedes*, Bonn, 1979, étude sur le sanctoral : p. 97-181.
245. H.E.STIENE, Kölner Heiligenlegenden im 10. und 11. Jh., dans *Kaiserin Theophanu, Begegnung des Ostens und Westens um die Wende des ersten Jahrtausends*, Hrg. A.von Euw-P.Schreiner, Köln, 1991, p. 125-136. M.COENS, Un martyrologe de Saint-Géréon de Cologne, *AB*, 79 (1961), p. 65-90 ; Id., Coloniensia 2. Le calendrier et les litanies du ms.45 de la cathédrale, *AB*, 80 (1962), p. 154-165.
246. Sa *Vita*, inspirée de celle de saint Maurice et de ses compagnons, remonte peut-être à un original mérovingien, le texte actuel est de la fin du Xe siècle (MGH SS Rer. Merov. II, 309), G.PHILIPPART, Géréon, *DHGE* XX, c.860-65.
247. *Raoul de Saint-Trond*, MGH SS X p. 330-332.
248. *Vita Brunonis*, MGH SS IV §27, p. 265.

ANNEXE

Cologne[249]. En 1033, à la suite du pillage de la ville de Commercy, Richard de Saint-Vanne acheta un bras du saint[250]. Gorze possédait des reliques et l'abbé Henri fit consacrer un autel à ce saint.

Albin, le 22 juin, martyr romain dont le corps, ramené par Théophanu en 984, fut donné à Saint-Pantaléon de Cologne.

Séverin, archevêque de Cologne au IVe siècle, fêté le 23 octobre[251], une église dans le diocèse.

Onze mille vierges martyres à Cologne, le 21 octobre. D'après la légende, Ursule[252], venue d'Angleterre pour se marier, fut martyrisée avec ses suivantes à Cologne. Le récit de ce martyr, écrit sur l'ordre de l'archevêque Géréon, remonte au plus tôt au Xe siècle. Gorze possédait six corps saints, l'abbé Henri en ayant obtenu trois et l'abbé Albert trois autres au XIIe siècle, grande époque de la diffusion des reliques.

Ewald le Brun et Ewald le Blond, prêtres anglo-saxons, disciples de Willibrord martyrisés en 695, qui furent enterrés à Saint-Cunibert de Cologne.

Cunibert, archevêque de Cologne au VIIe siècle, fêté le 12 novembre.

Quirin, soldat d'Hadrien, converti au christianisme et exécuté, est un saint combattant comme Gorgon. Il est fêté le 30 avril, son culte se développe au milieu du XIe siècle, lorsque Gepa, abbesse de Neuss et soeur de Léon IX, ramène ses reliques de Rome[253]. Deux églises dans le diocèse de Metz.

---

249. Fondée en 964 par Bruno de Cologne qui fit venir de Saint-Maximin de Trèves des moines et le premier abbé, Christian. En 1066, Humbert, moine de Gorze, en devint abbé.
250. BHL 6443, *Translatio reliquiarum Virodunum saec. XI*, AASS OSB, VI, 1, p. 471-72. *Chronique d'Hugues de Flavigny*, MGH SS VIII, p. 374.
251. M.ZENDER, Die Verehrung des hl. Severinus von Köln, *Annalen des Historischen Vereins für den Niederrhein 155/156*, 1954, p. 257-285.
252. Sigebert de Gembloux leur consacre un chapitre dans sa chronique à l'année 453, MGH SS VI, p. 310. G. de TERVARENT, *La légende de sainte Ursule dans la littérature et l'art du Moyen Age*, 2 vol., Paris, 1931. M.COENS, Les vierges martyres de Cologne, *A.B.* 47 (1920), p. 89-110.
253. BHL 7028. Heylewigae demi-soeur de l'abbé Henri fut abbesse de Saint-Quirin.

A l'époque mérovingienne, le siège de Tongres-Maastricht est caractérisé par l'existence de plusieurs résidences épiscopales, dont Liège.

Servais, évêque au IVe siècle, le 13 mai.

Amand, un aquitain, devint vers 638 évêque itinérant du nord de la France, rattaché au siège de Maastricht. Il évangélisa les Flandres et fonda plusieurs abbayes. Son culte a connu une grande expansion, notamment lorsque, à la suite de l'incendie de l'abbaye d'Elnone (Saint-Amand) au XIe siècle, les moines partirent avec ses reliques en procession jusqu'à Laon et Noyon. Fêté le 26 octobre.

Remacle, moine à Luxeuil, premier abbé de Solignac en Aquitaine et de Stavelot-Malmédy[254], mort le 3 septembre 670.

Lambert[255], évêque en 668, fut forcé par le maire du palais Ebroïn de se retirer à l'abbaye de Stavelot (675-682). Ebroïn mort, il retrouva son siège mais fut assassiné à Liège le 17 septembre 705, à la suite d'une sanglante querelle provoquée par des agents royaux hostiles à l'immunité des biens de Maastricht. Le culte de saint Lambert est largement répandu dans l'Empire, quatre églises du diocèse de Metz lui sont dédiées. Il existe plusieurs versions de sa *Vita*, Etienne, clerc de Metz, élève de l'évêque Robert de Metz (883-917) et évêque de Liège écrit une *Vita* vers 901 (BHL 4683). On attribua à ses reliques la victoire de l'évêque de Liège sur Renaud de Bar, à Bouillon, en 1134.

Hubert[256], apparenté à Pépin de Herstal, succéda à Lambert. Il mourut le 3 novembre 727. Patron des chasseurs, peut-être parce qu'il évangélisa les Ardennes[257], on lui attribue à la fin du

---

254. F.BAIX, L'hagiographie à Stavelot-Malmédy, *RB*, LX (1950), p. 120-162, ID, Saint Remacle et les abbayes de Solignac et de Stavelot-Malmédy, *RB*, LXI (1951), p. 16-207. Odilon de Gorze fut abbé de Stavelot de 938 à 954.
255. J.L.KUPPER, Saint Lambert, de l'histoire à la légende, *Revue d'Histoire ecclésiastique*, 1984, p. 5-49. R.KAISER, Mord im Dom, *Zeitschrift der Savigny Stiftung für Rechtgeschichte*, 110 (1993), p. 95-134.
256. F.BAIX, Saint Hubert, sa mort, sa canonisation, ses reliques, dans *Mélanges Félix Rousseau*, Bruxelles, 1958, p. 71-80.
257. Son culte se rapproche de celui des dieux de la chasse. « Au milieu de chaque village, il y avait un arbre sacré, auquel les chasseurs suspendaient

ANNEXE

Moyen-Age un miracle inspiré de la *Vita* de saint Eustache, la vision d'un cerf portant un crucifix entre ses bois. Hubert fonda plusieurs églises, dont celle d'Andage dans les Ardennes, qui devint l'abbaye Saint-Hubert[258]. Vingt et une églises lui sont dédiées dans le diocèse de Metz, dont Saint-Hubert de Waville qui dépend de Gorze.

Gertrude[259], fille de Pépin de Landen, et sa mère Itte, fondèrent, avec l'aide de saint Amand, un monastère à Nivelles dont Gertrude devint abbesse. Elle accueillit les moines irlandais Foillan et Ultan, frères de saint Fursy, et fondateurs de Fosse-la-Ville. Gertrude mourut le 17 mars 659, son culte a été diffusé par les moines irlandais et les carolingiens. Deux églises dans le diocèse de Metz.

Aldegonde, soeur de Waudru qui fonda Mons, quitta cette abbaye sous l'influence d'un ermite, saint Ghislain, et fonda Maubeuge. Elle mourut le 30 janvier 684.

---

quelques bêtes tuées à la chasse, les offrant de cette façon à la déesse ardenoise Diane arduine », Juvenel de Carleneas, *Essai sur l'histoire*, cité dans F.A.WEYLAND, *Vies des saints du diocèse de Metz*, t.VI, Guénange, 1912, p. 83-87, C.DUPONT, Aux origines de deux aspects particuliers du culte de Saint Hubert : Hubert guérisseur de la rage et patron des chasseurs, *Le culte de Saint Hubert au Pays de Liège*, ed. A.DIERKENS et J.M.DUVOSQUEL, Bruxelles-Saint-Hubert, 1990, p. 19-31.

258. La translation de Liège à Andage eut lieu en septembre 825. La *Vita secunda*, écrite par Jonas d'Orléans, comprend, outre la vie du saint, une chronique qui se poursuit jusqu'à la translation des reliques, faite à la demande de l'évêque Walcaud de Liège afin de restaurer l'abbaye, A.DIERKENS, La christianisation de l'empire, dans *Charlemagne's heir*, Oxford, 1990, p. 309-29. Frédéric de Gorze, abbé de 937 à 942, est peut-être l'auteur de la *Vita* de Bérégise, fondateur d'Andage (Saint-Hubert), ce texte (AA SS Oct.I, p. 520sq.) date de 937, donc du début de l'abbatiat, A.DIERKENS, Note sur un passage de la Vie de saint Bérégise, *Le Luxembourg en Lotharingie, Mélanges Paul Margue*, Luxembourg, 1993, p. 103, n.8.

259. M.J.H.MADOU, Gertrude, *DHGE* XX, c.1065-68. A.DIERKENS, Saint Amand et la fondation de l'abbaye de Nivelles, *Revue du Nord*, 269 (1986), p. 325-332. Nivelles – *nouveau lieu de sacrifice* – était certainement un centre de paganisme. J.J.HOEBAUX, *L'abbaye de Nivelles des origines au XVe siècle*, Bruxelles, 1952. Adelhaïde, demi-soeur de l'abbé Henri y fut abbesse.

Trond, d'une riche famille de la Hesbaye alliée aux carolingiens était le disciple de Remacle et de Clou. Il fonda sur ses domaines un monastère Saint-Quentin-Saint-Remi qui, après sa mort, le 23 novembre 695, devint Saint-Trond. Il donna ses biens à l'évêque de Metz. La première *Vita* de saint Trond est dédiée à l'évêque Angelram[260]. Une église dans le diocèse.

Laurent, diacre et martyr fêté le 10 août, avec vigiles et octave. Il est vénéré universellement (vingt et une églises dans le diocèse de Metz) en particulier dans le diocèse de Liège[261] et dans l'Empire depuis qu'Otton Ier a remporté la victoire de Lechfeld le jour de la saint Laurent 955. Gorze possédait des reliques, Saint-Vincent un fragment du gril[262] un autel lui était consacré à Saint-Arnoul.

Mayence

Boniface, missionnaire anglo-saxon et archevêque de Mayence, grand réformateur du début de la période carolingienne, mort martyr en Frise en 754, enterré à Fulda, fête le 5 juin. Sa *Vita* était connue par l'auteur de la *Vita Chrodegangi*.

Alban, martyr de Mayence, le 21 juin, Charlemagne construisit une basilique Saint-Alban à Mayence pour y faire inhumer son épouse Fastrade. La *passio sancti Albani*, écrite par l'écolâtre

---

260. *Gesta. abb. S. Trud.* MGH SS X, p. 372, *Angelramnus qui Metensem ecclesiam iam per 45 anni rexit adhuc floruit ad cuius instantiam Donatus, huius loci, ut creditur, monachus et exul, itam et actus beati Trudonis plano stilo descripsit.* BHL 8321, MGH SS Rer. Merov. VI, p. 264-98, *Beatissimo patri Angilramno archiepiscopo Donatus exiguus ultimusque exul perhennem in Domino salutore salutem. Beatitudine uestra suggerente, pater beatissime...* Cependant il est possible que ce texte soit plus tardif et ait été écrit pour récupérer des biens.

261. Poppon de Stavelot remplaça à saint-Laurent les chanoines par des moines. M.COENS, Un calendrier obituaire de Saint-Laurent de Liège, *AB*, 58 (1940), p. 48-78.

262. Thierry obtint du pape un morceau du gril de saint Laurent, *Vita Deoderici*, MGH SS IV, p. 476. Cette relique, conservée à Rome, était très convoitée, Justinien en demande un morceau et Grégoire de Tours en parle, P.COURCELLE, Le gril de saint Laurent au mausolée de Galla Placidia, *Cahiers Archéologiques*, 3, 1948, p. 36 n.1. L'église Saint-Laurent de Metz dépendait de Saint-Vincent, BOUR, *Eglises*, p. 588-89.

ANNEXE

Gozwin vers 1060/1062, est dédiée à l'archevêque Siegfried et à l'abbé de Saint-Alban[263]. Trois églises dans le diocèse de Metz.

Odile[264], abbesse de Hohenburg (Mont-Sainte-Odile) fondatrice de Niedermunster en Alsace, morte le 13 décembre 730.

Udalric, évêque d'Augsbourg en 925, fit montre d'une grande activité dans son diocèse et d'une constante fidélité à l'Empire. En 955 c'est dans sa cathédrale qu'Otton Ier vint remercier Dieu de sa victoire du Lechfeld sur les Hongrois. Peu après sa mort, en 973, sa vie fut écrite et un de ses successeur demanda au pape Jean une bulle de canonisation : la première qui soit attestée. Il est fêté le 4 juillet.

Les relations avec Wurzbourg expliquent le culte de sainte Félicité[265], le 23 novembre et de saint Kilian. Ce moine irlandais partit évangéliser la Bavière, il devient évêque de Wurzbourg mais, ayant reproché son mariage au duc qui l'a accueilli, est assassiné par l'épouse de celui-ci, le 8 juillet 689. Il est honoré à Wurzbourg et à Notre-Dame-Saint-Kilian de Lambach, fondée par Adalbéron de Wurzbourg en 1056 avec l'aide d'Ekkebert.

Vit, martyr du IVe siècle fêté le 15 juin, est vénéré dans tout l'Empire, il est le patron de Corvey[266], Gladbach et Ellwangen, la procession d'Echternach a lieu en son honneur. Ses reliques allant de Rome à Saint-Denis (en 775) puis à Corvey (en 836), symbolisent le déplacement de la « gloire de l'Empire » de Rome à Paris et de Paris à la Saxe[267]. Sans doute le culte de Gui est-il

---

263. Gottschalk, abbé en 1072 venait de Gorze.
264. F.CARDOT, Le pouvoir aristocratique et le sacré au haut Moyen Age : Sainte Odile et les Etichonides dans la Vita Odiliae, *Le Moyen Age*, LXXXIX, 2 (1983), p. 173-193. D'après la tradition, Odile est la soeur du duc Ebehard, fondateur de Murbach qu'il confia à Pirmin.
265. Patrone de Sainte-Félicité de Schwarzach dont Ekkebert de Gorze a été abbé (1047-1076).
266. MGH SS VI, p. 572. H.KÖNIGS, *Der heilige Vitus und seine Verherung*, Munster en Westphalie, 1939.
267. D'après la *Translatio sancti Viti*, composée vers 836, ed. I.SCHMALE-OTT, Munster en Westphalie, 1979 ; Sigebert de Gembloux (MGH SS VI, p. 332 et 339) et Widukind de Corvey, *Res gestae Saxonicae, I,34 Veniensque leuauit reliquas sacras et collocauit eas in pago Parisiaco. Inde regnante*

répandu, car il est invoqué contre l'épilepsie, cependant ce n'est pas sous cet aspect que Metz le connaît. Le titre de l'église Saint-Vit, attestée au XIIe siècle, fut déformée en Vic non Gui. Trois églises dans le diocèse.

Walburge[268], aristocrate anglo-saxonne[269], soeur des saints Willibald et Wynnebald, qui accompagnèrent Boniface dans son action évangélisatrice en Thuringe. Abbesse d'Heidenheim, elle mourut le 25 février 779. Ses reliques furent transportées en 870 à Eichstätt et, en 893, chez les moniales de Monheim où un pèlerinage fut instauré le 1er mai en son honneur. Cette date est celle retenue pour la fête de la sainte et remplace une fête païenne, Beltaine. A la fin du IXe siècle, Wolfhard d'Herrieden écrivit la *Vita* et les *Miracula* de Walburge (BHL 8765). Charles le Simple construisit, dans son palais d'Attigny, une chapelle Sainte-Walburge. Son culte se répandit en Rhénanie et en Flandres. Le diacre Immo de Worms, frère d'Alpert de Metz, est le destinataire d'une lettre, écrite vers 1030, sur ses miracles[270]. Vers 1092, Walon de Saint-Arnoul fonde un prieuré Sainte-Walburge à Chiny, sur les biens donnés par les comtes de Chiny. L'évêque de Verdun Adalbéron de Chiny (1131-1158) fit élever près de sa cathédrale une chapelle Sainte-Walburge.

Hluthowico imperatore translata sunt in Saxoniam, et ut legatus Karoli confessus est, ex hoc res Francorum coeperunt minui, Saxonum uerum crescere.
H.KRÜGER, Dionysus und Vitus als frühottonische Königsheilige. Zu Widukind I,33, *Frümittelalterliche Studien* 8 (1974), p. 131-154.
268. H.HOLZBAUER, *Mittelalterliche Heiligenverehrung. Heilige Walpurgis*, Kevelaer Butzon Becker, 1972 (compte rendu J.VAN DER STATEN, *AB* 92). Les cahiers I et II de *Studien und Mitteilungen zur Geschichte der Benediktiner Orden und seiner Zweige*, 90 (1979), lui sont consacrés. Sur les miracles, A.BAUCH, *Ein Bayerisches Mirakelbuch aus der Karolingerzeit. Die Monheimer Walpurgis-Wunder des Priestes Wolfhard*, Ratisbonne, 1979.
269. Le père de Walburge mourut sur la route de Rome où la famille se rendait en pélerinage. L'hagiographie reconnut en lui le roi des Saxons, saint Richard, M.COENS, Légendes et miracles du roi saint Richard, *AB* 49 (1931), p. 353-97.
270. MGH SS XV, 2, p. 765.

ANNEXE

Adalbert, évêque de Prague en 983, se heurta à l'hostilité de son propre diocèse, qu'il voulait réformer. Parti comme missionnaire en Prusse en 996, il fut martyrisé en 997. Enterré à Gniezno, son culte se répandit dans toute la Pologne et dans l'Empire grâce à Otton III, qui l'admirait. Il est fêté le 23 avril.

Enfin, Gorze possédait une relique d'Emmeran, évêque de Ratisbonne, évangélisateur de la Bavière, mort en 715, sur la tombe duquel s'éleva une importante abbaye, réformée par l'évêque saint Wolfgang (924-994) qui y fit venir Ramwold de Saint-Maximin. Saint-Emmeran ne semble pas avoir connu la réforme de Gorze[271].

Reims[272]

Remi, évêque de Reims vers 460, baptise Clovis à la Noël 498 ou 499. Il mourut en 530. Il est traditionnellement fêté le 1er octobre mais Usuard a rajouté un éloge le 13 janvier[273]. L'archevêque Hincmar, auteur d'une *Vita* de Remi, procéda à l'élévation des reliques en 852, puis, en raison de la menace normande, les emporta à Epernay en 882. Elles furent ramenées à Reims en 883 et rendues à l'abbaye en 901. Le 1er octobre 1049, Léon IX procéda à une nouvelle élévation lors de la consécration de la nouvelle abbatiale Saint-Remi. Patron de quarante neuf églises dans le diocèse de Metz, dont celles d'Onville, Chambley, Pannes et Scy[274], dépendantes de Gorze.

---

271. En dépit des affirmations contraires de K.HALLINGER, *Gorze-Kluny*, p. 95 sq. J.KLOSE, *Saint-Wolfgang als Monch und die Einfürung der Gorzer Reform in Bayern*, *Regensburg und Böhmen*, Ratisbonne, 1972, p. 66-68.
272. J.DUBOIS, le calendrier et le martyrologe de l'abbaye de Saint-Thierry au Moyen Age, *Saint-Thierry, une abbaye du VIe au XXe siècle*, Actes du colloque international d'histoire monastique, Saint-Thierry, 1979, p. 183-229. SOT, *Flodoard*.
273. J.DUBOIS, *Le martyrologe d'Usuard*, *Subsidia Hagiographica*, Bruxelles, 1965, p. 159. Hincmar, son contemporain, reprend cette date pour celle de la mort du saint dans la *Vita* de saint-Remi.
274. L'église Saint-Remi de Scy était importante, Grégoire de Tours, *Historia Francorum* l.VIII, c.21 parle d'une procession pour la fête du bienheureux Remi... descendaient de la cité (de Metz) avec l'évêque beaucoup de personnes et notamment les grands de la ville... L'église est citée en

Thimoté et Apollinaire, martyrs rémois fêtés le 23 août.

Basle abbé à Reims au VIe siècle, fondateur du monastère de Verzy, fêté le 15 octobre, le même jour que Léonard, fondateur et abbé de Vandoeuvre, dont la translation des reliques à Corbigny (diocèse de Reims) eut lieu en 877.

Cambrai se trouve dans l'Empire mais dépend de la province de Reims. Cambrai et Arras ont eu pendant cinq siècle un évêque commun, qui résidait à Arras au temps de saint Vaast. Clovis ayant demandé à un prêtre de Toul, Vaast, de l'instruire avant son baptême, ce dernier l'accompagna à Reims. Sur la route, le 1er octobre, il rendit la vue à un aveugle (AASS, 6fev.). Saint Remi le nomma évêque d'Arras afin qu'il évangélise cette région. La commémoration de ce saint à Gorze ne tombe pas le 6 février, mais le 1er octobre – c'est souvent le cas dans la région. En 667, eut lieu une translation des reliques de la cathédrale d'Arras vers l'église Saint-Pierre, qui devint l'abbaye Saint-Vaast. Celle-ci fut confiée à Richard de Saint-Vanne, Poppon en fut prieur vers 1008.

Eloi, orfèvre, impressionna Clotaire II par son honnêteté et le roi en fit son trésorier. Il le resta sous Dagobert, dont il devint un familier. En 641, Eloi devint évêque de Noyon. Pour évangéliser son diocèse, il se déplaça beaucoup et fonda plusieurs monastères. Il mourut le 1er décembre 660. Cinq églises lui sont dédiées dans le diocèse.

Médard, le 8 juin. Clotaire Ier ayant fait assassiner le frère de sa femme, Radegonde, celle-ci vient à Noyon, dont Médard était alors évêque, pour qu'il la consacre à Dieu. A la mort de Médard, vers 561, Clotaire fit transporter son corps à Soissons, où fut fondée une abbaye[275]. Au Xe siècle, des reliques furent données à Dijon. Brauweiller possédait des reliques et une chapelle[276]. Deux églises du diocèse de Metz lui sont dédiées.

---

second lieu sur la liste stationnale des rogations du XIe siècle, KLAUSER-BOUR, Ancienne liturgie, p. 13.
275. Boson, abbé de Saint-Médard de Soissons vers 1005, est cité au nécrologe de Gorze le 1 février.
276. *Brunwilarensis monasterii fundatio*, MGH SS XI, p. 398, 407.

ANNEXE

Gildard évêque de Rouen au début du VIe siècle, fêté le même jour, et dont le corps, d'abord enterré à Rouen, fut emporté à Saint-Médard au moment des invasions normandes, vers 838-41. La légende en fit le frère de Médard.

En 826, l'abbé Hilduin de Saint-Médard de Soissons obtint du pape Eugène II les reliques de saint Sébastien, ramenées à Soissons malgré la résistance du peuple romain, dont il était un des patrons[277]. Cet officier romain chrétien, condamné à être percé de flèches, et laissé pour mort, est secouru par sainte Irène. Rétabli, il interpelle à nouveau Dioclétien qui le fait battre à mort. Son culte est extrêmement répandu, il représente l'idéal du soldat du Christ. Il est fêté le 20 janvier, quatre églises dans le diocèse de Metz.

Les relations avec Soissons sont aussi attestées par le culte des saints Crépin et Crépinien, nobles romains chrétiens qui s'installent à Soissons, se font cordonniers pour répandre leur foi, et sont martyrisés le 25 octobre. Elévation des reliques à Soissons le 27 juin 649. L'origine du culte à Gorze est certainement à relier au diocèse de Soissons, où se trouvait une église Saint-Gorgon.

Les reliques de Tiburce, Marcellin et Pierre vinrent de Rome à Seligenstadt vers 827/28. Eginhard les redistribua largement, Saint-Médard de Soissons[278] en reçut en 828. L'abbaye obtint de Fulda des reliques d'Abdon et Sennen, commémorés le 30 juillet.

Quentin, martyr du Vermandois, le 31 octobre, patron de l'abbaye de Saint-Quentin[279] et de trois églises dans le diocèse de Metz, dont celle de Scy qui dépend de Gorze, reliques à Gorze et Saint-Arnoul.

Peut-être faut-il y relier le culte de Prix, le 25 janvier. Cet évêque de Clermont ayant excommunié un comte, celui-ci le calomnie. Convaincu de mensonge, il est décapité. Pour le ven-

---

277. Au début du Xe siècle, Odilon de Saint-Médard raconta la translation, MGH SS XV, p. 386, GEARY, *Furta sacra.*
278. BHL 8286, MGH SS XV, p. 239-64 et p. 393-5. Metz, BM 306, Xe s., prov. Saint-Arnoul, perdu.
279. Waleran de Saint-Quentin, disciple de Richard de Saint-Vanne, mort le 9 janvier 1041, est cité au nécrologe de Gorze.

ger, sa famille assassine l'évêque en 676. En 750, Pépin le Bref donne ses reliques à Flavigny et à Saint-Quentin.

Memmie, évêque de Châlons-sur-Marne au IIIe – IVe siècle, fêté le 5 août.

Sens

Germain, évêque d'Auxerre. Ce noble occupait une charge importante dans l'administration d'Auxerre, quand il fut élu évêque en 418. Pour lutter contre l'hérésie de Pélage[280], Germain partit en Grande Bretagne vers 429 puis à nouveau vers 440. Il mourut à Ravenne le 31 juillet 448, alors qu'il venait plaider la cause de l'Armorique rebelle, contre laquelle le pouvoir romain avait décidé des mesures drastiques. Son corps, ramené à Auxerre, fut mis au tombeau le 1er octobre. Cinq églises lui sont dédiées dans le diocèse de Metz.

Loup, évêque de Troyes originaire de Toul, mort le 29 juillet 479.

Germain, évêque de Paris dont Venance Fortunat, qui l'a rencontré en 566, raconte la vie et les nombreux miracles. Abbé de Saint-Symphorien d'Autun, Germain fut nommé évêque de Paris en 552 par le roi Childebert. Il mourut le 28 mai 576.

Autun, déjà citée à propos de saint Symphorien, est aussi présente par le culte de saint Sulpice-Simplice évêque d'Autun en 418, fêté le 19 novembre. Une église à Metz.

Léger, abbé de Saint-Maixent près de Poitiers, est nommé évêque d'Autun en 663 par la reine Bathilde ennemie du maire du palais Ebroïn. Renvoyé dans son évêché en 669, il est rappelé en 673, puis exilé à Luxeuil où se trouvait déjà Ebroïn. Ils en sortent en 675 et Ebroïn se venge de Léger en le faisant torturer puis décapiter près de Fécamp, le 2 octobre 678 ou 679. Son culte est très répandu, onze églises dans le diocèse de Metz, on trouve ses reliques à Saint-Maixent, Arras, Murbach[281], Soissons et Gorze.

---

280. Cet hérésiarque, mort vers 422, était originaire de Grande-Bretagne. Il considérait que l'homme est capable de faire son salut par ses seuls efforts, il niait donc l'importance de la grâce. Saint Augustin écrivit des traités contre lui.
281. Murbach a beaucoup fait pour l'extension de son culte J.L.MULLER, La vénération des saints à l'abbaye de Murbach du VIIIe au XVe siècle, *Archives de l'Eglise d'Alsace* 47 (1988), p. 1-30.

ANNEXE

Deux évêques de Besançon : Donat (VIIe s.) le 7 août et l'abbé de Condat, Claude (VIIIe s.) le 6 juin, considéré comme évêque.

Le calendrier cite plus de soixante évêques ou archevêques. Le culte de certains d'entre eux est répandu à Metz et participe au culte des saints évêques mérovingiens contemporains de la grande vague d'évangélisation. C'est le cas pour Mélaine, évêque de Rennes au VIe siècle, cité le 6 novembre dans le premier calendrier et dans celui de la cathédrale, dont le culte s'étendit rapidement jusqu'en Bourgogne. C'est peut-être aussi le cas pour Honoré, évêque d'Amiens vers 600, cité le 16 mai dans le second calendrier et pour René, évêque d'Angers au Ve siècle, le 12 novembre, bien que dans ce cas le culte soit peut-être à relier à René d'Anjou, duc de Lorraine. Les deux derniers sont des ajouts récents au calendrier comme l'est Henri, cité le 24 octobre et dont on ignore le siège.

D. *Les moines*

Une douzaine abbés sont cités dans le calendrier.

Le milieu monastique bénédictin, est représenté par

Benoît, « père des moines », fondateur du Mont-Cassin, où il meurt le 21 mars 547. Grégoire le Grand raconte sa vie au second livre des *Dialogues*. Au VIIe siècle, ses reliques sont volées du Mont-Cassin, alors dévasté, et ramenées à Fleury (Saint-Benoît-sur-Loire)[282]. En 817, au concile d'Aix, la règle bénédictine est imposée à tout l'Empire carolingien par Louis le Pieux et Benoît d'Aniane. Reliques à Gorze, autel à Saint-Arnoul.

Maur, le 15 janvier, abbé de Glanfeuil (sur la Loire). Au IXe siècle, l'abbé Odon de Glanfeuil écrivit une Vie du saint, dans laquelle il l'assimila au disciple de Benoît. Il en fit le propagateur

---

282. Le récit de cette translation, commémorée le 11 juillet, était conservé à Saint-Arnoul (Lauer 24) et Saint-Vincent (Berlin, Phill.1839, XIIIe s.). *Le culte des reliques de saint Benoît et de sainte Scholastique*, Montserrat, 1979.

de la règle bénédictine en Gaule et assura le succès de son culte²⁸³.

Scholastique, le 10 février, soeur de Benoît, patronne de Juvigny, abbaye de femmes proche de Stenay dans le diocèse de Trèves, fondée par la reine Richilde au IXe siècle, restaurée par Thierry de Verdun en 1086.

Philibert, abbé de Jumièges et de Noirmoutier, mort le 20 août 685. En raison de la menace normande, ses reliques ont connues une série de translations qui les menèrent jusqu'à Tournus.

Léonard, abbé de Noblat, diocèse de Limoges, au VIe siècle, fêté le 6 novembre. Sa *Vita*, écrite au XIe siècle et largement légendaire, assura un grand succès à son culte. Une église dans le diocèse de Metz.

Gilles²⁸⁴ ermite près de Narbonne mort au VIIe siècle, fêté le 1er septembre. La diffusion de son culte est liée à l'essor du pèlerinage de Saint-Jacques-de-Compostelle car les pèlerins s'arrêtaient à l'abbaye construite sur son tombeau. Sa *Vita* légendaire attribue à ses prières le pardon de la faute cachée de Charlemagne – son inceste avec sa soeur.

Pirmin²⁸⁵ venait peut-être des Iles Britanniques – il était, à la manière des Irlandais un évêque-moine – ou d'Espagne après la conquête de 711 – il ajoute à la règle de saint Benoît qu'il impose des éléments empruntés à Fructeux de Braga et son ouvrage, le *Scarapsus*²⁸⁶, livre de morale à l'usage des missionnaires, est une compilation d'ouvrages de droit canon et de citations de Martin de Braga enfin on trouve dans les bibliothèques des monastères qu'il a fondés des ouvrages d'origine hispano-wisigothique ou

---

283. D.IOGNA-PRAT, La geste des origines dans l'historiographie clunisienne, *RB*, 102 (1992), p. 135-191.
284. P.CORBET, La diffusion du culte de saint Gilles au Moyen Age (Champagne, Lorraine, Nord de la Bourgogne), *Annales de l'Est* 32 (1980), p. 3-42.
285. H.LÖWE, Pirmin, Willibrord und Bonifacius, *Settimane di Spoleto*, XIV (1966), p. 217-62. E.EWIG, Saint Chrodegang et la réforme de l'église franque, dans *Saint-Chrodegang*, Metz, 1967, p. 28-31. et A.ANGENENDT, *Das Frühmittelalter (400-900)*, Stuttgart-Berlin-Köln, 1990.
286. PL 89, 1036-50.

ANNEXE

aquitaine. Charles Martel lui demanda de fonder le monastère de Reichenau, sur le lac de Constance en 724. Chassé en 727 par le duc Thébald, il se retira en Alsace et fut bien reçu par les Etichonides. Le duc Ebehard confia à Pirmin, en 727, Murbach qu'il venait de fonder. Pirmin dirigea *Hilariacum*, à la demande de l'évêque Sigebaud, qui s'y fit enterrer en 741. Avec l'aide de ce même évêque, il restaura Marmoutier, dans le diocèse de Strasbourg. Il fonda Hornbach[287] dans le diocèse de Metz où il mourut en 753. Pirmin est fêté le 3 novembre.

Les saints irlandais sont nombreux, ce qui reflète l'importance des moines scots en Lorraine.

Colomban[288] quitte l'Irlande vers 580 et fonde Luxeuil en 590. En 610, Brunehaut et son fils Thierry l'obligent à quitter la Gaule et il se rend en Italie. Il fonde Bobbio où il meurt le 23 novembre 615.

Gall, compagnon de Colomban, le suit quand il est chassé de Luxeuil, mais choisit de demeurer près du lac de Constance, où il se fait ermite vers 613. Il est fêté le 16 octobre. Cinq églises dans le diocèse et la chapelle de l'évêché lui étaient dédiées[289]. Othmar (719-759), fondateur et premier abbé du monastère de Saint-Gall[290], est fêté le 26 XI.

Brigide, abbesse de Kildare, morte le 1er février 523. Elle est la grande sainte de l'Irlande, ayant remplacé une divinité

---

287. La vie de Pirmin y fut écrite vers 1000-1010 (AA SS Nov.2, p. 2-56), MGH SS XV.
288. Jonas de Bobbio, *Vie de saint Colomban et de ses disciples*, ed. A. de VOGÜÉ, abbaye de Bellefonfaine, 1988. G.MOYSE Les origines du monachisme dans le diocèse de Besançon, *Bibliothèque de l'École des Chartes*, 103 (1973).
289. L'évêque Advence a fondée cette chapelle pour y être inhumé, elle pouvait porter un autre titre à l'origine. Le changement de titre a pu être imposé par l'évêque Robert (883-917) qui y fut aussi enterré. Robert, issu d'une noble famille alémane, fut élevé à Saint-Gall avec Notker, qui lui envoya des hymnes pour saint Etienne et des lettres (PL 132, 534). BOUR, *Eglises*, p. 622-625. Thierry Ier fut aussi élève à Saint-Gall, si l'on en croit Ekkehard IV, *Casus Sancti Galli* §280.
290. Nortper, disciple de Poppon a été abbé de Saint-Gall de 1034 à 1072. *L'Abbaye de Saint-Gall, Rayonnement spirituel et culturel*, Payot, Lausanne, 1991.

LES SAINTS VÉNÉRÉS À GORZE

païenne[291]. Son culte s'est répandu entre Seine et Meuse dès le VIIIe siècle. Patronne de trois églises dans le diocèse de Metz, celle de Plappeville appartenait à Gorze.

Le culte de l'archange saint Michel a été largement diffusé par les moines irlandais[292]. Michel est fêté le 29 septembre, avec octave, et le 8 mai (apparition au Monte Gargano). Patron du Mont-Saint-Michel, de Saint-Mihiel, de Saint-Michel en Thiérache et de Siegburg, de vingt-neuf églises dans le diocèse et d'une chapelle à Gorze.

La réforme lotharingienne n'a pas laissé de trace. La présence de Guibert de Gembloux peut s'expliquer par des relations privilégiées avec Gorze. Guibert a fondé l'abbaye de Gembloux sur les biens de sa famille. Il en laisse la direction à son ami Erluin et se fait moine à Gorze où il meurt en odeur de sainteté un 23 mai à une date inconnue (entre 962 et 984). Les moines de Gorze tentèrent en vain de conserver ce corps, que les moines de Gembloux parvinrent à récupérer à la faveur d'un orage, signe manifeste des faveurs du ciel et de la volonté divine de laisser le corps de saint Guibert retourner à Gembloux[293].

Les traces d'influence clunisienne sont rares.

Odon, second abbé de Cluny, 19 novembre. Chanoine à Tours, il étudie sous Remi d'Auxerre. En 903, il va à Baume dirigée par Bernon qui lui confie, en 909, la nouvelle fondation, Cluny, dont il fait un centre réformateur. Il meurt le 18 novembre 942.

---

291. Brigit, fille du Dagda, dieu des druides et du savoir sacerdotal. Des légendes sont communes à la déesse et à la sainte. Le 1er février était la date de la fête de printemps, Imbolc. F.LEROUX – C.J.GUYONVARC'H, *Les druides*, Rennes 1986.
292. M.BAUDOT, Diffusion et évolution du culte de Saint Michel en France, *Millénaire monastique du Mont-Saint-Michel*, Paris 1971, 99-112.
293. *Vita Wicberti*, MGH SS VIII, p. 515 : *ecce omnis Gorziensium populus exarsit in ira et furore, egre ferentes corpus illius asportari, cuius meritis se credebant a deo adliuuari... Subito enim tempesta aer inhorruit et clara die nox aliena incubuit... Ita illi diuinitus exterriti retrocedunt, isti adiuti diuinitus libere incedunt.* J.PYCKE, Guibert, dans *DHGE*, col.765-768.

ANNEXE

Maïeul, quatrième abbé de Cluny où il entre vers 943/48. Abbé en 954, il construit Cluny II et développe le scriptorium. Il voyage beaucoup et est capturé dans les Alpes par des Sarrasins, ce qui entraîne une expédition punitive. Il meurt le 11 mai 994. Guillaume de Volpiano fut son disciple. Ces deux abbés ne sont notés que dans le calendrier du XIVe siècle.

Bénigne, martyr à Dijon[294], fêté le 1er novembre. Son culte est attesté à Metz dès le IXe siècle, mais Guillaume de Volpiano est à l'origine d'un renouveau, comme le montre l'existence d'une église Saint-Bénigne près de Saint-Arnoul. Certes, une église porte ce titre au VIIIe siècle, mais à un emplacement différent et elle disparaît avant l'an Mil[295]. Patron de Saint-Blin sur la colline de Gorze.

Blaise, évêque de Sébaste, le 3 février. Son culte est très répandu, six églises dans le diocèse de Metz lui sont dédiées. Il est en particulier vénéré à Cluny, Saint-Bénigne de Dijon et en Allemagne – Saint-Blaise en Forêt Noire, fondé en 1036, est un bastion grégorien[296].

E. Les saints patrons des prieurés et saint Gorgon.

Le calendrier atteste le culte de saints dont l'abbaye possède des reliques et qui sont liés à l'organisation d'un prieuré. Ni Dagobert ni Libaire n'étaient cités dans le calendrier du XIIe siècle, ce qui montre un repli sur les possessions de l'abbaye à la fin du Moyen-Age.

---

294. La population rendait un culte à ce saint inconnu que l'évêque de Langres voulait interdire quand Bénigne lui apparut en songe et confirma sa propre sainteté, Grégoire de Tours, *In gloria martyrum*, MGH SS Rer. Merov. I,2, §50, p. 72-74.

295. BOUR, *Eglises* p. 549-550, relie l'origine de son culte à l'épiscopat de Goëry. D'après la liste stationnale, cette église se trouvait à l'extérieur des murs, au nord, elle est citée entre Saint-Ferroy et Sainte-Ségolène. La nouvelle église, sans doute fondée au XIe siècle, se trouvait *in suburbio sancti Arnulphi extra muros Mettenses*, voire *in monasterio sita*.

296. H.JAKOBS, *Der Adel in der Klosterreform von s.Blasien*, Köln, 1968, p. 271-5. Vers 1093, Hugues de Cluny contracta une fraternité avec les moines.

Dagobert II, roi d'Austrasie en 676, fut assassiné en 679, dans la forêt près de Stenay et inhumé dans la chapelle Saint-Remi de Stenay. Son corps fut, comme le rappelle une notice d'un ancien cartulaire de Gorze[297], redécouvert en 872 par Charles le Chauve qui divisa les reliques entre l'abbaye de Juvigny, fondée par la reine Richilde, et la nouvelle église Saint-Dagobert où elle furent placées dans une châsse. La date et l'origine de la *Vita Dagoberti*[298] prêtent à discussion[299]. Le culte de Dagobert, fêté le 10 septembre, patron du prieuré de Stenay, de l'église de Longwy (M.&M.) et de Machtum (Luxembourg) est surtout attesté dans le diocèse de Verdun.

---

297. CALMET, *Histoire ecclésiastique et civile de la Lorraine* 1, 1729, preuves col.469, d'après un « ancien cartulaire » disparu.
298. BHL 2081, MGH SS Rer. Merov. II, p. 512-523. La *Vita* confond Dagobert II et Dagobert III, l'auteur « ignorait tout de son sujet sauf que le roi était mort de mort violente », FOLZ, *Les saints rois* p. 27, 181, 191. Le roi s'endort et son âme sort de sa bouche sous la forme d'un papillon qui entre dans un chêne. A son réveil, il raconte à son filleul qu'il a vu un trésor et le jeune homme l'assassine pour s'approprier ces richesses qui, étant spirituelles, lui restent inaccessibles, la vision s'inspire du Paul Diacre, *Historia Langobardorum* MGH SS Rer. Merov. p. 112-13. La *Vita* mentionne des saints vénérés à Gorze : Denis, Willibrord, Géréon, Séverin et Cunibert et des abbayes, dont Fleury, le préambule cite la Règle de saint Benoît. Enfin, elle insiste sur la notion de paix que le bon roi parvient à préserver, thème du *rex pacificus*, présent dans les lettres de Sigefroy de Gorze.
299. R.FOLZ, Tradition hagiographique et culte de saint Dagobert roi des Francs, *Le Moyen Age* (1963), p. 17-35 et G.DUBY, *Les trois ordres*, p. 209-214 la datent de la fin du XIe siècle, après l'installation des moines de Gorze, elle aurait été écrite dans le prieuré, pour confirmer les droits des moines sur ces terres et relancer un pèlerinage sur les reliques qui leur appartiennent depuis peu. C.CAROZZI, La tripartition fonctionnelle et l'idée de paix au XIe siècle, *Actes du 101e Congrés des Sociétés Savantes* (Lille, 1976), Paris, 1978, p. 9-22, et ID., La vie de saint Dagobert de Stenay, histoire et hagiographie, *Revue Belge de Philologie et d'Histoire*, 72,2 (1984), p. 225-258, exclut une origine gorzienne car ce texte insiste sur l'importance de la réforme, mais ne parle pas des moines – l'allusion à l'organisation de la société en trois ordres, assimile « ceux qui prient » au clergé séculier. C.CAROZZI date la *Vita* de la fin du IXe siècle et pense que l'auteur est un moine de Fontenelle travaillant à Saint-Bertin. Un manuscrit de la *Vita* comprend une généalogie carolingienne et des allusions à cette dynastie, qui peuvent s'expliquer, si le texte date du XIe siècle, par le fait que Godefroy se targuait de descendre de Carolingiens, mais peuvent, s'il date du IXe siècle, être destinées à ouvrir la Meuse à Charles le Simple.

Nicolas, évêque de Myre du IVe siècle, fêté le 6 décembre, est mal connu mais extrêmement populaire, vingt-six églises du diocèse de Metz lui sont dédiées. Il fit de nombreux miracles – dotant trois jeunes filles pauvres, sauvant de la mort des marins et des officiers innocents. Le plus célèbre – la résurrection des trois enfants qu'un boucher a mis au saloir – apparaît au XIIe siècle et résulte d'une mauvaise compréhension de la libération de trois officiers. En 1087, des marins de Bari volent les reliques de Nicolas à Myre, l'anniversaire de cette translation est commémoré le 9 mai. Un chevalier lorrain vole à Bari un doigt de Nicolas, cette relique est à l'origine du prieuré Saint-Nicolas de Port[300].

Libaire, vierge et martyre à Grand, soeur d'Elophe et d'Eucaire, elle brise la statue d'Apollon que Julien l'Apostat lui demande d'honorer, elle est décapitée, prend sa tête entre ses mains et la lave à une fontaine dont l'eau, devenue miraculeuse, guérit celui qui s'y plonge ; on a donc un exemple de récupération d'un culte des eaux. Sa *Vita*[301] est écrite vers 1036. Libaire, fêtée le 8 octobre est vénérée dans le diocèse de Toul, elle est la patronne du prieuré de Vanault-le-Châtel.

Saint Gorgon.

Les reliques de saint Gorgon, ramenées de Rome par Chrodegang[302], furent identifiées comme étant celles d'un officier de la chambre impériale, martyrisé vers 300 à Nicomédie. Eusèbe de Césarée y fait rapidement allusion dans le cadre des persécutions de Dioclétien[303]. Gorgon, officier chrétien, refuse

---

300. Ce vol eut sans doute lieu en 1105, *Recueil des historiens des croisades. Historiens occidentaux*, t.V, Paris, p. 293-94, *Qualiter reliquiae B.Nicolai ad Lotharingiam villam quam Portu nominatur delatae sunt*. Pibon de Toul consacre en 1101 une église Saint-Nicolas à Port, Paris, BN Coll. de Lorraine, 981, n°3 ; *Cartulaire* 203. GEARY, *Furta sacra. Saint-Nicolas*, Saint-Nicolas de Port, 1985.
301. BHL 4903-04.
302. Les sources venant de Gorze déclarent que Chrodegang est allé lui-même chercher ces reliques à Rome, la chronique de Lorsch dit qu'il a envoyé un messager les demander au pape.
303. Eusèbe de Césarée, *Histoire de L'Eglise*, livre VIII chap. 6. B. DE GAIFFER, Palatins et eunuques, *AB*, 75 (1959), p. 17-46.

LES SAINTS VÉNÉRÉS À GORZE

de sacrifier aux idoles. Il est condamné par Dioclétien : frappé de verges, on verse sur ses plaies du sel et de vinaigre, enfin il est décapité avec son ami Dorothé. La fête de ce saint se place le 12 mars, avec celles de Dorothé, son ami martyrisé en même temps que lui, et de Pierre, leur maître à tous deux.

Le calendrier note plusieurs fêtes de saint Gorgon. En effet, il existe, le 9 septembre, un martyr romain du nom de Gorgon. Dans son martyrologe, Adon le confond avec le martyr de Nicomédie, invente une translation de Nicomédie à Rome et attribue à Gorgon et Dorothé ce que sa source mentionne à propos du martyre de Pierre[304].

Les seules représentations de saint Gorgon provenant de Gorze – le sceau du chapitre et le contre-sceau de l'abbé représentant le saint en armure et à cheval[305] – insistent sur l'aspect militaire.

Les reliques de Gorgon, transférées, sous Paul Ier (757-767), de la voie Labicane à l'église San Silvestro, furent déposées au Vatican sous Grégoire IV (827-844). Vers 764-765, Chrodegang ramena le corps de Gorgon à Gorze avec ceux de Nabor et Nazaire[306]. La quasi concomitance de la translation

---

304. QUENTIN, *Martyrologes*, p. 613-615. H.DELEHAYE, *Les passions des martyrs et les genres littéraires* (Subsidia hagiographica 13b), Bruxelles, 1966. J.DUBOIS – G.RENAUD, *Le martyrologe d'Adon, ses deux familles, ses trois recensions*, Paris, CNRS, 1984, p. 306-307.
305. Sceau du monastère de 1294, contre-sceau de l'abbé Jean, A.D. Mos H. 851 et 903, et A.D. Mos H.837,1 ; 845, 1. Bien que Gorgon ne soit pas véritablement un martyr militaire, l'homophonie avec saint Georges a provoqué une certaine assimilation.
306. Paul Diacre, *Gesta episc. Mett.*, MGH SS II, p. 268, *Expetiit denique a Paulo Romano pontifice tria corpore sanctorum martirum, id est Gorgonii quod in Gorzia requiescit, et beati Naboris quod in Hilariaco monasterio conditum est, et beati Nazarii quod ultra fluuium Renum in monasterio quod uocatur Lorsam aedificata in honorem ipsius martiris miri decori basilica collocauit. Chronicon Lauresbamensis*, MGH SS XXI, p. 343 ...*Beatum Gorgonium in ecclesia Gorziensi, sanctum Naborem in ecclesia Hylariacensi collocauit, beatum Nazarium ad Laureshamense monasterium destinauit*. HERRMANN-MASCARD, *Les reliques des saints*, p. 50-53 et 58-59.

ANNEXE

opérée par Chrodegang et de l'élévation effectuée par Paul Ier est l'indice du choc provoqué à Rome par le départ de ces reliques[307], dont on trouve un écho dans la *Vita Chrodegangi*.

Les moines se vantaient de conserver la totalité du corps ; apprenant que des reliques de Gorgon se trouvent à Minden[308], ils sont près d'ouvrir la châsse. En réalité, ces reliques venaient directement de Rome, comme le prouve l'existence d'une tradition différente sur le culte de saint Gorgon[309].

La translation de 765 explique le culte de Saint-Gorgon à Saint-Gorgon-sur-Main dans le Doubs, et à Pouxeux dans les Vosges. Jean de Lorraine, évêque de Metz (1505-1543) et abbé de Gorze, donna aux Clarisses de Metz, où sa mère s'était retirée, des reliques, dont plusieurs de saint Gorgon. C'est l'origine des reliques d'Essey-en-Woëvre. La tête de saint Gorgon se trouvait dans le trésor de la cathédrale, depuis le XIIe siècle au moins[310]. Selon Meurisse[311], Chrodegang l'avait donnée à l'église Saint-Gorgon, qu'il avait fondée près de la cathédrale, et qui disparut au XVIIIe siècle. Les *Miracles* s'opposent expressément à cette idée, ils soulignent que les moines possèdent le corps entier, explicitement la tête[312]. Il arrive que deux églises voisines se disputent les reliques d'un saint prestigieux, il est donc impossible de trancher[313].

---

307. H.DELEHAYE, *Cinq leçons sur la méthode hagiographique*, Bruxelles, 1934, p. 85-87.
308. Minden conserve un reliquaire de saint Gorgon, J.M.SAUGET, Gorgon, *Bibliotheca Sanctorum*, VII, p. 122-123.
309. Dans le bréviaire de Minden, le 12 mars est la date de la translation du corps de Gorgon de Nicomédie à Rome et le 9 septembre celle du martyr, F.DOLBEAU, Un panégyrique anonyme, prononcé à Minden pour la fête de saint Gorgon, *AB*, 103 (1985), p. 35-59.
310. Le cérémonial prouve que la tête était alors à la cathédrale (Metz 82 f.10r et 130v. cité dans A.PROST, *La cathédrale de Metz*, Metz, 1865). BOUR, *Eglises*, n.98.
311. *Histoire des évêques de Metz*, p. 270.
312. *Miracula s.Gorgonii*, MGH SS IV, p. 243, Adalbéron pose sa crosse *ad caput sancti Gorgonii*, à Gorze en témoignage de son dessein de rendre des terres à l'abbaye.
313. HERRMANN-MASCARD, *Les reliques des saints*, p. 138-140.

LES SAINTS VÉNÉRÉS À GORZE

Des reliques de Gorgon sont attestées à Pouillon[314], Rethel[315], Saint-Gorgon dans l'Aisne (diocèse de Soissons). En Belgique, à Hoegaarden[316]. Dans le monde germanique, les reliques attestées à Fulda viennent de Gorze[317]. Dans les Vosges, le culte de Gorgon est lié à celui de Nabor à Saint-Gorgon, en Alsace aux relations avec le Mont-Sainte-Odile : le prieuré d'Ottrot est fondé vers 1178 par Herrade de Landsberg. A Eguisheim, dépendant de Marbach, une relique de Gorgon est déposée dans l'autel en 1115. Le cas de Cluny est sans doute insoluble[318].

On ne peut systématiquement lier la diffusion du culte de saint Gorgon à l'influence de Gorze, puisque ce saint romain se trouve mentionné dans le sacramentaire Gélasien. Les centres de diffusion des reliques de Gorgon[319] sont : Minden, qui les a obtenues directement de Rome et les répand dans le nord de la Germanie[320], et Marmoutier[321], qui les diffuse en Normandie.

---

314. Marne, Diocèse de Reims, reliques de Gorgon dans l'église Notre-Dame, H.Dontenville *Histoire et géographie mythiques de la France*, Paris, 1973, p. 289.
315. Ardennes sur l'Aisne donné par saint Arnoul à l'abbaye Saint-Remi de Reims qui en fit un prieuré Saint-Gobert, A.LONGNON, *Pouillés de la province de Reims*, VI, Paris, 1808, p. 28. L.DEMAISON, H.JADART, Monographie de l'abbaye de Rethel, *Revue historique ardennaise*, t.6 (1899), p. 115.
316. Dans le Brabant, la dédicace de l'Eglise collégiale remonte à 987. L'origine gorzienne des reliques de Gorgon est « Très probable » BOULHOL, *Ricerche*, op. cit. p. 164-165.
317. Un culte est attesté dès le IXe siècle par Raban Maur *M.G.H. Poetae latini medii aevi* t.II, 1. Il identifie Gorgon comme un martyr de Sébaste et le cite avec Nazaire et Nabor, ce culte doit remonter à la translation par Chrodegang.
318. Dans la chapelle de Berzé-la-Ville, la partie inférieure de la décoration de l'abside montre une série de personnages en buste parmi lesquels Gorgon et Dorothé identifiés par leurs noms, E.PALAZZO, Iconographie des fresques de Berzé-la-Ville, dans le contexte de la réforme grégorienne et de la liturgie clunisienne, *Cahiers de Saint-Michel de Cuxa*, 19 (1988), p. 169-183.
319. Le saint Gorgon attesté en Bretagne est un saint local, BOULHOL, *Ricerche*, p. 133.
320. Minden est probablement l'origine des reliques de Freising (attestées en 1029-39) et Hildesheim (attestées en 1061).
321. A Marmoutier, près de Tours, l'abbé procède en 847 à un transfert de reliques de saint Gorgon, martyr romain dont le corps a été trouvé *in loco*

ANNEXE

Le patronage de Gorze explique que plusieurs églises soient dédiées à Gorgon[322], Arnaville, Aumetz, Auzeville en Argonne, Beaux, Dampvitoux, Euvezin, Fay en Haye, Forcelles-Saint-Gorgon, Higny, Houdelacourt sur Othain, Jaillon, Jarny, Labry, Lavoye, Lessy, Moivron, Morville-les-Vic, Moyeuvre, Novéant, Pannes, Richmont, Saint-Gorgon (commune de Pagny), Thiaucourt, Ugny (ermitage Saint-Gorgon), Varangéville (prieuré Saint-Gorgon), Vertuzey, Ville-sur-Yron, Woël, enfin Eisenberg et Flammersheim au prieuré de Pfeddersheim.

Bien que le sacramentaire gélasien contienne un formulaire pour la fête des saints Gorgon et Dorothé, les oraisons propres du saint étaient inconnues à Metz à la fin du IXe siècle. Hincmar, auquel revient l'initiative politique du couronnement de Charles le Chauve, doit être aussi à la source des innovations liturgiques[323].

Immo a reçu, de l'évêque de Minden, une passion de saint Gorgon (BHL 3618-3617). Comme nous l'avons vu, il écrivit un sermon (BHL 3620) et un recueil de Miracles (BHL 3621).

A la demande de l'abbé Sigefroy, Léon IX a écrit un office pour saint Gorgon[324], réutilisé pour la paroisse Saint-Gorgon de Metz. Le texte fait allusion à Gorze[325] et comprend les deux

---

qui dicitur Via Appia inter duas lauros iuxta ecclesiam s. Caeciliae, AA SS Martii II, p. 56-58. BHL 3622, J.M.SAUGET, Gorgonio, *Bibliotheca sanctorum,* VII, p. 124. F.DOLBEAU, Un panégyrique anonyme, a montré que la localisation aberrante de la sépulture prouvait la confusion des traditions concernant les différents saints homonymes. BOULHOL, *Ricerche,* p. 132.

322. BOULHOL, *Ricerche,* p. 158-164.

323. Th.MICHEL, La date du couronnement de Charles le Chauve (9 sept. 869) et le culte liturgique de saint Gorgon à Metz, *RB,* 51 (1939), p. 288-291. Les oraisons ont été empruntées à la messe de saint Hippolyte.

324. *Vita Leonis,* P.L. 143, col 493 *exoratus a domno Sigifrido Gorziensi abbate composuit in ueneratione gloriosi martyris Gorgonii nocturnalium responsum dulcisonam melodiam.* Il reste deux manuscrits de ce texte Trèves, Bibl.capit.521(173) XIVe s. f.221-226 prov. de Saint-Florin de Coblence ; Douai BM 152 XIVe s. prov. d'Anchin le texte est édité par M.BERNARD, Les offices versifiés attribués à Léon IX (1002-1054), *Etudes Grégoriennes,* XIX (1980), p. 89-100 et 138-148.

325. *Ad magnam Christi gloriam meritis ornat Gorziam, et Galliarum populis non deest patrociniis... O felix Dei munere, Gorzia tanto martyre!* THIRIOT,

hymnes de Léon IX, *Splendor solaris orbitae* et *Gaude mater ecclesia*. Les hymnes composés en l'honneur de saint Gorgon par le moine Gislebert de Liège ont disparu[326].

3) LES ÉGLISES DE GORZE.

Le monastère fut fortifié dès l'époque de Jean et en partie par ses soins[327].

L'existence d'une pluralité d'églises à l'intérieur d'un même monastère est attestée à l'époque carolingienne, à Saint-Riquier, à Saint-Gall[328]. Etait-ce le cas à Gorze ? Il ne reste rien de l'abbaye[329], pour la reconstituer il faut nous appuyer sur la liste des consécrations d'autels.

Les *Miracula* font deux allusions à l'église de Gorze, ils racontent la guérison d'un possédé qui se trouve dans *ecclesia*[330] qui conservait les reliques de Gorgon responsables du miracle, et précisent que c'est dans l'église Saint-Pierre qu'un moine de tendance gyrovague a la vision de saint Pierre[331].

L'office de saint Gorgon martyr, d'après les Archives de la paroisse St. Gorgon de Metz, *Revue Saint-Chrodegang*, (1920) 8-10, p. 119 sq. 11, p. 147 sq., p. 171 sq.

326. Les oeuvres de ce moine sont citées par Rainer de Liège, MGH SS XX, p. 598, *Gislebertus... de sancto Georgio martyre composuit...* plutôt que de Georges il s'agit de Gorgon, car les autres saints auxquels Gislebert consacre ses travaux sont des saints régionaux, MANITIUS, *Geschichte* III, p. 172.

327. *Vita Iohannis*, MGH SS IV p. 362 *primum claustrum muro in modum castri undique circumsepsit*, les travaux étaient inachevés à l'époque du soulèvement de Conrad, *Miracula s. Gorgonii*, MGH SS IV, p. 245 *erat enim forte muri tertia pars diruta pro eo quod castellii exiguitas a senioribus ampliabatur, altitudo muri noui paululum surrexerat interruptio tamen murorum uasta patebat aliquibus in locis.*

328. H.HORAT, L'architecture médiévale, dans *L'abbaye de Saint-Gall, Rayonnement spirituel et culturel*, Lausanne, 1991, p. 185-195.

329. MOUSSON (J.de), Les miniatures du manuscrit 5227 de l'Arsenal ou la résurrection de Gorze, *Bulletin de la Société d'Histoire et d'Archéologie de la Meuse*, 19 (1983), p. 57-80 assimile l'iconographie d'un manuscrit messin de la vie de saint Clément de la fin du Moyen Age a une représentation de l'abbaye de Gorze.

330. *Miracula s. Gorgonii*, MGH SS IV § 16, p. 244.

331. *Id.*, § 19, p. 244 *in ecclesia sancti Petri in choro, et repente uidit per*

ANNEXE

L'église Saint-Pierre[332] est attestée dans les chartes. Peut-être l'église consacrée à saint Pierre, qui est le premier patron de Gorze, est-elle antérieure au monastère. Reconstruite sous l'abbé Henri (1055-93), l'église est consacrée le 26 juin 1068[333] par l'archevêque Udon de Trèves (1066-77). Cet anniversaire est rappelé dans le calendrier. Un autel *ad crucem* consacré le même jour, dédié à saint Clément[334], un autel de la Vierge consacré en 1228, à la droite duquel se trouvait un autel des saints martyrs,

---

principalem fenestram quasi introeuntem senem uenerandi ultus quem antecedebat iuuenili aetate florens quidam quasi minister.
332. Cartulaire 1 *cella sancti Petri*, 2 3 et 4 *basilica sancti Petri sancti Stephani et sancti Pauli uel ceterorum sanctorum*, 6 (759) *monasterium sancti Petri Gorzie*, 12 (770) *monasterium sancti Petri in loco qui uocatur Gorzia*, 51 (848), *in atrio sancti Petri*, R.S.BOUR. Un passage très discuté de Paul Diacre, *Annuaire de la Société d'Histoire et d'Archéologie de la Lorraine* (1935) considère que le passage de Paul Diacre, *Gesta episc. mettensium*, MGH SS II, p. 268, qui attribue à Chrodegang la construction d'un monastère Saint-Pierre et du monastère de Gorze ne parle en fait que d'une seule et même chose, l'abbatiale de Gorze étant une église Saint-Pierre, s'il parle d'un « autre monastère » c'est au sens d'une autre église et il y a à Gorze une église Saint-Pierre.
333. DES ROBERT, *Deux codex*, p. 17.
334. Id., p. 18. Comment comprendre *ad crucem* ? Il existe pour d'autres abbayes, Saint-Gall, Saint-Riquier, Saint-Arnoul, des autels à la croix c'est-à-dire séparant le choeur des moines de celui des laïcs. De toute évidence, il s'agit d'un autel dans l'église Saint-Pierre et non d'une chapelle indépendante car il n'est pas qualifié d'*oratorium* mais *d'altare* et est cité avant l'autel de la Vierge qui se trouve sûrement à Saint-Pierre. Cependant il existait une chapelle Saint-Clément reconstruite par Mangin Chavais curé d'Hageville à la fin du XVIe siècle, le testament est cité dans CHAUSSIER, *Gorze*, p. 330-334. Cette chapelle, ancienne, pouvait remonter à l'époque de l'abbé Henri ; elle était située à *La Croisette*, près de Gorze. Faut-il y voir le lieu-dit de la Croix d'où l'on pouvait venir à pied en procession jusqu'à Gorze ? *La Croisette* est à dix minutes environ, les *Miracula s. Gorgonii* racontent que le trajet jusqu'au monastère se fit pieds nus, ce qui parle en faveur de ce lieu, MGH SS IV, p. 241 *Proficiscitur ergo ad monasterium usque ad locum qui Crucis dicitur, discalciatus uenit usque ad locum nudis pedibus incedens*. Il est peu probable qu'il s'agisse d'un autel construit pour l'église Sainte-Croix à Metz, attestée avant 641 et dédiée à saint Clément (BOUR, *Eglises*, p. 562, *Vita Arnulphi*, et en 1699, A.D. Mos. G 2080,1) bien qu'elle soit proche de la Cour d'or où les abbés de Gorze avaient un hôtel et liée à Gorze ; d'après la *vita Clementi* de Bruxelles, Phillips 4638, les deux fondations de Clément sont Gorze et cette église Sainte-Croix.

se trouvaient à Saint-Pierre. Outre l'autel majeur, on note un autel Sainte-Croix-Saint-Gorgon, consacré en 1099 par l'évêque de Metz, Poppon[335].

Deux chapelles furent ajoutées : Saint-Jean à une date inconnue, et Saint-Maurice consacrée par Adalbéron III (1047-72)[336]. L'autel Saint-Michel, consacré en 1106, par Richard, évêque d'Albano[337], se trouvait sans doute dans la tour de façade de l'abbatiale, pour défendre l'église contre les agressions démoniaques venant de l'occident[338].

Saint-Pierre était certainement la basilique majeure. C'est là que se trouvaient les reliques, au premier rang desquelles le corps de saint Gorgon placé par Chrodegang derrière l'autel majeur. L'abbé Henri procéda à leur élévation. Il n'y avait pas d'église Saint-Gorgon, les reliques se trouvaient dans l'abbatiale[339], comme les corps de six des Onze Mille Vierges[340] et celui de saint

---

335. DES ROBERT, *Deux Codex*, p. 20. Il y a à Saint-Arnoul un autel *sancte Crucis in honore domini Saluatoris et uictoriosissime crucis et sancti Pacientis et sanctorum Innocencium*, *Dedicationes ecclesiae s.Arnulfi*, MGH SS XXIV, p. 547.
336. DES ROBERT, *Deux Codex*, p. 21, *a domno Azone episcopo*. L'évêque Azon ne peut être qu'Adalbéron III, car on apprend qu'il a aussi consacré la chapelle de l'hôpital en 1065.
337. *Cartulaire* 144 ; DES ROBERT, *Deux Codex*, p. 11.
338. *Cartulaire* 144 ; J.VALERY-RADOT, Notes sur les chapelles hautes dédiées à saint Michel, *Bulletin monumental* 88 (1929), p. 458-78. La mission dévolue à l'archange est spécifiée par l'inscription de le tour de l'abbaye de Corvey, *ciuitatem istam tu circumda, Domine, ut angeli tui custodiant muros eius*, BUR, *Chronique de Mouzon*, p. 118.
339. *Cartulaire* 18 *monasterium sancti Petri uel sancti Pauli seu sancti Gorgonii*, 15, 16, 17, 21, 24, 26, 28, 29, 33, 40, 41 *monasterium beatirum apostolorum Petri et Pauli uel sancti Gorgoni martyris Christi ubi incitus ac preclarus martyr Gorgonius requiescit*, 22 (775) *ad partem sancti Petri uel sancti Pauli seu sancti Gorgonii*. *Miracula s. Gorgonii* MGH SS IV, p. 241 *Deum offendisse, patronum iram liberalissimorum sanctorum uidelicet Petri, Pauli, Gorgonii*. Il est possible que la présence de cette relique ait fait parler d'une église Saint-Gorgon, *Cartulaire* 31 (791) *in basilica sancti Gorgonii*, *Chronicon s.Clementis Mettensis*, MGH SS XXIV, p 498, *Adelberone episcopo defuncto sepultus est in ecclesia sancti Gorgonii Gorziensis*.
340. DES ROBERT, *Deux Codex*, p. 21. Aux trois corps ramenés par l'abbé Henri s'ajoutent trois corps ramenés par l'abbé Albert au XIIe siècle.

ANNEXE

Chrodegang[341].
Saint-Pierre était-elle la seule église de Gorze ?

On connaît diverses dates de consécration : Le 26 juin[342] eut lieu la consécration de la nouvelle église Saint-Pierre, le 11 juillet correspond peut-être à la dédicace de la première église Saint-Pierre[343], lors de la fondation, enfin le 15 juin[344] est la date de la consécration de Gorze d'après l'acte (faux) de fondation, repris

---

341. DES ROBERT, *Deux Codex*, p. 20.

342. Id., p. 17 le six des calendes de juillet est la date de la consécration en 1068 et de l'anniversaire de la dédicace de Saint-Pierre de Gorze dans le calendrier.

343. Le cinq des Ides de juillet est donné par un poème d'Alcuin, *MGH Poeta* 1, p. 329-330 *Haec sedet arce Deus iudex, genitoris imago/ Hic Seraphim fulgent domini sub aurore colentes/ Hic inter Cherubim volitant arcana tonantis/ Hic pariter fulgent sapientes quinque puellae/ Aeterna in manibus portantes luce lucernas/ Claviger aetherus, portas qui servat Olympii/ Petrus apostolicus, princeps et pastor ovilis/ Perpetui regis sibimet haec ara dedicater est/ Assiduis precibus totum conservet in aevum/ Ista domnus domino Christo sanctisque dicata est/ Ardentis Iuliis quinis et Idibus Olim/ Hanc pius archipater Metensis gloria plebis/ Hrotgangus praesul magno sacravit honore.* Cette décoration rappelle celle de l'église de Germigny, voulue par l'évêque Théodulphe d'Orléans vers 800. S'il s'agit bien de Gorze dans ce texte, on connaît donc la décoration intérieure de l'église carolingienne, et on peut comparer avec la mention du *Cartulaire 9, Chrodegangus... perfectis Gorzie habitaculis et mororum decore in circuitu bene compositis.* Cette description a été rapportée à Saint-Pierre de Gorze car, bien qu'il y ait une autre église Saint-Pierre de Metz (Saint-Pierre-le-Majeur ou Saint-Pierre-aux-Images) richement décorée par Chrodegang (Paul Diacre, *Gesta episc. Mett.*, MGH SS II, p. 268), celle ci fut consacrée le 16 novembre, PELT, *La liturgie Ve-XIIIe siècles*, p. 46, *dedicatio basilica maioris beati Petri apostoli infra episcopio*, martyrologe de la cathédrale de Metz, VIIIe siècle.

344. D'après un acte faux, qui a pourtant pu s'appuyer sur des données exactes, l'église de Gorze aurait été consacrée le 17 des kalendes de Juillet 762 en l'honneur de saint Paul, DES ROBERT, *Deux codex*, p. 18-19, *Dedicata est domus maioris basilice a Domno Papa Iohanne... in honorem Apostoli Pauli.* CALMET II, preuves, c.100 et *Cartulaire 9, apostolorum Petri et Pauli in quorum honore locus ipsius dedicatus est.* Ce texte ressemble à un extrait de chronique, il explique que Chrodegang a antérieurement consacré et fait décorer l'église. Il a pour but de placer Gorze sous le double patronage du roi (Pépin) et du pape Jean. Mais il n'y a pas alors de pape Jean, il pourrait s'agir de Paul Ier, mais se tromper sur le nom du pape en copiant l'acte paraît aberrant. En outre, à cette époque, le monastère ne se nomme pas Gorze. L'acte lie l'abbaye de Gorze à la protection de la

dans la liste des consécrations et dans un bréviaire de Saint-Arnoul de 1332[345]. Cette église serait consacrée à saint Paul.

Il y avait plusieurs chapelles.

La chapelle des Saints-Apôtres, construite par l'abbé Henri, consacrée par Heriman en 1077, était un bâtiment indépendant de l'abbatiale, car cet oratoire fait l'objet d'une mention autonome. L'autel de droite est consacré à saint Pantaléon, l'autel de gauche à la Vierge[346].

La chapelle de l'hôpital[347], dédiée aux saints confesseurs, construite par Henri consacrée par Azon (Adalbéron III) en 1065.

La chapelle Saint-Blin, sur la hauteur nord de Gorze, le mont Saint-Blin, où se trouvait un hospice de lépreux.

A la fin du Moyen Age, les hauteurs entourant Gorze sont couronnées de chapelles[348], Saint-Clément, qui peut remonter à l'abbé Henri, au sud, Saint-Jacques au nord[349], Saint-Thiebault, fondée vers 1492[350] sur la tombe d'un ermite, à l'ouest, Sainte-Catherine, fondée en 1338[351], à l'est.

---

papauté, ce qui semble anachronique en 762 quand l'abbaye est complètement dépendante de l'évêque comme le précise l'acte 4. Il est possible de le rapprocher des actes du XIe siècle, des confirmations de Léon IX et plus tard du désir de se débarrasser de l'ordinaire. Il existe en outre une autre version de l'acte, donnée par MEURISSE, *Histoire des évêques*, d'après un autre cartulaire. Ces actes faux se retrouvent à Saint-Arnoul.
345. Metz, BM 333, LEROQUAIS, *Bréviaires manuscrits*, II, p. 226.
346. DES ROBERT, *Deux Codex*, p. 21-23. Il est exclu qu'il s'agisse de l'abbatiale de Gorze qui ne serait pas qualifiée d'*oratorium*.
347. Id., p. 21.
348. A.DUPRONT, *Du sacré, Croisades et pèlerinages, images et langages*, Paris, 1987, p. 517-18, M.LANTERNIER, Les quatre chapelles de Gorze, *Mémoires de l'académie de Metz*, 12 (1966/67), p. 45-50.
349. M.LANTERNIER, Les quatre chapelles de Gorze, *Mémoires de L'Académie de Metz*, p. 49, Saint-Jacques est fondée au XVIIe siècle.
350. F.A.WEYLAND, *Saint Thiebault, ermite*, Metz 1905. Le saint, né vers 1017 de la famille des comtes de Champagne, meurt à Vicence, au retour d'un pèlerinage à Rome, vers 1066. Les moines de Gorze lui élèvent une chapelle à la suite du séjour de Phillipa de Gueldre, femme de René II, à Gorze. On ignore les raisons de ce choix. Cette chapelle est proche de la source *Les Bouillons*, traduction du celtique *Borvo* qui qualifie les fontaines non jaillissantes, M.ROBLIN, Fontaines sacrées et nécropoles antiques, *La christianisation des pays entre Loire et Rhin*, Paris, 1993, p. 240.
351. DES ROBERT, *Deux codex*, p. 23.

ANNEXE

En conclusion, l'existence de l'église Saint-Pierre est assurée, une église Saint-Paul semble attestée et il existait plusieurs chapelles, parfois hors de l'enclos abbatial.

Sermo in honore sancti Gorgonii, f. 13, Paris, B.N., lat 5594.

BIBLIOGRAPHIE

ABRÉVIATIONS.

AA SS = *Acta Sanctorum Bollandistarum*, Bruxelles, 1643-1658, 56 vol.

BHL = *Bibliotheca Hagiographica Latina*, 2 vol. et suppléments, Bruxelles, 1898-

CC = *Corpus Christianorum*, Turnhout.

SL = *Series Latinae*

CM = *Continuatio medievalis*

CPL = E.DEKKERS, *Clavis Patrum Latinorum* (Sacris Erudiri 3), Steenbrugge, 1961.

DHGE = *Dictionnaire d'Histoire et de Géographie ecclésiatiques*, Paris, 23 vol. depuis 1912.

MGH SS = *Monumenta Germaniae Historica, Scriptores (in folio)*, 34 vol. depuis 1826.

PL = *Patrologiae Latinae cursus completus... ab aevo apostolico ad Innocentii II tempora*, éd. J.P.MIGNE, Paris, 1839-1864, 221 vol.

I. SOURCES.

A. sources manuscrites.

Bar-le-Duc

Archives départementales de la Meuse, série H.(7H Amel, 8H Apremont)

Epinal

Archives départementales des Vosges, Cartulaire de Pfeddersheim, 1J 68.

Bibliothèque Municipale, manuscrit 71 (148), *Ordo antiquus monasterii Gorziensis*, catalogue général des manuscrits des bibliothèques publiques III, Paris, 1861, p.428-429.

Metz

Archives départementales de la Moselle, série H (H.1-327 Saint-Arnoul, H.328-351 Saint-Avold, H.492-680 Saint-Clément,

H.696-993 Gorze, H.1025-1206 Glandières, H.1207-1210 Saint-Martin, H.1335-1712 Saint-Symphorien, H.1912-2486 Saint-Vincent).

Bibliothèque Médiathèque, manuscrit 826 (détruit), Cartulaire de Gorze, édité par D'HERBOMEZ (A.), *Cartulaire de l'abbaye de Gorze*, Mémoires et Documents publiés par la société nationale des Antiquaires de France (Mettensia II), Paris, 1898.

Bibliothèque Médiathèque, manuscrit 827 (XVIIIe siècle), Cartulaire de Gorze.

Nancy

Bibliothèque du grand séminaire 163, Cartulaire copie Metz, BM 77 et copie à la bibliothèque de l'Institut.

Archives départementales de la Meurthe et Moselle, série G (429-444 : Apremont), (449-466 : Saint-Nicolas)

Paris

Bibliothèque Nationale, lat. 17752 cartulaire d'Apremont.

Bibliothèque Nationale, lat. 5594, *Sermo in honore sancti Gorgonii*, f. 13-19v.

Bibliothèque Nationale, Collection de Lorraine 376.

Royaume-Uni

British Museum, Arundel 41, Commentaire d'Origène sur Jérémie suivi de la première homélie sur le Cantique des Cantiques.

B. sources imprimées.

Actus fundatorum Brunwilarensis monasterii, éd. G.Waitz, 1883, MGH SS XIV p.121-144.

ADALBÉRON DE LAON, *Poème au roi Robert*, éd. Cl Carozzi, Paris, Belles Lettres, 1979.

ADSO DE MONTIER-EN-DER, *De ortu et obitu Antechristi*, éd. D.Verhelst, CC *cont. Med.* XLV, Turnholt, 1976.

ALPERT DE METZ, *De diuersitate temporibus et fragmentum de Deoderico primo*, éd. H.van RIJ, Amsterdam, 1980.

Annales necrologici Fuldenses 779-1065, éd. G.Waitz, 1881, MGH SS XIII, p.161-218.

BIBLIOGRAPHIE

Annales Quedlinburgenses, éd. K.Pertz, 1839, MGH SS III, p.72-90.

Annales Rosenweldenses, éd. K.Pertz, 1859, MGH SS XVI, p.99-104.

Annales Wirziburgenses, éd. K.Pertz, 1829, MGH SS II, p.238-247.

Annalista Saxo a.741-1139, éd. G.Waitz, 1844, MGH SS VI, p.542-777.

BERNARD DE KREMSMÜNSTER, *Historia*, éd. G.Waitz, 1880, MGH SS XXV, p.651-678.

BERNOLD DE CONSTANCE, *Chronicon*, éd. K.Pertz, 1844, MGH SS V, p.385-467.

BERTHOLD DE REICHENAU, *Annales* (1054-1080), éd. K.Pertz, 1844, MGH SS V, p.264-326.

Chronica ecclesiae Rosenfeldensis, éd. J.Vogt (Monumenta inedita rerum germanicarum praecipue Bremensium, I,2) Brême, 1741.

Chronica Reinhardsbrunnensis, éd. O.Holder-Egger, MGH SS XXX, 1, p. 490-656.

Chronicon Hujeburgensis (s.XII), éd. O.MENZEL, *Studien und Mitteilungen zur Geschichte des Benediktiner Ordens und seiner Zweige*, 52 (1934).

Chronicon Laureshamense, éd. K.Pertz, 1869, MGH SS XXI, p.334-453; éd. K.Glöckner, *Codex Laureshamensis*, t.I, Darmstadt, 1929.

Chronicon sancti Benigni Divionensis, PL 162, p.755-848.

Chronicon sancti Huberti, éd. L.C.Bethmann-W.Wattenbach, MGH SS VIII, p.565-630.

Chronicon Schwarzacense, éd. J.P.Ludewig, *Nouum uolumen scriptorum rerum germanicarum II*, Frankfort, 1718, p.1-48.

Collectio epistolae Reinheresbrunnensis, éd. F.Peeck, MGH *epistolae selectae* V, München, 1985.

Compendium historiae equestris ecclesiae collegiatae sancti Michaeli prope Sintzhemium ab anno Christi quo est 1090 usque ad annum 1630, éd. Mone, 1848.

CONSTANTIN DE SAINT-SYMPHORIEN, *Vita Adalberonis II Mettensis episcopi*, éd. G.H.Pertz, 1841, MGH SS IV, p.658-672

Dedicationes ecclesiarum Brunwilarenses, éd. A.Hofmeister, 1926, MGH SS XXX,2, p.775-77.

BIBLIOGRAPHIE

EBBON, *Vita Ottonis episcopi Bambergensis*, éd. R.Koepke, 1856, MGH SS XII, p.822-883.

Epistola Henrici, éd. Pflugk-Harttung, *Iter Italicum*, Stuttgart, 1883, p.412-413; éd. Bulst, *Die Ältere Wormser Briefsammlung*, MGH Die Briefe der Deutschen Kaiserzeit II, Weimar, 1949, p.108-109.

Epistola Herimanni episcopi, éd. W.Wattenbach, Briefe aus Heinrich III. Zeit, *Neues Archiv I*, 1876, p.173-74.

Epistola Walonis, éd. Baluze, *Miscellaneorum liber quartus*, p.442-444.

Epistola Warini, PL 147, c.465-474.

Epistolae Gregorii papae, éd. Caspar, MGH Epistolae selectae II.

Epistolae Walonis, éd. Mabillon, *Vetera Analecta*, Paris, 1723, p.455-459.

Epistolae Walonis, MGH Briefe der Deutsche Kaiserzeit V, p.182-187.

Gesta abbatum Trudonensium, éd. R.Koepke, 1852, MGH SS X, p.213-448.

Gesta episcoporum Halberstadensium, éd. L.Weiland, 1874, MGH SS XXIII, p. 73-123.

Gesta episcoporum Mettensium, éd. D.G.Waitz, 1852, MGH SS X, p.531-551.

Gesta episcoporum Virdunensium, éd. D.G.Waitz, 1841, MGH SS IV, p.36-51.

HERIMANN DE REICHENAU, *Chronicon*, éd. K.Pertz, 1844, MGH SS V, p.67-133.

HUGUES DE FLAVIGNY, *Chronicon*, éd. K.Pertz, 1848, MGH SS VIII, p.280-503.

JEAN DE SAINT-ARNOUL, *Vita Iohannis abbatis Gorziensis*, éd. G.H.Pertz, 1841, MGH SS IV, p.355-377.

LAMPERT DE HERSFELD, *Annales*, éd. F.Hesse, 1844, MGH SS V, p.134-263; éd. G.H.Pertz, Script. rer. germ. Hannovre, 1874.

LANTBERT DE DEUTZ, *Miracula Heriberti*, éd. O.Holder-Egger, 1888, MGH, SS XV,2, p.1245-60.

BIBLIOGRAPHIE

LANTBERT, *Vita Heriberti archiepiscopi Coloniensis*, éd. D.G.Waitz, 1841, MGH SS IV, p.739-753.

LAURENT DE LIEGE, *Gesta episcoporum Virdunensium et abbatum sancti Vitoni*, éd. D.G.Waitz, 1852, MGH SS X, p.486-530.

Liber de successoribus S.Hidulfi in Mediano monasterio 703-1011, éd. G.Waitz, 1841, MGH SS IV, p.86-92.

MAGENOLD DE LAUTENBACH, *Contra Wolphelmum*, MGH Quellen zur Geistes Geschichte des Mittelalters 8, Weimar, 1972.

MARIANUS SCOTTUS, *Chronicon*, éd. P.Kiloniensi, 1844, MGH SS V, p.481-568.

Miracula sancti Gorgonii, AA SS Sept.III, 340-42, éd. G.Waitz, 1841, MGH SS IV, p.238-247.

Passio sancti Gorgonii, AA SS Sept.III, 343-354.

PAUL WARNEFRID, *Liber de episcopis Mettensibus*, éd. K.Pertz, 1829, MGH SS II, p.260-268.

RAOUL GLABER, *Vita sancti Guillelmi abbas Divionensis*, PL 142, c.698-720; éd. N.Bulst, *Vita domni Willelmi abbatis*, Neue edition nach einer Handschrift des 11.Jh., Paris BN lat.. 5390, *Deutsches Archiv für Erforschung des Mittelalters*, 30 (1974), p.450-487.

Regularis Concordia, éd. Th.SYMONS, Medieval classics, Nelson, Londres 1953

RUOTGER, *Vita Brunonis archiepiscopi Coloniensis*, éd. D.G.Waitz, 1841, MGH SS IV, p.252-272.

RUPERT DE DEUTZ, *Vita Heriberti*, éd. P.DINTER, Bonn, 1976.

RUPERT, *Chronica sancti Laurentii Leodiensis*, éd. W.Wattenbach, 1848, MGH SS VIII, p.261-279.

Series abbatum et prepositorum Laureshamensis, éd. O.Holder-Egger, 1881, MGH SS XIII, p.316-318.

SIGEBERT DE GEMBLOUX, *Chronographia*, éd. L.C.Bethmann 1844, MGH SS VI, p.268-374.

SIGEBERT DE GEMBLOUX, *Gesta abbatum Gemblacensium*, éd. G.H.Pertz, 1848, MGH SS VIII, p.523-542.

SIGEBERT DE GEMBLOUX, *Liber de viris illustribus*, éd.
R.WITTE, Francfort, 1974.

SIGEBERT DE GEMBLOUX, *Vita Deoderici episcopi Mettensis*, éd.
G.H.Pertz, 1841, MGH SS IV, p.461-483.

SIGEBERT DE GEMBLOUX, *Vita Wicberti*, éd. G.H.Pertz,
1848, MGH SS VIII, p.504- 564.

THIETMAR DE MERSEBOURG, éd. I.M.Pappenberg, 1839,
MGH SS III, p.723-871.

TRITHEME, *Annales Hirsaugiensis*, 1690.

Vita Adalberonis episcopi Wirziburgensis seu Herbipolensis, éd.
W.Wattenbach, 1856, MGH SS XII, p.127sq.

Vita Altmanni episcopi Patauiensis, éd. W.Wattenbach, 1856,
MGH SS XII, p.226-243.

Vita Annonis archiepiscopi Coloniensis, éd. R.Koepke, 1854, MGH
SS XI, p. 462-518.

Vita Bennonis episcopi Osnabrugensis, éd. H.Bresslau, 1926, MGH
SS XXX,2 p.869-892.

Vita Caddroe abbatis, AA SS Martii I, p.474-481. Extraits MGH
SS XV,2, p.692.

Vita Chrodegangi episcopi Mettensis, éd. G.H.Pertz, 1852, MGH SS
X, p.552-572.

Vita Dagoberti, éd. Krusch, 1888, MGH Script. rerum merov. II,
p.512-523.

Vita Popponis abbatis Stabulensis, éd. W.Wattenbach, 1854, MGH
SS XI, p.291-316.

Vita Richardi abbatis sancti Vitoni Virdunensis, éd. W.Wattenbach,
1854, MGH SS XI, p.280-290.

Vita, translationes et miracula sanctae Glodesindis, AA SS Juillet VI,
p.198-225, PL. 137, c.211-240; extraits éd. G.Waitz, 1841,
MGH SS IV, p.236-238.

Vita Theotgeri, éd. Ph.Jaffé, 1856, MGH SS XII, p.449-479.

Vita Willelmi, voir Raoul Glaber.

Vita Wolphelmi abbatis Brunwilarensis, éd. R.Wilmans, 1856,
MGH SS XII, p.180-195.

WALRAM ET HERRAND, *Epistolae de causa Henrici regis
conscriptae*, éd. E.Dümmler, Libelli de lite II, p.285-291.

WIBERT, *Vita s. Leonis IX*, PL 143, 457-504.

BIBLIOGRAPHIE

C. Nécrologes

Echternach, éd. E.SACKUR, *Neues Archiv*, 15 (1890), p.132-36.

Gladbach, éd. G.ECKERZ, *Necrologium Gladbacense*, Aachen, 1881.

Gorze, extraits édités par Ch.AIMOND, Extraits de l'obituaire de Gorze, *Bulletin de la Société d'Archéologie de la Lorraine*, 14 (1914), p.79-84, et M.PARISSE, *Le nécrologe de Gorze, Contribution à l'histoire monastique*, Nancy, 1971.

Kremsmünster, MG Necr. 4, 197-238.

Reichenau, MG Necr. 1, 271-282.

Saint-Arnoul, Metz, BM ms 196, détruit, copie de Bour (même cote et A.D. Mos. 19J 344) et des extraits de Mabillon BN lat. 11902, f.131r-135v.

Saint-Bénigne, éd. B.SCHAMPER, *Saint-Bénigne de Dijon, Untersuchungen zum Necrolog der Handschrift Bibl. mun. de Dijon, ms. 634*, München, 1989.

Saint-Clément, Metz, BM ms 307, détruit, copie de Bour (même cote et A.D. Mos. 19 J. 344) et des extraits de Mabillon BN lat. 11902, f. 164-165v.

Saint-Maximin, éd. F.X.KRAUS, *Jahrbächer des Vereins von Alterthumskunde im Rheinlande*, LVII (1876), p.108-119.

Saint-Vanne, éd. E.SACKUR, *Neues Archiv*, 15 (1890), p.126-32.

Saint-Vincent, Berlin, Deutsche Staatsbibliothek Phill 1655, f. 368 (Lemaître 1554a); Nécrologe de Saint-Vincent, copie de Bour, A.D. Mos. 19 J. 344.

Schwarzach am Main, éd. F.J.Bendel, *Studien und Mitteilungen zur Geschichte des Benediktiner Ordens und seiner Zweige*, 41 (1922), p.89-95.

Varangéville, éd. P.MAROT, L'obituaire du prieuré de Varangéville dans *Bulletin de la Société d'Archéologie de la Lorraine*, XVIII (1925),

II OUVRAGES ET ARTICLES.

1) Généralités.

ANGENENDT (A.), *Das Frühmittelalter (400-900)*, Stuttgart-Berlin-Köln, 1990.

ARQUILLIERE (H.X.), *L'augustinisme politique*, Paris, 1934.

ATSMA (H.), les monastères urbains du Nord de la Gaule, *Revue d'Histoire de l'Eglise de France*, LXII (1976), p. 136-187.

AUBRUN (M.), *La paroisse en France, des origines au XVe siècle*, Paris, 1986.

BECKER (A.), *Studien zum Investiturproblem in Frankreich, Papsttum, Königtum und Episkopat im Zeitalter der gregorianischen Kirchenreform (1049-1119)*, Saarbrück, 1955.

BECKER (G.), *Catalogi bibliothecarum antiqui*, Bonn, 1885.

Benedictine Culture (750-1050) (Medievalia Lovaniensia series I/Studia xi), Leuven U. press, 1983.

BENOIT (P.), *Histoire ecclésiastique et politique de la ville et du diocèse de Toul*, Toul, 1707.

BISCHOFF (B.), *Mittelalterliche Studien* (3 vol.), Stuttgart, 1966-1981.

BLUM (R.), Die Literaturverzeichnung im Altertum und Mittelalter, *Archiv für Geschichte des Buchwesens*, 24 (1983), c.1-256.

BLUMENTHAL (U.R.), *The investitur contest*, Philadelphie, 1987.

BOLGAR (R.), *The classical heritage and his beneficiaries*, Cambridge, 1954.

BOUTHILLIER (D.) - TORRELL (J.P.), *Pierre le Vénérable et sa vision du monde. Sa vie, son oeuvre. l'homme et le démon*, Louvain, 1986.

BROWN (P.), *Le culte des saints*, Paris, 1984.

BRUNHÖLZL (F.), *Histoire de la littérature latine du Moyen Age, I,1 L'époque mérovingienne*, Brepols, 1990; I,2 *L'époque carolingienne*, Brepols, 1991.

BULST (N.), *Untersuchungen zu den Klosterreformen Wilhelm von Dijon, 962-1031*, Bonn, 1973.

BUR (M.), *Suger, Abbé de Saint-Denis, Régent de France*, Paris, 1991.

BIBLIOGRAPHIE

CALMET (A.), *Histoire ecclésiastique et civile de Lorraine*, 1er éd. Metz, 1729-. 2e éd. Nancy, 1745-1757 (t.I-VII).

CHAUSSIER (F.), *Histoire de L'abbaye de Gorze, Histoire Messine*, Metz, 1894.

CHELINI (J.), *L'aube du Moyen-Age, naissance de la chrétienté médiévale*, Paris, 1991.

CHOUX (J.), Décadence et réforme monastique dans la province de Trèves, 855-959, *Revue Bénédictine*, 70 (1960), p.204-223.

COLLIN (H.), *Les églises romanes de Lorraine*, 4 vol, Nancy, 1981-1986.

COWDREY (H.E.J.), *The Cluniacs and the Gregorian Reform*, Oxford, 1970.

DANTZER (A.), La Querelle des Investitures dans les évêchés de Metz, Toul et Verdun, *Annales de l'Est*, 16 (1092), p.85-100.

DAUPHIN,(H.), *Le Bienheureux Richard, abbé de Saint Vanne de Verdun, mort en 1046* (Bibliothèque de la revue d'histoire ecclésiastique XXIV), Louvain-Paris, 1946.

DELEHAYE (H.), *Les passions des martyrs et les genres littéraires* (Subsidia hagiographica 13b), Bruxelles, 1966.

DEROLEZ (A.), *Les catalogues de bibliothèques*, Typologie des sources du Moyen-âge Occidental 31, Brepols, 1979.

DORVAUX (N.), *Les anciens pouillés du diocèse de Metz*, Nancy, 1902.

DUBY (G.), *Les trois ordres ou l'imaginaire du féodalisme*, Paris, 1978.

FLECKENSTEIN (J.), *Die Hofkapelle der Deutschen Könige. t.II Die Hofkapelle im Rahmen der Ottonisch-salischen Reichkirche*, Stuttgart, 1966.

FLECKENSTEIN (J.), *Early Medieval Germany*, Amsterdam-New-York-Oxford, 1978.

FLICHE (A.), *La réforme grégorienne et la reconquête chrétienne (1057-1123)*, Histoire de l'Eglise t.8, Paris, 1946.

FOSSIER (R.), *Enfance de l'Europe, aspects économiques et sociaux*, T.I et II, Nouvelle Clio 17 et 17b, Paris, 1982.

FOURNIER (P.) - LE BRAS (G.), *Histoire des collections canoniques en Occident depuis les fausses décrétales jusqu'au décret de Gratien*, Paris, 1931-1932.

BIBLIOGRAPHIE

FUHRMANN (H.), *Germany in the High Middle Ages c.1050-1200*, Cambridge, 1987.

GAUTHIER (N.), *L'évangélisation des pays de la Moselle*, Paris, 1980.

GENEVOIS (A.-M.) - GENEST (J.-F.) - CHALANDON (A.), *Bibliothèques de manuscrits médiévaux en France. Relevé des inventaires du VIIIe au XVIIIe siècle*, Paris, 1987.

GLENISSON (J.) dir., *Le Livre au Moyen Age*, Paris, 1988.

Gorze au fil des siècles, neuvième centenaire de la mort de l'abbé Henri le bon, éd. E.Manson, Metz, 1993.

GOTTLIEB (T.), *Uber mittelalterlichen Bibliothekskatalogen*, Leipzig, 1890.

GOUREVITCH (A.J.), *Les catégories de la culture médiévale*, Paris, 1972.

GUENÉE (B.), *Histoire et culture historique dans l'Occident médiéval*, Paris, 1980.

GUILLEMAIN (B.), Les origines des évêques en France aux XIe et XIIe siècles, dans *Le istituzioni della "societas christiana" dei secoli XI XII papato cardinalato ed episcopato*, Milan, 1974, p.374-407.

HALLINGER (K.), *Gorze-Kluny. Studien zu den monastichen Lebensformen und Gegensätzen im Hochmittelalter*, Studia Anselmiana XXII-XXIII, Rome, 1950-52.

Haut Moyen Age, Culture, éducation et société, études offertes à P.Riché, Paris, 1990.

HIRSCH (H.), *Die Klösterimmunität seit dem Investiturstreit*, Darmstadt, 1967 (réed.).

Histoire du Christianisme sous la direction de J.M.Mayeur - Ch et L.Pietri - A.Vauchez - M.Venard, t.IV Evêques, moines et empereurs (610-1054), t.V Apogée de la papauté et expansion de la chrétienté (1054-1274), Desclée, 1993.

Histoire de la France religieuse, T I, Paris, 1988

Histoire des bibliothèques françaises, t.1 : Les bibliothèques médiévales du VIe siècle à 1530, A.Vernet dir., Paris, 1989.

HLAWITSCHKA (E.), *Lothringen and der Schwelle der deutschen Geschichte*, Stuttgart, 1968.

HUYGHEBAERT (N.), *Les documents nécrologiques*, Typologie des sources du Moyen-Age occidental 4, Brepols, 1972.

BIBLIOGRAPHIE

Intellectual life in the middle ages. Essays presented to Magaret Gibson, London, 1992.

IOGNA-PRAT (D.), *Agni Immaculati. Recherches sur les sources hagiographiques relatives à saint Maïeul de Cluny (954-994)*, Paris, 1988.

KANTOROWICZ (E.), *Les deux corps du roi*, Paris, 1989.

L'abbaye de Saint-Gall, Rayonnement spirituel et culturel, dir. W.Vogler, Payot Lausanne, 1991.

L'abbaye de Gorze au Xe siècle, éd. M.PARISSE - O.G.OEXLE, Nancy, 1993.

LAISTNER (M.L.W.), *The intellectual heritage of the early Middle ages*, New-York, 1966.

LECLERCQ (J.), *L'amour des lettres et le désir de Dieu. Les écrivains monastiques au Moyen Age*, Paris, 1957.

LECLERCQ (J.), L'humanisme bénédictin du VIIIe au XIIe siècle, *Analecta monastica I*, p.120 sq.

LEHMANN (P.), *Mittelalterliche Bibliotheks-kataloge Deutschlands und der Schweiz*, München, 1918.

LEMAIRE (J.), *Introduction à la codicologie*, Louvain-la-Neuve, 1989.

LESNE (E.), *Histoire de la propriété ecclésiastique en France, t.IV, les scriptoriae et bibliothèques*, Paris, 191 t.V: *Les écoles de la fin du VIIIe à la fin du XIIe siècle*, Lille, 1940.

MANITIUS (M.), *Geschichte der lateinischen Literatur des Mittelalters 1 : Von Justinian bis zur Mitte des 10. Jahrhunderts, 2 : Von der Mitte des 10. Jahrhunderts bis zum Ausbruch des Kampfes zwischen Kirche und Staat, 3 : Vom Ausbruch des Kirchenstreites bis zum Ende des 11. Jahrhunderts*, München, 1911-1931.

McKITTERICK (R.), *The Carolingians and the written word*, Cambridge, 1989.

McKITTERICK (R.), *The Frankish Church and the Carolingian Reforms, 789-895*, Cambridge, 1977.

MEURISSE, *Histoire des évêques de l'Eglise de Metz*, Metz, 1634.

MUNCK-OLSEN (B.), *L'étude des auteurs classiques latins aux XIe-XIIe siècles*, 3 vol., Paris CNRS, 1982.

PACAUT (M.), *L'Ordre de Cluny*, Paris, 1986.

PARISSE (M.) dir., *Histoire de la Lorraine*, Toulouse, 1977.

BIBLIOGRAPHIE

PARISSE (M.), *Encyclopédie illustrée de la Lorraine : L'époque médiévale : Austrasie, Lotharingie, Lorraine, (Histoire de la Lorraine* dir. G.Cabourdin), Nancy, 1990.

PARISSE (M.), *La Lorraine monastique*, Nancy, 1981.

PARISSE (M.), La vie religieuse en Lorraine au XIe siècle, *Sacris Erudiri*, XX (1971), p.11-38.

PAUL (J.), *L'Eglise et la culture en Occident*, t. I et II, Nouvelle Clio 15 et 15b, Paris, 1986.

PHILIPPART (G.), *Les légendiers latins et autres manuscrits hagiographiques*, Typologie des sources du Moyen-Age Occidental 24-25, Brepols, 1977.

PRINZ (F.), *Frühes Mönchtum im Frankreich. Kultur und Gesellschaft in Gallien, 4.-8.Jh.)*, 2e ed. Darmstadt, 1988.

RICHÉ (P.) dir., *Histoire des saints et de la sainteté chrétienne, t.V, la sainteté dans les empires rivaux (815-1053)*, Paris, 1986.

RICHÉ (P.), *Ecole et enseignement dans le haut Moyen Age*, Paris, 1979.

RICHÉ (P.), *Gerbert d'Aurillac, le pape de l'an mil*, Paris, 1987.

RICHÉ (P.), *Instruction et vie religieuse dans le haut Moyen Age*, Londres, 1981.

ROSENWEIN (B.H.), *Rhinoceros bound : Cluny in the Tenth Century*, Philadelphia, 1982.

SACKUR (E.), *Die Cluniacenser in ihrer kirchlichen und allgemeingeschichtlichen Wirksamkeit bis zu Mitte des 11. Jh.*, 2 vol. Halle, 1892-94.

SCHMITT (J.-C.), *La raison des gestes dans l'occident médiéval*, Paris, 1990.

SCHMITZ (Ph.), *Geschichte des Benedictinerordens*, I, Zürich, 1947.

SIGAL (P.A.), *L'homme et le miracle dans la France médiévale (XIe-XIIe siècles)*, Paris 1985.

SOT (M.), *Gesta episcoporum, gesta abbatum* (Typologie des sources du Moyen-Age Occidental 37), Brepols, 1981.

STEGMÜLLER (F.), *Repertorium Biblicum medii aevi*, t.I-XII, Madrid, 1940-1980.

TELLENBACH (G.), *Church, State and Christian Society at the time of the Investiture Contest*, Oxford, 1959.

The role of the book in medieval culture, éd. P.GANZ, 2 vol., Turnhout, 1982.

ULLMANN (W.), *The individual and Society in the Middle Age*, Baltimore, 1966.

WALLACE-HADRILL (J.M.), *The frankish church*, Oxford, 1983.

WOLLASCH (J.), *Mönchtum des Mittelalters zwischen Kirche und Welt*, München, 1973.

2) études particulières

ALBERS (B.), Les *Consuetudines Sigiberti abbatis* dans Clm 14765, *Revue Bénédictine*, 20 (1903), p.420-23.

Autour d'Hildegarde, actes du colloque éd. par P.Riché-C.Heitz-F.Hebert-Suffrin, Université de Paris X Nanterre, Cahier V, 1987.

BACHMANN (J.), *Die päpstlichen Legaten in Deutschland und Scandinavien 1125-1159*, Berlin, 1913.

BANGE (H.) - LÖHR (W.), Gladbach, dans *Germania Benedictina* 8, München, 1980, p.323-351.

BARTH (R.E.), *Der Herzog in Lotharingien im 10. Jahrhundert*, Sigmaringen, 1990.

BAUERREISS (R.), *Kirchengeschichte Bayerns, II, von den Ungarneinfall bis zur Beilegung des Investiturstreites (1123)*, St-Odile, 1950.

BECKER (P.), Die monastische Observanz in den Trierer Abteien S. Euchaire-Matthias und S.Maximin bis zur 15 Jh., *Kulturisches Jahrbuch*, 7 (1967), p.23-31.

BERGES (W.), *Die Fürstenspiegel des hohen und späten Mittelalters*, Stuttgart, 1938.

BERGMANN (W.), *Innovationen im Quadrivium, 10.-11. Jh.*, Stuttgart, 1985.

BERNARD (M.), Les offices versifiés attribués à Léon IX (1002-1054), *Etudes Grégoriennes*, XIX (1980), p.89-100.

BERNHARD (J.W.), *Servitium regis* and monastic properties, *Viator*, 18 (1987), p.75-82.

BERSCHIN (W.), *Griechisch-lateinisches Mittelalter von Hieronymus zu Nikolas von Kues*, Bern-München, 1980.

BIBLIOGRAPHIE

BISCHOFF (B.), Die Bibliothek im dienste der Schule, *Settimane di Spoleto*, XIX (1971).

BLOCH (R.), Die Klosterpolitik Leos IX. in Deutschland, Burgund und Italien, *Archiv für Urkunde Forschungen*, (1930), p.254-257.

BOGAERT (P-M.), La Bible latine des origines au Moyen âge, aperçu historique, état des questions, *Revue Théologique de Louvain*, 19 (1988), p.137-159 et p.276-314.

BOGAERT (P-M.), Une version longue inédite de la *visio beati Esdrae*, *Revue Bénédictine*, 94 (1984), p.50sq.

BOGUMIL (K.), *Das Bistum Halberstadt in 12.Jh.*, Köln-Wien, 1972.

BORINO (G.B.), La lettera di Walone, abbate di Metz, *Studi ricerche in memoria del Cardinale G.Mercati*, Rome, 1959, p.28-33.

E.BOSHOF, Kloster und Bischof in Lotharingien, *Monastiche Reformen im 9. und 10. Jhr. Vorträge und Forschungen* XXXVIII, ed. R.Kottje-H.Maurer, Siegmaringen, 1989, p.197-245.

BOULHOL (P.), *Ricerche sul culto di S.Gorgonio in occidente fino al X secolo*, Rivista di archeologia christiana, 63 n.1-4 (1987).

BOUR (R.S.), Die Benediktiner Abtei S. Arnulf vor den Metzer Stadtmauern, *Jahrbuch der Gesellschaft für lothringische Geschichte und Altertumskunde*, XIX-XX (1908).

BOUR (R.S.), Un passage trés discuté de Paul Diacre, *Annuaire de la société d'Histoire et d'Archéologie de la Lorraine*, 1935.

BUR (M.), *Chronique ou livre de fondation du monastère de Mouzon*, Paris, CNRS, 1989.

BÜREN (V.von), Le grand catalogue de la bibliothèque de Cluny, dans *Le gouvernement d'Hugues de Semur à Cluny, Actes du colloque scientifique international, Cluny, septembre 1988*, CNRS, 1990, p.245-263.

BÜTTNER (H.), Verfassungsgeschichte und Lothringische Klosterreform, dans *Aus Mittelalter und Neuzeit. Festschrift f. G.KALLEN*, Bonn, 1957, p.17-27.

CALMET (A.), *Histoire de l'abbaye de Senones*, manuscrit inédit publié par F.Dinago, Saint-Dié, 1879-1882.

CHOUX (J.), Pibon, évêque de Toul et la Querelle des Investitures, *Annales de l'Est*, (1950), p.77-104.

CLAISSE (S.), *La Bibliothèque du chapitre cathédral de Metz au Moyen Age*, mémoire de maîtrise, Nancy, 1985.

COENS (M.), Les saints particulièrement honorés à l'abbaye de Saint-Trond, *Analecta Bollandiana*, 72 (1954), p.85-133, 397-426; 73 (1955), p.140-192.

CONTRENI (J.J.), *Carolingian learning, Masters and Manuscripts*, (1992) Reprints.

CORBET (P.), *Les saints Ottoniens, sainteté dynastique, sainteté royale et sainteté féminine autour de l'an mil*, Sigmaringen, 1986.

DAUPHIN (H.), Le renouveau monastique en Angleterre et ses rapports avec la réforme de Gérard de Brogne, *Revue Bénédictine*, 70 (1960), p.177-196.

De GAIFFER (B.), Note sur le culte des saints Clément et Caddroë, *Analecta Bollandiana*, 85 (1967), p.21-43.

DELEHAYE (H.), Loca sanctorum, *Analecta Bollandiana*, 48 (1930), p.5-64.

DELISLES (L.), La bibliothèque de Cluni, *Le cabinet des manuscrits de la Bibliothèque Nationale*, t.II, p.458-485.

DEREINE (Ch.), Clercs et moines au diocèse de Liège du Xe au XIIe siècle, *Annales de la Société Archéologique de Namur*, 14 (1949-1950), p.183-203.

Der Heilige Altmann Bischof von Passau, Sein Leben und Werk, Göttweig, 1965.

DESPY-MEYER (A.) - DUPONT (P.P.), Abbaye de Saint-Hubert, *Monasticon Belge V, province de Luxembourg*, Liège, 1975, p.9-83.

DES ROBERT (F.), *Deux codex manuscrits de l'abbaye de Gorze*, Nancy, 1884.

Die Abtei St. Gallen, t.I : Beiträge zur Erforschung ihrer Manuscripte, Mélanges J.Duft, éd. P.Ochsenbein und E.Ziegler, Siegmaringen, 1990.

Die Iren und Europa im früheren Mittelalter, éd. H.Löwe, Stuttgart (Klett-Cotta), 1982.

Die Kultur der Abtei Reichenau (Beihefte der Francia 14), München, 1925.

Die Reichabtei Lorsch, Darmstadt, 1973.

BIBLIOGRAPHIE

DIERKENS (A.), *Abbayes et chapitres entre Sambre et Meuse VII-XIe siècles, contribution à l'histoire religieuse des campagnes du haut Moyen Age*, Sigmaringen, 1985.

Die Salier und das Reich, II, Die Reichkirche in der Salierzeit, Sigmaringen, 1991.

DOLBEAU (F.), Un nouveau catalogue des manuscrits de Lobbes aux XIe-XIIe siècles, *Recherches Augustiniennes*, XIII (1978), p.3-36 et 191-248.

DOLBEAU (F.), Un panégyrique anonyme, prononcé à Minden pour la fête de saint Gorgon, *Analecta Bollandiana*, 103 (1985), p.35-59.

EINHORN (J.P.), *Inventaire des biens de l'abbaye collégiale de Gorze vers le milieu du XVIIIe siècle*, Mémoire de maîtrise, Metz, 1974.

ENGELMANN (U.), Die ehemaligen Benediktinerklöster im thüringisch-sächsischen Raum, *Studien und Mitteilungen zur Geschichte des Benediktiner Ordens und seiner Zweige*, 92 (1981), p.277-84.

ENGELS (O.), Der Reichsbischof in ottonischer und frühsalischer Zeit, dans *Beiträge zu Geschichte und Struktur der mittelalterlichen Germania Sacra*, Göttingen, 1989, p.135-175.

ENGELS (O.), Der Reichsbischof, dans *Der Bischof in seiner Zeit*, Cologne, 1986, p.41-94.

ERDMANN (C.), *Studien zur Briefliteratur Deutschlands im 11 Jhr.*, MGH Schriften I, Leipzig, 1938.

ERKENS (F.R.), *Die Trierer Kirchenprovinz im Investiturstreit*, Passauer historische Forschungen 4, Köln-Wien, 1987.

EVRARD (J.P.), *Thierry le Grand, évêque de Verdun*, Mémoire, Nancy, 1970.

FAWTIER (R.), La bibliothèque et le trésor de l'abbaye de Saint-Evre-lès-Toul à la fin du XIe siècle d'après le manuscrit 10292 de Munich, *Mémoires de la Société d'Archéologie Lorraine*, 11 (1911), p.122-156.

FENSKE (L.), *Adelsopposition und kirchliche Reform Bewegung im östlichen Sachsen*, Göttingen, 1977.

FISCHER (B.), *Lateinische Bibelhandschriften im frühen Mittelalter*, Freiburg, 1985.

FLECKENSTEIN (J.), Heinrich IV und der deutsches Episkopat in der Anfang des Investitursstreit, dans *Adel und Kirche, Gerd Tellenbach 65. Geburtstag,* Fribourg-Bale-Wien, 1968, p.221-236.

FLECKENSTEIN (J.), Problematik und Gestalt der Ottonisch-salischen Reichkirche, dans *Reich und Kirche vor dem Investiturstreit,* Sigmaringen, 1985, p.83-113.

FLECKENSTEIN (J.), Zum Begriff der Ottonisch-salischen Reichskirche, dans *Ordnungen und formende Kräfte des Mittelalters,* Göttingen, 1989, p.213-221.

FLESCH (S.), *Die monastische Schriftkultur der Saargegend im Mittelalter* (Veröfftlichungen der Komission für saarlandische Landesgeschichte und Volksforschung 20), Sarrebruck, 1991.

FOLZ (R.), Vie posthume et culte de saint Sigisbert, roi d'Austrasie, *Festschrift P.E.Schramm,* Wiesbaden 1964, t.I, p. 7-26.

FOLZ (R.), *Les saints rois du moyen age en Occident VI-XIIIe siècles, Subsidia hagiographica,* Bruxelles, 1986.

FOLZ (R.), Tradition hagiographique et culte de saint Dagobert roi des Francs, *Le Moyen Age* (1963), p.17-35.

FOLZ (R.), Un évêque ottonien, Thierry Ier de Metz (965-984), dans *Media in Francia,* Herault, 1989, p.139-155.

FRITSCH, *Halberstadter Bistum,* Halle, 1913.

GAILLARD (L.), Gorze et Saint-Riquier, *Mélange de sciences religieuses,* XVII (1960), p.143-151.

GASSE-GRANDJEAN (M.-J.), *Les livres dans les abbayes vosgiennes du Moyen Age,* Nancy, 1992.

GAUDEMET (J.), *Les sources du droit de l'Eglise en Occident du IIe au VIIe siècle,* Paris (CNRS), 1985.

GAUTHIER (N.), La fondation de l'abbaye de Longeville-lès-Saint-Avold, *Cahiers Lorrains,* 1988,4, p.369-378.

GEARY (P.J.), *Furta sacra : Thefs of Relics in the Central Middle ages,* Princeton University Press, 1978.

GESSLER (J.), Les catalogues des bibliothèques monastiques de Lobbes et Stavelot, *Revue d'Histoire ecclésiastique,* 29 (1933), p.82-96.

GESSLER (J.), *Une bibliothèque scolaire du XIe siècle d'après le catalogue provenant de l'abbaye d'Anchin,* Bruxelles-Paris, 1935.

BIBLIOGRAPHIE

GIERLICH (E.), *Die Grabstätten der rheinischen Bischöfe vor 1200*, Mainz, 1990.

GIRARDIN (Cl.), *Les relations entre l'archevêché de Trèves et les diocèses lorrains au temps d'Albéron de Montreuil* (1131-1152), mémoire, Nancy, 1973.

GLAESENER (H.), Saint Poppon abbé de Stavelot Malmedy, *Revue Bénédictine*, 60 (1950), p.163-179.

HALLINGER (K.), Die Provenienz der *Consuetudo Sigiberti*, dans *Festschrift für H. de Borr*, 1971, p.155-176.

HALLINGER (K.), Herkunft und Überlieferung der *Consuetudo Sigiberti*, dans *Zeitschrift der Savigny-Stiftung für Rechtgeschichte. Kanonische Abteilung*, LVI (1970), p.194-242.

HALLINGER (K.), Junggorzer Reformbraüche aus St. Stephan in Würzburg, *Würzburger Diozesangeschichtblätter*, 25 (1963), p.93-113.

HALLINGER (K.), Neue Fragen der reformgeschichtlichen Forschung, *Archiv für der Mittelrheinische Kirchengeschichte*, 1957, p.9-32.

HALLINGER (K.), Zur Rechtgeschichte der Abtei Gorze bei Metz (vor 750-1572), *Zeitschrift für Kirchengeschichte*, III (1972), Stuttgart.

HAUBRICHS (W.), *Die Kultur des Abtei Prüm zur Karolingerzeit. Studien zu Heimat des althochdeutschen Georgsliedes*, Bonn, 1979.

HEINZELMANN, *Translationesberichte und andere Quellen des Reliquienkultes*, Typologie des sources du Moyen-Age occidental 33, Brepols, 1979.

HERKOMMER (L.), *Untersuchungen zur Abtsnachfolge unter den Ottonen im Südwestdeutscher Raum*, Stuttgart, 1973.

HERRMANN-MASCARD (N.), *Les reliques des saints, formation coutumière d'un droit*, Société d'histoire du droit, colllection d'histoire institutionnelle et sociale 6, Paris, 1975.

HLAWITSCHKA (E.), *Die Anfänge des Hauses Habsburg-Lothringen. Genealogie Untersuchungen zur Geschichte Lothringen und des Reiches IXe-XIe s.*, Sarrebruck, 1969.

HUYGHEBAERT (N.), Saint Léon et la lutte contre la simonie dans le diocèse de Verdun, *Studi Gregoriani* 1, Rome, 1947.

BIBLIOGRAPHIE

HUYGHEBAERT (N.), *Saint-Airy et la diffusion des coutumes clunisiennes (1032-1139)*, Louvain, 1944.

JAEGER (S.), The courtier Bishop in *Vitae* from the tenth to the Twelth Century, *Speculum*, 58 (1983), p.291-325.

JAEGER (S.), *The Origines of Courtliness. Civilizing Trends and the formation of Courtly Ideals (939-1210)*, Philadelphia, 1985.

JAKOBS (H.), *Die Adel in der Klosterreform von S. Blasien*, Köln-Graz, 1968.

JAKOBS (H.), Die Cluniazenser und das Papsttum, *Francia* 2 (1974), p.643-663.

JAKOBS (H.), *Die Hirsauer Ihre ausbreitung und Rechstellung im Zeitalter des Investiturstreites*, Köln-Graz, 1961.

JÄSCHKE (K.U.), Die Karolingergenealogien aus Metz und Paulus Diaconus, *Rheinische Vierteljahrsblätter*, 34 (1970), p.190-218.

JÄSCHKE (K.U.), Zur Eigenstandigkeit einer Junggorzer Reform Bevegung, *Zeitschrift für Kirchen Geschichte*, 81 (1970), p.17-43.

JEAUNEAU (E.), L'héritage de la philosophie antique, *Settimane di Studio del centro Italiano sull'alto medioevo*, XIX (1971), Spolète, 1972, p.495-5

JEAUNEAU (E.), Les écoles de Laon et d'Auxerre, *Settimane di Studio del centro Italiano sull'alto medioevo*, XXII (1975), Spolète, 1976, p.12-54.

JESTICE (P.G.), The gorzian reform and the light under the bushel, *Viator, medieval and renaissance studies* 24 (1993), p.51-78.

JOHN (E.), The sources of English monastic reformation, *Revue Bénédictine*, 70 (1960), p.197-203.

JOHNSON (E.N.), Bishop Benno II of Osnabrück, *Speculum* 16 (1941), p.349-403.

Kaiserin Theophanu, Begegnung des Ostens und Westens um die Wende des ersten Jahrtausends, Hrg. A. von Euw - P.Schreiner, Köln, 1991.

KAMINSKI (H.H.), *Studien zur Reichabtei Corvey in der Salierzeit*, Köln-Graz, 1972.

BIBLIOGRAPHIE

KARCHER (H.P.), Abtei und Stadt Gorze, *Bericht des Vereins für Erdkunde zu Metz*, Metz, 1879.

KLAUSER (Th.)-BOUR (R.S.), Un document du IXe siècle. Notes sur l'ancienne liturgie de Metz et sur ses églises antérieures à l'an mil, *Annuaire de la Société d'Histoire et d'Archéologie de la Lorraine*, 38 (1929), p.497-639.

KLOSE (J.), St. Wolfgang als Mönch und die Einfürung der Gorzer Reform in Bayern, *Regensburg und Böhmen*, Ratisbonne, 1972, p.61-88.

KNÖPP (F.), Die Bibliothek der Reichabtei Lorsch, dans *Beiträge zur Geschichte des Klosters Lorsch*, Lorsch, 1978, p.227-247.

KOTTJE (R.), Klosterbibliotheken und monastiche Kultur in der zweite hälfte des XIe Jahrhunderts, *Il monachesimo e la riforma ecclesiastica (Miscellanea del centro di studi medioevali VI)*, Milan, 1968, p.351-372.

KRACHT (H.J.), *Geschichte der Benediktiner Abtei s. Pantaleon in Köln 965-1250*, Studien zur Kölner Kirchengeschichte, Siegburg, 1975.

KUPPER (J.L.), *Liège et l'église impériale XIe-XIIe siècles*, Paris, 1981.

KYLE (J.), *St. Emmeran (Regensburg) as a center of culture in the late tenth century*, Pittsburg, 1976.

L'école carolingienne d'Auxerre, de Murethach à Rémi 830-908, Entretiens d'Auxerre 1989, Paris, 1991.

LAGER (J.C.), Die Abtei Gorze in Lothringen, *Studien und Mitteilungen aus dem Benediktiner und Cistercienserorden*, VIII (1887), p.32-56 181-192 328-347 540-574 ; réédité en volume : *Die Abtei Gorze in Lothringen*, Brünn, 1887

LAGER (J.C.), Die Benediktiner Abtei St. Symphorian in Metz, *Studien und Mitteilungen aus dem Benediktiner und Cistercienserorden*, XIII (1892), p.288-15, 330-43 et 366-93.

LAUER (Ph.), Les manuscrits de Saint-Arnoul de Crépy, *Bibliothèque de l'Ecole des Chartes*, 63 (1902).

LAUFNER (R.), Vom Bereich der Trierer Klosterbibliothek St. Maximin im Hochmittelalter, *Armaria Trevirensia* (1960), p.7-35.

LECLERCQ (J.), Mérites d'un réformateur et limites d'une réforme, *Revue Bénédictine*, 70 (1960), p. 232-240.

BIBLIOGRAPHIE

LECLERCQ (J.), *Pour une histoire de la vie à Cluny*, Revue d'Histoire ecclésiastique, (1962), p.385-408 et 783-812.

Les fonctions des saints dans le monde occidental (IIIe-XIIIe siècle), Ecole Française de Rome, 1991.

LEWALD (U.), Die Ezzonen, das Schicksal eines rheinischen Furstengeschlechtes, *Rheinische Vierteljahrsblätter*, 43 (1979), p.120-168.

LOTTER (F.), *Die Vita Brunonis des Ruotger. Ihre historiographische und ideengeschichtliche Stellung*, Bonn, 1958.

LYNCH (J.H.), *Simoniacal entry into religious life from 1000 to 1260, social economic and legal study*, Ohio state U. press, 1979.

MANSON (E.), *Les débuts de l'art gothique dans les domaines de l'abbaye de Gorze*, Mémoire de maîtrise, Nancy, 1990.

MARENGON (J.), *From the circle of Alcuin to the school of Auxerre, Logic Theologie and Philosophie in the early Middle Ages*, Cambridge, 1981.

MARGUE (M.), Aspects politiques de la réforme monastique en Lotharingie, le cas des abbayes de Saint-Maximin de Trèves, de Stavelot-Malmédy et d'Echternach (934-973), *Revue Bénédictine*, 98 (1988), p.31-61.

MARICHAL (P.), *Remarques chronologiques et topographiques sur le cartulaire de Gorze*, Mettensia III, Paris, 1902.

MAROT (P.), *Saint-Nicolas de Port, la grande église et le pèlerinage*, 1963.

McGINN (B.), *Visions of the end. Apocalyptic tradition in the Middle Ages*, New-York, 1979.

MENZEL (O.), *Untersuchungen zur mittelalterlichen Geschichtschreibung des Bistums Halberstadt*, Sachen und Anhalt 12, 1936.

MERLETTE (B.), *Ecole et bibliothèque à Laon, du déclin de l'antiquité au développement de l'université*, Bulletin philologique et historique, 1975.

MICHELS (T.), Fragment einer Karsammstag liturgie des XI. Jh. aus Lambach, dans *Sarmenta, Gesammelte Studien von Th. Michels*, Münster, 1972, p.99-103.

MICHELS (T.), La date du couronnement de Charles le Chauve (9 sept. 869) et le culte liturgique de saint Gorgon à Metz, *Revue Bénédictine*, 51 (1939), p.288-291.

BIBLIOGRAPHIE

MIKOLETZKY (H.L.), *Kaiser Heinrich II. und die Kirche*, Wien, 1946.

MISONNE (B.), *Etude littéraire et historique sur la Vita Sancti Kaddroe*, mémoire, 1958.

MITTLER (M.), Von alten Siegburger Büchern, *Bonner Beiträge zur Bibliotheks und Bucherkunde* 14 (1966), p.25-65.

Monastische Reformen im 9. und 10. Jahrhundert, Hrg. R.Kottje H.Maurer, *Vorträge und Forschungen XXXVIII*, Sigmaringen, 1989.

MONTCLOS (J.de), *Lanfranc et Béranger. La controverse eucharistique du XIe siècle*, Louvain, 1971.

Monumenta Annonis, Köln-Siegburg, 1975 (catalogue d'exposition.)

MORIN (G.), Le catalogue des manuscrits de l'abbaye de Gorze au XIe siècle, *Revue Bénédictine*, 22 (1905), p.1-14.

MOUSSON (J.de), Les miniatures du manuscrit 5227 de l'Arsenal ou la resurrection de Gorze, *Bulletin de la Société d'Histoire et d'Archéologie de la Meuse*, 19 (1983), p.57-80.

MÜLLER (H.), Quellen und Urkunden zur Geschichte der Benediktiner Abtei St.Sixtus in Rettel, *Jahrbuch für Westdeutsche Landesgeschichte*, 1984 (10), p.1-66

MUNCK-OLSEN (B.), La popularité des textes classiques entre le IXe et le XIIe siècle, *Revue d'histoire des textes*, 14-15 (1984-85), p.169-181.

MÜSEBECK, Die Benediktiner Abtei Sankt Arnulf von Metz in der ersten Hälfte des Mittelaltres, *Jahrbuch der Gesellschaft für lothringische Geschichte und Altertumskunde*, 13 (1901), p.164-244.

Naissance et fonctionnement des réseaux monastiques et canoniaux, Actes du premier colloque international du C.E.R.C.O.M., Saint-Etienne, 1991.

NEBBIAI-DALLA GUARDA (D.), Les listes médiévales de lectures monastiques, contribution à la connaissance des anciennes bibliothèques bénédictines, *Revue Bénédictine*, 96 (1986), p.271-326.

NIEMSGERN (J.B.), *Histoire de la ville et du pays de Gorze, depuis les temps les plus reculés jusqu'à nos jours*, Paris, 1853.

BIBLIOGRAPHIE

ODERMATT (A.), *Der liber ordinarius der Abtei St Arnulf vor Metz (ms 132)*, Friburg, 1987.

OEXLE (O.G.), Die Karolinger und die Stadt des heiligen Arnulfs, *Frühmittelalterliche Studien*, 1 (1967), p.250-364.

OEXLE (O.G.), Voraussetzung und Wirkung des Gebetsbundes von Attigny, *Francia* 2, 1974, p.110-112.

OFER (M.), *St Stephan in Würzburg*, Köln-Wien, 1990.

PARENT (C.), *La seigneurie d'Apremont, son histoire, ses institutions, des origines à la fin du XIVe siècle*, Position des Thèses de l'Ecole des Chartes, Paris, 1924.

PARISSE (M.), L'évêque d'Empire au XIe siècle, l'exemple lorrain, *Cahiers de civilisation médiévale*, 27 (1984), p.94-105.

PARISSE (M.), L'évêque impérial dans son diocèse, l'exemple lorrain aux Xe-XIe siècles, dans *Institutionen, Kultur und Gesellchaft im Mittelalter*, Sigmaringen, 1984, p.179-193.

PARISSE (M.), Les chanoines réguliers en Lorraine. Fondations, expansion (Xe-XIe siècles), *Annales de l'Est*, 20 (1968), p.347-388.

PARISSE (M.), *Noblesse et chevalerie en Lorraine médiévale*, Nancy, 1980.

PARISSE (M.), Origines et développement de l'abbaye de Saint-Mihiel (VIIIe-XIIe siècles), dans *Saint-Mihiel, Annales de L'Est*, 48 (1974).

PARISSE (M.), Urbain II et la Lorraine, dans *Deus qui mutat tempora, Festschrift für A.Becker*, Sigmaringen, 1987, p.122-124.

PELLEGRIN (E.), La tradition des textes classiques latins à l'abbaye de Fleury-sur-Loire, *Revue d'Histoire des Textes*, 14-15 (1984-85), p.155-167.

PELT (J.B.), La plus ancienne crosse d'ivoire du trésor de la cathédrale provient de l'abbaye de Gorze, *Bulletin de l'oeuvre de la cathédrale de Metz*, IX (1934), p.32-34.

PELT (J.B.), *Etudes sur la cathédrale de Metz : La liturgie (V-XIIIe siècles)*, Metz, 1937.

PERRIN (Ch.-E.), *Recherches sur la seigneurie rurale en Lorraine*, Paris, 1935.

BIBLIOGRAPHIE

PFLUGK-HARTTUNG (J.von), Antiquitates Arnulfinae, *Neues Archiv*, VII (1882), p.223.

PHILIPPART (G.), La vie de saint Adelphe de Metz par Werinharius, d'après un manuscrit de Neuwiller, *Cod. Vindobonensis 563*, XIIe s., *Analecta Bollandiana*, 100 (1982), p.431-442.

PHILIPPART (G.), Le manuscrit 377 de Berne et le supplément au légendier de Jean de Mailly, *Analecta Bollandiana* 92 (1974), p.68-78.

PLATELLE (H.), Le problème du scandale : les nouvelles modes masculines aux XIe et XIIe siècles, *Revue Belge de Philologie et d'Histoire*, 53 (1975), p.1075-1096.

PONCELET (A.), L'auteur et les sources de la passion des saints Gorgone et Dorothée, *Analecta Bollandiana*, 18 (1899), p.5-21.

Prieurs et prieurés dans l'occident médiéval, éd. J.L.LEMAITRE (Actes du colloque Paris 12-11-84) publiés par la IVe section de l'Ecole Pratique des Hautes Etudes et l'IRHT, Geneve, 1987.

QUENTIN (H.), *Les martyrologes historiques du Moyen-Age*, Paris, 1908.

RAUNER (E.), Notkers des Stammlers *Notatio de illustribus uiris, Mittelrheinisches Jahrbuch*, 21 (1986), p.34-70.

REIMANN (N.), Beitrag zur Geschichte des Klosters Gorze im Spätmittelalter ((1270-1387), *Studien und Mitteilungen zur Geschichte des Benediktiner Ordens und seiner Zweige*, 80 (1970), p.337-389.

REISDORFER (J.), *Peuplement et occupation du sol dans la vallée du Rupt de Mad des origines à la fin du Moyen-Age*, Nancy, Thèse de Troisième cycle, Nancy, 1987.

Religion et Culture autour de l'an Mil, Paris, 1990.

RENARDY (Ch.), Les écoles liégeoises du IXe au XIIe siècle, grandes lignes de leur évolution, *Revue Belge de Philologie et d'Histoire*, 57 (1979), p.309-328.

REUMONT (H.), Zur Chronologie der Gorzen Urkunden aus karolingische Zeit, *Jahrbuch der Gesellschaft für lothringische Geschichte und Altertumskunde*, XIV (1902), p.270-289.

ROBINSON (I.S.), *Authorithy and Resistance in the Investiture Contest, the polemical literature of the late Eleventh Century*, Manchester, 1981.

BIBLIOGRAPHIE

ROCHAIS (H.M.), Contribution à l'histoire des florilèges ascétiques du Haut Moyen Age latin, *Revue Bénédictine*, 63 (1953), p.246-291.

RONIG (F.J.), Die Mittelalterlichen Bibliotheken in Verdun, *Jahrbuch für Westdeutsche Landesgeschichte*, 4 (1978), p.61-79.

ROSE (V.), *Verzeichniss der lateinischen Handschriften des Sir Thomas Philipps, t.1*, Berlin, 1893.

RUPERTI (Fr.)- HOCQUARD (G.), *Hériman, évêque de Metz 1073-1090*, Metz, 1930.

SABBE (E.), Etude critique sur la biographie et la réforme de Gérard de Brogne, dans *Mélanges Félix Rousseau*, p.497-524.

Saint Chrodegang, communications présentées au colloque tenu à Metz à l'occasion du douzième anniversaire de sa mort, Metz, 1967.

Saint-Thierry, une abbaye du VIe au XXe siècle, Actes du colloque international d'histoire monastique, Saint-Thierry, 1979.

SANDERSON (W.), Monastic reform in Lorraine and the architecture of the outer crypt 950-1100, *TAPS*, 61 (1971), p.1-37.

SCHAEFFER (M.), *Les abbayes de S.Evre et S.Mansuy à Toul aux Xe-XIe siècles*, Etudes Touloises 27, Toul, 1982.

SCHIEFFER (Th.), Heinrich II. und Conrad II. Die umprägung des Geschichtbildes durch die Kirchenreform des 11. Jh., *Deutsches Archiv*, 8 (1951), p. 384-437.

SCHMIDT-CHAZAN (M.), La chronique de Sigebert de Gembloux, succès français d'une oeuvre Lotharingienne, *Cahiers Lorrains*, mars 1990.

SCHNEIDER (J.), *La ville de Metz aux XIIIe-XIVe siècles*, Nancy, 1950.

Scire litteras, Etudes en l'honneur de B.Bischoff, München, 1987.

SCRIVNER (B.), Carolingian monastic Library Catalogs and Medieval classification of Knowledge, *The Journal of Library History*, 15 (1980), p.427-444.

SEIBERT (H.), *Untersuchungen zur Abtsnachfolge in der Herzogtümen Lothringen und Schwaben in der Salierzeit (1020-1125)*, Dissertation (ms), Mayence, 1990.

SELMER (C.), Israel, ein unbekannter Scotte des 10. Jh. *Studien und Mitteilungen zur Geschichte des Benediktiner Ordens und seiner Zweige*, 62 (1949-50), p.69 sq.

BIBLIOGRAPHIE

SEMMLER (J.), *Die Klosterreform von Siegburg*, Rheinisches Archiv, Bonn, 1959.

SEMMLER (J.), Lampert von Hersfeld und Gislebert von Hasungen, *Studien und Mitteilungen zur Geschichte des Benediktiner Ordens und seiner Zweige*, 67 (1956), p.261-274.

SIBERTIN-BLANC (C.), Encore le Wormsgau, *Cahiers Lorrains*, 1952, p.27-32.

SIBERTIN-BLANC (C.), Les anciennes possessions de l'évêché de Metz dans le pays de Worms, *Annuaire de la société d'Histoire et d'Archéologie de la Lorraine*, 48 (1947), p.33-73 et 50 (1949-50), p.63-113.

SIEGMUND (A.), *Die Überlieferung der grieschichen christlichen Literatur in der lateinische Kirche bis zum zwöllften Jh.*, MÜnchen, 1949.

SPOEMBERG (H.), Die lothringisches Politik Otto des Grosses, *Beiträge zum Belgisch-Niederlandischen Geschichte*, Berlin, 1959, p.111-223.

STÖRMER (W.), Zur kulturellen und politischen Bedeutung der Abtei Amorbach, dans *Die Abtei Amorbach im Odenwald*, Sigmaringen, 1984, p.11-23.

STUDER (R.), Archives de la Moselle antérieures à l'an mil, *Annuaire de la société d'Histoire et d'Archéologie de la Lorraine*, 33 (1923), p.121-141.

SZABO-BECHSTEIN (B.), *Libertas ecclesiae*, Studi Gregoriani 12, 1985.

THIRIOT, L'office de saint Gorgon martyr, d'après les Archives de la paroisse St. Gorgon de Metz, *Revue Saint-Chrodegang*, (1920) 8-10, p.119 sq. 11, p.147 sq p.171 sq.

THOMAS (H.), Abt Siegfried von Gorze und die Friedensmassnahmen Heinrichs III. vom Jahre 1043, dans *Chronik 1976 des Staatlichen Regino-Gymnasium Prüm*, Prüm, p.125-137.

THOMAS (H.), Erzbischof Siegfried I. von Mainz und die Tradition seiner Kirche, *Deutsches Archiv*, 26 (1970), p.368-399.

THOMAS (H.), Zur Kritik an der Ehe Heinrichs III. mit Agnès von Poitou, dans *Festschrift für Helmut Beuman*, Sigmaringen, 1977.

BIBLIOGRAPHIE

THOMPSON (J.W.), The introduction of arabic science into Lorraine, *Isis* XII, 38 (1929), p.184-193.

THOMPSON (J.W.), *The medieval library*, New-York-Londres, 1957.

TRAUBE (L.) - EHWALD (R.), *Jean-Baptiste Maugérard, ein Beitrag zur Bibliotheksgeschichte, Palaeographische Forschungen III*, München, 1904.

TOMEK (E.), *Studien zur Reform der deutschen Klöster*, Wien, 1910.

TURCAN-VERKERK (A.M.), Entre Verdun et Lobbes, un catalogue de bibliothèque scolaire inédit (Verdun BM 77), *Scriptorium* 46 (1992,2), p.157-203.

TURCAN-VERKERK (A.M.), Le scriptorium de Saint-Vanne sous l'abbatiat de Richard (1004-1046), *Scriptorium* 46 (1992,2), p.204-223.

ULLMANN (W.), Historical jurisprudence, historical politology, and the history of the Middle Age, dans *Jurisprudence in the Middle Age*, London, 1980, p.195-224.

ULLMANN (W.), *The carolingian Renaissance and the idea of Kingship*, London, 1971.

VEZIN (J.), Les *Scriptoria* messins autour de l'an Mil, dans *Metz enluminée*, Metz, 1989, p.45-50.

VEZIN (J.), Un manuscrit messin de la première moitié du XIe siècle, dans *Miscellanae codologica F.Masai dicata*, Gand, 1979, p.157-164.

VOGT (G.), *Der Selige Egbert abt von Munsterschwarzach*, Munsterschwarzach, 1976.

VOSS (I.), *Herrschertreffen im frühen und hohen Mittelalter*, Köln-Wien, 1987.

WAGNER (D.L.), *The seven liberal arts in the Middle Ages*, Bloomington, 1983.

WALLACE-HADRILL (J.M.), The *Via regia* of the carolingian age, dans *Trends in Medieval Political Thought*, éd. B.Smalley, Oxford, 1965, p.22-41.

BIBLIOGRAPHIE

WENDEHORST (A.), *Das benediktinische Mönchtum im mittelalterliche Franken, Untersuchungen zu Kloster und Stift*, Göttingen, 1968.

WILLIAMS (J.R.), Archbishop Manasses of Reims and Pope Gregory, *American Historical Review*, 54 (1949), p.804-824.

Willibrord, Apostel der Niederland, Gründer der Abtei Echternach, Gedenkgabe zum 1250 Todestag des Angelsäschsichen Missinonars éd. G.Kiesel-J.Schroeder, Echternach, 1989.

WILMART (A.), Le convent et la bibliothèque de Cluny, vers le milieu du XIe siècle, *Revue Mabillon*, XI (1921), p.89-124.

WILMART (A.), Un exemplaire des coutumes d'Hirsauge accompagné du catalogue, *Revue Bénédictine*, 49 (1937), p.90-96.

WISPLINGHOFF (E.), Beiträge zu Geschichte der Kloster Siegburg, *Annalen des Vereins für dem Niderrhein*, 168-169 (1967), p.266-286.

WISPLINGHOFF (E.), Brauweiler, *Germania Benedictina 8*, München, 1980, p.216-231.

WISPLINGHOFF (E.), Brauweiler, *Germania Sacra, das Erzbistum Köln 5*, Berlin-New-York, 1992.

WISPLINGHOFF (E.), *Die Lothringische Klosterreform in der Erzdiozese Trier*, Trier, 1964.

WISPLINGHOFF (E.), *Lothringische und clunyazensische Reform im Rheinland*, Rheinische Vierteljahrsblätter, 56 (1992), p.59-78.

WISPLINGHOFF (E.), *Untersuchungen zur frühen Geschichte der Abtei S. Maximin bei Trier von der Anfang bis etwa 1150*, Mainz, 1970.

WOLFF (P.C.), Die Gorzer Reform und ihr Verhältnis zu deutschen Klostern. Ein Beitrag zu lothringisch-deutsch Klosterbeziehungen des Mittelalters, *Elsass-Lothringisches Jahrbuch*, IX (1930), p.95-111.

WOLLASCH (J.), Der Einfluss des Mönchtums auf Reich und Kirche vor dem Investitursstreit, dans *Reich und Kirche vor dem Investitursstreit*, Sigmaringen, 1985.

BIBLIOGRAPHIE

WOLLASCH (J.), Gerard von Brogne und seiner Klostergrundung, *Revue Bénédictine*, 70 (1960), p.62-82.

WOLLASCH (J.), Parenté noble et monachisme réformateur. Observations sur les conversions à la vie monastique aux XIe et XIIe siècles, *Revue Historique*, 104 (1980), p.3-24.

ZENKER (B.), *Die Mitglieder des Kardinalkollegiums von 1130 bis 1159*, Würzburg, 1964.

ZIELINSKI (H.), *Der Reichepiskopat in spätottonischer und salicher Zeit (1002-1125)*, Teil 1, Stuttgart, 1984.

ZIELINSKI (H.), Die Kloster- und Kirchengründungen der Karolinger, *Beiträge zu Geschichte und Struktur der mittelalterlichen Germania Sacra*, Göttingen, 1980, p.95-134.

INDEX

Abbon de Fleury 121
Acelin de Saint-Clément et de Gorze 214, 283
Adalbéron de Reims 33, 34, 102, 124
Adalbéron de Wurzbourg 65, 239, 240, 242, 243, 248, 269, 273, 277, 279
Adalbéron Ier de Metz 23-25, 30, 34-36, 39, 206, 210, 212
Adalbéron II de Metz 45, 46, 52, 55, 58, 66, 124, 206, 213, 214, 269, 274
Adalbéron III de Metz 66, 70, 214, 273
Adalbéron IV de Metz 283
Adalbert de Prague 476
Adalbert, comte 23, 24
Adelhaïde, chanoinesse 252
Adelman de Liège 63, 206
Adelmold de Saint-Avold 216
Adelphe de Metz 217, 455
Ader de Marmoutier 217
Adhelm de Malmesbury 122, 173
Admont 243, 249
Adson de Montier-en-Der 31, 62, 115, 121, 159, 164,
Advence de Metz 21, 22, 78, 456
Aethelwold de Winchester 264, 265
Agnès de Poitiers, impératrice 57, 59, 116
Airy de Verdun 104, 167, 168, 195
Alawich de Reichenau 47
Albuin Clerc 115
Alcuin 123, 125, 147, 160, 166, 176
Alpert moine 210, 214
Altmann de Passau 240-243, 247
Ambroise de Milan 63, 64 105, 114, 118, 121, 127, 128, 129, 133
Amel 56, 79, 81-83, 95, 96, 102, 104, 106-108, 114, 278
Amiens 480
Amorbach 225, 239, 244, 260, 261, 268, 273
André moine 120
Angelbert de Marmoutier 217
Angelram de Metz 21, 33, 78, 80, 125, 216, 455
Angelram moine 33
Anno de Cologne 67, 70, 228, 229, 232, 235, 236, 250, 269, 271, 275
Ansegise 126
Ansté de Saint-Arnoul 206
Antoine de Senones 75, 208, 272, 280
Apremont 86, 95
Aquitaine 457, 464, 469, 471, 482

INDEX

Aristote 122, 163, 175
Arnaville 88
Arnoul de Metz 58, 92, 205, 456
Ars-sur-Moselle 89
Athienville 91
Auconville 88
Augny 89
Augustin d'Hippone 61, 105, 114, 125, 127, 128, 129, 130, 133, 137-141, 156, 157, 181, 182
Aumetz 92, 491
Aurélien de Réaumé 123
Autun 479
Auxerre 133
Avilliers 91
Baâlon 85
Bamberg 42, 238, 244, 246, 267, 271, 280
Béatrice de Lorraine 25, 83
Beaulieu en Argonne 196, 464
Bède le Vénérable 121, 127-129, 146, 147, 183,
Benno d'Osnabrück 236, 274
Benoît d'Aniane 124
Benoît de Nursie 20, 34, 480
Benoît de Saint-Arnoul 42, 56, 206
Bérenger de Tours 61, 62, 65, 117, 133, 231

Bernard de Saint-Sixte de Rettel 220
Bernon de Reichenau 47, 48, 59, 178
Bertald de Saint-Vincent 209
Betto de Gorze 22
Bivin, abbé laïc 21, 22, 78
Blidulphe moine 33, 121
Boèce 114, 122, 123
Boncourt-en-Jarnisy 92
Boniface de Mayence 21, 115, 473
Boson comte 21, 93
Bouzonville 197
Brainville 82, 89
Brauville 91
Brauweiler 66, 197, 226, 231, 233, 269
Brogne 226
Bruno de Calw 71, 280
Bruno de Cologne 25, 30, 31, 40, 193, 223, 228, 274, 275
Burchard II d'Halberstadt 221, 250, 253
Bussières 88
Calixte II 132, 282, 284
Cambrai 220, 477
Cassien 124, 160, 184
Cassiodore 128, 148, 176, 184

Cattenom 92
Céleste de Metz 454
Césaire d'Arles 121
Charlemagne 33, 126
Charles le Chauve 21, 93
Charles le Simple 23
Charles Martel 19
Chiny 208, 475
Chrodegang 18, 20, 21, 25, 49, 77, 92, 115, 123, 124, 150, 223, 276, 458, 488, 489, 494
Clément de Metz 19, 69, 212, 454
Clou de Metz 205, 457
Cluny 27, 28, 29, 44, 53, 54, 55, , 132, 133, 199, 201, 224, 235, 259, 260, 262, 263, 264, 272, 282, 284
Cologne 194, 226, 233, 269, 271, 277, 469, 470
Colomban 120, 129, 482
Conflans 92
Conrad comte 42, 79, 81
Conrad II 57, 197, 198, 199, 226, 234
Conrad III 285, 286
Constantin de Saint-Symphorien 45, 48, 51, 194, 213, 214
Constantin de Saint-

INDEX

Clément 213
Corbigny 477
Corvey 225, 236, 238, 474
Cunégonde impératrice 53
Cunibert de Cologne 470
Cuvry 89
Dagobert II 485
Dampvitoux 89, 491
Deutz 233
Dietwin de Liège 278
Dommartin 89
Domprix 82
Donat 122, 171, 174
Dornot 88
Drogon de Metz 21, 78, 120, 205 454, 455, 456
Dunstan de Canterbury 264
Ebbon de Reims 126
Echternach 30, , 42, 176, 197, 220
Egilbert de Trèves 220
Einard de Saint-Avold 216
Einold de Gorze 30, 35, 36, 37, 39, 112, 114
Einsiedeln 27, 28, 170,
Ekkebert de Schwarzach 28, , 65, 227, 239, 240, 241, 242, 243, 244, 246,

267, 268, 269, 272, 273, 280
Ekkehard de Huysburg 253
Ekkehard IV de Saint-Gall 198
Ellwangen 225, 474
Emmeran de Ratisbonne 476
Epinal 46, 457
Erluin de Gembloux 32
Erpho de Siegburg 201, 229, 264, 268, 275
Escherange 92
Etienne, saint 167, 463
Etienne de Bar, évêque de Metz 95, 284, 286
Etienne de Saint-Airy 195, 198
Euchaire 468
Eucher de Lyon 125, 147,
Eusèbe 122
Eutyches 122
Euvesin 89, 491
Evrard de Saint-Evre 218
Evrard de Trèves 85
Evre de Toul 159, 464
Ezzo comte 64, 197, 226, 231
Fécamp 53, 206
Félix de Metz 454

Fingen de Saint-Clément 51, 193, 195, 213
Firmin de Verdun 466
Flammersheim 92
Flavigny 195
Fleury-sur-Loire 31, 47, 120, 194, 212, 218, 260, 261, 262, 264, ,
Florennes 195
Folcuin de Saint-Vincent 210
Forannan de Waulsort 37, 193,
Forchheim 69
Frédéric d'Halberstadt 251
Frédéric de Lorraine 25, 33, 78, 85
Frédéric de Saint-Hubert 32
Frothaire de Toul 31
Fructueux de Braga 124, 159,
Fruttuaria 55, 228, 229, 267
Fulbert de Chartres 221
Fulda 27, 44, 225, 235, 240, 469, 473, 478, 490
Fulrad de Saint-Denis 462
Gebhard de Salzbourg 243, 247, 279
Gembloux 32, 221, 483

INDEX

Gérard de Brogne 30, 33, 35, 127, 263, 264
Gérard de Cambrai 60, 195, 196, 220
Gérard de Toul 31, 66, 465
Gerbert de Reims 44, 170,
Germain d'Auxerre 479
Gervin de Saint-Riquier 117, 196
Gildard de Rouen 478
Gilles 481
Giselbert d'Hasungen 201, 202, 234, 235, 243, 254
Gislebert duc 25, 30, 32, 41, 60
Gladbach 30, 228, 233, 474
Glandières (Saint-Martin)
Glossinde 461
Godefroy de Bouillon 85
Godefroy le Barbu 278
Godefroy le Bossu 70
Godehard d'Hildesheim 43, 197
Gondoul de Metz 21, 458
Gontran de Bourgogne 125
Gorgon 49, 50, 56, 69, 71, 94, 102, 116, 117, 156, 166, 216, 220, 243, 487, 490, 491

Gottschalk de Saint-Alban 236, 238, 268, 280
Grafschaft 233
Grégoire de Naziance 133, 161
Grégoire le Grand 105, 125, 127, 128, 129, 114, 132, 133, 144-146, 161,
Grégoire VI 276
Grégoire VII 64, 69, 70, 132, 201, 220, 239, 246, 248, 250, 271, 277, 278, 279
Guénange 92
Gui d'Osnabrück 64, 208, 236, 264, 275
Guibert de Ravenne 69
Guillaume d'Hirsau 201, 234
Guillaume de Volpiano 40, 44, 51-56, 64, 71, 94, 118, 206, 218, 229, 261, 267, 268, 270, 273, 276, 281, 464, 484
Gundelach moine 30, 33
Guntram de Saint-Trond 210
Guy d'Arezzo 123
Hagano de Saint-Clément 213
Hageville 89
Haimon de Saint-Clément 213

Halberstadt 40, 235, 250, 251
Halitgaire de Cambrai 126
Harsefeld 253
Hasungen 201, 202, 235
Haymon d'Auxerre 121, 128, 129, 133, 151, 152
Heliman de Saint-Avold 216
Helperic d'Auxerre 123, 153
Henri comte 67
Henri de Gorze 40, 41, 66, 68, 69, 70, 71, 72, 73, 81, 104, 120, 197, 207, 226, 231, 264, 270-272, 275, 470, 496
Henri de Liège 70, 211
Henri de Reichenau 47
Henri de Saint-Pantaléon 228, 231, 233
Henri de Toul 286
Henri de Wurzbourg 241
Henri Ier, roi 23, 24
Henri II, empereur 40, 42-47, 51, 52, 57, 58, 195-197, 223, 224, 225, 226, 272, 455
Henri III, empereur 57, 58, 59, 60, 63,

INDEX

64, 116, 228, 236, 239, 248, 275-277, 460

Henri IV, empereur 69, 70, 208, 211, 228, 231, 235, 236, 239, 246, 248, 250, 276, 277, 279, 280, 282, 283

Henri V 282

Heribert de Cologne 45, 115, 124, 221, 226, 233, 238, 274

Heribert de Saint-Arnoul 206

Heribert de Saint-Vincent 209, 460

Heriger de Lobbes 221

Heriman de Metz 64, 71, 72, 132, 207, 208, 211, 213, 243, 246, 277, 278, 279, 280

Hermann de Bamberg 241, 244, 246, 271, 272, 273, 277, 278, 280

Hermann de Reichenau 47

Hermann de Saint-Pantaléon 231

Hermann II de Cologne 65, 226, 231, 234, ,

Herrand d'Halberstadt 28, 124, 201, 202, 250-255, 260, 263, 264, 266, 269, 271, 274, 277

Hersfeld 43, 197, 202, 210

Hilaire de Poitiers 133, 462

Hilariacum (Saint-Avold)

Hillersleben 251

Hincmar de Laon 131

Hirsau 28, 200, 201, 202, 224, 234, 249, 254, 255, 263, 270

Hohorst 197

Homblières 193, 196

Homont 89

Honorius II 284

Hornbach 19, 24

Hubert 472

Hugues Capet 25, 83

Hugues de Cluny 56, 239

Hugues de Saint-Martin de Trèves 220

Humbert de Moyenmoutier 29, 42, 277

Humbert de Saint-Evre 31, 35, 218

Humbert de Saint-Pantaléon 227

Humbert de Saint-Vanne 32

Huysburg 250, 252, 253

Iburg 236, 238, 268, 275

Ilsenburg 226, 250, 251

Immo de Gorze 40, 41, 42, 43, 44, 46, 47, 48, 49, 51, 52, 53, 65, 73, 91, 116, 117, 118, 166, 213, 214, 264, 267, 270, 274, 463, 491

Immo, comte 41

Isaac de Langres 126

Isembaud de Gorze 286

Isidore de Séville 115, 125, 129, 133, 148

Israël de Lorsch 223

Jarny 92

Jaulny 89

Jean de Fécamp 53, 206, 263

Jean de Gorze 17, 24, 26, , 34, 36-39, 112, 114, 123, 124

Jean de Mayence 269

Jean de Saint-Arnoul 26, 206,

Jean de Spire 272

Jean l'Aumônier 115

Jean Scot Erigène 133

Jeandelize 82

Jehanfontaine 89

Jérôme 105, 114, 125, 127, 128, 129, 133, 142-144, 186

Jonas d'Orléans 60, 157,

Jonville 89

Jouy-aux-arches 89

Juvigny 485

INDEX

Kaddroë 36, 49, 120, 193, 212, 213
Kilian 474
Kremsmünster 225, 247, 248, 250
Labauville 88
Labeuville 89
Labry 92
Lambach 239, 242, 243, 248, 249, 264, 269
Lambert de Hersfeld 202
Lambert de Liège 115, 471
Landeville 91
Lanzo de Saint-Vincent 210, 211, 276, ,
Laurent 473
Lay-Saint-Christophe 80, 457
Léger 479
Léon IX (Bruno de Toul) 29, 58, 59, 62, 63, 64, 80, 82, 94, 95, 97, 122, 199, 206, 210, 218, 270-278, 491
Lessy 89, 491
Libaire, sainte 486
Liège 42, 178, 210, 221, 272, 277
Limbourg 197, 460
Limoges 481
Lippoldsberg 253
Lironville 89

Livier 463
Lobbes 32, 134, 164
Longlier 92
Lorsch 20, 21, 27, 43, 44, 164, 172, 223, 224, 225, 273, 286, 458
Lothaire Ier 44
Louis IV 25, 59
Louis le Germanique 22, 78
Louis le Pieux 126, 205, 467
Lucie 460
Lupo de Saint-Trond 211
Luxeuil 457, 482
Maccalan 36, 120, 193, 194, 212
Maïeul de Cluny 52, 55, 484
Maizerais 82
Maizeray 92
Malancourt 92
Manassès de Reims, 118, 207, 271
Manegold de Lautenbach 231
Mansuy de Toul 464
Marmoutier 19, 217, 283, 454
Mars la Tour 88
Martin de Tours 156, 461
Maur de Glanfeuil 480
Maur de Verdun 465
Maurice 464

Mauvages 91
Mayence 27, 225, 232, 235, 254, 473
Maynard 41
Médard de Noyon 477
Meginhard de Gladbach 231
Melk 248
Michaelbeuren 248
Michel archange 483
Michelsberg de Bamberg 233, 243, 239, 244
Micon de Saint-Riquier 117, 162
Micy 156, 465, 467
Milo de Saint-Arnoul 207
Milon d'Ellwangen , 46
Milon de Minden 49
Minden 231
Moivrons 91, 491
Moncel 92
Montier-en-Der 31
Montsec 86
Morlange 92
Morville-les-Vic 91
Moulins 89
Mouzay 82, 85
Moyenmoutier 24, 31, 33, , 55, 140, 176, 218, 272
Moyeuvre 92, 491
Murbach 19
Nabor, saint 20, 216, 458

INDEX

Nanther de Saint-Martin 215
Nanther de Saint-Mihiel 219
Nazaire 20, 458
Neumünster 46, 456
Neustadt am Main 242
Nicolas de Myre 486
Nideraltaïch 27, 44
Nivelles 472
Nizier de Trèves 468
Nonsart 89
Norbert d'Iburg 238
Nortper de Saint-Gall 198
Notger de Liège 221
Notker de Saint-Gall 124
Novéant 78, 88, 491
Odernheim 455
Odilon de Cluny 44, 133, 195, 199
Odilon de Stavelot 32
Odolbert de Gorze 37, 39, 40, 123, 209
Odon de Cluny 133, 483
Ogo de Saint-Maximin 30, 35
Olbert de Gembloux 210, 221
Olley 82, 208, 278
Onville 88
Origène 118, 147
Orléans 466
Ornel 83

Orose 122, 180, 188
Osnabrück 225
Oswald, roi 264, 468
Otbert de Liège 211
Otton Ier, empereur 24, 29, 30, 36, 37, 40, 45, 87
Otton II, empereur 29, 40, 46
Otton III, empereur 42, 44, 45, 64, 213, 231
Pannes 89, 491
Pantaléon 469
Pascal II 85, 253, 282, 283
Paschase Radbert 129
Passau 248
Patient de Metz 206, 455
Paul Diacre 107, 116, 122, 130, 155
Paulin, princier de Metz 61, 468
Pegau 243
Pépin le Bref 20, 44
Pezeman de Lambach 242
Pfeddersheim 92-95, 491
Philibert de Jumièges 481
Pibon de Toul 80, 218, 248, 277
Pierre de Gorze 76, 215, 287
Pilgrim de Cologne 226

Pirmin 19, 21, 216, 217, 239, 481
Poppon de Lorsch 44, 224, 225
Poppon de Metz 96, 211, 280, 282, 283, 494,
Poppon de Stavelot 27, 43, 44, 57, 58, 59, 60, 116, 127, 128, 195, 196, 197, 199, 207, 209, 210, 211, 215, 217, 220, 231, 267, 270, 271, 282, 460
Pournoy 89
Preny-sous-Pagny 88
Primase 121
Priscien 122
Prüm 42, 43, 44, 46, 47, 51, 117, 469
Querelle des Investitures 39, 40, 69, 71, 201, 211, 231, 235, 236, 238, 241, 251, 255, 271, 275, 277, 280, 281, 284
Quincy 85
Quirin 470
Raban Maur 123, 129, 133
Rambert de Senones 33
Rambert de Verdun 82, 198
Ramwold de Saint-Emmeran 44, 224

INDEX

Ranger de Senones 33
Réginard de Liège 221
Reginhard de Siegburg 229, 231, 234, 238
Reginon de Prüm 126, 149, 150,
Regnieville 89
Reichenau 19, 42-48, 52, 58, 117-120, 169, 173, 225, 236, 274, 482
Reinhardsbrunn 201, 202, 233, 243, 251, 254
Remacle 160, 471
Rembercourt sur Mad 89
Remi d'Auxerre 121
Remiremont 457
Rettel 468
Richard d'Albano 283
Richard d'Amorbach 225, 240
Richard de Saint-Vanne 117, 195, 196, 220, 263, 265, 282
Richer de Saint-Symphorien 214
Richeza 64, 231, 242
Richilde 21, 80, 93
Robert de Metz 23,
Rodolphe de Saint-Vanne 199, 278
Rodolphe de Souabe 69
Rothard de Cambrai 124, 220

Roudmann de Reichenau 46
Saalfeld 202, 228, 231, 232, 233
Saint-Adelphe de Neuwiller 19, 197, 217, 455
Saint-Airy de Verdun 128, 140, 167, 174, 199, 219
Saint-Alban de Mayence 226, 235, 236, 237, 244, 268
Saint-Arnoald 456
Saint-Arnoul 24, 32, 35, 53, 82, 118-121, 130, 131, 137-141, 143-149, 154-160, 162-166, 169, 171-174, 179, 180, 205-209, 213, 457, 461
Saint-Avold 19, 20, 24, 216, 217, 458
Saint-Baussant 86
Saint-Bénigne 54, 55, 70, 118, 206, 228, 484
Saint-Blaise en Forêt Noire 484
Saint-Blin 54
Saint-Burchard de Wurzbourg 241
Saint-Clément de Metz 49, 50, 52, 131, 193, 194, 212, 213, 214, 259, 283, 284, 455, 456
Saint-Denis 30, 463

Saint-Dié 24
Saint-Emmeran de Ratisbonne 27, 31, 43, 224, 244
Saint-Etienne de Bamberg 228
Saint-Etienne de Gorze 68
Saint-Etienne de Wurzbourg 241
Saint-Euchaire-Saint-Matthias de Trèves 66, 178, 197
Saint-Evre de Toul 31, 34, 55, 95, 108, 119-121, 123, 130, 137-142, 157, 159-166, 171, 173, 174, 176, 178-180, 218, 219, 262, 270, 464
Saint-Félix 212
Saint-Gall 199, 120, 221, 274
Saint-Ghislain 197
Saint-Hilaire 462
Saint-Hubert 32, 35, 147, 160, 197, 472
Saint-Jacques de Bamberg 244
Saint-Jacques de Liège 221
Saint-Julien-lès-Gorze 88
Saint-Laurent de Liège 196, 197, 211
Saint-Mansuy de Toul 31, 55, 218, 272, 464
Saint-Martin de Cologne 193

INDEX

Saint-Martin de Glandières 24, 216, 217
Saint-Martin de Metz 24, 32, 35, 131, 215
Saint-Martin de Trèves 220, 259
Saint-Maurice d'Agaune 50, 116, 465
Saint-Maurice de Minden 229, 234, 238
Saint-Maximin de Trèves 27, 29-32, 34, 35, 43, 44, 119, 120, 127, 137-146, 148, 151, 152, 154, 162, 166, 168, 196, 197, 199, 203, 219, 220, 223, 224, 228, 229, 231, 468
Saint-Médard de Soissons 478
Saint-Michel en Thiérache 36, 48, 120, 193, 194, 212
Saint-Mihiel 24, 95, 164, 178, 219
Saint-Nicolas de Port 68, 81, 95, 486
Saint-Pantaléon de Cologne 30, 163, 225, 228, 229, 232, 233, 234, 236, 237, 259, 267, 268, 275, 469
Saint-Paul de Rome 33
Saint-Pierre d'Erfurt 202, 235, 243
Saint-Pierre de Gand 35, 264
Saint-Pierre de Gorze 493, 494
Saint-Pierre de Melk 242
Saint-Pierre de Merseburg 243
Saint-Pierre de Salzbourg 249
Saint-Pierre-aux-Nonnains 24, 34, 45
Saint-Quentin 196, 479
Saint-Remi de Reims 33, 42, 67, 102, 117, 152, 207, 476
Saint-Riquier 117, 163
Saint-Sauveur 65
Saint-Sixte de Rettel 220,
Saint-Symphorien de Metz 46, 52, 131, 175, 193, 194, 213, 214, 215, , , ,
Saint-Thierry de Reims 102, 142, 163, 196, 207
Saint-Trond 22, 65, 210, 259, 272, 276, 279, 280, 473
Saint-Vaast d'Arras 195, 197, 477
Saint-Vanne de Verdun 24, 28, 32, 128, 159, 168, 175, 195, 196, 213, 219, 278, 466
Saint-Vincent de Laon 36, 120, 194
Saint-Vincent de Metz 37, 40, 57, 122, 123, 131, 132, 156, 157, 166, 167, 176-178, 197, 209-211, 215, 270, 459
Saint-Vit d'Ellwangen 33, 45
Sainte-Glossinde 34
Sainte-Marie aux Martyrs de Trèves 33
Sainte-Marie d'Apremont 68
Sainte-Marie-aux-bois 88
Sainte-Marie-aux-Nonnains 46
Salonnes 24
Schlüchtern 239, 240
Scholastique 480
Schwarzach 43, 225, 239, 240, 242, 243, 244, 246, 264
Scy 89
Sendebald comte 82
Senon 83
Senones 24, 33, 42, 75, 208, 272 455
Servais 471
Séverin de Cologne 470
Siegburg 55, 202, 211, 226, 226-235, 238, 253, 259, 264, 267-275

INDEX

Siegfried de Mayence 70, 228, 233, 235, 244, 246, 277, 279, 280

Sigebaub de Metz 19

Sigebert de Gembloux 47, 52, 122, 208, 210, 215, 221, 277, 279, 459, 460

Sigebert de Saint-Clément 259

Sigefroy de Gorze 28, 40, 53, 54, 56, 58, 59, 60, 61, 62, 63, 64, 71, 95, 116, 218, 264, 270, 272, 273, 278 491

Sigewin de Cologne 233

Sigisbert roi 215

Sigismond 464

Silvange 92

Sinheim 233, 234, 269

Siriaud de Saint-Symphorien 194, 214

Sixte II, pape 468

Smaragde de Saint-Mihiel 124

Soissons 478

Sommelonne 93

Spire 233

Sponville 89

Stavelot 32, 42, 57, 64, 119, 128, 137, 138, 140-142, 147, 148, 151-153, 160-162, 176, 197, 210, 211, 471

Stenay 65, 68, 82-85, 95, 283, 485

Suiron 88

Syméon de Metz 455

Symphorien 461

Taintelainville 88

Tegernsee 31

Theodemar du Mont-Cassin 124

Théoduin de Gorze, cardinal 217, 283, 284, 285, 286

Théophanu impératrice 40, 121, 170,

Theotger de Metz 283

Thères 242

Theutberge 21

Thiaucourt 89

Thierry de Fleury 235, 252

Thierry de Kremmünster 248, 249

Thierry de Verdun 56, 70, 82, 85, 208, 236, 277, 278

Thierry Ier de Metz 37, 40, 41, 42, 47, 79, 209, 210, 212, 250, 270, 460

Thierry II de Metz 52, 55, 210, 217

Thiezelin de Huysburg 253

Thilloy-sous-les-Côtes 91

Tholey 464

Tichemont 92

Tite Live 122

Toul 193, 218, 464

Trèves 27, 92, 220, 468

Trond 211, 473

Tronville 88

Udalric 474

Udo de Trèves 68

Udon de Prüm 47

Udon de Toul 80

Ulric de Saint-Mihiel 219

Urbain II 69, 71, 211, 243

Urold de Prüm 47

Val de Vaxy 41, 91

Valère 468

Vanault-le-Châtel 78, 93, 94, 486

Varangéville 68, 80, 81, 94, 491

Verdun 24, 31, 35, 195, 159, 219, 265, 266, 279, 465

Vic-sur-Seille 91

Vidric de Saint-Clément 49, 212, 213

Ville-sur-Iron 89, 491

Villecey 88

Vincent saint 458

Vionville 88

Vit 474

Vitrincourt 91

Vitruve 123, 163

540

INDEX

Vittonville 89
Voisage 88
Wala de Metz 22, 78
Walburge 157, 475
Walon de Saint-Arnoul 69, 102, 118, 119, 206, 207, 208, 211, 271, 275, 280, 475
Warin de Saint-Arnoul 54, 263
Warnier de Gorze 282
Waulsort 37, 48, 120, 193, 197, 212
Waville 88
Wazon de Liège 221
Wenrich de Trèves 278
Werner de Lorsch 45, 46, 223, 224
Werry de Saint-Evre 218
Wido de Saint-Clément 213
Wigéric 21, 23
Willibrord 115, 468
Wimmelburg 253
Winchester 264
Wissembourg 30, 197
Witigowo de Reichenau 46
Woël 91, 491
Wolphelm de Brauweiler 197, 228, 229, 231, 233
Wormsgau 41
Wurzbourg 43, 225, 238, 239, 242, 248, 250, 474

TABLE DES ILLUSTRATIONS

Crosse de l'abbé Henri 67
Cartulaire de Gorze 84
Possessions de Gorze 90-91
Catalogue de bibliothèque 113
Réforme début XIe siècle 245
Monastères lotharingiens 246
Réforme de Lorsch 247
Réforme d'Herrand d'Halberstadt 248
Réforme d'HEkkebert de Schwarzach 249
Réforme de Siegburg 250
Autres réformes de Gorze 251
Réforme de Poppon de Stavelot 252
Réforme de Gislebert d'Hasungen 253
Sermo in honore sancti Gorgonii 500

Cet ouvrage a été reproduit
et achevé d'imprimer en décembre 1996
dans les ateliers de Normandie Roto Impression s.a.
61250 Lonrai
N° d'imprimeur : 962477
Dépôt légal : janvier 1997

Imprimé en France